N. von Prscl

Reisen in der Mongolei, im Gebiet der Tanguten und den Wüsten Nordtibets in den Jahren 1870 bis 1873

N. von Prschewalski

Reisen in der Mongolei, im Gebiet der Tanguten und den Wüsten Nordtibets in den Jahren 1870 bis 1873

ISBN/EAN: 9783742835178

Hergestellt in Europa, USA, Kanada, Australien, Japan

Cover: Foto ©Lupo / pixelio.de

Manufactured and distributed by brebook publishing software (www.brebook.com)

N. von Prschewalski

Reisen in der Mongolei, im Gebiet der Tanguten und den Wüsten Nordtibets in den Jahren 1870 bis 1873

Reisen in der Mongolei,

im Gebiet der Tanguten und den Wüsten Nordtibets

in den Jahren 1870 bis 1873

von

N. v. Prschewalski

Oberstlieutenant im Russischen Generalstabe.

Autorisirte Ausgabe für Deutschland.

Aus dem Russischen und mit Anmerkungen versehen

von

Albin Kohn.

Mit 22 Illustrationen und einer Karte.

Jena,
Hermann Costenoble.
1877.

Reisen in der Mongolei

Nikolaĭ Mikhaĭlovich Przhevalʹskiĭ

Vorwort des Verfassers.

Dank der Initiative der kaiserlich russischen Geographischen Gesellschaft und der erleuchteten Mitwirkung für die Wissenschaft seitens des Kriegsministeriums erhielt ich vor vier Jahren die Bestimmung, eine Expedition nach dem nördlichen China, in die außerhalb der Mauer des Himmlischen Reiches gelegenen Gegenden zu unternehmen, von denen wir nur sehr lückenhafte und fragmentarische Kenntnisse haben, die aus chinesischen Büchern, aus der Beschreibung des berühmten Reisenden des XIII. Jahrhunderts Marco Polo, oder endlich aus den Nachrichten der wenigen Missionäre stammen, denen es hin und wider gelungen ist, in diese Gegenden einzudringen. Aber alle Angaben, welche wir aus diesen Quellen schöpfen, sind dermaßen oberflächlich und ungenau, daß die ganze östliche asiatische Hochebene, von den sibirischen Gebirgen im Norden bis zum Himalaya im Süden, und von Pamira bis zum eigentlichen China, bis jetzt so wenig bekannt ist, wie Centralafrika oder das Innere der Insel Neu-Holland. Selbst über den orographischen Bau dieses ganzen ungeheuren Landstriches besitzen wir größtentheils nur auf Muthmaßungen basirende Kenntnisse; von der Natur dieser Gegenden aber, d. h. von ihrer geologischen Bildung, von ihrem Klima, ihrer Flora und Fauna wissen wir fast gar nichts.

Indessen liegt diese Terra incognita, welche an Größe den ganzen Osten Europas überragt, in der Mitte des größten Continents, in einer absoluten Höhe, wie keine andere Gegend des Erdballs und ist endlich theils von riesigen Gebirgsrücken durchschnitten, theils als unüber= sehbare ebene Wüste ausgebreitet und bietet so ein hohes, allseitiges, wissenschaftliches Interesse. Für den Natur= forscher und Geographen ist hier ein sehr weites Feld; aber eben so stark wie diese Gegenden den Reisenden durch ihre Unbekanntheit anlocken, eben so stark schrecken sie ihn auch durch alle möglichen Mühseligkeiten ab. Von der einen Seite erscheint die Wüste mit allen Schrecken ihrer Uragane, ihres Wassermangels, ihrer Hitze und Kälte, und von der andern Seite trifft der Europäer eine mißtrauische, barbarische Bevölkerung, die ihm versteckt oder offen feindlich entgegen tritt.

Drei Jahre hinter einander kämpften wir mit allen Schwierigkeiten, welche mit einer Pilgerfahrt durch die wilden Gegenden Asiens verknüpft sind, und wir konnten nur, Dank einem ungewöhnlichen Glücke, unser Ziel erreichen: an den See Kuku=nor und selbst nach Nord= tibet an den obern Lauf des blauen Flusses gelangen.

Das Glück, ich wiederhole es noch einmal, war mein beständiger Begleiter vom ersten bis zum letzten Schritte. In der Person meines jungen Begleiters, des Unterlieutenants Michael Alexandrowitsch Pylzow, fand ich einen thätigen und eifrigen Ge= hülfen, der vor keiner Gefahr zurückschreckte; zwei trans= baikalische Kasaken — Panphil Tschebojew und Dondok Irintschinow —, welche uns während des zweiten und dritten Jahres unserer Reise begleiteten, erwiesen sich als kühne und eifrige Menschen, welche treu und ergeben der Sache der Expedition gedient haben.

(Während des ersten Jahres der Reise hatten wir eben=
falls zwei Kasaken, doch haben sie sich als unzuverlässige
Menschen erwiesen.)

Andererseits aber muß ich mit nicht geringerer
Dankbarkeit des Namens unseres früheren Gesandten
in Peking, des Generalmajors Alexander Jegoro=
witsch Wlangali, gedenken. Seiner Initiative ist
hauptsächlich die Absendung meiner Expedition zu ver=
danken, und er war von Anfang bis zu Ende ihr
wärmster Beschützer.

Wenn ich aber, so zu sagen moralisch, bei der
Ausrüstung glücklich gewesen bin, so waren doch die
materiellen Mittel der Expedition ungemein geringfügig,
und dieses hat einen ungeheuren Einfluß auf die ganze
Expedition geübt. Wir wollen gar nicht der vielfachen
Entbehrungen erwähnen, welche wir während der Reise
zu ertragen hatten; aber wegen Geldmangels konnten
wir uns nicht einmal mit guten Instrumenten zu un=
sern Beobachtungen versehen. So hatte ich z. B. nur
ein Gebirgsbarometer, das sehr bald zerbrach und ich
war nun gezwungen, mich bei der Bestimmung der ab=
soluten Höhe des Siedepunktes des Wassers zu bedienen,
und hierzu ein gewöhnliches Thermometer Reaumurs
zu gebrauchen, in Folge dessen die Resultate weniger
genau sind. Das Barometer Parrot zu Höhenmessungen
welches ich aus Petersburg mitgenommen hatte, zerbrach
noch während der Reise durch Sibirien; übrigens macht
dieses Barometer, wie das unsrige, bei der Verwendung
auch viele Umstände und man kann das Instrument
gar nicht vor dem Zerbrechen sichern. Zu magnetischen
Beobachtungen hatten wir eine ganz gewöhnliche Bussole,
welche im pekinger Observatorium zu diesem Behufe
angefertigt war. Mit einem Worte, die Ausrüstung

unserer Expedition war äußerst dürftig, selbst in Bezug auf die zu Beobachtungen durchaus nothwendigen Gegenstände.

Während eines Zeitraums von nahezu drei Jahren (vom 17. November 1870 bis zum 19. September 1873, von der Abreise aus Kiachta bis zu unserer Rückkehr daselbst gerechnet) haben wir durch die Mongolei, Gan-su, Kuku-nor und Nordtibet 11,100 Kilometer zurückgelegt, von denen 5,300, d. h. die ganze Linie hinwärts, mittels der Handbussole aufgenommen worden sind. Die Karte, welche im verkleinerten Maßstabe diesem Werke beigefügt ist, stützt sich auf 18 Breitenpunkte, welche ich mit Hülfe eines kleinen Universalinstrumentes bestimmt habe. (Die Länge dieser Punkte, welche leider nicht ganz genau beobachtet werden konnte, ist annähernd bestimmt worden, indem ich die Aufnahme meiner Marschroute zwischen zwei bestimmte Breitenpunkte legte und dabei gleichzeitig die Abweichung der Magnetnadel beobachtete.) An 9 Punkten sind Beobachtungen über die Abweichung der Magnetnadel gemacht worden und an 7 über die horizontale Richtung des Erdmagnets. Vier Mal täglich wurden meteorologische Beobachtungen angestellt, häufig auch die Temperatur des Bodens und Wassers untersucht und mit Hülfe des Psychrometers einige Male die Trockenheit der Luft gemessen. Mit Hülfe des Aneroides und des Siedepunktes des Wassers wurde die absolute Höhe der Gegenden bestimmt.

Die physiko-geographischen, und speciell auch die zoologischen Untersuchungen von Säugethieren und Vögeln waren Hauptgegenstände unserer Beschäftigung; ethnographische Untersuchungen wurden nach Möglichkeit ausgeführt.

Außerdem haben wir: 238 Specien Vögel in

nahezu tausend Exemplaren, 130 größere und kleinere
Felle von Säugethieren, welche 42 Specien angehören,
ungefähr ein Dutzend Amphibien, im Ganzen gegen
70 Exemplare, 11 Specien Fische und mehr als 3000
Exemplare Insecten angesammelt und mitgebracht.

Unsere botanische Sammlung, welche in den Besitz
des kaiserlichen Botanischen Gartens übergegangen ist,
während sich die zoologische im Museum der Akademie
der Wissenschaften befindet, enthält die ganze Flora der
von uns bereisten Gegenden in 5—600 Pflanzenspecien
repräsentirt durch ungefähr 4000 Exemplare. In einer
kleinen Mineraliensammlung befinden sich kleine Stückchen Mineralien von allen Gebirgszügen, welche wir
überstiegen haben.

Dieses sind die wissenschaftlichen Resultate der von
uns besuchten Gegenden. Unsere Reise hat nicht allein
die wärmste Sympathie seitens der Geographischen Gesellschaft, sondern auch vieler Gelehrten gefunden, welche
bereitwilligst ihre Dienste zur speciellen Bearbeitung des
von uns mitgebrachten Materials angeboten haben.

Der Akademiker K. J. Maximowitsch war so
freundlich, die Beschreibung der von uns mitgebrachten
Pflanzen zu übernehmen, und dieses wird den III. Theil
unserer Reisebeschreibung bilden. Der II. Theil wird
eine specielle Untersuchung des Klimas der von uns bereisten Gegenden Innerasiens (nebst meteorologischen
Tafeln, Höhenmessungen, psychrometrischen, astronomischen und magnetischen Beobachtungen) und eine eingehende zoologische, theilweise auch mineralogische Beschreibung enthalten, an der sich die Professoren der
St. Petersburger Universität A. A. Inostranzew
und K. Th. Keßler, der Entomolog A. Th. Mora-
witz, die Zoologen N. A. Swjerzow, W. K.

Taczanowski und der Akademiker A. A. Strauch
betheiligen werden. Alle diese Gelehrten haben mich
aufs Freudigste bei der Bestimmung der Specien von
Thieren, Pflanzen und Mineralien unterstützt, deren auf
vielen Seiten dieses Werkes erwähnt wird.

Endlich muß ich auch noch dem Oberst des Generalstabes O. E. Stubendorf und dem Oberst des
Topographischen Corps A. A. Bolschew, welche einen
höchst thätigen Antheil bei Anfertigung der Karte nach
meinen Marschrouten nahmen, und dem Director des
pekinger Observatoriums G. A. Fritsche, welcher mich
mit seinem Rathe in Betreff der astronomischen und
magnetischen Beobachtungen unterstützt und der aufs
Freundlichste alle diese Beobachtungen berechnet hat,
meinen wärmsten Dank aussprechen.

Der erste Theil unserer Reise, d. i. das vorliegende
Werk, enthält die physiko-geographische und ethnographische
Beschreibung der von uns besuchten Gegenden und die
Erzählung des Verlaufs der ganzen Expedition. Die
beiden folgenden Theile werden, wie schon gesagt, spe-
cielle Gegenstände behandeln und diese Theile sollen bis
Ende 1876, und zwar der zweite im Dezember dieses
Jahres, der dritte ein Jahr später erscheinen.

St. Petersburg, 1. Januar 1875.

N. Prschewalski.

Vorwort des Uebersetzers.

Central=Asien, von dem jetzt so häufig die Rede ist, gehört unstreitig mit zu den unbekanntesten Gegenden unseres Erdballs. Es ist kaum mehr bekannt, als Central=Afrika und das Innere von Neu=Holland. Wohl hat schon im XIII. Jahrhundert der Venetianer Marco Polo dieses unbekannte Land bereist und beschrieben, und einzelne Missionäre haben uns Mittheilungen über den Landstrich gemacht, welcher zwischen dem himmelan= strebenden Sajangebirge und dem Himalaya, zwischen dem Kaspi= schen Meere und dem eigentlichen China liegt; aber diese Be= schreibungen sind so ungenau, unvollständig, ja theilweise mit so großer Unkenntniß der Natur geschrieben, daß es unmöglich ist, sich mit ihrer Hülfe auch nur einen oberflächlichen Begriff von dem Lande zu machen, der Osteuropa an Umfang bedeutend überragt.

Schon die centrale Lage des ungeheuren Landstriches, der mit keinem offenen Meere in Verbindung steht, in dessen Inneres kein Fluß führt, erschwert es, Entdeckungsreisen in dasselbe zu unternehmen und entzieht es, so zu sagen, den Blicken deutscher englischer und französischer Forscher, welche ja bekanntlich muth= voll überall hingehen, wo es etwas zu erforschen giebt, wenn nur die Möglichkeit vorhanden ist, wenigstens an die Grenzen des Unerforschten zu gelangen. Aber die Grenzländer des un= erforschten Central=Asiens sind ja theilweise auch noch unerforscht. Wer kennt jetzt schon Sibirien, China, den Norden Indiens; wer kennt genau die Länder, welche die Tscherkessen und ihre nächsten

Verwandten bewohnen? Dies, glaube ich, hält den weſteuropäi=
ſchen Forſcher noch fern von Central=Aſien, und deshalb muß es
erwünſcht ſein, wenn der dem unbekannten Lande näher wohnende
Oſteuropäer (Ruſſe oder Pole) uns mit der Terra incognita
einigermaßen bekannt macht.

Es iſt aber aus vielfachen Rückſichten nothwendig, daß der
Menſchheit die geheimnißvollen, von hohen, wilden Gebirgen und
furchtbaren Wüſten umgebenen und gleichſam gegen das Ein=
dringen geſchützten Ländercomplexe Inneraſiens erſchloſſen werden,
denn nicht allein, daß hierdurch dem Handel und der Induſtrie
neue Wege angebahnt, neue Märkte geſchaffen, vielleicht auch neue
Bezugsquellen eröffnet werden können, bieten dieſe Gegenden auch
ein ungeheures wiſſenſchaftliches Intereſſe dar, und ihre Durch=
forſchung dürfte zur Löſung manchen Problemes beitragen. Dieſes
hohe wiſſenſchaftliche Intereſſe hat Oscar Peſchel in ſeinen
„Neue Probleme" (Leipzig bei Duncker und Humblot) an=
gedeutet, indem er (S. 194) ſagt: „Höher [als die Gliederung
Auſtraliens] erhebt ſich die Gliederung Aſiens, theils weil es
ſich im Norden in das Gebiet des „Regens zu allen Jahres=
zeiten" ausbreitet, theils weil ſein Südrand den Wendekreis nur
mit günſtig hervortretenden Halbinſeln überſchreitet. Die vor=
herrſchend oſtweſtliche Richtung ſeiner Südküſte gegenüber dem
kühleren indiſchen Ocean unterbricht ſechs Monate lang das
Wehen des continentalen Paſſatwindes, und bewirkt im Innern
der erhitzten Ländermaſſe einen aufſteigenden Luftſtrom, in deſſen
Lücken ſich ein regenbringender Südweſt=Monſun hineinſtürzt,
deſſen Waſſerdünſte von den querliegenden Gebirgsmauern auf=
gefangen werden, ſo daß die Wüſten in Aſien nur auf einen
nach Oſten verengerten centralen Streifen eingeſchränkt bleiben.
Aſien iſt meteorologiſch nicht der begünſtigtſte Erdraum, aber
derjenige, wo die meiſten Gegenſätze ſich begegnen. Wald, Steppe
und Wüſte ſind ſo vielfältig vertheilt, gebrochen und ſelbſt wieder
gegliedert, daß keines den Welttheil einförmig beherrſcht. Es
iſt kein Wald= und Steppenland wie Amerika, ſondern es iſt
auch von Wüſten heimgeſucht, aber darum iſt es an Mannig=
faltigkeit der Erſcheinungen der neuen Welt überlegen. Es wird
von keinem Miſſiſſippi, keinem Amazonas durchzogen, aber es hat
doch Culturſtröme, wie Indus, Ganges Jantſekiang und Hoangho.

Auf ſeinen Räumen bildeten ſich Jagd=, Räuber=, Hirten=, Acker=
bau= und ſeefahrende Völker. Es beſaß daher in ſeinem Schooß
Culturgegenſätze, die in Reibung mit einander gerathen mußten.
Durch Reibung und Miſchung gelangen aber menſchliche Geſell=
ſchaften ſtufenweis zur höheren Geſittung."

Zu den in Aſien zu löſenden Problemen gehören aber, wie
wir aus dem Werke Prſchewalſki's ſehen, deſſen Ueberſetzung ich
hiermit dem deutſchen Leſer biete, auch noch andere naturwiſſen=
ſchaftliche Fragen. Sein Inneres birgt, wenn wir den Aus=
ſagen der Mongolen glauben dürfen, das wilde Pferd und
wilde Kameel, muß alſo die Wiege zweier Hausthiere ſein,
über deren Exiſtenz im natürlichen wilden Zuſtande noch ſo viel
Dunkel ſchwebt, daß ſie neuere Forſcher, unter ihnen auch Graf
Marian Czapſki in ſeinem klaſſiſchen (bei J. K. Zupanſki
in Poſen in drei Bänden erſchienenen und mit einem reichhaltigen
Atlas ausgeſtatteten) Werke: „Historya powszechna
konia" [Allgemeine Geſchichte des Pferdes], geradezu be=
zweifeln.

Dieſer Forſcher ſagt (Seite 12 des angeführten Werkes):
„Aſien und Amerika ſind die einzigen Erdtheile, in denen ſich
heute noch „ſogenannte" wilde Pferde finden, wenn wir zu
dieſen nicht den zwerghaften afrikaniſchen Kumruh zählen,
welcher in den Gebirgsregionen an den Quellen des Nil leben
ſoll und von dem wir bis jetzt ſo unvollſtändige Nachrichten
haben, daß wir durchaus nicht mit Beſtimmtheit wiſſen, ob er
zu den Pferden, Eſeln oder gar zu den Antilopen zu zählen iſt.
Die Geſchichte der Cimarionen Amerikas iſt ganz neuen Datums,
was jeden Zweifel über ihre Herkunft beſeitigt und uns ſpeciell
belehrt, daß es verwilderte ſpaniſche Pferde ſind. Weniger genau
kennen wir die Vergangenheit der ſogenannten Tarpanen oder
der wilden Pferde Aſiens, denn die muthmaßliche Periode ihrer
Entſtehung liegt uns unvergleichlich ferner und reicht wahrſchein=
lich in jene dunkeln Zeiten zurück, in denen dieſe heute wüſten
Gegenden dicht bevölkert waren und ein Bild beſtändiger Kriege
und ununterbrochener Wanderungen und Wohnungsveränderungen
darboten."

Die Entſcheidung der Frage, ob der in der Gegend des
Lob=nor hauſende Tarpan wirklich das wilde, vom miocenen

Hippotherion herstammende Pferd, oder nur ein aus einer
früheren historisch nicht bestimmbaren Zeit stammendes, ver=
wildertes Culturthier sei, hängt von der genauen wissenschaft=
lichen Durchforschung Inner=Asiens ab, von wo in historischen
Zeiten Europa wiederholt durch Völkerfluthen überschwemmt
worden ist, mit dessen jetzigen Bewohnern mongolischer Rasse
aber auch höchst wahrscheinlich die Vorbesitzer Europas, min=
destens bis zur Elbe, identisch, oder doch sehr nahe verwandt
gewesen sind.

Zu dieser letztern Annahme führten mich zwei Erscheinungen,
deren eine negativer, die andere aber sehr positiver Natur ist.

In den bis jetzt untersuchten Höhlen Polens finden sich
zwar Spuren vom vorhistorischen, der Steinzeit angehörenden
Menschen; es finden sich Steinwerkzeuge, Feuerherde, Zierrathen
aus Knochen, gespaltene Knochen, aber durchaus kein einem
Menschen angehörender Knochen. In diesem Mangel finde ich
den ne ga ti ve n Beweis dafür, daß einst Mongolen in diesen
Höhlen, und gewiß auch im flachen Lande, gehaust haben, die
ihre Todten eben so den Wölfen, Hunden, Geiern und Raben zum
Verzehren hinwarfen, wie es noch heute die Mongolen in ihrer
heimathlichen Wüste, und die Urjänchen am Kossogolsee im Sajan=
gebirge thun, und wie diese und jene die Knochen der Thiere,
die sie genießen, spalten, um das in ihnen enthaltene Mark zu
genießen, haben auch die Vorbewohner des Ostens Europas die
Thierknochen gespalten, um das in ihnen enthaltene Mark zu
verzehren.

Triftiger und schwer wiegender ist der positive Beweis, als
welchen ich die Existenz von Ortsnamen in der Provinz Posen
und im ehemaligen Königreiche Polen, sowie in Schlesien betrachte.

Es dürfte die Behauptung schwer zu bestreiten sein, daß ein
Volk, daß überhaupt ein Mensch einem Orte einen ihm unver=
ständlichen Namen giebt. Alle Ortsnamen sind von einem Gegen=
stande, einer Person, einer Eigenschaft entlehnt, oder bezeichnen
ein auf ihnen vorgefallenes Ereigniß. Ein anderes Entstehen
von Ortsnamen ist nicht denkbar!

Nun existiren aber im Osten Europas und soweit Slaven
gehaust haben, Ortsnamen, welche den Polen und den heute
zwischen Oder und Elbe wohnenden Deutschen vollständig

unverständlich sind. Ich erinnere hier nur an: Sagan in
Schlesien, Krobia = Kröben), Scharabowo, Chyby,
Ricin (spr. Ritschin), Zebrzydowo, Karsy, Murka,
Murzynno, Murzynowo, Giecz (spr. Gjetsch) im Posenschen.
Keine dieser Bezeichnungen hat eine polnische, ja nicht einmal
eine slavische Wurzel, und ihre Bedeutung ist jedem Polen und
um so mehr jedem Deutschen völlig unverständlich; sie werden
aber, ohne daß wir sie auf die philologische Folterbank spannen
und einige Vocale verändern, einige Consonanten ausmerzen, um an
ihre Stelle einen andern einzuschieben, vollständig verständlich, wenn
wir ihre Bedeutung im Mongolischen oder Turkmenischen Idiome
suchen. Da erfahren wir denn, daß zagan (z ist weich) weiß bedeutet,
daß ein Fluß Scharagol in der Mongolei fließt, daß Chybilgan Heiliger, Kit Kirche, Zebr Wolf, Kars Steppenfuchs, Muren, verkürzt
Mur, Wasser bedeutet, der Mongole aber bald die längere, bald
die kürzere Form anwendet und, beispielsweise, den blauen Fluß
nicht Muren - ussu, sondern Mur - ussu nennt, sowie endlich, daß
im alten trocknen Flußbette des Syr - Daria, im Usboj, ein
Brunnen Gjetsch = Gjelby heißt. Daß diese Namen, deren
Zahl ich leicht um ein Bedeutendes vermehren könnte, nicht zufällig sind, ist klar, eben so klar dürfte es auch wohl sein, daß
die Polen nicht nach der Mongolei gegangen sind, um von dort
Bezeichnungen zu Ortsnamen zu holen, wie es auch nicht anzunehmen ist, daß diese Ortsnamen aus der Zeit der Mongolen-
einfälle in Europa zur Zeit Dschengis = Chans und seiner Nachfolger herrühren, da damals die Mongolen zwar viele Ortschaften
verwüstet, wohl aber keine einzige gegründet haben.*) In
Muchlinski's „zrodlosnownik" (Wurzelwörterbuch) sind viele
Familiennamen als turkmenischen Ursprungs aufgeführt.

---

*) Der im Texte angeregte Gegenstand nöthigt mich, gegen das in
neuerer Zeit seitens der Regierung beliebte Umtaufen der Ortsnamen in der
Provinz Posen meine Stimme zu erheben und jeden, der es ehrlich mit der
Forschung der Vorgeschichte der Menschheit meint, aufzufordern, hiergegen
zu protestiren, um so mehr, als ja gerade Herr Regierungspräsident von
Segnern in Bromberg bis jetzt nicht durch sein eigenes Beispiel bewiesen
hat, daß, um gut deutsch zu sein, es nothwendig ist, den historischen Namen zu unterdrücken, denn sonst hätte er doch schon längst sein, seinem
Vorfahren vom polnischen Könige Stanislaus August verliehenes Adels-
diplom vernichtet, auch die Familie seiner Frau, namentlich seinen Schwager

Es sei mir erlaubt, mich eines von Franz v. Löher in der Augsburger „Allgemeinen Zeitung" im Artikel „Cana = rische Reisetage" gebrauchten Bildes zu bedienen und zu sagen: es liegen im Osten Europas (und eben so gewiß auch im Westen) viele Völkerlavaschichten auf einander; von jeder dieser Schichten tritt hin und wider der erstarrte Rücken einer höheren Welle zu Tage, denn ihn konnte der nachfolgende Strom nicht bedecken, und zeugt bis heute dafür, daß unten eine der obern nicht homogene Schicht liegt, daß eine später gekommene Raffe auf den Gräbern einer frühern, in Specie mongolischen Raffe haust. Daß aber meine Behauptung vollkommen zutreffend ist, geht aus der bekannten Unwandelbarkeit der Sprachen auf der asiatischen Hochebene hervor, die, im Gegensatze zu allen arischen Sprachen, heute noch genau dieselbe ist, wie sie vor Tausenden von Jahren war. Menschen, Sitten, Gebräuche und Sprache sind in Inner = Asien dermaßen stabil, daß die Beschreibung, welche Marco Polo im XIII. Jahrhunderte von ihnen gegeben hat, ganz genau mit den jetzt noch herrschenden übereinstimmt; nur auf der asiatischen Hochebene und in den Wildnissen Ame= rikas und Australiens sind Ursprachen zu finden.

Schon um dieser Ursachen willen wäre eine genaue Er= forschung Inner = Asiens von hoher Wichtigkeit, denn möglicher Weise liegt dort das Geheimniß, welches heute noch die vielfachen Wanderungen, die die verschiedenen Raffen Asiens seit Jahr= tausenden ausgeführt haben und von denen nur zwei bedeutende, die sogenannte Völkerwanderung und der etwa tausend Jahre später erfolgte Einfall der Mongolen in Europa, in unsern Annalen mit Sicherheit verzeichnet sind. Nur indem Forscher Jahre lang mit den verschiedenen Stämmen verkehren, unter

---

von Jastrzębski bewogen, seinen echt polnischen Namen abzulegen und ihn etwa in Habichtmann zu übersetzen. Nur äußerste Unfähigkeit kann sagen, daß dieses Umtaufen dem Deutschen die Bezeichnung der Orte er= leichtern soll; hierzu giebt es andere, rationellere Mittel, zu denen ich u. A. das richtige Ausdrücken der polnischen Laute durch deutsche Buch= staben rechnen muß. Ein Umtaufen der polnischen Ortschaften macht diese noch nicht deutsch, wie der slavische Name Grabow (von Grab, die Weiß= buche), Rostock (von Rostoka, roztoczyć. ausbreiten) u. v. A. in Mecklen= burg, Brandenburg und Schlesien nicht slavisch macht.

ihnen leben, wird es auch möglich werden, in die Geheimnisse
ihrer Vergangenheit einzudringen, wie dies Max Müller in
seinem Prospecte zu den „heiligen Schriften des
Orients" ausdrücklich behauptet, indem er sagt:

„Abgesehen von dem Interesse, welches die heiligen Schriften
aller Religionen in den Augen der Theologen und hauptsächlich
der Missionäre besitzen, für welche eine genaue Kenntniß derselben so unentbehrlich ist, wie für den Feldherrn eine Kenntniß
des Landes, welches er zu erobern wünscht, haben diese Werke
in letzter Zeit eine neue Bedeutung erhalten, indem man angefangen, sie als alte und wahrhaft historische
Denkmäler zu betrachten. In jedem Lande, wo sich
heilige Schriften erhalten haben, sei es durch mündliche, sei es
durch schriftliche Ueberlieferung, überall treten sie uns als die
ältesten historischen Zeugnisse entgegen und bezeichnen den
Anfang einer beglaubigten, im Gegensatz zu einer bloß sagenhaften
Geschichte."

Dort auch, glaube ich, wird man den Quellen der sogenannten „geoffenbarten" Religionen nachspüren können,
welche so viel Unheil angestiftet, den menschlichen Geist so lange
in die Fesseln der Finsterniß geschmiedet haben, denn noch heute
lebt dort die geoffenbarte Urreligion, der Schamanismus, mit
seinem Glauben an ein gutes und böses geistiges Prinzip, an
einen guten und bösen Gott, welche beide vom Christenthume,
besonders aber vom römischen, dogmatisirt und dermaßen gespalten worden sind, daß man dem dreigespaltenen guten Prin-
zipe (Gott) ein dreigespaltenes böses Prinzip (Teufel) in den
Personen Lucifers, Beelzebubs und Satanas entgegen-
gestellt hat, um sie als pneumatische Pumpe zum Leeren der
Taschen der Gläubigen zu Gunsten eines habsüchtigen, schwelge-
rischen Clerus verwenden zu können.

Mehr als gewagt dürfte aber die Behauptung sein, daß der
Schamanismus, den ich ja aus eigener Anschauung bei den
Tungusen kennen gelernt habe, nicht der Urquell aller bis heute
in Asien und Europa herrschenden Glaubensbekenntnisse sei; er
hat sich, je nachdem sich der menschliche Geist mehr entwickelte,
immer mehr veredelt, modernisirt, ist aber in allen, bis in Details hinein, wieder zu erkennen, wie der römische Katholicismus

sich als der rechte Sohn des Bubbhaismus documentirt. Mag
auch eine Autorität wie Schlagintweit behaupten, daß zwischen
Dalai-Lama und Papst, — folglich auch zwischen Bubbhaismus
und römischem Dogmenkrame, — ein principieller Unterschied
existire, weil der erstere behauptet, nie zu sterben, sondern stets
nur wieder geboren zu werden, was der letztere nicht behauptet,
so steht doch diesem das römische Dogma entgegen, wonach der
heilige Geist beständig und persönlich von einem Papste auf den
andern übergeht, dieser also, wenn auch keine körperliche, so eine
ununterbrochene geistige Wiedergeburt behauptet.

Die römische Kirche hat auch nie ihre Aehnlichkeit mit dem
Bubbhaismus geleugnet, sondern nur behauptet, daß der Teufel,
um die sündige Menschheit irre zu führen und zu verderben, in
Tibet einen dem katholischen ähnlichen Glauben geschaffen habe,
dessen Ritus und Hierarchie bis ins Detail mit dem des heiligen
römischen, von Gott selbst geoffenbarten Glaubens übereinstimmen.
Der Missionär Huc, dessen Scharfsinn ganz auf dem Niveau
seiner naturwissenschaftlichen Kenntnisse steht, hat sogar, aus leicht
zu durchschauenden Gründen, noch eine andere Fabel ersonnen.
Er behauptet nämlich, daß die Hierarchie des Bubbhaismus der
römischen nachgebildet sei; er hätte gewiß, wenn keine tiefe innere
Aehnlichkeit, — ich möchte sogar lieber sagen, Gleichheit, —
zwischen beiden Bekenntnissen vorhanden wäre, jede, selbst äußere
Verwandtschaft bestritten.

Die Wechselbeziehungen zwischen Inner-Asien und Europa
sind in jeder Beziehung uralt und reichen über jede geschichtliche
Aufzeichnung, ja über jede Tradition hinaus, jedoch ist kaum zu
bestreiten, daß sich nicht sehr viele Spuren von ihnen in Legenden, welche noch heute im Volksmunde, ja sogar im Breviarium romanum, das den katholischen Geistlichen als pflicht-
mäßiges Gebetbuch dient, erhalten haben. Dieses auch mag
Carl von Rotteck bewogen haben, in seiner allgemeinen
Geschichte zu sagen, daß, wie Asien die Wiege vieler Umwälzungen
gewesen ist, so auch noch in seinen geheimnißvollen Steppen und
Wüsten Keime zu großen Umwälzungen berge, welche verhäng-
nißvoll für Europa werden können. Wenn auch der Vordersatz
unbestreitbar ist, so ist doch der Schlußsatz mehr als zweifelhaft,
und jede neue Entdeckung in Asien beweist, daß seine Urvölker

dem Verfalle unaufhaltsam entgegen gehen und dieser Verfall wird, wie dies ja schon jetzt in Nordasien klar zu Tage tritt, um so schleuniger vor sich gehen, je enger sich die Verbindungen zwischen Europa und Asien gestalten werden. Ich glaube keine zu kühne Behauptung aufzustellen, wenn ich sage, daß, wie in vorhistorischen Zeiten die Mongolen oder Mongoloiden in Europa bei der Berührung mit den Ariern verschwunden sind, sie auch im Innern Asiens und im Osten dieses Erdtheils, — vielleicht mit alleiniger Ausnahme der Japanesen, welche, wahrscheinlich als Bewohner großer Inseln, elastischer, geistig entwickelbarer und in dieser Hinsicht uns ähnlicher, als andere Mongolenstämme sind, — verschwinden werden.

Das Geheimnißvolle des Innern Asiens hat auch zu allen Zeiten Einzelne verlockt, in dasselbe einzubringen, um den Schleier zu lüften. Von ältern, uns bekannten Reisenden ist der Venetianer Marco Polo der erste, der uns sichere Nachrichten über diese Gegenden gegeben hat, denn von ihm erfuhren die Europäer zuerst, daß es dort Kunstanstalten gebe und gewiß hat seine Beschreibung des Landes den ersten Impuls zur Erfindung des Schießpulvers, des Kompasses, der Buchdruckerkunst, des Astrolabiums u. A. gegeben. Seine Berichte theilten in vieler Beziehung das Schicksal Herobots; sie wurden einfach für Mährchen und Erdichtungen gehalten. Erst neueren Reisenden war es vorbehalten, ihre Wahrheit außer Zweifel zu setzen. Sie sind genau und wahr bis auf das Wiedererzählen von — natürlich falschen — Ansichten über Naturerscheinungen, welche unter den Bewohnern des Landes herrschen, und welche Marco Polo nicht zu erklären vermochte, da ihm hierzu die heutigen naturwissenschaftlichen Kenntnisse mangelten.

Was wir über diesen merkwürdigen, in neuerer Zeit oft genannten Reisenden wissen, ist in Kürze Folgendes.

Ein venetianischer Patricier hatte drei Söhne, welche um 1254 in Handelsgeschäften gemeinschaftlich nach Konstantinopel reisten. Hier erfuhren sie, daß Barkah, ein Enkel Dschengis-Chans, an der Wolga ein mächtiges Tatarenreich gegründet habe, und dieses bewog sie, mit einem reichen Vorrathe von Edelsteinen und Schmucksachen an seinen Hof zu reisen. Sie wurden freundlich aufgenommen und blieben ein Jahr beim Chan, bis dieser

mit einem seiner Verwandten, dem Chan Hulagu, in Krieg ge=
rieth und von diesem besiegt wurde. Die Fremdlinge waren
indessen weiter gereist und trafen in Bukhara einen Gesandten
Hulagu's, welcher sie bewog, mit ihm zum Bruder des leßtern,
zum mächtigen Großchan Kublai zu reisen, welchem er die Nach=
richt vom Siege seines Bruders überbrachte. Am Hoflager
Kublai's fanden die abendländischen Kaufleute vortheilhaften Absaß
für ihre Waaren und dieser wurde durch die Erzählungen der=
selben dermaßen fürs Abendland eingenommen, daß er sie bat,
den Papst zu bewegen, ihm einige Missionäre zu senden. In
Folge dieser Aufforderung reisten die drei Brüder sogleich durch
Armenien und über St. Jean d'acre nach Italien zurück, wo sie
nach funfzehnjähriger Abwesenheit im Jahre 1269 ankamen, als
Papst Clemens IV. eben gestorben war. Der eine der Brüder,
Nicolo Polo, fand zu Hause einen funfzehnjährigen Sohn, den ihm
seine Frau einige Monate nach seiner Abreise geboren hatte. Die
Papstwahl verzögete sich, so daß die Brüder sich ihres Auftrages
in Bezug auf das Mitbringen oder Senden von Missionären nicht
entledigen konnten und ohne ihn ausgerichtet zu haben, nach dem
Orient zurückkehrten, wohin Nicolo seinen Sohn Marco mitnahm.
Sie reisten über Palästina, wo sie Tebaldo de Visconti trafen,
der zum Papste unter dem Namen Gregor X. erwählt war.
Dieser gab den Reisenden Mönche, Geschenke und Briefe an den
Großchan der Tataren mit und nun reisten die Brüder über
Badakschan, über die Gebirge von Muztag und Belutag, durch
einen Theil von Kaschemir, durch die Wüste Gobi bis nach Kan=
tschëu an der westlichen Grenze des chinesischen Reiches, von wo
aus sie den Großchan von ihrer Ankunft benachrichtigten. Dieser
ließ sie sogleich zu sich einladen und empfing sie eben so freund=
lich wie zuvor.

Der junge Marco gefiel bald dem Großchan außerordent=
lich und errang sich schnell das ganze Vertrauen des leßtern.
Da er bald die Landessprache erlernte, verwendete ihn der Chan
für wichtige Aufträge in China und andere fernen Ländern, und
der Jüngling entledigte sich derselben mit der größten Geschick=
lichkeit und zur vollen Zufriedenheit seines Auftraggebers. Marco
Polo verblieb siebzehn Jahre mit seinem Vater und seinen Onkeln
in Innerasien, und war sogar eine Zeitlang Statthalter der

Provinz Kiang-nan. Durch diesen langen Aufenthalt in Inner-asien, durch seine vielfachen Reisen in die Tatarei, nach und durch China, und durch seine Berührung mit den verschiedenen Völker-schaften des Erdtheiles war Marco Polo in den Stand gesetzt, sehr genaue und umfassende Beobachtungen zu machen, welche seinem Werke, das er nach der Rückkehr ins Vaterland schrieb, einen hohen und dauernden Werth verleihen. Nach langjähriger Abwesenheit von der Heimath sehnten sich endlich die Europäer wieder nach dieser und der Großchan ließ sie sehr ungern ab-reisen. Sie reisten mit ihren Schätzen, welche eine Ladung für vierzehn Schiffe ausgemacht haben sollen, mit der Braut eines persischen-Prinzen von Hainan ab, fuhren bei Cochinchina vorbei, durch den bengalischen Meerbusen, und landeten nach elfmonat-licher Fahrt in Ormuzd in Taurien, wo sie dem Bräutigam die Braut übergaben und neun Monate verweilten. Von hier aus setzten sie ihre Reise durch Armenien über Konstantinopel fort und kamen im Jahre 1295 nach vierundzwanzigjähriger Abwesen-heit mit ungeheuren Schätzen und im besten Wohlsein in ihrer Vaterstadt an.

Da man die Reisenden längst für verschollen betrachtet hatte, hatten sich Anverwandte in den Besitz ihres Hauses gesetzt; Zeit und Klima hatten sie auch dermaßen unkenntlich gemacht, daß man ihre Identität nicht glauben wollte, und erst, nachdem sie ihre Reichthümer vorgezeigt hatten, gab man den Verdacht, daß sie Betrüger seien, auf und setzte sie wieder in den Besitz ihres Eigenthums.

Der Ruf der glücklichen Reisenden hatte sich bald weit und breit verbreitet. Von nah und fern strömten Neugierige herbei, um sie zu sehen und ihre Erzählungen zu hören und da Marco Polo die Volksmenge Chinas und seine Schätze stets nur nach Millionen angab, so nannte man ihn „Messer Marco Millioni" und noch 250 Jahre nach seinem Tode, zur Zeit des Geschichtsschreibers Ramusio, wurde Marco's Palast nur „il corte del Millioni" genannt.

Während eines Krieges zwischen seiner Vaterstadt Venedig und der Republik Genua gerieth Marco Polo in einem See-gefechte in die Gefangenschaft der Genueser, welche ihn jedoch mit der größten Auszeichnung behandelten. Um sich des ewigen

Erzählens seiner Erlebnisse in Inner-Asien zu überheben, machte sich Marco Polo an das Niederschreiben derselben; man weiß jedoch nicht mit Bestimmtheit, in welcher Sprache er sein Werk verfaßt hat. Der älteste Geschichtsschreiber, der uns von dem merkwürdigen Manne Kunde gegeben hat, ist Ramusio, und dieser vermuthet, daß Marco Polo sein Werk in lateinischer Sprache niedergeschrieben hat.

Marco kehrte, nachdem er in Freiheit gesetzt worden war, in seine Vaterstadt Venedig zurück, wo er sich verheirathete und 1323 starb, nachdem ihm sein Vater sieben Jahre vorher im Tode vorangegangen war.

Wir müssen Marco Polo seinen Glauben an Wunder, Zauberei und fabelhafte Thiere verzeihen und können dies um so mehr, wenn wir das berücksichtigen, daß er ein Kind seines Zeitalters, ein strenggläubiger Katholik gewesen ist, den ja sein von der Kirche sanctionirtes Dogma vom Teufel und seinem unmittelbaren Einflusse durch Zauberer und Hexen auf die Menschheit, — ein Dogma, das bis heute aufrecht erhalten wird, — an solchen Unsinn zu glauben nöthigte. Trotzdem muß bemerkt werden, daß alle diese Wundererzählungen in Marco Polo's Werke nur da auftreten, wo der Schreiber Gehörtes wiedergiebt. Was er selbst beobachtet hat, und dies erscheint selbst den neuesten Reisenden auffallend, ist treu, und wird größtentheils durch neuere Entdeckungen bestätigt. Man hat, um nur ein Beispiel anzuführen, sehr lange den Yak (Bos grunniens) für ein fabelhaftes Thier, das nur in der Phantasie des Schreibers existirt, gehalten; neuere Reisende, unter ihnen ja auch unser Prschewalski, haben es sogar im wilden Zustande wiedergefunden. Auch seine Schilderung der Staubstürme ist naturgetreu und an ihren, wie andern Schilderungen sieht man, daß Marco Polo, während seines langen Aufenthaltes in Inner-Asien, so viel es eben damals die wissenschaftlichen Hülfsmittel und der Stand der Wissenschaften erlaubte, richtig beobachtet hat. Sein Werk ist in die meisten europäischen Sprachen übersetzt worden und hat auch die deutsche Uebersetzung drei Auflagen erlebt. Daß die „Viaggi di Marco Polo" in Columbus den Gedanken an die Reise nach „Indien" angeregt hat, um von dort, wie Marco, Schätze herbei zu bringen und diese zum Kreuzzuge gegen die

Türken, zur Befreiung des heiligen Grabes zu benutzen, kann ich
als allgemein bekannt voraussetzen.

Von spätern Reisenden wissen wir wenig zu sagen. Es
waren dies auch größtentheils unwissende Mönche, welche in
Inner-Asien eindrangen, um das „Reich Gottes auf Erden, die
wahre Religion", oder, besser gesagt, die Herrschaft des Papstes
und seiner Klerisei zu verbreiten, die Ströme Goldes, welche
nach Lassa flossen, nach Rom zu leiten. Sie haben der Mensch=
heit keine Dienste erwiesen, sie haben weder unsere Kenntnisse
über Inner = und Ostasien bereichert, noch auch den Samen der
europäischen Civilisation in jenen fernen Ländern ausgestreut.
Sie verschwendeten alle ihre Mühe daran, einen Aberglauben
durch einen andern zu ersetzen und haben wahrscheinlich durch
ihre Intoleranz viel dazu beigetragen, den Haß gegen die Euro=
päer zu wecken, den diese derzeit auf Schritt und Tritt in China
treffen, und in der rohen Bevölkerung Chinas und der Mongolei
den Verdacht zu erregen, daß jeder Fremde nur zu ihnen komme,
um ihnen ihre Heiligthümer zu entreißen und einen fremden
Glauben aufzudrängen, dessen ethische Grundsätze außerdem kaum den
Vergleich mit den erhabenen und reinen Lehren eines Confucius
und Buddha aushalten. Schade um die Summen, welche für diese
Bekehrungsversuche, deren Erfolge und Resultate sehr problematisch
sind, trotzdem alle Missionsberichte voll Lobeserhebungen für die eif=
rigen Missionäre (aller christlichen Secten ohne Ausnahme) und für
die exemplarische Frömmigkeit der dem himmlischen Reiche durch die
Taufe erworbenen Asiaten sind, verschwendet werden.

Erst gegen die Mitte des vorigen Jahrhunderts begannen
sich abermals deutsche Gelehrte und zwar Gmelin und Pallas,
auf Anregung Rußlands mit Inner-Asien zu beschäftigen und
durch ihre Schriften die Aufmerksamkeit der wissenschaftlichen
Laienwelt auf dieses vernachlässigte Forschergebiet zu lenken, doch
berührten sie, wie es ja kaum anders zu erwarten ist, kaum den
Saum der Terra incognita. Das Innere des asiatischen Hoch=
plateaus blieb dermaßen unbekannt, daß man die Lage von Lassa,
dieses Sanctuariums der buddhistischen Welt, welche 300 Millionen
Bekenner zählt, wo ja auch, wie im Vatican in Rom, ein schon
bei Lebzeiten Heiliger, ein Stellvertreter Gottes auf Erden leibt
und lebt, nicht genau anzugeben vermochte.

Nach und nach machten sich aber andere Männer der Wissenschaft an die Aufklärung des Geheimnisses; man begann die
an das Hochplateau Inner-Asiens grenzenden Gebiete ins
Auge zu fassen und es ist eines der größten Verdienste des Lieutenants John Wood (1838), die Pamyrsteppen in Angriff
genommen zu haben, deren vollständige Beschreibung wir dem
Kapitän Trotter verdanken. Jetzt wissen wir, Dank der Aufklärung Trotter's, daß in jener bisher so mysteriösen Region die
Quellen der größten Flüsse Asiens entspringen. Er hat die
wahre Wasserscheide gefunden, welche die Hauptzuflüsse des Oxus
von den Strömen scheidet, welche die Ebene des östlichen Turkestan bewässern, und zuletzt im Sande der Wüste sich verlieren,
die sich bis China erstreckt. Auch hat er bewiesen, daß dasjenige,
was man mit dem vagen Ausdruck „Pamyr" oder die „Pamyr-
Kette" zu bezeichnen pflegte, aus einer Reihe von Steppen oder
breiten Thälern besteht, die beinahe parallel, von Osten nach
Westen, zwischen steilen Bergen hinlaufen und ein sehr hohes
Plateau durchschneiden, welches sich vom Hindu-Kusch nordwärts
bis zu den Bergen von Chokand erstreckt. Der geographische
Bericht Trotters ist so interessant, daß es wohl erlaubt ist, hier
einen gedrängten Auszug aus demselben mitzutheilen. „Dieses
Tafelland," heißt es in dem Berichte, — oder Reihenfolge von
Hochthälern, wie es eigentlich genannt werden sollte („elevated
mass" nennt es Capitän Trotter), — „ist auf seiner östlichen
Seite von der Pamyr-Kette unterstützt, deren eine Spitze, nörd-
lich vom Taschkurghan, über 9400 Meter hoch ist. Die Ab-
dachung dieses Tafellandes scheint, nach dem Laufe der Flüsse
und besonders des Aksu zu urtheilen, das Hauptquellengebiet des
Oxus gegen Norden und Westen zu sein. Der Aksu hat seinen
Ursprung im See Ci-kul (Gänse-See) auf dem kleinen Pamyr.
Er fließt Anfangs gegen Osten und wendet sich dann gegen Norden
und Nordwesten; zuletzt vereinigt er sich bei Darbend mit dem
Pandscha, an der Grenze von Darwaz. Die Quelle des Pandscha
befindet sich am Karatschunker-Paß, südlich vom „kleinen Pamyr",
und Capitän Trotter sagt: sein Name sei der Stadt Pandscha
— flache Hand — entnommen. Die Stadt selbst wurde von
dem Eindruck der Hand eines muselmännischen Heiligen in einem
geheiligten Stein in der Nachbarschaft also genannt. Dieser Heilige

soll zuerst die Bewohner dieses Districts zum Muhamedanismus bekehrt haben. Es ist in einer ziemlichen Entfernung oberhalb der Stadt oder des Forts von Pandscha, daß der Strom, welchen Wood bis zum Victoria-See auf dem großen Pamyr verfolgte, in diesen Hauptarm des Pandscha fällt, der mehr von Süden kommt, und Capitän Trotter sagt: der „Oxus" des Herrn Wood sei beim Zusammenflusse bedeutend kleiner als der Fluß, welchen die Mission des Herrn Wood von Sarhadb aus verfolgt hatte. Woods Fluß wurde auf dem Rückwege nach Jarkand bis zum Victoria-See verfolgt, und es bestätigte sich, daß dieser See nur einen Ausfluß hat und zwar gegen Westen, sowie der Oi-kul-See nur einen gegen Osten hat, so daß die Theorie, der zufolge jeder der Seen einen doppelten Ausfluß habe, nämlich einen gegen Osten, den andern gegen Westen, widerlegt ist; denn die wirk-liche Wasserscheide befindet sich etwas westlich vom einen und östlich vom andern See."

Es ist sehr zu bedauern, daß Capitän Trotter durch seine Instructionen gezwungen war, vom Pandscha in das östliche Turkestan zurückzukehren, anstatt seine Erforschungsreise, dem Laufe des Oxus nach, bis Feisabad fortzusetzen, und über Balch und Kabul nach Indien zurückzukehren. Es heißt: der Emir von Kabul habe sich geweigert, dem Ansuchen der indischen Re-gierung zu willfahren, daß britischen Offizieren gestattet werde, den wirklichen Lauf des Flusses zu bestimmen, der die nördliche Grenze seines Gebiets bildet. Und doch hätte die Sache für den Emir selbst eine große Wichtigkeit. Capitän Trotter hat gezeigt, daß Wood's Fluß nicht als der wirkliche Oxus angesehen werden dürfe und daß die Ehre der Suprematie unter den verschiedenen Flüssen, welche jene Auszeichnung beanspruchen, entweder dem Sarhadb oder dem Akin zuerkannt werden muß. Der letztere, in seinem unteren Lauf als Murghab bekannt, ist aller Wahr-scheinlichkeit nach der längste Zweig des Oxus; und würde er als die wirkliche Scheidelinie zwischen dem Gebiete des Emir von Kabul anerkannt, so würden die Rubingruben und die Gebiete vom Schignaan und Roschan, welche am rechten Ufer des Pandscha liegen, von ihm reclamirt werden können. Es erhellt auch aus den Nachforschungen, welche vom Munschi des Capitäns Trotter, der den Lauf des Flusses bis zu seiner Vereinigung mit dem Murghab verfolgte, angestellt wurden, daß dieser Theil des Landes seine Abhängigkeit von Badakschan zugiebt, und daß die besten Rubinen, welche in den Minen zu finden sind, noch immer dem Emir geschickt werden.

Im Bericht des Capitäns heißt es: „Auf derselben Seite des Flusses, etwa 16 (engl.) Meilen unterhalb Barahar, liegen die berühmten Rubingruben, die einst die Quelle bedeutenden Reichthums für die Regenten von Badakschan waren, jetzt aber beinahe erschöpft sind. Diese Gruben sind bis vor Kurzem zum unmittelbaren Vortheil des Gouverneurs von Badakschan ausgebeutet worden. Gegenwärtig sind hier einige dreißig Menschen unter der Aufsicht einiger Sipahis beschäftigt, welche dem Mohammed Alum Chan, Gouverneur von Turkestan, gehören, der das Product dem Emir von Kabul übermittelt. Man erzählte mir: im Laufe des vorigen Jahres sei ein großer Rubin, etwa von der Größe eines Taubeneies, und mehrere kleinere gefunden und alle dem Emir geschickt worden. Die Rubinen werden in einer großen Höhle gefunden, in welche drei Eingänge führen, die gegen 400 Meter oberhalb des Flusses und etwa eine Meile hoch an der Berglehne liegen. Die Ausgrabung scheint nicht ohne Gefahr bewerkstelligt zu werden, da unlängst drei Arbeiter dabei getödtet wurden, die von den Felsen in die Tiefe stürzten, während sie nach den Edelsteinen suchten. Es befindet sich eine besondere Gattung weichen weißen Steins im harten Felsgestein gelagert, und in jenem sind die Rubinen zu finden. In früheren Jahren zahlten die Bewohner von Gharan, welche diese Minen bauten, keine Abgaben und auch keinen Zins für die Grundstücke. Die 20 Individuen, welche jetzt in den Minen beschäftigt sind, müssen für ihre und der Wache Verpflegung sorgen und auch die Lichter, Fackeln und Werkzeuge beischaffen. Die zahlreichen veröbeten Dörfer in der Nähe beweisen, daß der Besitz der Minen eher ein Fluch als ein Segen für die Bewohner des Thales war, welche seit undenklichen Zeiten unter der directen Herrschaft des Oberhauptes von Badakschan standen." Die Engländer meinen nun: der Emir lasse eine gute Gelegenheit fahren, um eine Angelegenheit in Ordnung zu bringen, die auch die indische Regierung interessirt; denn diese, durch das Vorrücken der russischen Erforschungsexpedition am nördlichen Ufer des Oxus beunruhigt, müsse eine definitive Lösung jener Frage wünschen.

Nach dieser Abschweifung, welche mir nothwendig schien, um wenigstens eine Grenze des innerasiatischen Hochplateaus ein Wenig zu beleuchten, wollen wir zu andern Forschern zurückkehren. Zu ihnen gehört der Botaniker Dr. Thomson, welcher bis an den Paß Karakorum, und der Capitän der bengalischen Armee Henry Strachey, welcher im Jahre 1846 in das eigentliche Tibet eingedrungen ist.

Das meiste Aufsehen erregte das zweibändige Werk des Missionärs Huc, dessen ganzer Titel lautet: „Souvenirs d'un voyage dans la Tartarie, le Thibet et la Chine pendant les années 1844, 1845 et 1846, par M. Huc, prêtre-missionaire de la congrégation de St. Lazare. Paris 1853."

Dieses seiner Zeit so viel besprochene Werk — ich muß es gestehen — blieb mir gegen elf Jahre nur dem Namen nach bekannt, da mich meine Berufsbeschäftigung damals an ein ganz anderes wissenschaftliches und praktisches Gebiet fesselte. Erst gegen 1865, als ich schon ein gut Stück Sibiriens hinter mir, aber noch einen großen Theil vor mir hatte, fiel mir das famose Werk in die Hände, nach welchem ich aus doppeltem Grunde griff. Der erste war das Bedürfniß nach Lectüre, der zweite war der Wunsch, das Land kennen zu lernen, dessen Bewohner so oft einen verderblichen Einfluß auf die europäische Civilisation ausgeübt haben. In erster Rücksicht wäre ich vollkommen befriedigt geworden, wenn mich überhaupt Romanlectüre*) befriedigen könnte; in zweiter Rücksicht machte das Werk den Eindruck der Unwissenschaftlichkeit auf mich und schon damals erklärte ich meinen Reisegefährten, die mein Urtheil über Huc verlangten, daß er entweder ein schlauer Mönch sei, der Glauben an abergläubige Erzählungen heuchelt, die er in seinem Innern verlacht, um selbst Glauben an die Legenden fordern zu können, die er seinen Zuhörern vorträgt, oder daß er ein höchst bornirter Kopf

---

*) Meine Ansicht über Huc's Werk, daß es nämlich zur Romanlectüre zu zählen sei, finde ich in der Vorrede H. Yule's zur englischen Uebersetzung von Prschewalski's Reisewerke durch eine von Mohl mitgetheilte Anekdote bestätigt. Als derselbe einst mit dem Apostolischen Vicar der Cirmission, M. Pallegoix von Siam bei Tische saß, wurde eben das neue Buch gelesen. Der Bischof, um seine Ansicht über das Werk befragt, antwortete in aller Gemüthsruhe: „Ein Bischof darf keine Romane lesen!"

sei, der vielleicht ganz gut in Brevier, Katechismus und Legenden aus dem Leben vieler Heiligen bewandert ist, aber nicht den geringsten Begriff von Naturwissenschaften, vielleicht keine Ahnung von ihrer Existenz hat. Manchem meiner Hörer, unter denen sich übrigens zwei höhere Geistliche aus Lithauen befanden, gefiel dieses Urtheil über Huc nicht; trotzdem blieb ich bei demselben und ich hatte später Gelegenheit, es zu befestigen. Es geschah dies in Ussolje, wohin ich als Strafgefangener gesendet wurde.

Seit dem Jahre 1867 sollten die politischen Strafgefangenen nicht mehr seitens der Direction der Anstalt zu Staatsarbeiten verwendet werden, es sei denn, daß sie sich freiwillig hierzu melden, und in diesem Falle sollten sie einen Tagelohn, wie jeder freie Arbeiter, erhalten. Eine Folge dieses Ukases war, daß wir uns größtentheils Wohnungen mit Gärten mietheten und neben verschiedenem Gemüse, Kartoffeln und Küchenpflanzen auch Tabak pflanzten. Solcher Tabakspflanzer, zu denen auch ich zählte, gabs in Ussolje einige und unter diesen war ein junger Mann von ungefähr 20 Jahren. Er war streng gläubig und einer jener heißblütigen Patrioten, welche selbst im fernen Osten Sibiriens noch glaubten, daß Napoleon III. mit einer Million Zuaven uns aus den Salinen und Bergwerken herausholen und im Triumphe nach Warschau bringen werde.

Eines Tages kam dieser junge Mann, mit dem ich in recht guten Verhältnissen lebte, trotzdem unsere religiösen und politischen Ansichten einander diametral entgegen waren, freudeglühend zu mir, und erklärte mir, daß irgend ein großes Ereigniß im Anzuge wäre, das Gott uns durch ein Wunder verkünde. Dieses Wunder bestand in seltsamen, den arabischen sehr ähnlichen Schriftzügen, welche Gott mit unsichtbarem Finger auf die Blätter seines Tabaks eingedrückt hat. Auf meine ungläubige Bemerkung daß Gott in diesem Falle einen bedeutenden Mißgriff gethan, indem er erstens den vor nicht langer Zeit von der heiligen Kirche als Teufelskraut verpönten Tabak als Material zu seinen Depeschen verwendet und zweitens sich der arabischen Buchstaben zum Depeschiren seines Willens bedient hat, die unser Vorgesetzter, Oberst Turow, gewiß leichter zu entziffern vermochte, als irgend einer der 500 politischen Deportirten, welche sich in der Saline Ussolje befanden.

Mein heißblütiger junger Freund nannte mich einen Un=
gläubigen, Atheisten und weiß der Himmel wie noch sonst und
verließ mich höchst erzürnt darüber, daß ich der himmlischen
Wunderdepesche keinen Glauben beimessen wollte. Ich selbst begab
mich gleich in meine Tabaksplantage und fand wirklich auf der
untern Seite vieler Tabaksblätter eine Menge Zeichen, die eine
fromme Phantasie leicht als eine göttliche Notificirung irgend
eines großen Ereignisses deuten konnte. Viele dieser Hieroglyphen
waren thatsächlich arabischen Buchstaben sehr ähnlich. Ich konnte
sie jedoch nicht entziffern, da ich nicht arabisch verstehe. Den
Finger, der mir meine besten Tabaksblätter verdorben hatte, fand
ich nicht; daß ich an ein Wunder, trotzdem ich die Zeichen sah,
nicht glaubte, versteht sich von selbst. Ich beschloß den unbe=
rufenen Schreiber abzufangen.

Am andern Morgen kam ich kurz nach Sonnenaufgang in
meine Pflanzung, hob vorsichtig einige Blätter in die Höhe, be=
merkte jedoch außer den famosen Hieroglyphen nichts Verdächtiges
und ich gelangte hierdurch zu der Ueberzeugung, daß der De=
peschenschreiber lichtscheu sei. Dieses bewog mich am andern
Tage lange vor Sonnenaufgang in die Tabakspflanzung zu
gehen und — diesmal gelang es mir die Larve der Tabaksmotte,
eines ausgezeichnet schönen kleinen blauen Schmetterlings, dessen
Flügelchen mit verschiedenen weißen Schnörkelchen verziert sind,
zu attrappiren, die das Tabaksblatt, auf welchem sie sich ernährt,
mit jenen räthselhaften Zeichen durchfurcht, aber zur Erde fällt
und an den Wurzeln der Pflanze liegt, wenn die Sonne auf=
geht. Es gelang mir, einige solcher sehr irdischen Wunderthäter
abzufangen, sie mit den von ihnen durchwühlten Tabaksblättern
nach Hause zu bringen und sie meinem wundergläubigen und
wundersüchtigen Gefährten zu zeigen, was ihn — nebenbei ge=
sagt — durchaus nicht von seiner Ansicht abbrachte.

Damals erinnerte ich mich der Aeußerung Huc's über die
tibetanischen Schriftzeichen, daß er selbst im Kloster Gumbum
den Baum „Sanda=moto" und seine mit tibetanischen Buch=
staben beschriebenen Blätter gesehen und obgleich er Anfangs
einen Betrug seitens der Lamas vorausgesetzt, sich doch später
selbst von der „übernatürlichen Erscheinung" überzeugt hat, und
ich kam nach wiederholtem Lesen der betreffenden Stelle zu der

Ueberzeugung, daß nicht die Lamas den Missionär Huc, sondern
dieser seine Leser absichtlich zu täuschen versucht, um ihnen den
Glauben an eine vermeinte supranaturalistische Erscheinung bei-
zubringen.

Seine völlige Unkenntniß der Naturwissenschaften und seinen
Mangel an Kenntniß der einfachsten Regeln der Logik beweist
Huc durch seine Beschreibung „der schädlichen Dünste" auf der
Hochebene des Burchan-Buddha, die er den unwissenden Mongolen nacherzählt, ohne sich die Frage zu stellen, wie es denn
möglich ist, daß in diesen schädlichen Ausbünstungen, in einer
Gegend, in welcher beständig Wind, ja Sturm die Luft bewegt,
zahllose Herden wilder Thiere leben können. Von der Luftverdünnung in den obern Schichten, in welchen man sich befindet,
wenn man sich so hoch über die Meereshöhe erhebt, wie die
Burchan-Buddha-Hochebene, hatte der Pater, der die Geheimnisse
des Himmels, jedes Winkelchen in ihm, genau kannte, keine
Ahnung. Sie war ihm zu irdisch.

Die Krone setzt dem Werke die Beschreibung des Ueber-
ganges über das Flüßchen Buchain-gol auf, während dessen der
Pater zwölf Mal in Lebensgefahr gewesen sein will, da dieses
Flüßchen, das eigentlich nur ein Gebirgsbach ist, sich in zwölf
Arme theilen soll. Durch die Erzählung dieser Fabel, so wie
noch einer andern, und zwar der, daß er, um das (ungemein
sanft ansteigende) Bajan-chara-ula-Gebirge zu besteigen, den
Schweif seines Pferdes ergreifen mußte, um sich auf den Rücken
hinaufziehen zu lassen, setzt der Pater seiner Bornirtheit die
Krone auf. Diese beiden Stellen im Werke Huc's sind entweder
Erfindungen der glühenden Phantasie des Paters, — ich will
mich sehr gelinde ausdrücken, — oder ein gedankenloses Nach-
plappern von Fabeln über Gegenden, die der fromme Herr nicht
gesehen hat. Sie erregen den Verdacht, daß Huc ein Reisewerk
geschrieben hat, ohne selbst die Reise gemacht zu haben, daß er
Fabeln — plagiirt hat! Wenn man den frommen Mann ganz
gelinde beurtheilen will, muß man doch das Urtheil H. Yule's
unterschreiben, welcher sagt, daß Huc es mit großer Gewandtheit
versucht hat, aufregende Scenen zu schildern, daß ihm jedoch
jede Spur geographischen Verständnisses abging und deshalb bei
seinem Versuche, zur Erweiterung der geographischen Kenntnisse

beizutragen, Schiffbruch erlitt, da ihm jede Befähigung, mit Hülfe
wissenschaftlicher Instrumente Beobachtungen anzustellen, mangelte.

Dieses Alles dürfte hinreichen, um Huc endgültig aus der
Reihe der Forscher des innerasiatischen Hochplateaus, und seine
Souvenirs aus dem Kataloge der Reisewerke, welche Werth für
die wissenschaftliche Geographie haben, zu streichen.

Von allen Missionären ist nur einer und zwar der Lazarist
Armand David, welcher der Wissenschaft wahre und bleibende Dienste erwiesen hat; er hat im Jahre 1865 und 1866
die mongolische Hochebene von Kuku-choto und im Jahre 1866
die Nordwestgrenze des tibetanischen Hochlandes und die östliche
Gegend des Kuku-nor erforscht, und ihm verdanken wir die Entdeckung von vierzig neuen Säugethierspecien und funfzig
Vogelspecien, von welchen letzteren eine den Namen ihres Ent-
deckers verewigt.

Eine sehr wichtige Stelle unter den Forschern Inner-Asiens
gebührt dem Baron von Richthofen, trotzdem er nur einen
kleinen Theil der mongolischen Hochebene erforscht hat. Aber
das, was er gesehen, hat er mit einer solchen Gründlichkeit beschrieben, daß man zugestehen muß, er habe der Wissenschaft in
diesem Wenigen mehr Dienste geleistet, als viele andere in volu-
minösen Arbeiten.

Noch sei hier der Reisenden Ney Elias, Dr. Bushell
und Grosvenor erwähnt, von denen der erstere die Linie
von Kalgan durch die Mongolei, Uljasutai und Kobbo bis an
die russische Grenze am Altai, die beiden letztern die Mauer bei
Kalgan untersucht haben und nach Dolon-nor, Schang-tu bis
zum zerstörten Sommerpalaste des Bogdo-Chans bei Kublai gereist sind.

Die hervorragendste Stelle unter den Forschern der Mongolei und Nordtibets nimmt wohl der Oberstlieutenant in der
asiatischen Abtheilung des russischen Generalstabes von Prschewalski ein, dessen Beschreibung dieser dreijährigen Reise in
seinem Werke „Mongolia i strana Tangutow“ gleich nach seinem
Erscheinen die Aufmerksamkeit der Geographen auf sich lenkte.
Unsere Fachzeitschriften „Globus“, „Natur“ und „Geographische
Mittheilungen“ brachten fast gleichzeitig verschiedene dem Werke
entlehnte Artikel, und die englische Presse blieb nicht hinter der

deutſchen zurück*). Der „Globus" leitete dabei den ſo häufig
beſchriebenen, ſcheinbar ſo ſehr bekannten Weg von Kiachta nach
Peking folgendermaßen ein:

„Der Weg von Kiachta nach Peking iſt vielleicht der von
allen Theilen Chinas am meiſten beſchriebene; ihn haben ſchon
Timkowſki vor 55 Jahren, Fuß und Bunge etwa zehn Jahre
ſpäter, in neuerer Zeit Fritſche und Andere geſehen und be=
ſchrieben, und es ſollte ſcheinen, daß Prſchewalſki kaum noch
eine ſchwache Nachleſe halten konnte. Dem iſt jedoch kaum ſo.
Bei Durchleſung der Prſchewalſkiſchen Reiſe weht uns eine ge=
wiſſe Friſche an, welche ſelbſt das Bekannte als faſt neu er=
ſcheinen läßt, und dieſes iſt mit neuen Dingen vermiſcht und ſo
zu ſagen gewürzt; beim Leſen dieſer Reiſebeſchreibung fühlt man
ſich hinverſetzt in fremde Gegenden, unter fremde Völker, ſieht
ihr Leben und Treiben, lernt ſie kennen, als ob man perſönlich
mit ihnen verkehrt hätte. Ich glaube, daß dieſes die Veröffent=
lichung dieſer Reiſe Prſchewalſki's mit ſeinen eigenen Worten
rechtfertigt."

Daſſelbe wird ſich gewiß der Leſer bei Durchleſung jedes
einzelnen Kapitels ſagen. Aus jedem weht Friſche und Lebens=
fülle; man fühlt ſich mit dem Reiſenden hin verſetzt in ferne
Gegenden, unter fremde Völker; man freut ſich mit ihm über
jede neue Entdeckung, die er wiſſenſchaftlich erläutert; lauſcht den
Mittheilungen der Legenden und Märchen, die der kalte, gelehrte
Beobachter nicht glaubt; befindet ſich mit ihm auf gefährlichen
Jagden; genießt mit ihm das ekelhafte Gebräue aus Formthee
und Dſamba; kurz man befindet ſich mit ihm auf der Reiſe und
theilt mit ihm Leid wie Freude, Vergnügen wie Schmerz.

Ich glaube, daß Wenige ſich zu einer Reiſe, wie die durch

---

*) Die engliſche Ueberſetzung des Prſchewalſkiſchen Werkes, welche mit
einer Vorrede von H. Jule ausgeſtattet iſt, hat bedeutende Mängel und
dürfte u. A. keine genaue Kenntniß der Fauna einzelner Gegenden bieten.
Was aber in ihr die Illuſtration S. 214 Th. II, das durch Erdbeben
zerſtörte Dorf Tſchortkow in Transbaikalien bedeuten ſoll, wo im Texte
von den Erdbeben in Gan=ſu die Rede iſt, iſt nicht zu begreifen. Eine
orthodoxe Cerkiew im Süden der Mongolei iſt, meiner Anſicht nach, nur
geeignet, die Lachnerven zu reizen. Warum nicht lieber eine Illuſtration
des Erdbebens, das Liſſabon zerſtörte, zur Illuſtrirung der Folgen von
Erdbeben in der Mongolei benutzen?

die Mongolei nach Nordtibet, wie Prschewalski vorbereitet
haben. Denn ehe er diese großartige dreijährige Reise antrat,
hatte er während der Jahre 1867—69 eine Reise im Ussuri-
Gebiete ausgeführt, welche er im Jahre 1870 in einem gegen
23 Bogen starken Werke unter dem Titel: „Putjeschestwije w ussurijskom Kraje" (Reise durchs Ussurigebiet)
beschrieben hat; in diesem Werke zeigte der Verfasser, daß er
zum Forscherreisenden geboren ist.

Seine Reise durch die Mongolei und Nordtibet ist auch
kein flüchtiges Durcheilen des Landes. Er hält sich in verschiedenen Gegenden Wochen, ja Monate lang auf, lebt wochenlang
in den verschiedenen Regionen der Gebirge, beobachtet dort nicht
bloß die todte Natur, d. h. die physischen Erscheinungen, so weit
sie auf das Klima Bezug haben, sondern auch das organische
Leben, namentlich die phanerogame Flora, die Säugethiere, Vögel
und Fische, während er, wie es scheint, seinem Begleiter, dem
Unterlieutenant Pylzow, das Studium der niederen Thierwelt
überlassen hat. Nach Durchlesung des Werkes bedauert man
unwillkürlich, daß dem kühnen Reisenden die Mittel zu seiner
Expedition so kärglich und spärlich zugemessen waren, denn sonst
hätte er uns gewiß in das wenig bekannte Lassa und in die fast
ganz unbekannte Gegend des Sees Lob-nor geführt und uns eine
neue Welt erschlossen.

Aus dem Leben des berühmten Forschers wissen wir Folgendes:

Er stammt aus einer altpolnischen Familie (er schreibt sich
selbst noch polnisch Przewalski und ich erlaubte mir nur,
um dem deutschen Leser das richtige Aussprechen des Namens
zu erleichtern, das rz in rsch, was nahezu gleichlautend ist, um-
zuändern), welche im Gouvernement Smolensk seit Jahrhunderten
ansäßig ist, erhielt seine wissenschaftliche Vorbildung auf dem
Gymnasium in Smolensk und beendete sein Studium auf der
Militär-Akademie in Petersburg, wo er sich mit Vorliebe den
Naturwissenschaften widmete. Nach vollendeten Studien trat er
in die Armee, wurde auf seinen Wunsch nach Ostsibirien gesendet und machte von Irkutsk aus im dienstlichen Auftrage eine
Reise an den Amur und Ussuri, welche er nicht bloß im Interesse
des Dienstes, sondern auch im Interesse der Wissenschaft ver-

werthet hat. Die Reise durch die Mongolei liegt hier vor. Jetzt bereitet sich Oberstlieutenant Prschewalski, — wie ich aus russischen Quellen ersehe, — zur zweiten Reise in die Mongolei, besonders an den See Lob-nor, vor und gewiß wünscht ihm jeder Leser vom Herzen Glück zu diesem neuen, der Wissenschaft ge- widmeten Unternehmen.

Eine Rechtfertigung der Uebersetzung scheint überflüssig; das Werk ist von so hoher wissenschaftlicher Bedeutung, daß man sich hätte wundern müssen, wenn es keinen Uebersetzer und die deutsche Uebersetzung keinen Verleger gefunden hätte.

Zum Schlusse noch ein Wort über China, für das Oscar Peschel mit seinem gewichtigen Worte in seiner „Völker- kunde" aufgetreten ist. Der berühmte, leider zu früh ver- storbene Gelehrte schreibt über dieses Volk folgende Apologie:

„Bei einer bedauerlichen Mehrheit unserer Landsleute be- schränkt sich das Wissen vom Himmlischen Reich auf den Zopf, den die Chinesen doch erst seit 1644 tragen, und ablegen werden, sobald die Mandschu-Dynastie fällt, sowie auf die große Mauer, welche gegenwärtig weder bewacht noch ausgebessert wird, und von der man sprüchwörtlich, aber fälschlich behauptet, sie sei von den Chinesen als eine Art spanischer Wand zur Abwehr gegen abendländische Belehrung errichtet worden. Seit Jahrhunderten, sagen die Bescheidenen, seit Jahrtausenden die Dreisteren, sei China China geblieben, ohne sich vorwärts oder rückwärts zu bewegen, so daß zur Widerlegung dieses Irrthums bei der spä- tern Aufzählung von Neuerungen, die im Himmlischen Reiche eben so wenig ausgeblieben sind als anderwärts, stets Zeit- angaben angeführt werden sollen, aus denen sich stillschweigend ergeben wird, daß die Bewohner des Himmlischen Reiches fort und fort, theils durch eigenes Nachdenken, theils durch Aufnahme fremder Gedanken, ihre Zustände verbessert haben.

Wohl haben uns die Chinesen bis zur Eroberung Pekings „Barbaren" und „Teufel" geheißen*). Ob wir aber als Chi-

---

*) Si-fan, d. i. „Fremdlinge des Westens", kann seiner Zusammen- setzung gemäß natürlich alle westlichen Barbaren bedeuten, wenn es auch anfänglich nur diejenigen am Kuku-nor in sich begriff, welche den ersten chinesischen Bewohnern des heutigen China in den Provinzen Schen-si und Gan-su genau im Westen wohnten. Später wurde der Name südwärts

neſen nicht das Nämliche gethan und mit Recht gethan hätten,
ſoll ein jeder entſcheiden, nachdem er ſich von einem gerecht und
menſchlich fühlenden Gelehrten der Vereinigten Staaten über die
Rohheiten der Europäer in China hat unterrichten laſſen. Ein
aufgefriſchter Dampfer, erzählt Pumpelly (A cross America and
Asia. London 1870. p. 206), ſollte von Schanghai aus ſeine
erſte Probe beſtehen, und was ſich in der Stadt an angeſehenen
Namen befand, wurde zu der Spazierfahrt eingeladen. Zu den
Geladenen gehörte auch unſer amerikaniſcher Gewährsmann. Der
Dampfer ging den Wuſangfluß hinauf und fegte mit voller Kraft
durchs Waſſer als oberhalb ein chineſiſches Fahrzeug bemerkt
wurde, bis zum Bord mit Backſteinen beladen, ſo daß es den
Rudern der vier einheimiſchen Schiffsknechte ſchwer gehorchte.
Da das Fahrwaſſer ſehr ſchmal war, trachteten die Chineſen ſeit-
wärts auszuweichen und arbeiteten aus Leibeskräften. Trotzdem
wich das bleierne Fahrzeug nicht völlig bei Seite. Der Lootſe
fragte daher: „Soll der Dampfer halten?“ „Nein,“ ſchrie der
Capitän, „vorwärts!“ Athemlos harrte Pumpelly der Dinge.
Die Spitze des Schiffes ſtieß in das Ziegelboot und der Stoß
drehte letzteres ſo heftig, daß es gegen den Radkaſten geſchleudert
wurde. Der Dampfer bebte beim Zuſammenſtoß, fuhr aber luſtig
weiter. Als Pumpelly auf dem Hintertheil über Bord ſchaute,
ſah er von Schiff und Schiffern nichts mehr als einen einzigen
Chineſen anſcheinend bewegungslos im Waſſer. Das Vergnügen
der Spazierenfahrenden litt übrigens nicht das mindeſte unter
dieſem Zwiſchenfalle, beſonders nachdem die Offiziere mit gutem
Ergebniſſe unterſucht hatten, ob etwa der Radkaſten erheblich be-
ſchädigt worden ſei.

Als Gegenſtück wollen wir hier ein anderes Erlebniß
Pumpelly's (l. c. p. 299) einſchalten.

Wir befinden uns mit Pumpelly im Norden auf der Heimkehr aus den Gebieten des Steinkohlenbergbaues. Dort gab ihm
und ſeinem Geſährten Murray von der britiſchen Geſandtſchaft,

---

ausgedehnt und wenn heute von Siſan geſprochen wird, ſo verſteht man
darunter meiſt nur die „Barbaren“ an und innerhalb der nordweſtlichen
Grenzen der Provinz Sze'-tſchwan. „Barbaren“ und „Teufel“ nennen
uns die Chineſen auch heute noch, doch thut und that dies wohl nur der
Pöbel.

einem meisterhaften Sinologen, der Straßenpöbel von Tahwei-
tschang das Geleite. Pöbel bleibt Pöbel! Der chinesische ergötzte
sich durch Witze an den fremden Gestalten, geradeso wie eng-
licher und amerikanischer Pöbel an bezopften Chinesen sich ergötzt
haben würde. Nach dem Lachen aber wurde die Stimmung faurer,
denn die Himmlischen warfen allerlei widerwärtige Projectile gegen
die fremden Teufel, unbekümmert, daß diese unter der Obhut
dreier Mandarinen reisten. Da kehrte Murray sein Roß um,
erhob die Hand, um der Menge Schweigen zu gebieten und begann in trefflichem Chinesisch: „O, Volk von Ta-hwei-tschang,
übst du so die Gastlichkeit? Befolgst du so die Vorschriften
deiner Philosophen, daß man den Fremdling in den Mauern
sanft behandeln muß? Hast du den Spruch deines großen Mei-
sters Confutse vergessen: Was ich nicht will, das ein anderer
mir zufüge, das soll auch ich ihm nicht thun?" Im Nu änderte
sich der Auftritt, die alten Chinesen schüttelten wohlgefällig den
Kopf, die Buben aber bemühten sich, durch Gefälligkeit den Eindruck ihrer frühern Unarten wieder zu verwischen. Nun frage
sich jeder, was hätte eine englische Straßenbevölkerung gethan,
wenn ein Chinese, um sich gröblichen Belästigungen zu entziehen,
ihr einen Satz aus der Bergpredigt vorgehalten hätte?"

Ich glaube, daß der gelehrte Peschel in seinem gewiß an-
erkennenswerthen Eifer, ein mißkanntes Volk zu vertheidigen, den
eigentlichen Kernpunkt der Frage außer Acht gelassen hat. Es
handelt sich ja gar nicht darum, ob es in Europa, selbst unter
den civilisirtesten Völkern, keinen Verbrecher, wie jener Schiffs-
capitän, keinen Straßenpöbel giebt, der nicht bloß den Chinesen,
sondern auch den Inländer insultirt und nur dem Gensdarmen
und Polizisten, — und auch diesen häufig erst, wenn sie von
den Waffen Gebrauch machen, — gehorcht. Die Frage lautet:
Ist das chinesische Volk ein Culturvolk? was hat es für die
Civilisation gethan?

Bei Beantwortung dieser Frage müssen wir vor allen Dingen
feststellen, was wir unter dem Begriffe „Culturvolk" verstehen. Meines Erachtens ist noch nicht das Volk ein Culturvolk, welches zur höchsten Stufe der Vollkommenheit befähigt ist,
sondern auch einerseits daran arbeitet, sie selbst zu erreichen,
andererseits aber auch bemüht ist, Bildung und Gesittung bei

seinen Nachbarn zu verbreiten. Dieser Anforderung hat das chinesische Volk, so weit seine Geschichte reicht, oder so weit sie bekannt ist, nicht genügt, sondern es hat im Gegentheile, wie sich der Leser aus der Beschreibung der Mongolen, Tanguten und überhaupt der von Prschewalski geschilderten Völkerstämme über- zeugen wird, nicht nur nicht civilisirend, d. h. bildend und ver- edelnd auf sie gewirkt, sondern hat sogar die geraden, wenn auch barbarischen, d. h. ungebildeten Nomaden der mongolischen Wüste, ja auch die Bewohner des von Natur reichen Ussuri-Gebietes, demoralisirt und verwildert, — blos aus Feigheit, die alle Grenzen des Glaublichen übersteigt.

China hat keine Geschichte in unserm Sinne; die Chinesen bilden auch kein Volk im europäischen Sinne des Wortes. Ge- schichte ist die Aufzählung der wechselnden Erscheinungen, welche eine Entwickelung bürgerlicher Institutionen und Wechselfälle in den Beziehungen zum Auslande bedingen. Indessen bildet China seit Jahrtausenden nur eine patriarchalisch regierte Familie. Der Patriarch wechselt, ist bald Tatar, Mongole, Manoschu, aber immer Patriarch, dessen Wille und Wort heilig ist, keiner Kritik unterliegt. China zählt gegen 300 Millionen Bewohner und in dieser ungeheuren Zahl findet man nicht einen Bürger! Es hat 300 Millionen Kinder, die sich einbilden, daß ihr Land der Mittelpunkt der Erde sei, um den sich Alles dreht, für den Alles geschaffen ist!

Wohl mag die geographische Lage des Landes unendlich viel dazu beigetragen haben, seine Bewohner an einer geschichtlichen Ent- wickelung zu hindern; im Osten der unendliche Ocean, im Westen Süden und Norden schroffe Felsengebirge und unfruchtbare, wüste Hochebenen waren wenig geeignet, eine Entwickelung zu begünstigen. Trotzdem glaube ich, daß, wenn ein rühriges, geistig strebsames Volk dieses eingeengte, aber von Natur überreiche Land bewohnt, es sich auch eine glänzende Geschichte geschaffen hätte. Niemand weiß, um einige Beispiele anzuführen, seit wie lange die Magnet- nadel in China bekannt gewesen ist; trotzdem hat das chinesische Volk von ihr keinen Gebrauch für die Schiffahrt gemacht. Kaum aber war dieser untrügliche Wegweiser in Europa bekannt ge- worden, da begannen auch schon die Entdeckungsreisen und ein Erdtheil nach dem andern wurde aufgefunden, eine Insel nach der andern entdeckt und selbst die Eismeere wurden, wenn auch nur theilweise, dem menschlichen Wissen erschlossen. Ein Gleiches ist von der in China längst bekannten Buchdruckerkunst zu sagen. sie hat in China den Geist nicht berührt, während sie zur gänzlichen Umgestaltung Europas in jeder Beziehung beigetragen hat und noch fortwährend beiträgt.

Wir nennen unser feudales Mittelalter das Zeitalter der Barbarei. Wir bedurften aber keiner drei Jahrhunderte, um uns aus ihr herauszuarbeiten, trotzdem sich Päpste, Kaiser und Adel verbunden hatten, um die Menschheit in ihr zu erhalten; China hat sich seit Tausenden von Jahren nicht aus der Kindheit zur feudalen Barbarei hinaufgearbeitet, und dieses ist — Barbarei. Ich glaube, daß, wenn wir Europäer nur die Wahl hätten, ins Mittelalter zurückzukehren oder Chinesen zu werden, wir unbedingt das erste wählen würden, weil wir die Hoffnung behielten, aus beengten bürgerlichen Verhältnissen zu freieren zu gelangen, welche Hoffnung dem Chinesen abgeht.

Ich habe in Nordasien verschiedene Mongolenstämme, von denen ja der Stamm der Buriaten einst China unterthan war, gesehen; einen civilisatorischen Einfluß Chinas auf sie habe ich nicht bemerkt; sie gehen unter, weil sie den Europäer nicht begreifen, weil sie geistig unfruchtbar, unempfänglich geworden sind, — und die Chinesen werden schwinden, wenn die Berührung mit Europa und Nordamerika intimer werden wird.

Posen, den 24. Juni 1876.

Albin Kohn,

Wirkl. Mitglied der kais. Akklim. Ges. in Moskau. Bevollmächtigter des Museums für Völkerkunde in Leipzig.

Inhalts-Verzeichniß.

Verzeichniß der Abbildungen und Tafeln.

I. Kapitel.

Von Kiachta nach Peking.

Der Vorabend der Abreise. — Die Postverbindung durch die Mongolei. Abreise von Kiachta. — Die Gegend bis Urga. — Beschreibung dieser Stadt. — Die Wüste Gobi. — Ihr Charakter. — Die Vögel und Säugethiere der Wüste. — Das Gebiet der Zacharen. — Das Randgebirge der mongolischen Hochebene. — Die Stadt Kalgan. — Theekarawanen. — Die große Mauer. — Erste Bekanntschaft mit den Chinesen. — Reise nach Peking.

Im Anfange November 1870 kam ich und mein junger Begleiter Michael Alexandrowitsch Pylzow mit der Post durch Sibirien in Kiachta an, von wo aus wir unsere Reise durch die Mongolei und die an sie grenzenden Länder Innerasiens beginnen sollten. Vom ersten Augenblicke an fühlten wir in Kiachta die Nähe fremder Länder. Lange Reihen von Kameelen auf den Straßen der Stadt, gebräunte Mongolengesichter mit hervorstehenden Backenknochen, langzöpfige Chinesen, eine fremde, unverständliche Sprache, Alles dieses sagte uns deutlich, daß wir im Begriffe sind einen Schritt zu thun, der uns auf lange von der Heimath, von Allem, was uns lieb und theuer, trennen soll. Es wurde uns schwer, uns in den Gedanken hineinzufinden, aber das Drückende, das er an sich hatte, wurde durch die freudige Erwartung des nahen Beginnes unserer Reise gemildert, von welcher ich seit meinen frühesten Jugendjahren geträumt hatte.

Da uns die Bedingungen der bevorstehenden Reise nach Hochasien gänzlich unbekannt waren, so beschlossen wir vor allen Dingen nach Peking zu reisen, um von der chinesischen Regierung einen Paß zu erhalten und dann erst die außerhalb der Mauer des himmlischen Reiches belegenen Gegenden zu besuchen. Dieser Rath wurde uns von unserm damaligen Gesandten in China, dem General Wlangali, ertheilt, welcher uns vom Beginne bis zum Ende der Expedition mit allen ihm zu Gebote stehenden Mitteln beistand und durch seine edle Fürsorge die Erreichung des Zieles vorbereitete. Später und zwar gleich auf dem ersten Schritte außerhalb Pekings erkannten wir den ganzen Werth eines direct vom chinesischen Minister der auswärtigen Angelegenheiten, nicht aber vom Grenzcommissar in Kiachta ausgefertigten Reisepasses. Ein solcher gab uns in den Augen der Bevölkerung eine höhere Bedeutung, und dies ist wichtig für eine Reise in China und nicht in China allein.

Die Reise der Europäer von Kiachta nach Peking wird in zweifacher Weise bewerkstelligt: entweder mit Postpferden oder mit durchreisenden mongolischen Kameelen, nach Verabredung mit deren Eigenthümer.

Die Postverbindung durch die Mongolei ist durch Tractate geordnet und zwar durch den Tractat von Tien-tsin (1858) und durch den von Peking (1868). Durch diese Verträge erhielt die russische Regierung das Recht, für ihre Rechnung eine in bestimmten Terminen abzufertigende Post — sowohl Brief- als auch Packet- und Personenpost — von Kiachta nach Peking und Tien-tsin einzurichten. Bis nach Kalgan sind Mongolen, weiterhin Chinesen Posthalter. Wir haben an vier Orten Postabtheilungen: in Urga, Kalgan, Peking und Tien-tsin. An jedem dieser Orte lebt ein russischer Beamter, welcher der Postabtheilung vorsteht und die regelmäßige Abfertigung überwacht. Die Briefposten gehen von Kiachta und Tien-tsin allmonatlich drei Mal, die Packetposten aber einmal ab. Letztere, welche auf Kameelen befördert werden, werden immer von zwei Kasaken begleitet, die von Kiachta aus mitgesendet werden. Die Briefposten werden nur von Mongolen begleitet und zu Wagen befördert. Sie kommen gewöhnlich in vierzehn Tagen von Kiachta nach Peking, während die Packetpost 20 bis 24 Tage unterwegs ist. Die Unterhaltung der Post durch die Mongolei kostet unsere Regierung gegen 17,000 Rubel; die Einkünfte sämmtlicher vier Abtheilungen übersteigen nicht die Summe von 3000 Rubel. Zwischen Urga und Kalgan besteht außerdem noch eine Postver-

Chinesisches Fuhrwerk. (Nach einer Photographie.)

bindung, welche von den Chinesen ausschließlich für den eigenen Gebrauch eingerichtet ist. Auf dieser Poststraße, auf der Grenze der Provinz Chalcha und zwar bei der Station Saïr-ussu, zweigt sich eine zweite Poststraße ab, welche nach Uljassutai führt.

Außerdem hat sich die chinesische Regierung verpflichtet, für unsere geistliche und diplomatische Mission in Peking vierteljährlich ein Mal eine Packetsendung von Kiachta nach Peking und zurück für eigene Rechnung zu befördern; das Gewicht jeder Sendung darf jedoch nicht 80 Pud übersteigen.

Bei ungewöhnlichen Vorfällen, wenn besonders wichtige Schriftstücke an den Gesandten in Peking oder von diesem nach Rußland zu befördern sind, können russische Beamte als Couriere abgesendet werden. Davon muß aber 24 Stunden vorher der chinesische Dsargutschei in Kiachta resp. der Kriegsminister in Peking in Kenntniß gesetzt werden. In diesem Falle wird eine Verfügung erlassen, auf allen chinesischen und mongolischen Stationen Pferde in Bereitschaft zu halten, und der Courier, welcher sich zur Fahrt eines zweirädrigen chinesischen Wagens bedient, kann von Kiachta nach Peking, welche gegen 1500 Kilometer von einander entfernt liegen, in neun oder zehn Tagen gelangen. Für diese Fahrt ist keine Bezahlung zu verlangen, doch giebt der russische Beamte gewohnheitsgemäß, unter der Form eines Geschenkes, drei Silberrubel.

Die zweite Art der Beförderung durch die Mongolei besteht darin, daß man in Kiachta oder Kalgan einen Mongolen miethet, der sich verpflichtet, den Reisenden auf Kameelen durch die Gobi zu schaffen. So reisen alle unsere Kaufleute, welche sich in ihren Angelegenheiten nach China oder aus China nach Kiachta begeben. Der Reisende selbst wird gewöhnlich in einen chinesischen Wagen placirt, welcher aus einem großen cubischen Koffer besteht, der sich auf zwei Rädern befindet, und von allen Seiten verdeckt ist. Im Vordertheile dieser Kiste, und zwar an der Seite, befindet sich eine Oeffnung, die durch eine kleine Thür verschlossen wird. Dieses Loch dient dem Reisenden zum Ein- und Aussteigen; in der Equipage muß der Reisende unbedingt liegen und zwar mit dem Kopfe gegen die Pferde, da sonst die Füße höher als der Kopf liegen würden. Der Reisende wird, selbst wenn im Schritt gefahren wird, unaussprechlich zerstoßen.

1*

In einer solchen Equipage, die ich zur Fahrt von einem
Kaufmanne in Kiachta gemiethet hatte, entschlossen wir uns mit
gemietheten Kameelen durch die Mongolei nach Kalgan zu reisen.
Als Entrepreneur erschien ein Mongole, welcher einen Transport
Thee nach Kiachta gebracht hatte und nach frischer Waare reiste.
Nach langem Handeln verabredeten wir endlich, daß er uns mit
einem Kasak und unseren Sachen für 70 Lan (1 chinesischer
Lan ist durchschnittlich gleich 2 russischen Rubeln) nach Kalgan
bringen sollte. Die Zeitdauer der Reise war auf vierzig Tage
angesetzt, was verhältnißmäßig lang war, da die Mongolen die
Strecke auch in fünfundzwanzig Tagen zurücklegen; für eine so
schnelle Beförderung wird aber auch weit mehr bezahlt. Ich
wollte mich so eingehend wie möglich mit der Gegend bekannt
machen, durch welche ich reisen wollte, und deshalb kam mir die
langsamere Bewegung sehr gelegen.

Als Dolmetscher für die mongolische Sprache war uns ein
Kasak der transbaikalischen Militärabtheilung, ein geborener
Buriat, zucommandirt. Er zeigte sich als guter Dragoman;
er war jedoch der Sohn eines reichen Mannes und deshalb
begann er bald, als er während der Reise auf Mühseligkeiten
stieß, sich so stark nach der Heimath zurückzusehnen, daß ich im
Frühlinge des nächsten Jahres gezwungen war, ihn nach Kiachta
zu senden, von wo aus ich an seiner Stelle zwei andere Kasaken
erhielt.

Endlich machten wir uns kurz vor Sonnenuntergang am
17. November (a. St.) auf den Weg. Das vor den Wagen
gespannte Kameel zog an und beförderte uns und unsern ge=
meinschaftlichen Freund, den aus Rußland mitgebrachten Schweiß=
hund „Faust", unserm Ziele zu. Nicht weit hinter Kiachta
überschritten wir die Grenze, und kamen auf mongolischen
Boden.

Die ganze Grenze zwischen Kiachta und Urga, das vom
erstern gegen 300 Kilometer entfernt ist, hat den Charakter
unserer reicheren Baikalgegenden; derselbe Reichthum an Wald
und Wasser, dieselben ausgezeichneten Wiesen auf schroffen Ge=
birgsabhängen, mit einem Worte der Reisende wird durch nichts
an die nahe Wüste erinnert. Die absolute Höhe dieser Gegend,

von Kiachta bis zum Chara-gol*), beträgt gegen 900 Kilom.;
weiterhin erhebt sich die Gegend und erreicht in Urga schon
1600 Kilom. Meereshöhe. Diese Erhebung bildet den Nordrand
der weiten Hochebene Gobi.

Im Allgemeinen hat die Gegend zwischen Kiachta und Urga
einen gebirgigen Charakter; aber die Berge erreichen nur eine
mäßige Höhe und haben dabei eine weiche Form. Es fehlen
scharf ausgeprägte Erhöhungen und große wilde Felsen, die
Uebergänge sind nicht hoch, die Abhänge eben; dieses der allgemeine topographische Charakter dieser Bergzüge, welche sich
alle in der Richtung von West nach Ost hinziehen. Von diesen
Höhenzügen an der Straße von Urga zeichnen sich besonders
drei durch ihre Größe aus; einer am nördlichen Ufer des Flusses
Iro, der zweite, mittlere, Manschabai, und der dritte in der
Nähe von Urga, Muchur. Nur der Uebergang über den
Manschabai ist steil und hoch, man kann ihn jedoch auf einem
mehr östlichen Wege umgehen.

Die Bewässerung der hier besprochenen Gegend ist reichlich;
zu den größeren Flüssen gehören der Iro und Chara-gol,
welche in den Orchon fallen. Dieser ist ein Nebenfluß der
Selenga. Der Boden ist überall ein schwarzer Humus- oder
Lehmboden, der sehr gut zu bearbeiten ist; aber die Cultur hat
diese Gegend noch nicht berührt; erst gegen 150 Kilometer von
Kiachta haben hier angesiedelte Chinesen einige Dessjatinen um-
gepflügt.

Der Gebirgsstrich, welcher zwischen Kiachta und Urga liegt,
ist auch ziemlich waldreich. Doch weisen diese größtentheils an
den Nordabhängen befindlichen Wälder nicht den Reichthum an
Umfang, Formen und Mischung der Gattungen auf, durch die
sich unsere sibirischen Wälder auszeichnen. Unter den Bäumen
überwiegen die Kiefer, die Lerche und Birke; außerdem findet
man in geringerer Zahl die Zirbelkiefer, die Eller (Else) und
wilde Persicosträucher. Sowohl in den Thälern wie an den

---

*) „Gol" bedeutet Fluß und wird immer dem Namen des Flusses
hinzugefügt, ebenso wie das Wort „noor" (richtiger nur) See zum
Namen des Sees und das Wort „daban" (Rücken) oder „ulla", Berg,
zu dem des Höhenzuges oder Berges.

offenen Bergabhängen ist der Boden dicht mit ausgezeichnetem Grase bedeckt, das dem Vieh der Mongolen, welches das ganze Jahr hindurch auf die Weide geht, Nahrung bietet.

Im Winter war die Fauna nicht reich an Arten. Am häufigsten sah man das **graue Rebhuhn** (Perdix barbata), den **Hasen** (Lepus toli), den **Pfeifhasen** (Lagomys Ogotona), die überwinternde **Lerche** (Otocoris albigula) und eine **Finkenart** (Fringilla linaria), welche in großen Herden am Wege lebt. Die schöne **rothschnäblige Dohle** (Frigilus graculus) wird immer häufiger, je mehr man sich Urga nähert, wo sie selbst im Hause unseres Consuls nistet. Nach Angabe der Bewohner der Gegend leben in den Wäldern in geringer Zahl **Rehe, Wisente, Wildschweine** und **Bären.** Mit einem Worte, die Fauna der Gegend wie die ganze Natur hat noch ganz sibirischen Charakter.

Eine Woche nach unserer Abfahrt von Kiachta kamen wir in Urga an, wo wir vier Tage in der fröhlichen Gesellschaft der Familie unseres Consuls, J. P. Schischmarew, zubrachten.

Die Stadt Urga, der Hauptpunkt der nördlichen Mongolei, liegt am Flusse Tola, einem Nebenflusse des Orchon, und ist allen Nomaden ausschließlich unter dem Namen „Bogdo-Kuren" oder „Da-Kuren", d. i. das heilige Lager, bekannt. Mit dem Namen Urga, der vom Worte „Urgo" (das Schloß) herstammt, haben nur die Russen die Stadt getauft.

Die Stadt besteht aus zwei Theilen und zwar aus einem mongolischen und einem chinesischen. Der erstere heißt eigentlich Bogdo-Kuren, der zweite aber, der circa vier Kilometer östlicher liegt, führt die Bezeichnung Mai-mai-tschen, d. h. die Handelsstadt. In der Mitte zwischen beiden erhebt sich auf einer freundlichen Anhöhe in der Nähe des Tolaufers das zweistöckige Haus des russischen Consuls mit seinen Flügeln und Nebengebäuden.

Im Ganzen zählt Urga gegen 30,000 Einwohner. Die Bewohner des chinesischen Theils, welchen aus Lehm erbaute „Fausen" bilden, sind ausschließlich chinesische Beamte und Kaufleute. Nach dem Gesetze ist es weder den einen noch den anderen erlaubt, Familien bei sich zu haben und überhaupt sich

Straße in Urga und Tempel.

sest anzusiedeln. Doch die Chinesen umgehen dieses Gesetz und halten sich mongolische Wirthinnen; die mandschurischen Beamten aber bringen ungenirt ihre Familien mit.

Die Hauptstelle im mongolischen Theile der Stadt nimmt der Tempel mit seinen vergoldeten Kuppeln und das Palais des Kutuchta, des irdischen Repräsentanten Gottes, ein. Dieses Palais unterscheidet sich übrigens äußerlich nicht von einem Tempel, von denen der durch Größe und Architektur ausgezeichnetste der Tempel des künftigen Weltherrschers, Maidari,

Götterbild der Mongolen.

Dieses ist ein hohes, quadratisches Gebäude mit flachem Dache. In seinem Innern steht auf einer Erhöhung die Statue Maidari, unter der Form eines sitzenden, lächelnden Mannes gestellt, welcher fünf Klafter hoch ist und, wie man sagt, gegen 8000 Pud wiegt. Es ist aus vergoldetem Kupfer in Dolon-noor, einer Stadt, welche circa 35 deutsche Meilen genau nördlich von Peking liegt und deren Bewohner sich hauptsächlich mit Anfertigung mongolischer Götterbilder beschäftigen, gemacht und wurde stückweise nach Urga gebracht. Vor der Statue

Maidari's steht ein Tisch mit verschiedenen Opfergaben, unter denen der gläserne Pfropfen einer unserer gewöhnlichen Carraffinen nicht die letzte Stelle einnimmt; rings umher an den Wänden des Gebäudes befinden sich eine Menge anderer kleiner Götter (Burchane) und viele Heiligenbilder.

Abgesehen von den Tempeln und einer kleinen Anzahl chinesischer Fansen bestehen die übrigen Wohnungen der Stadt aus Filzjurten und kleinen chinesischen Lehmhütten. Die einen wie die anderen befinden sich immer in einer aus spitzen Baumstämmen gefertigten Umzäunung. Solche Umzäunungen oder Höfe sind theils in einer Reihe aufgestellt, so daß sie eine Straße bilden, theils stehen sie in vereinzelten Gruppen ohne jegliche Ordnung. In der Mitte der Stadt befindet sich der Marktplatz und hier haben vier oder fünf unserer Kaufleute ihre Läden, in denen sie sich mit dem Detailverkaufe russischer Waaren befassen. Außerdem fahren sie auch Thee nach Kiachta.

Die gebräuchlichste Einheit beim Tauschhandel ist in Urga wie in der ganzen nördlichen Mongolei der Formthee, der zu diesem Behufe oft in sehr kleine Stückchen zersägt wird. Der Preis einer Waare wird nicht bloß auf dem Markte, sondern auch in den Läden durch eine gewisse Anzahl Stücke Formthees bestimmt. So hat z. B. ein Schöps einen Werth von 12 bis 15, ein Kameel von 120 bis 150, eine chinesische Pfeife von 2 bis 5 Stück Formthee u. s. w. Unser Geld, sowohl Papier- als Silberrubel, wird von den Bewohnern Urgas wie überhaupt von den nördlichen Mongolen angenommen, doch nehmen die letzteren lieber chinesische Lan; trotzdem ist der Formthee unvergleichlich mehr im Gebrauche und zwar hauptsächlich bei den unteren Classen der Bevölkerung, so daß derjenige, der auf dem Markte Einkäufe machen will, durchaus einen Sack voll, besser eine Wagenladung schwerer Formtheestücke mit sich führen muß.

Die Bewohner des mongolischen Stadttheils von Urga sind größtentheils Lamas oder Geistliche; ihre Zahl in Bogdo-Kuren beläuft sich auf 10,000 Mann. Diese Zahl könnte als übertrieben erscheinen, aber der Leser wird sie glaubwürdig finden, wenn er hört, daß von allen Bewohnern der Mongolei zum mindesten der dritte Theil diesem Stande angehört. Zu

Urga befindet sich eine große Schule mit drei Facultäten, einer
theologischen, medicinischen und astrologischen, in welcher Kinder,
die dem Lamastande gewidmet sind, unterrichtet werden.

Für die Mongolen ist Urga in religiöser Beziehung die
zweite Stadt nach Lassa (eigentlich Lhassa, mongolisch Munchu-
dsu, das ewige Heiligthum) in Tibet, weil hier der Kutuchta
residirt. Als wir in Urga waren, war sein Thron unbesetzt, da
der große Heilige ein oder zwei Jahre vorher verstorben war;
obgleich nun sein Nachfolger in Tibet schon gefunden war, so
konnte doch die mongolische Gesandtschaft nicht nach Lassa
gehen, um ihn abzuholen, da der mohammedanische (dunganische)
Aufstand damals ganz Gan-su ergriffen hatte, durch welches der
Weg von Urga nach Tibet führt.

Außer dem Kutuchta in Urga leben in vielen Tempeln der
Mongolei und in Peking selbst noch andere Kutuchten oder
Higenen; in Bezug auf Heiligkeit stehen sie jedoch niedriger
als ihr geistlicher Bruder in Bogdo-Kuren; wenn sie vor ihm
erscheinen, müssen sie vor ihm eben so gut wie andere Sterbliche
niederfallen.

Die chinesische Regierung, welche sehr wohl den großen
Einfluß der Higenen und Lamas auf das unwissende Volk kennt,
beschützt die geistliche Hierarchie der Mongolei in weitem Maße.
Hierdurch befestigen die Chinesen ihre Macht und paralysiren in
etwas den allgemeinen Haß der Mongolen gegen ihre Unterdrücker.

Die Higenen selbst sind, mit sehr wenigen Ausnahmen, in
geistiger Hinsicht sehr beschränkte Leute. Von Jugend auf unter
die Vormundschaft der Lamas und ihrer Umgebung gestellt, sind
sie der Möglichkeit, ihren Verstand, wenn auch nur in praktischer
Beziehung, zu entwickeln, beraubt. Die Ausbildung selbst der
allerwichtigsten Heiligen beschränkt sich auf das Lesen des Tibetanischen und der Bücher der Lamas, und auch dieses nur in
einem sehr beschränkten Maße. Von Jugend auf gewöhnt, sich
selbst für lebendige Götter zu halten, glauben sie innigst an ihre
göttliche Abkunft und an ihre Wiedergeburt nach dem Tode.
Die Higenen, mit denen wir während unserer Reise zu sprechen
Gelegenheit hatten, sagten nie: „wenn ich sterbe", sondern
„wenn ich umgeboren werde". Die geistige Beschränktheit
der Higenen, welche den Lamas die Herrschaft sichert, wird von

diesen mit der größten Eifersucht überwacht, so daß, wenn einmal
ein begabtes Kind zu dieser Stellung erhoben wird, es von seinen
Wächtern vergiftet wird. Man sagt, daß dieses Loos besonders
häufig die Kutuchtas in Urga infolge der Hetzereien der chinesischen
Regierung trifft, welche fürchtet, eine irgendwie selbständige Persönlichkeit an der Spitze der geistlichen Hierarchie der Mongolen
zu sehen.

Der Kutuchta von Urga hat ungeheuere Reichthümer, da
er, unabhängig von den Opfern der Gläubigen, deren sich zu Neu-
jahr (im Februar) und zum Feste des Maidari (im Juli) in Urga
gegen hunderttausend versammeln, über 1500 Leibeigene verfügt,
welche um Urga und in der nördlichen Mongolei wohnen. Alle diese
Leibeigenen sind ihm unmittelbar unterworfen und bilden die sogenannte „Schabinen- (Wirthinnen-Wirthschafts-) Abtheilung".

Das äußere Ansehen des mongolischen Theils von Urga ist
schmutzig bis zum Ekel. Alle Unreinlichkeiten werden auf die
Straßen geworfen, auf denen die Menschen nicht nur während
der Nacht, sondern auch am Tage ihre natürlichen Bedürfnisse
verrichten. Auf dem Marktplatze kommt hierzu noch ein Haufen
hungriger Bettler. Einige von ihnen, besonders arme, alte
Weiber, siedeln sich hier sogar dauernd an. Es läßt sich kaum
etwas Ekelhafteres als dieses Bild vorstellen. Ein hinfälliges
oder verstümmeltes Weib legt sich in der Mitte des Bazars
nieder und auf sie wirft man als Almosen alte Filzdecken,
aus denen sich die Leidende eine Höhle macht. Ihrer Kräfte
beraubt verrichtet sie hier auch ihre Bedürfnisse und bittet, bedeckt von Haufen von Parasiten, die Vorübergehenden um eine
Gabe. Im Winter sammelt der Wind einen Schneehügel auf
diesem Lager an, unter dem die Leidende ihr bedauernswerthes
Leben führt. Selbst der Tod erscheint ihr in furchtbarer Gestalt. Augenzeugen erzählten uns, daß, wenn die letzten Augenblicke der Unglücklichen nahen, sich um sie herum Herden hungriger
Hunde versammeln, welche einen Kreis bilden und abwarten,
bis die Agonie geendet, dann aber auch sogleich herbeispringen,
um das Gesicht oder den Körper zu beriechen und sich zu überzeugen, ob die unglückliche Alte schon wirklich verschieden ist.
Aber siehe da, sie beginnt wieder zu athmen oder sich zu rühren,
die Hunde entfernen sich wieder von ihr, um ihre frühere Stelle

Allgemeine Ansicht der Stadt Urga.

einzunehmen, und warten geduldig auf ihr Opfer. Kaum verkündet jedoch der letzte Athemzug das Ende ihres Lebens, so
verzehren auch die hungrigen Thiere den Leichnam und das
jetzt leere Lager wird bald von einer ähnlichen Alten eingenommen. Während kalter Winternächte schleppen gesundere
Bettler solche alte Weiber aus ihrem Lager heraus, werfen sie
auf den Schnee, wo sie erfrieren, kriechen selbst in die Höhle
hinein und retten so ihr elendes Dasein.

Aber dieses ist noch nicht das ganze Bild vom Leben in
der heiligen Stadt. Der Wanderer sieht noch ekelhaftere
Scenen auf dem Begräbnißplatze, welcher dicht an Urga liegt.
Hier werden die Leichen nicht begraben, sondern unmittelbar
den Hunden und Raubvögeln zum Verzehren hingeworfen. Ein
solcher Ort macht einen erschütternden Eindruck; er ist mit
Knochenhaufen bedeckt, über welche wie Schatten Herden von
Hunden wandern, die sich ausschließlich von Menschenfleisch
nähren. Kaum ist eine frische Leiche hingeworfen, da beginnen
auch schon diese Hunde im Vereine mit den Krähen und Habichten an ihr zu zerren, so daß nach einer oder höchstens zwei
Stunden nichts mehr übrig ist. Die Verehrer Buddha's sehen
es sogar für ein gutes Zeichen an, wenn der Mensch schnell
verzehrt wird; sonst war nach ihrer Meinung der Mensch
während seines Lebens Gott nicht angenehm. Die urgischen
Hunde sind in dem Maße an solche Speise gewöhnt, daß sie
während der Zeit, während welcher eine Leiche durch die
Straßen der Stadt auf den Begräbnißplatz getragen wird, unbedingt mit den Verwandten dem Leichname folgen; oft kommen
selbst die Hunde aus der Jurte des Verstorbenen.

Die Regierung von Urga und gleichzeitig der beiden östlichen
Aimakate (Chanate) von Chalcha, d. h. Nordmongoliens
(Tuschetu und Syssen), befindet sich in den Händen zweier
Ambane oder Gouverneure. Der eine von ihnen ist immer ein
Mandschu und wird aus Peking gesendet, der zweite aus der
Zahl der mongolischen Fürsten des Landes ernannt. Die beiden
anderen Aimakate von Chalcha (Dschasaktu und Sain-
noïn) sind abhängig vom Obercommandeur von Uljassutai.

Wenngleich die mongolischen Chane, die Beherrscher dieser
Aimakate, die ganze innere Verwaltung ihrer Chanate leiten

und das Recht regierender Fürsten haben, so sind sie doch den chinesischen Verwaltern untergeordnet, welche sehr sorgfältig die schwankende Herrschaft des Reiches der Mitte über die No= maden hüten.

Während unserer Anwesenheit in Bogdo=Kuren hörte man überall fürchterliche Gerüchte von den Dunganen, jenen auf= ständischen Muhamedanern, welche soeben Uljassutai ausge= plündert hatten und mit demselben Loose Urga bedrohten. Die Furcht wegen des Schicksals der Stadt, welche in den Augen der Nomaden so wichtig ist, nöthigte die Chinesen, 2000 eigener Soldaten hierher zu schaffen und noch gegen 1000 mongolischer Soldaten anzusammeln. Bei der bekannten Feigheit dieser beiden Kriegersorten boten sie wenig Garantie für die Sicherheit des Ortes. Dieser Umstand zwang unsere Regierung zur Sicherung unseres Consulates und zum Schutze unseres Theehandels eine bedeutende Militärabtheilung (gegen 600 Mann Infanterie, sowie Kasaken und zwei Geschütze) hierher zu senden. Diese Ab= theilung verblieb länger als ein Jahr in Urga, und ihr ist es lediglich zu verdanken, daß es die Aufständischen nicht wagten, Bogdo=Kuren anzufallen.

Bei Urga hört die Flora auf, den sibirischen Charakter zu zeigen, welchen sie in der nördlichen Mongolei an sich trägt. Wenn der Reisende über die Tola gekommen ist, so hat er das letzte fließende Gewässer, und ebenso auf dem Berge Chan=ulla gleich dahinter, welcher seit der Zeit, daß der Kaiser Kang=chi, der Zeitgenosse Peter's des Großen, auf ihm jagte, für heilig gehalten wird, den letzten Wald hinter sich. Weiter nach Süden, bis an die Grenzen des eigentlichen Chinas, zieht sich die Wüste Gobi, „die wasserlose, unfruchtbare und wenig Gras gebärende Steppe" der Mongolen, hin, welche in ungeheurer Ausdehnung sich quer vor dem ostasiatischen Gebirge, von dem Ostende des Tian=schan bis an das Chingan=Gebirge, hinzieht, welches die Mongolei von der Mandschurei trennt. Der westliche Theil dieser Wüste, besonders aber der, welcher zwischen dem Tian= schan und der Provinz Gan=su liegt, ist bis auf den heutigen Tag gänzlich unbekannt. Der östliche Theil dagegen ist an der Kiachta=Kalganer Straße, welche diesen Theil der Wüste diagonal durchschneidet, am besten erforscht. Hier haben die barometrischen

Aufnahmen von Fuß und Bunge im Jahre 1832, ferner die Reisen Timkowski's, Kowalewski's und anderer Gelehrten, welche gewöhnlich unsere geistlichen Missionen nach China begleiteten, sowohl den topographischen Bau als auch die Natur dieses Theiles von Asien aufgeklärt. Endlich hat uns auch die vor Kurzem ausgeführte Reise des Astronomen Fritsche durch den östlichen Strich der Gobi und meine eigenen Forschungen in ihrem südöstlichen, südlichen und mittlern Theile keine räthselhaften, sondern sichere, auf Beobachtungen gegründete Thatsachen in Betreff des topographischen Baues, des Klimas, der Flora und Fauna der östlichen Hälfte der großen mittelasiatischen Wüste geliefert.

Zuerst haben die barometrischen Aufnahmen von Fuß und Bunge die bis dahin bei den Geographen herrschende Annahme von der ungeheuern (angeblich bis 2530 Meter betragenden) absoluten Höhe der Gobi zerstört und dieselbe auf 1265 Meter reducirt. Ferner haben die Forschungen derselben Gelehrten gezeigt, daß die absolute Höhe der Gobi in der Richtung der Kiachta-Kalganer Karawanenstraße, gegen die Mitte zu, bis zu 758 Meter, und nach den Berechnungen Fritsche's sogar bis unter 632 Meter herabsteigt. Diese Depression, welche nach Fuß und Bunge gegen 100 Kilometer breit ist, zieht sich nicht weit nach West oder Ost, wie sie auch weder von Fritsche im östlichen Theile der Gobi, noch von mir während meiner Reise von Ala-schan nach Urga durch die Mitte der Wüste, beobachtet worden ist. Hierbei muß noch bemerkt werden, daß die östliche Hälfte der Gobi weit weniger Wüste ist als der südliche und westliche Theil, welcher den höchsten Grad der Wildheit und Unfruchtbarkeit bei Ala-schan und beim See Lob-nor erreicht.

Wie oben gesagt, verschwindet der sibirische Charakter der Gegend mit seinen Gebirgen, Wäldern und Flußreichthume endgültig bei Urga, und von hier ab zeigt sich schon in der Richtung nach Süden die rein mongolische Natur. Nach Zurücklegung einer Tagereise sieht der Reisende schon eine ganz andere Umgebung vor sich. Die unendliche Steppe, hier von leichten Wellen, dort von felsigen Rücken durchschnitten, verschwindet in bläulicher, undeutlicher Ferne am Horizonte und verändert nirgends ihren einförmigen Charakter. Hin und wider weiden

die unzählbaren Herden der Mongolen, deren Jurten man
ziemlich häufig, besonders nahe am Wege, antrifft. Dieser
letztere ist so gut, daß man auf ihm sogar bequem im Tarantaß
fahren könnte. Die eigentliche Gobi hat noch nicht begonnen;
den Uebergang zu ihr bildet der hier beschriebene Steppenstrich
mit seinem von ausgezeichnetem Grase bedeckten lehmigen Sand-
boden. Dieser Strich zieht sich von Urga nach Südwest, die
Kalganer Straße entlang, gegen 200 Kilometer weit und geht
dann unmerklich in die unfruchtbare Ebene der eigentlichen Wüste
Gobi über.

Aber auch diese Gegend hat mehr einen wellenförmigen als
ebenen Charakter, wenn sich auch hin und wider ganz ebene
Plateaus viele Kilometer weit hinziehen. Solche Ebenen trifft
man besonders häufig in der Mitte der Gobi, so wie man
wiederum in ihrem nördlichen und südlichen Theile häufig niedrige
Berge oder eigentlich Rücken findet, welche theils wie vereinzelte
Inseln, theils wie ausgestreckte Züge dastehen. Diese Berge erheben sich nur einige hundert Fuß über die benachbarten Ebenen
und sind überreich an Felsen. Ihre Schluchten und Thäler
sind immer trockene Flußbetten, welche nur bei einem starken
Regen, und auch dann nur während einiger Stunden, mit
Wasser gefüllt sind. In solchen trockenen Flußbetten befinden
sich Brunnen, welche die Bevölkerung der Gegend mit Wasser
versorgen. Fließendes Wasser findet man auf der ganzen Strecke
vom Flusse Tola bis an die Grenze des eigentlichen Chinas,
also auf einer Linie von fast 900 Kilometer, nirgends. Nur
während des Sommers, wenn Regen fällt, bilden sich hier auf
den lehmigen Ebenen zeitweise Seen, welche in der Periode der
Hitze austrocknen.

Der Boden der eigentlichen Gobi besteht aus grobkörnigem
rothen Kies und kleinem Gerölle, in welchem man verschiedenes
Gestein, so z. B. manchmal Achat, findet. Stellenweise findet
man Striche gelben Flugsandes; sie sind jedoch bei Weitem
nicht so umfangreich wie im südlichen Theile derselben Wüste.

Ein solcher Boden ist selbstverständlich nicht geeignet, eine
gute Vegetation hervorzubringen und deshalb ist die Gobi selbst
arm an Gras. Es ist wahr, man trifft an der Kalganer Straße
ziemlich selten ganz entblößte Stellen, aber dafür erreicht auch

überall das Gras kaum die Höhe von einem Fuß und bedeckt
kaum den röthlich-gelben Boden. Nur hin und wider, und
zwar an den Stellen, wo Lehm die Stelle des Kieses einnimmt,
oder auch in den Bergthälern, wo die Sommerfeuchtigkeit im
Boden länger vorhält, zeigt sich die Lasiagrostis splendens, von den Mongolen „Dyrisu“ genannt, welche hier
immer buschweise vegetirt, die Höhe von 4 bis 5 Fuß erreicht
und immer hart wie Draht ist. Hier siedelt sich auch manch=
mal eine einsame Blume an, und wenn der Boden salzig ist, so
erscheint die Budargana (Kalidium gracile), das beliebteste
Nahrungsmittel des Kameels. An allen übrigen Orten wächst
Lauch, niedriger Wermuth, einige Compositen und
Lasiagrostis, welche vorwiegend die Vegetation der Wüste bilden.
Bäume und Sträucher giebt es gar nicht. Ja, sie können
hier nicht einmal wachsen, da außer den anderen widrigen phy=
sischen Bedingungen auch noch die Winter= und Frühlingswinde
Tag und Nacht mit einer solchen Gewalt über den Boden dahin=
streichen, daß sie selbst den niedrigen Wermuth mit der Wurzel
ausreißen und größere Massen desselben zusammengerollt über
die wüsten Ebenen treibend das Wachsthum verhindern.

In der eigentlichen Gobi trifft man unvergleichlich weniger
Bewohner an als in dem vor ihr liegenden Steppenstriche.
Thatsächlich können aber auch nur der Mongole und sein immer=
während er Begleiter, das Kameel, bequem in diesen von Wald
und Wasser entblößten Gegenden, welche im Sommer von einer
tropischen Hitze durchglüht, im Winter von einer dem Polar=
froste fast gleichen Kälte abgekühlt werden, leben.

Im Allgemeinen macht die Gobi mit ihrem Wüstenanblicke
und ihrer Einförmigkeit auf den Reisenden einen schweren, er=
drückenden Eindruck. Während ganzer Wochen zeigen sich seinen
Blicken immer dieselben Bilder: unübersehbare Ebenen, welche
im Winter den gelblichen Anflug des vertrockneten vorjährigen
Grases haben, oder gefurchte Felsenrücken, oder endlich schroffe
Hügelreihen, auf deren Gipfel sich manchmal die Silhouette der
schnellfüßigen Dseren=Antilope (Antilope gutturosa) blicken
läßt. In gemessenen Schritten gehen die schwerbelasteten Kameele;
sie gehen zehn, ja selbst Hunderte von Kilometern, aber die
Steppe verändert ihren Charakter nicht, sondern bleibt, wie sie

gewesen ist, grimmig, unfreundlich. Die Sonne geht unter, es
lagert sich der dunkele Schatten der Nacht, der wolkenlose
Himmel erglänzt mit Millionen von Sternen, und die Karawane
hält, nachdem sie noch ein Wenig vorwärts gegangen, bei ihrem
Nachtlager an. Es freuen sich die Kameele, wenn sie vom
schweren Gepäcke befreit werden, und lagern sich sogleich um die
Zelte der Treiber, welche indessen ihr nicht sehr gewähltes
Abendbrot zubereiten. Noch eine Stunde vergeht, und Menschen
und Thiere sind eingeschlafen, und rings umher beginnt die
Todtenruhe der Wüste zu herrschen, als ob in ihr wirklich kein
lebendes Wesen vorhanden wäre. Quer durch die ganze Gobi,
von Urga bis nach Kalgan, existiren außer der Poststraße, die
von Mongolen unterhalten wird, noch einige Karawanenwege,
welche gewöhnlich die Karawanen mit Thee passiren. An der
Poststraße sind in bestimmten Entfernungen im Ganzen 47 Stationen vorhanden, eben so viele Brunnen ausgegraben und Jurten
aufgestellt, welche unsere Posthäuser vertreten; auf der Karawanenstraße richten sich die Halteplätze der Mongolen nach der
Güte und dem Umfange der Weide. Uebrigens nomadisirt bei
diesen Straßen nur die arme Einwohnerschaft, welche bei den
Karawanen etwas zu verdienen sucht, entweder durch Betteln,
oder durch das Hüten der Kameele, oder endlich durch den
Verkauf getrockneten Mistes, des sogenannten „Argal", welcher
einen sehr hohen Werth sowohl für den häuslichen Bedarf des
Nomaden als auch für den Reisenden hat, da er das einzige
Brennmaterial in der Wüste Gobi ist.

Einförmig vergingen die Tage unserer Wanderung. Wir
hatten die Richtung des mittlern Karawanenweges gewählt,
machten uns gewöhnlich gegen Mittag auf den Weg und wan-
derten bis Mitternacht, so daß wir täglich durchschnittlich 40
bis 50 Kilometer zurücklegten. Am Tage ging ich mit meinem
Begleiter größtentheils zu Fuß vor der Karawane her und
schoß Vögel, welche mir in den Wurf kamen. Unter diesen
wurden die Krähen (Corvus corax) bald unsere erklärten
Feinde durch ihre unerhörte Zudringlichkeit. Noch vor unserer
Abreise aus Kiachta hatte ich bemerkt, daß einige dieser Vögel
an unsere Lastkameele herankamen, welche hinter den Wagen
gingen, sich aufs Gepäck setzten, dort etwas mit dem Schnabel

ergriffen und davonflogen. Eine nähere Untersuchung ergab, daß die zudringlichen Vögel eines unserer Säckchen mit Vorrath zerrissen hatten und nun Zwieback aus demselben herauszogen. Nachdem sie ihren Raub geborgen hatten, kamen sie nach weiterer Beute wieder herbei. Als sich die Sache so aufgeklärt hatte, wurden die Diebe erschossen; aber kurze Zeit darauf erschienen neue Räuber, um dasselbe Loos zu theilen. So ging es fast alle Tage während der ganzen Reise bis Kalgan.

Im Allgemeinen übersteigt die Zudringlichkeit der Krähen in der Mongolei allen Glauben. Diese bei uns so vorsichtigen Vögel sind hier so dreist, daß sie den Mongolen beinahe aus dem Zelte Mundvorräthe stehlen. Doch hiermit begnügen sie sich nicht; sie setzen sich auf den Rücken der Kameele, welche auf die Weide gesendet werden, und hacken ihnen mit dem Schnabel den Buckel auf. Das dumme, furchtsame Thier brüllt nur aus voller Kehle und speit nur auf seinen Peiniger, welcher sich bald erhebt, bald wieder niederläßt und mit dem starken Schnabel eine oft bedeutende Wunde macht. Die Mongolen halten es für eine Sünde, die Vögel zu tödten, und verstehen es nicht, sich von ihnen zu befreien. Man kann nichts Eßbares außerhalb des Zeltes liegen lassen, es wird sogleich von den zudringlichen Vögeln gestohlen, welche, wenn sie keine bessere Speise finden, das ungegerbte Leder von den Theekisten ab= reißen.

Die Krähen (und im Sommer auch die Habichte) waren während der ganzen Reise unsere geschworenen Feinde. Wie oft haben sie uns nicht allein Fleisch, sondern sogar präparirte Felle gestohlen! Aber wie viel hundert Stück dieser Thiere haben auch mit ihrem Leben für ihre Zudringlichkeit gebüßt!

Von anderen gefiederten Bewohnern der Gobi haben wir nur häufig den Einsiedler (Syrrhaptes paradoxus), den der ausgezeichnete Pallas am Ende des vorigen Jahrhunderts entdeckt und beschrieben hat, gesehen. Er ist über ganz Mittel= asien bis ans Kaspische Meer und nach Tibet verbreitet. Dieser Vogel, den die Mongolen „Bolduru" und die Chinesen „Sabdschi" nennen, hält sich ausschließlich in der Wüste auf, wo er sich vom Samen einiger Pflanzenarten (des kleinen Wer= muths, des „Sulchyr" [Agriophyllum gobicum] und anderer)

ernährt. Von einem größern oder geringern Gedeihen dieser
Pflanze ist die Anzahl der überwinternden Einsiedler abhängig,
welche sich im Winter in ungeheurer Zahl in den Wüsten von
Ala-schan ansammeln, wohin sie durch den schmackhaften Samen
des „Sulchyr" angelockt werden. Im Sommer erscheint ein
Theil dieser Vögel in unserem Transbaikalien, wo sie Junge
ausbrüten. Ihre Eier, drei an der Zahl, legen sie direct auf
die Erde, ohne weitere Unterlage; das Weibchen sitzt ziemlich
fest auf ihnen, trotzdem doch dieser Vogel sehr vorsichtig ist.
Im Winter, wenn auf der mongolischen Hochebene großer Schneefall gewesen ist, kommt der Einsiedler, vom Hunger getrieben, in
die Ebenen des nördlichen Chinas herab und hält sich hier in
großen Herden auf; kaum hat sich jedoch das Wetter günstiger
gestaltet, so zieht er auch fort in die heimathliche Wüste. Der
Flug des hier beschriebenen Vogels ist auffallend schnell, so daß,
wenn eine ganze Herde vorübergeflogen, man noch aus der
Ferne einen eigenthümlichen, schrillenden Ton vernimmt, wie
während eines Sturmes; hierbei geben die Vögel einen kurzen,
ziemlich leisen Ton von sich. Auf der Erde läuft der Einsiedler
sehr schlecht, wahrscheinlich infolge einer besondern Construction
seiner Füße, deren Finger mit einander verwachsen sind, während
die Sohle mit einer warzenartigen Haut bedeckt ist, was theilweise an die Hacken des Kameels erinnert.

Nach der Morgenfütterung fliegen die Einsiedler immer
einer Tränke, einer Quelle, einem Brunnen oder kleinen Salzsee
zu. Ehe sich die Herde niederläßt, umkreist sie einige Male
das Gewässer, um sich zu überzeugen, daß keine Gefahr droht.
Dann läßt sie sich ans Wasser herab, trinkt sich sehr schnell
satt und entflieht wieder. Die Tränken werden von diesen
Vögeln sehr pünktlich besucht; sie kommen oft aus weiter Entfernung, wenn sie in der Nähe kein Wasser haben.

Die mongolische Lerche (Melanocorypha mongolica), eine der größten Species ihrer Gattung, hält sich
nur in den Gegenden der Gobi, wo sie die wiesenartige Steppen-
form annimmt. Deshalb findet man die hier beschriebene Species
nur sporadisch in der Wüste; aber dafür sammeln sich diese
Vögel im Winter in großen aus hundert, ja oft aus tausend
Exemplaren bestehenden Herden hier an. Am meisten sahen wir

sie am Südrande der Gobi; im eigentlichen China sind sie eben=
falls, wenigstens im Winter, nicht selten. Sie ist der beste
Sänger der mittelasiatischen Wüste. In dieser Kunst steht sie
fast ihrer europäischen Schwester gleich. Außerdem besitzt sie
auch sehr viel Talent im Nachahmen der Stimmen anderer
Vögel und sie flickt oft deren Strophen in die des eigenen
Liedes ein. Sie singt, indem sie sich erhebt, wie unsere Lerche,
aber auch oft, wenn sie auf einem hervorragenden Gegenstande,
z. B. auf einem Steine, oder Erdkloße, sitzt. Die Chinesen
nennen diese Lerche „Bai=lin", lieben ihren Gesang sehr
und halten sie oft im Bauer.

Wie der Einsiedler zieht auch die mongolische Lerche im
Frühling nach Norden, nach Transbaikalien und erzieht dort
ihre Jungen; doch bleibt der größte Theil in der Mongolei
zurück. Sie baut ihr Nest, wie die europäische Species, in
einer kleinen Vertiefung des Bodens und legt 3 bis 4 Eier.
In der mongolischen Wüste, wo die Kälte während des ganzen
Frühlings abwechselnd eintritt, nistet die beschriebene Lerche sehr
spät, so daß wir am Südostrande der Mongolei im Anfange, ja
sogar noch in der Mitte des Juni ganz frische Eier fanden. Zum
Winter fliegt diese Species in die Gegenden der Gobi, wo ent=
weder gar kein oder doch nur wenig Schnee gefallen ist. Trotz
der Kälte, welche hier manchmal bis — 37,0° C. (ja sogar
nach den in Urga gemachten Beobachtungen mehr) beträgt,
überwintern die Lerchen sehr gut und halten sich gewöhnlich im
Gebüsche des Dyrisun (Lasiagrostis splendens) auf, dessen kleine
Samenkörner in dieser Jahreszeit ihre Hauptnahrung bilden.
In diesem Umstande, welcher auch an anderen Vögeln beob=
achtet worden ist, sehen wir einen directen Hinweis darauf, daß
viele unserer Vögel zum Winter nicht der Frost nach Süden
treibt, sondern der Mangel an Futter.

Die mongolische Lerche verbreitet sich im Süden bis an
den nördlichen Bogen des Gelben Flusses (41° nördl. Br.) und
erscheint dann, mit Vermeidung von Ordos, Ala=schan und der
Gebirgsgegend von Gan=su in den Steppen des Sees Kuku=nor.
Gleichzeitig mit der beschriebenen Species überwintern auch in
der Gobi zwei andere Lerchenspecien und zwar die Otocoris albigula (Alauda pispoletta?) und die lapplän-

2 *

biſche Lerche (Plectrophanes lapponica). Dieſe letztere
findet man übrigens in größeren Herden im Lande der Zacharen,
b. h. am Südoſtrande der Gobi.

Von Säugethieren, welche dieſer Wüſte eigenthümlich angehören, kann man für jetzt nur zwei Charakterſpecien anführen,
den Pfeifhaſen und die Dſeren-Antilope.

Der Pfeifhaſe (Lagomys Ogotona), oder, wie die Mongolen ihn nennen, der „Ogotono" (b. h. der Kurzſchwänzige),
gehört zu der Gattung von Nagern, welche nach der Conſtruction
ihres Gebiſſes als nahe Verwandte des Haſen betrachtet werden.
Das Thierchen ſelbſt erreicht die Größe einer gewöhnlichen
Ratte und lebt in Höhlen, die es ſich in der Erde gräbt. Der
Pfeifhaſe wählt zu ſeinem Aufenthalte ausſchließlich eine wieſen-
artige Steppe, vorzüglich wenn ſie hügelig iſt, ſowie auch die
Thäler im Baikalgebirge und des nördlichen Striches der Mongolei. In der unfruchtbaren Wüſte findet man dieſes Thierchen
nicht, deshalb ſieht man es in der mittlern und ſüdlichen Gobi
nicht. Doch ſind ihrer ſehr viele im ſüdöſtlichen, wieſenreichen
Striche der Mongolei vorhanden.

Im Allgemeinen iſt der Ogotono ein ſehr merkwürdiges
Thierchen. Seine Höhlen baut er immer gemeindeweiſe, ſo daß
man dort, wo man eine ſolche Höhle gefunden hat, ihrer zehn,
hundert, ja ſelbſt Tauſende findet. Im Winter, wenn große
Kälte herrſcht, kommen die Ogotonen, trotzdem ſie dem Winter-
ſchlafe nicht unterworfen ſind, nicht aus ihren unterirdiſchen
Wohnungen; kaum hat jedoch die Kälte etwas nachgelaſſen, ſo
kommen ſie zum Vorſchein, ſetzen ſich vor dem Eingange nieder,
um ſich an der Sonne zu wärmen, oder laufen eiligſt aus einer
Höhle in die andere. Während dieſes Treibens hört man die
Stimme des Thierchens, welche dem Pfeifen einer Maus ähnlich,
jedoch weit ſtärker iſt. Der arme Ogoton hat ſo viele Feinde,
daß er beſtändig auf ſeiner Hut ſein muß. Aus dieſem Grunde
ſchleicht er oft nur in halber Körperlänge aus der Höhle heraus
und reckt den Kopf in die Höhe, um ſich zu überzeugen, daß er
ſicher ſei. Der gemeine und der Steppenfuchs, der Wolf,
Buſſarbe (Buteo ferox), Habichte, Falken, ja ſogar Adler vernichten alltäglich unzählbare Mengen der hier beſchriebenen Thierchen. Die Geſchicklichkeit der gefiederten Räuber auf dieſen

Jagden ist erstaunlich. Ich selbst sah sehr oft, wie ein Bussard von oben herab mit einer solchen Schnelle auf einen Ogoton stieß, daß dem Thierchen nicht Zeit blieb, sich in seine Höhle zu ducken. Einmal hat vor unseren Augen auch ein Adler ein solches Kunststück ausgeführt, indem er sich aus einer Höhe von mindestens 30 bis 40 Klafter auf einen vor seiner Höhle sitzenden Pfeifhasen stürzte. Die Bussarde nähren sich dermaßen ausschließlich von Pfeifhasen, daß sie sogar ihre Winterquartiere in der Gobi hauptsächlich nach der Anzahl dieser Nager einrichten. Nur die bekannte Fruchtbarkeit der letzteren rettet sie vor gänzlicher Vernichtung.

Im Charakter des Pfeifhasen überwiegt vor Allem die Neugierde. Wenn er einen herannahenden Menschen oder Hund sieht, läßt er ihn auf zehn Schritte an sich herankommen und schlüpft dann mit Blitzesschnelle in seine Höhle. Aber die Neugierde erhält bald das Uebergewicht über die Furcht. Nach einigen Minuten zeigt sich wiederum am Eingange der Höhle das Köpfchen des Thierchens und es kommt sogleich aus ihr heraus, um seine frühere Stelle einzunehmen, wenn sich der Gegenstand seiner Furcht entfernt. Der Ogotono hat noch eine Eigenthümlichkeit, welche auch andere Arten Pfeifhasen besitzen; sie besteht darin, daß diese Thierchen sich für den Winter Heuvorräthe besorgen, welche sie am Eingange der Höhle aufstapeln. Dieses Heu sammeln die Thierchen gewöhnlich gegen das Ende des Sommers; es wird sorgfältig getrocknet und in Bündel von 2 bis 2½, manchmal aber auch bis 10 Kilogramm Gewicht gebracht; es dient dem Pfeifhasen sowohl als Streu wie als Winterfutter. Oft aber ist die Mühe des Thierchens vergebens und das Vieh der Mongolen frißt seine Vorräthe auf. In diesem Falle muß das Thierchen sich mit dem trockenen Grase der Wüste, welches es in der Nähe der Höhle findet, durch den Winter hindurchstümpern.

Auffallend ist, daß der Pfeifhase sehr lange ohne Wasser sein kann. Nehmen wir an, daß er im Winter sich mit Schnee, der hier und da gefallen ist, begnügt, und im Sommer mit Regenwasser; wenn das letztere nicht genügt, kommt der wenn auch hier selten fallende Thau zu Hülfe. Aber es entsteht die Frage, was der Ogoton im Laufe des Frühlings und Herbstes trinkt, wenn in der mongolischen Hochebene oft Monate lang keine Feuchtigkeitsniederschläge stattfinden und die Trockenheit der Luft die äußerste Grenze erreicht.

Das hier beschriebene Thierchen verbreitet sich gegen Süd bis an den nördlichen Bogen des Huang=ho; weiterhin wird es von anderen Specien vertreten.

Der Dseren (Antilope gutturosa) ist eine Antilopen= species, welche die Größe eines gewöhnlichen Rehes erreicht, und gehört der Gobihochebene, besonders aber dem östlichen, weniger wüstenartigen Theile derselben, eigenthümlich an. Doch trifft man diese Antilopen auch in der westlichen Mongolei (aber niemals in Ala=schan, wo die Wüste für sie schon zu wild und zu unfruchtbar ist) und am See Kuku=nor, welcher die Süd= grenze ihrer Verbreitung bildet.

Diese Antilope lebt immer in Herden, welche manchmal aus einigen hundert, ja tausend Stücken bestehen. Solche be= deutende Ansammlung findet jedoch nur an sehr futterreichen Orten statt. Am häufigsten trifft man den Dseren in Gesell= schaften von 15 bis 30 oder 40 Exemplaren. Indem sie nach Möglichkeit die nahe Nachbarschaft des Menschen vermeiden, leben sie doch immer auf den besseren Weiden und wandern wie die Mongolen von einer Stelle auf die andere, indem sie sich nach der Menge der Nahrung, welche ihnen die Weide bietet, richten. Ein solches Uebersiedeln findet häufig auf große Ent= fernungen und zwar besonders im Sommer statt, wenn die Dürre die Antilopen auf die reichen Weiden der nördlichen Mongolei, ja selbst bis in die südlichen Gegenden Transbai= kaliens treibt. Im Winter werden diese Thiere häufig vom tiefen Schnee gezwungen, einige hundert Kilometer zu wandern, um nach Gegenden zu gelangen, in denen wenig oder gar kein Schnee liegt.

Diese Antilope gehört ausschließlich der Steppenebene an und meidet sorgfältig Berggegenden. Doch hält sich der Dseren auch, besonders im Frühlinge, in hügeligen Steppen auf, wohin ihn die jungen grünen Pflanzen verlocken, welche sich hier unter dem Einflusse der Sonne schneller entwickeln. Gebüsch und das hohe Gestrüpp der Lasiagrostis vermeiden diese Thiere mit größter Sorgfalt; nur im Mai, während der Wurfzeit, kommt das

Weibchen an solche Orte, um dort ihre Neugeborenen zu ver=
bergen. Diese letzteren folgen übrigens schon einige Tage nach
ihrer Geburt ihrer Mutter überall hin und laufen eben so
schnell wie die Alten.

Die Stimme dieses Thieres kann man nur sehr selten ver=
nehmen; die des Männchens besteht in einem kurzen, abgerissenen
Blöcken (die des Weibchens habe ich nicht vernommen). Seine
Schnelligkeit ist bewundernswürdig; auch seine intellectuelle Be=
fähigung befindet sich auf einer sehr hohen Stufe der Ent=
wickelung. Dank diesen Eigenschaften wird der Dseren nur
selten eine Beute seiner Feinde, der Menschen und der Wölfe.

Die Jagd auf den Dseren ist sehr schwierig, sowohl wegen
der Vorsicht des Thieres, als auch wegen seiner Unempfindlichkeit
gegen Schmerzen. In der offenen Steppe läßt sich der Dseren
den Jäger nicht auf mehr als fünfhundert Schritt nähern;
wenn er aber durch Verfolgung scheu geworden ist, so flieht er
schon aus der doppelten Entfernung. Sich aus irgend einem
Verstecke auf der Ebene herbeizuschleichen, ist auch ein sehr
riskantes Unternehmen, denn dieses Thier vermeidet sorgfältig
solche Stellen. Nur in der bergigen Steppe gelingt es, sich dem
Dseren bis auf dreihundert, in seltenen Fällen selbst auf zwei=
hundert Schritt oder auf noch geringere Distanz zu nahen; aber
auch dann kann man nicht sicher auf seine Beute rechnen.
Denn angenommen, man trifft den Dseren mit einer guten
Büchse aus einer Entfernung von zweihundert Schritt, aber
nicht in den Kopf, das Herz oder Rückgrat, so entflieht er, selbst
wenn er tödtlich verwundet ist, und geht oft für den Jäger ver=
loren. Mit einem durchschossenen Fuße flieht er noch so schnell,
daß man ihn selbst auf einem guten Pferde nicht einholen kann.
Zur Jagd ist durchaus eine Büchse mit großer Tragweite und
hohem Visir nothwendig. Dieser Umstand ist sehr wichtig, da
beim Schießen auf bedeutende Entfernung die Distanz nicht
genau angegeben werden kann und die Kugel einmal über das
Thier hinwegfliegt, ein anderes Mal vor ihm in die Erde schlägt.
Ebenso ist zur Büchse durchaus eine Stütze nothwendig, wie sie
von allen sibirischen Jägern gebraucht wird; ohne eine solche
Stütze ist es unmöglich, aus größerer Entfernung und wenn
man lange und schnell geht, sicher zu schießen, da dann in Folge

des schnellern Blutumlaufes die Hand die Waffe bei Weitem
nicht so fest hält, wie es beim ruhigen Stehen der Fall ist.
Mit einem Worte, beim ersten Schritte, den man in die asiatische
Wüste thut, muß der Jäger seine europäische Praktik vergessen
und Vieles von den Jägern der Gegend erlernen.

Die Mongolen jagen den Dseren mit ihren schlechten Luntenflinten folgendermaßen. In der Steppe, in welcher sich viele
Antilopen befinden, graben die Jäger in bestimmter Entfernung
von einander kleine Löcher und zeigen sich nun einige Wochen
nicht in der Gegend, damit die Thiere sich an die Löcher gewöhnen, welche anfangs immer ein großes Mißtrauen in ihnen
erwecken. Hierauf reiten die Jäger an die vorbereitete Stelle
und steigen in die Löcher, während andere, ihre Gefährten, indem
sie sich nach dem Winde richten, die Antilopen dem Hinterhalte
zutreiben, von wo aus die Thiere aus einer Entfernung von
funfzig Schritten, häufig sogar aus noch größerer Nähe, erlegt
werden. Die Treiber müssen sehr geübt sein und den Charakter
des Dseren genau kennen, denn sonst ist alle Mühe vergebens.
So darf z. B. der Reiter nicht geradezu auf die Thiere los-
gehen; denn in diesem Falle stürzen sie sich vorwärts auf ihn
und entlaufen oft in der entgegengesetzten Richtung. Gewöhnlich
reiten die Treiber weit ab von den Thieren, nähern sich ihnen
langsam und thun, als ob sie sie gar nicht beobachten, sie halten
oft an, reiten dann wieder im Schritte in einer andern Richtung und treiben so die Herde langsam vor sich her, bis sie
sie endlich an die Verstecke der Schützen bringen.

Die Nomaden haben noch eine zweite Art Antilopenjagd,
welche folgendermaßen betrieben wird. Der Mongole besteigt
ein ruhiges, zur Jagd abgerichtetes Kameel und reitet in die
Steppe. Sobald er Antilopen erblickt, steigt er ab und bewegt
sich, indem er sein Thier am Zügel führt, langsam vorwärts
auf die Thiere zu, wobei er bemüht ist, sich hinter dem Körper
des Kameels zu verstecken und mit ihm im Tacte zu schreiten.
Die Antilopen werden anfangs stutzig, da sie aber nur das
Kameel sehen, das einförmig daherschreitet und dabei grast, so
lassen sie den versteckten Jäger auf hundert Schritt, ja sogar
noch näher herankommen.

Gegen Ende des Sommers, in der Brunstzeit, sind die

Antilopen sehr fett und werden dann von den Mongolen wegen ihres schmackhaften Fleisches, wie auch wegen des Felles, das zu Winterkleidung benutzt wird, eifrig verfolgt. Uebrigens tragen die Nomaden selten Pelze (mit dem Haare nach außen), sondern verkaufen sie unseren Kaufleuten in Urga oder Kiachta. Außer der Jagd mit dem Gewehre bedienen sich die Mongolen noch anderer Mittel, um Antilopen zu fangen; sie machen zu diesem Behufe aus Dyrisun (Lasiagrostis) Fallen, welche die Gestalt von Schuhen haben. Wenn ein Thier mit dem Fuße in einen solchen Schuh tritt, so schneidet und sticht ihm derselbe den Fuß dermaßen, daß es stark zu lahmen beginnt, ja oftmals gar nicht weiter gehen kann.

Außer dem Menschen vertilgen die Wölfe sehr stark die Antilopen, denn sie machen, wie die Mongolen sagen, herden- weise förmliche Treibjagden. Endlich herrscht auch unter den Antilopen manchmal eine Krankheit, der viele erliegen, wie ich mich selbst im Winter 1871 überzeugt habe.

Während unserer Reise nach Kalgan sahen wir das erste Mal etwa 350 Kilometer hinter Urga Antilopen. Ich brauch nicht zu sagen, welchen Eindruck die Herden dieser von uns nie zuvor gesehenen Thiere auf uns gemacht haben. Wir jagten zum größten Aerger unserer Mongolen, welche, gern oder ungern, gezwungen waren, oftmals stundenlang mit der Karawane auf uns zu warten, ganze Tage hinter ihnen her. Das Murren unserer Fuhrleute erreichte den höchsten Grad und legte sich erst, als wir ihnen das Fleisch einer der erlegten Antilopen schenkten.

Trotz der Unfruchtbarkeit und der Oede der Gobi war der Weg, den wir nach Kalgan eingeschlagen hatten, von Karawanen, welche Thee transportirten und deren wir täglich sehr viele trafen, ungemein belebt. Weiter unten werde ich diese originellen Karawanen beschreiben, jetzt aber meine Beschreibung der mon- golischen Hochebene fortsetzen.

Als wir Chalcha, das Aimakat der Suniten-Mongolen, und gleichzeitig mit diesem den unfruchtbarsten Theil der Gobi hinter uns hatten, kamen wir wieder in einen fruchtbaren Strich der Steppe, welche im Südost eben so wie im Norden die Mitte der wilden und öden mongolischen Hochebene umsäumt. Der

Boden wird wieder etwas uneben und bedeckt sich mit ausgezeichnetem Grase, welches den ungemein zahlreichen Herden
der Zachar-Mongolen reiche Weide bietet.   Diese letzteren
werden als die Grenzwächter des eigentlichen China betrachtet,
sind der Reihe nach im Dienste des Staates und in acht Feld:
zeichen (Banner) getheilt.   Das Gebiet der Zacharen ist gegen
zweihundert Kilometer breit,   zieht sich aber die Länge der
Hochebene entlang, von Osten nach Westen, wohl dreimal
so weit.

Da sich die Zachar-Mongolen in beständiger Berührung
mit den Chinesen befinden, so haben sie jetzt schon nicht allein
den Charakter, sondern auch den Typus der Mongolen reinen
Bluts eingebüßt.   Da sie von ihrem Angestammten nur die
mongolische Faulheit beibehalten und von den Chinesen nur die
schlechten Eigenschaften angenommen haben, so erscheinen sie wie
Bastarde, welche weder die mongolische Geradheit noch die
chinesische Arbeitsamkeit besitzen.   Die Kleidung der Zacharen ist
ganz die chinesische, und deshalb sehen sie auch den Chinesen
ähnlich, da sie außerdem meist ein längliches oder bogenartig
geformtes, aber kein flaches Gesicht haben.   Die Ursache dieser
Veränderung des angeborenen Typus sind die häufigen Heirathen
zwischen Zacharen und Chinesen; aus dieser Mischung gehen
hier die sogenannten „Erlidsy", d. h. die mit zwei Lebern
Ausgerüsteten, hervor.   Die übrigen Mongolen, besonders aber
die von Chalcha, hassen den Zacharen nicht minder wie den
Chinesen; und unsere Fuhrleute stellten im Lande der Zacharen
immer Wachen aus, denn sie sagten, daß die Menschen hier
lauter vollendete Diebe seien.

Wenngleich die Bewässerung des Landes der Zacharen
immer noch eine sehr dürftige ist, so beginnen sich doch schon
hin und wider Seen zu zeigen, von denen der „Anguli=nor"
einen sehr bedeutenden Umfang hat.   Näher der Grenze der
Hochebene findet man, wenn auch selten, einen kleinen Fluß,
und hier beginnt dann auch die Cultur und das ansässige Leben.
Chinesische Dörfer und bearbeitete Felder sagen dem Reisenden
deutlich, daß er die wilde Wüste hinter sich hat und in ein dem
Menschen freundlicheres Land gekommen ist.

Endlich zeigen sich am fernen Horizonte die undeutlichen Umrisse des Gebirgszuges, welcher die scharfe Grenze zwischen der hohen, kühlen Ebene der Mongolei und den warmen Ebenen des eigentlichen Chinas bildet. Dieser Rücken hat durchaus einen Alpencharakter. Steile Abhänge, tiefe Schluchten und Abgründe, scharfzackige Bergspitzen, manchmal mit überhängenden Felsen besäet, endlich der Anblick der Wildheit und Unfruchtbarkeit, — dieses der allgemeine Charakter dieser Berge, deren Hauptrücken entlang sich die berühmte große Mauer hinzieht. Indeß erhebt sich das Gebirge, wie viele andere im Innern Asiens, welche Hoch= ebenen von niederen Ebenen scheiden, von der mongolischen Hoch= ebene aus gar nicht. Bis zum letzten Schritte bewegt sich der Reisende zwischen den Hügeln des wellenförmigen Plateaus, und plötzlich erscheint vor seinen Augen ein bewundernswürdiges Panorama. Unten zu den Füßen des bezauberten Beschauers erheben sich, wie im phantastischen Traume, ganze Ketten hoher Gebirge, überhängender Felsen, Abgründe und Schluchten, launen= haft mit einander verwirrt, und hinter ihnen sind dicht bevölkerte Thäler ausgebreitet, durch welche sich, wie silberne Schlangen, unzählbare Flüßchen schlängeln. Der Contrast zwischen dem, was hinter uns geblieben, und dem, was vor uns, ist über= wältigend. Nicht geringer ist der Unterschied im Klima. Während der ganzen Reise über die mongolische Hochebene hatten wir Tag für Tag Fröste, welche bis — 37 ° C. betrugen und stets von starkem Nordwestwinde begleitet waren, obgleich nur wenig Schnee fiel und dieser sogar stellenweise gar nicht zu sehen war. Jetzt fühlten wir nach jedem Schritte, den wir vom Grenzrücken machten, daß es wärmer wurde, und endlich hatten wir, als wir nach Kalgan kamen, trotzdem es December war, das schönste Frühlingswetter. So groß ist der Unterschied zwischen dem Klima der genannten Stadt und dem Punkte, von dem aus man von der Hochebene herabsteigt und deren Entfernung von einander nur 25 Kilometer beträgt. Der letztere Punkt hat eine absolute Höhe von 1705 Meter, während Kalgan, das am Aus= gange aus dem Grenzrücken in die Ebene liegt, sich nur 879 Meter über dem Meere erhebt.

Diese Stadt, welche von den Chinesen Tschang=kiakan (die Benennung „Kalgan" stammt vom Mongolischen „Chalga",

d. h. Schlagbaum) genannt wird, schließt den Durchgang durch
die große Mauer und bildet einen wichtigen Handelsplatz Chinas
mit der Mongolei. Hierher kommen auch unsere Tuche, Man=
chester und Pelzwaaren. In Kalgan leben an 70,000 Ein=
wohner, welche ausschließlich Chinesen sind, darunter viele Mu=
hamedaner, welche in China allgemein als „Choj=Choj"
bezeichnet werden. Hier leben auch zwei protestantische Missionäre,
und einige unserer Kaufleute, welche sich mit dem Verfahren
von Thee durch die Mongolei nach Kiachta befassen. Wenn=
gleich in der letzten Zeit dadurch, daß der Theetransport zur
See bedeutend zugenommen, sich der Transit durch die Mongo=
lei verringert hat, so werden doch, nach der Versicherung unserer
Kaufleute, alljährlich noch an 200,000 Kisten Thee, jede bis
sechsunddreißig Kilogramm schwer, von Kalgan abgesendet. Der=
selbe kommt aus den Theeplantagen in der Nähe der Stadt
Hankau am mittlern Yang=tje=kiang nach Kalgan und zwar theils
zu Lande, theils auf europäischen Dampfern nach Tien=tsin.
Die eine Hälfte wird unseren Kaufleuten verkauft, welche ihn
weiter befördern, während die andere von Chinesen selbst nach
Urga oder Kiachta geschafft wird. Als Fuhrleute dienen Mon=
golen, welche bei diesem Transport viel Geld verdienen. Die
Ausfuhr findet nur im Herbste, Winter und ganz im Anfange
des Frühlings (bis zum April) statt; im Sommer werden alle
Kameele in die Steppe gelassen, wo sie sich erholen, sich aus=
haaren und frische Kräfte zur neuen Arbeit sammeln.

Die Theekarawanen bilden eine sehr charakteristische Er=
scheinung der östlichen Mongolei. Im Frühherbste, d. h. im
Anfange Septembers, kommen aus allen Gegenden dieses Landes
lange Züge von Kameelen nach Kalgan, welche sich während
des Sommers in der freien Steppe umhergetummelt haben,
wiederum gesattelt, um auf ihrem Rücken je vier Kisten, d. h.
ganze zweihundertsechzehn Kilogramm Thee, durch die Wüste zu
schleppen. Dieses ist eine gewöhnliche Last für das mongolische
Kameel; auf stärkere Thiere wird jedoch noch eine Kiste mehr
gepackt. Die Mongolen verbingen sich, den Thee entweder direct
nach Kiachta oder auch nur bis Urga zu schaffen, weil weiterhin
Gebirge und häufig auch sehr tiefer Schnee den Kameelen das
Gehen erschweren. Im letztern Falle wird der Thee auf zwei=

rübrigen mit Ochsen bespannten Wagen nach Kiachta weiter
geschafft. Ein Theil des Thees bleibt auch in Urga zum Gebrauche für die Mongolen.

Der Durchschnittspreis für den Transport einer Kiste von
Kalgan nach Kiachta beträgt drei Lan, so daß also jedes Kameel
während eines Transportes zwölf Lan, d. i. 25 Silberrubel,
verdient. (Der mittlere Werth eines chinesischen Lan beträgt in
Kalgan 2 Rubel 8 Kopeken unseres Silbergeldes.) Gewöhnlich
gelingt es der Karawane während eines Winters zweimal jene
Strecke zurückzulegen, so daß jedes Kameel seinem Eigenthümer
funfzig Rubel verdient. Zurück gehen die Karawanen gewöhnlich
leer; nur selten bringen sie irgend eine Waare, Holz, trockene
Pilze, Salz, Haare oder Wolle, mit. Auf 25 Kameele kommen
zwei Treiber, welche die Thiere pflegen und beladen, so daß die
Ausgaben thatsächlich sehr klein sind, und dem Unternehmer ein
ungeheurer Reingewinn übrig bleibt, selbst wenn während des
Winters einige Kameele in Folge von Erschöpfung oder schlechtem
Futter fallen. Die Karawanenkameele werden sehr oft dadurch
zum Dienste untauglich, daß sie sich die Widerhufe verletzen und
in Folge dessen lahm werden, oder sich durch nachlässiges Beladen den Rücken wundreiben. Im ersten Falle legen die Mongolen das Thier nieder und umnähen den wunden Fuß mit
einem Stücke Leder, welches dem Thiere dann als Sohle dient
und zur baldigen Heilung beiträgt, im zweiten Falle wird das
Kameel für das laufende Jahr zum Transporte unfähig und
man entläßt es in die Steppe, damit es sich erhole. Wenn
man auch einen bestimmten Procentsatz verloren gehender und
beschädigter Kameele annimmt, so bringen sie doch dem Mongolen, welcher ihrer wenn auch nur dreißig bis vierzig besitzt,
sehr bedeutende Summen ein. Nun giebt es aber viele Kameeltreiber, welche ganze Herden besitzen, die ihnen theils als Eigenthum gehören, theils aber auch von armen Mongolen, denen
es sich nicht lohnt mit wenigen Thieren Transporte zu unternehmen, in Pacht gegeben sind. Es sollte scheinen, daß ein
solcher Verdienst den Mongolen bereichern müßte; in Wirklichkeit
verhält es sich jedoch nicht so, und nur selten bringt einer von
ihnen einige hundert Rubel mit nach Hause; alles übrige Geld
wandert in die Taschen der Chinesen.

Diese letzteren beuten den leichtgläubigen Mongolen in der gewissenlosesten Weise aus. Jeder Karawane, welche im Herbste nach Thee kommt, reisen einige Chinesen entgegen und laden den Eigenthümer ein, bei ihnen sein Quartier aufzuschlagen. Dieses Quartier wird unentgeltlich gegeben; Bedienung und Aufmerksamkeit werden dem Gaste in vollem Maße zu Theil. Der schmutzige Mongole, mit welchem sonst der Chinese nicht einmal sprechen würde, macht es sich nun auf der Pritsche in der Fanse des reichen Kaufmannes bequem, welcher ihm entweder selbst die Pfeife reicht, oder diese ihm durch seines Commis reichen läßt und selbst seine leisesten Wünsche erfüllt. Der Mongole nimmt Alles für baare Münze an und überläßt es seinem Wirthe, sich mit dem Kaufmanne, dessen Thee er zum Transporte übernimmt, auseinanderzusetzen. Hierauf aber hat der Chinese nur gewartet. Er rechnet mit dem den Transport im Voraus bezahlenden Auftraggeber des Mongolen in der gewissenlosesten Weise ab und dann bietet er dem Mongolen noch diese oder jene Waare zum Kaufe an, die er mit doppelten Preisen ansetzt. Weiter geht nun noch ein Theil des Geldes für Abgaben und zur Bestechung der Beamten weg und ein anderer Theil wird verludert, so daß am Ende der Mongole Kalgan mit einem ganz unbedeutenden Theil seines ungeheuren Verdienstes verläßt. Einen Theil hiervon muß er dann noch unbedingt einem Tempel schenken, so daß der Nomade im Frühlinge fast mit leeren Händen nach Hause kommt.

Der Landtransport des Thees ist so theuer, daß hierdurch der Preis des Formthees, welcher ausschließlich von Mongolen und von den Bewohnern Sibiriens verbraucht wird, um das Dreifache des Fabrikpreises erhöht wird. Der Transport von Kalgan nach Kiachta dauert 30 bis 40 Tage, je nachdem hierüber mit dem mongolischen Unternehmer abgeschlossen wird. Jede Kiste ist ursprünglich in eine dicke wollene Decke gehüllt; in Kiachta wird diese durch eine rohe Haut ersetzt, und dann werden die Kisten je nach der Jahreszeit auf Wagen oder Schlitten nach dem europäischen Rußland geschafft.

Kalgan ist, wie gesagt, eines der Thore der großen Mauer, welche wir hier zum ersten Male sahen. Sie ist aus großen mit Kalkmörtel verbundenen Steinen aufgeführt. Die Schwere

eines jeden Steines übersteigt jedoch nicht einen bis zwei Zentner,
da die Arbeiter die Steine augenscheinlich in demselben Gebirge
gesammelt und auf ihren Schultern herbeigeschleppt haben. Die
Mauer selbst stellt in ihrem Querdurchschnitte eine Pyramide
dar und hat eine Höhe von circa drei Klaftern bei einer Fun-
damentdicke von ungefähr vier Klaftern. An wichtigeren Punkten,
manchmal jedoch in einer Entfernung von kaum einem Kilometer von einander, sind quadratische Thürme erbaut. Sie sind
aus Lehmziegel construirt, welche wechselweise der Länge und
Breite nach gelegt und mit Kalk verbunden sind. Die Größe
der Thürme ist verschieden; die größten haben im Fundamente
eine Ausdehnung von sechs Klaftern und eine gleiche Höhe.
Diese Mauer zieht sich den Rücken des Grenzgebirges entlang
in die Schluchten hinein, welche ihre Befestigungen verschließen.
In solchen Pässen allein hat aber auch der ganze Bau nur
einigen Werth; im Gebirge macht ja der Charakter der Gegend
das Eindringen des Feindes unmöglich; trotzdem ist auch hier
die Mauer und zwar überall in der gleichen Höhe und Dicke
erbaut. Ich hatte sogar Gelegenheit zu sehen, daß dieser Bau
an eine vollkommen abschüssige Felsenwand sich anlehnte, sich
aber nicht mit dieser natürlichen Mauer begnügte, sondern, einen
engen Zwischenraum lassend, in der ganzen oft sehr bedeutenden
Länge den Felsen umging. Und weshalb wurde diese Riesen-
arbeit vollbracht? Wie viele Millionen Hände haben an diesem
Bau gearbeitet? Wie viele Kräfte der Nation wurden hier
vergeudet? Die Geschichte erzählt uns, daß die chinesischen
Herrscher gegen 200 Jahre v. Chr. Geb. den Bau in der Absicht begonnen haben, das Reich vor dem Eindringen der benachbarten Nomaden zu schützen. Aber die Geschichte erzählt uns
auch, daß die periodischen Angriffe der Barbaren an dieser
Mauer nicht zerschellten, da dem chinesischen Reiche hinter ihr
ein zweiter, sicherer Schutz, — die moralische Kraft des Volkes
selbst, fehlt.

Uebrigens ist die große Mauer, deren Länge die Chinesen
selbst auf fünftausend Kilometer angeben, und die sich einerseits
tief in die Mandschurei, andererseits bis tief in die Gobi, bis an
die Festung Kia-ya-kwan in der Provinz Gan-su (98° östl.
L. Gr.), hinzieht, in den von Peking entfernten Gegenden gar

nicht so groß. In der Nähe der Hauptstadt wurde sie unter
den Augen des Kaisers und seiner wichtigsten Würdenträger
erbaut, und deshalb erscheint sie auch als ein wirkliches Riesen=
werk; in Gegenden, welche der höhern Verwaltungsbehörde fern
liegen, erscheint die berühmte große Mauer, welche die Europäer
als eine charakteristische Eigenthümlichkeit Chinas zu betrachten
gewohnt sind, nur als ein durch die Zeit zerstörter Lehmwall,
dessen Höhe sechs Meter beträgt. Dieses sagt Huc in der Be=
schreibung seiner Reise durch die Mongolei und Tibet, und wir
selbst hatten im Jahre 1872 Gelegenheit, eine solche Mauer auf
der Grenze von Ala=schan und Gan=su zu sehen.

Wir blieben fünf Tage in Kalgan, umgeben von der größten
Gastfreundschaft des Herrn Matrenicki und einiger anderer Lands=
leute, welche dort Commissionsgeschäfte treiben und sich mit der
Versendung des Thees befassen, welcher aus unseren Fabriken
in Hankau kommt. Unsere Landsleute wohnen außerhalb der
Stadt, am Ausgange der malerischen Schlucht, durch welche man
vom Grenzgebirge herabsteigt. Die Bequemlichkeit des Lebens
außerhalb der Stadt besteht darin, daß man hier nicht den Schmuß
und unangenehmen Geruch empfindet, welche ein Charakter=
merkmal aller Städte des Himmlischen Reiches bilden. Wie
alle anderen Ausländer in China führen auch unsere Kaufleute
ihre Geschäfte nicht selbst, sondern lassen sie durch sogenannte
„Kompradoren", b. h. durch Chinesen, denen sie die
Handelsgeschäfte mit ihren chinesischen Landsleuten anvertrauen,
führen. Uebrigens sind unsere Kaufleute noch ziemlich selb=
ständig in ihren Handelsoperationen, da einige von ihnen die
chinesische Sprache kennen, und meistens mit den mongolischen
Transportunternehmern direct unterhandeln. In Tien=tsin aber
und in anderen Städten Chinas, in denen den Europäern der
Aufenthalt gestattet ist, ist der Komprador ein unumgängliches
Zubehör jedes Handelshauses. Durch sie werden alle Geschäfte
abgemacht; und ein solcher Vertrauensmann bestiehlt seinen Auf=
traggeber meist in so ungenirter Weise, daß er gewöhnlich nach
einigen Jahren eine eigene Handlung gründen kann.

Die chinesischen Kompradoren, welche im Hause des Aus=
länders leben, lernen die Sprache dessen, dem sie dienen. Die
russische Sprache wird den Chinesen am schwierigsten; wenn

wir die Aussprache und das Verdrehen der Worte ganz unberücksichtigt lassen, so hören wir doch einen unglaublichen Satzbau,
der ganz unverständlich ist.

„Schnell deine Meister schieße sei," sagte mir
ein Kalganer Komprador, als er sah, daß ich wilde Tauben im
Fluge schieße. „Deine ich werde essen nicht essen?"
fragte derselbe Chinese, als er mir etwas zu Essen vorsetzte. In
Urga sahen wir ebenfalls einige solche Sprachmeister. Einer
von ihnen soll, wie böse Zungen behaupteten, sich einst mit der
Fabrication von russischen Cassenscheinen befaßt und diese an die
Mongolen abgesetzt haben. Auf unsere Frage, ob er sich noch
mit dieser Industrie abgebe, antwortete der Chinese: „Wie's
geht, jetzt dein Papierchen schlecht sein; schreibe,
schreibe (d. h. der Text des Cassenscheins), wenig, wenig
unsere Leute thun kann und Gesicht (das Bild auf
dem Scheine) sehr klug sein." Uebrigens bedarf es für die
Mongolen keiner besonders künstlerischen Vollendung der Cassen-
scheine; auch wir sahen in Urga gefälschtes Papiergeld, auf dem
die Bilder aus freier Hand gezeichnet waren.

Ueber die in China lebenden Ausländer äußerte der Kalganer Komprador folgende Ansicht: „Deine Menschen
ganz gleich Pe-lin (Engländer), Fa-gua (Franzosen)
hier nicht. Deine Menschen, unsere Menschen
odoli (= ganz gleich), gut sein; Pe-lin, Fa-gua
schlecht sein." Ich lasse es dahingestellt, ob das Lob des
Chinesen, welcher behauptete, daß wir den Franzosen und Engländern nicht ähnlich, dafür aber ganz so sind, wie die Chinesen,
angenehm war oder nicht. Doch befreit diese vielleicht nur persönliche Anschauung des Kalganer Kompradors die Russen nicht
von dem allgemeinen Hasse der Chinesen gegen alle Europäer,
und von dem allen gegebenen Spitznamen „Jan-gnisa",
d. h. überseeischer Teufel. Eine andere Bezeichnung hört der
Europäer hier nicht, und wir erfuhren auf dem ersten Schritte,
den wir im eigentlichen China thaten, wie verzweifelt schwer die
Lage des europäischen Reisenden an den Grenzen des Himmlischen
Reiches ist.

Dank der Unterstützung unserer Landsleute in Kalgan
mietheten wir von Chinesen zur Reise nach Peking zwei Reit-

pferde und einige Maulthiere zum Transporte des Gepäcks.
Die Europäer reisen hier gewöhnlich in Tragsesseln, welche von
zwei Maulthieren getragen werden; wir nahmen jedoch deshalb
Reitpferde, weil wir uns so besser mit der Gegend bekannt
machen konnten, als von den verdeckten Sänften aus.

Die Entfernung von Kalgan nach Peking beträgt gegen
210 Kilometer, welche man gewöhnlich in vier Tagen zurücklegt.
Unterwegs wird in Gasthäusern gehalten, welche größtentheils
von Muhamedauern, die aus Ostturkestan hierher übergesiedelt
sind, unterhalten werden. Für die Jan-gnisy, d. h. für Europäer,
ist der Eintritt in ein gutes Gasthaus sehr schwierig, und man
führt den Reisenden in die elendesten Schänken, wenn man sich
auch überall von ihm das Doppelte, Dreifache, oft sogar das
Zehnfache zahlen läßt. Hier handelt es sich aber nicht mehr
um Geld; man ist sehr zufrieden, daß man nur unter irgend
einen elenden Schuppen gelassen wird, nachdem man sechs oder
sieben Stunden hinter einander auf dem Pferde gesessen und der
nächtlichen Kühle ausgesetzt gewesen ist. Ungeachtet dessen, daß
der Europäer in China Alles mit freigebiger Hand bezahlt, ist
doch der Haß gegen die überseeischen Teufel so groß, daß man
uns manchmal nicht zur Nacht in ein Gasthaus lassen wollte,
trotzdem unsere chinesischen Fuhrleute Fürsprache einlegten. Dies
ereignete sich besonders in der Stadt Scha-tschan, wo wir
gezwungen waren eine ganze Stunde von einem Gasthause zum
andern zu reiten und für ein Quartier in einer schmutzigen,
kalten Fanse den zehnfachen Preis anzubieten.

Auch die Unkenntniß der Sprache war für uns ein großes
Hinderniß, besonders auf den Stationen, wo wir um Speise
bitten mußten. Es war nur gut, daß ich mir in Kalgan einige
chinesische Benennungen von Gerichten notirt hatte; mit diesem
Menu gelangten wir bis Peking. Ich weiß nicht, wie Anderen
die chinesische Küche schmeckt, in welcher ranziges Oel (da die
Chinesen kein Rindvieh halten und keine Milch und Butter genießen) und Knoblauch die Hauptrolle spielen. Uns erschienen
die chinesischen Speisen in den Gasthäusern ekelhaft. Dieser
Ekel vermehrte sich als wir in den Fleischbänken Eselkeulen
sahen, welche zum Verkaufe feil gehalten werden, und nun den
gerechtfertigten Verdacht hegten, daß man auch uns mit Esel-

fleisch füttere. Die Chinesen selbst verachten keine noch so ekel-
haften Gegenstände, und einige essen sogar Hunde. Während
unserer zweiten Anwesenheit in Kalgan sahen wir, wie chinesische
Fleischer ein mongolisches Kameel kauften, das furchtbar krank
und dessen Körper ganz mit Wunden bedeckt war; sie schlachteten
es und verkauften das Fleisch zum Genusse. Gefallene Thiere
werden gewöhnlich verzehrt und die Esel, deren Fleisch wir in
den Fleischbänken gesehen haben, sind gewiß keines gewaltsamen
Todes gestorben. Der Chinese würde, bei dem ihm eigenthümlichen Geize, sich um keinen Preis entschließen, ein Lastthier, das
noch zu irgend einer Arbeit zu gebrauchen ist, zum Schlachten
zu verkaufen. Man kann sich nun eine Vorstellung von dem
Appetit machen, mit welchem der Europäer die ihm in chinesischen
Gasthäusern vorgesetzten Speisen genießt, wenn er weiß, wie
wenig wählerisch in dieser Beziehung seine Wirthe sind.

Wenn der Reisende Kalgan und mit ihm die äußerste Gebirgskette der mongolischen Hochebene verläßt, breitet sich vor
seinen Augen eine weite Ebene aus, die dicht bevölkert und ausgezeichnet bearbeitet ist. Die Dörfer machen, im Gegensatze zu
den Städten, den Eindruck der Reinlichkeit. Der Weg ist stark
belebt: auf ihm bewegen sich lange Züge von Eseln, mit Steinkohlen beladen, mit Mauleseln bespannte Wagen, Lastträger zu
Fuß und endlich Sammler von Excrementen, welche letzteren in
China so hoch geschätzt werden. Man kann hier überall, selbst
die Städte nicht ausgenommen, erwachsene Menschen sehen,
welche, ein Körbchen am linken Arme, in der rechten Hand
einen kleinen Spaten, von Morgens bis Abends auf den
Straßen und Wegen umhergehen, um Excremente zu sammeln,
welche von Thieren oder Menschen stammen. Solche Scenen
gehen oft ins Lächerliche über, wenn man sieht, wie ein Chinese
bei einem Kameele steht, das sich eben entleert, und sein Körbchen
mit Sorgfalt hinhält, damit die Excremente direct in dasselbe
hineinfallen. Der gesammelte Mist wird sowohl zur Düngung
der Felder wie auch als Brennmaterial verwendet.

Gegen dreißig Kilometer von Kalgan, am Rande der oben
bezeichneten Ebene, deren Boden aus sandigem Lehm besteht,
theilweise aber auch steinig ist, befindet sich die Stadt S i u a n -
h w a - f u, welche, wie alle chinesischen Städte, mit einer crene-

3*

lirten Lehmmauer umgeben ist, die ganz der Moskauer „Chinesischen
Stadt" (Kitai gorod) ähnlich ist. Von hier führt der Weg
weiter über felsige Bergrücken, durch eine Schlucht, in welcher
der reißende und ziemlich breite Fluß Jang-ho fließt. An
engeren und steileren Stellen der Schlucht ist der Weg durch
Felsen gehauen und im Allgemeinen ist er selbst für Wagen
gut. Wenn der Reisende Dsi-min hinter sich hat, gelangt er
wieder in eine Ebene, welche 10 bis 12 Kilometer breit ist und
sich gegen West zwischen zwei Bergrücken hinzieht. Einer dieser
Rücken ist der, über welchen der soeben beschriebene Weg führt,
und der zweite, bedeutend höhere und großartigere, bildet den
äußern Rand der zweiten Terrasse, über welche hinweg die ost-
asiatische Hochebene sich zur Thalebene gestaltet, welche an der
Küste des Gelben Meeres ausgebreitet ist. Thatsächlich nimmt
auch von Kalgan an bis zur Stadt Tscha-dau, welche am
Eingange zu dem eben beschriebenen Bergrücken liegt, die absolute
Höhe ziemlich gleichmäßig ab; doch reist man immer noch über
ein Plateau, das sich hoch über das Meer erhebt. (Die absolute
Höhe von Kalgan beträgt 879 Meter, die von Tscha-dau
505 Meter.) Nun beginnt man bei Tscha-dau den zweiten
äußern Rücken herabzusteigen, welchen die Chinesen Si-schan
nennen, welches sich wie die Kalganer Gebirge, nur ganz am
äußern Rande des Plateaus, gegen die an seinem Fuße liegende
Ebene hin, entwickelt.

Der Weg über dieses Gebirge führt durch die Schlucht
Kuan-kau, welche in der Nähe von Tscha-dau beginnt und
sich bis an die Stadt Nankau hinzieht, die am Ausgange aus
dem Gebirge in der Ebene von Peking liegt. Die Schlucht
Kuan-kau hat in ihrem obern Theile nur eine Breite von 10
bis 15 Klafter und ist von allen Seiten von ungeheuren, überhängenden Felsen umringt, welche aus Granit, Porphyr, grauem
Marmor und Thonschiefer bestehen. Der Weg, welcher einst
mit Steinplatten belegt war, ist jetzt gänzlich vernachlässigt, so
daß es sogar sehr schwer ist, ihn reitend zurückzulegen. Trotzdem
fahren hier, natürlich mit der größten Schwierigkeit, zweirädrige
chinesische Wagen und oft benutzen den Weg sogar Karawanen
mit theebeladenen Kameelen.

Den soeben beschriebenen Bergrücken entlang zieht sich die

zweite sogenannte innere große Mauer hin, welche an Umfang und Construction bei Weitem die Kalganer übertrifft. Diese Mauer ist aus großen Granitplatten aufgeführt, auf denen aus Ziegeln eine crenelirte Mauer erbaut ist; auf höheren Punkten befinden sich Wachtthürme. Außerdem sind hinter der Haupt= mauer, auf Peking zu, noch drei Hülfsmauern erbaut, welche in einer Entfernung von drei bis vier Kilometer eine hinter der andern liegen und mit ihren Flügeln wahrscheinlich an den Hauptbau stoßen. Alle diese Mauern verschließen die Schlucht von Kuan=kau mit ihren Doppelthoren; in der äußersten nach Peking zu belegenen Mauer befinden sich jedoch drei Thore. Hier erblickt man zwei alterthümliche eiserne Kanonen, welche, wie man sagt, von den Jesuiten für die Chinesen gegossen worden sind.

Gleich hinter den Mauern erweitert sich die Schlucht von Kuan=kau etwas, obgleich sie immer noch ihren wilden, aber dabei bezaubernden Charakter beibehält. Wildbäche stürzen schäumend in Cascaden herab und unter überhängenden Felsen erblickt man überall chinesische Fansen, Weinreben und kleine Gärten mit Fruchtbäumen. Endlich erreicht der Reisende die Stadt Nan=kau, welche circa dreihundert Meter niedriger als Tscha=dau liegt, wenngleich sie von der letztern Stadt nur 23 Kilometer entfernt ist.

Die ganze Breite des Abfalls der ostasiatischen Hochebene vom höchsten Punkte des Kalganer Gebirgsrückens bis zum Ein= tritt in die Pekinger Ebene beträgt hiernach gegen zweihundert Kilometer. Gegen Westen ist diese Region gewiß breiter, von einigen parallelen Gebirgsrücken durchschnitten und reicht bis an den nördlichen Bogen des Huang=ho. Gegen Osten aber ver= einigen sich die einzelnen Gebirgsrücken zu einem breiten Massive, das sich bis an den Petschili=Busen des Gelben Meeres hinzieht. Dieser ganze Gebirgszug hat von den Chinesen den Namen Tschai=chan erhalten.

Von Nan=kau hat man nur noch eine Tagereise bis Peking, d. h. nicht mehr als fünfzig Kilometer. Die Gegend ist ganz eben und sehr wenig über dem Meere erhoben. Peking selbst liegt nur 40 Meter über der Oberfläche des Meeres. Die Alluvialschicht dieser Ebene besteht aus Sand und Lehm und ist

ausgezeichnet bearbeitet. Auf jedem Schritte trifft man ein
Dorf. Zahlreiche Gebüsche, die von Cypressen, baumartigem
Wachholder, Kiefern, Pappeln und anderen Bäumen gebildet
werden und gewöhnlich die Begräbnißplätze andeuten, vermehren
die Abwechselung und Schönheit des Landschaftsbildes der Ebene.
Das Klima wird noch wärmer, so daß hier zur Zeit unserer
größten Fröste (im Anfange Januar) das Thermometer gegen
Mittag im Schatten über 0° zeigt. Von Schnee ist hier nicht
die Rede; wenn er hin und wider während der Nacht fällt, so
thaut er gewöhnlich schon am folgenden Tage. Ueberall findet
man überwinternde Vögel: Drosseln, Buchfinken, Spechte, Gold-
ammern, Krähen, Habichte, Tauben, Trappen und Enten.

Je mehr man sich der Hauptstadt des Himmlischen Reiches
nähert, desto dichter wird die Bevölkerung. Die dicht an einander liegenden Dörfer bilden eine Stadt, so daß der Reisende,
ganz ohne es zu merken, an die Mauer von Peking herankommt
und in die berühmte Hauptstadt des Ostens einzieht.

II. Kapitel.

Die Mongolen.

Aeußeres, Kleidung und Wohnung. — Ihr tägliches Leben, Charakter,
Sprache und Sitten. — Glauben und Aberglauben. — Administrative
Eintheilung und Verwaltung der Mongolei.

Dieses Kapitel ist der ethnographischen Beschreibung der
Mongolei zu dem Zwecke gewidmet, um bei der weitern Erzählung über den Verlauf der Reise, die die Bevölkerung betreffenden Mittheilungen bloß als charakteristische Episoden, die
sich gleich vom Bilde abheben, einschieben zu können. Bei der
physiko-geographischen Schilderung des Charakters und der Natur
der erforschten Gegenden, wie auch der vielen Abenteuer, welche
wir auf unserer Pilgerfahrt erlebten, würde es nur möglich
gewesen sein, der Bevölkerung hin und wider mit einigen Worten
zu erwähnen. Da dann aber diese beiläufigen Bemerkungen in
verschiedenen Kapiteln zerstreut gewesen wären, so wären sie
möglicher Weise der Aufmerksamkeit des Lesers entgangen. Um
diesem vorzubeugen, habe ich mich entschlossen, die Bewohner
der Mongolei in einem Kapitel zu schildern und diese Schilderung
später und zwar im Laufe der Erzählung, durch Mittheilung
von Einzelheiten zu ergänzen.

Wenn mit der Beschreibung des Aeußern begonnen werden
soll, so wird unstreitig als Bild des echten Mongolen der Bewohner von Chalcha genommen werden müssen, wo sich die
mongolische Rasse noch am reinsten erhalten hat.

Ein breites, flaches Gesicht mit hervorragenden Backen-

knochen, eine Plattnase, kleine, schmal aufgeschlitzte Augen, ein
eckiger Schädel, große, vom Kopfe abstehende Ohren, schwarzes,
hartes Haar, das im Barte sehr sparsam wächst, dunkle, sonn-
verbrannte Haut, endlich ein gedrungener körniger Körperbau
von mäßiger, oft aber auch mehr als mäßiger Größe, — dieses
sind die äußern charakteristischen Merkmale jedes Chalchas.

In anderen Gegenden der Wüste haben die Mongolen bei
Weitem nicht die Reinheit des Rassentypus, wie in der Chalcha,
bewahrt. Der äußere, fremdländische Einfluß hat sich vor allem
stark im südöstlichen Theile der Mongolei geoffenbart, der seit
sehr lange mit China grenzt. Und wenn das Wanderleben des
Nomaden sich schwer mit den Culturbedingungen eines ansässigen
Volksstammes vereinigen läßt, so haben es doch die Chinesen im
Laufe von Jahrhunderten vermocht, auf einem oder dem andern
Wege ihren Einfluß auf die wilden Nachbarn in einem solchen
Grade auszuüben, daß die Mongolen jetzt schon in den Gegenden,
welche unmittelbar an der großen Mauer liegen, halb chinesirt
sind. Es ist wahr, daß der Mongole, mit seltenen Ausnahmen,
auch dort noch in seiner Filzjurte wohnt und seine Herde hütet;
aber sowohl auch durch sein Aeußeres als auch, und zwar in
einem noch höheren Grade, durch seinen Charakter unterscheidet
er sich schon sehr stark von seinem nördlichen Landsmanne und
ähnelt weit mehr einem Chinesen. Das rohe, flache Gesicht hat
sich bei ihm, in Folge der häufigen ehelichen Verbindungen mit
Chinesinnen, in die regelmäßigere Physiognomie des Chinesen
umgewandelt, und in seiner Kleidung und häuslichen Einrichtung
hält es der Nomade für Eleganz und Würde, wenn er den
chinesischen Ton nachahmt. Selbst der Charakter des Nomaden
ist hier sehr stark verändert: ihn lockt durchaus nicht mehr die
wilde Wüste so an, wie die dichtbevölkerten Städte Chinas, in
denen er schon mit den Bequemlichkeiten und Vergnügungen
eines civilisirtern Lebens Bekanntschaft gemacht hat. Aber indem die
Mongolen mit ihrer Vergangenheit brechen und sich in Chinesen
umwandeln, nehmen sie von ihren Nachbarn ausschließlich die
schlechten Charaktereigenschaften an, bewahren aber dabei die
schlechten Eigenschaften ihres frühern Lebens. Sie werden
schließlich Ausgeburten werden, welche der chinesische Einfluß
demoralisirt, aber nicht auf einen höhern Standpunkt erhoben hat.

Mongolifche Jurte.

Wie die Chinesen rasiren auch die Mongolen ihren Kopf, wobei sie im Genicke so viel Haare stehen lassen als nothwendig sind, um aus ihnen eine lange Flechte zu machen. Die Lamas rasiren aber den ganzen Kopf, wozu sowohl sie als auch der Laienmongole sich chinesischer Messer bedienen, nachdem sie vorher das Haar, um es zu erweichen, mit warmem Wasser anfeuchten. Bärte und Schnauzbärte tragen weder Lama noch Laie; sie wachsen ihnen auch sehr schlecht. Die Sitte, Flechten zu tragen, ist von den Mandschuren nach China verpflanzt worden, als sie gegen die Mitte des sechszehnten Jahrhunderts das Himmlische Reich eroberten. Seit dieser Zeit wird die Flechte als ein Zeichen der Unterwürfigkeit unter die Dynastie Da-tsyn betrachtet, und diesen Schmuck müssen alle China unterworfenen Völker tragen.

Die Mongolinnen rasiren ihr Haar nicht, sondern machen aus ihm zwei Flechten, welche sie mit Bändern, Korallen oder Glasperlen verzieren, und vorn zu beiden Seiten der Brust tragen. Die verheiratheten Frauen tragen häufig nur eine Flechte und lassen sie dann hinten herabhängen. Das Haar belegen sie mit silbernen Blechen und rothen Korallen, welche bei den Mongolen sehr hoch geschätzt werden. Bei den ärmeren Mongolinnen vertreten Glasperlen die echten Korallen; die Bleche aber werden gewöhnlich aus Silber, selten nur aus Kupfer gefertigt. Ein solcher Putz wird auf den Obertheil der Stirn gelegt. Außerdem werden in den Ohren zwei große silberne Ohrringe, an den Fingern Ringe und an den Armen Armbänder getragen.

Die Kleidung des Mongolen besteht in einem langen, schlafrockähnlichen Rocke, der gewöhnlich aus blauem chinesischen Baumwollstoffe gefertigt ist, chinesischen Stiefeln und einem niedrigen Hute, dessen Krämpe nach oben gebogen ist. Hemden und Unterkleider tragen die Nomaden gewöhnlich nicht. Im Winter ziehen sie warme Beinkleider und Schafpelze an, und den Kopf bedecken sie mit einer warmen Mütze. Der Eleganz wegen werden die Sommerkleider häufig aus chinesischem Seidenstoffe gefertigt. Außerdem tragen die Beamten noch Abzeichen ihrer Würde. Sowohl der Sommerrock als auch der Pelz sind immer mittelst eines Gürtels in der Taille umbunden, an welchem entweder an der Seite oder hinten die für einen Mongolen unentbehrlichen Gegenstände, der mit Taback gefüllte Beutel, die Pfeife und der Feuerstahl, hängen. Außerdem haben die Chalchas immer noch eine Dose mit Schnupftaback zwischen Leib und Oberrock stecken, denn das Anbieten einer Prise gehört zum ersten Bewillkommnen des Gastes. Der Hauptstolz des Nomaden besteht in seinem Reitzeuge, das oft mit Silber verziert ist.

Das Kleid der Frauen ist von einem etwas andern Schnitte als das der Männer, und sie tragen es ohne Gürtel; dafür haben sie aber einen kurzen Ueberwurf ohne Aermel. Uebrigens ist die Kleidung und die Frisur des Haares beim schönen Geschlechte in den verschiedenen Theilen der Mongolei verschieden.

Die allgemeine Wohnung des Mongolen ist die Filzjurte, „Gyr", welche auch in allen Gegenden der Mongolei ganz gleich ist. Jede Jurte ist rund, mit einem conischen Dache, in welchem sich eine Oeffnung befindet, die gleichzeitig als Rauchfang und Fenster dient. Das Gerippe zu dieser Jurte wird aus Stangen gemacht, welche größtentheils aus den waldigen Gegenden von Chalcha geholt werden. Die Stangen werden oben zusammengebunden, dann so ausgespreizt, daß sie einen Raum von 4 bis 5 Meter Durchmesser umschließen, ferner noch mit Leinen mit einander verbunden und endlich mit Filz bedeckt. Nur die Stangen, welche den Eingang bilden, werden nicht mit Leinen mit einander verbunden. An eine derselben wird eine Thür befestigt, die gegen einen Meter hoch und fast eben so breit ist. Die Höhe der Jurte beträgt immer gegen $1\frac{1}{3}$ Meter.

Ueber die Wände und die Thür werden Stangen gelegt, deren dünne Enden mittelst Schleifen an die Wände befestigt werden. Das freie Ende dieser Stangen wird in die Löcher eines kreisförmig gebogenen Reifes gesteckt. Dieser etwa einen Meter hohe und $1\frac{1}{3}$ Meter im Durchmesser haltende Kegel dient als Obertheil der Jurte, d. h. als deren Rauchfang und Fenster.

Erst nachdem das ganze Gerüst der Jurte aufgestellt ist, wird es mit Filzdecken umkleidet, die im Winter verdoppelt werden. Auch die Thür und der Kamin werden mit Filzdecken belegt und dann ist die kunstlose Wohnung fertig. Im Innern und zwar in der Mitte dieser Wohnung befindet sich der Herd; gegenüber der Thür werden die Heiligenbilder („Burchany“) und neben ihnen die verschiedenen Schätze aufgestellt. Rings um den Herd, auf dem den ganzen Tag hindurch das Feuer nicht erlischt, werden Filzdecken ausgebreitet, welche zum Sitzen und Schlafen dienen. In den Jurten der Reichen werden hierzu, statt Filzdecken, theure Teppiche verwendet. Außerdem werden auch die Wände der Jurte des Reichen, besonders aber der Fürsten, mit Baumwoll- oder Seidenstoffen behängt und in diesen pflegt auch ein Bretterfußboden zu sein. Für das wenig veränderliche Leben des Nomaden ist die Jurte eine durch Nichts zu ersetzende Wohnung. Man kann sie schnell auseinander nehmen und in eine andere Gegend transportiren, und sie gewährt bei alle dem hinlänglichen Schutz gegen Kälte und Unwetter. Wenn das Feuer auf dem Herde brennt, ist es im Innern der Jurte, selbst während sehr starker Fröste, hinlänglich warm. Für die Nacht wird der Kamin mit Filzdecken zugedeckt und das Feuer ausgelöscht. Dann ist zwar in der Jurte keine besonders hohe Temperatur, aber sie ist immer noch höher als im Soldatenzelte. Im Sommer schützt die Filzdecke einer solchen Wohnung die Insassen vollständig gegen die Hitze, ja selbst gegen die heftigsten Regen.

Im gewöhnlichen Leben der Mongolen fällt dem Reisenden vor allen Dingen ihre unbegrenzte Unreinlichkeit auf. Während seines ganzen Lebens wäscht der Nomade nicht einmal seinen Körper; sehr selten, und auch dieses nur ausnahmsweise, wäscht sich einer Hände und Gesicht. In Folge des beständigen Schmutzes wimmelt die Kleidung der Nomaden von Ungeziefer, das sie, ohne sich durch die Gegenwart eines Fremden stören zu lassen, tödten. Man kann alle Augenblicke sehen, wie ein Mongole, manchmal auch ein Beamter oder wohl gar ein angesehener Lama, sein Kleid oder seinen Pelz umkehrt, die zudringlichen Insecten fängt und sogleich mit dem Tode bestraft, indem er sie auf seinen Vorderzähnen zerdrückt.

Die Unreinlichkeit und der Schmutz, in welchen die Nomaden leben, sind theilweise von der Scheu vor dem Wasser und jeglicher Feuchtigkeit bedingt. Nicht genug, daß der Nomade um keinen Preis durch ein Gewässer geht, in dem man sich

kaum den Fuß naß machen kann, er vermeidet auch aufs Aengst=
lichste seine Jurte in der Nähe eines feuchten Ortes, z. B. einer
Quelle, eines Baches oder Sumpfes, zu erbauen. Die Feuchtig=
keit übt auf ihn einen eben so verderblichen Einfluß aus, wie auf
das Kameel, was nur durch die Angewöhnung des Organismus
an ein trockenes Klima erklärt werden kann. Der Mongole
trinkt auch nie ungekochtes, kaltes Wasser, sondern ersetzt es
immer durch ein aus Ziegelthee gekochtes Getränk. Diese Waare
erhalten die Mongolen von den Chinesen, und sie haben sich so
leidenschaftlich an sie gewöhnt, daß ohne dieselbe kein Nomade,
sei es Mann oder Frau, auch nur einige Tage leben kann.
Während des ganzen Tages, vom frühen Morgen bis zum
späten Abend, steht der Kessel auf dem Herde, und die ganze
Familie trinkt ohne Unterlaß Thee, und bewirthet damit vor
allen Dingen jeden Gast.

Die Zubereitung des Thees findet in der ekelhaftesten Weise
statt: das Gefäß, ein gußeiserner Kessel, in welchem man den
Nectar braut, wird nie einer Reinigung unterzogen, selten nur
wird das Innere mit trockenem „Argall“, d. h. mit Excre=
menten vom Rinde oder Pferde, ausgerieben. Zum Kochen
wird gewöhnlich Salzwasser genommen, und wenn man solches
nicht hat, wird das gewöhnliche Wasser während des Kochens
gesalzen. Nun wird der Ziegelthee mit einem Messer gekrümelt
oder in einer Stampfe zerstoßen, und eine Handvoll dieses
Pulvers ins kochende Wasser geworfen, dem noch einige Tassen
Milch zugesetzt werden. Um den Ziegelthee, der hart wie Stein
ist, zu erweichen, wird er vor seiner Verwendung während einiger
Minuten auf heißen „Argall“ gelegt, wodurch er weder an
Geschmack noch an Aroma gewinnt. Nun ist er zum Serviren
fertig. So zubereitet dient der Thee jedoch nur als Getränk,
ungefähr wie bei uns der Kaffee oder die Chocolade, oder auch
wie ein kühlendes Getränk. Um aus ihm eine gehaltvollere
Nahrung zu machen, schüttet der Mongole in sein Schüsselchen
mit Thee eine Handvoll gerösteter Hirse und legt, um die Deli=
catesse vollständig zu machen, ein Stück Butter oder rohen
Kurdjukfettes (von der Fettdrüse, welche das mongolische Schaf
an der Schwanzwurzel entwickelt) dazu. Dieses wird dem Leser
einen Begriff über das Ekelhafte der Speisen geben, welche die

Mongolen in unglaublicher Menge vertilgen. Im Laufe des Tages genießen sie zehn, ja funfzehn Schüsselchen solchen Thees, deren jede den Inhalt unseres Glases hat; dieses ist selbst für eine junge mongolische Dame etwas ganz Gewöhnliches; die erwachsenen Männer genießen doppelt so viel. Man ißt und trinkt übrigens den ganzen Tag, wenn es jedem beliebt, da bei den Mongolen keine bestimmte Zeit für die Mittagstafel fest= gesetzt ist. Hierbei ist noch zu bemerken, daß das Schüsselchen, aus dem die Nomaden ihren Thee trinken oder essen, persönliches Eigenthum dessen ist, der sich desselben bedient. Auch dieses Gefäß wird nie gewaschen, sondern nach dem Gebrauche ausge= leckt und dann in den Busen gesteckt, wo ganze Schwärme Un= geziefers hausen. Die Schüsselchen dienen auch häufig zum Prunk, und man findet beim Reichen silberne von chinesischer Arbeit.

Neben dem Thee bildet die Milch in verschiedener Form die beständige Nahrung des Mongolen; aus ihr werden Butter, Schaum, „Areka" und Kumys bereitet. Schaum wird aus süßer Milch bereitet, die man über gelindem Feuer kocht: später läßt man sie sich setzen, um sie hierauf, nachdem man die Sahne abgeschöpft hat, zu trocknen. Um den Geschmack zu erhöhen, wird diesem Gebräue häufig geröstete Hirse hinzugesetzt. [Dieser „Schaum" ist wohl das, was die Buriaten in der Steppe von Sajotsk „Burdjuk" nennen und das ich an anderen Orten beschrieben habe. Der Uebersetzer.] Die „Areka" wird aus saurer Milch, von welcher die Sahne abgeschöpft wurde, bereitet und ist etwas dem Quarke Aehnliches. Aus ihr fabricirt man den „Areil", eine Art kleiner, trockener Käsestückchen. Der Kumys, mongolisch „Tarasunn", wird aus Stuten= oder Schafmilch bereitet. Während des ganzen Sommers ist er das Hauptbewirthungsmittel, so daß die Mongolen sich gegenseitig unaufhörlich besuchen, um den Tarasunn zu probiren, mit dem man sich gewöhnlich benebelt. Alle Nomaden haben übrigens eine große Vorliebe für spirituöse Getränke, obgleich die Trunk= sucht bei ihnen durchaus nicht ein so allgemeines Laster wie in civilisirten Gegenden ist. Schnaps erhalten die Mongolen von den Chinesen in China selbst, wohin sie mit den Karawanen kommen, oder auch von chinesischen Krämern, welche im Sommer

durch die ganze Mongolei streifen, um verschiedene Waaren gegen
Wolle, Felle und Vieh umzutauschen. Dieser Handel bringt
den Chinesen großen Gewinn, da sie die Waaren gewöhnlich
auf Credit geben und bei dieser Gelegenheit ungeheure Procente
fordern, und obendrein die eingetauschten Gegenstände zu sehr
niedrigen Preisen berechnen.

Obgleich, wie wir gesehen haben, Thee und Milch während
des ganzen Jahres die Hauptspeisen der Mongolen bilden, so
haben sie doch, besonders im Winter, eine wichtige Beispeise zu
ihnen. Es ist dieses das Hammelfleisch, ein besonderer Lecker-
bissen jedes Nomaden, so daß er, wenn er eine Speise als sehr
schmackhaft bezeichnen will, sagt: „So schmackhaft wie Hammelfleisch!" Das Schaf wird aber auch wie das Kameel zu den
geheiligten Thieren gezählt. Uebrigens dienen alle Hausthiere
als Embleme der Würde, so daß mit den vom Schafe, Pferde,
Kameele hergeleiteten Eigenschaftswörtern selbst einzelne Specien
von Pflanzen und Thieren bezeichnet werden. So wird beispielsweise der baumartige Wachholder „Jama-artza", die Ziegen-
artze, der Reis „Chony-Schuljusyn" (etwa Schaf-Korn)
genannt. Der leckerste Theil des Schafes bleibt wohl der
„Kurdjuk" (die Fettdrüse des Schwanzes). Die mongolischen
Schafe mästen sich, scheinbar sogar auf einer sehr magern Weide,
dermaßen, daß ihr ganzer Leib mit einer Fetthülle von nahezu
einem Zoll Dicke umgeben wird. Je fetter aber das Thier ist,
desto mehr entspricht es dem Geschmacke des Mongolen. Sehr
bezeichnend ist übrigens die cannibalische Art des Schlachtens
der zum eigenen Bedarf bestimmten Schafe. Die Mongolen
schlitzen dem Thiere den Bauch auf, fahren mit der Hand ins
Innere, erfassen das Herz und drücken es so lange, bis das
Thier verendet. Vom geschlachteten Schafe geht übrigens kein
Brocken verloren; selbst die Därme werden verbraucht. Sie
werden ausgeleert und ohne vorher ausgewaschen zu werden mit
Blut gefüllt. So werden sie nun gekocht und als Würste ver-
speist. Man muß freilich einen Mongolenappetit und Mongolen-
nerven besitzen, um diese Würstchen zu genießen.

Die Gefräßigkeit des Mongolen ist unglaublich; er kann
während eines Gelages nicht weniger als 5 Kilo Hammelfleisch
verzehren. Es finden sich Gourmands, welche während eines

Tages einen ganzen Hammel mittlerer Größe verspeisen! Während
einer Reise ist ein Hammelviertel die gewöhnliche tägliche Portion
für einen Menschen; dabei wird noch ökonomisch gelebt. Dafür
aber ist der Mongole auch im Stande, mehrere Tage ohne
jegliche Speise zu leben; wenn er aber ans Essen kommt, dann
ißt er auch, im wahren Sinne des Wortes, für sieben.

Das Hammelfleisch wird zum gewöhnlichen Verspeisen
immer nur gekocht; gebraten wird auf einem Spieße ausschließlich das Bruststück, welches ein Leckerbissen der Mongolen ist.
Wenn die Mongolen während des Winters auf Reisen sind und
das Fleisch hart gefroren ist, wird es halb roh genossen. Man
schneidet zu diesem Behufe immer eine dünne, halbgekochte Fleisch-
schicht ab und läßt das Uebrige weiter kochen. Im Falle der
Eile aber legt der Nomade ein Stück unter den Sattel des
Kameels, auf welchem er die Reise macht, um es gegen den
Frost zu schützen. Von hier wird nun das Fleisch während des
Marsches hervorgezogen und ohne Rücksicht auf die an ihm
klebenden Kameelhaare und den Geruch, den es angenommen
hat, mit dem größten Appetite verzehrt. Die Schöpsenbrühe
wird von den Nomaden wie Thee getrunken; manchmal wird
etwas Hirse oder in Nudeln geformter Teig hineingethan. Vor
dem Essen, wenn die Schüsselchen schon gefüllt sind, werfen die
Lamas und die Frommen aus der ärmern Volksclasse kleine
Stückchen als Opfer ins Feuer, oder in Ermangelung des
Feuers auf die Erde. Um von flüssiger Speise ein Opfer zu
bringen, wird der Finger in dieselbe getaucht und dann abgeschüttelt, ohne Rücksicht darauf, wohin die Tropfen fliegen.

Die Mongolen nehmen alle ihre Speisen mit den Händen,
um sie dem Munde zuzuführen, trotzdem jene für gewöhnlich
sehr schmutzig sind. Das Fleisch wird in großen Stücken in den
Mund gebracht, so viel, als eben in demselben Platz ist, in ihn
genommen und der Rest vor dem Munde mit einem Messer
abgeschnitten. Die Knochen werden so rein benagt, daß auch
kein Fäserchen an ihnen verbleibt, ja einige werden sogar zerschlagen, um das Mark herauszubekommen. Das Schulterblatt
vom Schafe wird, nachdem das Fleisch verzehrt ist, immer zerbrochen; es ganz zu lassen wird als schwere Sünde betrachtet.

Außer Hammelfleisch, das als bevorzugte Speise betrachtet wird, genießt der Mongole auch Ziegenfleisch und Pferdefleisch. Seltener als dieses wird Rindfleisch und am seltensten Kameelfleisch gegessen. Die Lamas genießen kein Pferde- und Kameelfleisch, aber weder sie noch auch ihre Landsleute verachten das Fleisch gefallener Thiere, besonders wenn sie etwas fett sind. Brod kennen die Mongolen nicht, obgleich sie die chinesische Semmel nicht verachten; manchmal backen sie jedoch zu Hause Fladen und machen Nudeln aus Weizenmehl. In der Nähe der sibirischen Grenze essen die Mongolen schon Roggenbrod; doch weiter im Innern der Mongolei kennen sie es nicht und die Mongolen, denen wir unsern russischen Zwieback aus Roggenbrot gegeben, sagten gewöhnlich, nachdem sie ihn probirt hatten: „Ein solches Essen hat nichts Angenehmes an sich; man klappert bloß mit den Zähnen."

Fische und Vögel werden von den Mongolen, mit sehr wenigen Ausnahmen, nicht gegessen; sie halten eine solche Speise für unrein. Ihr Ekel geht so weit, daß einst einer unserer mongolischen Führer, als dieser auf dem See Kuku-Nor eine Ente verzehrte, vor Ekel zu brechen begann. Derselbe Mongole ist in unglaublichem Schmutze aufgewachsen, aß mit Gleichmuth Fleisch von gefallenen Thieren und ungewaschene Hammeldärme, und doch konnte er den Anblick, daß ein Europäer eine Ente genoß, nicht ertragen.

Die ausschließliche Beschäftigung der Mongolen und die einzige Quelle ihres Wohlstandes ist die Viehzucht. Der Reichthum des Menschen wird dort nach der Anzahl seiner Viehherde bestimmt. Am meisten werden Schafe gehalten, dann kommen Pferde und Kameele; Rindvieh und Ziegen sind nur in geringer Zahl vorhanden. Jedoch ist es auch von den Umständen abhängig, ob ein Mongole überwiegend die eine oder die andere Thiergattung hält. Bei den Mongolen in der Chalcha werden die besten und meisten Kameele gehalten; im Gebiete der Zacharen hat man Ueberfluß an Pferden; in Ala-Schan werden vorzüglich Ziegen gehalten, während man in Kuku-Nor den Jacks vor dem Rinde den Vorzug einräumt. Der Preis des Viehes ist in verschiedenen Gegenden der Mongolei verschieden, so zahlt man

	in Chalcha	im Lande der Zachaaren	am See Kuku-nor	
für einen Hammel	2— 3	2— 3	1—1¹/₂	*Chinesische Lan.*
„ „ Ochsen	12—15	15	7—10	
„ ein Kameel	30—35	40	25	
„ „ Pferd	12—15	15	25	

Die reichste aller Gegenden der Mongolei ist Chalcha, deren Bewohner im Wohlstande leben. Trotzdem vor Kurzem eine Viehseuche unzählige Stücke Vieh dahingerafft hat, kann man doch noch immer unübersehbare Herden antreffen, welche einem Eigenthümer gehören. Man findet selten einen Bewohner der Chalcha, der nicht einige Schafherden hätte. In der Mongolei sieht man selten ein Schaf ohne Fettschwanz; nur im Süden, besonders in Ordos und Ala-schan, macht das Fettschwanzschaf dem Breitschwanzschafe Platz, während in Kuku-Nor eine Art gehalten wird, die sich durch ihre gegen anderthalb Fuß langen, schraubenförmig gewundenen Hörner auszeichnet.

Der Nomade, welcher seinen ganzen Unterhalt, Speise, Kleidung und Wohnung, seiner Herde verdankt und mit ihrer Hülfe noch hübsches Geld verdient, das theils aus dem Verkaufe von Vieh, theils auch aus den großen für den Transport von Waaren durch die Wüste zu erlegenden Summen vereinnahmt wird, widmet seine ganze Aufmerksamkeit seinen Hausthieren, während die Sorge für seine eigene Person und für seine Familie eine untergeordnete Rolle spielt. Das Uebersiedeln auf einen andern Weideplatz wird ausschließlich durch den Nutzen, den es dem Vieh bringen wird, bemessen. Wo es diesem wohl ist, d. h. wo es reichlich Futter und Tränke findet, siedelt sich der Mongole an, ohne auf andere Umstände Rücksicht zu nehmen. Das ganze Wissen des Nomaden hat nur auf sein Vieh Bezug und seine Geduld mit diesem ist bewundernswürdig; das widerspenstige Kameel wird in seinen Händen ein unterthäniger Lastträger und das halbwilde Steppenpferd ein gehorsames und ruhiges Reitthier. Der Nomade liebt seine Thiere und hat Mitleid mit ihnen. Er sattelt um keinen Preis ein Kameel oder Pferd vor einem bestimmten Alter und er verkauft für keinen Preis ein Lamm oder ein Kalb, da er es für Sünde hält, sie in der Jugend zu schlachten.

Die Industrie spielt bei den Mongolen eine sehr untergeordnete Rolle und beschränkt sich auf die Production derjenigen
Gegenstände, welche zum Hausgebrauche durchaus nothwendig
sind. Man gerbt also Leder, macht Filzdecken, Sättel, Zäume
und Bogen; selten nur verfertigt man sich Messer und Feuerstahl. Alle anderen Gegenstände des häuslichen Bedarfs kauft
der Mongole von den Chinesen und in sehr geringer Menge
von russischen Kaufleuten in Kiachta und Urga. Von Bergbau
ist bei den Nomaden keine Rede. Der Binnenhandel in der
Mongolei ist fast ausschließlich Tauschhandel; der Handel nach
außen beschränkt sich auf Peking und auf die chinesischen Nach-
barstädte. Dort bringen die Mongolen ihr Vieh sowie Salz,
Felle und Wolle zum Verkauf hin und nehmen Manufactur-
waaren als Bezahlung an.

Unbegrenzte F a u l h e i t ist ein Hauptcharakterzug des Nomaden; das ganze Leben dieses Menschen vergeht in Nichtsthun,
das durch die Bedingungen des wandernden Hirtenlebens begünstigt wird. Die Pflege der Heerde bildet die einzige Sorge
des Mongolen und diese nimmt durchaus nicht seine Zeit in
Anspruch. Pferde und Kameele gehen ohne jede Aufsicht in der
Steppe umher und kommen nur im Sommer, einmal des Tages,
zum Brunnen, um zu trinken. Das Hüten der Kühe und Schafe
ist eine Obliegenheit der Frauen oder der herangewachsenen Kinder.
Bei den reichen Mongolen, deren Viehheerden nach Tausenden
zählen, werden gemiethete Hirten gehalten, welche selbst arm sind
und keine Familie haben. Das Melken der Heerde, das Sammeln
der Sahne, Buttern, Kochen und die anderen häuslichen Arbeiten
gehören fast ausschließlich zu den Pflichten der Hausfrau. Die
Männer thun gewöhnlich nichts und reiten von Morgens bis
Abends von einer Jurte zur andern, um Thee oder Kumys
zu trinken und mit dem Nachbar zu plaudern. Die Jagd, welche
die Nomaden bekanntlich leidenschaftlich lieben, dient bis zu
einem gewissen Grade dazu, die Langeweile zu vertreiben. Die
Mongolen sind aber, mit seltenen Ausnahmen, schlechte Schützen
und haben keine guten Gewehre. Selbst eine Luntenflinte findet
man selten bei ihnen, und oft vertreten sie Pfeil und Bogen.

Beim Beginn des Herbstes erleidet das Faulenzerleben der
Mongolen eine Aenderung. Sie sammeln dann ihre Kameele,

nachdem diese sich genug umhergetummelt, und bringen sie nach
Kalgan oder Kuku-Choto, um sie dort zum Transporte zu vermiethen. In Kalgan nimmt man Thee, um ihn nach Kiachta
zu transportiren, in Kuku-Choto Proviant für die chinesische
Armee in Uljasutaj und Kobdo. Der dritte, kleinste, Theil der
Kameelherde wird zum Transportiren von Salz, das sich auf
den Salzseen der Mongolei bildet, verwendet; es wird in die
chinesischen Grenzstädte gebracht. So werden also während des
Herbstes und Winters sämmtliche Kameele beschäftigt und bringen
ihren Eigenthümern ungeheuern Gewinn. Im Anfange des
April hört der Transport auf; die abgemagerten Kameele werden
wieder in die Steppe getrieben und ihre Eigenthümer überlassen
sich der Ruhe in gänzlicher Unthätigkeit.

Diese Faulheit zwingt den Mongolen, immer zu reiten und
sorgsam jede Bewegung zu Fuß zu vermeiden. Selbst auf einige
hundert Schritte bemüht sich der Mongole nicht zu Fuß, sondern
besteigt gewiß sein Pferd, das deshalb auch beständig gesattelt
vor der Jurte angebunden steht. Auch seine Herde hütet der
Nomade reitend und während seiner Reise mit der Karawane
steigt er höchstens dann vom Kameele, wenn ihn der bittere Frost
hierzu zwingt; aber auch dann geht er nur einen, höchstens
zwei Kilometer. Vom beständigen Reiten sind sogar die Beine
des Nomaden etwas gebogen, und er umfaßt den Sattel mit
den Schenkeln so fest, als ob er an ihn angewachsen wäre.
Das wildeste Steppenpferd richtet gegen einen Reiter, wie der
Mongole ist, nichts aus. Wenn der Nomade auf seinem Renner
sitzt, ist er thatsächlich in seinem Elemente; er reitet nie Schritt,
selten Trab; er fliegt immer wie der Wind durch die Steppe.
Aber der Mongole kennt und liebt sein Pferd. Ein guter
Renner oder Paßgänger ist sein größter Stolz und er verkauft
ein solches Pferd auch in der größten Noth nicht. Zu Fuße
gehen ist eine Schande bei den Mongolen, selbst wenn es nur
bis zur Jurte des nächsten Nachbars wäre.

Von der Natur mit einem kräftigen Körper ausgestattet
und von Jugend auf an Beschwerden gewöhnt, erfreut sich der
Mongole einer ausgezeichneten Gesundheit. Ohne auszuruhen
zieht er mit seinen mit Thee beladenen Kameelen durch die
Wüste, trotzdem alle Tage eine Kälte von dreißig Grad herrscht

und ein beständiger Nordwestwind weht, der die Kälte noch fühlbarer macht. Und doch hat der Nomade, während er von Kalga nach Kiachta reist, den Wind immer von vorn und sitzt bis funfzehn Stunden täglich auf dem Kameele, ohne von ihm herabzusteigen. Man muß wirklich aus Eisen sein, um eine solche Reise zu ertragen. Der Mongole macht aber während des Winters die Reise einige Male hin und zurück, was im Ganzen oft fünftausend Kilometer ausmacht. Doch dieser Mensch mit seiner eisernen Gesundheit wird ein ganz anderer, wenn er zu einer andern Beschäftigung genöthigt wird. Ohne furchtbar zu ermüden kann er keine zwanzig oder dreißig Kilometer gehen; wenn er auf feuchtem Boden übernachtet, erkältet er sich, wie ein verzärteltes Stadtkind, und er verflucht sein Geschick, wenn er zwei oder drei Tage ohne Ziegelthee verbringen muß.

Es ist dieses die Folge der passiven Gewohnheit. Geistige Energie erwacht nie in ihm, wenn er auf Widerwärtigkeiten stößt; er sucht nur nach Mitteln, ihnen auszuweichen, nicht sie zu bekämpfen. Hier findet man nicht den elastischen, männlichen Geist des Europäers, der fähig ist, sich an Alles anzupassen, mit allen Beschwerden zu kämpfen und sie zu besiegen. Nein; vor uns befindet sich der unbewegliche, conservative Charakter des Asiaten, voll Apathie gegen Alles, wenn er erst durch Beschwerden bezaubert ist, und fremd jeder activen Energie.

Eine zweite charakteristische Eigenschaft des Mongolen ist die F e i g h e i t, welche sich unter der Herrschaft Chinas, dessen Regierung den kriegerischen Geist der Nomaden systematisch getödtet hat, dermaßen entwickelte, daß der heutige Mongole durchaus seinen Vorfahren, welche sich durch wilden Muth ausgezeichnet haben, unähnlich ist. (Chalcha wurde schon im Jahre 1691 zur Zeit der Regierung des Kaisers Kan-chi, die westliche Mongolei, d. h. die sogenannte Djungarei, im Jahre 1756 von den Chinesen unterjocht.) Die unbegrenzte Feigheit hat sich in ihrer ganzen Blöße während der Einfälle der Dunganen gezeigt. Kaum erscholl der Ruf: „Choj-choj!", da ergriffen sie auch die Flucht und dachten nicht ein einziges Mal an Widerstand, obgleich sie alle Chancen des Erfolges im Kampfe mit den Dunganen für sich hatten. Die Mongolen sahen ruhig zu, wie die Dunganen Ordos und Ala-Schan verwüsteten, Uljasutai und Kobbo ein-

nahmen und Chalcha einige Male verheerten. Urga hat nicht
die Tapferkeit der Mongolen, sondern eine kleine russische Be=
satzung gerettet, welche die ebenfalls feigen Dunganen nicht
anzugreifen wagten.

Dem Mongolen ist eine gewisse S ch ä r f e d e s G e i s t e s
nicht abzusprechen, die sich jedoch nur durch einen hohen Grad
von Ueberlegung, verbunden mit List, Falschheit und Betrug,
kundgiebt. Diese letzteren Eigenschaften sind aber hauptsächlich
in den an China grenzenden Gegenden entwickelt. Unter den
reinen Mongolen ist die moralische Verkommenheit hauptsächlich
Eigenschaft der Priester. Der gewöhnliche Mongole, oder, wie
er sich selbst nennt, der „C h a r a = h u n", d. i. der schwarze
Mensch, ist dort weder durch die chinesische Nachbarschaft, noch
durch die lamaitische Moral verdorben und deshalb ist er gut
und offenherzig. Doch auch das Bischen Intelligenz, das der
Mongole besitzt, hat eine sehr einseitige Richtung. Er, der Sohn
der Wüste, findet sich in ihr selbst in der verzweiflungsvollsten
Lage zurecht, sagt jede atmosphärische Veränderung voraus, findet
das verirrte Kameel oder Pferd, indem er den unbedeutendsten
Spuren folgt, und entdeckt wie durch Instinct einen Brunnen.
Wenn man jedoch mit diesem Menschen über etwas spricht, das
über seine gewöhnliche Thätigkeit hinausreicht, da hört er mit
weit geöffneten Augen zu, läßt sich einen und denselben Gegen=
stand wiederholt erklären, selbst wenn es ein ganz unbedeutender
ist, und man ist sicher, daß er ihn nicht begriffen hat, trotzdem
er das Gegentheil versichert. Die Stumpfheit des Mongolen
kann einen aus der Fassung bringen, und es zeigt sich bei einer
solchen Gelegenheit, daß man ein Kind vor sich hat, das zwar
neugierig, aber dabei unfähig ist, sich ganz gewöhnliche, alltäg=
liche Begriffe anzueignen.

Die Neugierde des Mongolen kennt häufig keine Grenzen.
Wenn der Reisende einer Karawane begegnet, da kommen die
Führer derselben von allen Seiten an ihn heran, ja häufig
stürzen sie im vollen Laufe einige Kilometer herbei, um ihn nach
der üblichen Bewillkommnung: „M e n d u!" (Willkommen,
Herr!) zu fragen, wonach und wohin er reist, was er mit sich
führt, ob er nicht verkäufliche Waare hat, wo und zu welchem
Preise er die Kameele gekauft hat u. s. w. Ein Frager löst

den andern ab und alle kommen mit den gleichen Fragen. Noch schlimmer ist's auf den Halteplätzen. Es begegnete mir häufig, daß ich, ehe ich noch meinen Kameelen die Last abgenommen hatte, von Mongolen umringt war, die meine Sachen begafften, betasteten und in hellen Haufen in mein Zelt drangen. Nicht bloß die Waffen, sondern auch ganz gleichgültige Gegenstände, z. B. meine Stiefel, Scheere, das Vorhängeschloß meines Koffers und andere kleine Sachen erregten ihre Neugier, und die Gäste drangen in mich, ihnen diese Sachen zu schenken. Das Fragen nimmt kein Ende. Jeder Neuhinzugekommene beginnt mit derselben Frage und fordert dieselben Aufschlüsse, welche der eben Abgefertigte an den Reisenden gestellt und von ihm erhalten hat. Die früher Gekommenen erklären den später Kommenden das Gesehene, jeder sucht es zu betasten und wo möglich auch zu entwenden.

Auffallend ist, daß sich die Mongolen immer nach den Weltgegenden orientiren; sie bedienen sich hierzu nicht der Worte „Rechts, Links", für die ihre Sprache keinen Ausdruck hat, sondern sagen, die Sache liegt „östlich oder westlich" vom Fragenden. Hierbei ist zu bemerken, daß die Nomaden ihre Vorderseite als „Süd" bezeichnen, so daß bei ihnen Ost auf der linken Seite des Horizontes liegt. Alle Entfernungen bezeichnen die Mongolen durch die Zeit, welche nöthig ist, um sie reitend, sowohl auf dem Kameele als auf dem Pferde, zurückzulegen. Wenn man also einen Mongolen nach der Entfernung dieses oder jenes Ortes fragt, so antwortet er: „So und so viel Tage mit dem Kameele und so und so viel zu Pferde," wozu er jedoch häufig noch hinzufügt: „wenn Du schnell" oder „wenn Du langsam reiten wirst." Nun ist aber die Schnelligkeit der Thiere an sich eine verschiedene. In Chalcha nimmt man an, daß ein belastetes Kameel täglich 40 Kilometer, ein Reitpferd aber 60 bis 70 zurücklegen kann, während die Kameele von Kuku-Nor nur 30 Kilometer täglich zurücklegen. Ohne Last legt ein Kameel stündlich 5 bis 6 Kilometer zurück.

Die Zeiteinheit des Mongolen ist der Tag; einen kleinern Zeittheil, z. B. die Stunde, kennt der Nomade nicht. In der Mongolei bedient man sich übrigens des in Peking gedruckten chinesischen Kalenders, der ins Mongolische übersetzt ist. Man rechnet in Folge dessen nach Mondmonaten, von denen einer 29, die übrigen 30 Tage haben. In Folge dieser Zeitrechnung bleibt jährlich eine Woche übrig; man gleicht den Unterschied dadurch aus, daß man alle vier Jahre einen Monat einschaltet. Man verlegt diesen Schaltmonat, nach der Weisung der Pekinger Astrologen, auf den Sommer oder Winter oder auf eine andere von ihnen vorgeschriebene Jahreszeit. In einem Schaltjahre pflegt in Folge dieser Einrichtung in der Mongolei (und in China) ein doppelter Januar, Juni u. s. w. zu sein. Der Jahresanfang fällt auf den ersten Tag des „Zagan = sar", des weißen Monats, was der zweiten Hälfte Januars oder dem Anfange Februars entspricht. Von diesem Monate ab wird auch der Frühlingsanfang gerechnet und die Verehrer Buddha's begehen den weißen Monat als einen einzigen Feiertag. Außerdem werden noch gefeiert der 1., 8. und 15. jedes Monats und diese Feiertage heißen „Zertyn".

Zur Bezeichnung größerer Zeiträume bedient man sich einer zwölfjährigen Periode, in welcher jedes Jahr den Namen eines Thiers trägt. So ist das erste Jahr das Jahr „Chulugun" (der Maus), das zweite das Jahr Ukyr (der Kuh), das dritte das Jahr Bar (des Tigers), das vierte das Jahr Tollaj (des Hasen), das fünfte das Jahr Lu (des Drachens), das sechste das Jahr Mogu (der Schlange), das siebente das Jahr Mori (des Pferdes), das achte das Jahr Choni (des Schafes), das neunte das Jahr Metschit (des Affen), das zehnte das Jahr Taktja (der Henne), das elfte das Jahr Nochoj (des Hundes), das zwölfte das Jahr Gachaj (des Schweins). Einen weitern Cyclus bilden 60 Jahre, mit dem man ungefähr das bezeichnet, was wir ein Zeitalter oder Jahrhundert nennen. Wenn man einen 28 Jahre alten Mongolen fragt, wie alt er ist, so sagt er, daß nun sein „Hasenjahr" ist, d. h. daß er nun schon zwei volle Perioden (zu 12 Jahren) lebt und von der dritten das vierte Jahr erreicht hat.

In der ganzen Mongolei herrscht eine Sprache, die jedoch je nach den verschiedenen Gegenden in verschiedene Dialekte zerfällt, die sich in Bezug auf Aussprache oft dermaßen unterscheiden, daß es dem Nordmongolen nicht immer leicht ist, sich vollständig mit dem Südmongolen zu verständigen. Ja es

giebt in einer Gegend Worte, welche in einer andern unver=
ständlich sind.

So heißt z. B.	in Chalcha:	in Ala = schan :
die Nacht	Schuni	Su,
der Hammel	Choni	Choj,
der Abend	Ubyschi	As=chyn,
die Theekanne	Schachu	Djebyr,
die Stiefel	Hutul	Hubusu,
das Fleisch	Machan	Jde,
der Pelz	Del	Dybyl,
der Rock	Supsa	Dabyschik,
die Schüssel	Jmbu	Chajsa,
das Tuch	Zymbu	Dachar,
das Pulver	Dari	Schoroj,
die Milch	Su	Jusu,
hier	nascha	naran,
dort	in=schi	tygei.

Außerdem ist auch das Südmongolische weicher als das
Nordmongolische, in Folge dessen im erstern häufig das K des
letztern in Ch und das C in Tsch umgewandelt wird; so
z. B. wird aus dem Worte Zagan (weiß), Tschagan, aus
Kuku=choto, Chuchu=choto.

Es scheint mir, daß nur wenig chinesische Worte in die
verdorbene mongolische Sprache eingeschwärzt sind, daß aber die
Sprache der Zacharer und Tsaidamer Mongolen sich viele Tan=
gutische Worte angeeignet hat. Doch hat der chinesische Einfluß
sehr bedeutend den Charakter der die südöstlichen und südlichen
Striche der Mongolei bewohnenden Bevölkerung verändert und
dieses hat auch in der Sprache seinen Ausdruck gefunden, nicht
allein durch das Eindringen fremder Wörter, sondern noch weit
mehr durch die Aussprache, den Accent derselben, welcher hier
eintöniger und phlegmatischer ist, als in Chalcha, wo der Mongole
reiner Rasse immer laut und abgebrochen spricht.

Die mongolische Schrift ist der chinesischen ähnlich; die
Mongolen schreiben von oben nach unten und zwar von links
nach rechts. (Die jetzigen mongolischen Buchstaben wurden im
XIII. Jahrhundert n. Chr., zur Zeit des Chans Kubilai
erfunden.) Sie haben auch eine ziemliche Anzahl gedruckter

Bücher, welche sie der Regierung von Peking verdanken, die gegen Ende des vorigen Jahrhunderts durch eine hierzu besonders eingesetzte Commission viele chinesische Werke ins Mongolische übersetzen ließ. Es sind dieses besonders Bücher historischen, belehrenden und religiösen Inhalts. Auch das mongolische Recht ist in mongolischer Sprache abgefaßt und wird in Proceßsachen dem Mandschugesetze gleich geachtet. In Peking und Kalgan sind Schulen, in denen Mongolisch gelehrt wird. Die Kunst des Lesens und Schreibens ist übrigens in der Mongolei ein Privileg der Fürsten, Edelleute und Lamas. Die letzteren lernen auch Tibetanisch. Das gemeine Volk ist des Lesens und Schreibens unkundig.

Die Mongolen, ohne Ausnahme des Geschlechtes, sind sehr gesprächig. Wenn sie einem Fremden begegnen, so fragen sie auch gleich: „was giebt's Neues?" und sie sind nicht zu faul zu einem Freunde zu reiten, der in einer Entfernung von zwanzig oder dreißig Kilometer wohnt, um ihm irgend eine Neuigkeit mitzutheilen. Eine Folge hiervon ist, daß verschiedene Nachrichten und Gerüchte sich in der Mongolei mit einer dem Europäer unbegreiflichen Schnelligkeit, wie durch den Telegraphen verbreiten. Während unserer Reise wußte die Bevölkerung in einer Entfernung von einigen hundert Kilometern gewöhnlich schon von unserer Ankunft, oft bis in die geringsten Einzelheiten, noch öfter aber mit unendlichen Uebertreibungen.

Während der Unterhaltung mit einem Mongolen fällt der beständige Gebrauch der Worte „bse" und „se" auf; beide bedeuten so viel wie „gut" und werden fast an jede Phrase angehängt. Außerdem dienen beide Worte als Partikel der Bejahung, wie unser „ja", „jawohl". Wenn der Mongole irgend einem Befehl oder einer Erzählung eines Beamten lauscht, so sagt er in bestimmten Zeitabschnitten „bse oder „se". Um eine gute oder böse Eigenschaft irgend eines Gegenstandes zu bezeichnen, um etwas zu loben oder zu tadeln, zeigt der Mongole, indem er „bse" oder „se" sagt, — häufig auch ohne diesen Zusatz den Daumen oder den kleinen Finger seiner rechten Hand. Das erste bedeutet Lob, — das zweite Tadel, oder im Allgemeinen eine Verneinung des Guten. Jeden Gleichen redet der Mongole mit „Nochor" d. h. Kamerad an. Dieses

Epitheton bedeutet übrigens so viel wie unser „Gnädiger Herr"
oder das französische „Monsieur".

Das Volkslied des Mongolen ist immer traurig und
sein Inhalt bezieht sich gewöhnlich auf die Heldenthaten der
Vorfahren. Das Lied vom „schwarzen Füllen" (Dagn-chara)
hört man überall. Am häufigsten wird während der Reise gesungen, doch hört man auch in der Jurte nicht selten ein Lied
erschallen. Die Weiber scheinen weniger musikliebend zu sein
als die Männer, denn man hört sie nur selten ein Liedchen anstimmen.

Das Loos der Mongolinnen ist nicht beneidenswerth.
Der an sich enge Horizont des Nomadenlebens verengt sich für
sie nur noch mehr. Da die Mongolin völlig vom Manne abhängig ist, verbringt sie ihr ganzes Leben in der Jurte, wo sie
mit den Kindern und der Hauswirthschaft beschäftigt ist. Die
freie Zeit benutzt sie zum Nähen der Kleider oder zur Anfertigung
eines Putzes, wozu in der ganzen Gegend von Chalcha chinesischer
Seidenstoff verwendet wird. Diese Handarbeiten der mongolischen
Frauen sollen oft ausgezeichnet schön sein, sowohl in Bezug auf
Geschmack als auf Ausführung.

Der Mongole hat nur eine vom Gesetze als solche anerkannte
Ehefrau, doch ist es ihm erlaubt, Kebsweiber zu nehmen, die
mit der Ehefrau gemeinschaftlich leben und bei deren Heimführen
keine besonderen Ceremonien stattfinden. Die eigentliche Frau
wird als die Vorgesetzte betrachtet und sie schaltet in der Jurte.
Die von ihr erzeugten Kinder haben alle Rechte des Vaters;
die Kinder der Kebsweiber werden als außerehelich betrachtet
und haben kein Recht am Erbe, doch kann mit Erlaubniß der
Behörde ein solches Kind adoptirt werden.

Bei wichtigeren Eheschließungen kommt nur die Geburt des
Mannes in Betracht; die Abstammung der Frau ist gleichgültig.
Außerdem ist aber auch zu einer glücklichen Ehe durchaus nothwendig, daß sowohl der Bräutigam als auch die Braut unter
einem glücklichen Planeten geboren seien, worüber die Astrologen
zu bestimmen haben. (Nach den Zeichen des Zodiak berechnen
die Mongolen ihre zwölfjährigen Perioden). Oft wird das
Nichtzusammentreffen zweier solcher Planeten die Ursache, daß
eine geplante Heirath nicht zu Stande kommt.

Der Bräutigam muß für seine Braut einen „Kalym“, einen Kaufpreis, geben, der in Vieh und Kleidern, häufig auch in Geld besteht und oft beträchtlich ist; die Frau erhält als Mitgift eine Jurte und was zu ihrer Einrichtung nothwendig ist. Im Falle einer Veruneinigung zwischen Mann und Frau, auch aus bloßer Caprice, kann der Mann die Frau wegjagen; doch auch die Frau hat das Recht, den Mann, den sie nicht liebt, zu verlassen. Im ersten Falle hat der Mann kein Recht, den für die Frau gegebenen Kalym zurückzufordern, und behält nur einen Theil der Mitgift; im zweiten muß die Frau einen Theil des für sie gegebenen Viehes zurückerstatten. Nach der Ehescheidung ist die Mongolin frei und kann einem andern Manne ihre Hand schenken. Diese Sitte ist die Quelle vieler Liebesgeschichten, welche sich in der stummen Wüste ereignen, ohne je als Sujet zu einem Romane verwendet zu werden.

Was die moralischen Eigenschaften der Mongolinnen betrifft, so muß man zugestehen, daß sie gute Mütter und gute Wirthinnen sind; ihre eheliche Treue ist jedoch nicht ohne Makel. Die Unzucht ist hier übrigens allgemein und geben sich ihr nicht allein verheirathete Frauen, sondern auch Mädchen hin. Es ist dieses aber in der Mongolei kein Geheimniß und wird nicht als Verderbniß betrachtet.

Im häuslichen Leben hat die Frau des Mongolen fast gleiche Rechte mit ihm; aber in äußeren Angelegenheiten, z. B. was das Uebersiedeln an einen andern Ort, das Bezahlen einer Schuld, den Ankauf eines Gegenstandes betrifft, ist des Mannes Wort Gesetz und er fragt die Frau nicht um ihre Einwilligung. Doch ereignet es sich auch, daß, wie wir ausnahmsweise sahen, eine Mongolin nicht bloß in der Jurte, sondern auch außerhalb derselben regiert und den Mann im wahren Sinne des Wortes unter dem Pantoffel hält.

Von Schönheit in unserm Sinne kann bei den Mongolinnen nicht die Rede sein. Rasse, Lebensweise, Klima und Unreinlichkeit bedingen schon einen vollständigen Mangel an Zartheit der Züge. Doch ereignet es sich hin und wider, daß man in der Jurte eines Fürsten ein recht schönes Gesicht zu sehen bekommt. Die glückliche Besitzerin eines solchen ausnahmsweisen Gesichtes wird gewiß von zahlreichen Anbetern umlagert, denn auch den Nomaden zieht das schöne Geschlecht an, wenn es wirklich diesen Beinamen verdient. Eine merkwürdige Erscheinung ist, daß in der Mongolei die Zahl der Männer die der Frauen bedeutend überwiegt, was wohl hauptsächlich von der Ehelosigkeit der Lamas herrührt.

Der Mongole ist ein guter Familienvater, der seine Kinder innig liebt. Wenn er irgend etwas erhält, das getheilt werden kann, so vertheilt er es gewiß gleichmäßig unter die ganze Familie, selbst auf die Gefahr hin, daß jedes Mitglied nur, wie dieses z. B. bei einem Stückchen Zucker der Fall ist, ein winziges Bröckchen erhält. Die älteren Familienglieder genießen eine große Hochachtung; ihr Rath, ja ihr Befehl wird immer aufs Pünktlichste ausgeführt. Der Nomade ist ungemein gastfrei. Man kann dreist in jede Jurte eintreten und eines freundlichen Empfanges, einer Bewirthung mit Thee sicher sein; für einen guten Bekannten findet der Hauswirth jederzeit einen Schnaps oder Kumys, ja er schlachtet sogar gern ein Schaf für ihn.

Wenn der Nomade einem Reisenden begegnet, begrüßt er ihn auch sogleich mit dem Rufe: „Mendu, Mendu-se-bejna!" „Herr! Herr! sei gesund!" Hierauf wird der Fremde mit einer Prise Taback bewirthet und nun folgen die Fragen: „Mall-se-bejna?" „Ta-se-bejna?" „Bist Du, ist Dein Vieh gesund?" Die Frage nach der Gesundheit des Viehstandes ist übrigens beim Mongolen die Hauptsache; er fragt erst, wie sich die fetten Schafe, Pferde und Kameele, und dann wie sich ihr Besitzer befindet. In den verschiedenen Gegenden des Landes haben zwar die Bewillkommnungsphrasen eine verschiedene Form; man fragt z. B. in Ordos und Ala-schan: „Amur-se?" (Bist Du gesund?), in Kuku-Nor ruft man: „Temu!" (Sei gesund!), das die tangutische Begrüßungsformel ist; die Bedeutung ist jedoch immer dieselbe.

In Folge dieser Bewillkommnungsfragen ereignen sich häufig, wenn sie an Neulinge gerichtet werden, recht ergötzliche Scenen. So ereignete sich mit einem jungen Offizier, der vor Kurzem erst aus Petersburg nach Sibirien gekommen und von dort nach Peking mit einer Mission gesendet worden war, folgende heitere Scene. Auf einer mongolischen Haltestation, wo die Pferde gewechselt werden mußten, kamen sogleich die Mongolen herbei

Mongolisches Mädchen.

und fragten ihn aufs Ehrfurchtsvollste, ob sich sein Vieh wohl
befinde! Als der den Offizier begleitende Kasak ihm die Fragen
seiner Gastfreunde, ob seine Kameele und Schafe fett sind, mit=
theilte, schüttelte er verneinend mit dem Kopfe und ließ den
Fragestellern antworten, daß er gar kein Vieh habe. Die Mon=
golen konnten aber durch nichts überzeugt werden, daß ein gut
situirter Mann, der überdies noch Beamter war, ohne Schafe,
Kühe, Pferde oder Kameele existiren könne. Wir wurden selbst
sehr häufig aufs Eingehendste befragt, unter wessen Aufsicht wir
unsere Herden gelassen, als wir die weite Reise unternahmen,
wie oft zu Hause diese oder jene Delicatesse genossen wird, wie
schwer bei uns ein Kur=djuk ist, wie viel gute Reitpferde und
Paßgänger ich besitze, wie groß die Zahl meiner fetten Kameele
ist u. s. w.

In Südmongolien herrscht noch eine andere Sitte; der
Gast wird mit einem Geschenke, das „Chabak" heißt, nicht
groß ist, die Form eines Handtuches hat und aus Seidenstoff
besteht, bewillkommnet, muß aber ein gleiches Geschenk geben.
Diese Chabaks, deren Werth übrigens verschieden ist, werden
von den Chinesen gekauft und in Chalcha, wo sie übrigens nur
selten zu Geschenken verwendet werden, statt Geldes benutzt.

Kaum ist die Bewillkommnungsceremonie beendet, so beginnt
auch schon die Bewirthung, und es gehört zum guten Tone,
dem Gaste vor allen Dingen eine brennende Pfeife zu reichen.
Beim Weggehen werden gewöhnlich keine Ceremonien gemacht;
man steht einfach auf und verläßt die Jurte. Den Gast bis an
sein vor der Jurte angebundenes Pferd zu begleiten, wird als
besondere Auszeichnung betrachtet, die gewöhnlich nur den Lamas
und Beamten erwiesen wird.

Obgleich kriechende Unterthänigkeit und Despotismus bei
den Mongolen im höchsten Grade entwickelt sind, so daß der
Wille eines vorgesetzten Beamten gewöhnlich Gesetz ist, herrscht
doch neben dieser sklavischen Unterwürfigkeit eine große Freiheit
im Umgange zwischen den Mongolen und den Beamten. Wenn
ein Mongole einen Beamten erblickt, fällt er aufs Knie, um ihn
zu bewillkommnen und ihm seine Unterthänigkeit zu bezeugen.
Doch bald steht er auf, setzt sich neben ihn, unterhält sich mit
ihm und schmaucht seine Pfeife. Von Jugend auf gewöhnt,

sich durch nichts geniren zu lassen, erträgt er nicht lange einen
Zwang, sondern folgt schnell seinen Gewohnheiten. Wenn der
Reisende ein Neuling ist, so erscheint ihm dieses als ein wichtiges
Zeichen der Freiheitsliebe des Mongolen; später erst überzeugt
er sich, daß dieses nur ein Ausbruch der wilden Nomadennatur
ist, die nur freie Ausübung kindischer Gewohnheiten verlangt,
sonst aber mit der größten Gleichgültigkeit den schwersten Druck
des Despotismus erträgt. Der Beamte, neben welchem sitzend
der Mongole eben vertraulich seine Pfeife geraucht hat, kann
ihm, ohne einen Appell an einen höhern Beamten zu fürchten,
einige Schafe nehmen, ja sogar ihn prügeln.

Die Käuflichkeit und Bestechlichkeit ist in der Mongolei wie
in China im höchsten Grade entwickelt; man kann sich, wenn
man den Beamten bestochen hat, Alles erlauben; ohne dieses
geht nichts durch. Die himmelschreiendsten Verbrechen bleiben
unbestraft, wenn der Verbrecher den Beamten eine entsprechende
Summe in die Hand drückt, wogegen die gerechteste Sache ver-
spielt wird, wenn man den Richter nicht besticht. Diese Fäulniß
herrscht in der ganzen Verwaltung, vom untersten Schreiber des
Choschun bis hinauf zum gebietenden Fürsten.

Wenn wir uns zum Glaubensbekenntnisse der Nomaden
wenden, so sehen wir, daß die lamaische Lehre hier so tiefe
Wurzeln geschlagen hat, wie kaum in einem andern Theile der
buddhistischen Welt. Die Zeit, wann die Lehre Buddha's in
der Mongolei verbreitet wurde, ist nicht mit Bestimmtheit anzugeben. Doch herrschen neben ihm noch viele Reste des Scha-
manenthums, einer der ältesten Glaubensformen Asiens. Der
Buddhaismus, dessen höchstes Ideal faule Beschaulichkeit ist, paßt
ganz zum Grundcharakter des Mongolen und hat einen furchtbaren Ascetismus erzeugt, welcher den Nomaden von jedem
Fortschritte fernhält und ihn anreizt, in nebulösen und abstracten
Ideen über die Gottheit und das Leben im Jenseits das Ziel
des menschlichen Daseins zu suchen. Diese Grundsätze des
Buddhismus sind von schlauen Priestern als christliche Satzungen
nach Europa verpflanzt und ihre Ausübung zu einem Gott
wohlgefälligen Thun gestempelt worden. (Wir wollen hier
selbst in ganz allgemeinen Zügen nicht die Philosophie des
Buddhaismus berühren, über welchen sehr eingehend in russi-

ſcher Sprache der Profeſſor Waſiljew in ſeinem „Bubbism" ge-
ſchrieben hat.)

Der Gottesdienſt wird bei den Mongolen in tibetaniſcher
Sprache abgehalten, welche häufig ſelbſt die Lamas nicht ver-
ſtehen. Auch die „heiligen Bücher" ſind in tibetaniſcher Sprache
verfaßt; viele ſind jedoch ins Mongoliſche überſetzt; doch dürften
noch manche in der Urſprache vorhanden ſein, da ſich die Zahl
der Bände des „Hantſchur", des wichtigſten religiöſen
Buches, auf 108 beläuft. Dieſe Maſſe von Bänden eines einzigen Werkes ſcheint jedoch eine Art Encyklopädie zu ſein, denn
ſie enthält nicht allein religiöſe Abhandlungen, ſondern auch
hiſtoriſche, mathematiſche, aſtronomiſche u. ſ. w. In den Tempeln
wird gewöhnlich dreimal täglich Andacht gehalten, und zwar
Morgens, Mittags und Abends. Zur Andacht werden die
Gläubigen durch Trompetenſchall, der mittelſt einer großen
Meeresmuſchel hervorgebracht wird, eingeladen. Wenn ſich die
Lamas im Tempel verſammelt haben, ſetzen ſie ſich auf den
Fußboden oder auf Bänke und ſingen pſalmodirend Gebete
aus den heiligen Büchern. Von Zeit zu Zeit wird dieſer
monotone Geſang durch einen lauten Ruf des ältern Lamas, den
alle Anweſenden wiederholen, unterbrochen. Hierauf wird in
beſtimmten Momenten getrommelt oder es werden Metallteller
an einander geſchlagen, was den allgemeinen Lärm vergrößert.
Eine ſolche Andacht dauert häufig mehrere Stunden. Bei feierlichen Gelegenheiten erſcheint der „Kutuchta", der Oberlama, der immer auf einem Throne ſitzt und ſich von den
unteren Lamas beräuchern läßt. Wenn er in ſeinem Ober-
prieſterſtaate daſitzt, wendet er ſein heiliges Antlitz den Heiligenbildern zu, die er inbrünſtig betrachtet. Daß die frommen
Männer ſelbſt nicht wiſſen, was ſie von ihrem Gotte wollen,
dafür iſt der beſte Beweis das kurze Gebet: „Om mani padme
hum", das uns keiner von ihnen zu überſetzen vermochte. Und
trotzdem ſoll es, nach den Verſicherungen der Lamas, der In-
begriff aller bubbhiſtiſchen Weisheit ſein und iſt die Inſchrift
aller Tempel.

Außer den gewöhnlichen Tempeln, welche in der Mongolei
Sumo, ſeltener Kit oder Dazan heißen, ſind noch in den
Jurten, beſonders wenn ſie in größerer Entfernung von jenen

erbaut sind, „Dugunen", d. h. Altäre errichtet, vor denen
die Gläubiger die vorgeschriebenen Gebete verrichten. Man
findet aber auch auf Höhen und Gebirgszügen große Steinhaufen,
„Obo", welche zu Ehren des Berggeistes aufgeschüttet sind.
Jeder vorübergehende Mongole hält es für seine heilige Pflicht,
diesen Obo durch Hinzufügen eines Steines zu vergrößern und
außerdem dem Geiste auch noch sonst ein Opfer, sei es auch
nur ein Läppchen oder ein wenig Kameelhaare, zu bringen. Bei
größeren und wichtigeren Obos werden von den Lamas im
Sommer Andachten verrichtet und das Volk versammelt sich zu
denselben.

Das Haupt der buddhistischen Hierarchie ist bekanntlich der
Dalai Lama (wörtlich „Oceanpriester"), der in Lassa
in Tibet seine Residenz hat und thatsächlicher Souverän dieses
Landes ist, trotzdem er dem Bogdo-Chan in Peking alle drei
Jahre einen kleinen Tribut zahlt. Thatsächlich ist die Abhängig-
keit des Dalai-Lama nur eine nominelle und wird durch
Geschenke, welche er in drei Jahren ein Mal dem Bogdo=
Chan sendet, bethätigt. (Die chinesische Regierung unterhält in
Lassa eine Abtheilung Soldaten und einen bevollmächtigten
Gesandten).

Ihm gleich an Heiligkeit, wenn auch nicht an politischer
Bedeutung, ist der „Ban=tsin=erdeni" und diesem folgt der „Ku=
tuchta" in Urga, welchem dann die Kutuchten oder Higenen in
den verschiedenen Tempeln der Mongolei und in Peking folgen.
Alle diese Herren (es sind ihrer im Ganzen 103), sterben nicht;
alle sind irdische Incarnationen irgend eines Heiligen, und sie
wechseln bloß den Körper, wie andere Sterbliche einen abge-
tragenen Rock wechseln und mit einem neuen vertauschen. Ihre
Seelen suchen, wenn sie den schwach gewordenen Körper verlassen, einen jüngern, fahren in diesen hinein, die Lamas finden
ihn dann gewiß wieder und führen ihn in seine Gemächer zurück.
Natürlich giebt der junge Dalai Lama, der erneuerte Ban=tsin=
erdeni und Kutuchta, sich den ihn ängstlich suchenden Lamas
dadurch zu erkennen, daß er irgend etwas thut, was er schon
früher gethan hat. Die Ungläubigen sagen, daß die Intriguen
des Pekinger Hofes bei diesem Auffinden die größte Rolle spielen
und daß in Folge dessen immer der junge Hohepriester in

Familien, welche keine Bedeutung und keinen Einfluß besitzen, gesucht und gefunden wird. Die persönliche Bedeutungslosigkeit des Dalai-Lama, neben dem Mangel an Verwandtschaftsverbindungen mit den mächtigen Familien des Landes ist für die Chinesen die beste Garantie wenn auch nicht für die Abhängigkeit Tibets, so doch zum Mindesten der Unschädlichkeit des ungehorsamen Nachbars. Und thatsächlich hat China alle Ursache auf seiner Hut zu sein! Mag nur den Thron des Dalai-Lama eine begabte, energische Persönlichkeit besteigen, so erheben sich auf den Ruf dieses Menschen, wie auf den Ruf Gottes selbst, die Nomaden vom Hymalaia bis nach Sibirien. Von religiösem Fanatismus und Hasse gegen ihre Unterdrücker beseelt, würden die wilden Horden im eigentlichen China erscheinen und könnten dort leicht viele Schwierigkeiten bereiten.

Der Einfluß der gesammten Priesterschaft auf die rohen Nomaden ist grenzenlos. Den Priester anzubeten, seinen Segen zu erhalten, ja nur den Zipfel seines Rockes zu berühren ist das größte Glück, dessen man — jedoch nur für schweres Geld — theilhaftig werden kann. Deshalb auch sind die Tempel in der Mongolei, besonders aber die größeren, ungeheuer reich, denn zu ihnen strömen fromme Pilger aus allen Gegenden der Mongolei, und mit leeren Händen darf keiner kommen.

Solche Pilgerfahrten sind jedoch so zu sagen nur private. Der Haupttempel der Nomaden ist — Lhassa und dorthin reisen alle Jahre ungeheure Karawanen von Pilgern, welche, ungeachtet der ungezählten Gefahren des weiten Weges, es für das größte Glück und Verdienst vor Gott erachten, eine solche Reise zu machen. Der Dunganenaufstand hat während elf Jahre diese Pilgerfahrten mongolischer Gläubigen nach Tibet unterbrochen, doch jetzt, nachdem der östliche Theil von Gan-ju von chinesischen Soldaten besetzt ist, haben sich auch die Pilgerfahrten in der früheren Ausdehnung erneuert. Auch Weiber führen manchmal solche Pilgerreisen aus, doch muß man zu ihrem Ruhme sagen, daß sie weit weniger heucheln als die Männer. Dieses kommt wahrscheinlich daher, daß die Frauen in der Mongolei die ganze Hauswirthschaft zu versehen und deshalb wenig Zeit haben, sich mit religiösen Fragen zu befassen. In den an China grenzenden

Gegenden der Mongolei ist jedoch die Frömmigkeit weit geringer als im Innern der Wüste.

Der geistliche Stand, oder die sogenannten Lamas, (wie in der Mongolei selbst nur die höhere Geistlichkeit titulirt wird, während man im Allgemeinen die Geistlichen Chuwarak nennt, wenngleich die erste Bezeichnung weit öfter gebraucht wird, als die letzte,) ist in der Mongolei ungemein zahlreich). Zu ihm gehört mindestens der dritte Theil der ganzen männlichen Bevölkerung, wenn nicht noch mehr, und er ist hierdurch von allen Abgaben und Lasten befreit, da die etatsmäßigen, d. h. an bestimmten Tempeln angestellte Lamas gänzlich von allen Leistungen frei sind, für die nicht etatsmäßigen aber ihre Familien zahlen. Es ist gar nicht schwer, Lama zu werden. Die Eltern bestimmen ihren Sohn in früher Jugend für diesen Lebensberuf, vollziehen an ihm die Tonsur, indem sie ihm den ganzen Kopf rasiren und ihn von nun ab roth oder gelb kleiden. Dieses ist das äußere Zeichen der hohen Bestimmung ihres Sohnes, welcher dann in einen Tempel oder auch zu frei in ihren Jurten lebenden Lamas gegeben wird, wo ihn alte Lamas in der buddhistischen Theologie unterrichten. Bei einigen Tempeln ersten Ranges, wie in Urga und Gumbum in der Provinz Gan-su, nicht weit von der Stadt Sinin, sind besondere Schulen, gleichsam Seminarien, welche Facultäten nachahmen, errichtet. Nach Beendigung der Studien auf einer solchen Hochschule wird der junge Mann etatsmäßiger Lama bei irgend einem Tempel oder — Arzt.

Um zu höheren Würden zu gelangen, hat der Lama ein bestimmtes Examen in der Lehre Buddha's zu bestehen und sich den strengen Mönchsregeln zu unterwerfen. Die Lamas sind in vier Rangstufen getheilt, welche: Kamba, Gelun, Gezull und Bandi heißen und sich durch gewisse Abzeichen in der Kleidung unterscheiden, auch besondere Functionen während des Gottesdienstes verrichten. Der Lama ist immer gelb gekleidet und trägt einen rothen Gürtel, oder eine rothe Schärpe über der linken Schulter. Während der Andachten haben sie, ohne Rücksicht auf ihre Rangstufen, gelbe Mantien und eben solche hohe Mützen. Der höchste Rang ist der des Kamba oder Kjanba. Er wird direct vom Kutuchta geweiht und kann selbst die Lamas niedern Ranges weihen. Doch auch der Kutuchta muß alle, auch die niederen Weihen, empfangen, aber er steigt weit schneller hinauf als andere Sterbliche.

Den Stufen ihrer Weihe entsprechend verrichten die Lamas in den Tempeln gewisse vorgeschriebene Dienstleistungen, und zwar der Zabarci — bei Weihungen; der Pjarba — in der Oekonomie; der Resguj — die eines Decans; der Umsat — dirigirt die Kapelle; der Demlsi — predigt; der Sordsschi — beaufsichtigt den Tempel.

Außer den Personen, welche gewisse Pflichten im Tempel und dem mit ihm verbundenen Kloster zu erfüllen haben, leben in ihm noch viele (oft hundert, ja tausend) Lamas, die nichts zu thun haben, als zu beten. Sie werden ausschließlich von den Opfern der Gläubigen unterhalten. Aber es giebt auch Lamas, welche nur von ihren Eltern die oben beschriebene Weihe erhalten haben, in keiner Schule gewesen sind und weder schreiben noch lesen können. Sie tragen ihr rothes Habit, werden „Lama" titulirt und dieser Titel giebt ihnen ein Recht auf die Achtung der Nomaden.

Alle Lamas sind zur Ehelosigkeit verpflichtet. Diese anormale Einrichtung führt zur Immoralität, die auch unter den verschiedensten Formen in der Mongolei in voller Blüthe ist.

Auch Frauenspersonen in einem bestimmten Alter können in den geistlichen Stand aufgenommen werden. Sie erhalten die Weihe, rasiren sich den Kopf und müssen sich verpflichten, ein sehr strenges Leben zu führen. Wie die Lamas können auch sie gelbe Kleider tragen. Solche Nonnen, welche „Schabganzsa" heißen und ziemlich häufig getroffen werden, werden unter den alten Wittwen recrutirt.

Die Lamas sind eine wahre Pest für die Mongolei, da sie wie wahre Parasiten auf Kosten der übrigen Bevölkerung leben und durch ihren Einfluß das Volk verhindern, aus der tiefen Unwissenheit, in der es lebt, herauszukommen. Obgleich aber die religiöse Ueberzeugung bei den Mongolen so tiefe Wurzeln geschlagen hat, so hat sie doch nicht vermocht, die Entwickelung des Aberglaubens zu verhindern.

Der Mongole träumt auf Schritt und Tritt von verschiedenen Teufeln und Hexengeschichten. In jeder ungünstigen

Naturerscheinung sieht er die Thätigkeit eines bösen Geistes, in
jeder Krankheit seine Wirksamkeit. Das tägliche Leben des armen
Nomaden ist eine Reihe von abergläubischen Gebräuchen. So
z. B. behauptet er, daß man während eines bewölkten Himmels
und nach Sonnenuntergang weder Milch verkaufen noch auch
verschenken darf, sonst entsteht Viehsterben. Dasselbe Unglück
soll sich ereignen, wenn sich Jemand auf die Schwelle der Jurte
setzt. Es ist Sünde, während des Essens auf den Hacken zu
sitzen; in Folge dessen betrifft einen gewiß ein Unfall während
der Reise. Vor der Reise über diese zu sprechen ist nicht erlaubt,
denn eine Folge hiervon ist Thauwetter oder Schneewehen.
Auch der Name des Vaters und der Mutter darf nicht genannt
werden — es ist dies eine schwere Sünde. Nach der Heilung
eines Stückes Vieh darf während dreier Tage nichts geschenkt
oder verkauft werden.

Doch diese und andere Vorurtheile bilden nur einen geringen
Theil des unter den Mongolen herrschenden Aberglaubens; man
muß sich selbst überzeugen, wie weit unter ihnen das Wahrsagen
und Zaubern verbreitet ist. In dieser Kunst üben sich nicht
bloß die Schamanen und Lamas, sondern sehr häufig auch
gewöhnliche Sterbliche, mit Ausnahme der Frauen. Das Wahrsagen geschieht gewöhnlich mit Hülfe lamaitischer und chinesischer
Rechenknechte und werden dabei natürlich verschiedene Beschwö-
rungsformeln nicht gespart. Wenn sich dem Mongolen ein Stück
Vieh verirrt, wenn er seine Pfeife verloren hat, so eilt er auch
gleich zum Wahrsager, um zu erfahren, wo er das verirrte Stück
Vieh, die verlorene Pfeife suchen soll. Wenn der Nomade eine
Reise antreten soll, so läßt er sich gewiß vorher wahrsagen, und
wenn Dürre eingetreten ist, so beruft das ganze „C h o s c h u n a t"
(Kreis) den Schaman und giebt ihm schweres Geld, auf daß er
nur ja den Himmel zwinge, die nöthige Feuchtigkeit auf die
Erde zu werfen. Wenn der Mongole plötzlich krank wird, so
sucht er gewiß keinen Arzt auf; er ruft einen Lama, der die
Teufel durch Lesen von Gebeten aus dem sündigen Leibe ver-
treiben soll.

Hunderte von Malen überzeugt sich der Nomade, daß er
arg betrogen und belogen worden ist, und dennoch wird hier=
durch sein kindischer Glaube nicht wankend. Wenn es dem Be-

trüger nur einmal gelingt, das Richtige, oder etwas, das als
richtig gedeutet werden kann, zu treffen, so vergißt man alle
seine Irrthümer und falschen Vorhersagungen und sein Ruhm
erklingt von einem Ende der Wüste zum andern. Daß übrigens
die Wahrsager ihre Prophezeiungen geschickt einzurichten, auch
den Befrager vorher über alles, was ihnen zu wissen nothwendig
ist, auszuhorchen verstehen, liegt in der Natur der Sache.
Uebrigens lügen diese Leutchen sich so in ihre Macht, Größe
und Wissenschaft hinein, daß sie selbst innigst an ihre übernatür=
liche Kraft und Wissenschaft glauben.

Ein Begräbniß der Leiche des verstorbenen Mongolen findet
nicht statt; sie wird aus der Jurte geworfen den wilden Vier=
füßern und Raubvögeln zu willkommener Nahrung. Die Lamas
geben nur für Bezahlung die Himmelsgegend an, in welche der
Kopf zu liegen kommen soll. Nur die Leichen der Fürsten und
wichtigeren Lamas werden begraben oder verbrannt. Im ersten
Falle wird auf dem Grabe ein Steinhügel errichtet. Für die
Seelenruhe des Verstorbenen werden 40 Tage lang für eine be=
stimmte Bezahlung Gebete verrichtet. Der Arme, der diese Gebete
nicht bezahlen kann, geht natürlich dieser Ehre verlustig. Für die
Fürsten, deren Hinterbliebene reiche Geschenke an verschiedene Tempel
senden, werden dort zwei oder drei Jahre lang Andachten abgehalten.

Der von Charakter gute wenn auch aus Religiosität leicht=
und abergläubische Mongole wird zum wilden Thiere, wenn er
seinen Leidenschaften den Zügel schießen läßt. Dieses bewies
das Verfahren der Mongolen mit den gefangenen Dunganen.
Derselbe Mongole, der noch gestern fürchtete ein Lamm zu
schlachten, weil er es für eine schwere Sünde betrachtet, schnitt
heute einigen Dunganen mit der größten Ruhe die Köpfe ab,
wenn sie in seine Hände fielen, und schonte weder Alter noch
Geschlecht. Es ist wahr, daß die Dunganen mit der gleichen
Münze gezahlt haben; ich habe dieses Beispiel aber nur ange=
führt, um zu beweisen, daß der Glaube allein, ohne andere
Mittel der Civilisation, die barbarischen Instinkte der Völker
nicht abschwächen oder verändern kann. Die buddhistische Lehre
predigt bekanntlich die höchsten moralischen Grundsätze; trotzdem
hat sie den Mongolen nicht gelehrt, in jedem Menschen seinen
Bruder zu erblicken und Mitleid selbst mit dem Feinde zu haben.

Nehmen wir ferner die Art der Todtenbestattung; die Leichen werden nicht begraben, sondern den Vögeln und wilden Thieren zum Verzehren hingeworfen. Ein Anblick, wie ihn jeder Reisende in der Nähe von Urga hat, wo Krähen und Hunde alle Tage hunderte Leichen verzehren, kann selbst den rohesten Menschen betrüben; trotzdem ist der Mongole dabei ganz gleichgültig und schleppt zu einem solchen Begräbnisse selbst diejenigen, die seinem Herzen nahe und lieb waren. Vor den Augen dieses Menschen beginnen die Hunde die Leiche seines Vaters, seiner Mutter, oder seines Bruders zu zerfleischen, und er schaut dieser Scene gleichgültig, wie ein gefühlloses Thier, zu.

Dies ist eine große Lehre für alle künftigen christlichen Missionäre unter den Nomaden! Nicht in der äußern Form des Bekenntnisses allein darf sich die neue Propaganda zeigen; Hand in Hand mit diesem muß der civilisatorische Einfluß der höheren Rasse gehen. Lehrt den Mongolen vor allen Dingen nicht in dem Schmutze zu leben, in welchem er sich jetzt aufhält; macht, daß er begreift, daß die Gefräßigkeit und Faulheit etwas Schädliches, aber keine Annehmlichkeit des Lebens ist; daß das Verdienst jedes Menschen vor Gott in guten Thaten und nicht in einer gewissen Anzahl von Gebeten besteht, welche täglich gelesen werden, — und dann erst redet ihm von den Ceremonien des christlichen Glaubens. Die neue Lehre muß den Nomaden nicht allein in eine neue intellectuelle und moralische Welt versetzen, sondern auch von Grund aus sein häusliches und gesellschaftliches Leben verändern. Dann erst wird das Christenthum hier als fruchtbares, erfrischendes Element erscheinen und die durch dasselbe ausgestreute Saat wird tiefe Wurzeln schlagen unter der ungebildeten und rohen Bevölkerung der Mongolei.

Nachdem China gegen Ende des XVII. Jahrhunderts fast die ganze Mongolei*) unterworfen hatte, ließ die chinesische Regierung den Unterworfenen ihre frühern besondern Einrich-

---

*) Ihrer geographischen Lage nach nimmt die heutige Mongolei die Fläche ein, welche von den Quellen des Irtysch im Westen bis zur Mandschurei im Osten und von den Grenzen Sibiriens im Norden bis an die große Mauer und die muhamedanischen Länder am Tjan-Schan

tungen, organisirte sie jedoch in ein geordneteres System. Indem
sie aber den Fürsten ihre ganze Selbständigkeit in der innern
Verwaltung ließ, stellte sie sie gleichzeitig unter die strengste
Aufsicht ihrer Organe in Peking. Hier concentriren sich im
Ministerium der äußern Angelegenheiten (Li-fan-jüan) alle An=
gelegenheiten, welche die hier besprochene Gegend berühren und
die wichtigern werden vom Bogdo=Chan selbst entschieden. In
administrativer Beziehung hat die Mongolei eine militärisch=
territoriale Einrichtung und wird in Kreise oder Fürstenthümer
getheilt, welche Aimakate*) heißen. Jedes Aimakat besteht
aus einem oder einigen Choschunaten, d. h. Bannern,
welche in Regimenter, Escadronen und Zehner getheilt sind.
Jedes Aimakat und Choschunat wird von erblichen Fürsten regiert,
welche Vasallen des chinesischen Bogdo=Chans und der Freiheit
beraubt sind, äußere Angelegenheit ohne Wissen der Pekinger
Regierung zu verhandeln.

Die Gehülfen der Fürsten eines Choschunates sind die
„Tosalaktschys", deren Titel ebenfalls erblich ist. Ihre
Zahl ist verschieden; sie beläuft sich auf einen bis vier in jedem
Kreise. Der Fürst des Choschunates ist zugleich Commandirender

im Süden reicht. Die Südgrenze reicht übrigens noch jenseits der großen
Mauer und in das Bassin des Sees Kuku-nor; sie beschreibt einen
großen Bogen nach Süden.

*) Die nördliche Mongolei, d. h. Chalcha, besteht aus 4 Aimakaten,
welche in 86 Choschunate getheilt sind. Die Innere und östliche
Mongolei mit Ordos bestehen aus 25 Aimakaten, welche wiederum
in 51 Choschunate getheilt sind. Das Land der Zacharen ist in 8 Banner
getheilt. Ala=schan bildet ein Aimakat und 3 Choschunate. Die west=
liche Mongolei, oder die sogenannte Dsungarei ist in 4 Aimakate und
32 Choschunate getheilt, da hier jedoch im Verhältnisse zu den chinesischen
Ansiedlern nur wenig Mongolen leben, wurde dieses Gebiet noch vor
dem Aufstande der Dunganen, in sieben Militärdistricte getheilt. Das
Aimakat der Urjänchen ist in 17 Choschunate getheilt. Eingehende
Nachrichten über die administrative Eintheilung der Mongolei kann man
in Joakinf's: „Statistitscheskoo opisanio Kitaiskoj imperii" (Statistische
Beschreibung des chinesischen Kaiserthums) Th. II, S. 88—112, und in
Timkowski's „Putjeschestwije w Kitai" (Reise nach China) Th. III,
S. 228—287 finden. Aus diesen beiden Quellen habe ich meine Nach=
richten über die Theilung und Regierung der Mongolei geschöpft. Diese
Sachen während der Reise kennen zu lernen war eine Unmöglichkeit.

der Truppen seines Kreises, wozu er wiederum zwei Gehülfen,
„Meyren=tschangin", hat. Nach ihnen folgen die Re=
gimentscommandeure (Tschalan=tschangin), die Escadron=
chefs (Somun=tschangin); jede Escadron besteht aus 150
Mann, sechs Unteroffizieren und zwei Lieutenants. Der Com=
mandeur der bewaffneten Macht eines Aimakates ist der „Dsjan=
bzju'n", immer ein mongolischer Fürst.

Die Fürsten eines Choschunates sind verpflichtet, sich all=
jährlich zu einer Art Landtagsversammlung (Tschulchan) ein=
zufinden, zu deren Vorsitzenden einer der Fürsten gewählt wird,
den der chinesische Kaiser bestätigt. Bei außergewöhnlichen Ge=
legenheiten wird außerdem eine außergewöhnliche Versammlung
einberufen. Diese Landtagsversammlungen, die sich nur mit
innern Angelegenheiten zu befassen haben, stehen unter der Auf=
sicht eines Gouverneurs der chinesischen Grenzprovinzen*). Manche
Gegenden der Mongolei haben indeß schon eine ganz chinesische
Verwaltung erhalten. Es sind dies namentlich: die Landschaft
Tschen=du=fu, jenseits der großen Mauer, nördlich von Pe=
king; das Aimakat Zachar, nordwestlich von Kalgan und die
Landschaft Guj=chua=tschen (Kuku=choto), welche noch west=
licher von der Nordwendung des gelben Flusses liegt. Außer=
dem war die westliche Mongolei (Dsjungarai) bis vor dem
Dunganenaufstande in sieben Militärdistricte (Tosakate, wie
in der Mongolei jedes besondere Fürstenthum genannt wird)
getheilt und nach besondern Gesetzen regiert. Zwei von diesen,
Urumgu und Barkül gehörten zu Gan=su.

Die Fürsten der Mongolen sind in sechs Rangstufen getheilt
und zwar in folgender Ordnung: Chan, Zin=Wan, Tsün=
Wan, Beile, Beise und Hun. Außerdem aber existiren
noch regierende Tsasak=Taiases. Der Titel „Tsasak" be=
deutet übrigens in der Mongolei regierender Fürst überhaupt.

Den Titel erbt nur der älteste legitime Sohn nach zurück=
gelegtem neunzehnten Lebensjahre. Trotzdem die Würde erblich

---

*) So z. B. verwaltet der Gouverneur von Kuku-choto die Provinz
Ordos, das Gebiet der westlichen Tümeten und andere näher gelegene
Aimakate. Dem Gouverneur von Gan=su in Sinin ist ganz Kuku-nor
und Zaidam unterworfen; die beiden westlichen Aimakate von Chalcha
werden vom Dsjan-Dsün in Uljasutai verwaltet u. s. w.

ist und die meisten Fürsten von Dschengis-Chan abzustammen behaupten, unterliegen sie der Bestätigung des chinesischen Kaisers. Im Falle keine ehelichen Kinder vorhanden sind, kann der Fürst seinen Titel einem seiner außerehelichen Söhne oder einem nahen Verwandten übertragen, wozu jedoch ebenfalls die Bewilligung des Kaisers nothwendig ist. Die übrigen Kinder eines Fürsten werden als gewöhnliche Edelleute betrachtet. Hierdurch wird einer Vermehrung der Fürsten (ihre Zahl beträgt ohnedies zweihundert) vorgebeugt. Dagegen vermehrt sich die Zahl der Edelleute mit jedem Jahre.

Politische Bedeutung haben die Fürsten nicht; sie sind der Pekinger Oberbehörde gänzlich untergeordnet und beziehen ihren Gehalt vom Bogdo-Chan *), von dem auch ihre Rangerhöhung abhängt. Um diese Herren auch durch Familienbande an China zu knüpfen, werden ihnen häufig chinesische Prinzessinnen zur Ehe gegeben, welche ebenfalls von China Gehalt beziehen, aber nur alle zehn Jahre nach Peking kommen dürfen. Alle drei oder vier Jahre muß jeder Fürst in Peking erscheinen, um dem Kaiser seine Ehrfurcht zu beweisen. Bei dieser Gelegenheit überreicht er ihm in der Form eines Geschenkes seinen Tribut, der gewöhnlich in Kameelen und Pferden besteht. Hierfür erhält er Gegengeschenke, welche in Silber, Seide, Kleidung, Mützen, Pfaufedern u. s. w. bestehen und immer weit mehr werth sind als die mitgebrachten. Im Allgemeinen muß China alljährlich zur Verwaltung der Mongolei bedeutende Summen zuzahlen, doch wird hierdurch die Westgrenze des eigentlichen Chinas vor den Einfällen der unruhigen Nomaden geschützt. Das Gehalt der Fürsten beträgt jährlich 120,000 Lan und 3,500 Stück Seidenzeug.

Die Bewohnerzahl der Mongolei wird von Joakinf auf zwei bis drei, von Timkowski nur auf zwei Millionen geschätzt.

---

*) Ein Fürst 1. Ranges erh. jährl. 2,000 Lan Silb. u. 25 St. seid. Materie.

,	,	2.	,	,	,	1,200	,	,	,	15	,	,	,
,	,	3.	,	,	,	800	-	-	,	13	,	,	,
,	,	4.	,	,	,	500	,	,	,	10	,	,	-
,	,	5.	,	,	,	300	,	,	,	9	,	,	,
,	,	6.	,	,	,	100	,	,	,	4	,	,	,

Jedenfalls ist sie in keinem Verhältnisse zum Flächenraume, den das Land einnimmt. Die nomadische Lebensweise, die Ehelosig= keit der großen Anzahl von Lamas, das ausschweifende Leben und die aus ihm resultirenden geheimen Krankheiten, sowie Typhus und Pocken, welche sehr häufig unter den Mongolen grassiren, sind hinreichende Ursachen einer sehr langsamen Ver= mehrung der Bewohner.

Das ganze Volk ist in vier Stände getheilt; sie heißen Fürsten, Edelleute (Tajesi), Geistlichkeit und Volk. Die drei ersten Stände haben viele Rechte; der vierte Stand ist eine Art halbfreier militärischer Bevölkerung, welche Gemeinde= und Militärpflichten zu erfüllen hat.

Die mongolischen Gesetze sind von der Regierung in Peking zusammengefaßt und geordnet worden. Nach diesem Gesetzbuche müssen sich alle Fürsten richten. Nicht sonderlich wichtige An= gelegenheiten werden nach althergebrachtem Brauche entschieden. Der mongolische Codex kennt Geldstrafen, Verbannung und Todesstrafe. Fürs gewöhnliche Volk ist außerdem durch Prügel= strafe gesorgt, welche auch über degradirte Adelige und Beamte verhängt wird. Bestechlichkeit, Käuflichkeit und andere Miß= bräuche sind sowohl in der Verwaltung, wie in der Justiz im höchsten Grade entwickelt.

Abgaben werden vom Volke an die Fürsten gezahlt und sie bestehen ausschließlich in Vieh. Bei besonderen Gelegenheiten, z. B. bei der Durchreise des Fürsten, bei der Verheirathung eines seiner Kinder u. s. w., werden noch außerordentliche Samm= lungen veranstaltet. Die Geistlichkeit zahlt keine Abgaben und China erhält von den Einkünften überhaupt nichts. Die be= waffnete Macht der Mongolei besteht ausschließlich aus Cavallerie; 150 Familien bilden eine Schwadron und jedes Familienglied ist vom achtzehnten bis sechszigsten Jahre dienstpflichtig, jedoch wird immer von drei männlichen Gliedern der Familie eins vom Militärdienste befreit. Jeder Krieger muß sich auf eigene Kosten ausrüsten, erhält jedoch die Waffen, welche in langen Lanzen, Säbeln, Bogen und Luntenflinten bestehen, vom Staate. Im Ganzen muß die Mongolei 284,000 Mann stellen. Die Fürsten und ihre Gehülfen sollen häufig Revisionen anstellen; diese führen jedoch zu nichts, da sie durch Bestechungen abgemacht werden. Der faule Mongole besticht lieber den Beamten, als daß er zum Dienste geht. Dieses ist der chinesischen Regierung theilweise sehr angenehm, da, wie die Erfahrung lehrt, in Folge dieser Umgehung des Militärdienstes der kriegerische Geist der Nomaden vollkommen schwindet und sie also dem himmlischen Reiche immer weniger gefährlich werden.

III. Kapitel.

Der Südostrand der mongolischen Hochebene.

Die Ausrüstung der Expedition in Peking. — Die Beschränktheit unserer Geldmittel. — Unbequemlichkeit des chinesischen Geldes. — Charakter des mongolischen Bergrandes im Norden von Peking. — Die Stadt Dolon-nor. — Die Sandhügel von Gutschin-gurbu. — Steppenbrand. — Der See Dalai-nor. — Vermessung. — Der Weg von Dolon-nor nach Kalgan. — Weide des Bogdo-Chans. — Frühlingsklima. — Beschreibung des Kameels.

Peking, oder, wie es die Chinesen nennen, Bej-tsin*), war der Ausgangspunkt unserer Reise. Hier fanden wir die freudigste Gastlichkeit seitens unserer Landsleute, den Mitgliedern der Gesandtschaft und der geistlichen Mission, wir verlebten fast zwei Monate bei ihnen, während welcher wir uns für die bevorstehende Expedition rüsteten. Meine Bekanntschaft mit Peking ist gar nicht bedeutend. Der Umfang der Stadt, das dem Europäer fremde, originelle Leben der Chinesen, endlich die Unbekanntschaft mit ihrer Sprache, — Alles dieses sind Gründe dafür, daß ich mich mit den Einzelnheiten, mit allen Merkwürdigkeiten der Hauptstadt des Himmlischen Reiches nicht eingehender bekannt machen konnte. Ich muß offen gestehen, daß sie auf mich einen höchst unangenehmen Eindruck gemacht hat. Aber eine Stadt kann auch kaum auf einen frischen Menschen einen angenehmen Eindruck machen, in welcher Pfützen von Spülicht

---

*) Das Wort „Bej-tsin" heißt im Chinesischen „die nördliche Hauptstadt". Im südchinesischen Accente heißt es „Be-gin"; hieraus haben wahrscheinlich die Europäer „Peking" gemacht.

und Bettler *) der nothwendige Zubehör felbft der fchönften
Straßen find. Wenn man hierzu die unverfchämte Zubringlich=
keit der Chinefen, und die Rufe „Jan=hujfa", zu denen oft
noch andere Schimpfworte hinzukommen, hinzufügt, fo wird man
fich leicht vorftellen können, wie angenehm für einen Europäer
ein Spaziergang durch die Straßen der Hauptftadt des Bogdo=
Chans fein muß. Um das Maß der Vergnügungen zu füllen,
kann man hier durchgängig Chinefen fehen, welche ihre natür=
lichen Bedürfniffe verrichten und Düngerfammler, welche mit
ihren Körbchen auf dem Arme einhergehen. In der Stadt
herrfcht ein unerträglicher Geftank; wenn die Straßen auch hin
und wider begoffen werden, fo gefchieht dies mit der Flüffigkeit,
welche fich in den Spülichtpfützen anfammelt.

Lehmwände, hinter denen fich die Wohnungen, — Fanfen,
— befinden und Reihen von Kaufläden, welche in aller erdenk=
lichen Weife bemalt find, — bilden die äußere Ausftattung der
Straßen von Peking; die bedeutendften derfelben find übrigens
ziemlich breit und bilden eine gerade Linie. Die Stadt wird
mit Papierlaternen erleuchtet, welche auf hölzernen Dreifüßen
aufgeftellt werden und fich immer einige hundert Schritt eine
von der andern befindet; in diefen Laternen brennen nur felten
Talglichte. Uebrigens ift die Beleuchtung der Straßen während
der Nacht hier nicht eben nothwendig, weil die Chinefen alle
ihre Angelegenheiten, welche auf der Straße verrichtet werden
müffen, vor Sonnenuntergang vollbringen, fo daß, wenn die
Dämmerung eintritt, faft kein Menfch mehr, felbft in den volk=
reichften Stadttheilen, zu fehen ift.

Ganz Peking befteht aus zwei Theilen: der innern Stadt
(Nej=tfchen), in welcher fich das kaiferliche Schloß befindet,
und der äußern Stadt (Waj=tfchen), welche bedeutend kleiner
als jene ift**). Jeder diefer Theile der Hauptftadt des Bogdo=

---

*) Man fagt, daß fich die Zahl der Bettler in Peking auf 40,000
belaufe; fie haben ihr befonderes Oberhaupt (König), welches von den
Kaufleuten eine beftimmte Abgabe erhebt.

**) Die Bezeichnung „innere" und „äußere" Stadt ift nicht genau,
denn beide liegen neben einander. Das kaiferliche Schloß befindet fich
eigentlich in der Kaiferftadt (Thuan=tfchen), welche in der Mitte der
innern Stadt liegt. Eine eingehende Befchreibung der Hauptftadt des Himm=

Chans ist mit einer crenelirten Lehmmauer umgeben; die der innern Stadt hat im Ganzen eine Länge von mehr als 20 Kilometer *), eine Höhe von 11 Meter und eine Dicke von ungefähr 20 Meter. In dieser Mauer befinden sich neun Thore, welche nach Sonnenuntergang geschlossen und mit Sonnenaufgang geöffnet werden. Die Umfangsmauer der äußern Stadt hat nur eine Länge von 15 Kilometer und neun Thore. Sowohl diese als jene Mauer ist in bestimmten Entfernungen von einander mit Thürmen ausgestattet.

Die Wohnungen der fünf auswärtigen Gesandten **), welche in Peking ihren Sitz haben, befinden sich nahe bei einander, in einem Revier des südlichen Theiles der innern Stadt, in der Nähe des Thors Tzian=myn. Unsere geistliche Mission befindet sich in dem sogenannten „nördlichen Hofe" (Bej=huan) ***), im Nordostwinkel der Stadtmauer. Außerdem befinden sich in der innern Stadt vier katholische Kirchen†), einige Wohnungen protestantischer Missionäre und das Zollhaus. Dieses sind alle Wohnlichkeiten der Europäer in Peking; weder unsere noch andere ausländische Kaufleute dürfen, laut Tractat, hier ihre Läden öffnen.

Es war uns nicht leicht, uns für den Weg auszurüsten. Es war unmöglich, irgend jemand um Rath zu fragen, da keiner der sich derzeit in Peking aufhaltenden Europäer in westlicher Richtung jenseits der großen Mauer gewesen war. Wir aber strebten danach, an den Nordbogen des gelben Flusses, nach Ordos und weiter nach Kuku=nor, — mit einem Worte in Gegenden zu gelangen, die den Europäern fast gänzlich unbekannt

---

lischen Reiches und aller ihrer Merkwürdigkeiten findet sich in dem, aus dem Chinesischen übersetzten Werkchen des Mönches Joakinf: „Opisanie Pekina" (Beschreibung Pekings) 1829.

*) Ganz Peking hat, ohne die Vorstädte, einen Umfang von ungefähr 30 Kilometer (58 Li; jedes Li = 267³/₄ russ. Klafter). Die Zahl seiner Bewohner ist nicht bekannt; sie ist jedoch aller Wahrscheinlichkeit nach nicht zu groß, denn man findet in der Stadt selbst viele Ruinen und leere Plätze.

**) Die russische, englische, französische, deutsche und amerikanische.

***) Unser südlicher Hof, in welchem sich die Gesandtschaft befindet, heißt „Juan=huan".

†) Bej=tan, Nan=tan, Si=tan und Dum=tan.

ſind. Unter dieſen Umſtänden mußte man die nöthige Ausſtattung
der Expedition und die Art der Reiſe ſelbſt inſtinctmäßig er-
rathen.

Die Reiſe von Kiachta nach Peking während des Winters,
ſowie der fernere Aufenthalt in dieſer Stadt, hatten mich überzeugt, daß eine Reiſe in den außerhalb der Mauer gelegenen
Theilen Chinas nur dann von Erfolg gekrönt ſein kann, wenn
der Reiſende, ſeine Begleiter und Laſtthiere vollkommen unabhängig
ſind von den Bewohnern des Landes, welche jedem Verſuch der
Europäer, in die inneren Gegenden des Himmliſchen Reiches einzudringen, mit feindlichen Blicken begegnen. Vergebens ſuchten
wir in Peking einen Mongolen, der ſich entſchloſſen hätte, uns
auf der bevorſtehenden Reiſe zu begleiten. Ein hoher Lohn,
das Verſprechen einer außerordentlichen Belohnung für den Fall
eines glücklichen Erfolges der Reiſe, und andere dieſem ähnliche
Verſprechungen, waren nicht im Stande, das Mißtrauen und
die Feigheit der Chineſen und Mongolen zu beſiegen, welche
manchmal verſprachen, für guten Lohn mit zu gehn, dann aber
einer nach dem andern ihre Zuſage zurücknahmen. Da wir die
gänzliche Unmöglichkeit, unter ſolchen Umſtänden uns auf die
entlegene Expedition zu begeben, einſahen, beſchloſſen wir Kameele
zu kaufen und ſie, mit der Hülfe unſerer beiden Kaſaken, die
uns auf unſerer Reiſe begleiten mußten, ſelbſt zu leiten.

Für den Anfang kauften wir ſieben Kameele zum Laſttragen
und zwei Reitpferde. Ferner mußte das Gepäck hergerichtet
und das Nothwendigſte, wenn auch nur für ein Jahr, angeſchafft
werden, da wir keine Hoffnung hatten, geraden Wegs nach
Kuku-nor zu gelangen, ſondern darauf rechneten, während des
erſten Jahrs die Gegend am mittleren Laufe des gelben Fluſſes
zu erforſchen und dann nach Peking zurückzukehren. Das zur
Reiſe geſchaffte Gepäck beſtand größtentheils in Waffen und
Jagdpatronen. Beides war ſehr ſchwer, aber dieſe Gegenſtände
waren die wichtigſten, da uns die Jagd nicht allein die zum
Präpariren nothwendigen Vögel und Säugethiere verſchaffen,
ſondern auch, — wie ſie es thatſächlich geweſen, — die Hauptquelle unſerer Nahrungsmittel in ſolchen Gegenden ſein ſollte,
welche von den Dunganen verwüſtet worden waren, oder in
denen die Bewohner chineſiſcher Abſtammung uns keine Nahrungs-

mittel verkaufen wollten, weil sie glaubten, daß sie durch Hunger
die ungebetenen Gäste vertreiben würden. Außerdem dienten
uns die Waffen zum persönlichen Schutze gegen Räuber, welche
wir übrigens während des ganzen ersten Jahres unserer Reise
nicht ein einziges Mal gesehen haben. Es ist höchst wahrscheinlich, daß wir dieses nur dem Umstande zuschreiben können, weil
man wußte, daß wir gut bewaffnet waren; das Sprüchwort:
„wenn du Frieden willst, sei zum Kriege gerüstet", hat sich auch
in diesem Falle regelrecht bewährt.

Die zweite Hälfte unseres Gepäckes bildeten die Gegen-
stände, welche zum Präpariren der Thiere und Trocknen der
Pflanzen nothwendig sind, wie z. B. Löschpapier, Bretter zum
Pressen, Werg zum Ausstopfen von Vögeln und Säugethieren,
Gips, Alaun und dergleichen. Alles dieses wurde in vier große
Kisten gepackt, welche den Rücken der Kameele sehr beschwerten;
aber diese Kisten waren nöthig, um in ihnen die ausgestopften
Thiere und getrockneten Pflanzen zu verpacken. Endlich kaufte
ich für dreihundert Rubel verschiedene Kurzwaaren, weil ich
die Absicht hatte, die Rolle eines Kaufmanns zu spielen. Später
zeigte es sich jedoch, daß diese Waaren nur ein überflüssiger
Ballast waren; der Handel hemmte die wissenschaftlichen Forschungen, und war trotzdem keine hinreichende Maske für unsere
wirklichen Zwecke. An Nahrungsmittel für uns selbst nahmen
wir nur eine Kiste Cognac, ein Pud (gegen 18 Kilogramm)
Zucker, und zwei Säckchen Hirse und Reis mit; Fleisch hofften
wir uns durch die Jagd zu verschaffen.

Die kleine Menge von Vorräthen für den eigenen Bedarf
war eine Folge der spärlichen Geldmittel, über welche die Expedition verfügte. Fürs erste Jahr der Reise erhielt ich vom
Kriegsministerium, von der Geographischen Gesellschaft und vom
Botanischen Garten im Ganzen 2,500 Rubel, in welcher Summe
schon mein Gehalt inbegriffen war; fürs zweite und dritte Jahr
wurde ein Zuschuß bewilligt, und wurden der Expedition 3,500
Rubel gegeben. Mein Reisegefährte, Unterlieutenant Pylzow,
erhielt im ersten Jahre 300, im zweiten und dritten je 600
Rubel. Ich spreche offen von den Geldmitteln deshalb, weil
ihre Unzulänglichkeit am meisten den Erfolg des Unternehmens
hinderte. Da ich z. B. jedem Kasaken 200 Rubel jährlich und

freien Unterhalt geben mußte, konnte ich nicht mehr als zwei
mit mir nehmen und deshalb war ich und mein Reisegefährte
genöthigt, die Kameele zu beladen, sie zu hüten, Argal als
Brennmaterial zu sammeln u. s. w., mit einem Worte, während
der Expedition alle schweren Arbeiten zu verrichten; unter bessern
Bedingungen hätte diese Zeit zu wissenschaftlichen Forschungen
verwendet werden können. Ferner konnte ich keinen Dolmetscher
für die mongolische Sprache mit mir nehmen, der nur das, wozu
er bestimmt, gethan hätte und der gewiß in sehr vielen Fällen
ungemein nützlich gewesen wäre. Mein Kasak-Dolmetscher war
gleichzeitig Arbeiter, Hirt und Koch, mit einem Worte, er verrichtete beständig bald diese, bald jene Arbeit und konnte nur
hin und wider seinen eigentlichen Pflichten obliegen. Endlich
war unsere bettlergleiche Armuth die Ursache, daß wir sehr oft
während unserer Reise hungerten, wenn wir keine Gelegenheit
hatten, uns durch die Jagd etwas zu verschaffen, oder nicht den
doppelten Preis für ein Schaf zahlen konnten, das man uns
sonst nicht verkaufen wollte. Nach unserer Rückkehr nach Peking,
nach dem ersten Jahre unserer Reise, hörte ich mit Lächeln die
Frage eines Mitgliedes einer fremden Gesandtschaft, das sehr
neugierig war zu erfahren, wie wir es angestellt haben, um
während unserer Expedition eine so große Last mit zu schleppen,
weil ja Gold in der Mongolei gar keinen Kurs hat. Was
hätte aber der Herr wohl gedacht, wenn er gewußt hätte, daß,
als wir Peking verließen, wir nicht mehr als 230 Lan, d. h.
460 Rubel baaren Geldes hatten!

Um das Maß der Schwierigkeiten zu füllen, wurde mir die
für die Expedition bewilligte Summe nicht auf einmal ausgezahlt;
ich sollte sie halbjährlich, soweit sie vom Kriegsministerium bewilligt, und jährlich, soweit sie aus den Fonds der geographischen
Gesellschaft und des botanischen Gartens hergegeben waren, in
Peking ausgezahlt erhalten. Nur durch die anerkennenswerthe
Hülfe des Generals Wlangali wurden wir aus dieser kritischen
Lage gezogen, denn ich erhielt unter der Form einer
Schuld aus der Kasse der Gesandtschaft das Geld für ein
ganzes Jahr voraus und für das zweite Jahr der Reise sogar
noch mehr.

Unsere Silberrubel werden in Peking durchschnittlich à zwei

gegen einen Lan chinesischen Silbers umgewechselt. Hier muß
bemerkt werden, daß in China kein bestimmtes Geld existirt, außer
der Scheidemünze, den sogenannten „Tschoch's", welche aus
einer Mischung von Kupfer und Zink bestehen; Silber wird
überall nach Gewicht und Reinheit angenommen. Gewichtseinheit
ist der Lan, welcher ungefähr 8,7 russ. Loth *) wiegt. Der
zehnte Theil eines Lan heißt „Tsian" und der zehnte Theil
des Tsian heißt „Fyn". Auf den „Gin" gehen 16 Lan. Das
Gewicht des Lan ist ein dreifaches: ein offizielles, Handels= und
kleines Gewicht. Zum bessern Silber wird das „Jamben=
silber" gerechnet, aus welchem Barren (Jamben) gegossen
werden, deren jede gegen funfzig Lan wiegt. Solche Barren
werden mit dem Stempel des Staates oder der Handelsfirma
versehen, welche sie gegossen hat. In den Jamben kann man
hin und wider Blei oder Eisen finden, welche Metalle öfters
in den kleinen Stückchen vorhanden sind. Um kleinere Summen
zu bezahlen, werden die Jamben, wie im Allgemeinen das Silber,
in größere oder kleinere Stückchen gehackt, je nachdem es das
Bedürfniß erheischt. Das Silber wird im Großhandel gewogen
und man bedient sich hierzu der Wagen mit zwei Schalen und
einem Balken; im Kleinhandel, oder beim Kaufe wird es auf
einer besondern Wage, dem „Besmer", gewogen (welcher aus
einem Hebel besteht, an dessen einem Ende eine Kugel, am
andern aber ein Haken angebracht ist, an den der zu wiegende
Gegenstand gehängt wird; der Hebel ist entsprechend eingetheilt
und wird auf einer Schnur oder eisernen, innen scharfen Schleife,
so lange hin und her gerückt, bis das Gleichgewicht zwischen der
Kugel und dem zu wiegenden Gegenstande hergestellt ist. Diese
Art Wage ist übrigens noch heute in allen Wirthschaften Sibiriens,
ja sogar oft in den Kaufläden und häufig auch noch in Ruß=
land zu finden, wo sie „Besmjen" genannt wird. D. Ueb.).
Bei diesem Wiegen wird man von dem das Geschäft ausführenden
Chinesen gewiß betrogen, denn er giebt dem Hebel des Besmers
eine bestimmte Lage, was davon abhängt, ob er Silber geben,
oder empfangen soll. In der Reinheit des Silbers wird man
beenfalls unbedingt betrogen, besonders wenn man es in kleinen

---

*) Durchschnittlich machen 11 Lan unser Pfund aus.

Stückchen empfängt, unter denen sich immer Stückchen unedlen Metalls befinden.

Außerdem muß man wissen, daß kleine Auszahlungen in Tschoch *) geleistet werden, die so schwer sind, daß ihrer auf unsern Silberrubel durchschnittlich acht Pfund gehen. Es ist wohl erklärlich, daß es unmöglich ist, sich mit einem hinlänglichen Vorrathe solcher Münze zu versehen **), weshalb man immer kleine Silberstückchen wechseln muß. Die Schwierigkeiten werden aber noch durch den Umstand vermehrt, daß nicht nur in jeder Stadt, sondern häufig auch in jedem Städtchen eine andere Geldrechnung existirt. So giebt es z. B. Orte, wo 30 Tschoch als hundert, oder wo 50, 78, 80, 92 oder 98 als hundert gezählt werden. Man muß sich, mit einem Worte, lange quälen, um einen solchen Galimatias zu ersinnen, der übrigens nur im Himmlischen Reiche herrschen kann. Diese Berechnung schließt übrigens die regelmäßige nicht aus, bei welcher ein Tschoch auch als einer angenommen wird. Diese Art der Berechnung heißt bei den Mongolen „M a n t s c h a n"; die andere, verkrüppelte Berechnung heißt „D s e l e n". Wenn man etwas kauft, muß man sich immer vorher erkundigen, ob die Bezahlung nach dem Mantschan oder nach dem Dselen erfolgen soll, denn dieses bewirkt einen sehr großen Unterschied im Preise.

Wenn man hierzu noch das hinzufügt, daß an den verschiedenen Orten Chinas auch verschiedenes Maß und Gewicht existirt, so wird man sich einen Begriff von den Betrügereien und Bedrückungen machen können, welchen der Reisende, selbst bei den unbedeutendsten Einkäufen, unterworfen ist. Um den Unannehmlichkeiten beim Abwiegen des Silbers auszuweichen und auch die nothwendige Oekonomie mit meinen Geldmitteln beobachten zu können, kaufte ich eine mittlere (Markt-) Wage, doch erwies sie sich immer (beim Zahlen) als unzulänglich, während sie beim Einkaufen immer ein Manco zeigte. Das

---

*) Zur Erleichterung des Rechnens werden immer 500 Tschoch auf einen Faden (oder Riemen) gereiht und sind hierzu quadratische Löcher in jeder dieser Münzen.

**) Für hundert Rubel erhält man 20 Pud (gegen 360 Kilogramm) Tschoch, was eine Last für drei Kameele bildet, welche selbst 240 Rubel kosten, nicht gerechnet was der zu ihnen nöthige Kameeltreiber kostet.

Umwechseln von Silber in Tschochs war ebenfalls immer mit
Verlusten verbunden, weil man sehr häufig nicht den wahren
Kurs des Silbers erfahren konnte, denn dieser veränderte sich
fast alle zehn Kilometer *). Mit einem Worte, wir zahlten in
jedem von uns während der Expedition verausgabten Rubel der
Schlauheit und Habsucht der Bewohner des Landes einen be-
deutenden Prozentsatz als Tribut, denn wir wurden beim
Berechnen und Wiegen in der gewissenlosesten Weise betrogen.

Dank der Unterstützung unseres Gesandten, erhielten wir
vom chinesischen Kaiser einen Paß zur Reise durch die ganze
südöstliche Mongolei und Gan-su und verließen, nachdem wir
unsere Vorbereitungen beendet hatten, am 25. Februar, die Stadt
Peking. Unsere Landsleute in Peking, mit denen wir fast zwei
Monate gemüthlich verlebt hatten, gaben uns ihre heißen Glück-
wünsche für die Reise mit auf den Weg. Jetzt änderte sich
unsere Lage plötzlich; die unabweisbare Wirklichkeit rief uns
rauh zu sich und zeichnete uns in der Ferne die fröhliche Hoff=
nung des Erfolges, oder den bangen Zweifel an der Erreichung
des ersehnten Zieles . . . . .

Außer dem von uns aus Kiachta mitgebrachten Kasaken
wurde uns jetzt noch ein Kasak zukommandirt, welcher zu den
bei der Gesandtschaft befindlichen gehörte. Wie der erste, so
konnte auch der zweite nur zeitweise bei uns verbleiben und
beide mußten durch andere zu unserer Expedition kommandirte
ersetzt werden, welche jedoch noch nicht aus Kiachta angelangt
waren. Unter diesen Umständen konnten wir nicht gleich in das
Innere der Mongolei reisen, und unternahmen deshalb eine
Durchforschung der im Norden von Peking gelegenen Gegend
bis zur Stadt Dolon-nor. Hier wollte ich mich erstens mit dem
Charakter des gebirgigen Randes, welcher wie bei Kalgan die
mongolische Hochebene umsäumt, bekannt machen und zweitens

---

*) So werden z. B. in Peking für den Lan Silber 1500 Tschoch
gegeben, wobei ein Stück auch als eins gerechnet wird; in Dolon-nor —
1600; in Kalgau — 1800; in Dadschin (in Gan-su) — 2900 und in
Donkyr (ebenfalls in Gan-su) — 5000. Der ungeheure Unterschied in
den beiden letztern Orten ist wohl nur ein Zeitweiser und hängt von der
beispiellosen Preiserhöhung aller Gegenstände in diesen Städten, welche
von den Dunganen beraubt worden sind, ab.

den Frühlingszug der Vögel beobachten. Zu letzterm Zwecke konnte eben der See Dalai-nor, welcher auf der mongolischen Hochebene gegen 150 Kilometer von der Stadt Dolon-nor liegt, dienen. Von den Ufern dieses Sees wollten wir uns wieder nach dem Süden von Kalgan wenden, hier unsere Kasaken durch die neuen ersetzen, welche in Kurzem ankommen mußten, und dann erst uns gegen Westen wenden, um an den nördlichen Bogen des Chuan-che zu gelangen. Um unsere Last zu verringern, sendeten wir einen Theil unseres Gepäcks nach Kalgan und nahmen nur das Allernothwendigste für den Bedarf von zwei Monaten mit uns. Einen mongolischen oder chinesischen Führer konnten wir selbst für diesen kurzen Zeitraum nicht finden und deshalb begaben wir uns vier Mann hoch auf den Weg.

Anfangs nahmen wir die Richtung auf die Stadt Hu-bej-keu zu, welche den Durchgang durch die große Mauer *) verschließt und gegen 115 Kilometer nördlich von der Haupt-stadt des Himmlischen Reiches liegt. Die Gegend hat Anfangs den früheren Charakter einer Ebene, welche durchgängig mit Bäumen bedeckt ist und vom Flusse Baj-che und seinem Nebenflusse Tschao-che bewässert wird; am Wege liegen einige Flecken und kleine Städte.

Am zweiten Tage unserer Reise waren die Berge, welche wir Anfangs in der Ferne am Horizonte bemerkt hatten, schon näher an unsern Weg gerückt und endlich, in einer Entfernung von zwanzig Kilometer von Hu-bej-keu, begannen die Vorberge des Randgebirges. Dieses letztere hat hier einen etwas andern Charakter als bei Kalgan. Beide Zweige des Gebirgsrandes, der Kalganer und Nankuer, nehmen ihre Richtung nach Hu-bej-keu und vereinigen sich zu einem breiten Bergmassive, welches ebenso wie jene als äußere Abgrenzung der mongolischen Hoch-ebene von den Ebenen des eigentlichen Chinas dient.

Hu-bej-keu ist nicht groß und ist von drei Seiten mit einem Lehmwall umgeben, dessen Flügel an die große Mauer anlehnen. Zwei Kilometer vor der Stadt ist ein Fort aus Lehm erbaut,

---

*) Zwischen Kalgan und Hu-bej-keu giebt es noch einen Durchgang durch die große Mauer; er ist durch die Festung (wenn man so eine quadratische Lehmmauer nennen darf) Du-schi-keu versperrt.

welches gegen Peking zu den Weg, der durch eine kleine, und ziemlich schmale Schlucht führt, versperrt. Das eigentliche Gebirge in seiner vollen Entwickelung beginnt erst im Norden von Hu-bej-keu.

Trotzdem es erst gegen Ende Februars war, herrschte schon in der Ebene von Peking ein ausgezeichnetes Frühlingswetter. Am Tage war es sogar heiß und das Thermometer stieg im Schatten auf -|- 14° C. Der Fluß Baj-che hatte sich vom Eise gereinigt und auf ihm schwammen große Schaaren durchziehender Enten (Anas rutila und Anas boschas) und Taucher (Mergus merganser und Mergus serrator). Diese Vögel erscheinen gegen Ende Februar und Anfangs März mit andern Schwimm= und Sumpfvögeln in großen Herden nicht allein in der Nähe von Peking, sondern auch in der Nähe von Kalgan, wo doch das Klima bedeutend rauher ist. Da um diese Zeit der wohlthätige Frühlingshauch noch nicht in die nördlichen Gegenden gedrungen ist, so wagen es auch die durchziehenden Gäste nicht dahin zu reisen, sondern halten sich einstweilen auf den Feldern auf, welche in dieser Zeit von den chinesischen Landwirthen unter Wasser gesetzt werden. Die ungeduldigen Herden versuchen es an jedem hellen Morgen auf die Hochebene zu fliegen, kehren aber von Kälte und Unwetter ergriffen immer wieder in die warmen Ebenen zurück, wo sich von Tag zu Tage die Zahl der Uebersiedler mehrt. Endlich erscheint der ersehnte Augenblick. Die mongolische Wüste hat sich etwas erwärmt, das Eis Sibiriens hat zu thauen begonnen, und eine Schaar nach der andern beeilt sich, die enge Fremde zu verlassen, um nach dem heimathlichen, fernen Norden zu ziehen.

Von Hu-bej-keu in der Richtung auf die Stadt Dolon-nor zu hat das Randgebirge eine Breite von 150 Kilometer, und besteht aus einigen parallelen Rücken, welche sich in der Richtung von West nach Ost ziehen. Im Allgemeinen erreichen diese Gebirge nur eine mittlere Höhe *), wenngleich sie häufig einen

---

*) Hier giebt es nirgend besonders hervorragende Bergspitzen, um so weniger aber einen mit ewigem Schnee bedeckten Berg Pje-t-scha, dessen die Missionäre Gerbillon und Ferbist und nach ihnen Ritter erwähnen. Die Nichtexistenz dieses Berges, welcher nach der Angabe der beiden Missionäre 15,000 Fuß absoluter Höhe haben sollte, wurde schon

Alpencharakter annehmen. Die Thäler zwischen den Bergen sind gewöhnlich eng (¹⁄₂ bis 1 Kilometer) und verwandeln sich sogar stellenweise in Schluchten, welche von hohen Felsen aus Gneis und Granulit versperrt sind. Kleine Bäche findet man ziemlich häufig, aber auf unserm Wege trafen wir nur auf einen bedeutenden Fluß, den Schandu=gol oder Luan=che. Er entspringt auf dem Nordabhange des mongolischen Randgebirges, umkreist die Stadt Dolon=nor, durchbricht den ganzen Gebirgs= rand und strömt in die Ebene des eigentlichen Chinas.

Die steilen Abhänge der Gebirge sind überall mit dichtem Grase und weiter, im Innern des Randes, mit Gebüsch und Wäldern bedeckt. Die letztern werden von Eichen, Schwarzbirken, seltener von Weisbirken, Espen, Kiefern und selten von Fichten*) gebildet; in den Thälern wachsen Rüstern und Pappeln. Unter den Sträuchern findet man am häufigsten: einen Eichenstrauch, der die Blätter nicht abwirft, Rhododendren, wilde Persikos, wilde Rosen, seltener Lespedezzen und türkische Nüsse.

Wälder findet man nur nördlich vom Flusse Luan=che und sie ziehen sich von hier gegen Osten auf die Stadt Sche=che zu, welches die Sommerresidenz des Bogdo=Chans ist. Alle diese Wälder sind die gerühmten Jagdreviere, in denen einst die chinesischen Kaiser Jagden veranstalteten; diese Jagden haben aufgehört, seit dem Jahre 1820, in welchem der Bogdo=Chan Kja=kin während einer Jagd erschossen worden ist. Jetzt sind diese viel verheißenden Wälder, trotz der Schutzwache, sehr stark gelichtet. Mindestens kann man da, wo wir sie passirten, nur sehr selten einen großen Baum sehen und eine große Menge Stubben zeugen dafür, daß erst vor Kurzem sehr viele Bäume gefällt worden sind.

Von Säugethieren sahen wir hier nur das Reh (Cervus pygargus), wenngleich nach den Aussagen der Bewohner der Umgegend hier auch Hirsche, Auerochsen (Wisente) und Tiger leben sollen. Von Vögeln findet man überall eine große Menge Fasanen (Phasianus torquatus), Rebhühner (Perdix

im Jahre 1856 von unsern Gelehrten Wasiljew und Sjemjenow dar= gethan.

*) Noch seltener findet man eine niedrige Linde.

barbata und Perdix chukar) und Felstauben (Columba rupestris), seltener findet man Spechte (Picus sp.), Zippammer (Emberiza cioides?) und Pterorhinus Davidii. In ornithologischer Beziehung fanden wir übrigens keine große Abwechselung, was vielleicht dem Umstande zuzuschreiben ist, daß noch nicht alle Specien herbeigekommen waren.

In administrativer Beziehung gehört die hier beschriebene Gegend zum Districte Tschen-bu-fu, der zum Gouvernement Tschschi-li gehört. Obgleich diese Gegenden schon jenseits der großen Mauer, also außerhalb der Grenzen des eigentlichen Chinas liegen, so überwiegt dennoch die chinesische Bevölkerung; es lebt hier kein einziger Mongole. Alle Thäler des Gebirges sind mit Dörfern, oder mit einzelnen Fansen angefüllt, zwischen denen sich bearbeitete Felder hinziehen. Städte, wie in China, giebt es hier jedoch nicht; wir sahen nur zwei kleine Städtchen: Pu-nin-scha und Hao-dschi-tun. Die engen Thäler scheinen jedoch keine gesunden Wohnstätten zu sein, denn man findet unter den Bewohnern den Kropf stark verbreitet, so daß man sehr häufig Menschen, welche von dieser Krankheit entstellt sind, trifft.

Während der Reise begegneten wir häufig Transporten auf Wagen, Eseln, oft auch auf Kameelen, welche Reis und Hirse nach Peking brachten; außerdem wurden dahin auch große Herden Schweine getrieben, deren Fleisch das beliebteste Nahrungsmittel der Chinesen ist.

In dem Maße, in welchem wir uns von den chinesischen Ebenen entfernten, wurde auch das Klima fühlbar kälter, so daß das Thermometer gegen Sonnenaufgang manchmal auf — 14° C. fiel. Aber am Tage, wenn es windstill war, war es ziemlich warm und Schnee war nirgends mehr, mit Ausnahme etwa der Nordabhänge der höheren Bergspitzen, zu sehen.

Die absolute Höhe des hier beschriebenen Randgebirges vergrößert sich stufenweise und gleichmäßig. Hu-bej-keu, welches auf der Südseite des Gebirges liegt, liegt nur 221 Meter über dem Meere, während die Stadt Dolon-nor sich in einer absoluten Höhe von 1263 Meter befindet. Diese Stadt liegt schon auf der Hochebene der Mongolei, welche sich sogleich vor uns ausbreitete, als wir aus dem Randgebirge herauskamen. Als sehr auffallender Saum des letztern von der mongolischen Seite dient eine hohe Alpenkette, welche nach Aussage der Bewohner sich von hier weit gegen Norden hinzieht. Aller Wahrscheinlichkeit nach ist dies auch der Große Chingan, welcher die Mand=schurei von der Mongolei scheidet. Da wo wir die genannte Kette überschritten, entwickelt sie sich nur vollständig im Rand=gebirge; aber auf der mongolischen Seite verändert das wilde Gebirge plötzlich seine Physiognomie, und wird zu einer kuppen=förmigen Hügelkette. Ebenso plötzlich verändert sich der Charakter der organischen Natur; die Bäume und Sträucher verschwinden auf einmal; man sieht nun weder nackte Felsen, noch Gebirgs=kuppen. Dafür breitet sich die wellenförmige Steppe aus und in ihr erscheinen die charakteristischen Thiere der mongolischen Ebene: der Pfeifhase, der Dseren [Antilope] und die mongolische Lerche.

Am 17. März kamen wir nach Dolon = nor, welches nach der von mir aufgenommenen Höhe des Polarsterns, unterm 42° 16" nördl. Breite liegt. Von einem Haufen neugieriger Gaffer begleitet, gingen wir lange durch die Straßen der Stadt, um ein Gasthaus zu suchen, in welchem wir uns hätten ein=quartiren können; man hat uns jedoch nirgends aufgenommen unter der Ausflucht, daß kein Raum vorhanden sei. Erschöpft von der weiten Reise und bis auf die Knochen durchfroren, be=schlossen wir endlich dem Rathe eines Mongolen zu folgen und begaben uns ins Kloster, um in ihm um Herberge zu bitten. Hier wurden wir freudig aufgenommen und man richtete für uns eine Fanse ein, in welcher wir uns endlich erwärmen und ausruhen konnten.

Dolon=nor, oder wie es die Chinesen nennen Lama = mjao*), ist, wie Kalgan und Kuku = choto, ein sehr wichtiger Punkt des Handels zwischen China und der Mongolei. Die Mongolen treiben hier Vieh auf, bringen Wolle und Felle her und die Chinesen schaffen für diese Mongolen Formthee, Taback, baum=

---

*) Die chinesische Benennung „Lama=mjao" bedeutet in der Ueber=setzung „das Kloster des Lama", während die mongolische Benennung „Dolon=nor" „sieben Seen" (dolon — sieben, nor = der See) bedeutet, welche Zahl sich wirklich einst in der Nähe der Stadt befunden hat; sie sind jedoch mit der Zeit im Sande versiegt.

wollene und seidene Waaren herbei. Diese Stadt ist nicht von
Mauern umgeben, und liegt in einer unfruchtbaren sandigen
Ebene, am Ufer des kleinen Flüßchens Urtyn-gol, das sich
in den Schandu-gol ergießt. Die Stadt selbst besteht aus
zwei Theilen, dem chinesischen und mongolischen, deren einer vom
andern etwa ein Kilometer entfernt ist. Die chinesische Stadt
ist zwei Kilometer lang und etwa ein Kilometer breit, hat eine
ziemlich bedeutende Bevölkerung, aber die Straßen sind eng und
schmutzig. Der mongolische Theil von Dolon-nor besteht aus
zwei großen Klöstern, welche nicht weit von einander entfernt
liegen und von Fansen umgeben sind, in denen gegen zwei
Tausend Lamas leben. Diese Anzahl vergrößert sich übrigens
im Sommer bedeutend, wenn verschiedene Pilger herbeikommen.
Bei den Klöstern befindet sich eine Schule, in welcher Kinder,
die Lamas werden sollen, erzogen werden.

Die größte Merkwürdigkeit Dolon-nor's ist eine Gießerei,
in welcher Götter und andere den Klöstern nothwendige Gegenstände, nicht bloß für die Mongolei, sondern auch für Tibet,
gegossen werden. Die Statuen der Götter und Heiligen werden
hier aus Bronze oder Eisen gegossen und sind verschieden an
Größe und Form. Die Arbeit ist häufig merkwürdig gut ausgeführt, und dieses ist um so anerkennenswerther, wenn man
bedenkt, daß alle diese Arbeiten mit der Hand und dabei noch
von vereinzelt in ihren Fansen lebenden Handwerkern ausgeführt
werden.

Nachdem wir in Dolon-nor einen Tag zugebracht hatten,
begaben wir uns auf den Weg nach dem See Dalai-nor, welcher
von hier etwa 150 Kilometer in nördlicher Richtung entfernt
ist. Der Weg führt bald über den Fluß Schandu-gol, in
dessen Nähe wir die Ruinen einer alten Stadt fanden, welche
bei den Mongolen den Namen Zagan-ballgasu, was
in deutscher Uebersetzung „die weißen Mauern" bedeutet, führt.
Von den früheren Bauten ist nur noch eine nicht hohe (1½ bis
2 Klafter) Mauer aus Ziegeln erhalten, die jedoch auch von
der Zeit stark angegriffen ist. Diese Mauer hat die Form eines
Quadrats und umgiebt einen Raum von einem halben Kilometer Länge und gegen hundert Klafter Breite; der innere
Raum ist eine Wiese ohne jegliche Spur einer ehemaligen Wohnung.

Die Mongolen der Umgegend wußten uns nichts über dieses Denkmal der Vergangenheit zu sagen.

Gegen 40 Kilometer von Dolon-nor überschritten wir die Grenzen des Aimakats (Fürstenthums) Keschikten, des „glücklichen", angeblich so benannt, weil es bei der Theilung der östlichen Mongolei in die heutigen Aimakate der Reihe nach das letzte war. Von hier ab bis zum See Dalai-nor ziehen sich sandige Hügel hin, welche bei den Mongolen unter dem Namen Gutschin-gurbu, d. h. drei und dreißig, bekannt sind. Der Zweck dieser Benennung ist wohl, daß man die zahllose Menge dieser Hügel andeuten will, welche eine Höhe von 10, 13, manchmal auch von 33 Meter erreichen, und welche ohne alle Ordnung einer neben dem andern zusammengeweht sind. Diese Hügel bestehen größtentheils aus Sand, sind stellenweise ganz kahl, öfter jedoch mit Gras und Weidengebüsch bedeckt; nur sehr selten findet sich eine Eiche, Linde, schwarze oder weiße Birke. In diesem Gebüsche lebt eine Menge Rebhühner und Füchse; in geringerer Anzahl findet man Rehe und Wölfe. Hin und wider giebt es kleine, zur Bearbeitung geeignete Thäler, aber wegen des hier herrschenden Wassermangels trifft man sehr selten das Zelt eines nomadisirenden Mongolen, wenngleich hin und wieder sogar chinesische Dörfer sich finden. Sehr viele von den Chinesen aus Dolon-nor kommen hierher nach Holz. An-gelegte Wege durchschneiden die Gegend in allen möglichen Rich-tungen, so daß man ohne Führer sehr leicht vom rechten Wege abkommen kann. Dieses Vergnügen genossen auch wir am ersten Tage unserer Wanderung durch die Hügel von Gutschin-gurbu. Es ist unmöglich sich hier zu orientiren, weil die Gegend keine scharfen Conturen hat; hat man einen Hügel erstiegen, so fallen die Blicke auf Dutzende anderer, welche nach einem Maße ge-macht zu sein scheinen. Nach den Aussagen der Mongolen beginnt der Sand der Gutschin-gurbu am obern Laufe des Flusses Schara-Muren und zieht sich bis etwa 80 Kilometer westlich vom See Dalai-nor.

Kaum waren wir am 25. März an die Ufer dieses Sees gelangt, so hatten wir auch schon in der ersten Nacht den großartigen Anblick eines Steppenbrandes. Wenngleich wir in den Randgebirgen häufig Grasbrände beobachteten, die in jener

Zeit von den Bewohnern der Gegend angelegt waren, um den
Boden vom trocknen vorjährigen Grase zu befreien, so überstieg
doch das Bild, welches sich bei Dalai-nor vor unsern Blicken
entwickelte, durch seine Großartigkeit Alles, was wir bisher in
dieser Hinsicht gesehen hatten.

Schon am Abend zuckte ein Flämmchen am fernen Horizonte,
nach zwei oder drei Stunden war es zu einer ungeheuren Feuer-
linie angewachsen, welche sich schnell über die weite Ebene der
Steppe bewegte. Ein kleiner Hügel, welcher gerade in der Mitte
dieser Linie lag, wurde ganz mit Feuer wie begossen, und erschien wie ein großes erleuchtetes Gebäude, das sich über eine
allgemeine Illumination erhebt. Man denke sich nun noch den
von Rauch verhüllten, aber von einem blutrothen Widerscheine
erleuchteten Himmel hinzu, welcher sein röthliches Halblicht in
die Ferne warf. Rauchsäulen wirbeln in phantastischen Windungen, und von den Flammen gleichfalls beleuchtet, empor, erheben sich hoch in die Lüfte und verschwinden in der Ferne
in undeutlichen Umrissen . . . . Ein weiter Raum vor dem
brennenden Striche ist ziemlich hell erleuchtet und hinter ihm
erscheint das Dunkel der Nacht nur noch dichter und undurch-
dringlicher . . . Auf dem See hört man das laute Geschrei
der Vögel, welche durch das Feuer aufgescheucht sind, aber auf
der brennenden Ebene herrscht Ruhe und Stille . . . .

Der See „Dalai-nor", d. h. „das See-Meer"
(denn dies ist die mongolische Bedeutung des Wortes), liegt am
Nordrande der Hügel Gutschin-gurbu und nimmt seinem Umfange
nach die erste Stelle unter den Seen der südöstlichen Mongolei
ein. Seine Form nähert sich einer flachen Ellipse, deren Längenachse gegen Nordost gerichtet ist. Das Westufer hat einige
größere Buchten; die Begrenzung der andern Ufer ist jedoch fast
ganz geradlinig. Das Wasser dieses Sees ist gesalzen und er
ist, wie die Bewohner der Gegend sagen, sehr tief; doch ist dies
kaum glaublich; da die Tiefe des Sees in einer Entfernung von
hundert und mehr Schritten vom Ufer nicht zwei bis drei Fuß
übersteigt. Der Umfang des Dalai-nor beträgt gegen sechzig
Kilometer und in ihn fallen vier nicht große Flüßchen, namentlich: der Schara-gol, welcher, wie die Mongolen sagen, aus
dem 20 Kilometer östlich vom Dalai-nor gelegenen See Hanga-nor

kommt und an seiner Mündung einen größern Morast, den einzigen am Dalai-nor, bildet, und der Hungyr-gol, beide von Osten; der Chole-gol und Schurga-gol, welche von Westen her kommen. Im See leben viele Fische, von denen wir jedoch nur drei Specien gefangen haben und zwar: eine Species Diplophysa, einen Döbel oder Kühling (Squalius sp.) und einen Stichling (Gasterosteus sp.). Mehr konnten nicht gefangen werden, weil der See noch zugefroren war, in den Flüssen aber sehr wenig Fische lebten. Im Sommer steigen die Fische in bedeutenden Mengen in die Flüßchen hinauf und zum Fischfange kommen mit Beginn des Frühlings einige hundert Chinesen an den See Dalai-nor; es sind dies größtentheils heimathslose Vagabunden, welche hier bis zum Spätherbste verbleiben.

Die Gegend im Norden und Osten des Sees ist eine salz-haltige Ebene, im Westen eine wellenförmige Steppe; an das Südufer treten die Hügel von Gutschin-gurbu heran und hier liegt auch eine Gruppe von Bergen, an deren Fuße das Kloster Darchan-ulla und ein chinesisches Dorf liegt. Die Bewohner des letztern befassen sich ausschließlich mit Handel mit den Mongolen, welche im Sommer in großer Anzahl zu Andachten hierher kommen. Die eifrigen Gläubigen kaufen dann von den Chinesen, welche sich mit Fischfang befassen, lebendige Fische und lassen sie wieder in den See, weil sie glauben, daß sie hierdurch Erlaß ihrer Sünden erhalten.

Die absolute Höhe des Dalai-nor beträgt gegen 1326 Meter und deshalb ist das Klima hier eben so rauh, wie in der ganzen Mongolei. Im Anfange Aprils sah man nur das offene Ufer, und das Eis, welches eine Dicke von einem Meter erreicht, thaut erst gegen Ende April oder im Anfange des Monats Mai gänzlich auf.

Der in der Mitte der wasserlosen Steppen der Mongolei gelegene See Dalai-nor ist ein großer Haltepunkt für die Zug-vögel aus der Familie der Schwimm- und Sumpfvögel. Wir haben denn auch wirklich gegen Ende März hier eine Menge Enten, Gänse und Schwäne gefunden. Von den ersteren über-wogen: die Stockente (Anas boschas), die Kriechente (Anas crecca), die Schreiente (Anas glocitans), die Spieß-

·ente (Anas acuta) und die Sichelente (Anas falcata). In geringerer Zahl sah man die rothe Ente (Anas rutila), die Schnatterente (Anas strepera) und die Klangente ([Anas vel] Fuligula clangula). Von Gänsen überwog die Saatgans (Anser segetum), doch war auch die gemeine wilde Gans (Anser cinereus) in hinreichender Anzahl ver-treten. Selten war die Schwanengans (Anser cygnoides) und die große wilde Gans (Anser grandis). In geringerer Zahl fand man Taucher, Möven, Kormorane (Seeraben) (Phalacrocorax carbo), wie auch Kraniche, Reiher, Löffler und Kiebitze. Von Tauchern waren erschienen der Gänsesänger (Mergus merganser), der weiße Sänger (Mergus albellus) und der langschnäblige Sänger (Mergus serrator). Diese letzte Species jedoch im Allgemeinen nur in geringer Anzahl. Von Möven waren angekommen: die Lachmöve (Larus ridibundus) und die westliche Möve (Larus occidentalis?). Von Kranichen bemerkte man den Grus monachus und den japanischen Grus leucocher. Letzterer war jedoch selten. Von Reihern, Löfflern und Kiebitzen waren erschienen der graue Reiher (Ardea cinerea), der Löffelreiher (Platalea leucorodia) und der schwarzschnäblige Kiebitz (Recurvirostra avocetta). Raubvögel gab es im Allgemeinen nur wenig und dasselbe ist von den kleinen Vögeln zu sagen. Von den ersteren ließen sich am häufigsten der schwarze Milan (Milvus Govinda) und die Sumpfweihe (Circus rufus) sehen.

Hier muß ich noch bemerken, daß alle Zugvögel sich ungemein beeilten, durch die mongolische Wüste zu kommen. So sammelten sich an kalten, stürmischen Tagen auf dem Dalai-nor ungeheure Schaaren von Gänsen und Enten an; kaum aber wurde es schön, so wurde auch der See sichtbar entvölkert, und blieb es, bis neue gefiederte Pilger herbeikamen.

Die starken und kühlen Winde, welche beständig am Dalai-nor herrschen, waren uns bei unseren Jagdexcursionen sehr hinderlich; trotzdem erlegten wir so viele Enten und Gänse, daß wir uns ausschließlich mit dem Fleische dieser Vögel nährten.

Manchmal wurde unser Vorrath schon zu groß, und wir schossen dann schon einzig aus waidmännischer Leidenschaft. Die

Schwäne kamen nicht so leicht in den Schuß und wir erlegten sie fast ausschließlich mit Kugeln aus unseren Büchsen.

Nach dreizehntägigem Verweilen am Dalai-nor begaben wir uns auf unserm früheren Wege nach Dolon-nor zurück, um von hier nach Kalgan zu reisen. Die Hügel von Gutschin-gurbu, bei denen wir wieder vorbeireisen mußten, sahen eben so traurig wie vordem aus, aber die Stille wurde jetzt manchmal durch den herrlichen Gesang des w e i ß e n S t e i n s ch m ä ß e r s (Saxicola isabellina) unterbrochen. Dieser Sänger, welcher ganz Mittel-asien eigenthümlich ist, singt nicht allein seine eigenen Lieder, sondern entlehnt auch viele von andern und ahmt sie in sehr angenehmer Weise nach. Wir hatten manchmal Gelegenheit zu hören, wie dieser Vogel wie ein Habicht pfiff, oder wie eine Elster krächzte, die Stimme eines Brachvogels nachahmte, den Gesang der Lerche anstimmte, oder gar versuchte, das Wiehern eines Pferdes nachzuahmen.

Die Aufnahme der Gegend nach dem Augenmaße war, wegen ihrer Gleichförmigkeit, ungemein schwierig; diese Arbeit war übrigens während der ganzen Dauer der Expedition mit großen Schwierigkeiten verknüpft.

Bei der Ausführung der Aufnahmen während der Reise war durchaus nothwendig: erstens die Genauigkeit der Arbeit zu beachten und zweitens sie im Geheimen auszuführen, damit es die Bevölkerung der Gegend nicht merke. Beide Bedingungen waren von gleicher Wichtigkeit. Wenn die Bevölkerung, besonders aber die Chinesen, gewußt hätten, daß ich eine Karte ihres Landes anfertige, so hätten sich die Beschwerden unserer Reise verdoppelt, und wir hätten kaum frei durch die dicht bevölkerten Gegenden reisen können. Zum großen Glücke wurde ich während der ganzen drei Jahre meiner Reise nicht ein einziges Mal mit dem Corpus delicti, d. h. mit der Karte ertappt und es wußte Niemand, daß ich meinen Weg aufnehme.

Zur Ausführung der Aufnahmen hatte ich die Schmalkaldersche Bussole, welche, wie bekannt, immer auf einen in den Boden ge-stoßenen Pflock gestellt wird, wenn man nach einem gegebenen Punkt visirt. In der Lage, in welcher ich mich befunden habe, wäre es unmöglich gewesen, dieses zu thun, ohne Verdacht zu erregen; deshalb habe ich von zwei Uebeln das kleinere erwählt und keinen Pflock genommen. Statt dessen habe ich beim Visiren die Bussole immer bis dahin mit beiden Händen vor meinen Augen gehalten, bis die Magnetnadel die gehörige Lage hatte. Im Falle jedoch, daß die Nadel längere Zeit nach rechts und links schwankte, nahm ich die Mittelzahl zwischen den äußersten Grenzen der Schwankung. Die Entfernungen wurden immer nach Stunden, durch die Schnelle des Ganges der Kameele gemessen. Als Maßstab zur Arbeit wurden zehn Kilometer (Werst) auf den englischen Zoll angenommen. *)

Ich machte die Aufnahme während der Reise und trug die Zahlen in ein kleines Notizbuch, das ich immer in der Tasche trug, Angesichts des aufgenommenen Gegenstandes, ein. Diese Accuratesse ist für jeden Reisenden ungemein nothwendig, denn er darf sich nie auf sein Gedächtniß verlassen. Was ins Taschen- notizbuch eingetragen war, wurde noch an demselben Tage ins Tagebuch übertragen und die Aufnahme auf liniirtes Papier gezeichnet, welches sehr sorglich in einem Kasten versteckt war.

Es wurde folgende Ordnung der Arbeit innegehalten: nach- dem ich in der Richtung meines Weges visirt und die Zeit nach der Uhr bestimmt hatte, machte ich im Taschennotizbuche an- nähernd in der entsprechenden Richtung eine Linie, schrieb am Ende derselben die Zahl der Grade und die Zahl, welche die Nummer des Abschnittes bezeichnete. Nun folgte ich der Karawane und zeichnete die Gegend am Wege nach dem Augenmaße, wobei ich nur die wichtigern Punkte mittelst der Bussole bestimmte. Wenn die Anfangs eingeschlagene Richtung des Weges sich änderte, so berechnete ich nach der Zeit die Zahl der zurück- gelegten Kilometer,**) notirte sie im Buche gegenüber der Zahl, welche den Abschnitt bezeichnete und visirte hierauf in der neuen Richtung. Es war häufig schwierig, diese letztere genau zu be- stimmen, besonders wenn wir ohne Führer reisten. In diesem

---

*) Die diesem Werke beigefügte Karte meines Marsches ist bedeutend kleiner als meine Originalkarte.

**) Die mittlere Schnelligkeit eines beladenen Kameels beträgt, mit Berücksichtigung der Beschaffenheit der Gegend, 4—4½ Kilometer in der Stunde. In Gebirgen unterliegt diese Regelmäßigkeit einer bedeutenden Abweichung und hier muß man häufig zum Augenmaße seine Zuflucht nehmen, um die zurückgelegte Strecke zu bestimmen.

Falle nahm ich mit der Buſſole einige Richtungen auf, notirte die Zahl der Grade und bezeichnete ſpäter unter der Abſchnitts= nummer die Richtung, welche wir wirklich verfolgt hatten.

Es ereignete ſich oft, daß ich an einem Orte keinen Ab= ſchnittsſtrich machen konnte, weil uns eben Chineſen oder Mongolen beobachteten; in dieſem Falle verlegte ich das Machen des Striches auf einen geeignetern Zeitpunkt, namentlich aber, wenn wir den Weg ſchon zurückgelegt hatten. In ſtark bevölkerten Gegenden begleitete uns manchmal während des ganzen Tages einer oder der andere Bewohner; in dieſem Falle ritt ich voraus, oder blieb zurück und machte meinen Strich. Wenn ein Führer bei uns war, ſo waren wir in dieſer Beziehung noch weit ſchlimmer dran, denn jeder unſerer Führer war, wie es ja ganz natürlich war, auch ein Spion, den man mehr fürchten mußte, als den erſten beſten Bewohner der Gegend. Man mußte in dieſem Falle das bekannte Sprüchwort anwenden und dem Wegweiſer „Sand in die Augen ſtreuen", und es gelang uns wirklich immer dieſe Aufgabe auszuführen. Zu dieſem Behufe zeigte ich meinem künftigen Führer im Augenblicke, in welchem wir mit einander bekannt wurden, mein Fernrohr und ſagte ihm, daß ich während der Reiſe beſtändig in dieſe Maſchine hineinſehe, um zu ſchauen, ob in der Nähe keine Thiere oder Vögel ſind, auf die man Jagd machen könnte. In ſeiner Einfalt konnte der Mongole das Fernrohr nicht von der Buſſole unterſcheiden, und da wir thatſächlich während des Marſches häufig Antilopen oder Vögel ſchoſſen, ſo glaubte unſer Führer alles Ernſtes, daß mein Gucken in die kunſtvolle Maſchine nur das Erſchauen von Thieren be= zweckte. Einige Male gelang es mir ſogar auf dieſe Weiſe mongoliſche und chineſiſche Beamte hinters Licht zu führen, wenn ſie mit Fragen in mich drangen, weshalb ich die Buſſole bei mir trage; ſtatt dieſer ſchob ich ſchnell das Fernrohr unter, das ich ebenfalls während des Marſches bei mir trug.

Manchmal ereignete es ſich, daß es durchaus nothwendig war, einen Abſchnittsſtrich zu machen, aber es befanden ſich eben einige Mongolen bei mir, welche gekommen waren, um die nie geſehenen Menſchen zu begaffen. In dieſem Falle bemühte ſich mein Reiſegefährte ihre Aufmerkſamkeit durch irgend einen ſie intereſſirenden Gegenſtand zu feſſeln, während dem ich, als ob ich ein nothwendiges Bedürfniß zu verrichten hätte, zurückblieb und meine Arbeit verrichtete. Mit einem Worte, man mußte tausend Listen ersinnen, zu allen möglichen Verstellungen seine Zuflucht nehmen, um die Aufgabe inmitten der Feindseligkeit, mit der uns überall die Bevölkerung der Gegend, besonders aber die chinesische empfing, zu lösen.

Wenn wir am Halteplatze angekommen waren, den Kameelen die Last abgenommen, das Zelt aufgestellt, Argal gesammelt und andere nothwendige Arbeiten verrichtet hatten, die wir ja mit den Kasaken ausführen mußten, übertrug ich sogleich meine Auf= nahmen auf den hierzu bestimmten liniirten Bogen. Hierbei wurde stets die größte Vorsicht beobachtet. Gewöhnlich schloß ich mich dann allein im Zelte ein und ließ als Wache entweder meinen Reisegefährten, oder einen der Kasaken. Oft ereignete es sich, daß die Arbeit unterbrochen werden mußte, weil irgend ein Maulaffe — ein Beamter, oder gewöhnlicher Mongole herbei= geritten kam. Kaum hatte ich mich jedoch von einem solchen Besuche befreit, so beendete ich auch meine Arbeit und verwahrte sie bis zum nächsten Ruheplatze.

Bei Anfertigung der Karte verzeichnete ich: die Richtung unseres Weges, bewohnte Punkte (Städte, Dörfer, Fansen, Klöster, jedoch keine tragbaren Jurten), Brunnen, Seen, Flüsse und Bäche, selbst die unbedeutendsten, endlich Gebirge, Hügel und die all= gemeine Configuration der Gegend, soweit man sie vom Wege aus zu beiden Seiten übersehen konnte. Wichtige Thatsachen, welche ich unterwegs im Gespräche erfuhr, wurden durch Punkte angedeutet oder mit der Bemerkung verzeichnet, daß ich sie persönlich nicht gesehen habe. Um die Karte möglichst regelrecht anzufertigen, habe ich während der Reise mittels eines kleinen Universalinstruments die geographische Breite von 18 der wich= tigsten Punkte aufgenommen und es ist nur zu bedauern, daß ich nicht ebenso die Länge dieser Punkte, wenn auch nur durch den Unterschied der Chronometer, wenn wir solche während der Expedition gehabt hätten, bestimmen konnte. Die Aufnahme der Gegend, so leicht auch diese Arbeit scheinen mag, war doch eine der schwierigsten Arbeiten der Expedition, da, abgesehen von den verschiedenen Listen, welche angewendet werden mußten, um die Aufmerksamkeit der Bewohner auf einen andern Gegenstand zu lenken, das häufige Absteigen vom Pferde, um den Abschnittsstrich zu machen, besonders während der Sommerhitze, sehr ermüdete. Aber außerdem konnten wir auch wegen dieser Aufnahme zum Marsche nicht die kühlen Nächte benutzen, und mußten uns am Tage, häufig während der größten Hitze, vorwärts schleppen. Solche Märsche haben nicht nur unsere Kameele verdorben, sondern haben endlich auch unsere Kräfte aufgerieben.

Nachdem wir bei der Stadt Dolon-nor, wohin ich nur mit einem Kasaken ritt, um einige nothwendige Einkäufe zu machen, vorbei waren, setzten wir unsere Reise auf dem nach Kalgan führenden Wege weiter fort. Aus Dolon-nor ist es bis zu dieser Stadt 230 Kilometer, und der Weg ist sehr gut für Fuhrwerke. Die Bewegung ist auf ihm sehr bedeutend und wir begegneten sehr häufig zweirädrigen chinesischen Wagen, die mit Ochsen bespannt und mit sehr verschiedenen Waaren beladen waren. Außerdem wird auf diesem Wege nach Kalgan Salz gefahren, das, wie die Mongolen sagen, aus einem See, in welchem es sich selbst bildet, und der gegen zweihundert Kilometer nördlicher als der Dalai-nor liegt, herausgeschafft wird. Für die auf diesem Wege Reisenden sind Gasthäuser erbaut, in die wir jedoch nicht ein einziges Mal eintraten, da wir lieber in unserem reinlichen Zelte und in der frischen Luft bleiben, als in die schmutzigen, übelriechenden Stuben der chinesischen Gasthäuser treten wollten. Dabei war es ja auch im Zelte leichter sich der unverschämten Zudringlichkeit der Mongolen oder Chinesen zu entziehen, welche gewöhnlich haufenweise erschienen, wenn wir bei einem bewohnten Orte anhielten.

Außer den Gasthäusern findet man am Dolon-norer Wege, besonders aber in der Nähe von Kalgan, auch Dörfer; ebenso sieht man auch viele mongolische Jurten und überall streifen zahlreiche Herden von Schafen, Kühen und Pferden umher.

In topographischer Beziehung bildet die beschriebene Gegend eine weite wellenförmige Steppe mit einem theils etwas sandigen, theils salzigen Boden, der jedoch überall mit ausgezeichnetem, dichten Grase bedeckt ist. Bäume und Sträucher sieht man nirgends, aber dafür findet man hier öfter als in andern Gegenden der Mongolei Bäche und nicht große Seen. Das Wasser der letztern ist schlecht bis zum Ekel. Wenn man sich

7*

einen Begriff von seinen Eigenschaften machen will, so nehme
man ein Glas reines Wasser, lege in daſſelbe einen Theelöffel
Straßenkoth, eine Prieſe Salz des Geschmackes wegen, etwas
Kalk, um der Farbe willen, und, um ihm auch den entsprechenden
Geruch mitzutheilen, Gänsekoth — und man erhält genau die
Flüſſigkeit, welche den größten Theil der mongoliſchen See an=
füllt. Die Mongolen ekeln ſich jedoch durchaus nicht vor dieſem
Nektar und benutzen ihn das ganze Jahr hindurch zum Kochen
ihres Thees; wir ſelbſt haben während der Zeit unserer Reise
mehr als hundert Mal ſolches Waſſer getrunken, weil wir eben
kein beſſeres hatten.

Die weiten futterreichen Steppen, durch welche wir von
Dolon=nor an reiſten, dienen den Tabunen (Herden) des Bogdo
Chans als Weide. Jeder ſolche Tabun, den die Mongolen
„Dargu" nennen, beſteht aus fünfhundert Pferden und iſt der
Verwaltung eines beſondern Beamten übergeben, welche ſämmtlich
unter einem obern Beamten ſtehen. Aus dieſen Herden werden
während eines Krieges die Pferde für die Armee genommen.

Hier iſt wohl der Ort, wo einige Worte über die mongoliſchen
Pferde geſagt werden können. Ihre Charakterzeichen ſind: ein
mittlerer, ja wohl kleiner Wuchs, dicke Füße und Hals, ein
großer Kopf und dichtes, ziemlich langes Haar und zu ihren
innern Eigenschaften gehört — eine ungewöhnliche Ausdauer.
Während der ſtärkſten Fröſte bleiben die mongoliſchen Pferde auf
das Gras in der Steppe angewieſen und begnügen ſich, wie die
Kameele, mit Budargana (Kalidium gracile) und Sträuchern;
der Schnee vertritt ihnen im Winter die Stelle des Waſſers.
Man muß zugeſtehen, daß unſer Pferd nicht einen Monat in
den Verhältniſſen ausskalten würde, unter denen das mongoliſche
ohne Schwierigkeiten ausdauern kann.

Faſt ohne jegliche Aufſicht ziehen ungeheure Herden Pferde
auf den futterreichen Weiden Nord=Chalchas und des Zacharen=
gebietes einher. Dieſe Tabunen theilen ſich gewöhnlich in kleine
Abtheilungen von 10 bis 30 Stuten, welcher unter der Obhut
eines Hengſtes leben. Der letztere hütet eiferſüchtig ſeinen Harem
und erlaubt den Stuten unter keiner Bedingung, ſich von der
Herde zu trennen; zwiſchen den Führern der Abtheilungen finden,
beſonders im Frühling, Kämpfe ſtatt. Die Mongolen ſind

bekanntlich leidenschaftliche Pferdeliebhaber und ausgezeichnete Pferdekenner; wenn der Nomade einen Blick auf ein Pferd geworfen hat, so wird er auch gewiß seinen Werth beurtheilen. Auch Wettrennen sind bei den Mongolen sehr beliebt und werden gewöhnlich im Sommer in der Nähe eines größern Klosters abgehalten. Die bedeutendsten Wettrennen werden in der Nähe von Urga abgehalten, wohin aus Entfernungen von vielen hundert Kilometern Preisbewerber kommen. Der Kutuchta bestimmt die Preise und der, der den ersten Preis gewinnt, erhält eine bedeutende Menge Vieh, Kleidung und Geld.

Die Weiden des Bogdo-Chans befinden sich hauptsächlich im Rayon des Aimakats (Fürstenthums) der Zacharen, deren Land sich von Keschikten mehr als fünfhundert Kilometer gegen Westen, bis an das Aimakat der Durbuten hinzieht. Die Weiden reichen jedoch noch weiter und zwar bis in die Nähe der Stadt Kukuchoto. Die Zacharen werden auf chinesische Manier regiert, sind in acht Fähnlein getheilt und befinden sich der Reihe nach im Staatsdienste. Unter dem directen Einflusse der Chinesen haben sie fast ganz den Charakter, ja sogar den äußern Typus der Mongolen reinen Bluts eingebüßt, worüber ich schon im ersten Abschnitte gesprochen habe.

Wir haben durch eigene Erfahrung die ganze Verdorbenheit des Charakters der Zachar-Mongolen kennen gelernt. Vom ersten bis zum letzten sind alle offene Betrüger und schlechte Menschen. Zum Glücke brauchten wir sehr selten die Dienste der Bewohner der Gegend, da uns unser Zelt das Zimmer vertrat und die Jagd uns Nahrungsmittel verschaffte. In der Steppe gab es überall so viel Dseren-Antilopen, daß wir uns immer Fleisch verschaffen konnten und nicht Schafe zu kaufen brauchten, welche man uns häufig gar nicht verkaufen wollte, oder für welche man unmäßige Preise forderte. Gegen Diebe waren wir aber durch die Furcht geschützt, in welcher das ganze Volk des Landes durch unsere Gewehre und Revolver gesetzt worden ist. Das Schießen von Vögeln im Fluge, oder von Antilopen mit Büchsen, oft aus sehr großen Entfernungen, brachte auf die Bewohner der Steppe einen ungeheuren Eindruck hervor und jeder Dieb wußte recht gut, daß er, im Falle er auf der That ergriffen würde, für sein Vergehen mit dem Leben büßen müßte.

Was das Frühlingsklima der von uns im Augenblicke be=
suchten Gegend der südöstlichen Mongolei betrifft, so bilden seine
Hauptcharaktermerkmale: Kälte, Wind und trockne Luft.

Die Nachtfröste dauerten nicht blos im März, sondern auch
im April; am 20. dieses Monats gefror kurz vor Sonnen=
aufgang das Wasser des kleinen Sees, an welchem wir nächtigten
und es bildete sich eine Eisdecke von mehr als drei Centimeter
Dicke, so daß sie einen Menschen tragen konnte. Wie wir in
der Folge sehen werden ereignen sich solche Ueberraschungen in
der mongolischen Hochebene selbst im Mai.

Die Fröste wurden von Winden begleitet, welche größten=
theils aus Nordwest kamen und auf der Ebene fast ohne Unter=
brechung während des ganzen Frühlings herrschten. Die Luft
war selten ruhig und auch diese Ruhe dauerte nur wenige
Stunden. Während des Windes wurde es immer kühl und er
verwandelte sich häufig in heftigen Sturm. In diesem Falle
zeigte sich ganz der Charakter der mongolischen Steppe! Sand=
und Staubwolken und, auf Salzboden, Wolken feinen Salzes,
welche vom Uragan in die Luft erhoben wurden, verdunkelten
die Sonne, welche dann matt, wie durch Rauch leuchtete; dann
wurde es ganz dunkel, so daß es manchmal um die Mittagszeit
nicht heller als während der Dämmerung war. Auf die Ent=
fernung von einem Kilometer waren Berge nicht zu sehen, und
der Wind trieb mit solcher Heftigkeit groben Sand herbei, daß
selbst die, an die Schwierigkeiten der Wüste gewöhnten Kameele
häufig still standen und sich so wendeten, daß der Uragan den
Hintertheil ihres Körpers traf; so blieben sie stehen, bis der
Windstoß aufhörte. Die Luft war dermaßen mit Sand und
Staub geschwängert, daß man sehr häufig die Augen nicht öffnen
konnte, wenn man gegen den Wind stand, und man bekam Kopf=
schmerzen und Ohrensausen, wie von einem Schlage. Alle
Gegenstände im Zelte wurden von einer dicken Staubschicht
bedeckt und wenn der Sturm während der Nacht herrschte, so
konnte man am Morgen vor Schmutz kaum die Augen öffnen.
Oft folgte nach einem fürchterlichen Windstoß Hagel oder Regen
und dieser strömte hernieder, als ob er aus Eimern gegossen
würde, die Tropfen wurden jedoch vom Winde in seinen Staub
zersprengt. Ein solcher Regenguß dauerte jedoch gewöhnlich nur

einige Minuten, dann wurde es plötzlich still, aber nach einer Viertelstunde, oft auch schon nach Verlauf eines kürzeren Zeitraums, begann der Sturm mit der früheren Heftigkeit und endete wiederum mit einem wenige Minuten dauernden Regen. Die Heftigkeit des Sturmes war oft so groß, daß er unser Zelt, welches mit zwölf eisernen, gegen fünf und dreißig Centimeter langen Pflöcken am Boden befestigt war, jeden Augenblick wegzureißen drohte und wir gezwungen waren, es mit allen vorhandenen Stricken am Gepäcke festzubinden.

Die Menge der atmosphärischen Niederschläge war nicht bedeutend; Regen oder Schnee fielen im März und April nur selten und auch dann nur in geringer Menge.

Die ununterbrochenen Fröste und Winde, welche während des Frühlings in der mongolischen Hochebene herrschen, sind ein großes Hinderniß für die Zugvögel und hemmen die Entwickelung der Vegetation. Zwar begann in der zweiten Hälfte unter dem Einflusse der Sonnenwärme das frische Gras hervorzubrechen und hin und wider schaute das Blümchen eines Geisblattes, oder eine Klette aus dem Boden hervor, doch war ein allgemeines Beleben der Natur hier noch nicht bemerkbar. Die Steppe hatte noch ganz das winterliche Ansehn, mit dem einzigen Unterschiede, daß der gelbe Grund des trocknen Grases jetzt durch eine schwarze Decke, welche von den Frühlingsbränden herrührte, vertreten war. Im Allgemeinen besitzt der hiesige Frühling auch nicht einen Schatten der Annehmlichkeiten, welche er in andern Gegenden der gemäßigten Zone darbietet. Die Zugvögel fliehen, ohne sich nach diesen Gegenden umzuschauen, wo sie weder Speise, noch Trank, noch auch ein Obdach finden. Nur sehr selten läßt sich eine vorüberziehende Schaar am Ufer eines salzigen Steppensees nieder, ruht kurze Zeit aus und begiebt sich sogleich wieder auf die Reise nach dem Norden, in reichere Gegenden.

Zum Schlusse dieses Kapitels biete ich dem Leser eine eingehende Beschreibung des charakteristischsten und bedeutsamsten Thieres der Mongolei, — des Kameels. Es ist der ewige Gefährte des Nomaden, die Hauptquelle seines Wohlstandes und kann während einer Reise durch die Wüste durch kein anderes Thier ersetzt werden. Während der ganzen dreijährigen Dauer

unserer Expedition haben wir uns nicht von den Kameelen
getrennt, sahen sie in jeder möglichen Lage und deshalb hatten
wir vielfache Gelegenheit dieses Thier eingehend zu studiren.

Die Mongolei besitzt ausschließlich das Kameel mit zwei
Höckern das Trampelthier (Camelus bactrianus); sein ein-
höckriger Verwandter, das Dromedar (Camelus dromedarius),
das so gewöhnlich in den turkomenzischen Steppen ist, ist hier
gänzlich unbekannt. Die Mongolen nennen ihr beliebtestes Thier
im Allgemeinen „Tyme"; das männliche Thier heißt Burun,
das verschnittene Männchen Atan und das Weibchen Inga.
Die äußern Merkmale eines guten Kameels sind: ein gedrungener
Körperbau, breite Füße, ein breites nicht schroff abfallendes
Hintertheil, und hohe gerade aufstehende Höcker. (Es ereignet
sich manchmal, daß beim Kameel der Höcker gebrochen ist und
deshalb nicht gerade steht; in diesem Falle ist es hinreichend,
wenn er groß und hart ist.) Der Zwischenraum zwischen beiden
Höckern soll groß sein. Die drei ersten Eigenschaften sprechen
für die Kraft des Thieres, die letzte, d. h. die gerade stehenden
Höcker, sind Zeichen, daß das Kameel fett ist, folglich lange
alle Mühseligkeiten einer Karawanenreise durch die Wüste zu
ertragen vermag. Ein großer Körper ist durchaus keine Garantie
für die guten Eigenschaften des hier beschriebenen Thieres, und
es ist ein Thier mittlerer Größe, aber mit den oben angegebenen
Eigenschaften weit besser, als ein hohes, das schmale Füße hat
und nicht massiv gebaut ist. Uebrigens wird bei gleichem Alter
und andern physischen Eigenschaften ein größeres Thier immer
einem kleineren vorgezogen.

Die besten Kameele in der ganzen Mongolei werden in der
Provinz Chalcha gezüchtet; hier sind sie groß, stark und ausdauernd. In Ala-schan und Kuku-nor sind die Kameele bedeutend kleiner und bedeutend schwächer; außerdem haben aber
auch die Kameele von Kuku-nor ein kürzeres, stumpfes Maul
und die Ala-schaner dunkleres Haar. Diese Abzeichen bewahren
sich, soviel wir beobachtet haben, beständig und es ist höchst
wahrscheinlich, daß die Kameele der südlichen Mongolei eine
andere, von denen der nördlichen verschiedene Species bilden.

Die Steppe oder Wüste mit ihrem unbeschränkten Raume
ist die eigentliche Heimath des Kameels; hier fühlt es sich voll-

kommen glücklich, wie sein Eigenthümer — der Mongole. Beide
fliehen das ansässige Leben, wie den ärgsten Feind und das
Kameel liebt bis zu dem Grabe die weiteste Freiheit, daß es, wenn
man es in eine Hürde stellt, selbst dann sichtbar magert, ja sogar
endlich fällt, wenn es auch aufs beste gefüttert wird. Eine
Ausnahme von dieser Regel bilden vielleicht nur die Kameele,
welche hin und wider von den Chinesen zum Transporte von
Steinkohlen, Getreide und andern Lasten gehalten werden. Dafür
erscheinen aber auch alle diese Kameele wie elende Schatten im
Vergleiche mit ihren Verwandten in der Steppe. Uebrigens
halten auch die chinesischen Kameele nicht das ganze Jahr die
Sklaverei aus und werden immer im Sommer in die nächsten
Gegenden der Mongolei gesendet, um dort wieder zu sich zu
kommen.

Im Allgemeinen ist das Kameel ein ganz eigenthümliches
Thier. In Bezug auf Mangel an Geschmack und an Genüg-
samkeit kann es, aber gewiß nur in der Wüste, als Muster
dienen. Wenn man ein Kameel auf gute Weiden bringt, wie
wir es gewohnt sind sie in unserer Heimath zu sehen, so wird
es, statt sich aufzubessern und fetter zu werden, mit jedem Tage
magerer. Dies haben wir erprobt, als wir mit unsern Kameelen
auf die ausgezeichneten Alpenmatten der Gebirge von Gan-su
kamen; dasselbe erzählten uns Kaufleute aus Kiachta, welche es
versuchten eigene Kameele zum Theetransporte zu halten. In
beiden Fällen verbarben die Kameele, welche der Nahrung beraubt
waren, die sie in der Wüste zu finden gewohnt waren. Hier
dienen diesem Thiere als beliebtes Futter: Lauch (Allium) und
Budargana (Kalidium gracile), hierauf folgt der Dyrisun
(Lasiagrostis splendens), niedriger Wermuth, der Saxaulstrauch
(Haloxylon sp.) in Ala-schan und der Charmyk (Nitraria
Shoberi), besonders, wenn seine süßsalzige Beeren reif geworden
sind. Im Allgemeinen ist das Salz dem Kameele unbedingt
nothwendig und sie genießen mit dem größten Appetite weiße
Salzeffloreszenzen, oder den sogenannten „Gudschir", welcher
in großem Ueberflusse alle salzreichen Stellen bedeckt und häufig
sogar in den mit Gras bedeckten Steppen der Mongolei aus
dem Boden hervortritt. In Ermangelung dieses Gudschir genießen die Kamele, wenn auch mit geringerem Nutzen, reines

Salz, das ihnen durchaus zwei oder drei Mal im Monat ge=
geben werden muß. Wenn diese Thiere lange kein Salz erhalten,
so beginnen sie abzumagern, selbst wenn sie im Ueberflusse Futter
erhalten. In diesem Falle nehmen die Kameele häufig weiße
Steine ins Maul und kauen sie, indem sie diese für Salzstückchen
ansehn. Das Salz wirkt auf die Kameele, besonders wenn sie
solches längere Zeit nicht genossen haben, als Abführungsmittel.
Dem Mangel an Gudschir und Salzpflanzen kann man wohl
das zuschreiben, daß die Kameele auf guten Weiden in Gebirgs=
gegenden nicht leben können. Außerdem mangelt ihnen hier
auch der weite freie Raum der Wüste, in welcher diese Thiere
sich während des ganzen Sommers tummeln.

Indem wir im Vortrage über die Nahrungsmittel der
Kameele weiter fortfahren, muß gesagt werden, daß ihrer viele
durchaus Alles fressen: alte gebleichte Knochen, die eigenen mit
Stroh ausgestopften Sättel, Riemen, Felle u. s. w. Unsern
Kasaken haben die Kameele Handschuhe und lederne Sättel auf=
gegessen und die Mongolen haben uns einst versichert, daß, wenn
die Kameele der Karawane lange gehungert haben, sie in aller
Stille die alte Jurte ihrer Eigenthümer verzehren. Manche
Kameele essen sogar Fleisch und Fische; wir hatten selbst einige
Exemplare dieser Art, welche uns zum Trocknen aufgehängtes
Fleisch gestohlen haben. Einer dieser Vielfräße hat sogar zum
Ausstopfen bestimmte Vogelhäute entwendet, getrocknete Fische
gestohlen und ungenirt den Theil der Suppe verzehrt, welchen
die Hunde übrig gelassen hatten. Ein solcher Gastronom ist
jedoch immer eine seltene Ausnahme in dieser Familie.

Auf der Weide essen sich die Kameele im Allgemeinen
schnell satt; es dauert dies eine, zwei oder drei Stunden, dann
legen sie sich nieder um auszuruhen, oder schweifen in der Steppe
umher. Ohne Nahrung kann das mongolische Kameel acht bis
zehn und ohne Trank im Herbste und Frühling sieben Tage
aushalten; im Sommer aber scheint es mir, daß es während
der Hitze nicht länger als drei bis vier Tage ohne Wasser aus=
hält. Die Fähigkeit längere oder kürzere Zeit ohne Nahrung
und Getränk auszuhalten, hängt übrigens von den individuellen
Eigenschaften des Thieres ab; je jünger und wohlgenährter es
ist, desto ausdauernder ist es auch. Uns ereignete es sich nur

einmal während der ganzen Zeit unserer Reise, und zwar im November 1870, daß wir unsere Kameele während sechs Tage nicht tränkten; trotzdem gingen sie rüstig vorwärts. Während unserer Sommermärsche ereignete es sich uns nie, daß wir unsere Kameele länger als zwei Tage ohne Wasser hätten lassen müssen. Eigentlich muß man sie dann jeden Tag, im Herbste und Früh-linge aber jeden zweiten oder dritten Tag tränken; dies schadet dem Thiere nicht. Im Winter begnügen sich die Kameele mit Schnee und in dieser Jahreszeit tränkt man sie gar nicht.

Die intellectuellen Eigenschaften des Kameels stehen auf einer sehr niedrigen Stufe der Entwickelung; es ist dies ein dummes und im höchsten Grade furchtsames Thier. Manchmal reicht es hin, daß ein Hase vor seinen Füßen aufspringt und es springt sogleich auf die Seite und die ganze Karawane folgt, ohne zu wissen warum, dem Beispiele des ersten; alle fliehen, als ob der Himmel weiß welche Gefahr drohen möchte. Ein großer schwarzer Stein, ein Haufen Knochen verursachen diesen Thieren ebenfalls häufig die größte Angst. Ein herunter gefallener Sattel oder Koffer erschreckt das Kameel dermaßen, daß es wie besinnungs-los fortstürzt, ohne zu sehen wohin, und ihm folgen die andern Gefährten. Wenn aber das Kameel von einem Wolfe angefallen wird, so denkt es nicht an Gegenwehr, obgleich es doch seinen Feind mit einem Schlage mit seiner Pfote todtschlagen könnte; es speit ihn nur an und schreit aus voller Kehle. Selbst die Krähen schädigen dieses dumme Thier. Sie setzen sich auf seinen Rücken und reißen mit dem Schnabel Satteldrücke auf, ja oft zerfleischen sie sogar die Höcker; das Kameel brüllt und speit auch in diesem Falle nur. Das Speien ist immer ein Auswerfen zerkauter Speise und es ist dies ein Zeichen der großen Gereizt-heit des Thieres. Außerdem stampft das erzürnte Kameel mit der Pfote den Boden und biegt hakenförmig seinen unförmlichen Schwanz. Wuth liegt übrigens nicht im Charakter dieses Thieres, wahrscheinlich weil es sich gegen Alles auf der Welt gleichgültig verhält. Eine Ausnahme von der Regel bilden nur die Männ-chen während der Brunstzeit, welche in den Februar fällt. Dann werden sie sehr böse und fallen nicht allein andere Kameele, sondern sogar Menschen an. Das Weibchen ist dreizehn Monate trächtig und gebärt ein Junges, oder, in sehr seltenen Fällen,

zwei. Beim Gebären muß der Mensch behülflich sein. Nach
der Geburt eines Jungen bleibt das Weibchen ein ganzes Jahr
von der Arbeit befreit; es bringt jedoch nur jedes zweite oder
dritte Jahr eins zur Welt. Das junge Kameelchen ist während
der ersten Tage seines Lebens das unbehülflichste Wesen, so daß
es sogar an die Mutter gelegt werden muß, wenn es saugen
soll. Wenn das neugeborene Kameel zu gehen beginnt, folgt es
überall seiner Mutter, welche ihr Junges sehr inbrünstig liebt
und wenn sie von ihm getrennt wird, sogleich dumpf, aber stark
zu brüllen beginnt.

Das freie Leben des neugeborenen Kameels dauert nicht
lange. Kaum einige Monate nach der Geburt beginnt man es
in der Nähe der Jurte anzubinden, um es von der Mutter,
welche die Mongolen wie eine Kuh melken, zu trennen. Im
zweiten Jahre wird dem Kameele die Nase durchstochen und
in die Wunde wird ein kleines hölzernes Pflöckchen gesteckt, an
das später die Leine ("Burunduk"), die als Zaum dient,
befestigt wird. Nun wird es auch dressirt und ihm beigebracht,
sich auf Kommando niederzulegen, zu welchem Behufe die Mongolen gewöhnlich am Burunduk ziehen und dabei immer „sok,
sok, sok . . ." rufen. Das zweijährige Kameel wird schon mit
der Karawane auf die Reise genommen, um es an den Marsch
durch die Wüste zu gewöhnen; im folgenden Jahre wird es
schon zum Reiten benutzt; das vierjährige Kameel wird schon
mit einer kleinen Last beladen und das fünfjährige Thier ist fertig
zum schweren Dienste.

Das Kameel kann bis ins späte Alter d. h. fünf und zwanzig,
und sogar mehr Jahre, zum Lasttragen benutzt werden; am besten
ist es vom fünften bis zum fünfzehnten Lebensjahre. Die Lebens-
dauer dieses Thieres beträgt dreißig, in guten Verhältnissen sogar
vierzig Jahre.

Ehe dem Kameel die Last aufgelegt wird, wird es gesattelt;
nachher erst wird das Gepäck aufgeladen. In Chalka nimmt
man zu jedem Sattel sechs oder acht Filzdecken, mit denen die
Höcker und der Rücken des Thieres umwickelt werden. Auf
diese Filzdecken kommt ein besonderes hölzernes Gestell, auf das
die Last drückt. (Die Last wird immer mit Stricken fest an den
Sattel gebunden; eine Ausnahme hiervon machen nur die Thee-

kiſten, deren eine an der andern oberhalb des Sattels befeſtigt wird.) In der ſüdlichen Mongolei gebraucht man ſtatt der Filzdecken mit Stroh gefüllte Säckchen („Bambai"), an welche das hölzerne Geſtell befeſtigt wird. Für die Karawanen⸗ reiſe iſt das richtige Beladen der Kameele eine Hauptbedingung; einem ſchlecht beladenen Kameele wird ſchnell der Rücken gedrückt und es iſt ſodann ſo lange für den Dienſt unbrauchbar, bis die Wunden geheilt ſind. Um ſolche Druckwunden ſchneller zu heilen, begießen ſie die Mongolen mit ihrem Urin, oder waſchen ſie mit geſalzenem Waſſer; häufig laſſen ſie auch den Schorf, der ſich auf der Wunde gebildet hat, von Hunden abbeißen, die dann die Wunde bis ſie heil iſt lecken. Solche Druckwunden heilen beſonders ſchwer im Sommer, wenn Fliegen ihre Eier in dieſelben legen.

Bevor der Mongole ſich im Herbſte mit der Karavane auf die Reiſe begiebt, hält er ſeine, während des Sommers zu Fleiſch gekommenen Kameele, zehn und mehr Tage ohne Futter. Einer unſerer Kaufleute in Kalgan gab mir ſogar die Verſicherung, daß er ſeine Kameele ſiebzehn Tage ohne Nahrung gelaſſen und ſie nur jeden dritten Tag getränkt hat. Während dieſer Zeit ſtehen die Thiere in der Nähe der Jurte, mit dem Burunduk an eine lange Leine gebunden, welche nahe am Boden an Pflöcken, die in dieſen getrieben ſind, befeſtigt iſt. Futter er⸗ halten ſie hier durchaus nicht; ſie werden jedoch jeden dritten oder vierten Tag zur Tränke geführt. Dieſe Faſte vor der Arbeit iſt für das Kameel durchaus nothwendig, da in Folge deſſen, wie die Mongolen ſagen, der Bauch verſchwindet und das im Sommer angeſammelte Fett feſter wird.

Die mittlere Schwere einer Laſt, die ein Kameel, ohne überladen zu ſein, tragen kann, beträgt etwa 216 Kilogramm. Soviel wird gewöhnlich auf ein Kameel geladen, das in einer Theekarawane geht; denn hier packt man gewöhnlich auf ein Kameel vier Kiſten, deren jede gegen vier und funfzig Kilogramm wiegt. Kameelbullen (Burun) können 270 Kilogramm tragen und deshalb ladet man ihnen fünf Kiſten mit Thee auf. Die Zahl der Burunen iſt übrigens bei den Mongolen nicht groß; ſie halten ſolche nur zur Zucht. Zur Reiſe mit Gepäck ſind ſie übrigens weniger geeignet, als die Atanen (verſchnittenen Männ⸗

chen), ja sogar als die Weibchen, weil sie während der Brunstzeit sehr bösartig und unruhig werden.

Außer dem Gewichte ist auch der Umfang, den die Last
hat, von Wichtigkeit. Ein zu großer Pack ist unbequem, weil
der Wind, wenn er auf ihn drückt, das Thier am Gehen
hindert; eine sehr kleine, aber schwere Last ist ebenfalls nicht
gut, denn sie erzeugt schnell Druckwunden, weil ja in diesem
Falle eine große Last auf die kleine Sattelfläche drückt. Wenn
die Mongolen Silber transportiren, so laden sie nie mehr als
125 Kilogramm auf ein Kameel, auf welches mit Leichtigkeit
216 Kilogramm Thee geladen werden. Mit einer gewöhnlichen
Belastung legt das Kameel täglich mit Leichtigkeit vierzig Kilometer zurück und es kann solche Märsche einen Monat lang
ohne Unterbrechung machen. Dann ruht es zehn oder vierzehn
Tage aus und ist wieder fähig zu einer solchen Reise; so arbeitet
es während des ganzen Winters, d. h. sechs oder sieben Monate.
Dafür ist aber auch das Kameel am Ende einer solchen Saison
furchtbar abgemagert und der Mongole läßt es nun für den
ganzen Sommer in die Steppe, in welcher es wieder zu sich
kommt. Ein solcher Urlaub ist aber auch für das Thier höchst
nothwendig, da es andern Falls nicht länger als ein Jahr
dienen könnte. Wir verloren während unserer Expedition deshalb viele Kameele, weil wir sie während des ganzen Jahres benutzten
und ihnen außerdem selbst im Sommer keine Ruhe gönnten.

Durch das Futter auf der freien Weide wird das Kameel
während des Sommers bis zum Herbste wieder fett und bekommt
neues Haar. Das eigentliche Haaren beginnt im März und
dauert bis Ende Juni, so daß das Kameel in dieser Zeit ganz
kahl wird. In dieser Zeit ist es auch sehr empfindlich gegen
Regen, Kälte und gegen jede Veränderung in der Luft. Der
Körper ist dann schwach und selbst eine kleine Last verursacht
leicht eine Druckwunde; es ist dies, mit einem Worte, die Periode
der Krankheit des Kameels. Später beginnt sich der Körper
mit seinen Haaren zu bedecken, welche den Haaren der Mäuse
sehr ähnlich sind, und diese entwickeln sich vollständig erst gegen
Ende September. Dann sind die Männchen, besonders die
Buruuen (Bullen), mit ihren langen Mähnen unterm Halse und
an den Vorderfüßen, ziemlich schön.

Während der Reise mit der Karawane im Winter werden
die Kameele nie abgesattelt, sondern sie werden, sobald man an
den Ruheplatz gelangt ist, sogleich ans Futter gelassen; im
Sommer jedoch, während der Hitze, müssen sie alle Tage abgesattelt werden, da sich sonst der schweißige Rücken bald mit Druckwunden bedecken würde. Dieses Absatteln während des Sommers
erfolgt jedoch nicht gleich nach Ankunft auf der Station und
nachdem das Gepäck abgenommen worden, sondern eine oder
zwei Stunden später, wenn das Thier ein Wenig abgekühlt ist;
dann kann es auch auf die Weide gelassen und getränkt werden.
Während einer starken Hitze muß aber der Rücken durchaus mit
einer Filzdecke bedeckt werden, sonst würde die Sonne diese
Stelle so erhitzen, daß sie bald von der Last wund gedrückt
würde. Mit den Kameelen hat man, mit einem Worte, während
der Reise im Sommer sehr viele Umstände, und trotz alle dem
ist es nicht zu vermeiden, daß nicht der größte Theil der Thiere
verdirbt. Die Mongolen, welche doch in dieser Beziehung unbedingt Sachverständige sind, begeben sich auch im Sommer um
keinen Preis mit Kameelen auf die Reise; wir verfolgten ja
andere Ziele, deshalb auch haben wir viele unserer Thiere verdorben.

Das Kameel liebt ungemein die Gesellschaft seines Gleichen
und geht in der Karawane so lange die Kraft reicht. Wenn es
aber aus Ermattung angehalten und sich niedergelegt hat, so
können es keine Schläge, gegen die dieses Thier doch so empfindlich ist, daß die von der Peitsche getroffene Stelle sogleich auf-
schwillt, mehr zwingen, aufzustehen; ein solches Thier überließen
wir gewöhnlich seinem Schicksale. Die Mongolen reiten in einem
solchen Falle in die nächste Jurte, und vertrauen deren Eigenthümer ihr ermattetes Kameel an, das gewöhnlich während
einiger Monate zu sich kommt, wenn es nur Futter und Wasser
findet.

Ein Kameel, das in Morast gesunken, verdirbt auch und
magert schnell ab; dieses gehört jedoch zu den seltenen Zufällen,
da es in der Mongolei keine Moräste giebt. Nach einem Regen
kann dieses Thier nicht auf Lehmboden gehen, denn es gleitet
auf seinen glatten Sohlen aus und fällt nieder. Aber man
kann mit Kameelen selbst über sehr hohe Gebirge reisen. Wir

selbst haben dies ja erprobt, indem wir zweimal zu 500 Kilo=
meter über das Gan=su Gebirge gingen und jeden seiner Kämme,
die nicht weniger als 4,000 Meter absoluter Höhe haben, acht=
mal überschritten. Es ist wahr, unsere Kameele haben in diesen
Gebirgen sehr gelitten, aber sie haben gezeigt, daß man mit
ihnen selbst über Alpen gehen kann. Während einer Reise nach
Lassa, durch Nordtibet, erheben sich die Kameele auf mehr als
5,000 Meter absoluter Höhe, wenngleich ihrer viele hier in Folge
der zu stark verdünnten Luft fallen. Es ist wahr, daß Kameele,
welche in einer solchen Höhe gewesen sind, von den Mongolen
als für immer verdorben betrachtet werden und selbst auf den
Weiden der niedrigern Gegend von Chalcha nicht mehr zu sich
kommen. Im Gegentheile fühlen sich Kameele, welche aus Calcha
nach Kuku=nor gebracht werden, das doch doppelt so hoch wie
jenes liegt, sehr wohl und werden schnell fett auf den salzigen
Weiden an den Ufern des genannten Sees.

Im Sommer schweifen die Kameele den ganzen Tag ohne
jegliche Aufsicht in der Steppe umher und kommen nur einmal
des Tages zur Tränke an den Brunnen ihres Eigenthümers.
Während der Reise mit der Karawane werden sie zur Nacht in
der Nähe des Zeltes in einer Reihe, eins neben dem andern,
nieder gelegt und mittels des Burunduks aus Gepäck oder an
eine ausgespannte Leine gebunden. Während der starken Winter=
fröste legen sich die mongolischen Treiber häufig selbst zwischen
die Kameele, um die Nacht in größerer Wärme zu verbringen.
Während der Reise werden die Kameele mittels des Burunduks
eins an das andere gebunden. Ein Thier darf jedoch nicht fest
ans andere angebunden werden, da es sich sonst, im Falle es
plötzlich auf die Seite spränge, oder rückwärts sträubte, die Nase
zerreißen würde.   •

Das Kameel eignet sich jedoch nicht allein zum Lasttragen
und Reiten, sondern auch zum Ziehen von Lasten und kann
recht gut vor einen Wagen gespannt werden. Zum Ritte wird
dem Kameel derselbe Sattel aufgelegt, mit dem man ein Pferd
sattelt, nun setzt sich der Reiter auf den Sattel und zwingt das
Thier aufzustehen. Zum Absteigen wird das Kameel gewöhnlich
nieder gelegt, wenngleich man auch, der Eile wegen, recht gut
vom Steigbügel herabspringen kann. Beim Reiten geht das

Kameel Schritt oder es trabt; galloppiren oder in Carrière
laufen läßt man es nicht. Dafür aber trabt dieses Thier
auch so, daß es höchstens von einem ausgezeichneten Rennpferde
eingeholt werden kann. An einem Tage kann man auf einem
Kameele hundert Kilometer zurücklegen und solche Märsche kann
man mit einem und demselben Thiere während einer ganzen
Woche machen.

Außer dem Nutzen, den die Mongolen vom Kameel haben,
indem sie es als Last= und Reitthier benutzen, haben sie von
ihm noch Haare und Milch. Die letztere ist dick wie Sahne,
sehr süß und hat einen unangenehmen Geschmack. Auch die
aus dieser Milch bereitete Butter ist bedeutend schlechter, als
Butter aus Kuhmilch und geschmolzenem Talg sehr ähnlich.
Aus den Kameelhaaren machen die Mongolen Stricke; doch ver=
kaufen sie den größten Theil an die Chinesen. Um die Haare
zu sammeln, werden die Kameele geschoren, wenn sie zu haaren
beginnen, also im März.

Trotz der eisernen Gesundheit des Kameels, das ja gewöhnt
ist, beständig in der trocknen Luft der Wüste zu leben, ist es
gegen Feuchtigkeit sehr empfindlich. Als unsere Kameele einige
Nächte auf dem feuchten Boden der Gan=su=Gebirge gelegen
hatten, zeigte es sich, daß sie sich erkältet hatten, denn sie be=
gannen zu husten und auf ihren Körpern zeigten sich faulende
Geschwüre. Wenn wir nach einigen Monaten nicht nach Kuku=nor
gegangen wären, so wären alle unsere Thiere gefallen, wie es
sich wirklich mit den Kameelen eines Lama ereignete, der gleich=
zeitig mit uns nach Gan=su gekommen war.

Von Krankheiten ist das Kameel am Meisten der Räude
unterworfen, welche auf mongolisch „Chomun" genannt wird.
Der Körper eines von dieser Krankheit befallenen Thieres bedeckt
sich nach und nach mit faulenden Wunden, das Haar fällt aus
und endlich verendet das Thier. Außer der Räude ist das
Kameel auch der Rotzkrankheit unterworfen. Als Mittel gegen
die Räude verwenden die Mongolen Ziegenbrühe, welche sie dem
kranken Thiere in die Kehle gießen, während sie die Wunden
mit gebranntem Kupfervitriol und Schnupftabak bestreuen, oder
mit Pulver ausbrennen. Am Kuku=nor werden alle Krankheiten
der Kameele und anderer Hausthiere mit Rhabarber kurirt, aber

die Mongolen halten ihre Heilmethode überall im tiefsten Geheimniß. Unter dem Einflusse feuchten Wetters erkranken die
Kameele häufig am Husten; das beste Mittel gegen diese Krankheit ist der Genuß der Blätter des Tamariskenstrauches, welcher
im Thale des Chuan = che im Ueberflusse wuchert und hin und
wider in einigen andern Gegenden der südlichen Mongolei gefunden wird.

Während der Karawanenreisen durch die Gegenden der Wüste
Gobi, welche mit kleinem Steingerölle bedeckt sind, durchreiben
sich die Kameele die Sohlen ihrer Hufe, in Folge dessen sie
dann nicht gehen können. Die Mongolen binden dann dem
kranken Thiere die Füße, werfen es auf die Erde und nähen
ihm an die durchscheuerte Sohle ein Stück dickes Leder an.
Die Operation verursacht dem Thiere große Qual, da zum
Annähen des Leders eine breite Ahle benutzt wird, mit welcher
Löcher unmittelbar in die kranke Sohle des Thieres gemacht
werden; nach einer solchen Operation des kranken Fußes hört
aber das Kameel bald zu lahmen auf und trägt seine Last wie
vordem.

Am Morgen des 24. Aprils standen wir wieder auf dem
Punkte des mongolischen Randgebirges, von wo aus man nach
Kalgan zu herabsteigt. Wiederum breitete sich zu unsern Füßen
ein großartiges Gebirgspanorama aus, hinter welchem man die
saphirgrünen Ebenen Chinas ausgebreitet liegen sah. Dort
herrschte schon der Frühling, während hinter uns auf der Hochebene die Natur kaum aus ihrem Winterschlafe zu erwachen
begann. Je mehr man die Schlucht hinabstieg, desto mehr
empfand man den Einfluß der nahen warmen Ebenen; in Kalgan
selbst fanden wir die Bäume bereits mit Blättern bedeckt und
wir sammelten in den benachbarten Bergen gegen dreißig Specien
blühender Pflanzen.

IV. Kapitel.

Der Südoſtrand der mongoliſchen Hochebene.

(Fortſetzung.)

Reiſe von Kalgan an den gelben Fluß. — Miſſionsſtation in Ei-inſa. —
Die Gebirgszüge Schara-chaba und Suma-chaba. — Das Felſenſchaf oder
Argali. — Die Rimakate der Uroten und Weſttumiten. — Zudringlichkeit
der Mongolen. — Feindſchaft und Hinterliſt der Chineſen. — Gebirgszug
In-Schan. — Kloſter Battar-Scheitun. — Die Bergantilope. — Gebirge
Muni-ulla. — Wald- und Alpenregion. — Legende über die Ent-
ſtehung dieſes Gebirges. Unſer vierzehntägiger Aufenthalt in demſelben.
— Beſuch der Stadt Bautu. — Ueberfahrt über den Chuan-che nach
Ordos. —

Der zweimonatliche Aufenthalt im ſüdöſtlichen Winkel der
Mongolei verſchaffte uns Gelegenheit, uns mit dem Charakter
unſerer Reiſe bekannt zu machen und bis zu einem gewiſſen
Grade die Lage zu würdigen, welche unſerer während unſerer
weitern Pilgerſchaft harrt. Die Feindſeligkeit der Bewohner,
welche ſich bald in dieſer, bald in jener Form offenbarte, zeigte
deutlich, daß wir in den vor uns liegenden Gegenden keine
Freunde finden werden, und daß wir in Allem ohne Ausnahme
nur auf uns rechnen müſſen. Der Zauber des Eindrucks, welchen
der Name des Europäers auf die feigen Bewohner der Gegend
hervorbringt, das Bauen auf Glück und endlich die Ueberzeugung,
daß man durch Muth Wunder wirken kann, — dieſes waren
die Grundlagen für unſern feſten Entſchluß vorwärts zu gehen,
ohne rückwärts zu ſchauen, ohne zu unterſuchen, was geſchehen
wird, oder geſchehen kann.

8*

In Kalgan wurde unsere Karawane anders, als bisher,
zusammengesetzt. Hierher kamen nun zwei Kasaken, welche für
unsere Expedition bestimmt waren, während unsere bisherigen
Begleiter uns verlassen und nach Hause zurückkehren sollten.
Einer der neuen Kasaken war ein Buriat, der andere ein Russe;
der erste sollte als Dolmetscher dienen, der zweite unsere Wirthschaft
führen. Gleichzeitig sollten diese Kasaken mit uns gemeinschaftlich alle Arbeiten der Expedition verrichten, also die Kameele
hüten und beladen, die Pferde satteln, das Zelt aufstellen, Argal
als Brennmaterial sammeln u. s. w. u. s. w. Alles dieses
erforderte eine beständige Thätigkeit, welche für uns um so fühlbarer war, als sie uns viel Zeit raubte, welche uns zu wissenschaftlichen Arbeiten nothwendig war. Es war jedoch nicht
möglich sich anders einzurichten, da ich wegen der armseligen
Mittel der Expedition nicht mehr als zwei Kasaken mitnehmen
konnte. Es war aber für schweres Geld kein Mongole oder
Chinese zu finden, der sich ihnen zur Hülfe hätte vermiethen
wollen.

Die Zahl unserer Lastthiere hatte sich nun auch um ein
Kameel, das ich gekauft hatte, vermehrt, so daß wir jetzt acht
Kameele und zwei Pferde hatten. Auf letztern ritt ich und
M. A. Pylzow; zwei Kameele dienten den Kasaken als Reit-
thiere und die andern sechs trugen das Gepäck, das im Ganzen,
wie ich glaube, gegen 900 Kilogramm wog; der Jagdhund
Faust bildete den Schluß unserer kleinen Karawane.

Als alle Vorbereitungen zur Reise vollendet waren, sendete
ich und mein Reisegefährte das letzte Mal einige Briefe in die
Heimath und dann bestiegen wir am 3. Mai wiederum die
mongolische Hochebene. Am folgenden Tage wendeten wir uns
von der Straße nach Kiachta links ab und schlugen die Poststraße nach Westen ein, welche nach Kuku-chotu führt. Während
drei Tage führte unser Weg durch eine hügelige Steppe, in
welcher Mongolen nomadisiren, und hierauf fanden wir wieder
chinesische Ansiedelungen, welche man übrigens sporadisch im
ganzen südöstlichen Striche der Mongolei findet. Die Chinesen
siedeln sich hier an, indem sie von den Mongolen kulturfähigen
Boden erwerben, den sie entweder kaufen, oder in Pacht nehmen.
Mit jedem Jahre vermehrt sich die Zahl solcher Landbebauer,

ſo daß die Cultur des Bodens hier immer mehr zunimmt und
die Urbewohner der Steppe, — die Mongolen, mit ihren Herden
und leichtfüßigen Dſerenen, immer weiter gegen Norden gedrängt
werden.

Als wir durch chineſiſche Dörfer gingen, trafen wir ganz
unerwartet in einem derſelben, das Si=inſa heißt, römiſch=
katholiſche Miſſionäre, die hier ihre Station gegründet hatten.
Es waren im Ganzen drei Miſſionäre, zwei Belgier und ein
Holländer, zu denen gegen Ende des Jahres 1871 noch einer
aus Europa hinzugekommen iſt. Als wir nach Si=inſa kamen,
war nur einer der Prieſter dort anweſend, ſeine beiden Gefährten
hielten ſich damals im Dorfe Jel=ſchi=ſau=fu auf, das gegen
vierzig Kilometer ſüdlich von jenem Dorfe liegt. Wir wurden
vom Pater, der ſich in Si=inſa befand, aufs Freundlichſte auf=
genommen, und reiſten auf ſeinen Vorſchlag am folgenden Tage
mit ihm zu ſeinen Gefährten, wo wir dieſelbe gaſtfreundliche
Aufnahme fanden. Während der Unterhaltung mit uns be=
klagten ſich die Miſſionäre darüber, daß die chriſtliche Propaganda
unter den Mongolen ſehr ſchwer Eingang findet, da ſie der
Lehre Buddha's ſehr ergeben ſind, während unter den in religiöſer
Beziehung indifferenten Chineſen die Bekehrungen mehr Erfolg
haben, wenngleich auch dieſe die Taufe größten Theils aus
materiellen Rückſichten annehmen. Die Feigheit und Unmoralität
der Bewohner der Gegend überſteigt, nach der Ausſage der
Miſſionäre, jeden Begriff. Um ihrer Arbeit mehr Erfolg zu
ſichern, haben die Miſſionäre eine Schule für chineſiſche Knaben
errichtet, welchen ſie aus ihrer Taſche Unterhalt gewähren. Nur
ein ſolcher Köder vermochte es, die Chineſen zu bewegen, den
Miſſionären ihre Kinder zur Erziehung zu übergeben. Die
Miſſionäre, welche ſich erſt ſeit Kurzem in Si=inſa angeſiedelt
hatten, beabſichtigten dort eine Kirche und ein europäiſches Haus
zu erbauen. Als wir zehn Monate ſpäter wieder durch dieſe
Ortſchaften reiſten, fanden wir wirklich ein großes zweiſtöckiges
Haus fertig, in welchem alle drei Prieſter lebten.

Außer in Si=inſa befinden ſich in der ſüdöſtlichen Mongolei,
namentlich im Dorfe Si=wanſa, gegen fünfzig Kilometer nord=
öſtlich von Kalgan, noch vier katholiſche Miſſionsſtationen, welche
von Jeſuiten errichtet worden ſind. Ein Miſſionär wohnt in

der Nähe von Sche = che, ein zweiter nörblich von der Stadt
Nin = tschau und endlich noch einer am obern Laufe des Flusses
Schara = muren, in der Nähe der „Schwarzen Gewässer", von
wo aus Huc und Gabet im Jahre 1844 ihre Reise nach Tibet
unternommen haben.

Zu Jel=schi=san=fu sahen wir den einstigen Begleiter Huc's —
Sambaschembu. Dieser Mensch, dessen wirklicher Name
Sen=ten=tschimba lautet, ist von Geburt zur Hälfte Mongole
und zur Hälfte Taugute, er war nun fünf und funfzig Jahr
alt und erfreute sich der besten Gesundheit. Sambaschembu
erzählte uns sehr viel Abenteuer seiner Reise, und beschrieb uns
auch viele Ortschaften, durch welche der Weg führt; aber auf
unsern Vorschlag, nochmals die Reise nach Tibet zu machen und
uns zu begleiten, ging er nicht ein, weil, wie er sagte, er zu
einer solchen Reise schon zu alt sei.

Auf Empfehlung der Missionäre mietheten wir in Si=inja
für den Preis von fünf Lan monatlich einen getauften Mongolen
als Kameelwächter und Arbeiter zur Aushülfe für unsere Kasaken.
Dieser Mongole sprach übrigens gut chinesisch, und wir hofften,
daß er uns im Nothsalle als Dolmetscher dienen wird. Aber
alle diese Hoffnungen wurden bald zu nichte. Schon nach dem
ersten Tagemarsche verschwand unser neue Reisegefährte, und
entwendete uns ein Messer und einen Revolver. Er hatte sich
schon während der Nacht vorbereitet und gewiß seinen Plan
vorher überlegt, ·denn er legte sich Abends mit unsern Kasaken
ohne sich auszuziehen nieder.

Um die Missionäre von diesem Vergehen ihres Täuflings
in Kenntniß zu setzen, reiste ich selbst nach Si=inja und erzählte
ihnen den Hergang der Sache. Die Missionäre versprachen die
nothwendigen Maßregeln zu treffen, um den Dieb, dessen Mutter
ihre Kühe hütete, zu ergreifen und dieses gelang ihnen auch
wirklich einige Tage später, als wir schon ziemlich weit gereist
waren. Ein uns nachgesendeter Chinese brachte uns den Revolver. Die Missionäre hatten ihn selbst dem Diebe abgenommen,
der darauf rechnete, daß wir schon weiter gereist seien, und deshalb nach einigen Tagen in seine Jurte zurückkehrte.

Dieser Vorfall diente uns zur Lehre und überzeugte uns
aufs Neue, daß man den Bewohnern des Landes durchaus

nicht trauen darf. Um ferneren Diebstählen vorzubeugen, wurde beschlossen, von nun an - der Reihe nach während der Nacht zu wachen. Ich und mein Begleiter wachte bis zu Mitternacht, jeder zwei Stunden, und bis zu Tagesanbruch hielten die Kasaken Wache. Es ist wahr, daß dieses Wachen nach den großen Mühseligkeiten des Tages ungemein abspannend war, aber es erwies sich als nothwendig, wenigstens während des Anfanges der Reise unter einer feindlich gesinnten Bevölkerung. In der Wachsamkeit lag unsere ganze Kraft, da man sicher war, daß die bis zur Unglaublichkeit feige Bevölkerung der Gegend es nie wagen wird, einen offenen Angriff auf die vier gut bewaffneten „Teufel von jenseits des Meeres" zu versuchen.

Unsere Nachtwachen dauerten während vierzehn Tage; später begnügten wir uns damit, immer mit den Büchsen und Revolvern unter dem Kopfkissen zu schlafen.

Nach den mit Hülfe der Missionäre in Si-insa eingezogenen Erkundigungen, beschlossen wir, etwas die Richtung unseres Marsches zu verändern und, indem wir Kuku-chotu nicht berühren, nördlich dieser Stadt, geraden Wegs auf das große bewaldete Gebirge zu zu reisen, das sich, nach den Angaben der Chinesen, dicht am Ufer des gelben Flusses hinzieht. Für uns war diese Abänderung unserer Marschroute sehr angenehm, da wir hierdurch unmittelbar in solche Gegenden kamen, welche allem Anscheine nach eine bedeutende wissenschaftliche Ausbeute liefern konnten. Außerdem vermieden wir aber auch hierdurch den Besuch einer größern chinesischen Stadt, wo die Bewohner gewöhnlich die sonstigen Unannehmlichkeiten aufs Aeußerste vermehrten.

Indem wir auch das Kloster T s ch o r t s ch i liegen ließen, das Huc in seiner Reisebeschreibung „Souvenir d'un voyage dans la Tartarie et le Thibet" (Th. I. S. 127), schildert, gelangten wir geraden Wegs an den See K y r y - n o r, welcher im Sommer austrocknet. Gegen zehn Kilometer nordöstlich von diesem See sieht man die Ueberreste alter Schanzen. Einen andern Wall, der wahrscheinlich einst Grenzwall gewesen ist, sahen wir ebenfalls in der Ebene von Kyry-nor, nicht weit vom Schara-chada-Gebirge. Vom Kyry - nor aus wendeten wir uns nach rechts und gelangten auf die Poststraße von Kuku-chotu, auf welcher die Poftftationen von Mongolen unterhalten werden. Auf der entgegengesetzten Seite der weiten Ebene, welche sich nun vor uns ausbreitete, sahen wir deutlich den Gebirgsrücken, welcher den Mongolen unter dem Namen Schara=chada, d. h. des gelben Gebirges, bekannt ist. Dieser Name wurde dem Gebirge wahrscheinlich wegen der gelben Farbe der Kalt= fteinfelsen gegeben, an denen es reich ift, und die gegen das Thal von Kyry=nor abfallen. Dieser Rücken erhebt sich über das genannte Thal nicht über 330 Meter, aber seine Eigenthüm= lichkeit besteht darin, daß er sich aus dem Kyry=nor=Thale in fenkrechten, abgerissenen Felsen erhebt, später aber in seiner ganzen Breite eine wellenförmige Hochebene mit ausgezeichneten Triften bildet, auf denen sich sogar Dserenantilopen aufhalten. Auf der entgegengesetzten, d. h. westlichen Seite, fällt der Schara= chada weniger schroff ab, obgleich auch hier sein Abhang durch einen deutlichen Strich steiler Felsen bezeichnet ist. Die Breite des Rückens beträgt da, wo wir ihn überschritten haben, gegen sieben und zwanzig Tagereisen und seine Hauptrichtung ist eine südwest=nordöstliche.

Auf dem nicht breiten südöstlichen Abhange des Schara= chada findet man Sträucher, unter denen: die Haselnuß (Ostryopsis Davidiana), die Hagebutte (Rosa pimpinelli= folia), der wilde Persico (Prunus sp.) und die Spier= ftaube (Spirea sp.) überwiegen. Etwas seltener findet man die Berberitze (Berberis sp.), eine Species Johannis= beeren (Ribes pulchellum), die Mispel (Cotoneaster sp.), das Geisblatt (Lonicera sp.) und den Wachholder (Juniperus communis). In diesen Gebüschen fanden wir zum ersten Male, seitdem wir die Mongolei bereisten, ziemlich viele Insecten, so daß mein Reisegefährte, welcher sich mit dem Sammeln einer entomololischen Collection befaßte, hier eine gute Ernte machte.

Parallel mit dem Schara=chada, aber in einer Entfernung von ungefähr fünfzig Kilometer von ihm, zieht sich ein zweiter Gebirgsrücken dahin, der Suma=chada, welcher wahrscheinlich im Vereine mit dem Schara=chada einen Ausläufer des mongo= lischen Randgebirges bildet, sich aber nicht weit gegen Norden hinzieht. Dieser Gebirgsrücken hat jedoch einen wilderen Charakter,

Ruinen des kaiserlichen Sommerpalastes.

als der vorige. Trotzdem sind die Felsen und Alpenformen auch hier nur am äußern Rande des Gebirges zu bemerken, welches jedoch weiterhin auch weichere Formen und ziemlich sanfte Abhänge hat, die mit ausgezeichnetem Grase bedeckt sind und hin und wider sogar von Chinesen cultivirt werden.

Die absolute Höhe des Suma-chaba ist bedeutender, als die des Schara-chaba, denn schon seine Sohle erhebt sich auf mehr als 1768 Meter Meereshöhe; die Erhebung beider Gebirgszüge über die Ebenen der Gegend ist jedoch fast die gleiche. Das Charakteristische des Suma-chaba besteht aber darin, daß alle Felsen, die fast ausschließlich aus Granit bestehen, abgerundetere und geschliffene Seiten, abgeglättete Oberflächen haben, also deutliche Spuren der Einwirkung von Gletschern an sich tragen.

In der Felsenregion dieses Gebirges wachsen ebenfalls Sträucher der Specien, welche wir auf dem Schara-chaba gefunden haben. Außerdem aber fanden wir noch auf diesem Gebirgsrücken: die Ulme (Ulmus sp.), die Eller (Alnus sp.) und den Ahorn (Acer Ginnala). Der letztere ist jedoch ziemlich selten. Es ist bemerkenswerth, daß sowohl hier, als in allen übrigen Gebirgen der Mongolei, und zwar ohne Ausnahme, Sträucher und Bäume ausschließlich auf dem Nordabhange der Berge und Gebirgsschluchten wachsen; selbst auf den nicht hohen Hügeln von Gutschin-gurbu wachsen die Sträucher hauptsächlich auf dem Nordabhange jedes einzelnen Hügels.

Im Suma-chabagebirge sahen wir das erste Mal das merkwürdigste Thier der Hochebene Mittelasiens, — das Felsenschaf (Ovis argali) („Argali" nennen übrigens die Mongolen nur das Weibchen, während sie das Männchen „Ugoldse" nennen; bei den Chinesen heißt das Argalischaf „Pan-jan"). Dieses Thier, welches die Größe einer Hirschkuh erreicht, hält sich in den Gegenden des Gebirges auf, welche reich an nackten Felsen sind. Im Frühlinge, wenn die jungen Pflanzen die Matten der Gebirgsabhänge bedecken, kommt das Argali jedoch auch häufig auf diese und weidet hier in Gesellschaft der Dserenantilope.

Das Argali hält sich beständig in einer einmal erwählten Gegend auf, und häufig dient irgend ein Berg einer ganzen Herde während vieler Jahre zum Aufenthaltsorte. Dieses ist natürlich nur dort möglich, wo das Thier vom Menschen nicht verfolgt wird, was thatsächlich im Suma-chabagebirge der Fall ist. Die hier lebenden Mongolen und Chinesen besitzen fast gar keine Waffen und sind außerdem auch sehr schlechte Schützen, so daß sie, freilich durchaus nicht aus Mitleid, kein Argali schießen; sie können es einfach nicht. Die Thiere wiederum sind dermaßen an den Anblick der Menschen gewöhnt, daß sie häufig neben dem Vieh der Mongolen weiden und mit ihm zur Tränke kommen, wenngleich sich diese meist in der Nähe der Jurte befindet. Als wir das erste Mal in der Entfernung von ungefähr einem halben Kilometer von unserm Zelte eine Herde dieser schönen Thiere erblickten, welche am grünen Abhange des Berges ruhig weideten, wollten wir unsern Augen nicht trauen. Es ist klar, daß das Argali im Menschen noch nicht seinen geschworenen Feind erkannt, daß es noch nicht die furchtbaren Waffen der Europäer kennen gelernt hat.

Ein verdammter Sturm, der damals gerade ganze Tage lang wüthete, erlaubte uns nicht, uns sogleich auf die Jagd zu begeben, um eins dieser herrlichen Thiere zu erlegen und ich und mein Reisegefährte wartete mit fieberhafter Ungeduld auf den Augenblick, in welchem sich der Wind gelegt haben wird. Während des ersten Tages der Jagd erlegten wir jedoch kein Argali und zwar deshalb, weil wir den Charakter dieses Thieres noch nicht kannten, und dabei auch nicht die nöthige Ruhe bewahrten, als wir das schöne Thier erblickten. Eine Folge hiervon war, daß wir selbst aus großer Nähe einige Mal fehlschossen. Während der nächstfolgenden Jagd revanchirten wir uns für dieses Mißgeschick und erlegten zwei alte Weibchen.

Das Argali sieht, hört und wittert, wenn der Wind zu ihm weht, ausgezeichnet. Wenn dieses Thier im Suma-chabagebirge gegen den Menschen nicht so zutraulich wäre, so würde die Jagd auf dasselbe sehr große Schwierigkeiten bereiten; hier aber ist das Argali dermaßen an den Anblick des Menschen gewöhnt, daß es den Jäger ruhig anschaut, wenn er sich ihm bis auf eine Entfernung von fünfhundert Schritt genähert hat.

Die beste Zeit zur Argalijagd ist der Morgen und der Abend. Mit Morgenanbruch kommt das Argali auf die kleinen Gebirgswiesen, um zu weiden; am häufigsten kommt es auf die

Gipfel der Berge und nur wenn es ſehr windig iſt, geht es
zwiſchen Felſen. Gewöhnlich gehen dieſe Thiere in kleinen Herden
von 5 bis 10 Stück; ſehr ſelten einzeln. Während des Weidens
ſteigt bald ein Thier, bald das andere auf den nächſten Felſen
und ſchaut in die Umgegend; wenn es dort einige Minuten, manchmal auch eine halbe Stunde geſtanden hat, ſteigt es von der Wacht-
zinne herab, um mit den andern zu weiden. Im Suma-chabagebirge
fühlen ſich übrigens dieſe Thiere ſo ſicher vor jeder Gefahr, daß
ſie häufig gar keine Wachtpoſten ausſenden und ruhig in Senkungen
zwiſchen Felſen weiden, wohin es dem Jäger ſehr leicht iſt, ſich
bis auf eine ſehr geringe Entfernung hinzuſchleichen. Nachdem
ſich das hier beſchriebene Thier am Morgen geſättigt hat, legt
es ſich, am häufigſten zwiſchen Felſen, nieder, um auszuruhen,
und es verbleibt an dieſem Orte bis gegen Abend.

Ein Schuß erfüllt die ganze Herde mit Furcht; ſie ſtürzt
ſich im vollen Laufe auf die entgegengeſetzte Seite, aber bleibt,
nachdem ſie nicht weit gelaufen iſt, ſtehen, um ſich zu überzeugen,
von woher Gefahr droht und worin ſie beſteht. Manchmal
bleiben dann dieſe Thiere ſo lange ſtehen, daß es dem Jäger
möglich iſt, ſein Gewehr, ſelbſt wenn es kein Hinterlader iſt,
nochmals zu laden. Die Mongolen ſagten uns, daß, wenn man
irgend einen Gegenſtand (z. B. ein Kleidungsſtück) aufhängt,
welcher die Aufmerkſamkeit des Argali auf ſich lenkt, die
Thiere ſo lange ſtehen bleiben, um das Wunderding anzu-
ſtaunen, bis ſich der Jäger von einer andern Seite ganz nahe
an ſie herangeſchlichen hat. Ich ſelbſt habe nur einmal dieſes
Mittel angewendet, indem ich auf einen in die Erde geſtoßenen
Ladeſtock mein Hemd hängte und hierdurch die Aufmerkſamkeit
einer auf der Flucht begriffenen Argaliherde für eine Viertel-
ſtunde feſſelte.

Es iſt ſehr ſchwer ein Argali ſo zu treffen, daß es auf der
Stelle todt niederſtürzt, da es gegen Wunden wunderbar ausdauernd iſt. Es ereignete ſich, daß ein Thier, dem die Kugel
durch die Bruſt gegangen war, mit zerriſſenen Eingeweiden noch
einige hundert Schritt gelaufen iſt und dann erſt todt nieder-
ſtürzte. Wenn ein Stück aus der Herde getroffen worden und
einige Minuten darauf niederſtürzt, ſo halten die andern, nachdem
ſie ein Stückchen gelaufen ſind, an und betrachten ihren gefallenen

Verwandten; dann aber werden sie auch noch dreister gegenüber dem Jäger. Die Stimme des Argali habe ich nie gehört.

Die Brunstzeit dieser Thiere fällt, wie die Mongolen sagen, in den Monat August; ich weiß jedoch nicht, wie lange sie dauert. In dieser Zeit kämpfen die Böcke sehr oft mit einander und man kann sich leicht die Stöße mit den Hörnern vorstellen, von denen das Paar gegen zwanzig Kilogramm wiegt. Das Weibchen ist gegen sieben Monate tragend, und wirft im März ein, selten zwei Lämmer. Das Argalilamm folgt sehr bald seiner Mutter überall, wohin sie geht und bleibt selbst dann nicht zurück, wenn sie über Felsen springt. Wenn die Mutter erschossen ist, versteckt sich das Lamm irgendwo in der Nähe, liegt sehr fest im Verstecke und flieht nur, wenn die größte Gefahr droht. Mit den Jungen gehen die Mütter am häufigsten allein, oder doch nur in kleinen Herden, in denen dann auch Böcke zu sein pflegen. Die letztern machen sich ihren jungen Brüdern durchaus nicht unangenehm und leben überhaupt mit ihresgleichen, außer während der Brunstzeit, in Frieden und Eintracht.

Das Argali ist überhaupt ein sehr gutes Thier. Außer dem Menschen verfolgt es auch der Wolf, der häufig unerfahrene Lämmer anfällt und fortschleppt. Dieses dürfte ihm jedoch wohl nur selten glücken, da das Argali selbst in der Ebene sehr schnell läuft und zwischen Felsen mit einigen Sprüngen seinen Verfolger weit hinter sich läßt.

Die Erzählungen, daß der Bock im Falle der Gefahr sich in tiefe Abgründe stürzt und dann immer auf die Hörner fällt, um sich nicht zu beschädigen, sind reine Erfindung. Ich habe mich selbst einige Male durch eigene Anschauung davon überzeugt, daß ein Bock aus einer Höhe von drei bis fünf Klaftern herabsprang, aber immer auf die Füße fiel, ja daß er sich sogar bemühte, am Felsen herabzugleiten, um den Fall abzuschwächen.

Außer im Suma-chadagebirge lebt das Argali auch in den Gebirgsrücken der südöstlichen Mongolei, welche den nördlichen Bogen des Chuan-che begleiten, und im Ala-schaner Rücken. In den Gebirgen Gan-su und Tibets wird diese Species durch eine andere, ihr verwandte, ersetzt.

Der Monat Mai, der schönste der Frühlingsmonate, war vorüber; doch hat er sich durchaus nicht als solchen in diesen

Gegenden gezeigt. Die ununterbrochenen Stürme, besonders die
Nordwest= und Südwestwinde, herrschten auch in diesem Monate
mit derselben Stärke, wie im April; die Frühfröste dauerten bis
zur Hälfte des Monats und am 24. und 25. waren noch ganz
hübsche Schneetreiben. Doch neben der Kälte gab es auch, wenn
auch nur selten, große Hitze, welche uns daran erinnerte, daß
wir uns unterm 41. Grade nördlicher Breite befinden. Dabei
gab es, trotzdem der Himmel fast ununterbrochen bewölkt war,
doch nur sehr selten Regen und dieses, im Verein mit den ab=
wechselnden Frösten, war ein großes Hinderniß für die Ent=
wickelung der Vegetation. Selbst gegen Ende Mai hatte sich
das Gras nur sehr wenig vom Boden erhoben und seine ver=
einzelt stehenden Stäubchen bedeckten fast gar nicht den schmutzig=
gelben Sand des lehmigen Sandbodens der hiesigen Steppen.
Es ist wahr, daß die Sträucher, welche, wenn auch selten, auf
den Bergen zu sehen waren, größtentheils ihre Blüthen entwickelt
hatten, aber diese niedrigen, verkrüppelten, mit Stacheln gespickten
Sträucher, welche außerdem auch in nicht großen Häufchen
zwischen den Felsen zerstreut waren, belebten nur sehr wenig das
allgemeine Bild der Gebirgslandschaft. Auch die von den Chinesen
bearbeiteten Felder waren noch nicht grün und man sät hier,
wegen der Spätfröste, das Getreide immer erst gegen Ende des
Monats Mai, oder im Anfange Juni. Mit einem Worte, man
bemerkte hier in der ganzen Natur das Siegel der Apathie, den
vollständigen Mangel der Lebensenergie. Alles harmonirte mit
einander, wenn auch nur im Negativen. Es ließen sich sogar
nur wenig Singvögel vernehmen und auch diese konnten wegen
der Stürme ihre Stimme nicht laut werden lassen. Es ereignete
sich, daß wir durch ein Thal oder über einen Berg gingen und
hin und wider den Gesang eines Steinschmätzers, eines Ammers
oder einer Lerche, das Krächzen einer Krähe, den abgerissenen
Pfiff eines Pfeifhasen oder das laute Geschrei eines Schneefinken
vernahmen; dann wurde es plötzlich wieder still, traurig, leblos.

Nahe am östlichen Rande des Suma=chaba ist die Grenze
des Gebiets der Zacharen und es beginnt das Aimakat der
Uroten, welches sich weit nach Westen bis Ala=schan hinzieht.
Im Süden grenzen die Uroten mit den Tumiten von Kuku=choto
und mit Ordos, im Norden mit den Suniten und mit Chalcha.

In administrativer Beziehung ist das Aimakat in sechs Fähnlein (Choschunate) getheilt und zwar in die Choschunate Durbut, Mingan, Barun-gun, Dundu-gun, Dsun-gun und Darchan-byll. Die Hauptverwaltungsstelle aller dieser Choschunate, d. h. die Lagerstätte des Aimakatsfürsten, befindet sich in der Gegend von Ullan-sabo, im Choschunate der Durbuten.

Im Aeußern unterscheiden sich die Uroten sehr von den Zacharen und erinnern weit mehr an Mongolen reinen Blutes, als diese. Moralisch sind sie jedoch durch den Einfluß der Chinesen ebenso herabgekommen, wie diese.

Die nächsten Nachbarn der Uroten sind die westlichen oder Kuku-choter Tumyten, deren oberste Verwaltungsbehörde sich in Kuku-choto befindet. Auch diese sind stark chinesirt und leben, wie die Zacharen, häufig mit den Chinesen vermischt in deren Dörfern; sie wohnen, jedoch nur selten, in Fansen, sondern größtentheils in Jurten. Hin und wider machen sie sich an den Ackerbau, den sie von den Chinesen erlernen; doch treiben sie ihn in sehr nachlässiger Weise.

Eine allgemeine Eigenschaft der Mongolen, die übrigens allen Nomadenvölkern gemein ist, ist eine ungewöhnliche Geld-gier. In dieser Hinsicht unterscheiden sich die Mongolen durchaus nicht von den Chinesen. Für ein Stückchen Silber ist der Nomade bereit, alles Mögliche zu thun, und diese Feilheit kann dem Reisenden sehr nützlich sein, wenn er über entsprechende materielle Mittel verfügt. Aber man muß die Geduld eines Engels besitzen, wenn man sich mit den Mongolen in irgend ein Geldgeschäft einläßt; bei den einfachsten Angelegenheiten stößt man auf eine Menge von Schwierigkeiten. Wir wollen annehmen, daß wir einen Hammel kaufen müssen, — was doch, wie es scheinen sollte, eine gar nicht schwierige Sache ist; thatsächlich verhält sich jedoch die Sache ganz anders. Wer da denkt, daß er geradezu zum Mongolen zu gehen und ihn zu fragen hat, ob er einen Hammel verkaufen will, und ihm nun auch gleich sein Angebot machen wollte, würde sich sehr irren, denn er würde so in zehn Fällen nur einmal den Hammel kaufen. Wenn der Nomade leichte Nachgiebigkeit bemerkt, so glaubt er sicherlich, daß man ihn betrügen will, und lehnt in den meisten Fällen den Verkauf ab.

Um den Handel nach allgemeiner Sitte zu schließen, ist es durchaus nothwendig, daß man sich Anfangs neben den Verkäufer setzt, mit ihm Thee trinkt, ihn um die Gesundheit seiner Herden befragt und eine lange Erzählung darüber mit anhört, wie in diesem Jahre alles schlecht geht und wie theuer besonders die Schafe sind. Hierauf folgt das Beschauen, oder richtiger das Betasten des zu verkaufenden Thieres, das, nach mongolischer Anschauung, je fetter auch desto besser, folglich auch desto theurer ist. Wenn man in die Jurte zurückgekehrt ist, setzen sich Käufer und Verkäufer wiederum nebeneinander, trinken abermals Thee und beginnen zu handeln; während der Zwischenacte werden Versicherungen gegenseitiger Freundschaft ausgetauscht, und der Verkäufer rühmt bei dieser Gelegenheit das behandelte Thier, während es der Käufer tadelt.

Die Einigung über den Preis erfolgt nicht durch Worte, sondern durch vorher verabredetes Drücken der Finger, zu welchem Behufe einer der Handelnden seinen Aermel herabläßt, in welchen nun der andere seine Hand hineinsteckt, so daß die ganze Operation im Geheimen abgemacht wird. Eine ähnliche Procedur wird auch in vielen Geschäften in China beobachtet. Endlich, nach vielem Händedrücken und unendlichen gegenseitigen Complimenten, ist der Hammel gekauft; nun beginnt das Beschauen des Silbers und der Wage. Der Verkäufer erklärt gewöhnlich die vom Käufer mitgebrachte für nicht vollwichtig und bietet seine an, welche natürlich durchaus nicht fehlerfrei ist. Es entsteht nun ein Streit, der endlich irgendwie beigelegt wird. Das Silber wird nun gewogen. Nun versucht es der Verkäufer noch irgend etwas zu erhandeln und bittet, ihm mindestens die Eingeweide des Thieres zu schenken, wird aber gewöhnlich mit seiner Forderung kurz abgewiesen.

Das ganze soeben beschriebene Verfahren raubt mindestens zwei Stunden, aber wir konnten während unserer ganzen dreijährigen Reise nicht ein einziges Mal auf andere Weise einen Hammel kaufen. Der Durchschnittspreis eines Hammels in der südöstlichen Mongolei ist 2 bis 3 Lan, d. h. nach unserem Gelde 4 bis 6 Rubel (nominell 16 bis 24 Reichsmark). Dafür aber sind auch die Schafe der Mongolen, besonders in Chalka, wirklich ausgezeichnet. Hier wiegt ein vollkommen entwickelter Hammel

(Yrgyn) 27 bis 36 Kilogramm, häufig auch noch mehr; der Kurbjuk (Fettschwanz) allein wiegt oft 4 bis 6 Kilogramm.

Beim Milchkaufen trifft man ebenfalls auf nicht geringe Schwierigkeiten, und während trüben Wetters wollte man uns gar nicht Milch verkaufen. Doch entschloß sich eine Mongolin manchmal, diese Sitte außer Acht zu lassen, wenn sie durch eine Nadel oder durch rothe Glasperlen, die wir ihr zum Kaufe anboten, verführt wurde. In einem solchen Falle bat sie, die Milch unter dem Rockschoße aus der Jurte zu tragen, auf daß der Himmel ihre Versündigung nicht bemerke. Bei dieser Gelegenheit muß bemerkt werden, daß die Mongolen mit der Milch in sehr ekelhafter Weise verfahren. Es ereignete sich sehr oft, daß ein Mongole angeritten kam und ein Gefäß voll Milch brachte, aber der Deckel und die Nase des Gefäßes waren in solchem Falle mit frischen Rindsexcrementen verklebt, damit während des Rittes ja kein Tropfen Flüssigkeit verloren gehe. Die Euter der Kühe, ebenso auch das Geschirr, in welchem die Milch aufbewahrt wird, werden nie gewaschen. Die Milch ist übrigens ziemlich theuer, so daß, wenn wir solche kauften, wir gewöhnlich die Flasche mit 5 bis 10 Kopejken unsern Geldes (20 bis 40 Reichs-Pfennigen) bezahlen mußten; das Pfund Butter wurde durchschnittlich mit 40 bis 60 Kopejken (1,60 bis 2,40 Mark) verkauft.

Das langweilige Handeln mit den Mongolen beschränkte sich jedoch nicht allein aufs Kaufen von Hammeln, das ja ohne dies sehr selten stattfand, da wir bei unsern so unbedeutenden Geldmitteln durchaus keine großartigen Ausgaben machen konnten und man uns häufig auch gar keine verkaufen wollte. Das letztere ereignete sich übrigens häufiger bei den Chinesen, welche wahrscheinlich wünschten, die ungebetenen Gäste durch Hunger los zu werden. In diesem Falle verschafften wir uns durch die Jagd Nahrungsmittel; Hasen und Rebhühner gab es in solcher Menge, daß wir ihrer sogar im Ueberflusse schossen. Leider konnte während der großen Hitze das Fleisch nicht länger als 24 Stunden aufbewahrt werden, so daß wir hierdurch oft genöthigt waren, in Gegenden, welche nicht reich an Wild waren, zu fasten.

Obgleich wir den Grundsatz angenommen hatten, uns so

fern wie möglich von der örtlichen Bevölkerung zu halten, ſo
waren wir doch gezwungen, unſer Zelt am häufigſten in der
Nähe bewohnter Ortſchaften aufzuſchlagen, da man nur an ſolchen
Stellen Waſſer finden konnte. In ſolchen Fällen wählten wir
von zwei Uebeln das kleinſte und ſchloſſen uns den Mongolen
an. Dieſe erſchienen auch gewöhnlich ſogleich vor unſerm Zelte
und fragten, wer wir ſind, wohin wir reiſen, womit wir handeln
u. ſ. w. Da ich die Rolle eines Händlers angenommen hatte,
ſo war ich nolens volens gezwungen, dieſe Art Gäſte zu empfangen,
welche immer verlangten, daß ich ihnen meine Waare zeige, die
ſie dann betrachteten und endlich zu behandeln begannen. Bei
dieſer Gelegenheit nahmen die ſeltſamſten Fragen kein Ende.
So fragte z. B. ein Käufer, ob ich Magneteiſen zu verkaufen habe,
ein anderer verlangte Bärengalle, ein dritter Kinderſpielzeug, ein
vierter meſſingene Burchane (Heiligenbilder) u. ſ. w. Häufig
ereignete es ſich, daß die Beſucher nach ſtundenlanger Unterhaltung weggingen, ohne irgend etwas gekauft zu haben, weil,
wie ſie behaupteten, alle Gegenſtände ſehr theuer ſind.

Der Handel war übrigens gänzlich dem buriatiſchen Kaſaken
überlaſſen, der in ſolchen Sachen ſehr gewißt war; trotzdem ging
es ſehr flau mit dem Geſchäfte (obgleich wir zu dem Preiſe,
den wir beim Einkaufe der Waaren in Peking gezahlt hatten,
nur 25 bis 30 % zuſchlugen), und es raubte unſerm Kaſaken,
der doch gleichzeitig Dolmetſcher war, ſehr viel Zeit. Außerdem
merkte aber auch die Bevölkerung der Gegend, die in Handels-
angelegenheiten ſehr erfahren iſt, daß der Kleinhandel nicht der
wahre Zweck unſerer Reiſe ſei, da er ſelbſt unter den günſtigſten
Bedingungen nicht ſo viel einbringen konnte, als der Unterhalt
unſerer Laſtthiere koſtete. Endlich konnten wir uns auf keine
Weiſe von den unaufhörlichen Beſuchen befreien; die Gäſte kamen
mit der Ausrede, Waaren kaufen zu wollen, und hinderten uns
durch ihre Zudringlichkeit ungemein in der Ausführung unſerer
wiſſenſchaftlichen Arbeiten. Nachdem ich alle dieſe Umſtände
weislich erwogen hatte, beſchloß ich eines ſchönen Tages den
Handel ganz aufzugeben. Alle Waaren wurden in die Kiſten
eingepackt, die Käufer weggejagt und der Laden geſchloſſen. (In
der Folge wurden die Waaren in Ala-ſchan verkauft.) Ich ſelbſt
trat von nun als Beamter (Nojon) auf, der ohne jedes beſtimmte

Ziel reist, einzig und allein, um unbekannte Länder zu sehen. Es ist wahr, daß die Bevölkerung an diese Worte nicht sehr glauben wollte, doch sagten wir ihnen gewöhnlich, daß sie sich um uns nicht zu kümmern haben, da ihr Herrscher von unserer Reise unterrichtet ist, welcher uns ein Billet zur unbehinderten Reise in seinem Lande ertheilt hat.

Nun, nachdem wir die Sache aufgeklärt und es nicht mehr nöthig hatten, uns zu verstellen, fühlten wir uns wahrhaft erleichtert. Von jetzt ab wurde gewöhnlich jeder überflüssige Gast hinweggejagt und wir empfingen nur diejenigen, deren wir irgendwie beburften. Bei dergleichen Besuchen wurde, weil es durchaus nöthig war, alles zum Theetrinken vorbereitet und dann ging es ans gegenseitige Fragen. Die Unterhaltung der Mongolen bewegt sich gewöhnlich um drei Gegenstände, welche in folgender Ordnung verhandelt werden: Vieh, Medicin, Glauben.

Der erste Gegenstand, das Vieh, bildet die Hauptsache des Mongolen, denn es ist das einzige Maß seines Wohlstandes; deshalb wird bei jeder Begegnung zuerst nach dem Befinden des Viehs gefragt und dann erst nach dem Befinden seines Eigenthümers und seiner Familie.

Die Medicin bildet den zweiten Gegenstand jeder Unterhaltung der Mongolen, welche sehr begierig nach Heilmitteln sind. Als die Nomaden einen Europäer vor sich sahen, den sie, wenn auch nicht für einen Halbgott, so doch mindestens für einen großen Zauberer halten, beschlossen sie auch sogleich den möglichsten Nutzen aus diesem so außerordentlichen Menschen zu ziehen und von ihm wenigstens irgend ein Geheimniß in Bezug auf die Heilung des Viehs zu erhalten. Der Umstand, daß ich mich mit dem Sammeln von Pflanzen beschäftigte, bestärkte die Mongolen noch in der Annahme, daß ich ganz gewiß Arzt von Profession bin, und in der Folge wurde ich denn auch wirklich als bedeutender Arzt verschrieen, als es mir mit Hilfe von Chinin gelungen war, einigen Menschen das Fieber zu vertreiben.

Religiöse Glaubensfragen bilden endlich den der Reihe nach drittwichtigsten Gegenstand des Gesprächs, denn der durch den Verstand nicht erklärte und nicht erklärbare Glauben verschlingt so zu sagen das ganze geistige Leben des Nomaden. Deshalb beginnt der Mongole bei jeder passenden Gelegenheit die Unterhaltung über Glaubenssachen, religiöse Ceremonien, Wunder der Higenen u. s. w. Bei dieser Gelegenheit zeigt er sich immer als Fanatiker und wagt es nie, einen Zweifel an die Wahrheit seiner Lehre aufkommen zu lassen.

Meine Umwandlung vom Kaufmann zum Beamten hatte einen sehr wohlthätigen Einfluß auf unsere Reise, denn wir konnten von jetzt ab gegenüber der Bevölkerung selbständiger auftreten, was unter der Firma eines Kaufmanns unmöglich war. In der Berührung mit Menschen, wie es die Chinesen und Mongolen sind, die nur die Gewalt achten, führt ein zu gutes, entgegenkommendes Benehmen zu nichts; sie fassen dieses als Schwäche und Feigheit auf. Dagegen hat in gewissen Fällen ein schroffer Ton einen magischen Einfluß auf die Bevölkerung des Landes, und der Reisende, der einen solchen Ton anschlägt, kommt weit leichter zum Ziele. Ich will hiermit durchaus nicht eine Behandlung des Volkes mit der Faust predigen, aber ich will sagen, daß der Reisende, welcher sich in die fernen Gegenden Asiens begiebt, viele seiner frühern Ansichten mit andern zu vertauschen gezwungen ist, die für die Sphäre, in welcher er sich dort bewegen muß, praktischer sind. Da wir während unserer Reise an dem gelben Fuß keinen Führer hatten, mußten wir Erkundigungen einziehen und uns nach diesen richten. Hier aber erstanden uns große Schwierigkeiten, denn erstens verstanden wir nicht chinesisch, und zweitens hatten wir gegen das Miß- trauen und die Feindseligkeit der Bevölkerung, besonders aber der Chinesen, zu kämpfen. Es ereignete sich, daß man uns gar nicht den Weg zeigen wollte, oder, was noch schlimmer war, daß man uns einen ganz falschen Weg zeigte. Fast auf jedem Tages- marsche verirrten wir uns und oft ereignete es sich, daß wir zehn und mehr Kilometer ganz unnütz zurücklegten. Zu unserm Aerger mußten wir sehr oft durch dicht mit Chinesen bevölkerte Gegenden reisen, wo sich jede Schwierigkeit vergrößerte. Gewöhn- lich erhob sich ein großer Lärm, wenn wir durch ein Dorf reisten; Alt und Jung kam auf die Straße gelaufen, kletterte auf Zäune und schaute uns mit stumpfer Neugierde an. Eine Menge Hunde machte mit ihrem Gebelle einen Heidenlärm und stürzten sich auf unsern Faust, um sich mit ihm herumzubeißen; die er- schrockenen Pferde stürzten davon, die Kühe blökten, die Schweine ließen ihr Gegrunze vernehmen, die Hühner entflohen, wohin sie eben konnten, — mit einem Worte, es entstand furchtbarer Lärm und Unordnung. Wenn die Kameele vorbeigelassen waren, blieb einer von uns zurück, um sich nach dem Wege zu erkundigen. Dann kamen die Chinesen an den Zurückgebliebenen heran, aber statt auf seine Fragen direct zu antworten, begannen sie ihn zu betrachten, den Sattel oder die Stiefel zu betasten, die Waffen zu bewundern und zu fragen, woher wir kommen, wohin wir reisen, welches der Zweck dieser Reise ist u. s. w. Die Antwort aber auf die an sie gerichtete Frage, verlegten sie auf später und nur in einzelnen glücklichen Fällen zeigte uns ein Chinese mit der Hand die Richtung des Weges. Bei der Menge der sich zwischen den Dörfern kreuzenden Wege konnte ein solches Zeigen des Weges durchaus nicht hinreichen, um sich danach zu richten; deßhalb gingen wir denn auch aufs Geradewohl ins nächste Dorf, in welchem sich die eben geschilderte Scene wiederholte.

Einst gefiel es Chinesen, einen Kettenhund auf unsern Faust zu hetzen; zum Glücke befand sich dieser gerade in meiner Nähe und kaum hatte sich der chinesische Hund auf sein Opfer gestürzt, so ergriff ich einen meiner Revolver, die immer am Sattel hingen, und erschoß ihn auf der Stelle. Als die Chinesen dieses sahen, entflohen sie eiligst in ihre Häuser und wir setzten ruhig unsern Weg weiter fort. Man muß in jenen Gegenden immer mit der größten Entschlossenheit verfahren. Wenn man heute erlaubt, einen Hund auf seinen Hund zu hetzen, so wird man morgen den Reisenden selbst mit Hunden hetzen und dann wird die Lage schon weit schwieriger sein. Wenn aber einmal die Bevölkerung der Gegend sieht, daß sich der Reisende keine Kürze thun läßt, dann kommt sie ihm ehrfurchtsvoller entgegen, wenngleich der Haß gegen den Fremdling durchaus der frühere bleibt; dieses ist aber schon das unvermeidliche Loos jedes Europäers, der in den fernen Gegenden Asiens reist.

In einem chinesischen Städtchen, durch welches wir auf unserer Reise kamen, und zwar in Zagan=tschulutai, das eigentlich Zagan=tschulu heißt, was auf Mongolisch „die weißen Steine" bedeutet, waren wir genöthigt, einige Lan in Tschoche umzuwechseln und einige Einkäufe zu machen. Da ich von früher her schon wußte, wie schwierig es ist, sich aus einer solchen

Lage herauszuziehen, besonders wenn man des Chinesischen nicht
mächtig ist, so nahm ich einen Mongolen an, der mir in diesem
so heikeln Geschäfte helfen sollte. Die Schwierigkeiten zeigten
sich auch wirklich schon beim ersten Schritte. Wie gewöhnlich
umringte uns auch in Zagan-tschulutai eine Menge müßigen
Volkes und folgte uns auf Tritt und Schritt; als die Karawane
vorbei war, begab ich mich in verschiedene Läden. Im ersten
erklärte man mir, daß mein Silber nicht gut sei, trotzdem es
wirklich das beste Kalganer Silber war; im zweiten behauptete
man, daß im Innern der Barren Eisen sei; im dritten weigerte
man sich ohne Weiteres zu wechseln, und dieses gelang erst im
vierten. Lange betrachtete hier der Krämer die Silberstückchen,
klopfte mit ihnen, beroch sie und offerirte mir endlich in der
Form einer Anleihe 1400 Tschoch für einen Lan, obgleich die
Bewohner für den Lan 1800 Tschoch gaben. Es erhob sich,
wie gewöhnlich, ein Streit; mein Mongole erwies sich als höchst
eifrig, überredete den Händler, zeigte ihm schmunzelnd das Silber,
drückte die Finger im Aermel und einigte sich endlich auf 1500
Tschoch für den Lan. Diese Zahl würde ich erhalten haben,
wenn man nach dem „Mantschan", d. h. Eins für Eins, gerechnet hätte. Man rechnet aber in Zagan-tschulutai nach dem
„Dselen" und giebt 60 Stück für 100. Dieses war seit Dolon-
nor schon die vierte oder fünfte Art der Berechnung.

Die ausgezeichneten Weiden, welche wir überall im Lande
der Zacharen gefunden haben, endeten mit dem Suma-chaba-
rücken, so daß weiterhin unsere Pferde und Kameele auf den
schlechten Hütungen schnell zu magern begannen. Außerdem
aber hatten auch die Kameele schon seit längerer Zeit keinen
Gudschir erhalten, denn seitdem wir die Kiachter Straße verlassen
hatten, fanden wir keine Salzlecken mehr. Deshalb waren wir
höchlichst erfreut, als wir den kleinen Salzsee Dabasun-nor
fanden, wo unsere Lastthiere nach Belieben ihr geliebtes Salz
genießen konnten.

Die absolute Höhe der Gegend westlich vom Suma-chaba
ist, wie schon früher mitgetheilt, eine sehr bedeutende, doch wird
die Bewässerung hier eine noch ärmlichere. Besonders aber ist
dies der Fall, wenn man sich dem Gebirgsrücken nähert, welcher
sich am Ufer des gelben Flusses hinzieht und den Geographen

unter dem Namen In=ſchan bekannt iſt, den die Bewohner
der Gegend, welche die verſchiedenen Theile des Gebirges auch
verſchieden benennen, gar nicht kennen.

Dieſer Rücken beginnt auf der mongoliſchen Hochebene, in
der Nähe der Stadt Kuku=choto und zieht ſich von hier als
hohe ſteile Felſenwand am Nordbogen des Chuan=che hin. Nach
Angabe Joakinf's werden in weiterm Sinne alle Gebirge In=
ſchan genannt, welche ſich vom nördlichen Bogen des Chuan=che
durch das Gebiet der Zacharen gegen den obern Lauf des Schara=
Muren und weiterhin nach der Mandſchurei ziehen. Gegen
250 Kilometer weſtlich von ſeinem Anfangspunkte hört der In=
ſchan im Thale des gelben Fluſſes plötzlich mit der Felsterraſſe
des Muni=ulla auf. Der In=ſchan hat übrigens in ſeiner ganzen
Länge einen und denſelben wilden Alpencharakter und unter=
ſcheidet ſich ſehr ſcharf von den andern Gebirgen der ſüböſtlichen
Mongolei durch Reichthum an Wald und Waſſer.

In der Verlängerung des In=ſchan, weiter vom nördlichen
Knie des Chuan=che, befindet ſich das Scheiten=ulla=Gebirge
und hinter dieſem der Rücken Chara=narin=ulla, welcher ſich vom
Flüßchen Chalü=tai ab in die nördliche Gegend von Ala=ſchan
zieht. Dieſe beiden Gebirgsgruppen unterſcheiden ſich vom eigent=
lichen In=ſchan durch ihren phyſiſchen Charakter, ſchließen ſich
ihm aber auch nicht direct, ſondern durch andere Gebirgszüge
an, deren Umfang häufig bedeutend abnimmt. Eine ſolche und
zwar ſehr bedeutende Unterbrechung finden wir zwiſchen dem
Scheiten=ulla und Chara=narin=ulla. (In einem in den „Iswꞏ
jestia Imperatorskago Ruskago Obschtschestwa" (Th. VIII.
N. 5. Jahrg. 1872. S. 174) [Nachrichten der Kaiſ. Ruſſ.
geogr. Geſellſchaft] veröffentlichten Artikel habe ich geſagt, daß
das Gebirge, welches ſich am linken Rande des Chuan=che=Thales
hinzieht, ſich weder mit den In=ſchanern, noch auch mit den Ala=
ſchaner=Gebirgen verbindet. Bei genauerer Erforſchung dieſer
Gegenden im Frühling 1872 fand es ſich, daß zwiſchen dem
Chara=narin=ulla und dem Scheiten=ulla eine Verbindung mittels
einer Hügelkette, welche nach Angabe der Mongolen manchmal
unterbrochen iſt, beſteht. Der Scheiten=ulla wiederum iſt mittels
des Schochoin=daban (d. h. mittels des Kalkgebirges) mit
dem In=ſchan verbunden. In Betreff deſſen aber, daß jeder

dieser Züge ein vom Ala-schaner gesondertes Gebirge bildet, kann kein Zweifel erhoben werden.)

Der Scheiten-ulla unterscheidet sich übrigens vom In-schan durch eine bedeutend geringere Höhe und durch völligen Mangel an Wald und Wasser. Das Gebirge jenseits des Flüßchens Chalü-tai aber ist, wenngleich es eine bedeutendere Höhe erreicht und einen Alpencharakter hat, ebenfalls unbewaldet und bildet außerdem ein Randgebirge, d. h. entwickelt sich nur ganz gegen das Thal des Chuan-che zu, das es von der Hochebene, die auf seiner andern Seite liegt, scheidet.

Wir gelangten in den Theil des In-Schan, welcher von den Mongolen Syrun-bulyk genannt wird. Nach einer langen Pilgerfahrt durch traurige und unbewaldete Steppen war es ungemein erfreulich, wieder einmal in einem schattigen Haine ausruhen zu können. Wir machten uns auch an dem-selben Tage auf die Jagd und erblickten, als wir eine hohe Kuppe erstiegen hatten, von ihr aus das erste Mal den gelben Fluß, welcher sich durch die weiten Ebenen von Ordos schlängelt.

Am folgenden Tage Nachmittags wollten wir weiter gehen, um tiefer ins Gebirge einzudringen; aber ein unerwartetes Er-eigniß zwang uns auf der Stelle zu verbleiben. Gegen zehn Uhr Vormittags erhob sich nämlich plötzlich ein heftiger Sturm, welcher von einem starken Regengusse begleitet war, und da wir unvorsichtiger Weise unser Zelt im trocknen Bette eines Wild-baches, der aus zwei Schluchten kommt, aufgestellt hatten, so brach auch in wenigen Minuten Wasser in unsere ärmliche Wohnung ein. In einem Augenblicke war sie überschwemmt und das Wasser begann verschiedene kleine Gegenstände mit sich fortzureißen. Der Bach war nun zwar nur gegen dreißig Centi-meter tief, trotzdem verursachte er uns viel Mühe und Kummer. Zum Glücke befand sich eine Hälfte unseres Zeltes auf einer etwas höheren Stelle, welche im Anfange nicht vom Wasser überfluthet worden ist; hierher schafften wir unsere durchnäßten Sachen und dann machten wir aus Filzdecken einen Damm, durch welchen wir unser Gepäck gegen den Andrang des Wassers schützten. Wir befanden uns in einer sehr unangenehmen Lage, aber sie dauerte zum Glück nur wenige Minuten. Kaum war der Sturm vorüber, so hörte auch der Regen auf und der plötz-

lich entstandene Bach verschwand, so daß nur unsere durchnäßten Sachen, welche wir gleich ausbreiteten, um sie zu trocknen,
für die Katastrophe zeugten, welche uns betroffen hatte.

Am folgenden Tage machten wir einen kleinen Marsch von
15 Kilometer und hielten beim Kloster Batgar-schailun an,
welches von den Chinesen Uban-dschou genannt wird. Dieses
Kloster liegt in einer romantischen Gegend, zwischen wilden Felsen-
bergen und wird als eines der wichtigsten in der südöstlichen
Mongolei betrachtet. Der großartige Tempel ist vier Stock-
werke hoch und ringsum von einer Menge von Häusern umgeben, welche den Lamas als Wohnung dienen. Die Zahl der
letztern beläuft sich auf zwei Tausend, doch wächst sie im Sommer
auf sieben Tausend an. Außerdem aber kommen nach Batgar-
schailun häufig aus sehr entfernten Gegenden zahlreiche Pilger-
schaaren. Wir selbst begegneten im Frühlinge am See Dalai-
nor einem mongolischen Fürsten, welcher nach diesem Kloster
reiste, um im Tempel desselben seine Gebete zu verrichten. Der
Fürst führte eine große Menge Gepäcks mit sich und außerdem
wurde eine Herde von einigen hundert Hammeln hinter ihm
hergetrieben. Auf die Frage nach der Bestimmung dieser Thiere
antwortete man uns, daß sie zum Unterhalte der Reisenden
dienen, und daß der Fürst nichts als den fetten Kurdjuk genießt,
seine Suite aber das Fleisch verzehrt.

Die ganze Lamahorde von Batgar-schailun und außer ihr
die drei Higenen des Klosters, leben von den Opfern der Gläubigen. Ueberdies besitzt aber auch dieses Kloster noch eine bedeutende
Bodenfläche, auf welcher sich keine Chinesen ansiedeln dürfen.
Aehnliche Bodenflächen besitzen auch alle andern größern Klöster.
Auf diesen Ländereien werden die Herden, deren Milch und
Butter den Lamas zur Nahrung dient, geweidet. Diese letztern
befassen sich außerdem auch mit der Fabrikation thönerner Götter,
welche bei den herbeiströmenden Pilgern Absatz finden. In
diesem Kloster befindet sich auch eine Schule, in welcher Knaben,
die für den Lamastand bestimmt sind, erzogen werden.

Zwischen den ungeheuren Felsen, welche das Kloster von
allen Seiten umgeben, lebt eine große Menge Gemsen (Antilope caudata), deren Jagd jedoch von den Lamas verboten ist,
weil sie es für Sünde halten, in der Nähe des heiligen Tempels

ein Thier zu tödten. (Ein ähnliches Verbot herrſcht übrigens
auch in Bezug auf die Jagd in der Nähe anderer Klöſter in
der Mongolei.) Die Verſuchung, das Fell eines ſolchen Thieres
zu erobern, war jedoch ſo groß, daß ich am Abend des zweiten
Tages nach unſerer Ankunft ins Gebirge ging, dort übernachtete
und am folgenden Morgen einen jungen Bock erlegte, der un=
gefähr achtzehn Kilogramm gewogen hat. Die Mongolen ver=
ſicherten, daß auch ein erwachſenes Individuum nicht viel
mehr wiegt.

Da wir dieſes nicht große Thier außer im Jn=ſchan=Gebirge
nirgends ſonſt gefunden haben, will ich hier Einiges über ſeine
Gewohnheiten und Lebensweiſe mittheilen.

Wie die anderen Antilopenarten wählt auch dieſe Species
nur die wildeſten und unzugänglichſten Felſen der Alpenregion
zu ihrem Aufenthalte. Hier lebt dieſe Antilope gewöhnlich einzeln,
ſelten paarweiſe und verſteckt ſich hier an ruhigen, ſichern Stellen;
ſie läßt den Jäger ſehr nahe an dieſe Lagerſtätten herankommen
und ſpringt erſt in der äußerſten Gefahr auf.

Gegen Abend verlaſſen dieſe Antilopen ihr verborgenes
Lager, äſen während der ganzen Nacht bis eine oder zwei
Stunden nach Sonnenaufgang und begeben ſich hierauf wieder
zur Ruhe. Jhre liebſten, ja ausſchließlichen Weideplätze ſind
die Alpenwieſen und beſonders kleine Grasplätze zwiſchen Felſen.
Bevor jedoch dieſes Thier auf dieſe Weide geht, häufig auch
während des Aeſens, beſteigt es den Gipfel oder irgend einen
Felſenvorſprung und ſteht hier lange, um die Gegend zu über=
ſchauen und ſich zu überzeugen, ob keine Gefahr nahe iſt. Bei
dieſer Gelegenheit beſteigt dieſe Antilope immer einen und denſelben
Gipfel oder Felſen, ſo daß ſich hier in Folge deſſen ein ziemliches
Häuschen (manchmal ſogar bis ſechs Liter) Excremente anſammelt,
welche aus einiger Entfernung wie gebrannter Kaffee ausſehen.
Wenn dieſe Antilope ſteht oder ruhig geht, bewegt ſie beſtändig
ihren ſchwarzen, ziemlich langen Schwanz. Auf der Weide
kann man, wenn auch ſelten, die Stimme dieſes Thieres hören,
welche in einem abgeriſſenen, nicht lauten Blöken beſteht.

Jhrem Charakter nach gehört dieſe Antilope zu den höchſt
vorſichtigen Thieren. Wenn ſie eine Gefahr wittert, ſo enteilt
ſie mit ungemeiner Schnelligkeit mit Sprüngen und äußerſten

Falls springt sie sogar in tiefe Schluchten. Ich selbst war Zeuge, daß eine dieser Antilopen, als sie mich ganz in ihrer Nähe bemerkt hatte, von einem über dreißig Meter hohen Felsen herunter sprang und glücklich entkam. Während des Sturzes in die Tiefe fielen die Bergschwalben, welche an dem steilen Felsen ihre Nester hatten, mit Lärm über das Thier her.

Nach einem Sprunge hört man einen dumpfen Schlag auf das Gestein, — er rührt von der Berührung desselben mit den Hufen des geschickten Thieres her, das, nebenbei gesagt, im Vergleiche zum ganzen Körper sehr dicke Füße hat. Das Winterfell dieser Antilope wird von den Bewohnern der Gegend zu warmer Kleidung benutzt und kostet nach unserm Gelde ungefähr einen Rubel (nominell 3 Mark 40 Pf. R.-W.).

Am dritten Tage unseres Aufenthaltes in der Nähe von Batgar-schailun erschien bei uns ganz unerwartet eine kleine Abtheilung chinesischer Soldaten mit einem Officier an der Spitze, welcher unsern Reisepaß forderte. Es stellte sich heraus, daß die Lamas des Klosters Verdacht geschöpft hatten, daß wir Dunganenspione sind und hierüber nach der nächsten chinesischen Stadt Bautu berichtet hatten, von wo denn auch die Soldaten gesendet worden waren. Diese kamen in Schlachtordnung herbei, mit brennenden Lunten an ihren Flinten und blanken Säbeln. Die Komödie nahm jedoch bald ein Ende. Wir baten den Officier in unser Zelt, wo wir ihm den Pekinger Reisepaß zeigten, welcher gleich einen bedeutenden Eindruck auf den Mann machte. Während der Officier das Document abschrieb, bewirtheten wir ihn mit Thee und russischem Zucker, dann schenkte ich ihm ein Federmesser und wir schieden als Freunde. In der Folge hat es sich jedoch herausgestellt, daß uns die Soldaten einige Kleinigkeiten gestohlen haben.

Vom Kloster Batgar-schailun schlugen wir die Richtung auf den Muni-ulla ein, welcher, wie schon gesagt, einen westlichen Ausläufer des In-schan bildet. Der letztere hat wahrscheinlich in seiner ganzen Ausdehnung einen und denselben Charakter und deshalb kann eine eingehendere Beschreibung des westlichen Rückens als allgemeine Charakteristik des ganzen Gebirges dienen.

Der Muni-ulla, welcher sich in einer Länge von 100 Kilometer zwischen zwei Thälern, und zwar einem im Norden und

dem zweiten, das sich bis an den Chuan-che erstreckt, im Süden,
hinzieht, bildet einen scharf begrenzten Strich, dessen Breite
gegen 25 Kilometer beträgt. Der höchste Punkt dieses Gebirges
erhebt sich auf mehr als 2530 Meter absoluter Höhe; möglich,
daß sie sogar etwas über 2800 Meter beträgt, trotzdem erreicht
diese Kette nirgends die Schneegrenze. Als höchsten Gipfel des
Muni-ulla bezeichnet man den Schara-oroi, der dem West-
ende des Gebirgsrückens nahe liegt. Es gelang uns nicht die
Höhe dieses Gipfels zu messen, denn wir kamen nicht in diese
Gegend des Gebirges. Die von mir gemessene absolute Höhe
des mittleren Theils des Muni-ulla beträgt 2337 Meter. Der
Schara-oroi übersteigt diese Höhe wohl um 315 Meter. Um
Mißverständnissen vorzubeugen, muß gesagt werden, daß im
Muni-ulla zwei Gipfel existiren, welche Schara-oroi genannt
werden; einer dieser Gipfel liegt nicht weit von dem von uns
eingeschlagenen Wege; es gelang mir jedoch nicht seine Höhe zu
messen. Die Hauptaxe des Muni-ulla geht fast durch die Mitte
des Rückens, welcher nach Nord und Süd steil abfällt und dessen
Abhänge von felsigen Schluchten und engen Thälern gefurcht
sind. Im Allgemeinen besitzt dieses Gebirge einen großen Reichthum an Felsen und hat einen wilden Alpencharakter, welcher
hauptsächlich am südlichen Abhange sehr stark entwickelt ist.

Das Gestein des Muni-ulla, einschließlich der Kette des
Syrun-bulyk besteht aus Granit, Sienitgranit, gewöhnlichem
Gneis und Hornblende, Granulit, Porphyr und neueren vulkanischen Gebilden. Die Ränder dieses Rückens sind unbewaldet
und nur selten mit wilden Persico-, Haselnuß- und gelben
Hagebuttensträuchern bedeckt; es sind dies dieselben Specien,
welche wir auch im Schara-chaba- und Suma-chaba-Gebirge
gefunden haben. Je höher man sich auf den Muni-ulla erhebt,
desto dichter wird auch das Gebüsch und es beginnen sich einzelne
Bäume zu zeigen und zwar: die Kiefer (Pinus sylvestris)
und die niedrige Rüster (Ulmus sp.). In einer Entfernung
von 8 bis 10 Kilometer vom Nordrande des Rückens (und am
Südabhange kaum zwei Kilometer vom äußersten Rande) in
einer Höhe von ungefähr 1680 Meter (am Südabhange sogar
noch bedeutend niedriger) beginnen die Wälder, welche je mehr
man sich auf dem Gebirge erhebt, desto dichter werden. Auch

hier wachsen die Wälder hauptsächlich in den nördlichen Schluchten; aber auch in diesen Schluchten sind die gegen Süden gerichteten Seiten am Häufigsten weniger, als ihre gegen Nord gewendeten, bewachsen. Auch auf dem Südabhange des Muni-ulla, wo man im Allgemeinen mehr Waldungen trifft, als auf dem Nordabhange, befinden sie sich hauptsächlich in den gegen Nord gerichteten Schluchten.

In diesen Wäldern überwiegen: die Zitterpappel (Populus tremula?), die schwarze Birke (Betula daurica) und eine Weidenspecies (Salix sp.). Die letztere findet man theils als Strauch, theils aber auch als Baum von 6 bis 7 Meter Höhe. Die Zitterpappel erreicht eine etwas größere Höhe; die schwarze Birke bleibt jedoch gewöhnlich hinter diesem Maße zurück. Von andern Baumarten findet man im Muni-ulla: die Weißbirke (Betula alba), die Pappel (Populus laurifera), die Eller (Alnus sp.), die Vogelkirsche (Sorbus aucuparia) und die Aprikose (Prunus sp.). Die letztere hauptsächlich auf entblößten Abhängen der Berge. Selten findet man die Eiche (Quercus mongolica), welche hier ein Zwerg von etwa zwei Meter Höhe ist, die Linde (Tilia sp.), ebenfalls von nicht bedeutenderm Umfange, den Wachholder (Juniperus communis) und den Lebensbaum (Biota [Thuja] orientalis). Den letztern findet man jedoch nur ausschließlich auf dem Südabhange des Rückens, und auch hier nur in der untern Waldregion. Zur Charakteristik dieser letztern gehört, daß man in ihr durchaus keine Fichte findet.

Von Sträuchern findet man in sehr großen Mengen: den Haselnußstrauch (Ostryopsis Davidiana), welcher eine Höhe von 1 bis 1,30 Meter erreicht und häufig ein dichtes Unterholz bildet. Oft auch bedeckt er gänzlich Bergabhänge, wenn andere Bäume fehlen. Von andern Sträuchern findet man, wenn auch nicht so häufig wie den vorigen, die wilde rothe Rose (Rosa acicularis), die Himbeere (Rubus Idaeus), eine Species Johannisbeere (Ribes pulchellum), den Schneeball (Viburnum Opulus), die Cornelkirsche (Cornus sp.), den Kreuzdorn (Rhamnus arguta), die Spierstaude (Spiraea sp.) und die Lespedezza (Lepedezza bicolor), welche in den Wäldern am Südufer des Amur so sehr verbreitet ist.

In den dem Rande näher liegenden Thälern sind die trocknen Betten der Bäche dicht bebrämt mit **gelben Rosensträuchern**, **wilden Persicosträuchern**, **Mispeln** (Crataegus sanguinea) und **Berberiz** (Berberis sp.). Hier auch windet sich oft die **wilde Rebe** (Clematis sp.) um einen Stamm und bedeckt häufig einen oder den andern Strauch, wie mit einer Mütze, mit ihren schönen gelben Blumen, während freie Grasplätzchen dicht mit **Leonuren** (Leonurus sibiricus) und zwei Specien **Lauch** (Allium odorum und Allium anisopodium) bedeckt sind.

Verschiedenartiger als Bäume und Sträucher ist die übrige Pflanzenwelt dieses Gebirges. Die Wälder schmückt hier, wie in Europa, das prächtige **Maiblümchen** (Convallaria majalis), der **Waldmeister** (Majanthemum bifolium) und **Anemonen** (Anemone sylvestris und Anemone barbulata); eben so finden sich unsere alten Bekannten: die **Himbeere** (Rubus saxatilis), und die **Erdbeere** (Fragaria sp.) nicht selten. Neben ihnen blühen die **Cacalia hastata**, eine Species Echinospermum, einige Specien **Wicke** (Vicia), das **Salomonssiegel** (Polygonatum officinale), die **Phlomis umbrosa**, der **Odermenig** (Agrimonia sp.) und stellenweise bedeckt die **Mauerraute** (Asplenium sp.) dicht den feuchten Waldboden.

Auf den Waldwiesen blüht die **Pfingstrose** (Paeonia albiflora), die **gelbe** und **rothe Lilie** (Hemerocallis sp. und Lilium tenuifolium), der **Storchschnabel** (Geranium sp.), das **Alpenröschen** (Epilobium angustifolium), der **Baldrian** (Valeriana officinalis) und das **Gänseblümchen** (Potentilla anserina).

In feuchten Waldschluchten und in der Nähe von Quellen ist die Flora noch verschiedenartiger. Hier findet man: eine **Flieberspecies** (Ligularia sp.), **Sumpfläusekraut** (Pedicularis resupinata), **Adelei** (Aquilegia), **Alant** (Inula Britanica), **Schneckenklee** (Medicago lupulina), **Ehrenpreis** (Veronica sibirica und Veronica sp.), drei oder vier Specien **Hahnenfuß** (Ranunculus), **Benedicten-** oder **Nelkenwurz** (Geum strictum), **Glockenblümchen** (Adenophora sp.), die **mongolische Schafgarbe** (Achillea mongolica) und auf Geröll manchmal **Nachtschatten** (Solanum

sp.) und die schmalblättrige Nessel (Urtica angusti-
folia).

Endlich blühen noch an freien Abhängen: Nelken (Dian-
thus Seguieri), die Nachtviole (Hesperis trichosepala),
Mohn (Papaver alpinum), eine Species Fetthenne (Sedum
Aizoon), die Kugeldistel (Echinops dauricus), Lauch
(Allium sp.), die Koeleria cristata, eine Species
Statice, eine Species Pardanthus u. A.

Im Allgemeinen erinnert die Pflanzenwelt des Muni-ulla
stark an die Flora Sibiriens, doch haben die Wälder der hier
beschriebenen Gegend einen ganz andern Charakter als die Wälder
des letztern. Man sieht hier nicht die herrliche Pflanzenwelt,
welche uns an den Ufern des Amur und Ussuri in Erstaunen
versetzt. Die Bäume sind hier nicht hoch und sind dabei dünn,
die Sträucher niedrig und zwergähnlich, und die trocknen Weiden-
zweige, welche man an frischen Bäumen bemerkt, stechen sehr
unangenehm vom grünen Grunde ab. Die Wildbäche, welche
fast in allen Waldschluchten fließen, verschwinden sogleich im
Boden, wenn sie nur in größere Thäler oder aus dem Rande
des Gebirges heraus kommen, so daß sich weiterhin nur ein
trocknes Bett hinzieht, in welchem ausschließlich während eines
heftigen Regengusses, während einer oder zwei Stunden, Wasser
fließt. Dabei aber werden, trotz der Schutzwache, die Wälder
des Muni-ulla von den Chinesen der Umgegend unbarmherzig
verwüstet; alle größeren Bäume sind gefällt und nur die zurückgebliebenen Wurzelstöcke zeugen dafür, daß auch hier einst ziemlich
dicke Bäume standen.

Dicht an der Waldregion liegt die Region der Alpenmatten,
welche die ganze obere Region dieses Gebirges einnimmt. Nachdem man aus dem Bereiche des pflanzenarmen untern Gürtels,
wo nur seltene, verkrüppelte Sträucher überwiegen, und aus den
feuchten Blattbaumwaldungen, welche die mittlern Abhänge des
Gebirges bedecken, heraus ist, wird das Auge durch das glänzende
Grün und die herrlichen Blumen des Teppichs erfreut, welchen
die Gebirgsmatten bilden. Ein zwar nicht hohes, aber dichtes
Gras bedeckt hier alle Abhänge und Schluchten und es sind nur
nackte Felsen und einzelne Steine unbedeckt und sie stechen mit
ihrer gelbgrauen Farbe grell vom bezaubernden Grün der Wiesen

ab, bie mit bunten Blumen wie besät sind. Spierstauden (Spirea sp.) und Fünffingerkraut (Potentilla fruticosa), Kugelranunkeln (Trollius sp.), Wiesenkropf (Sanguisorba alpina), blaues Sperrkraut (Polemonium coeruleum), verschiedene Specien Hahnenfuß (Ranunculus) und viele andere Specien, deren ich schon bei der Beschreibung der Wälder gedacht habe, bedecken die Matten bald mit gelben und weißen, bald mit braunrothen oder blauen Farben und wenn sie an einer Stelle ein buntes Gemisch bilden, nehmen sie wiederum an andern Stellen ganze, abgesonderte Striche ein. Noch mehr Freude bereiten diese Matten am frühen Morgen, wenn die Strahlen der aufgehenden Sonne sich in jedem Thautropfen in Myriaden kleiner Regenbögen brechen, die Stille der Gegend nur durch den Gesang eines Steinschmätzers oder eines Ammers unterbrochen wird und man gleichzeitig den herrlichen Anblick des Chuan-che genießt und in die jenseits von diesem liegenden weiten Ebenen von Ordos schaut.

Wider alle Erwartung findet man im Muni-ulla kein entsprechend reiches Thierleben. Von großen Säugethieren leben hier nur: der Hirsch (Cervus elaphus?), das Reh (Cervus pygargus), die Gemse (Antilope caudata?), der Wolf (Canis lupus) und der Fuchs (Canis vulpes); man findet aber nicht eine dem Katzengeschlechte angehörende Familie, trotzdem die Bewohner der Gegend versichern, daß sich einst in den Schluchten dieses Gebirges Panther und Tiger aufgehalten haben. Ja die Mongolen versichern sogar, daß auch jetzt noch Panther im In-schan-Gebirge und näher bei Kuku-choto, jedoch nicht auf dem Muni-ulla leben. Von Nagern leben wahrscheinlich in den Wäldern einige Mäusespecien und in den Thälern am Rande des Gebirges leben: der Hase (Lepus Tolai), den man überall in der Mongolei findet, und der Hamster (Spermophilus sp.), der jedoch hier nur die Größe einer Ratte erreicht. Wenn er einen Menschen bemerkt, wohl auch sonst aus reiner Langweil, setzt er sich vor seiner Höhle auf die Hinterfüße und läßt sein abgerissenes, starkes Pfeifen ertönen.

Die Vogelwelt ist besser vertreten, doch entspricht sie durchaus nicht den Erwartungen, zu denen der Waldreichthum berechtigt. Wahrscheinlich hindern die plötzlichen Uebergänge von Kälte zur

Hitze, von Windstille zum Sturm, von ungewöhnlicher Dürre zu großer Feuchtigkeit viele chinesische Vogelspecien selbst in die reichern Gegenden der mongolischen Hochebene zu kommen. Zwischen den wildesten und unzugänglichsten Felsen der Alpenregion des Muni - ulla nisten: der Steinabler (Vultur monachus?) und der Lämmergeier (Gypaëtos barbatus), zwei Vögel, deren Flügelweite bis drei Meter beträgt. Neben ihnen leben: der Segler (Cypselus leucopyga), der lärmende Schneefinke (Fregilus graculus), die Felstaube (Columba rupestris) und auf den Alpenmatten der Pieper (Anthus rosaceus?). In der Waldregion zeigen sich kleine Sänger, namentlich: Finken (Ruticilla aurorea), Ammern (Emberiza sp.), chinesische Spechtmeisen (Sitta sinensis), Zaunkönige (Troglodytes sp.), Blauspechte (Poecile cincta [Parus major]), Phyllopneuste superciliosus und Phyllopneuste sp., Pterorhinus Davidii, Drymoeca extensicauda; an den Bäumen klettern Spechte (Picus sp., selten Picus Martius), und am frühen Morgen und späten Abend glucken Fasanen (Phasianus torquatus). Endlich vernimmt man noch nach Sonnenuntergang das eintönige Klopfen des japanischen Ziegenmelkers (Caprimulgus jotaca), welchen der Sibirier den „Schmied" nennt.

Außerhalb der Waldregion in den unteren, trockenen Thälern und zwischen Felsen lebt die Felsenamsel (Petrocincla [Turdus] saxatilis), der weiße Steinschmätzer (Saxicola isabellina), der Wiedehopf (Upopa epops), das graue Rebhuhn und das Felshuhn (Perdix cinerea und Perdix chuckar). Das letztere findet man auch zwischen den Felsen der Alpenregion und es lenkt immer durch sein lautes, fast ununterbrochenes Quackern die Aufmerksamkeit des Jägers auf sich.

Der in die Augen fallende Unterschied zwischen dem Muniulla und den andern Gebirgen der Mongolei hat den Mongolen Stoff zu einer Legende über die Entstehung dieses Gebirges geboten. Diese Legende sagt, daß vor langer Zeit, vor tausend oder mehr Jahren, in Peking ein Kutuchta gelebt hat, welcher, trotz seiner göttlichen Abstammung, einen sehr unanständigen Lebenswandel führte, so daß er endlich auf Befehl des Bogdo-Chans verhaftet wurde. Der durch einen solchen Gewaltact erzürnte heilige Bummler ſchuf nun einen ungeheuren Vogel und befahl ihm, die Reſidenz ſeines Monarchen umzukehren. Hierdurch erſchreckt, befreite der Bogdo-Chan den Kutuchta aus der Haft und dieſer änderte nun auch ſeinen Befehl ab. Der Vogel hatte bis dahin erſt einen Theil von Peking aufheben können und dieſer iſt bis jetzt in einer ſchiefen Lage.

Nun beſchloß aber auch der Wunderthäter die ungaſtliche Stadt zu verlaſſen und nach Tibet überzuſiedeln. Er gelangte auch glücklich an das Ufer des Chuan - che, aber hier weigerten ſich die Chineſen ihn über den Fluß zu fahren. Wiederum erzürnt beſchloß der Heilige ſich allen Ernſtes zu rächen. Er wendete ſich in die nördliche Mongolei und wählte im Altai-gebirge eine ungeheure Gebirgskette aus, band ſie an die Steig-bügel ſeines Sattels und ſchleppte ſie an die Ufer des Chuan-che, um ſie über dieſen Fluß zu werfen, ihn in ſeinem Laufe zu hemmen und ſo die ganze Umgegend unter Waſſer zu ſetzen. Da erſchien Buddha ſelbſt zum Schutze der unglücklichen Bewohner dieſer Gegend und bat den Kutuchta, ſeinen Zorn zu mäßigen und die Unſchuldigen zu verſchonen. Der Heilige erhörte die Fürſprache Gottes und ſtellte den Berg als Andenken ſeiner Macht am Ufer des Fluſſes auf. Nun warf er ſeinen Gürtel in den Chuan - che, ging über ihn, wie über eine Brücke ans andere Ufer und ſetzte ſeine Reiſe nach Tibet weiter fort.

Als der Kutuchta den Berg aufſtellte, drehte er ihn ſo um, daß ſeine Nordſeite nach Süden und ſeine Südſeite nach Norden gerichtet wurde. Deshalb, ſagen nun die hier wohnenden Mongolen, ſind mehr Waldungen auf der Südſeite dieſes Gebirges, während ſich doch ſonſt überall die Waldungen auf der Nord-ſeite der Gebirgszüge befinden. Dieſes iſt auch der Grund, weshalb das Muni - ulla - Gebirge den andern Gebirgen unſerer Gegend nicht ähnlich iſt; es iſt kein hieſiges Gebirge, ſondern ein Anſiedler aus dem Norden.

Eine andere Legende ſagt, daß im Muni-ulla-Gebirge einſt, während eines Krieges mit China, Dſchengis-Chan gelebt hat. Er hielt ſich auf dem Berge Schara-oroi, welcher gegen die Mitte der Kette liegt, auf und dort befindet ſich noch bis heute eine eiſerne Schüſſel, in welcher der große Krieger ſeine Speiſen kochte; dieſe Schüſſel kann jedoch kein Menſch ſehen. Es werden

aber hier von den Lamas des nahen Klostes Myrgyn alljähr=
lich während des Sommers Andachten abgehalten. Den Namen
Muni-ulla hat Dschengis-Chan selbst dem Gebirge wegen seines
Reichthums an Wild gegeben.

Die Mongolen versichern, daß auf demselben Schara=oroi
ein versteinerter Elephant steht und daß auch in ihm ein großer
Haufen Jambensilber vergraben ist, daß jedoch böse Geister diesen
Schatz bewachen, weshalb man ihn nicht wegnehmen kann. Die
Erzähler erklärten, daß das hinterlassene Silber in einer un=
geheuren Höhle auf dem Gipfel des Berges liegt, welche von
Außen mit einer eisernen Thür bedeckt ist. Durch eine kleine
Oeffnung in dieser Thür kann man den Schatz sehen. Einige
Verwegene wollten sich mit Hülfe einer List in den Besitz dieses
Schatzes setzen. Sie ließen an einem kalten Wintertage rohes
Fleisch in die Höhle hinab, auf daß das Silber ans Fleisch
anfriere, kaum hatten sie jedoch zu ziehen begonnen und das
angefrorene Silber der Oeffnung genähert, so fiel es auch ab
und es war unmöglich, es aus der verzauberten Höhle heraus=
zuziehen.

Wir bedurften drei ganze Tage, um auf den Gipfel des
Muni=ulla hinauf zu finden, wohin uns weder Chinesen, noch
Mongolen den Weg zeigen wollten. Wir versuchten es bald
durch dieses, bald durch jenes Thal zu gehen; doch waren alle
diese Versuche Anfangs ganz vergebens, da das enge Thal sich
bald in eine bloße Schlucht verwandelte, welche das weitere
Vordringen hinderte. Wir kehrten um und machten den gleichen
Versuch im nächsten Thale. Endlich fanden wir am dritten
Tage unseres Suchens das Flüßchen Ara=myrgyn=gol,
dessen Thal entlang wir den Quellen zu gingen, welche sich in
der Nähe des Hauptkammes befinden, und hier schlugen wir auf
einem kleinen Rasenplatze im Walde unser Zelt auf.

Unser Erscheinen im Gebirge und unser Aufenthalt daselbst
verursachte einen großen Schrecken unter den Mongolen und
Chinesen der Umgegend. Sie sahen das erste Mal Europäer
und wußten nicht, für was sie uns eigentlich halten sollten.
(Vier Jahre vor unserer Ankunft im Muni=ulla=Gebirge war
dort der französische Naturforscher und Missionär Armand
David, welcher aus Peking nach Ordos reiste.) Des Muth=

maßens und Rathens über das Ziel unserer Reise war kein
Ende. Selbst die Lamas nahmen ihre Zuflucht zum Wahrsagen
und verboten allen Mongolen uns irgend welche Mundvorräthe
zu verkaufen. Dieser Befehl stammte vom Abte des Klosters
Gympin, und er machte sich uns sehr fühlbar, da unsere Vorräthe nahezu erschöpft waren. Wir hofften zwar Fleisch durch
die Jagd zu erhalten, da wir jedoch das Gebirge nicht kannten,
so konnten wir auch während einiger Tage kein Wild erlegen,
und nährten uns während dieser Zeit ausschließlich mit Hirse-
grütze. Endlich gelang es mir ein Reh zu erlegen; als nun
die Mongolen sahen, daß es ihnen nicht gelingen wird, uns
durch Hunger zu vertreiben, begannen sie uns Butter und Milch
zu verkaufen.

Es gelang uns auch hier, wie überhaupt seit Kalgan, nur
wenig Vögel zum Ausstopfen zu erlegen. Hieran war nicht
allein die Armuth der Gegend an Vögeln, sondern auch der
Umstand Schuld, daß eben die Mauser eingetreten war, also
der größte Theil der erschossenen Exemplare sich zum Präpariren
nicht eignete. Bedeutend größer war die Insectenernte, noch
größer die der Pflanzen, von denen eben viele Specien zu blühen
begannen. Während des Juni waren Regen, gewöhnlich mit
Gewitter, sehr häufig und die frühere Trockenheit der Luft verwandelte sich nun in sehr große Feuchtigkeit. Gleichzeitig hörten
nun, im Gegensatze zum Mai, die heftigen, fast ununterbrochenen
Stürme auf; statt ihrer herrschte nun Windstille und Hitze.
Dank allen diesen Umständen begann sich im Juni die Pflanzenwelt mit der größten Energie zu entwickeln und schon in der
ersten Hälfte dieses Monats prangten die Steppen und kahlen
Bergabhänge, welche bis dahin gelbgrau waren, im saftigsten
Grün. Die Blumen begannen sich in großer Menge und Verschiedenheit zu zeigen, obgleich man die Steppen der südöstlichen
Mongolei in Bezug auf Schönheit durchaus nicht mit den Wiesen
unserer Gegend vergleichen kann. (Besonders ist dies der Fall
westlich vom Suma-chaba-Gebirge, wo wir den Sommer verbrachten; im Lande der Zacharen bieten die Wiesen in dieser
Periode sicherlich einen freundlicheren Anblick dar.) Hier findet
man nirgends einen großen, dicht mit Blumen durchwirkten
Teppich, oder das weiche, glänzende Grün des Rasens unserer

Wiesen. Im Gegentheile haben diese Steppen selbst dann einen traurigen Charakter, wenn die Vegetation in ihrer ganzen Fülle entwickelt ist; es ist alles monoton, alles wie nach einem Muster zugeschnitten. Das Gras, welches häufchenweise wächst, ist überall gleich hoch, und ohne das lebendige saftige Grün, den Blumen aber fehlt die Pracht glänzender Farben. Nur an den seltenen Quellen verändert sich der Charakter der Vegetation, und das saftigere Grün, manchmal auch ein Strich blühender Sumpf= schmirgeln zeugen dafür, daß hier bessere Lebensbedingungen für die Pflanzen vorhanden sind.

Während unseres vierzehntägigen Aufenthaltes im Gebirge Muni=ulla machten wir häufig Jagdausflüge; manchmal über= nachteten wir sogar im Gebirge, um gleich früh Morgens die Jagd beginnen zu können. Trotzdem gelang es uns nicht einen einzigen Hirsch zu erlegen, wenngleich sich ihrer hier viele auf= halten. In dieser Zeit wurden aber auch diese Thiere am eifrigsten von den Mongolen wegen ihrer jungen Hörner verfolgt, welche bekanntlich in China sehr gesucht sind. Als die vorzüg= lichsten werden die Hörner betrachtet, welche drei Enden haben und welche, trotz ihrer Größe, noch hinreichend mit Blut an= gefüllt sind. Für solche Hörner zahlen die Käufer von 50 bis 70 Lan; ältere Hörner taugen nicht mehr, da sie schon hart und verknöchert sind.

Die Nachfrage nach diesen Hörnern ist in China so groß, daß ihrer viele Tausende aus Sibirien über Kiachta dahin ge= sendet werden. Bis Kiachta werden sie mit der Post versendet und kommen häufig aus sehr entfernten Gegenden dahin. Außer= dem werden auch viele solcher Hörner von den Chinesen auf dem Amur verschifft und später durch die Mandschurei nach Peking transportirt.

Während meines Aufenthaltes am Amur und auch jetzt fragte ich häufig, zu welchem Zwecke man in China so viele junge Hirschhörner (man nennt sie in Sibirien „Panten“) braucht, doch konnte ich hierüber nie etwas Sicheres erfahren. Die Chinesen bewahren über die Verwendung dieser Hörner das strengste Geheimniß. Wie man übrigens hört, werden diese Hörner, nachdem sie noch auf besondere Weise präparirt worden sind, von den Söhnen des Himmlischen Reiches als starkes

Reizmittel genossen. Ich weiß nicht in wie weit dieses begründet
ist, jedenfalls spielen die Hörner eine sehr wichtige Rolle in der
chinesischen Medizin, sonst würden sie ihrer nicht alle Jahre so
große Massen verbrauchen und für sie nicht so ungeheure Preise
zahlen.

In der Alpenregion des Muni-ulla hatten wir das erste
Mal Gelegenheit die Schwierigkeiten der Jagd im Gebirge kennen
zu lernen. Ich kann nun aus Erfahrung sagen, daß zu dieser
der Mensch eine eiserne Gesundheit und große physische Kraft
besitzen muß. Sehr häufig ist man während einer Jagd im
Gebirge in der höchsten Gefahr, noch häufiger muß man bedeutende Schwierigkeiten überwinden, von denen der Bewohner
der Ebene keine Ahnung hat. Wir wollen gar nicht vom Gehen
auf schroffen, fast senkrechten Abhängen sprechen, welche den
Menschen dermaßen ermüden, daß er häufig, ohne vorher auszuruhen, keine zehn Schritte mehr zu gehen vermag; aber die
ungeheuren Felsen mit ihren schmalen, häufig verwitterten Vor-
sprüngen, die tiefen senkrechten Schluchten, oder auch Gerölle,
welches in Sibirien treffend als „Teufelssteinchen“ bezeichnet wird,
bilden eine Reihe durchaus nicht kleiner Gefahren. Es dürfte
manchmal ein Fehltritt, das Abbrechen eines Steines unter den
Füßen, hinreichen, um den Jäger für ewig zu begraben.

Außerdem aber ist auch die Jagd im Gebirge im höchsten
Grade undankbar. Hier hängt Alles vom Zufalle ab, man kann
auf Nichts mit Sicherheit rechnen; die Beute entgeht durchgängig
den Händen des Jägers und dieses gilt nicht bloß von den
Säugethieren, sondern auch von den Vögeln. Es ereignet sich,
daß man plötzlich irgend ein schönes Individuum bemerkt, aber
schon nach einem Augenblicke ist es im Dickichte des Waldes
verschwunden, hat es sich über einen Felsen erhoben oder ist
wohl gar auf die andere Seite eines tiefen Abgrundes geflogen.

In Bezug auf die Säugethiere ist die Lage noch schwieriger,
da hier das Thier sehr vorsichtig ist und fast immer Gelegenheit
hat den Jäger rechtzeitig zu sehen, oder zu wittern. Oft springt
das Thier ganz in der Nähe auf, oder läuft ganz nahe vor
dem Jäger vorbei, aber er kann es im Walddickichte nicht bemerken; manchmal erscheint es wie eine Silhouette auf der Spitze
eines Felsens, aber es verschwindet auch plötzlich hinter einem

Vorsprunge und der Jäger hört nur den Schall, den es durch das Berühren der Felsen mit seinen Hufen verursacht, oder das Geräusch der herabgeworfenen Steine. Selbst im günstigsten Falle kann man, wenn man ein Thier erblickt, nur mit Schwierigkeit gehörig nach ihm zielen, weil die Hände gewöhnlich, nach langem Klettern über schroffe Abhänge, zittern und deshalb die Waffe nicht gehörig fest halten. Endlich ereignet es sich aber auch, daß ein tödtlich verwundetes Thier entflieht und ein auf der Stelle erschossenes in einen unzugänglichen Abgrund stürzt. Ein glücklicher Schuß belohnt jedoch häufig den Jäger für alle ertragenen Mühseligkeiten.

Aber das Gebirge bietet auch viele erfreuliche Momente. Wenn man einen hohen Gipfel erklettert hat, von dem aus sich ein weiter Horizont nach allen Richtungen eröffnet, dann fühlt man sich freier und man schaut stundenlang das Panorama an, welches sich vor seinen Blicken ausbreitet. Die riesigen, abschüssigen Felsen, welche dunkle Schluchten verschließen oder Berggipfel krönen, haben in ihrer ganzen Wildheit ebenfalls eine Menge Reize. Ich hielt häufig an solchen Stellen an, setzte mich auf einen Felsen und lauschte der mich umgebenden Stille zu. Sie wird dort weder durch das Geplauder der Menschen, noch auch durch das wirre Treiben des alltäglichen Lebens unterbrochen. Nur sehr selten läßt sich das Geström einer Felstaube und die schrillernde Stimme eines Schneefinken vernehmen, selten auch sieht man an einer abschüssigen Felsenwand einen rothgeflügelten Wandläufer, oder es läßt sich endlich hoch aus den Wolken mit rauschendem Flügelschlag ein Adler auf seinen Horst hernieder und bald tritt wiederum die vorige Ruhe und Stille ein . . .

Kurz bevor wir den Muni‑ulla verließen, mietheten wir einen Mongolen zur Dienstleistung, welcher D s ch ü l ‑ b s ch i g a hieß und mit ihm reisten wir in die chinesische Stadt B a u t u , welche eigentlich, zum Unterschiede von dem kleinen, ebenfalls in der Nähe gelegenen Städtchen A r a ‑ B a u t u , S i ‑ B a u t u heißt, und auf der Südseite des In‑schan liegt. In dieser Stadt mußten wir Reis und Hirse für die weitere Reise einkaufen und dann über den Chuan‑che übersetzen, um nach Ordos zu gelangen.

Um auf die entgegengesetzte Seite des Muni-ulla zu gelangen mußten wir durchaus das Gebirge übersteigen; wir benutzten hierzu den Uebergang, in dessen Nähe wir uns eben befanden und den auch gewöhnlich die Bewohner der Umgegend auf ihren Reisen mit Maulthieren und Eseln zum Ueberschreiten des Gebirges benutzen. Der Uebergang ist hier nicht schwierig, der Fußsteig sehr gut und wird nur auf der Südseite etwas steiler; weiter zieht er sich durch die Schlucht, durch welche das Flüßchen Ubyr-myrgyn-gol, das wie der Ara-myrgyn-gol gleich nach seinem Austritt aus dem Gebirge im Boden verschwindet, fließt, und endet im Thale des Chuan-che, nachdem er sechszehn Kilometer dem Laufe dieses Flüßchens folgte.

Hier hat sich der Charakter der Gegend und Natur urplötzlich geändert. Die Berge fallen steil ins Thal ab; Wälder, Gebirgsbäche, lachende Wiesen — Alles hört plötzlich auf und statt ihrer erscheint die sandige, wasserlose und wie ein Tisch ebene Steppe. Die Säugethiere und Vögel, welche im Gebirge wohnen, sind verschwunden; man hört nicht mehr das Blöken des wilden Bockes, das Quackern der Rebhühner, das Klopfen des Spechtes, den Gesang der kleinen Vögel. Dafür aber erscheinen die Djerenantilope, die Lerche und Myriaden von Grillen, welche mit ihrem ununterbrochenen Gezirpe die Tagesstille während der größten Hitze unterbrechen.

Als wir aus dem Gebirge heraustraten, wendeten wir uns nach Süden durch das Thal, welches zwischen dem In-schan und dem linken Ufer des Chuan-che liegt und größtentheils von Chinesen bevölkert ist, deren Dörfer sich mehr dem Gebirge nähern, wahrscheinlich um den großen Ueberschwemmungen des gelben Flusses nicht ausgesetzt zu sein. Die weiten Felder sind überall ausgezeichnet bearbeitet und mit Hirse, Weizen, Gerste, Buchweizen, Hafer, Reis, Mais, Kartoffeln, Hanf, Erbsen und Bohnen besät; stellenweise sieht man Kürbisse, Wassermelonen und Mohn. Dank der niedrigern Lage des Chuan-che-Thales und dem Schutze, den das Gebirge gegen den Einfluß der Nordwinde bietet, begannen schon einige Getreidegattungen zu reifen, und die Gerste war so vollkommen reif, daß man schon mit ihrer Ernte begonnen hatte.

Am zweiten Tage machten wir einen Marsch von vierzig

Kilometer und kamen Nachmittag in die Stadt Bautu, welche
sieben Kilometer vom Ufer des gelben Flusses entfernt ist und
funfzig Kilometer westlicher liegt, als die von Huc (Souvenir
d'un voyage dans la Tartarie et le Thibet. Th. I. S. 309)
beschriebene Stadt Zagan-Kuren (Tschang-Kuren). Bautu ist
ziemlich groß, von einer quadratischen Lehmmauer umgeben, deren
jede Seite gegen drei Kilometer lang ist. Die Zahl der Bewohner konnten wir nicht erfahren, doch ist sie ziemlich bedeutend
und Bautu führt einen ausgebreiteten Handel mit den benachbarten Gegenden der Mongolei, d. h. mit den Uroten, mit Ordos
und Ala-schan. Hier befindet sich auch eine Eisengießerei, in
welcher große Schüsseln fabrizirt werden, deren sich die Chinesen
und Mongolen zum Kochen ihrer Speisen bedienen. Das Aeußere
dieser Stadt, wie aller chinesischen Städte, ist schmutzig und für
den Europäer durchaus nicht anziehend.

Kaum waren wir durch das Stadtthor hindurch, an welchem
ein Wachposten steht, so wurden wir auch schon nach unserm
Reisepaß befragt, und wurden, als wir ihn überreicht hatten,
sogleich von einem Soldaten nach dem Jamyn, d. h. nach
dem Rathhause, geführt. Vor dem Thore dieses öffentlichen
Gebäudes hielten wir mit unserer ganzen Karawane gegen zwanzig
Minuten, bei welcher Gelegenheit wir von einem Haufen neugieriger Chinesen umringt wurden, welche herbeigeeilt kamen,
um die nie gesehenen „Teufel von jenseit des Meeres" zu begaffen. Endlich kamen einige Polizeibeamte aus dem Jamyn
heraus und erklärten uns, daß uns der Mandarin, der Com-
mandeur der Garnison, zu sehen wünscht. Nachdem wir in die
benachbarte Straße gebogen waren, gelangten wir bald vor die
Wohnung des chinesischen Generals, wo man uns ersuchte von
den Pferden zu steigen und zu Fuß in den Hof zu kommen.
Im Thore nahm man uns die Waffen ab und führte uns hierauf
vor den Mandarin, welcher ganz roth gekleidet uns in der Thür
seiner Fanse erwartete. Als unser Mongole einen so wichtigen
Vorgesetzten bemerkte, stürzte er sich auch sogleich auf die Knie;
ich und mein Begleiter, wie auch der Kasak, welcher uns als
Dolmetscher diente, begrüßten den Mandarin nach europäischer
Manier. Der Mandarin bat uns hierauf in die Fanse einzutreten, wo er mich und meinen Begleiter einlud uns zu setzen

Auf der Hochebene Gobi.

(der Kasak und Mongole blieben stehen) und Thee herbeizubringen befahl. | Nun begann er zu fragen, woher wir kommen? wonach wir hierher gekommen sind? wohin wir reisen? u. s. w. Als ich ihm meinen Wunsch offenbarte durch Ordos nach Ala = schan zu gelangen, erklärte der Mandarin, daß dies sehr gefährlich sei, da sich überall auf dem Wege Räuber umhertreiben. Wohl wissend, daß man in China ohne Bestechung Nichts erreicht, wich ich der Erklärung über mein weiteres Reiseziel aus und befahl dem Kasaken zu erklären, daß ich dem Mandarin einen aus Rußland mitgebrachten Gegenstand, namentlich eine Uhr, zu schenken wünsche. Diese Mittheilung wirkte. Der Mandarin fingirte anfänglich, kein Geschenk annehmen zu wollen, später nahm er es jedoch an, dankte für dasselbe und versprach uns unbehindert nach Ordos zu lassen. Erfreut über einen so glück= lichen Ausgang der Sache verbeugten wir uns vor dem chinesischen General, empfahlen uns und baten ihn zu befehlen, daß man uns helfe ein Quartier zu suchen.

Nachdem wir einige Polizisten zu Führern erhalten hatten, gingen wir , in Begleitung einer ungeheuren Menschenmenge, welche uns vor dem Thore der Fanse des Mandarins erwartet hatte, in die Stadt, um ein Unterkommen zu suchen. Einige Male traten die Polizeidiener in eine und die andere Fanse ein, von wo sie uns weiter führten, nachdem sie vom Eigenthümer abschläglich beschieden worden waren, oder besser, nachdem sie ihn gezwungen hatten, ihnen fürs Weitergehn eine entsprechende Belohnung zu geben. Endlich kamen wir zu einem Kaufmanne, bei welchem Soldaten einquartiert waren. Nach langem Hadern wies man uns hier eine kleine und unbeschreiblich schmutzige Fanse als Wohnung an. Vergebens versicherten wir dem Eigen= thümer, daß wir bereit sind ihm zu geben, wie viel er will, wenn er uns ein besseres Unterkommen giebt; es war ein solches nicht vorhanden und wir waren gezwungen uns mit der uns angewiesenen Höhle zu begnügen.

Wir nahmen endlich unsern Kameelen das Gepäck ab, trugen alle unsere Sachen in die Fanse und dachten nun auszuruhen, aber die Volksmenge, welche nicht nur den Hof, sondern sogar die Straße vollkommen gesperrt hatte, ließ uns nicht eine Minute ruhen. Vergebens verschlossen wir die Fenster und die

Thür unserer Fanse; jene und diese wurden erbrochen und wir wurden von einem Haufen Zudringlicher umringt, unter denen sich vor allen Soldaten durch Roheit und Frechheit auszeichneten. Einige dieser ungebetenen Gäste erdreisteten sich sogar uns zu betasten, als sie jedoch einen Fußtritt erhalten hatten, sprangen sie auf die Seite und begannen zu schimpfen. Die Polizeidiener, denen ich eine Belohnung für ihre Bemühungen versprochen hatte, thaten was in ihren Kräften stand, um den Andrang der Menge zurückzuhalten und es kam in Folge dessen einige Male zu Schlägereien. Endlich gelang es ihnen das Hofthor zu verschließen. Nun kletterten die Neugierigen aufs Dach und stiegen von hier in den Hof herab. Dieses dauerte bis zum Abend. Jetzt erst entfernte sich die Menschenmenge und wir legten uns, ermüdet durch alle Anstrengungen des Tages, zur Ruhe. Doch die Hitze in der Fanse und die sich umhertreibenden Soldaten, welche in der Nähe wohnten, erlaubten uns nicht auszuruhen, in Folge dessen wir mit Sonnenaufgang mit einem starken Kopfschmerze aufstanden und beschlossen, so schnell wie möglich die nothwendigen Einkäufe zu machen und eiligst die Stadt zu verlassen.

Beim ersten Schritte auf die Straße wiederholten sich die gestrigen Scenen. Eine dicht gedrängte Menge umringte uns und kümmerte sich wenig um den Eifer derselben Polizeidiener, welche wie gestern mit ihren langen Flechten, wie mit Peitschen nach allen Richtungen schlugen, um wenigstens einen Durchgang zu schaffen. Kaum kamen wir in einen Kram, so füllte sich dieser mit Menschen, so daß der Eigenthümer, durch eine solche Ueberfluthung erschrocken, Nichts verkaufen wollte und nur bat, daß wir ihn schleunigst verlassen. Endlich gelang es uns unter dem Schutze der Polizeidiener in den Hof eines Kaufmannes zu gelangen und dort in einem Hinterhäuschen das Nöthige zu kaufen.

Nach unserer Rückkehr in unser Quartier hatten wir dieselben Qualen wie gestern zu erdulden; doch machten nun unsere polizeilichen Schutzengel, welche schon ein Stückchen Silber erhalten hatten, das Hofthor zu und ließen Neugierige nur gegen Bezahlung in denselben. Ich gestehe, daß es mir nicht ganz angenehm war die Rolle bisher nicht gesehener Thiere zu spielen, jedoch stellte es sich heraus, daß dieses das kleinere von zwei Uebeln war, denn nun erschienen die Beschauer wenigstens nicht mehr zu Hunderten, sondern nur zu Zehn und führten sich überdies weit anständiger auf.

Gegen Mittag kam man uns mitzutheilen, daß uns der Mandarin wieder sehen will, und wir begaben uns schnell zu ihm, wobei ich sogleich die versprochene Uhr mitnahm. Man führte uns in die Kaserne, wo wir auf die Audienz warteten. Während der halben Stunde, welche wir in diesem Lokale zu-brachten, hatten wir Gelegenheit das häusliche Leben der chinesischen Krieger kennen zu lernen. In Bantu befinden sich gegen fünf tausend Mann, welche größtentheils aus Süd-China stammen; man nennt sie hier „Chotanen", außerdem sind Mandschuren und, in geringer Zahl, Solonen unter dieser Garnison. Alle diese Soldaten sind mit Luntenflinten, sehr selten nur mit europäischen Gewehren, mit Säbeln, langen Lanzen aus Bambus-rohr, an denen sich ungeheure rothe Flaggen befinden, bewaffnet.

Die Demoralisation und Zügellosigkeit der Soldaten über-steigt jede Beschreibung; gegenüber den friedlichen Bewohnern benehmen sie sich wie wirkliche Räuber. Nebenbei sind auch die Krieger des Himmlischen Reiches dem Opiumrauchen er-geben. In den Kasernen stehen überall brennende Lichter und neben ihnen sieht man Rauchende oder solche, die so eben dieses Geschäft beendet haben und nun in tiefen Schlaf versunken da-liegen. Der General weiß nicht, wie er seinen Soldaten diese verderbliche Gewohnheit abgewöhnen soll und fragte mich noch während der ersten Audienz, ob ich nicht eine Arzenei gegen das Opiumrauchen kenne, wofür er gern eine große Belohnung geben würde.

Der Mandarin empfing uns heute in derselben Fanse, in welcher er uns Tags zuvor empfangen hatte, und begann, als er die versprochene Uhr empfangen hatte, eine Unterhaltung über Rußland. Er fragte, wie weit es von Bantu nach unserer Hauptstadt ist? wie bei uns das Land bearbeitet wird? u. s. w. Gleichzeitig betrachtete er unsere (Parade-) Anzüge mit einer solchen Genauigkeit, daß er selbst aufs Hemd und auf die Stiefel kam. Während des üblichen Theetrinkens brachte man uns die versprochenen Geschenke, welche aus kleinen seidenen

Beutelchen bestanden, in denen die Mongolen ihre Tabacksdosen tragen. Nachdem wir dem Mandarin gedankt hatten, erklärten wir ihm, daß wir noch heute die Stadt zu verlassen wünschen und baten ihn anzuordnen, daß man uns nicht an der Ueber= fähr über den Chuan=che aufhalte. Der General versprach dieses zu thun und wir empfahlen uns. Kurze Zeit darauf brachte man uns einen Paß von ihm und unsern Pekinger Reisepaß, so daß wir nun ungehindert weiter reisen konnten. Wir beluden nun unsere Kameele und verließen endlich unter Begleitung einer ungeheuren Menschenmenge die Stadt. Wir gelangten auch bald an die Ueberfähr Lau=chaisa, von wo aus wir über den Fluß ans andere Ufer gelangen sollten.

In Lau=chaisa begann man vor allen Dingen Verhand= lungen wegen des Ueberfahrgeldes und nach langem Streiten willigte man ein uns für vier tausend Tschoch ans andere Ufer zu bringen; diese Summe beträgt ungefähr vier Rubel Silber. Nun nahmen wir unseren Kameelen das Gepäck ab, und schleppten dasselbe auf die Barkasse. Auf diese brachten wir auch unsere Pferde und machten uns endlich daran, auch die Kameele auf sie zu bringen. Mit diesen hatten wir jedoch viele Umstände, da die furchtsamen Thiere durchaus nicht ins Wasser und noch viel weniger auf das Fahrzeug wollten. Nun nahmen gegen zehn Chinesen ein Brett, legten es platt an den Hintertheil der Thiere und schoben sie so gegen die Barkassen, während andere sich bemühten die Vorderfüße der Kameele, welche bei dieser Gelegenheit spieen und aus voller Kehle brüllten, in das Fahrzeug zu ziehen, wohin wir die Thiere trotz alles Sträubens endlich doch brachten. Hier wurden nun die Kameele niedergelegt, so daß sie während der Fahrt nicht auf= stehen konnten.

Endlich, nach zweistündiger Arbeit, hatten wir das Laden unserer Karawane beendet, und man zog unser Fahrzeug mit Leinen stromaufwärts. Nachdem man die Barkasse ungefähr einen Kilometer gezogen hatte, ließ man sie mit dem Strome schwimmen und wir erreichten mit Hülfe der Ruder das andere Ufer. Hier wurde Alles sehr bald ausgeladen und wir befanden uns in — Ordos.

V. Kapitel.

Ordos.

Ordos wird die Gegend genannt, welche innerhalb des Bogens liegt, den der gelbe Fluß gegen Norden macht, und welche von drei Seiten, und zwar von Westen, Norden und Osten, von diesem Flusse begrenzt wird; im Süden grenzt sie an die Provinzen Schen-si und Gan-su. Die Südgrenze wird durch dieselbe große Mauer gebildet, welche wir schon bei Kalgan kennen gelernt haben. Wie dort, so trennt auch hier diese Mauer die Kultur und das seßhafte Leben des eigentlichen Chinas von den Wüsten der Hochebene, wo das Volk nur ein nomadisirendes Hirtenleben führen kann. Hier grenzen hart aneinander die beiden größten Kontraste der physischen Bildung unserer Erde: von einer Seite die warme, fruchtbare, reich bewässerte und von Gebirgen durchschnittene chinesische Ebene und von der andern Seite die kalte und wüste Hochebene; diese Lage hat das historische Geschick der Völker entschieden, welche beide hart an einander grenzende Gegenden bewohnen, wie dies ja Ritter in seinem klassischen Werke: „Geographie Asiens" nachgewiesen hat. Unter

einander unähnlich, sowohl der Lebensweise, als dem Charakter
nach, waren sie von der Natur bestimmt, einander fremd zu
bleiben und sich gegenseitig zu hassen. Wie für den Chinesen
ein ruheloses Leben voller Entbehrungen, ein Leben, wie es der
Nomade führt, unbegreiflich und verächtlich war, so mußte auch
der Nomade seinerseits verächtlich auf das Leben voller Sorgen
und Mühen des benachbarten Ackerbauers blicken und seine wilde
Freiheit als das höchste Glück auf Erden schätzen. Dies ist
auch die eigentliche Quelle des Kontrastes im Charakter beider
Völker; der arbeitsame Chinese, welcher seit unvordenklichen Zeiten
eine vergleichungsweise hohe, wenn auch eigenartige Civilisation
erreicht hatte, floh immer den Krieg und hielt ihn für das
größte Uebel, wogegen der rührige, wilde und gegen physische
Einflüsse abgehärtete Bewohner der kalten Wüste der heutigen
Mongolei immer bereit zu Angriffen und Raubzügen war. Beim
Mißlingen verlor er nur wenig; im Falle eines Erfolges gewann
er Reichthümer, welche durch die Arbeit vieler Geschlechter angesammelt waren.

Dieses die Gründe, weshalb die Nomaden sich immer be-
strebten, nach China zu gelangen, wozu ihnen der Rand der
Hochebene die beste Gelegenheit bot. Hier konnten sich große
Horden ansammeln und plötzlich im Lande des Feindes erscheinen.
In historischer Zeit wurden einige Male solche Einfälle sowohl
von der Mongolei, als von der Mandschurei her durch die
Waldbewohner der letzteren unternommen. Die große Mauer
konnte solche Ueberfluthungen durch die Barbaren nicht aufhalten
und diese wiederum waren nicht fähig, einen Staat zu gründen,
welcher die sichern Bedingungen der Dauer in sich getragen
hätte. Nach Verlauf einer gewissen Periode der Herrschaft büßten
die Barbaren, in der Berührung mit einer ihnen bis dahin
fremden Civilisation die einzige Basis ihrer Macht, den kriegerischen Geist ein, wurden in ihre Hochebene zurückgetrieben, ja
sogar zeitweise China unterthan. Das letztere wiederum hat,
nicht sowohl durch Macht, als durch eine hinterlistige Politik,
sehr oft die ihm seitens der Nomaden drohende Gefahr abgewendet.

Seiner physischen Beschaffenheit nach bildet Ordos eine
ebene Steppe, welche hin und wider an ihrem Rande von
Gebirgen durchschnitten ist. Der Boden ist überall sandig, oder

salzhaltiger Lehm, also zur Bearbeitung nicht geeignet. Eine Ausnahme hiervon macht nur das Chuan-che-Thal, wo auch Chinesen als ansässige Bevölkerung auftreten. Die absolute Höhe der Gegend beträgt wohl zwischen tausend und tausend- dreihundert Meter. (Im Chuan-che-Thale in der Nähe von Bautu beträgt die Meereshöhe 1010 Meter, während 27 Kilometer westlich von der Stadt Dyn-chn das siebende Wasser eine ab- solute Höhe von 1105 Meter anzeigt.) Orbos erscheint somit als eine Uebergangsstufe aus der Wüste Gobi nach China. Von der ersteren ist es wiederum durch Gebirge getrennt, welche sich im Norden und Osten des gelben Flusses hinziehen.

In alten Zeiten war Orbos die Beute verschiedener Eroberer, welche einander folgten. In der Mitte des 5. Jahrhunderts n. Chr. erschienen hier das erste Mal die Mongolen, dann fiel die Gegend gegen das Ende des 16. oder im Anfange des 17. Jahrhunderts in die Gewalt der Zacharen, welche jedoch bald die Oberherrschaft der mandschurischen Dynastie, die den chinesischen Thron inne hatte, anerkannten. Seit der Eroberung des Landes durch die Zacharen erhielt es seine jetzige Benennung; im Alterthume hieß es The-nan, und noch früher The-bao. Nach der Unterwerfung durch China erhielt Orbos eine für alle Nomaden gleiche administrative Einrichtung und ist jetzt in sieben Choschunate getheilt, welche folgende Lage haben: im Norden das Choschunat der Dalden und Changin; im Westen die Choschunate Otok und Sasak; im Süden Uschin, im Osten die Dschungarei und in der Mitte das Choschunat Wan. Städte giebt es in Orbos nicht.

Wie schon gesagt, liegt Orbos halbinselförmig in dem vom Chuan-che (Hoang-ho) beschriebenen Bogen. Dieser Fluß, einer der größten Flüsse Asiens, entspringt aus der im Süden des Kuku-nor liegenden Alpengegend, windet sich hier häufig zwischen riesigen Gebirgen hindurch und gelangt endlich bei der Stadt Che-tscheu in die Grenzen des eigentlichen Chinas. Von hier, eigentlich aber von der Stadt Lan-tscheu aus, strömt der Chuan-che, mit einer geringen Abweichung gegen Osten, gerade gegen Norden und behält diese Richtung in einer Länge von fünf Breitengraden bei. Weiterhin wird er durch die Erhebung der Wüste Gobi und dem In-schangebirge vom Verfolgen dieser Richtung aufgehalten, wendet sich plötzlich gegen Osten, fließt nun gegen 50 geographische Meilen in dieser Richtung, verändert sie dann aber plötzlich, um gegen Süden, häufig sogar parallel mit seinem obern Laufe, zu strömen. Doch verläßt der Chuan-che unter einem rechten Winkel auch diese Richtung, strömt gegen Osten, bis endlich sein Hauptarm sich in den Petschiliner Busen ergießt, während ein zweiter, verschlammter Arm in das gelbe Meer fällt. Diese Veränderung des Laufes des Chuan-che ist gar nicht alt und datirt erst aus dem Jahre 1855, in welchem dieser Strom den Damm in der Nähe von Kai-fyn-fu durchbrach und mit seinem Hauptarme gegen Norden dem Petschiliner Busen zueilte, um sich in diesen, gegen 400 Kilometer von seiner frühern Mündung, zu ergießen. Die launenhaften Krümmungen des Chuan-che und der Reichthum an Regen in der Gegend seines obern Laufes sind die Ursachen sehr häufiger und großartiger Ueberschwemmungen, die sehr oft große Verwüstungen anrichten.

Nachdem wir nach Ordos gekommen waren, beschlossen wir, nicht auf dem kürzesten Wege in der Diagonale, den Huc und Gabet, so wie die früheren Missionäre (Martini und Gerbillon) eingeschlagen hatten, weiter zureisen, sondern das Flußthal zu verfolgen. Dieser Weg versprach interessantere Ausbeute für zoologische und botanische Untersuchungen, als der Weg durch die Wüste des Innern von Ordos. Außerdem wollten wir aber auch die Frage über die Verzweigungen des Chuan-che in seinem Nordbogen entscheiden.

Wir gingen 434 Kilometer von der Ueberfähr gegenüber von Bautu bis nach der Stadt Dyn-chu, (welche auf den Karten Klapproth's und Kiepert's unterm dem Namen Tschagan-subar-chan eingetragen ist,) und fanden als Resultat unserer Untersuchung die Thatsache, daß eine solche Verzweigung des Chuan-che im Nordbogen, wie sie gewöhnlich auf den Karten dargestellt wird, gar nicht existirt, und daß der Fluß an dieser Stelle sein Bett geändert hat.

Um den Gegenstand in logischer Ordnung zu behandeln, werde ich erst eine allgemeine Skizze des Charakters des Theils des Flusses und seines Thales geben, welchen wir erforscht haben, und dann erst werde ich unsere Reise durch Ordos im Zusammenhange beschreiben.

Indem sich der Chuan-che für einen Fluß seiner Größe
sehr bedeutend windet, strömt er mit einer Schnelligkeit von
hundert Meter in der Minute durch das Thal, welches im
Norden vom In-schan und seinen westlichen Verlängerungen
und im Süden von einem Strich Flugsand, welchen die Mongolen
mit dem Namen „Kusuptscha" bezeichnet haben, begleitet
wird. Obige Schnelligkeit haben wir während unserer Ueberfahrt
bei Bautu in der Nähe des Ufers beobachtet; die Strömung
war gewiß in der Mitte des Flusses bedeutender, doch hängt
wohl die größere oder geringere Schnelligkeit vom höhern oder
niedrigern Wasserstande ab, der zur Zeit, als wir über den Fluß
fuhren, ein mittlerer war. Die Ufer des Flusses, wie sein Boden
bestehen aus Lehm; sein Wasser ist ungemein trübe, so daß ich
durch eine Untersuchung 1,3 % Schmutz in ihm gefunden habe.
Die im Wasser befindlichen Unreinlichkeiten, welche ihm eine
gelbgraue Färbung geben, sind jedoch der Gesundheit nicht schädlich,
besonders wenn man sie sich ein wenig niederschlagen läßt.

Die Breite des Flusses ist auf der ganzen von uns bereisten
Strecke fast gleich und hängt ebenfalls vom höhern oder niedrigern
Wasserstande ab. Gegenüber der Stadt Dyn-chu habe ich mit
Hilfe der Bussole die Breite gemessen und fand volle 385 Meter.
Annähernd eben so breit, oder doch nur sehr wenig breiter, ist
der Chuan-che (während eines mittleren Wasserstandes) gegenüber
von Bautu. Die Tiefe des gelben Flusses ist sehr bedeutend
und man findet nirgends eine Furth, durch die man ihn durchwaten könnte; Flußdampfer könnten, wie es scheint, hier sehr
bequem kursiren. Jetzt wenigstens fahren auf dem Chuan-che
sehr große Barken (Flußfahrzeuge), welche für die chinesische
Armee, die am linken Ufer des Flusses aufgestellt ist, Proviant
herbeibringen. Man sagt, daß zur Reise von Bautu nach
Nin-sja vierzig Tage nöthig sind, während die Reise in der entgegengesetzten Richtung, also stromabwärts, nur sieben Tage dauert.

Auf der ganzen von uns bereisten Strecke hat der Chuan-che
keine Buchten, sondern fließt gleichmäßig zwischen niedrigen
Ufern; der lehmige Boden und die Schnelligkeit der Strömung
sind die Ursachen, weshalb die Ufer dieses Flusses beständig
unterwühlt werden und dann einstürzen.

Vom Meridiane des westlichen Winkels des Muni-ulla ab,

bilden sich sowohl am rechten, wie am linken Ufer des Chuan-che
Abzweigungen, welche häufig eine Breite von 50 bis 75 Meter
haben. Diese Abzweigungen verbinden sich jedoch bald wieder
mit dem Hauptstrome und nur eine von ihnen, Baga-chatun
genannt, zieht sich ziemlich weit gegen Osten hin. Was nun die
Abzweigungen betrifft, welche am rechten Ufer des Nordbogens
des Chuan-che (westlich vom Muni-ulla) auf den Karten verzeichnet sind, so existiren dieselben in Folge der veränderten
Strömung des Flusses jetzt gar nicht. Er hat sein früheres Bett
gänzlich verlassen und fließt nun gegen fünfzig Kilometer südlicher
als ehedem. Das alte, von den Mongolen Ulan-chatun
genannte Bett hat sich sehr gut erhalten und wir haben es
während unserer Rückreise aus Ala-schan nach Peking gesehen.
Die Mongolen haben einstimmig behauptet, daß zwischen dem
alten Bette und dem jetzigen gelben Flusse noch zwei Abzweigungen
existiren, welche bis an das westliche Ende des Muni-ulla reichen,
wo wiederum andere Abzweigungen entstehen. Aller Wahrscheinlichkeit nach sind es wohl jene beiden Abzweigungen, welche auf
einigen Karten auf der Südseite des Chuan-che verzeichnet sind,
der jetzt seinen Lauf durch die dritte, ehemals südlichste Abzweigung
genommen hat.

Der gelbe Fluß hat seinen Lauf das letzte Mal, aller
Wahrscheinlichkeit nach vor gar nicht langer Zeit, durch ein
anderes Bett genommen. Diese Annahme wird durch den Um-
stand unterstützt, daß die Provinz Ordos nicht bis an den jetzigen
Chuan-che reicht, sondern sich bis an das alte Bett hinzieht.
Die Mongolen der Gegend erzählten uns nach der Tradition,
daß, als der Chuan-che nach starken Sommerregen sein früheres
Bett verlassen und eine andere südlichere Richtung eingeschlagen
hatte, zwischen den Bewohnern von Ordos und den Uroten ein
Grenzprozeß entstanden ist. Zur Untersuchung der Sachlage
kam aus Peking eine Commission, welche entschied, daß das
Gebiet von Ordos so weit wie früher, d. h. bis an das aus-
getrocknete Flußbett reichen soll. Thatsächlich liegen auch jetzt
ein und dieselben Choschunate am rechten und linken Ufer des
gelben Flusses; auch dieses weist darauf hin, daß der Chuan-che
seinen Lauf schon während der jetzigen Eintheilung von Ordos
in die bestehenden Choschunate verändert hat.

Das Thal des Chuan-che hat in dem hier beschriebenen
Theil des Flußlaufes eine Breite von 30 bis 60 Kilometer
und der Boden besteht aus angeschwemmtem Lehm. Wir fanden
einige Male beim Nachgraben in einer Tiefe von 0,60 bis
1 Meter feinen Sand. Aller Wahrscheinlichkeit nach ist jedoch
die angeschwemmte Lehmschicht i. der Nähe des Flusses weit
dicker, denn die hier angegebene Tiefe fanden wir in der Nähe
der Sandwüste Kusuptscha, also ganz am Rande des Chuan-che-
Thales. Auf der Nordseite des Flusses, westlich vom Muni-ulla,
wird sein Thal bedeutend breiter, während es südlich durch den
Sand der Kusuptscha, welcher bis an den Chuan-che reicht, sehr
stark verengt wird.

Das nördliche Thal ist, mit geringen Ausnahmen, und zwar
da, wo es ans Gebirge reicht und der Boden sandig oder steinig
ist, überall culturfähig und dicht mit chinesischen Dörfern besät.
Dasselbe kann man auch vom Thale, welches sich am Südufer
des Flusses hinzieht, von der Stelle an, wo wir über ihn setzten,
bis fast an den Meridian des westlichen Winkels des Muni-ulla
sagen. Hier muß jedoch noch bemerkt werden, daß das fruchtbare
und cultivirte Thal des südlichen Chuan-che-Ufers sich gegen Osten
zu und zwar viel weiter als zu der Stelle, an welcher wir über
den Fluß setzten, hinzieht. Am westlichen Winkel des Muni-ulla
bietet das Thal überall den Anblick einer Wiese dar, ist von
einigen Flüßchen durchschnitten und stellenweise findet man in
einiger Entfernung vom Flusse kleine Sümpfe und Seen. Auf
den bewässerten Wiesen findet man: Zahntrost (Odontites
rubra), Sternblumen (Aster tataricus), mandschurische
Hirse (Panicum mandschuricum), Zaunwinde (Calyste-
gice acetosaefolia), Kugeldisteln (Echinops Turczaninovii),
Gänsedistel (Sonchus brachyotus), Grasnelken (Statice
aurea), Sophoren (Sophora flavescens), Cynanchum
acutum, Schwalbenwurz (Vincetoxicum sibiricum),
Vincetoxicum sp., einige Specien Hahnenfuß (Ranunculus), Wucherblumen (Tanacetum), Oxytropis, Wege-
breit (Plantago), Ziest (Stachys), Spörgel (Spergularia),
Adenophora, u. s. w., so daß stellenweise diese Wiesen
ganz unsern europäischen ähnlich sind. Näher am Flusse wachsen:
Beifuß (Artemisia sp.), Strandhafer (Elymus sp.), welche
11*

weiter gegen Westen mit der Mandelweide (Salix sp.) große
Flächen bedecken. Die Moräste und ihre Ränder sind dicht mit
Rohr (Phragmites communis) bewachsen; wo sie von ihm
nicht bedeckt sind, da erscheinen: Froschlöffel (Alisma plantago), Tannenwedel (Hippuris vulgaris), Specien von
Binsen (Scirpus), Elaeocharis, Cypergras (Cype-
rus), Binsen (Juncus), Wasserschlauch (Utricularia),
Wasserschierling (Cicuta), Schaftheu (Butomus), Mo-
nochorien (Monochoria), Läusekraut (Pedicularis), Lat-
tich (Lactuca).

Der Sand der Kusuptscha reicht hier nicht unmittelbar an
das Thal des Chuan-che, sondern ist von ihm durch einen sandig-
lehmigen Erdstrich getrennt, welcher sich überall als eine steil
abfallende Wand von 16 bis 32 Meter Höhe erhebt und aller
Wahrscheinlichkeit nach einst das eigentliche Ufer gebildet hat.

Der soeben erwähnte Erdstrich ist hin- und wider mit
kleinen 2 bis 3½ Meter hohen Hügeln bedeckt, welche hauptsächlich mit Beifuß (Artemisia campestris) und Kugel-
akazien (Caragana sp.) bewachsen sind. Hier auch findet
man in großer Menge die charakteristischen Pflanzen von Ordos,
das Süßholz (Glycyrrhiza uralensis), von den Mongolen
Tschichir-buja, von den Chinesen aber So oder Sogo
genannt. Diese Pflanze, welche zur Familie der Schmetterlingsblüthler gehört, hat eine Wurzel, deren Länge gegen 1,30 Meter
ja noch mehr und deren Dicke bei der Krone über fünf Centimeter
beträgt. Eine solche Größe erreicht jedoch die Wurzel nur, wenn
die Pflanze schon vollständig entwickelt ist; die Wurzeln junger
Pflanzen erreichen nur die Dicke des Mittelfingers, wenngleich
auch sie eine Länge von 1 bis 1,30 erreichen. Zum Ausgraben
der Wurzeln bedient man sich eiserner Spaten mit hölzernen
Stielen. Das Ausgraben ist übrigens eine schwierige Arbeit,
da die Wurzel fast senkrecht in den harten Lehmboden eindringt;
dabei wächst die Pflanze auf wasserlosen Stellen, wo man unter
dem Einflusse brennender Sonnenstrahlen arbeiten muß.

Wenn die Süßholzwurzelgräber, welche größtentheils von
den Chinesen gemiethete Mongolen und Mongolinnen sind, in
die Gegend kommen, in welcher sie die Wurzeln sammeln, so
errichten sie erst ein Centraldepot, wohin sie alle Tage die

ausgegrabenen Wurzeln bringen. Hier werden sie in eine Grube
gelegt, um sie vor dem Verdorren an der Sonne zu bewahren.
Hierauf werden von jeder Wurzel das dünne Ende und die
Seitenwürzelchen abgeschnitten, die Wurzeln selbst wie Stöcke
in Bunde zusammengebunden, deren jedes gegen hundert Gin
wiegt und nun auf Barken geladen, um den Chuan-che hinab
verschifft zu werden. Die Chinesen sagten uns, daß die Süß-
holzwurzel nach Südchina gesendet wird, wo man aus ihr ein
besonders kühlendes Getränk bereitet.

Vom Meridiane des westlichen Muni-ulla-Winkels stromaufwärts verändert sich der Charakter des südlichen Chuan-che-
Thales ziemlich auffällig. Der früher fruchtbare Lehmboden hat
nun eine Beimischung von Salz und zwar häufig in einer solchen
Masse, daß es die Oberfläche mit einem weißen Anfluge bedeckt;
Moräste und Flüßchen, welche schon in dem soeben beschriebenen
Theile des Thals eine Seltenheit waren, sind hier gar nicht
vorhanden, so daß man, mit Ausschluß des Chuan-che selbst,
nirgends einen Tropfen Wasser findet.

Mit dem Boden verändert sich auch die Vegetation. Die
Wiesen mit ihrer Flora, welche uns, trotzdem sie nicht eben sehr
reich, wenn auch ziemlich verschiedenartig war, im Chuan-che-
Thale und in den Oasen der Kusuptscha von der Mitte Juli
bis Ende August 137 und im Muni-ulla-Gebirge vom Ende Juni
bis Anfangs Juli 163 blühende Pflanzenarten geboten hat
(einige im Gebirge gefundene Pflanzen fanden wir übrigens auch
im Chuan-che-Thale wieder), verschwanden und wir fanden nun
den jetzt beschriebenen Theil des Thals mit Rohrgras (Cala-
magrostis sp.) und Dyrisun (Lasiagrostis splendens) bewachsen. Die letztere Pflanze erreicht eine Höhe von 2 Meter
und vegetirt buschweise; dabei ist sie hart wie Draht, so daß
man nur mit großer Mühe einen Stengel abreißen kann. Die
Strauchpflanzen werden immer größer und bedecken häufig bedeutende Flächen, welche sich bis an den Chuan-che hinziehen,
ja sogar am entgegengesetzten Ufer dieses Flusses wachsen. Unter
diesen Sträuchern überwiegt besonders eine Art, namentlich der
Tamariskenstrauch (Tamarix sp.), welcher häufig den
Umfang eines Baumes von 6 Meter Höhe und 7½ bis
10 Centimeter Dicke erreicht.

Der Flugsand, welcher in dem früheren Thalabschnitte bis zwanzig und mehr Kilometer vom Flusse entfernt war, nähert sich ihm in diesem Theile des Thales bedeutend, ja sendet sogar stellenweise kleine Ausläufer bis an den Fluß selbst heran. Dieser Sand wird, wie schon gesagt, von den Mongolen Kusuptscha genannt. Dieses Wort bedeutet in der Uebersetzung „Halsband" und ist sehr treffend gewählt, da der genannte Sandstrich sich am Chuan-che-Thale vom Meridian der Stadt Bautu ab bis gegen 300 Kilometer den Fluß aufwärts, wie ein scharfer Saum hinzieht; weiterhin geht dieser Flugsand aufs linke Ufer des Chuan-che über und bedeckt ganz Ala-schan.

Der Sand der Kusuptscha bildet nicht hohe (13—16, seltener bis 48 Meter hohe) Hügel, von denen sich einer in der Nähe des andern befindet und die alle aus feinem gelben Sande bestehen. Die obere Schichte dieses Sandes, der vom Winde bald auf die eine, bald auf die andere Seite der Hügel geweht wird, bildet hier eine lockere Anhäufung, welche Schneewellen ziemlich ähnlich sind. Der Untergrund des Kusuptschasandes besteht aus hartem Lehm, ähnlich dem im Chuan-che-Thale. Diese Erscheinung dient als Beweis dafür, daß Ordos einst der Boden eines Sees gewesen ist, der durch das heutige Bett das Chuan-che durchgebrochen ist, um dem Oceane zuzueilen. Die ehemaligen Untiefen des Sees sind heute Flugsand. Die Glaubwürdigkeit dieser Annahme wird theilweise durch historische Nachrichten der Chinesen bestätigt, nach welchen im Gebiete des jetzigen Chuan-che im Jahre 3100 und 2300 v. Chr. große Ueberschwemmungen stattgefunden haben. (Ritter: Geographie Asiens.)

Die kahlen gelben Hügel der Kusuptscha machen einen unangenehmen, sehr traurigen Eindruck auf den Beobachter, wenn er in ihre Mitte eindringt und nun nichts sieht als Himmel und Sand, denn dort giebt es keine Pflanze, kein Thier, mit Ausnahme der gelbgrauen Eidechse (Phrynocephalus sp.), welche, wenn sie über den lockern Sand kriecht, diesen mit verschiedenartigen Zeichnungen, den Spuren ihrer Bewegungen, bedeckt. Es wird dem Menschen schwer ums Herz beim Anblicke dieses im vollen Sinne des Wortes leblosen Sandmeeres. Man hört hier durchaus keinen Ton, nicht einmal das Zirpen der Grille, — rundum herrscht Grabesstille … Dieses mag auch erklären, weshalb die Mongolen, welche in der Gegend vagiren, einige entsprechende Legenden über diese furchtbare Wüste erdacht haben. Sie sagen, daß dies der Hauptschauplatz der Thaten zweier Helden — Heſer-Chans und Dschengis-Chans — geweſen iſt, daß dieſe Helden im Kampfe mit den Chineſen hier eine große Anzahl Feinde getödtet haben, deren Leichen nach dem Willen Gottes der Wind mit Sand, den er aus der Wüſte herbeibrachte, bedeckt hat. Bis heutigen Tages noch, ſagten die Mongolen mit abergläubiger Furcht, kann man in der Wüſte Kuſuptſcha, ſelbſt am Tage, Stöhnen, Geſchrei u. ſ. w. hören, das die Seelen der Erſchlagenen hervorbringen. Bis heutigen Tages entblößt der Wind, indem er den leichten Sand mit ſich reißt, verſchiedene werthvolle Gegenſtände, wie z. B. ſilbernes Geſchirr, das dann ganz offen daliegt, aber nicht genommen werden kann, da den Verwegenen, der ſeine Hand danach ausſtreckt, ſogleich der Tod ereilen würde.

Die zweite Legende ſagt, daß Dſchengis-chan, von ſeinen Feinden bedrängt, die Sandwüſte Kuſuptſcha gemacht und dem Chuan-che einen andern Lauf gegeben hat, um ſich hierdurch gegen feindliche Ueberfälle zu ſchützen.

Es herrſcht jedoch nicht in der ganzen Wüſte Kuſuptſcha, welche nach Angabe der Mongolen eine Breite von 15 bis 80 Kilometer hat, Tod und Veröbung. In der Nähe des äußern Saumes findet man ſtellenweiſe kleine Oaſen, welche mit ziemlich verſchiedenartigen Pflanzen bedeckt ſind, unter denen der drei Meter hohe Süßklee (Hedysarum sp.), welcher im Auguſt ganz mit roſarothen Blüthen wie begoſſen iſt, das Uebergewicht hat. Außerdem wachſen hier die nicht großen Bäume Calligonum sp., Tragopyrum sp. und die ausgezeichnete Kreuz= blüthlerin Pugionium cornutum. Bis jetzt war dieſe Pflanze bei uns nur durch zwei kleine Zweige bekannt, welche der Naturforſcher Gmelin im vorigen Jahrhunderte nach Europa gebracht hat und deren einer im Muſeum in London, der andere im Muſeum in Stuttgart aufbewahrt wird. Zu meinem großen Bedauern wußte ich nicht, daß das Pugionium eine ſo große Seltenheit iſt und deshalb nahm ich auch von ihm, wie von andern Pflanzen, nur einige Exemplare in mein Herbarium auf. Dieſe Pflanze findet ſich ſehr häufig in der

Kusuptschawüste und erreicht hier die Größe eines Strauches mit einer Höhe von mehr als 2 Meter, bei einer Stengeldicke von 2¹⁄₂ bis 3¹⁄₂ Centimeter.

Ungefähr 300 Kilometer westlich vom Meridian der Stadt Bautu erscheint der Sand der Kusuptscha auf der linken Seite des Chuan-che, dessen Thal (am rechten Ufer) noch einmal seinen Charakter verändert und durchaus unfruchtbar wird. Zum salz= haltigen Lehm des Bodens kommt hier nämlich noch, manchmal ziemlich grobkörniger, Sand hinzu und das Thal selbst ist von Rinnsalen, oder ausgedorrten Bachsohlen, welche von Regen= wasser gefüllt werden, gefurcht. Die Vegetation wird hier un= gemein armselig, so daß der Boden häufig gänzlich unbedeckt ist, und nur hin und wider findet man seine kleinen (1 bis 2 Meter) hohen Hügel mit Büschchen bedeckt, welche aus verkrüppeltem Charmyk (Nitraria Schoberi), Bohnenkaper (Zygophyl= lum sp.) und irgend einem Strauche aus der Familie der Schmetterlingsblüthler, dessen lederartige Blätter im Winter nicht abfallen, bestehen.

Das Entstehen der soeben bezeichneten Hügel kann man dem Einflusse des Windes zuschreiben, welcher die Luft mit Sand= und Staubwolken erfüllt. Diese werden von den krüppelhaften Sträuchern aufgehalten und angesammelt, und bilden in der Folge eine kleine Erhöhung, auf denen wiederum die Sträucher emporsteigen und die sie mit ihren Wurzeln befestigen. Später bespülen Regengüsse die Seiten der Hügel und bewirken, daß sie wie mit Spaten abgegraben erscheinen.

Statt des Sandes der Kusuptscha ziehen sich nun weiterhin am Saume des Chuan-che-Thales sanfte Hügel hin, welche sich nach und nach erhöhen und endlich in den hohen Felsenrücken übergehen, der sich gegenüber der Stadt Dyn-chu erhebt und sich parallel mit dem gelben Flusse weiter gegen Süden hinzieht. Die soeben erwähnten Hügel haben, soviel man aus der Ferne beurtheilen kann, den Charakter des sich an ihrer Sohle hin= ziehenden Thals, d. h. sie sind gänzlich unfruchtbar. Aller Wahr= scheinlichkeit nach ist dies auch der Charakter des ganzen Innern von Ordos, welches die Bewohner Boro-tochoj, d. h. die graue (also nicht grüne) Wiese nennen.

Die absolute Höhe der von uns bereisten Strecke des

Chuan-che-Thales verändert sich nur sehr wenig, so daß ich durch kochendes Wasser am Ufer des Sees Zaidemin-nor eine Meereshöhe von 1010,50 Meter fand, während sie 27 Kilometer westlich von der Stadt Dyn-chu, in dem schon zu Ala-schan gehörenden Theile des Thals, 1105,20 und am Fuße des Randgebirges des linken Chuan-che-Ufers ebenfalls 1105,20 Meter beträgt.

Das Thierleben ist im Chuan-che-Thale nicht sehr reichlich vertreten. Von Säugethieren lebt hier die **schwarzschwänzige Gemse** (Antilope subgutturosa), der **Hase** (Lepus Tolai), **Füchse**, **Wölfe** und **kleine Nager**. Von Vögeln findet man am häufigsten **Fasanen** (Phasianus torquatus), **Lerchen** (Alauda arvensis, Alauda pispoletta? Galerita cristata?), **Steinschmätzer** (Saxicola deserti, Saxicola oenanthe) und **Wiedehopfe** (Upopa Epops). Auf den Morästen und Seen leben **Gänse** (Anser cygnoides, Anser cinereus), **Enten** (Anas Boschas, Anas acuta, Anas rutila u. A.), **Sumpfweihen** (Circus rufus, Circus spilonotus), **Seeschwalben** (Sterna leucoptera, Sterna sp.), **Strandreiter** (Hipsibates himantopus), **schwarzschnäblige Kibitze** (Recurvirostra avocetta), **Schnepfen** (Scolopax gallinago, Scolopax megala?) und **kleine Wasserläufer** (Totanus ochropus, Totanus glareola, Tringa subminuta); auf dem Flusse selbst leben **Möven** (Larus ridibundus, Larus occidentalis?) und auf den abschüssigen Ufern kann man sehr häufig einen ruhenden **Geier** (Haliaëtos Macei) sehen. Im Allgemeinen ist Orbos, wie die ganze Mongolei, nicht reich an Vögeln, so daß wir im Chuan-che-Thale und in den Oasen der Kusuptscha nur 104 gefiederte Arten gefunden haben. Die Fischwelt ist im Chuan-che aller Wahrscheinlichkeit nach nicht zu artenreich. Wir wenigstens haben mit unserm nicht großen Netze nur sechs Arten gefangen, und zwar einen **Wels** (Silurus asotus), **Karpfen** (Cyprinus carpio), **Karauschen** (Carassius vulgaris?), **chinesische Groppen** oder **Kaulköpfe** (Squalius sinensis) und zwei neue Specien, möglicher Weise sogar zwei neue Arten aus der Familie der Cypriniden. Mit den Fischen haben wir auch einige **Schildkröten** (Trionyx sp.) aus dem Wasser gezogen; sie leben in sehr großer Anzahl im Chuan-che.

Was nun die Bewohner von Ordos betrifft, ist zu sagen, daß nach den Verwüstungen, welche die Dunganen im Jahre 1869 verübt haben, wir erst 90 Kilometer westlich der Ueber= fähre von Lan=chaisa auf Menschen trafen; weiterhin lebt Nie= mand und selbst die ehemaligen Fußsteige sind mit Gras bewachsen, so daß von ihnen auch keine Spur übrig geblieben ist. Hin und wider findet man ein zerstörtes Dorf, oder das Skelett eines Mongolen, der von den Dunganen ermordet, von den Wölfen aber nachträglich zerrissen und zur Hälfte verschleppt worden ist. Da erinnerten wir uns unwillkürlich der Worte Humboldt's, daß „wie der Historiker, welcher nach den Jahr= hunderten späht, auch der Naturforscher, welcher auf der Erde reist, überall das einförmige, unerfreuliche Bild der feindseligen Menschheit findet . . ."

Jetzt wollen wir den abgerissenen Faden der Erzählung unserer Reise wieder aufnehmen.

Am Tage nach der Ueberfahrt über den Chuan=che mußten wir noch über den Arm desselben Baya=chatun übersetzen, der ungefähr hundert Meter breit und vom Hauptstrome gegen zehn Kilometer entfernt ist. Die Ueberfähr selbst heißt Li= wan=bi und wird von Chinesen unterhalten, die von uns fürs Uebersetzen über denselben eine gehörige Summe erpreßt haben. Auf der andern Seite des Stromarmes schlugen wir unser Lager auf, um am frühen Morgen des folgenden Tages weiter zu reisen. Aber wider Erwarten mußten wir hier vier Tage ver= bleiben. Die Ursache hierzu war Anfangs ein heftiger Regen, welcher während des ganzen Tages goß, und dermaßen den lehmigen Boden durchweichte, daß die Kameele durchaus nicht gehen konnten; hierauf verschwand eines unserer in Bautu ge= kauften Kameele und unsere beiden Kasaken und ein Mongole mußten es während zwei volle Tage suchen.

Wir waren indeß wider Willen gezwungen an der Ueber= fährte Li=wan=bi zu bleiben, wo unser Zelt ununterbrochen von allen vorbeireisenden Chinesen und Mongolen besucht wurde, welche uns fürchterlich durch ihre Zudringlichkeit peinigten. Einmal verlangten sogar einige chinesische Soldaten, daß wir ihnen eine Flinte oder einen Revolver geben und drohten, im Falle der Weigerung, daß sie massenweise kommen und uns diese

Sachen mit Gewalt abnehmen werden. Wir stießen das Gesindel hinaus und drohten zu schießen, wenn einer es versuchen wollte wieder zu kommen, um uns zu berauben.

Endlich wurde das entflohene Kameel aufgefunden und wir brachen in der Richtung des Sees Zaidemin-nor auf, von dem wir von Mongolen Kunde erhalten hatten. An den Ufern dieses Sees, die, wie sie uns gesagt hatten, reich an Wild und guten Weiden sein sollten, hofften wir gegen vierzehn Tage zu verweilen, um unsern, durch die beständigen Märsche sehr erschöpften Kameelen einige Ruhe zu vergönnen. Wir selbst bedurften ebenfalls der Ruhe; außerdem hofften wir aber auch, daß wir den Charakter der Flora und Fauna des Chuan-che-Thals eingehend werden studiren können, wenn wir einige Zeit auf einer Stelle verweilen. Endlich herrschte auch während des ganzen Juli tagtäglich eine solche Hitze, daß es fast unmöglich war mit Lasten zu reisen, selbst wenn man nur kleine Tagemärsche zurücklegen wollte. Im Schatten zeigte zwar das Thermometer nicht mehr als $+ 37^\circ$ C., aber dafür stach die Sonne ganz unerträglich und erhitzte nicht nur den Sand, sondern sogar den Lehm bis zu $+ 70^\circ$ C., so daß unsere Kameele nicht auf ihre eigene Sohle auftreten konnten und ihre Füße beständig zitterten, wenn sie den glühenden Boden berührten. Das Wasser des gelben Flusses wurde bis zu $+ 24^\circ$ C. erwärmt und in den Morästen und Seen stieg seine Temperatur sogar auf $+ 32,3^\circ$ C. Wenn auch häufig Regen fiel und dieser gewöhnlich von Gewitter begleitet war, so wurde die Luft doch nur für Augenblicke erfrischt. Kaum war der Himmel heiter geworden, so begann auch die Sonne wieder wie vorher zu glühen und die Hitze wurde um so fühlbarer, als dann gerade Windstille herrschte oder ein schwacher Südostwind wehte.

Unsere auf den See Zaidemin-nor gebauten Hoffnungen gingen thatsächlich in Erfüllung. Dieser morastige See, welcher eigentlich nur ein mit Rohr, Schilf, Seggen und Sumpfgräsern bewachsener Morast ist, war dicht mit Enten und Gänsen besät, welche uns als Nahrung dienten; auf den benachbarten Wiesen konnten unsere Kameele bequem weiden und bei den benachbarten Mongolen konnten wir so viel wir nur wünschten Butter und Milch kaufen. Um die Freuden voll zu machen, schlugen wir unser Zelt an dem Ufer des klaren Baches Tachylga auf, welcher sich in den See ergießt; wir hatten somit ganz in unserer Nähe ausgezeichnete Gelegenheit zum Baden. Mit einem Worte, wir hatten diesmal einen Standort, wie wir ihn weder vorher, noch nachher in der ganzen Mongolei hatten.

Auf der Reise nach Zaidemin-nor fanden wir noch einen See, den Urgun-nor, an dessen Ufern, wie auch in dem nahe gelegenen Theile des Chuan-che-Thals, eine ziemlich dichte chinesische Bevölkerung wohnt. Neben den Chinesen leben hier auch viele Mongolen, theils in Jurten, theils in chinesischen Fansen. Diese Mongolen befassen sich nur selten mit Ackerbau; diese Beschäftigung entspricht jedoch nicht dem Charakter der Nomaden und deshalb kann man auch ihre Felder auf den ersten Blick von denen der Chinesen unterscheiden. In einem blieben jedoch die hiesigen Mongolen nicht hinter den Chinesen zurück, und zwar im — Opiumrauchen. Diese verderbliche Sitte ist in China, wohin bekanntlich das Opium von den Engländern aus Indien gebracht wird, furchtbar verbreitet. Doch bereiten auch die Chinesen selbst dieses betäubende Gift und bebauen zu diesem Behufe bedeutende Flächen mit Mohn. Da jedoch diese Production gesetzlich verboten ist, so sahen wir einige Male im Chuan-che-Thale Mohn zwischen dichten Rohrgebüschen und Binsen, um ihn vor den Augen der Beamten zu verstecken. Diese vernichten selbstverständlich die verbotene Saat nicht, erpressen aber von den Bauern eine entsprechende Kontribution, gleichsam als Strafe für den Anbau der verbotenen Pflanze.

Die Gewohnheit Opium zu rauchen bringt schnell aus China in die benachbarte Mongolei ein; im Innern der Mongolei hat sie sich jedoch noch nicht verbreitet. Die Opiumraucher gewöhnen sich so leidenschaftlich an dieses Gift, daß sie nicht einen Tag ohne dasselbe zubringen können. Der schädliche Einfluß des Opiums theilt sich dem ganzen Organismus mit; man kann jeden Opiumraucher auf den ersten Blick erkennen, an dem blassen, greisenartigen Gesichte und dem abgemagerten Körper. Ich selbst habe einmal probirt ein wenig Opium zu rauchen; es hat dies auf mich keinen Einfluß geübt, doch hat der Geschmack mir theilweise gebrannte Federn in Erinnerung gebracht.

Während der Zeit, während welcher wir uns am Bach

Tachylga aufhielten, machten wir täglich Excursionen und gingen auf die Jagd; während der größten Hitze ruhten wir aus und badeten wir im Bache. Unsere Kasaken verzichteten auf diese Bequemlichkeit, denn sie fürchteten die Schildkröten, welche in ihm leben, und die zu der im Chuan-che lebenden Trionyx sp. gehören. Die Mongolen schreiben diesem Geschöpfe eine besondere Zauberkraft zu und zum Beweise ihrer Behauptung weisen sie auf besondere tibetanische Buchstaben hin, welche sich auf dem untern Theile des Panzers befinden sollen. Außerdem haben auch die Mongolen unsere Kasaken dadurch eingeschüchtert, daß sie ihnen erzählten, daß sich die Schildkröten in das Fleisch der badenden Menschen einsaugen, so daß man sie nicht mehr ab-reißen kann. Das einzige Rettungsmittel sei in diesem Falle, daß ein weißes Kameel und ein weißer Rehbock herbeigeschafft werden, welche, wenn sie die Schildkröte erblicken, zu schreien be-ginnen, in Folge dessen sie ihr Opfer selbst verläßt. Die Mon-golen erzählten uns, daß es früher im Tachylgabache keine Schild-kröten gegeben, daß sich aber dieses fürchterliche Geschöpf plötzlich in demselben angesiedelt hat. Die erstaunten Bewohner wußten nicht, was sie thun sollten und wendeten sich um Rath an den Higen des nächsten Klosters, welcher erklärte, daß die Schildkröte, welche nun erschienen ist, fortan Eigenthümerin des Baches sein wird und daß sie ein heiliges Thier sei. Seit dieser Zeit wird alle Monate einmal von den Lamas des benachbarten Klosters an der Quelle des Tachylga eine Andacht abgehalten.

Um die geographische Breite, in welcher der See Zaidemin-nor liegt, zu bestimmen, habe ich einst astronomische Beobachtungen angestellt. Die versammelten Mongolen wußten sich meine Be-schäftigung nicht zu erklären, und begannen mich in Folge dessen als Zauberer zu verdächtigen. Zum Glücke erinnerte ich mich, daß gegen Ende des Monats Juli, namentlich in der Zeit, als ich meine Beobachtungen ausführte, während der Nacht am Himmel viele Sternschnuppen zu sehen waren, und ich erklärte nun den Mongolen, nachdem ich meine Arbeit beendet hatte, daß heute Sterne am Himmel fliegen werden. Unter andern Um-ständen würden die Mongolen dieser Erscheinung durchaus keine Aufmerksamkeit gewidmet haben, jetzt aber wünschten sie alle die Wahrheit meiner Vorhersagung zu prüfen und als sie sich von

ihr in derselben Nacht überzeugt hatten, schöpften sie während
meiner ferneren Arbeiten nicht mehr Verdacht gegen mich. So
kann häufig Erfindungsgabe, selbst in sehr kleinlichen Dingen,
dem Reisenden die Erreichung seines Zieles erleichtern. So
führten wir beispielsweise das Wasserkochen Behufs Bestimmung
der absoluten Höhe eines Ortes ganz offen, häufig sogar in
Gegenwart von Mongolen aus, und sagten ihnen, daß dies eine
Zeremonie bei unsern Gebeten sei.

Gegen elf Kilometer nordöstlich vom See Zaidemin - nor,
nicht weit vom Ufer des Chuan - che, befindet sich ein ziemlich
hoher kegelförmiger Hügel, den die Mongolen Tumyr - alchu,
die Chinesen aber Dschü - bschiro - fu nennen. Hier ist nach
den Aussagen der Mongolen die Frau Dschengis Chans begraben.
Die Tradition erzählt hierüber Folgendes: einer der mongolischen
Fürsten, namentlich Gitschin - Chan, hatte eine Frau von ausgezeichneter Schönheit, welche dem großen Eroberer so sehr gefiel,
daß er ihm mit Krieg drohte, wenn er ihm seine Frau nicht
abtreten würde. Der erschrockene Fürst ging auf den Wunsch
Dschengis - Chans ein und dieser reiste mit seiner neuen Frau
nach Peking. Während der Reise durch das Gebiet der heutigen
Zacharen entfloh die schöne Sklavin ihrem Gebieter und schlug
die Richtung nach dem Chuan=che ein; am entgegengesetzten Ufer
des Flusses hat sie einen Hügel aufgeschüttet und sich in ihm
versteckt. Als die der Flüchtigen nacheilenden Sendlinge Dschengis-
Chans sich nahten, und die arme Frau kein Mittel zur Rettung
sah, ertränkte sie sich im Chuan - che, in Folge dessen dann auch
die Mongolen diesen Fluß Chatun - gol, d. h. den Fluß der
Herrin nennen. Der Körper der Ertränkten wurde gefunden
und nach dem Willen Dschengis-Chans in einem eisernen Keller,
in demselben Hügel begraben, den sie zu ihrer Rettung aufgeschüttet hatte. Der Tumyr-alchu ist nun dieser Hügel.

Im Allgemeinen hat sich in Ordos mehr, als sonst irgend
wo in der Mongolei, das Andenken an Dschengis-Chan bewahrt;
zum Mindesten hörten wir hier am häufigsten Erzählungen über
den großen Krieger. Die interessantesten dieser Legenden sind
die Erzählung von dem weißen Zeichen und von der künftigen
Auferstehung Dschengis-Chans.

Die erste Erzählung besagt, daß Dschengis-Chan ein großer

Jagdliebhaber gewesen ist. Als er einst im Muni-ulla umher-
streifte, begegnete er einem russischen Jäger, welchen er fragte,
seit wie lange er jage und wie viel Wild er schon erlegt habe?
„Ich jage schon einige Jahre," entgegnete der Unbekannte, „habe
aber bis jetzt erst einen Wolf erlegt." „Wie ist dies möglich,"
rief der Eroberer, „während derselben Zeit habe ich ja einige
hundert Thiere erlegt!" „Mein Wolf," entgegnete der Russe,
„war aber auch ein ganz besonderes Thier; es war zwei Klafter
lang und hat jeden Tag ein Dutzend anderer Thiere aufgefressen;
indem ich ihn erschlug, habe ich mehr genützt als Du." „Wenn
sich die Sache so verhält, so bist Du ein tüchtiger Kerl," sagte
Dschengis-Chan, „komm' in meine Jurte, ich schenke Dir, was
Du willst."

Der eingeladene russische Jäger ging mit Dschengis-Chan
in dessen Jurte. Hier gefiel ihm vor Allem eine der Frauen
des Eroberers und der Letztere mußte, um Wort zu halten,
seinem Gaste die gewünschte Frau schenken. Da sie aber eine
der geliebtesten Frauen Dschengis-Chans war, so schenkte er ihr
als Zeichen seiner Zuneigung seine weiße Fahne. Mit diesem
Geschenke und seiner neuen Frau reiste der Russe in seine Heimath.
Es ist nicht bekannt, wo er sich angesiedelt hat, aber die weiße
Fahne unseres großen Herrschers, sagten die Mongolen, befindet
sich noch immer in Eurem Lande.

Noch interessanter ist die Erzählung von der zukünftigen
Auferstehung Dschengis-Chans.

Die Asche dieses Helden ruht, nach der Aussage der Mon-
golen, in einem Kloster, welches sich im Süden von Ordos, im
Chochunate Wan, 200 Kilometer südlich vom See Dabasnn-nor,
befindet *). Hier ruht der Leib des großen Kriegers in zwei
Särgen, einem silbernen und einem hölzernen unter einem gelb-
seidenen Zelte, das in der Mitte des Tempels steht. Außer dem
Sarge befinden sich auch die Waffen Dschengis-Chans im Zelte.
In einer Entfernung von neun Kilometern wurde ein anderes

---

*) Diese Angabe stimmt nicht mit der Geschichte überein, nach welcher
die Leiche Dschengis-Chans, nach seinem im Jahre 1227 n. Chr. in der
Nähe der Stadt Nin-sja erfolgten Tode, nach dem Norden seines Reiches
geschafft und in der Nähe der Quellen des Toly und Kerulen beerdigt
wurde. Ritter: Geogr. Asiens (übersetzt von Sjemjenow S. 618 und 619).

lleineres Kloster erbaut, in welchem zwölf der nächsten Verwandten des großen Eroberers begraben sind.

Als er im Sterben lag, sagte er seinen Vertrauten, daß er
wieder auferstehen werde und zwar längstens in tausend, frühe-
stens aber in achthundert Jahren. Dschengis-Chan liegt in seinem
Sarge ganz so, als ob er nur schlafen möchte, wenngleich dies
bis jetzt kein gewöhnlicher Sterblicher gesehen hat. Allabendlich
wird dem Verstorbenen ein gebratener Hammel, oder auch ein
Pferdebraten vorgesetzt, und dieses verzehrt er bis zum Morgen.

Die Mongolen rechnen nun, daß seit dem Todestage Dschengis-Chans 650 Jahre verflossen sind, so daß bis zur erwarteten
Auferstehung noch 150 bis 350 Jahre vergehen müssen. Nach
den Angaben derselben Mongolen wird am Tage, an welchem
sich dieses Wunder ereignen wird, auch in China ein eben so
großer Held von den Todten auferstehen, mit dem Dschengis-
Chan kämpfen wird. Er wird ihn besiegen und sein Volk aus
Ordos nach Chalcha, dem Ursitze der Mongolen, führen.

Wir konnten nicht erfahren wie das Kloster heißt, in welchem
der Leib Dschengis-Chans ruht. Die Mongolen wollten uns
aus unbekannten Gründen nicht den Namen dieses Heiligthums
nennen, wohin, nach ihren Angaben, alle Jahre große Pilger-
schaaren wallfahren.

Nach einem zehntägigen Aufenthalte am See Zaidemin-nor
schlugen wir unsern Weg stromaufwärts durch das Chuan-che-
Thal ein. Der erste Tagemarsch war bis an das Flüßchen
Churai-chundu, der zweite bis an ein anderes, Churai-
chundy, welches auch das letzte war, das wir in Ordos gefunden haben. Beide Flüßchen entspringen im Innern der hier
beschriebenen Gegend; sie sind nicht breit und nicht tief, fließen
sehr schnell und sind sehr trübe. Ihr Wasser wird nach einem
Regen, welcher den lehmigen Boden aufweicht und in die Flüßchen spült, so dickflüssig wie Honig. Die Mongolen haben auch
hier eine Erklärung dieser Erscheinung erdacht. Sie sagen, daß
der Chuan-che, dessen Fluthen ja auch trübe sind, klares Wasser
nicht aufnehmen will; deshalb, fügten die Erzähler hinzu, fällt
auch der Tachylgabach in den See Zaidemin-nor, nicht aber
in den Hauptstrom, der sein krystallklares Wasser nicht aufnehmen will.

Am Flüßchen Churai-chundy verweilten wir drei Tage,
welche Zeit wir der Jagd auf schwarzschwänzige Antilopen
widmeten, die wir hier das erste Mal sahen.

Die schwarzschwänzige Antilope, oder, wie sie
die Mongolen nennen, die Chara-sulta (was in der Uebersetzung die „Schwarzgeschwänzte" bedeutet) (Antilope
subgutturosa), ist ihrer Größe und ihrem Aeußern nach der
Djerenantilope sehr ähnlich, unterscheidet sich jedoch von dieser
durch ihren nicht langen schwarzen Schwanz (seine Länge beträgt
18 bis 20 Centimeter), den sie beständig in die Höhe gerichtet trägt
und mit dem sie häufig wedelt. Diese Antilope lebt in Ordos
und in der Wüste Gobi, verbreitet sich also ungefähr gegen
Norden bis zum 45° nördl. Breite. Gegen Süden lebt sie in
ganz Ala-schan bis Gansu, welche Provinz sie eben so meidet,
wie das Bassin des Sees Kuku-nor; sie erscheint erst wieder in
den salzig morastigen Ebenen von Zaidam.

Zu seinem Aufenthalte wählt dieses Thier die wildesten,
unfruchtbarsten Gegenden der Wüste, oder kleine Oasen in Mitten
von Flugsand. Ganz entgegengesetzt der Djerenantilope, meidet
die Chara-sulta gute Weiden und begnügt sich mit der ärmlich-
sten Nahrung, um nur so weit wie möglich vom Menschen zu
leben. Für uns war es immer ein Räthsel, was diese Antilope
in solchen Gegenden trinkt. Wenn man nach den Spuren
urtheilt, so sieht man zwar, daß sie es sich nicht versagt während
der Nacht an Quellen, ja sogar an Brunnen zu kommen; aber
wir trafen dieses Thier auch in solchen Gegenden der Wüste,
wo es auf hunderten von Kilometern keinen Tropfen Wasser
giebt. Es scheint gewiß zu sein, daß diese Antilope lange ohne
Wasser aushalten kann, indem sie sich nur mit einigen saftigen
Gewächsen aus der Familie der Salzpflanzen nährt.

Die Chara-sulta lebt immer einzeln, paarweise oder in
kleinen Herden von 3 bis 7 Stück; sehr selten und nur im
Winter kann man Herden von 15 bis 20 Stück treffen; größere
aber als diese haben wir kein einziges Mal gesehen. Dabei
leben diese Herden auch immer nur mit ihres Gleichen und ver-
mengen sich nie mit Djerenantilopen, selbst dann nicht, wenn sie
auf derselben Weide mit ihnen äsen, was sich jedoch sehr selten
ereignet.

Im Allgemeinen ist dieses Thier noch weit vorsichtiger als der Dseren, hat ein ausgezeichnetes Gesicht, ein eben solches Gehör und Geruch und weicht deshalb den Listen des Jägers mit Leichtigkeit aus. Dabei ist auch die Chara-sulta wie andere Antilopen gegen Wunden nicht sehr empfindlich und dieser Umstand vermehrt ungemein die Schwierigkeiten der Jagd.

Die Chara-sulta-Antilopen gehen Abends und früh Morgens äsen und liegen hernach gewöhnlich den ganzen Tag über, zu welchem Behufe sie hügelige Gegenden aufsuchen; sie ruhen immer auf der unterm Winde liegenden Seite des Hügels. Es ist sehr schwer ein liegendes Thier zu bemerken, da die Farbe seines Felles der des Sandes oder Lehms sehr ähnlich ist. Unvergleichlich leichter ist es das Thier auf der Weide oder auf dem Gipfel eines Hügels zu belauschen, wo es manchmal stundenlang steht. Dieses ist auch für den Jäger die beste Gelegenheit; er muß jedoch die Antilope früher erblicken, als sie ihn bemerkt, da er sich sonst nicht in ihre Nähe heranschleichen kann.

Die gescheuchte Chara-sulta flieht in Sprüngen, hält aber, nachdem sie einige hundert Schritt entflohen ist, an, wendet sich der Gegend zu, aus welcher der Jäger kommt, beobachtet einige Minuten die Lage und begiebt sich dann erst wiederum auf die Flucht. Eine Verfolgung dieses Thieres der Spur nach führt zu Nichts; man kann mit Sicherheit behaupten, daß das Thier in diesem Falle sehr weit entlaufen und nur noch weit vorsichtiger als früher sein wird.

Ich habe mit meinem Reisegefährten viel Zeit und Mühe vergeudet, um die erste Chara-sulta zu erlegen. Zwei ganze Tage gingen wir vergebens umher und erst am dritten Tage Morgens gelang es mir einen herrlichen Bock, in dessen Nähe ich mich geschlichen hatte, zu erlegen. Thatsächlich darf man aber auch auf eine einzelne Chara-sulta eben so wenig, wie auf eine einzelne Dserenantilope aus einer Entfernung von mehr als zweihundert Schritt schießen, sonst kann man mit Sicherheit behaupten, daß von zehn Schüssen neun Fehlschüsse sein werden. Es ist jedoch sehr schwer diese Regel in der Praktik zu befolgen. Thatsächlich ist man schon eine Stunde, oder wohl gar zwei Stunden umhergegangen, hat einen Hügel nach dem andern erklettert, ist bis ans Knie im Flugsande versunken, und große

Schweißtropfen dringen aus allen Poren der Körpers, — da erblickt man plötzlich das ersehnte Thier in einer Entfernung von mehr als zweihundert Schritt. Man weiß ja nun sehr gut, daß es unmöglich ist näher an das Thier heranzukommen, da es beim geringsten Versehen für immer verschwindet, daß man also jeden Augenblick benutzen muß; endlich hat man ja auch eine Büchse in der Hand, mit der man auf eine bestimmte, ausgemessene Entfernung das kleinste Ziel trifft und dieses Alles pflegt dann wohl den Jäger zum Schießen zu verleiten. Er hebt also das Visir auf, legt an, zielt, der Schuß erschallt und — die Kugel wirbelt Sand empor, da sie entweder vor der Antilope in den Boden gedrungen, oder über dieselbe hinweg geflogen ist. Die Chara-sulta aber flieht und verschwindet in demselben Augenblicke aus dem Gesichte. Wenn man dann verwirrt und mißvergnügt wegen dieses Mißlingens auf die Stelle geht, wo das Thier gestanden, so überzeugt man sich, daß man sich um vierzig Schritt, auch wohl um mehr geirrt hat. Es ist dies ein grober Fehler, den man aber unfehlbar begehen muß, wenn man gezwungen ist die Entfernung schnell, häufig sogar im Liegen zu bestimmen, wobei man kaum den Kopf über den Hügel erheben und durchaus nicht Gegenstände, welche sich zwischen Jäger und Thier befinden, sehen kann. Gewiß ist in diesem Falle eine Büchse mit großer Tragweite und hohem Visir das beste; während des ersten Jahres unserer Reise hatten wir jedoch keine solche Waffe.

Ich habe weiter oben gesagt, daß sich die Chara-sulta in der wildesten Gegend der Wüste aufhält; ein seltener Zufall war's, daß wir im November 1870, während unserer Rückreise aus Ala-schau nach Peking eine ziemliche Anzahl dieser Antilopen im Chuan-che-Thale, in der Nähe des Scheiten-ula-Gebirges fanden, wo sie sich in der Nähe der von den Chinesen bearbeiteten Felder aufhielten. Hier waren die Chara-sulten, ganz ihrem Charakter zuwider, durchaus nicht scheu, und zwar gewiß nur deshalb nicht, weil sie sich an den Anblick von Menschen gewöhnt hatten und von diesen nie verfolgt wurden. Die Periode der Paarung der Chara-sulta-Antilope fällt in den November, die Wurfzeit in den Mai. Der Zahl nach leben weit weniger Chara-sulta-, als Djerenantilopen in der Mongolei.

12*

Kurze Zeit nach unserer Abreise vom Flüßchen Churai-
chunby gelangten wir ans mongolische Kloster Charganty,
von wo aus der Weg durch die Sandwüste Kusuptscha an den
Salzsee Dabasan-nor führt. Dieser von Huc in seinem
Souvenir d'un voyage dans la Tartarie et le Thibet (Th. I.
S. 330—334) beschriebene See liegt in einer Entfernung von
ungefähr hundert Kilometer vom Chuan-che und hat, wie die
Mongolen sagen, einen Umfang von dreißig oder vierzig Kilo-
meter. Das hier producirte Salz wird in die benachbarten
Provinzen Chinas geschafft.

Indem wir den Weg nach dem Dabasu-nor liegen ließen,
schlugen wir die weitere Richtung durch das Chuan-che-Thal ein
und trafen nach einem Tagemarsche wiederum auf ein von den
Dunganen zerstörtes Klosters, welches Schara-dsu hieß. In
diesem Kloster, das eins der größten in ganz Ordos gewesen ist,
lebten einst gegen zweitausend Lamas und zwei oder drei Higenen;
jetzt war jedoch keine Spur eines lebenden Menschen vorhanden.
Schaaren von Felstauben, Dohlen und Schwalben nisteten in
dem veröbeten Tempel und verlassenen Fansen. Diese Letzteren,
welche das Kloster umgaben, waren größten Theils erhalten, aber
der Haupttempel war niedergebrannt und mit ihm alle Gebäude,
welche sich innerhalb der Umfassungsmauer befunden haben.
Die thönernen Götterstatuen sind zerschlagen, oder in Stückchen
zerhackt und liegen auf dem Boden umher, einige andere befinden
sich zwar auf ihren alten Plätzen, sind aber mit Säbeln zerhauen
oder mit Lanzen zerstochen. Eine ungeheure Bildsäule Buddhas,
welche sich im Haupttempel befindet, steht mit aufgehauener
Brust da, denn die Dunganen haben in ihr nach Schätzen gesucht,
die die Lamas oft in Götterstatuen aufbewahren. Blätter des
heiligen Buches Hadschschur lagen überall auf dem Boden umher im Gemenge mit verschiedenen Scherben und bedeckt mit
einer dicken Staubschicht.

Und doch ist es gar nicht lange her, als Tausende und
aber Tausende hierher gekommen sind, um dem Heiligenbilde
ihre Ehrfurcht zu bezeugen! Wie in andern Tempeln war
auch hier alles darauf berechnet den kindischen Geist der Mongolen
hinzureißen und einzuschüchtern. Viele Götter waren mit den
wildesten und fürchterlichsten Gesichtern dargestellt; sie sitzen oder

liegen auf Löwen, Elephanten, Ochsen oder Pferden, dann wieder
würgen sie Teufel, Schlangen u. s. w. Die Wände des Tempels
sind, soweit sie erhalten sind, mit eben solchen Bildern bemalt.

Ihr glaubt also an thönerne Götter? fragte ich den Mon=
golen, mit welchem ich die Ruinen des Klosters besuchte. „Unsere
Götter haben nur in diesen Idolen gelebt und sind nun in den
Himmel geflogen.“

Vom Kloster Charganta weiter hinauf auf der Südseite
des Chuan=che findet man schon keine Ansiedler und nur zwei
oder drei Mal trafen wir auf kleine mongolische Lagerplätze,
deren Bevölkerung mit Ausgraben von Süßholzwurzeln beschäftigt
war. Die Ursachen einer solchen Veröbung sind, wie oben mit=
getheilt, die Einfälle der Dunganen, welchen Ordos gegen zwei
Jahre vor unserer Ankunft ausgesetzt war. Uebrigens war die
ansässige chinesische Bevölkerung des Südufers des Chuan=che
westlich vom Meridiane des Muni=ulla nicht zahlreich, da das
Thal des gelben Flusses hier bedeutend vom Sande der Kusuptscha
eingeengt wird. Außerdem aber wird hier auch der Boden
salzig und ist größten Theils mit Weiden= und Tamarisken=
sträuchern bedeckt. In diesen Sträuchern fanden wir eine be=
merkenswerthe Erscheinung, — verwildertes Rindvieh.
Wir hatten schon früher von den Mongolen hiervon gehört,
welche uns übrigens auch über die Herkunft dieses Viehes Auf=
schluß gaben.

Vor der durch die Dunganen verursachten Verwüstung be=
saßen die Mongolen von Ordos sehr große Herden und es
ereignete sich häufig, daß Bullen oder Kühe von diesen Herden
verschwanden, sich in den Steppen umhertrieben und dermaßen
verwilderten, daß es sehr schwer war sie einzufangen. Diese
verwilderten Thiere hielten sich in verschiedenen Gegenden von
Ordos auf. Als nun die Dunganen von Südwesten ins Land
eindrangen und schonungslos Alles, was sie auf ihrem Wege
antrafen, vernichteten, verließen viele Bewohner, welche von ihnen
überrascht wurden, ihre Habe und flohen, indem sie nur an die
Rettung des nackten Lebens dachten. Die von ihnen zurück=
gelassenen Herden weideten ohne Aufsicht und verwilderten bald
dermaßen, daß die Räuber sie nicht einfangen und mit sich
nehmen konnten. Später verließen die Dunganen Ordos und

die verwilderten Thiere fahren jetzt fort in unbegrenzter Freiheit
zu leben und halten sich größtentheils in den Gebüschen des
Chuan-che-Thals auf, wo sie Wasser und Weide ganz in der
Nähe haben.

Man trifft das verwilderte Rindvieh größtentheils in nicht
zahlreichen Gesellschaften von 5 bis 15 Stück; nur alte Bullen
gehen vereinzelt. Bemerkenswerth ist, daß ein so unbehülfliches
und durch eine lange Knechtschaft stumpfsinnig gewordenes Geschöpf
so schnell die Gewohnheiten wilder Thiere angenommen hat.
Während des ganzen Tages liegen die Kühe in den Sträuchern,
aber mit Anbruch der Dämmerung verlassen sie diese, um auf
die Weide zu gehen, wo sie die ganze Nacht zubringen. Wenn
sie einen Menschen bemerken oder durch den Wind wittern, so
fliehen nicht allein die Bullen, sondern auch die Kühe und laufen
sehr weit. Durch Wildheit und Schnelligkeit zeichnen sich besonders die jüngern Individuen aus, welche schon in der wilden
Freiheit geboren und aufgewachsen sind.

Die Jagd auf verwildertes Rindvieh ist ziemlich schwierig
und wir erlegten während der ganzen Zeit unseres Aufenthaltes
in Ordos nur vier Bullen. Die Mongolen veranstalten gar
keine Jagden auf diese Thiere, da sie sich immer noch fürchten
noch Ordos zu kommen, andererseits aber auch das starke Thier
leicht einen Schuß aus einer glattläufigen Luntenflinte, deren
Kugel gewöhnlich aus einem Stückchen Gußeisen oder aus einem
mit Blei begossenen Steinchen besteht, aushält. Wenn man
besonders im Winter regelrechte Treibjagden im Gebüsche, in
welchem sich das Vieh aufhält, anstellen würde, so würde man
ohne Schwierigkeiten große Massen dieser Thiere erlegen, deren
Zahl, wie die Mongolen annehmen, sich in Ordos auf nahezu
zweitausend Stück belaufen soll. Dieses Vieh wird ohne Zweifel
mit der Zeit ausgerottet oder von den nach Ordos zurückkehrenden
Mongolen eingefangen werden. Hier giebt es keine so ungeheuren
Flächen und futterreichen Weiden, wie in den Grasebenen Süd-
amerikas, wo bekanntlich unzählige Herden von wenigen Exemplaren, welche aus den spanischen Kolonien entflohen sind,
abstammen.

Die Mongolen sagen, daß kurze Zeit nach dem Einfalle der
Dunganen in den hiesigen Steppen auch verwilderte Schafe

gelebt haben, welche jedoch von den Wölfen ausgerottet worden sind. Verwilderte Kameele treiben sich noch in nicht großer Anzahl umher und es gelang uns sogar eins, und zwar ein junges, zu fangen.

Das erste Mal stießen wir in einer Entfernung von ungefähr dreißig Kilometer westlich vom Kloster Schara-dju auf Rindvieh. Da wir keinen Vorrath an Fleisch hatten, so entschlossen wir uns von diesem so günstigen Umstande Nutzen zu ziehen, um uns Nahrung zu verschaffen. Unsere Jagd mißlang jedoch anfänglich und zwar deßhalb, weil wir zu sehr auf die Stumpfsinnigkeit der Kühe rechneten. Endlich gelang es mir am dritten Tage früh Morgens mich sehr nahe an zwei Bullen, welche mit einander im Gebüsche kämpften, heranzuschleichen und ich erlegte beide mit zwei Schüssen aus meiner Jagdbüchse.

Dieser Fall war für uns ein freudiges Ereigniß, denn nun konnten wir uns einen Vorrath von Fleisch für die fernere Reise trocknen. Nachdem wir die besseren Theile der erlegten Thiere in unser Zelt getragen hatten, machten wir uns daran, sie in dünne Stückchen zu zerschneiden, um sie an der Sonne zu trocknen. Dieser Köder lockte eine Menge Habichte herbei, und wir waren genöthigt, das zum Trocknen aufgehängte Fleisch mit der Flinte in der Hand zu bewachen. Mit den Habichten erschienen auch weißgeschwänzte Geier (Haliaëtos Macei) und gelangten hierdurch in unsere Sammlung.

So lange das Fleisch trocknete befaßten wir uns mit Fisch-fang im ausgetrockneten Arme des Chuan-che, an welchem unser Zelt aufgeschlagen war. Hier hielt sich in nicht großen und nicht tiefen Löchern, in denen das Wasser nicht ausgetrocknet war, eine Menge Fische auf, so daß wir mit unserm nicht großen Netze, das eine Länge von sechs Meter hatte, in kurzer Zeit sechsunddreißig bis vierundfunfzig Kilogramm Karpfen und Welse fingen; die letztere Art findet sich sehr häufig im Chuan-che. Von den gefangenen Fischen wählten wir für uns die besten aus und ließen die übrigen wieder ins Wasser.

Die Jagd auf Rindvieh und das Trocknen des Fleisches zwangen uns, acht Tage auf einer und derselben Stelle zu ver-bleiben. Dafür waren wir aber auch für lange Zeit mit Nahrung versehen und wir konnten schnell vorwärts gehen und dieses um so mehr, als die ärmlicher gewordene Flora und Fauna des Chuan-che-Thals kein sonderliches Interesse mehr boten.

Am 19. August machten wir uns auf den Weg. Wie früher so zog sich auch fernerhin der Sand der Kusuptscha zu unserer Linken, während zu unserer Rechten das Chuan-che-Thal unsern Weg bestimmte. Stellenweise hinderte uns dichtes Gebüsch bedeutend am Vordringen und außerdem setzte eine Menge von Mücken und kleiner Fliegen sowohl uns als unsern Kameelen furchtbar zu. Die Kameele leiden durchaus nicht diese Insekten, welche man in den Wüsten der mongolischen Hochebene nirgends findet.

Am ersten Tage unseres Marsches übernachteten wir an der Ueberfähr Gurbunduty (zwischen Bautu und Dynchu befinden sich im Ganzen drei Ueberfähren: Dschü-dschin-fu, Gurbunduty und Mantin), in deren Nähe am Saume der Wüste Kusuptscha der kleine Salzsee gleichen Namens liegt. Wir haben diesen See nicht selbst gesehen, der, nach den Angaben der Mongolen, gegen vier Kilometer im Umkreise hat. Die Salzschichte auf ihm hat eine Dicke von 15 bis 60 Centimeter. Mit dem Hinwegschaffen des Salzes befassen sich Chinesen und von ihnen gemiethete Mongolen; es wird den Chuan-che stromabwärts auf Barken verschifft.

Eine zweite Merkwürdigkeit, welche wir einige Tage später in dieser Gegend fanden, sind die Ruinen einer alterthümlichen Stadt aus den Zeiten Dschengis-Chans. Diese historischen Ruinen befinden sich in der Mitte des Kusuptschisandes in einer Entfernung von dreißig Kilometer vom Ufer des gelben Flusses, von wo aus sie auch ziemlich gut zu sehen sind. Nach den Aussagen der Mongolen war dies eine befestigte und sehr große Stadt. Jede Seite ihrer quadratischen Mauer hatte eine Länge von fünfzehn Li (gegen 8 Kilometer) bei einer Höhe und Dicke von vierzehn Meter. Im Innern waren Brunnen, welche eine Tiefe von hundert Meter hatten. Jetzt ist Alles mit Sand verschüttet, und nur die Mauern allein sind noch stellenweise gut erhalten. Besondere Legenden über diese Stadt haben wir nicht gehört; die Mongolen sagen nur, daß diese Stadt auf Befehl Dschengis-Chans erbaut worden ist.

Die Sommerhitze, welche gegen die Mitte August etwas nachgelassen hatte, begann im dritten Drittel des Monats wieder mit der früheren Macht zu herrschen und verursachte uns während der Reise viele Qualen. Wenngleich wir immer beim Morgengrauen aufstanden, so erforderte doch das Einpacken unserer Sachen, das Beladen der Kameele und gleichzeitig mit diesem die Zubereitung des Thees und das Trinken desselben, — ohne das ja weder der Mongole noch der Kasak um nichts in der Welt sich auf den Weg begeben würde, — zwei bis drei, ja oft noch mehr Stunden, so daß wir uns erst auf den Weg machten, wenn sich die Sonne schon ziemlich hoch über dem Horizonte befand. Am Himmel aber war häufig nicht das kleinste Wölkchen zu bemerken, und es wehte häufig nicht der geringste Luftzug und alles dieses diente uns als unangenehmes Vorzeichen eines heißen Tages.

Wir hielten immer während unserer Karawanenreise eine und dieselbe Ordnung inne. Ich ritt mit meinem Begleiter der Karawane voran, bewerkstelligte mit ihm die Aufnahme, sammelte Pflanzen oder wir schossen Vögel, die uns in den Schuß kamen; die beladenen Kameele aber, welche mit den Burunduks eins ans andere gebunden waren, wurden von den Kasaken gelenkt. Einer von diesen ritt voran und führte das erste Kameel an der Leine und der zweite Kasak mit dem Mongolen, wenn sich eben ein solcher bei uns befand, beschloß den Zug.

So gingen wir gewöhnlich zwei oder drei Stunden während der Kühle des Morgens; endlich hat sich nun aber die Sonne sehr hoch erhoben und beginnt unausstehlich zu brennen. Aus dem glühenden Boden der Wüste strömt die Hitze wie aus einem Ofen. Das Marschiren wird sehr schwer: man fühlt Kopfschmerz und Schwindel, der Schweiß strömt vom Gesichte und vom ganzen Körper, man fühlt vollständige Entkräftung und Erschlaffung. Die Thiere leiden nicht weniger als wir. Die Kameele gehen mit aufgesperrtem Maule und sind in Schweiß gebadet, als ob sie mit Wasser begossen wären; selbst unser unermüdlicher Faust geht schon nur im Schritt mit gehängtem Kopfe und Schwanze. Die Kasaken, welche gewöhnlich Lieder anstimmen, sind still geworden und die ganze Karawane schleppt sich schweigend schrittweise vorwärts, als ob einer dem andern das traurige Gefühl, welches ihn beherrscht, nicht mitzutheilen wagte.

Wenn das Glück günstig ist und man unterwegs eine mon-

golische Jurte oder chinesische Fanse trifft, so eilt man im vollen
Laufe auf sie zu, macht Kopf und Mütze naß, trinkt selbst Wasser
und tränkt die Pferde und den Hund; den erhitzten Kameelen
aber darf man kein Wasser geben. Aber diese Erleichterung
hält nicht für lange vor; nach einer halben Stunde, häufig aber
in noch kürzerer Frist, ist alles trocken wie vorher und wiederum
verzehrt den Menschen der brennende Durst.

Endlich wird's Mittag, — man muß ans Halten denken.
„Ist's weit zum Wasser?" frage ich einen Mongolen, den ich
unterwegs treffe und höre zu meinem Aerger, daß ich noch fünf
oder sechs Kilometer marschiren muß. Nachdem man endlich an
einen Brunnen gekommen und eine Stelle für das Zelt ausgewählt hat, macht man sich ans Niederlegen der Kameele und
Abladen der Kisten und Kasten. Die Thiere sind an dieses
gewöhnt, wissen, um was es sich handelt und legen sich selbst
schnell auf den Boden. (Im Sommer dürfen die Kameele nicht
gleich, nachdem ihnen das Gepäck abgenommen worden, getränkt,
noch auch auf die Weide gelassen werden. Man muß sie vorher
gegen zwei Stunden hiervon zurückhalten, bis sie sich abgekühlt
haben.) Nun macht man sich ans Aufstellen des Zeltes, in
welches alles Nothwendige geschafft wird. Diese Sachen werden
an den Wänden placirt, während in der Mitte eine Filzdecke
ausgebreitet wird, welche als Lager dient. Nun wird Argal
gesammelt und Formthee gekocht, welcher sowohl im Winter,
als auch im Sommer unser gewöhnliches Getränk gewesen ist;
besonders war dies dort der Fall, wo das Wasser schlecht war.
Nach dem Thee ordnete ich mit meinem Begleiter, bis das
Mittagsessen fertig wurde, die während des Marsches gesammelten
Pflanzen, stopfte Vögel aus oder benutzte einen günstigen Augenblick, um die im Laufe des Tages gemachte Aufnahme auf die
Karte zu übertragen. In bewohnten Gegenden wurde diese
Arbeit gewöhnlich einige Male unterbrochen, weil die Mongolen
aus den nahen Jurten herbeikamen. Diese ungebetenen Gäste
belästigten uns mit allen möglichen Fragen und Bitten, bis sie
uns endlich dermaßen zum Ueberdrusse wurden, daß wir sie
davonjagten.   .

Indessen erinnerte der leere Magen sehr stark daran, daß
die Mittagszeit da ist; trotzdem mußte man aber warten, bis

die Suppe aus Hasen oder Rebhühnern, welche unterwegs geschossen wurden, oder aus einem bei den Mongolen gekauften
Hammel fertig war. Eine Hammelbrühe war übrigens bei uns
eine Seltenheit, da es oft unmöglich war, einen Hammel zu
kaufen, oder man ihn sehr theuer bezahlen mußte; deshalb war
die Jagd immer die Hauptquelle unserer Nahrungsmittel.

Ungefähr zwei Stunden nach unserer Ankunft am Lagerplatze
war unser Mittagessen fertig und wir machten uns mit wahrem
Wolfsappetite an dasselbe. Die Bedienung war bei uns eine
sehr einfache und entsprach ganz unserer Lage; der Deckel des
Kessels, in welchem die Suppe gekocht wird, diente als Schüssel,
hölzerne Schüsselchen, aus denen wir Thee tranken, vertraten die
Stelle der Teller und die eigenen Finger verrichteten den Dienst
einer Gabel; Tischdecken und Servietten wurden nicht angewendet;
sie gehörten nicht zur ordnungsmäßigen Ausrüstung. Das
Mittagsessen dauerte nicht lange; nach demselben wurde wiederum
Formthee getrunken, dann machten wir Excursionen oder gingen
auf die Jagd und unsere Kasaken und der gemiethete Mongole
hüteten der Reihe nach die Kameele.

Indessen wurde es Abend. Das erloschene Feuer wurde
wiederum angezündet und es wurde Grütze und Thee gekocht.
Die Pferde und Kameele wurden in die Nähe des Zeltes getrieben und die ersteren angebunden, die letzteren aber außerdem
auch noch neben unsere Sachen, oder nicht weit von diesen niedergelegt. So gings bis die Nacht angebrochen, die Tageshitze
verschwunden war und statt ihrer frische Abendkühle herrschte.
Nun athmeten wir leichter in der erfrischten Luft und schliefen
erschöpft von den Mühseligkeiten des Tages ruhig ein, um —
von unsern Thaten zu träumen . . . .

Während eines derartigen Haltes am Chuan-che-Ufer brach
unter dem Reitpferde meines Gefährten ein Stück des steilen
Ufers los; das Thier stürzte in den Fluß und ertrank. Es war
dies für uns ein sehr fühlbarer Verlust, da kein anderes Reitpferd zu kaufen war und nun Herr Pylzow gezwungen war
auf einem Kameele zu reiten. Die Schuld an diesem Verluste
fiel auf den Mongolen Dschülbdschiga, der eben unsere Thiere
hütete und der sich, statt seine Pflicht zu erfüllen, im Gebüsche
schlafen gelegt hatte. Im Allgemeinen verursachte uns dieser

chinesirte Mongole sehr viele Unannehmlichkeiten. Wir hatten ihn noch im Muni-ula-Gebirge gemiethet und gaben ihm monatlich fünf Lan und freien Unterhalt. Im Anfange war seine Führung ziemlich erträglich; kaum hatten wir jedoch den Boden von Ordos betreten, als auch Dschülbschiga unausstehlich gemein wurde. Wir wollen gar nicht davon sprechen, daß er zu faul war, um auch nur einen überflüssigen Schritt zu thun, z. B. Wasser herbei zu bringen, Argal zu sammeln, die Kameele herbei zu treiben u. s. w.; aber er zankte sich unaufhörlich mit unsern Kasaken und versuchte es sogar gegenüber mir und meinem Begleiter aufsässig zu werden. Nachdem Dschülbschiga hierfür eine eindringliche Ermahnung erhalten hatte, wurde er vorsichtiger, obgleich er wie früher bis zum Excesse faul blieb.

Um allen seinen Vorzügen die Krone aufzusetzen, hatte er sich irgendwo eine ansteckende geheime Krankheit geholt und verheimlichte dies so lange, als wir durch angesiedelte Gegenden reisten, da er wohl ahnte, daß ich ihn sogleich von mir jagen würde. Als wir nun in den Theil des Chuan-che-Thales kamen, in welchem man keine Bewohner findet und wo es nicht möglich war ihn fortzujagen, kam Dschülbschiga zu mir und machte mich mit seiner Lage bekannt. Man kann sich leicht vorstellen, wie angenehm uns diese Ueberraschung war, um so mehr, als die Krankheit schon einen drohenden Charakter erreicht hatte und wir kein Mittel hatten, sie zu heilen. Nun aßen wir aber aus einen und denselben Schüsseln und lebten gemeinschaftlich in einem Zelte, konnten also leicht angesteckt werden. Dieses war für uns fürchterlicher, als alle Räuber, mit denen uns die Bewohner des Landes geschreckt hatten!

Während des ganzen Monats August blieben wir mit dem angesteckten Dschülbschiga zusammen und konnten uns erst nach unserer Ankunft in der Stadt Dyn-chu von ihm trennen.

Gegen achtzig Kilometer oberhalb der genannten Stadt tritt der Wüstensand der Kusuptscha am entgegengesetzten Ufer des Chuan-che auf und dieses wird auf der Ostseite des Flusses ungemein unfruchtbar. Statt des Sandsaumes treten nun niedrige Hügel auf, welche allmählich höher werden und endlich gegenüber von Dyn-chu in den hohen felsigen Gebirgszug Arbus-ula übergehen. Dieser Rücken zieht sich am Chuan-che hinauf, nähert sich ihm immer mehr und tritt endlich an der Stelle, wo am entgegengesetzten Ufer die großartige Kette des Ala-schaner Gebirges beginnt, fast ganz dicht an das Ufer heran. (Die Mongolen behaupten, daß der Arbus-ula sich dem Chuan-che-Ufer bis auf fünf Kilometer nähert, an dessen linkem Ufer sogleich der Ala-schaner Rücken beginnt.) Eine mongolische Legende sagt, daß einer der Felsengipfel des Arbus-ula, der platt ist wie ein Tisch, dem Schmiede Dschengis-Chans als Amboß gedient hat. Dieser Schmied war von ungewöhnlichem Wuchse, so daß er sitzend noch bei Weitem den Gipfel überragte und auf ihm die Hufeisen fürs Pferd des großen Kriegers schmiedete.

Am 2. September kamen wir in Dyn-chu an, welches am Westufer des Chuan-che liegt, auf das wir übersetzen mußten, um unsere Reise nach Ala-schan fortzusetzen. Der Besuch von Dyn-chu verlief für uns nicht ohne Abenteuer, die sogar weit unangenehmer als die in Bautu verliefen.

Wir waren noch einige Kilometer von der Stadt entfernt, als die Chinesen unsere Karawane bemerkten und nun haufenweise aus den Thoren der Stadt herausströmten, von wo man bequem in die Ferne schauen konnte. Kaum waren wir gegenüber der Stadt angelangt, so sahen wir auch, daß eine Barke mit fünfundzwanzig Soldaten vom Ufer stieß, die, nachdem sie in der Nähe unseres Zeltes gelandet waren, zu uns kamen und den Paß forderten.

Wir hatten unser Zelt am Chuan-che gerade gegenüber der Stadt aufgeschlagen und ich sendete den Mongolen Dschüldschiga, den die Soldaten begleiteten, mit dem Passe an den chinesischen Vorgesetzten. Nach einer halben Stunde kehrte der Mongole zurück; mit ihm kam ein Beamter, der mir erklärte, daß mich der Mandarin zu sehen wünscht und bittet, ihm mein Gewehr und meinen Hund zu zeigen. Dschüldschiga hatte ihm wohl über beide Mittheilungen gemacht. Nachdem ich mich umgekleidet hatte, setzte ich in einer Barke über den Chuan-che, nahm aber meinen buriatischen Kasaken und den Mongolen mit. Letzterer mußte uns als Dolmetscher dienen, da er sehr gut chinesisch sprach.

Kaum war die Barke am andern Ufer angelangt, so umringte uns auch eine so ungeheure Menschenmenge, daß ich glaubte, daß sämmtliche Bewohner von Dyn-chu herbeigeströmt sind.

Diese Stadt ist übrigens gar nicht groß und war von den Dunganen gänzlich zerstört; nur die Umfangsmauer aus Lehm war erhalten, welche kaum eine Länge von ¹/₂ Kilometer hat und so schwach ist, daß man glauben muß, es reiche ein Schlag mit einem Eichenknüppel hin, um an der ersten besten Stelle eine Bresche zu machen. Außer der Garnison hat Dyn-chu keine Bewohner; die Besatzung bestand ursprünglich aus tausend Mann, doch jetzt betrug sie, in Folge der Desertion, kaum die Hälfte.

Zu Begleitung des ganzen Menschenhaufens begaben wir uns in die Umfangsmauer, wo uns einige Offiziere entgegen kamen. Sie wiesen uns eine Fanse an, in welcher wir warten

Mongolische Kavallerie.
(Nach einer Photographie des Barons Osten-Sacken.)

mußten, bis uns der Mandarin, der Kommandeur der ganzen Garnison war, rufen ließ. Die uns eingeräumte Fanse war das Quartier eines Offiziers; trotzdem unterschied sie sich sowohl durch ihr Aeußeres, wie durch ihr Inneres nur sehr wenig von einem gewöhnlichen Schweinestalle. Als Schmuck hingen an den Wänden lange Schnüre mit Knoblauch, dessen ausgezeichneter Geruch zur Harmonie der ganzen Ausstattung vollkommen paßte.

Nach ungefähr zehn Minuten wurde uns mitgetheilt, daß der Vorgesetzte uns erwarte und wir begaben uns in seine Fanse. Der Mandarin saß in einer gelben Mantia hinter einem Tische und fragte mit großem Ernste, wer ich sei und wonach ich in diese Gegend gekommen bin? Hierauf erwiederte ich, daß ich aus Neugierde reise, bei dieser Gelegenheit auch Pflanzen zu Medicin sammle und Vögel ausstopfe, um sie in der Heimath zu zeigen; außerdem aber erklärte ich, daß ich einige Waaren für die Mongolen habe und sie an diese verkaufe, daß ich aber ebenso wie mein Begleiter Beamter bin, was in unserm Pekinger Passe gesagt.

„Euer Paß aber ist gewiß falsch, denn seine Siegel und seine Unterschrift sind mir unbekannt", sagte plötzlich der Mandarin, ohne seine aufgeblasene Pose zu ändern. Als Antwort hierauf erwiederte ich, daß ich kaum einige wenige chinesische Worte verstehe, folglich auch selbst keinen Paß schreiben kann, auch mit chinesischen Fabrikanten dieser Art keine Bekanntschaft habe. „Was für Waaren habt Ihr?" fuhr der Mandarin fort. „Größtentheils Pekinger, für die gewöhnlichen Mongolen, da wir alle russischen Waaren bereits verkauft haben" — war meine Antwort. „Aber Ihr habt auch Waffen?" „Sie sind nicht verkäuflich, erwiderte ich, da wir nach den Traktaten kein Recht haben, solche Waaren einzuführen. Gewehre und Revolver dienen uns nur zum Schutze gegen Räuber." „Zeigt mir einmal Eure Gewehre und schießt mit ihm nach dem Ziele." „Gut, entgegnete ich; gehen wir auf die Straße." Ich hatte eine Lankaster-doppelbüchse mit mir und der Kasak eine Schrotflinte. Mit dieser erschoß ich eine Schwalbe im Fluge und mit einem Büchsenschusse zerschmetterte ich einen als Ziel aufgestellten Ziegel. Als der chinesische Beamte diese Resultate sah, wünschte er selbst zu schießen, traf aber selbst aus großer Nähe nicht das Ziel.

Indessen wurden einige alte englische Militairgewehre und Doppelpistolen, um sie mir zu zeigen, herbeigebracht. Der Mandarin lud ein Gewehr und schoß nach einem Steine aus einer Entfernung von zwanzig Schritt, verfehlte aber auch dieses Ziel; hierauf schoß er noch einige Male und traf endlich, ich glaube nach dem fünften Schusse das Ziel. Erfreut über diesen

Erfolg begab sich der Mandarin in seine Janse; uns führte man ins Quartier eines Offiziers und brachte uns eine Wassermelone, Thee und eine undefinirbare Suppe, — es war dies sichtlich eine Bewirthung.

Nach einer halben Stunde wurden wir wieder zum Mandarin berufen. „Ich bin verpflichtet Euere Sachen zu revidiren und ein Verzeichniß derselben aufzunehmen, sagte der Mandarin; erklärt mir wie viele Waffen ihr habt und welcher Art sie sind." „Gut, sagte ich, ich bitte." Es kam nun ein Schreiber, welcher in sehr eingehender Weise aufschrieb, wie viel Büchsen, glattläufige Gewehre, Revolver, Pulver, Kugeln u. s. w. wir haben. Indeß war es ganz finster geworden und man erleuchtete die Janse des Mandarinen mit einem Talglichte und einer Nachtlampe, in welcher Sesamöl war.

Jetzt dauerte die Audienz nicht mehr lange; der Mandarin bat uur, ihm eine Büchse zu verkaufen, und als ich ihm dieses abgeschlagen hatte, befahl er, uns wieder über den Chuan-che zu fahren. Als wir in unser Zelt traten, fanden wir zu unserer Freude unsern Faust in demselben; er war mit uns in die Stadt gefahren und dort abhanden gekommen. Allem Anscheine nach wurde er des Wartens müde und schwamm, eingeschüchtert durch den Lärm der Menschenmasse, unter den Augen meines Begleiters über den gelben Fluß zurück.

Am nächsten Morgen erschien in aller Frühe bei uns ein Beamter, den zehn Soldaten in Dienstkleidung, d. h. in Blousen, begleiteten und erklärte uns, daß ihn der Mandarin gesendet hat, um unsere Sachen zu revidiren. Die Revision begann, wurde aber in sehr nachlässiger Weise ausgeführt, so daß meine Kartenaufnahme, welche ich ganz auf dem Boden eines Kastens verwahrt hatte, glücklich diese Katastrophe überdauerte. Uebrigens war der Umstand ein Glück für uns, daß eben unsere Suppe gekocht wurde, aus welcher die Soldaten alles Fleisch herausgestohlen haben; dieses Geschäft war für sie weit wichtiger, als die Revision unserer Sachen.

Nach der Revision erklärte der Beamte, daß mich der Mandarin bitten ließ, ihm einen Revolver und die Büchse, welche ich gestern bei mir hatte, zur Ansicht zu senden. Anfangs hatte ich keine Lust diese Gegenstände zu geben, als mir jedoch ber Beamte sagte, daß ihm sein Vorgesetzter erklärt hat, sich ohne sie nicht vor ihm zu zeigen, übergab ich sie ihm mit der Bedingung, daß man sogleich eine Barke nach uns sende, um uns aufs andere Ufer des Chuan-che zu schaffen.

Nach Verlauf einer halben Stunde kam auch wirklich die Barke, auf die wir alle unsere Sachen luden, um sie ans andere Ufer zu schaffen. Nach den Kameelen versprach man wieder zu kommen; bei ihnen blieb mein Begleiter und ein Kasak.

Mongolischer Infanterist.
(Nach einer Photographie des Baron Osten-Sacken.)

Nachdem die über den Fluß geschafften Gegenstände im Hofe einer Fanse, welche am Ufer des Chuan-che stand und welche als Salzmagazin diente, untergebracht waren, ging ich zum Mandarin und bat ihn, zu befehlen, daß auch unsere Kameele über den Fluß geschafft werden, sowie auch, daß er uns ein Billet zur weitern Reise nach Ala-schan geben möchte. Hierauf erwiderte mir der Mandarin, daß er persönlich unsere Sachen zu revidiren wünschte, und begab sich auch sogleich mit mir dahin, wo sie aufbewahrt waren. Während der Mandarin unsere Habe betrachtete, nahm er einzelne Sachen, welche ihm am meisten gefielen, und übergab sie seinem Diener, indem er vorgab, daß er sie zu Hause genauer untersuchen wolle und sie uns wiedergeben werde. Es wurden uns ein Paar einläufige gezogene Pistolen, ein Revolver mit Kästchen, ein Dolch, zwei Pulverhörner, eine Laterne und ein Buch Schreibpapier genommen. Als ich sah, daß sich die Revision in eine Beraubung verwandelte, befahl ich meinem Dolmetscher, dem Mandarin zu sagen, daß wir nicht in der Absicht hergekommen sind, um uns berauben zu lassen. Der chinesische General begnügte sich nun mit den schon genommenen Gegenständen und verzichtete auf die weitere Revision.

Indessen hatte man die Kameele immer noch nicht über den Fluß geschafft und man machte die Ausflucht, daß sich ein Sturm erhoben habe, die Thiere also ertrinken könnten. Als ich jedoch endlich energisch gegenüber dem Mandarin auftrat, befahl er, unsere Thiere herüberzuschaffen. Diese konnten jedoch wegen des hohen Bordes nicht in die Barke geschafft werden, und man band sie deshalb mittels Seilen, welche an den Köpfen der Thiere befestigt waren, an das Fahrzeug und schleppte sie so durch den reißenden, gegen vierhundert Meter breiten Strom. Es darf wohl nicht erst gesagt werden, daß ein solches Bad den Kameelen, welchen die Feuchtigkeit ja überhaupt schädlich ist, nicht besonders zuträglich war.

Kaum waren aber die Kameele über den Fluß geschafft, so begab ich mich auch zum Mandarin, um den Paß zu holen, aber man sagte mir, daß er schlafe und daß ich bis morgen warten könne. Ich verlor nun die Geduld und ließ dem chinesischen Generale sagen, daß, wenn er uns den Paß nicht abgiebt, wir auch ohne denselben reisen werden, daß ich aber wegen einer solchen Beschränkung in Peking klagen werde.

Ich weiß nicht, wie man meine Worte dem Mandarin wiedergegeben hat; nach einer Viertelstunde erschien jedoch abermals ein Beamter mit zehn Soldaten bei uns und erklärte, daß der Mandarin abermals befohlen habe, ein Verzeichniß unserer Sachen aufzunehmen und uns ohne Billet nicht reisen zu lassen. Für diesmal beschränkte sich jedoch die Revision auf ein Nachzählen unserer Kisten, Lederkoffer und Säcke; die Soldaten blieben jedoch zurück, indem sie vorgaben, daß sie unsere Sachen vor Dieben beschützen sollen, thatsächlich aber, um uns selbst zu bewachen.

Unsere Lage war ungemein schwierig und dies um so mehr, als uns beständig ein Haufe zudringlicher Soldaten umringte, welche sich verschiedene freche Ausschreitungen erlaubten. Zum Uebermaße erkrankte noch einer unserer Kasaken, so daß er sich nicht von der Stelle rühren konnte.

Gegen Abend begann es zu regnen, doch konnten wir kein Unterkommen finden und mußten unter freiem Himmel übernachten, da wir unser Zelt im engen Hofraume nicht aufstellen konnten, in welchem sich ja auch unsere zehn Kameele befanden. Wir mußten uns ins Unvermeidliche ergeben. Wir reinigten einen kleinen Raum von den auf ihm liegenden Kameelexcrementen und legten uns auf Filzdecken nieder. Zum Glücke hörte der Regen bald auf; die Nacht war hell und die Soldaten wachten abwechselnd am Thore des Hofes.

Am folgenden Tage zwang man uns, bis gegen Mittag zu warten, indem man vorgab, daß der Mandarin schlafe; als ich jedoch gehen wollte, um mich persönlich hiervon zu überzeugen, wollten mich die Soldaten nicht in die Stadt lassen. Indessen kam einige Male ein Vertrauter des Mandarins, welcher mich bat, seinem Vorgesetzten die uns abgenommenen Gegenstände, unter diesen auch die Lancasterbüchse, zu schenken. Ich verweigerte dies entschieden und sagte, daß ich nicht so reich bin, um dem ersten besten chinesischen Generale, dem ich begegne, eine Waffe zu schenken, welche einige hundert Rubel kostet.

Nachmittag brachte man mir die Nachricht, daß der Mandarin aufgestanden ist, und gleichzeitig übergab man mir das Kästchen mit der Büchse. Es zeigte sich jedoch, daß das Pulverhorn und eine Schachtel Zündhütchen fehlten. „Euer Vorgesetzter hat von hier zwei Gegenstände gestohlen," sagte ich dem Beamten, der mit dem Kästchen gekommen war, und sendete meinen Dolmetscher zum Mandarin, auf daß er ihm dasselbe erkläre. Ich selbst wollte nicht mehr zu ihm gehen, da ich es unter meiner Würde hielt, mit einem solchen Menschen zu verkehren.

Nach Verlauf einer Stunde kehrte der Kasak zurück und brachte mir das leere Pulverhorn; die Zündhütchen gab der

Mandarin jedoch nicht ab, sondern erklärte, daß sie ihm nothwendig sind. Gleichzeitig sagte mir der Kasak, daß ihn der General beständig gebeten hat, mich zu bereden, ihm die übrigen weggenommenen Gegenstände zu schenken. Der mit dem Kajaken gekommene Diener wartete auf Antwort; er wurde jedoch wiederum abschläglich beschieden und kehrte zu seinem Herrn zurück. Bald kam derselbe Diener wieder zu uns und bat, dem Mandarin die Sachen, welche er genommen hatte, zu verkaufen. Anfangs weigerte ich mich hierauf einzugehen, später folgte ich jedoch dem Rathe eines mongolischen Zangin (Fähnrichs), mit welchem ich indessen nähere Bekanntschaft gemacht hatte, und entschloß mich auf den Handel einzugehen, stellte jedoch die Bedingung, daß uns sogleich der Paß ausgehändigt und ein Begleiter gegeben werde. Beide erhielten wir nun sehr schnell; statt der als Kaufpreis für die Sachen festgesetzten 67 Lan schickte der Mandarin jedoch nur 50 Lan und ließ mir sagen, daß er mir den Rest auszahlen wird, wenn er sich das nächste Mal mit mir sehen wird. Ich wollte wegen dieser Kleinigkeit nicht noch einmal einen Auftritt mit dem Mandarin haben, befahl die Kameele zu bepacken und verließ, ohne Rücksicht darauf, daß der Abend nahte, die Stadt Dyn-chu.

Unterwegs schloß sich uns der mongolische Zangin an und erzählte uns, daß, als der Mandarin erfahren hatte, ich sei entschlossen, ohne seine Erlaubniß weiter zu reisen, er schrie: „ich werde ihm dafür den Kopf abhauen", und sogleich den Befehl gab, eine Wache vor unsern Aufenthaltsort zu stellen. Dies die Achtung, welche bis jetzt der Europäer in China genießt, wo für uns keine andere Bezeichnung existirt, als die eines „überseeischen Teufels".

VI. Kapitel.

Ala-schan.

Der südliche Theil der Hochebene Gobi, westlich vom mittlern Laufe des Chuan-che, ist eine wilde, unfruchtbare Wüste, welche von Mongolen, die sich Olüten nennen, bewohnt und unter dem Namen Ala-schan oder Trans-Ordos [freilich von Peking aus] bekannt ist. Die Gegend ist ganz mit Flug-sand bedeckt, welcher gegen Westen bis an den Fluß Ezsina reicht, im Süden an das Gan-su-Gebirge stößt und im Norden in die unfruchtbaren lehmigen Ebenen des wüsten Theiles der Gobi übergeht. Diese natürlichen Schranken bilden auch die politische Grenze von Ala-schan, welches im Norden mit Chalcha und den Uroten, in den andern Himmelsgegenden aber mit Gan-su und auf einer kurzen Linie mit Ordos grenzt.

In topographischer Hinsicht bildet die Gegend eine voll-ständige Ebene, welcher aller Wahrscheinlichkeit nach, wie Ordos, der Boden eines großes Sees oder Binnenmeeres gewesen ist. Auf dieses weist die Ebenheit des ganzes Landstriches, der harte salziglehmige Boden, dessen Oberfläche mit Flugsand bedeckt ist, sowie endlich die Salzseen hin, welche sich in ganz niedrigen

Lagen bilden, wo sich der letzte Ueberrest der früheren Gewässer angesammelt hat.

Die Ala = schaner Wüste bildet auf viele Zehner, ja Hunderte von Kilometern eine Fläche nackten Flugsandes, der immer bereit ist, den Reisenden mit seiner brennenden Hitze zu ersticken, oder ihn während eines Uragans zu verschütten. Manchmal sind diese Sandflächen so weit, daß sie von den Mongolen „Tyngeri" d. h. Himmel genannt werden. In ihnen findet man keinen Tropfen Wasser, sieht man weder Vogel noch Säugethier und Grabesstille erfüllt mit unwillkürlichen Schrecken den Geist des Menschen, der in diese Gegend gekommen ist.

Die Kusuptscha von Ordos erscheint im Vergleiche mit den Ala-schaner Sandflächen als eine Miniaturwüste. Dabei kann man doch dort, wenn auch nur selten, eine Oase erblicken, welche mit frischen Pflanzen bedeckt ist; hier aber sind nicht einmal solche Oasen. Der gelbe Sand zieht sich in unübersehbare Ferne, oder wird durch weite Flächen salzigen Lehms vertreten, dessen Stelle wiederum in der Nähe der Gebirge nacktes Kiesgerölle einnimmt. Wo eine Vegetation vorhanden ist, ist sie ungemein armselig und umfaßt nur einige Specien verkrüppelter Sträucher und einige Dutzend Arten anderer Pflanzen. Unter diesen und jenen muß man dem Saxaul, welchen die Mongolen Sak (Haloxylon sp. [Ammodendron?]) nennen und den Sulchir (Agriophyllum gobicum) eine hervorragende Stelle einräumen.

In Ala-schan bildet der Saxaul einen Baum von 3 bis 4 Meter Höhe, mit einer Stammdicke von 15 Centimeter. Selten nur findet man ein Exemplar, das 6 Meter Höhe und eine Stammdicke von 30 Centimeter hat. Am häufigsten vegetirt er, aber immer nur vereinzelt, auf kahlem Sande. Zur Bearbeitung eignet sich das Holz dieses Baumes nicht, weil es spröde und schwach ist; dafür aber brennt es ausgezeichnet. Die blattlosen und wie Borsten abstehenden Zweige des Saxaul bilden die Hauptnahrung der Kameele in Ala-schan. Außerdem aber stellen auch die Mongolen unter dem Schutze dieses Baumes ihre Jurte auf, und sind hier immerhin besser als in der kahlen Wüste gegen die Winterfröste geschützt. Man sagt überdies, daß dort, wo der Sak wächst, man beim Graben eines Brunnens leichter auf Wasser trifft.

Die Verbreitung des Sak iſt in Ala-ſchan eine ſehr be-
ſchränkte; man findet ihn nur im nördlichen Theile dieſer Gegend.
In der Gobi wächſt dieſer Baum bis in der Nähe des 42° nördl.
Breite; hier findet man ihn jedoch nur ſporadiſch in Strichen,
die mit Flugſand bedeckt ſind. Außerdem findet man den Sak
aber auch in Ordos und Zaidam und iſt dieſer Baum in ganz
Centralaſien bis nach Turkeſtan hin verbreitet.

Noch wichtiger als der Saf iſt für die Bewohner von
Ala-ſchan der Sulchir und man kann ihn ohne alle Uebertreibung einen „Segen der Wüſte" nennen. Dieſe Pflanze
erreicht eine Höhe von 60 Centimeter, ſelten von einem Meter
und vegetirt auf kahlem Flugſande, gewöhnlich aber auf dem
Saume ſandiger, jeglicher Vegetation beraubten Flächen. Dieſe
ſtachlige Salzpflanze blüht im Auguſt und ihr kleiner Samen,
welcher eine wohlſchmeckende und nahrhafte Speiſe liefert, reift
gegen Ende Septembers. In regenreichen Jahren giebt der
Sulchir eine gute Ernte; in trocknen Jahren verkommt er und dann
müſſen die Ala-ſchaner Mongolen ein ganzes Jahr Hunger leiden.

Um den Samen des Sulchir zu ernten, ſammeln die
Mongolen dieſe Pflanze und dreſchen ſie auf kahlen lehmigen
Flächen, welche man häufig mitten im Sande findet. Die
Samen ſelbſt werden erſt über langſamem Feuer geröſtet, dann
in Stampfen von ihren Hülſen befreit und geben ein ziemlich
ſchmackhaftes Mehl, das mit Thee gebrüht und dann genoſſen
wird. Wir ſelbſt haben uns in Ala-ſchan mit Sulchirmehl
genährt und ſogar ſolches mit auf die Rückreiſe genommen.
Gleichzeitig dient aber auch der Sulchir als ausgezeichnetes Futter
für die Hausthiere; nicht allein Kameele, ſondern auch Pferde
und Schafe freſſen ihn ſehr gern. Außer in Ala-ſchan findet
man dieſe Pflanze auch in Ordos und in der Wüſte Gobi, da
wo nackter Sand iſt. Wir haben dieſe Pflanze auch in Zaidam
gefunden. Auf lehmigen Strichen wachſen in der hier beſchriebenen Gegend vorzüglich: die Bubargana (Kalidium gracile),
der Charmik (Nitraria Schoberi), welcher häufig buſchige
Erhöhungen bildet, die ſtachlige Winde (Convolvulus tragacanthoides), welchen niedrigen immer häuſchenweiſe wachſenden
Strauch die Mongolen Dſara, d. h. Igel, nennen, der Feldbeifuß (Artemisia campestris) und hin und wider die

Kugelacazie (Caragana). Von Kräutern findet man: Alant
(Inula amophila), Sophoren (Sophora flavescens), Winden
(Convolvulus Ammani), eine Species Peganum (Peganum
sp.), Haplophyllum sp., Wirbelkraut (Astragalus
sp.) u. A.

Im Allgemeinen ist die Flora der Wüste sehr arm, krüppel=
haft, erhebt sich kaum über den Boden und macht einen höchst
unangenehmen Eindruck. Hier giebt es keine Lebensenergie,
sondern Alles trägt den Stempel des Verwelkens und der Apathie
an sich; Alles vegetirt mit sichtlicher Unlust, wie gezwungen,
indem es vom armen Boden eben nur so viel empfängt, als
nothwendig ist, es vor dem gänzlichen Untergange zu sichern.

Nicht reicher als die Flora von Ala=schan ist auch seine
Fauna. Größere Säugethiere giebt es hier mit Ausnahme der
Chara=sulta gar nicht; außer diesem Thiere trifft man den Wolf,
den Fuchs, den Hasen und in den Salkgebüschen hin und
wider den Igel (Erinaceus auritus?). Von kleinen Nagern
findet man nur zwei Specien Sandmarder (Meriones sp.),
deren eine ausschließlich im Salkgebüsche lebt und dermaßen den
Boden mit ihren Höhlen unterwühlt, daß man durchaus nicht
über ihn reiten kann. Während des ganzen Tages hört man
das Gequieke dieser Thiere, welches eben so langweilig und ein=
tönig ist, wie die ganze Natur von Ala=schau.

Unter den Vögeln ist der bemerkenswertheste der Cholo=
bschoro (Podoces Hendersoni), der von den Mongolen wegen
seines schnellen Laufes diese Bezeichnung, welche „gefiederter Paß=
gänger" bedeutet, erhalten hat. Dieser Vogel hat fast die Größe
unserer Mandelkrähe und erinnert durch seinen Flug an den
Wiedehopf. Er ist in voller Bedeutung des Wortes ein Vogel
der Wüste und man kann ihn auch nur in ihren wildesten Theilen
finden. Kaum bessert sich ein wenig ihr Charakter, so ver=
schwindet auch der Cholo=bschoro. Aus diesem Grunde ist auch
dieser Vogel und die Chara=sulta=Antilope immer ein unan=
genehmer Vorbote. Auf unserm Wege trafen wir den Cholo=
bschoro bis an Gan=su, und später erschien er wieder in Zaidam.
Im Norden ist er in der Gobi ungefähr bis zum $44\frac{1}{2}$° nördl.
Breite verbreitet. Nach Westen zu ist dieser Vogel sehr weit
verbreitet; so fand, oder besser gesagt, entdeckte ihn die Expedition

Forſyth's im Jahre 1870, welche von der engliſchen Regierung
nach Lahore und Jarkand geſendet worden iſt.

Von andern Vögeln trifft man am häufigſten: den Wüſten-
falten (Syrrhaptes paradoxus), welcher in ungeheuren Schaaren
hierher kommt, um zu überwintern, Lerchen (Alauda pispoletta?, Otocoris albigula, Galerita cristata?), Schmätzer
(Saxicola deserti?) und in den Gebüſchen Sperlinge (Passer
sp.). Außerdem halten ſich während des Sommers kleine
Kraniche (Grus virgo) auf, welche ſich mit Eidechſen, die hier
in großer Menge leben, ernähren. Da es hier keine Moräſte
giebt, kommen die Kraniche an die Brunnen, um zu trinken, und
werden, da ſie Niemand verfolgt, ungemein zutraulich.

Dieſes wären ſo ziemlich alle Vögel, welche man in der
Wüſte von Ala-ſchan finden kann. Die Schaaren der Zugvögel
halten ſich hier in bedeutender Höhe und laſſen ſich nicht nieder.
Wir wenigſtens ſahen hier nur an Abenden eine Herde Kraniche,
welche ſich auf den Sand ſetzte, um die Nacht zu verbringen,
und am frühen Morgen weiter flog. Selbſt Elſtern und Krähen
ſieht man in der Ala-ſchaner Wüſte nicht. Nur ein Sperber
kommt hin und wider auf das Zelt des Reiſenden, wohl in der
Hoffnung, einen Theil vom Reſte ſeines Mittagsmahls zu erhalten.

Von Reptilien leben in der Wüſte unzählige Mengen von
Eidechſen (Phrynocephalus sp. und in geringerer Anzahl
Eremias sp.), welche man hier bei jedem Schritte trifft. Dieſe
Eidechſen bilden auch faſt ausſchließlich die Nahrung der Kraniche,
Buſſarde und Habichte; ferner kommen auch Kibitze vom Chuan-che
nach dieſer Speiſe hierher, mit der ſich ſogar Wölfe, Füchſe und
die Hunde der Mongolen, in Ermangelung beſſerer Nahrungs-
mittel, begnügen.

Die Bewohner von Ala-ſchan ſind Mongolen vom Stamme
der Olüten, zu welchem auch die Bewohner von Kuku-nor,
die Turguten und unſere Kalmücken gehören. Ihrem Aeußern
nach unterſcheiden ſich die Ala-ſchaner Mongolen bedeutend von
den Chachalzern und halten ungefähr die Mitte zwiſchen dieſen
und den Chineſen. Unter dem Einfluſſe der Chineſen haben ſie
ihren Charakter verändert, ſo zu ſagen chineſirt und ſind ſogar
im Opiumrauchen nicht hinter ihren Nachbarn zurückgeblieben. Aber
die chineſiſche Arbeitſamkeit iſt ihnen unbekannt geblieben und

sie verharren in der ihnen angestammten mongolischen Faulheit.
Der Einfluß der Chinesen auf die Mongolen ist überall der
gleiche! Man kann ihn eher als einen demoralisirenden, denn als
einen civilisirenden bezeichnen. Meinem Dafürhalten nach giebt
es nichts Ekelhafteres, als einen chinesirten Mongolen, der immer
seine früheren guten Eigenschaften einbüßt und wiederum nur
schlechte Angewohnheiten, welche mehr der Natur des faulen
Nomaden entsprechen, annimmt. Bei einer solchen Ausgeburt
findet man weder die mongolische Geradheit, noch den chinesischen Fleiß, wenngleich ein so umgestalteter Mongole auf seine
eigentlichen Stammgenossen immer mit Verachtung herabschaut.

Die Sprache der Ala-schaner Mongolen unterscheidet sich
ebenfalls bedeutend von der der Chalchas-Mongolen und ist
außerdem im Vergleiche mit der der letztern weicher und schneller.

Die Mongolen von Ala-schan sind im Allgemeinen sehr
arm. Sie befassen sich hauptsächlich mit der Zucht von Kameelen,
welche sie zum Transporte von Salz und verschiedener chinesischer Waaren benutzen. Schafe und Pferde werden eben so
wie Rindvieh nur in sehr geringer Anzahl gehalten, da es an
Weiden für sie fehlt. In größerer Anzahl findet man Ziegen
und in gebirgigen Gegenden weiden Herden von Yaks, welche
jedoch dem regierenden Fürsten und seinen Söhnen gehören.

In administrativer Beziehung ist Ala-schan in drei Choschunate getheilt, doch ist im Allgemeinen die Bevölkerung des Landes
nicht bedeutend. Zur Verminderung der an sich geringen Einwohnerzahl haben die Dunganen noch mehr beigetragen, denn
sie haben Ala-schan wie Ordos verwüstet. Nach Angaben, welche
mir Ala-schaner Mongolen gemacht haben, verblieben nach dem
Einfalle der Dunganen nur tausend Jurten. Wenn man annimmt, daß in jeder Jurte durchschnittlich fünf bis sechs Menschen
leben, so finden wir, daß die Bevölkerung des Landes 5 bis 6000
Seelen beträgt. Der Zerstörung entging nur die Stadt Dyn-
juan-in, die einzige im ganzen Lande. Sie ist die Residenz
des regierenden Fürsten und liegt auf der Westseite des Ala-schaner
Gebirges.

Von Dyn-chu aus schlugen wir die Richtung nach Dyn-
juan-in ein. Nachdem wir einen Tagemarsch zurück gelegt hatten,
machten wir halt und verblieben drei Tage in der Nähe der

Jurte des uns befreundeten mongoliſchen Zangin. Wir kauften
von ihm ein Kameel und vertauſchten zwei andere, deren Rücken
wund geworden war; außerdem war es aber auch nothwendig
dem kranken Kaſaken einige Ruhe zu gönnen, der zum Glücke
zu ſich zu kommen begann. Unſern ehemaligen Führer Dſchül-
dſchiga hatten wir in Dyn-chu zurückgelaſſen; an ſeiner Stelle
erhielten wir, wiederum von dem Zangin, einen andern, der
zwar auch Mongole war, aber ſich zur muhamedaniſchen Lehre
bekannte und ein ausgezeichneter Menſch war. Mit ihm gingen
wir nach Dyn-juan-in, wohin es von Dyn-chu gegen 187 Kilometer iſt. Den Weg bildet ein Fußſteig, der häufig gänzlich im
Sande verſchwindet, ſo daß man die Gegend ungemein genau
kennen muß, wenn man ſich nicht verirren will. Bewohner fanden
wir nicht; in einer Entfernung von 25 bis 30 Kilometer ſind
jedoch Brunnen, bei denen Poſtjurten errichtet ſind.

Während des zweiten Tagemarſches kamen wir an den See
Zagan-nor und hier fanden wir eine große Seltenheit dieſer
Gegenden, — eine Quelle kühlen, reinen Waſſers. Zwei große
Weiden beſchatten dieſen Ort, welcher von den Mongolen als
heilig betrachtet wird. Wir waren über dieſen Fund unaus-
ſprechlich erfreut, denn wir hatten ſeit mehr als vier Wochen
kein gutes Waſſer getrunken, und machten zu Ehren dieſer Entdeckung einen Ruhetag.

Der klare Waſſerſtrom der Quelle fließt im Ganzen nur
gegen zehn Klafter; aber die von ihr bewäſſerte Gegend bildet
eine ſaftige grüne Wieſe, welche mit Gräſern bedeckt iſt, wie wir
ſie nirgends ſonſt in der Wüſte gefunden haben.

Der Zug der Vögel, welcher gegen Ende des Monats
Auguſt begonnen hatte, nahm im September bedeutend zu, ſo
daß wir während des erſten Drittels dieſes Monats ſchon achtzehn Arten zählten. Der Zug geht jedoch größtentheils durch das
Chuan-che-Thal und nur wenige Vögel fliegen durch die Wüſte von
Ala-ſchan. Hier wird den gefiederten Pilgern das Leben häufig
ſehr ſauer. Viele von ihnen kommen in der Wüſte wegen
Mangels an Waſſer und Nahrung um, und ich ſelbſt habe einige
Male todte Droſſeln gefunden, deren Magen bei der Section
ſich vollſtändig leer zeigte. Mein Begleiter fand einmal in einer
trocknen Schlucht, faſt ganz in der Nähe des hohen Ala-ſchauer

Gebirgsrückens eine Schreiente, welche so entkräftet war, daß man sie mit den Händen ergreifen konnte.

Die Sommerhitze hatte nun ihr Ende erreicht, so daß wir nun ohne große Ermattung unsere Tagemärsche zurücklegten. Der Flugsand, welcher hier wie in Ordos kleine Hügel bildet, war auf einer unbegrenzten Fläche um uns herum ausgebreitet und verschwand am fernen Horizonte. Zwischen ihm wand sich der Fußsteig durch Salzgebüsch und zog sich durch schmälere Sandstreifen hin, wo diese den Weg durchschnitten. Wehe dem, der hier verirrt; er ist sicher, besonders aber im Sommer, wenn die Wüste wie ein Backofen erhitzt ist, verloren.

Ungefähr 70 Kilometer vor Dyn-juan-in lenkt der Flug-sand rechts vom Wege ab und seine Stelle nimmt eine Ebene ein, deren Oberfläche aus sandigem Lehm besteht, die hauptsächlich mit Sträuchern von Feldbeifuß bedeckt ist, den die Mongolen S ch a r a l b sch a nennen und als Brennmaterial benutzen. Diese Ebene zieht sich bis an den Ala-schaner Gebirgsrücken hin, welcher sich wie eine massive Mauer erhebt und in der Entfernung von einigen hundert Kilometern schon ganz deutlich zu sehen ist. Auf einigen Gipfeln lag nun schon Schnee, wenngleich dieser Rücken nirgends die Schneegrenze erreicht.

Am 14. September langten wir in Dyn-juan-in an und fanden hier, das erste Mal während unserer ganzen Reise, seitens den Fürsten des Landes einen freundlichen Empfang. Auf seinen Befehl kamen uns drei Beamte entgegen und führten uns in eine schon im Voraus für uns eingerichtete Fanse. Uebrigens kamen uns noch drei andere Beamte entgegen, welche uns durch die ganze Stadt begleiteten und fragten, was wir sind. Eine der ersten Fragen war, ob wir etwa Missionäre sind. Als wir diese Frage verneinten, begann man uns die Hände zu drücken und uns zu erklären, daß der Fürst verboten hat, uns in die Stadt zu lassen, im Falle wir Missionäre wären. Im All-gemeinen muß ich sagen, daß einer der wichtigsten Gründe des Erfolges, den unsere Reise hatte, der war, daß wir keinem Menschen unsere Glaubensmeinungen aufgedrungen haben.

Die Stadt Dyn-juan-in ist, wie schon gesagt, der Aufenthaltsort des regierenden Fürsten von Ala-schan. Sie liegt gegen 15 Kilometer westlich vom mittleren Theile des Ala-schaner Gebirgs-

rückens und gegen 80 Kilometer von der großen chineſiſchen
Stadt Jn-ſja (von den Mongolen Jrgai genannt), welche in
Gan-ſu liegt. Die Chineſen nennen Dyn-juan-in Wa-jan-fu,
die Mongolen aber Alaſcha-jamin d. h. der Regierungsſitz
von Ala-ſchan.

Dyn-juan-in iſt eine Feſtung, deren Umfangsmauer eine
Länge von anderthalb Kilometer hat. Zur Zeit unſeres
Aufenthaltes in der Stadt war dieſe Mauer in Vertheidigungs-
zuſtand geſetzt und auf ihren Zinnen lagen überall Steine oder
Balken, um einen feindlichen Sturm zurückzuſchlagen. Auf der
Nordſeite der Stadt ſind vor der Hauptmauer noch drei kleine
Werke errichtet, welche mit Palliſaden ausgeſtattet ſind.

Im Innern der Feſtung wohnt der Fürſt; hier befinden
ſich auch chineſiſche Kaufläden und leben die mongoliſchen Soldaten. Außerhalb der Hauptbefeſtigung befanden ſich vormals
einige Fanſen; ſie ſind aber alle von den Dunganen niedergebrannt worden, welche jedoch die Feſtung ſelbſt nicht erobern
konnten. Dafür aber wurde alles, was ſich außerhalb derſelben
befand, zerſtört; dieſem Schickſale erlag auch die ländliche Wohnung
des Fürſten, welche ungefähr einen Kilometer von der Stadt in
einem kleinen Parke erbaut war. Dieſer Park, in welchem ſich
ehedem ſogar mit Waſſer gefüllte Teiche befunden haben, bot
einen bezaubernden Anblick im Vergleiche mit dem Trauerbilde
der ihn umgebenden Wüſte.

Dieſes iſt das Aeußere der Stadt. Wir wollen nun auch
ihren Bewohnern unſere Aufmerkſamkeit zuwenden.

Unter dieſen iſt nun die wichtigſte Perſon der regierende
Fürſt, oder wie er hier genannt wird der „Amban“, deſſen
eigentlichen Namen wir nicht erfahren konnten, da die Mongolen
das Nennen des Namens ihrer Vorgeſetzten für Sünde halten,
die um ſo größer wäre, wenn es in Gegenwart eines Fremden
geſchähe. Der Amban iſt ein Fürſt zweiten Ranges und beſitzt
Ala-ſchan auf Grund mittelalterlicher Feudalrechte. Seiner Abſtammung nach iſt der Fürſt Mongole; er iſt jedoch gänzlich
chineſirt und dies um ſo mehr, als er in Familienverbindung
mit dem Hauſe des Bogdo-Chans ſteht, aus welchem er eine
Prinzeſſin geheirathet hatte. Vor einigen Jahren iſt ihm dieſe
Frau geſtorben und er lebt ſeitdem mit Favoritinnen.

Der Fürst ist ein Mann von ungefähr vierzig Jahren und hat eine ziemlich intelligente Physiognomie, wenngleich er immer blaß aussieht, was eine Folge des Opiumrauchens ist, dem er sich mit Leidenschaft hingiebt. Seinem Charakter nach ist er bestechlich und im höchsten Grade despotisch. Eitle Laune, Ausbruch der Leidenschaft oder Zorn vertreten die Stelle des Gesetzes und seine Befehle werden, ohne von irgend einer Seite auf Widerspruch zu stoßen, sogleich ausgeführt. Diese Ordnung der Dinge existirt übrigens in der ganzen Mongolei und ohne Ausnahme in ganz China. Eine solche Fäulniß der gesellschaftlichen Verhältnisse kann sich nur, Dank der ungeheuren Roheit des Volkes erhalten; unter andern Verhältnissen müßte eine solche Ordnung der Dinge das Reich ins Verderben stürzen.

Der Fürst von Ala-schan verbringt, eingeschlossen in seiner Fanse, seine ganze Zeit mit Opiumrauchen, er zeigt sich nie auf der Straße. Früher reiste er häufig nach Peking. Der Aufstand der Dunganen hat diese Reisen unterbrochen.

Der Amban hat drei erwachsene Söhne, von denen der älteste einst sein Nachfolger in der Regierung sein wird; der mittlere ist Higen geworden und der jüngste „Sïa" hat keine bestimmt bezeichnete Stellung. Der Name und Titel dieses Prinzen, wie er ihn selbst in meinem Tagebuche verzeichnet hat, lautet: „Olos-on Tuschïe hum durban dsyrge Remensen Baltschinbandsargutschan;" der Name und Titel des Higen aber lautet: „Alascha in Tschyn-wan choschun-non Saïn Batarguloktschi sume Rom-on chan dschamzuwandschil."

Der Higen ist ein schöner Jüngling von 21 Jahren, mit lebhaftem, feurigem Charakter, aber durch die Erziehung gänzlich verdorben, erträgt er nicht den geringsten Widerspruch und hält seine Aussprüche für unfehlbar. Da er geistig durchaus nicht entwickelt ist, irrt er beständig, wie im Dunkeln, in der Masse Unsinns umher, der ihm von den ihm nahe stehenden Lamas von seinen Wiedergeburten, Wundern und von seiner Heiligkeit vorgeplaudert wird. Der Higen, welcher über diese Sachen nicht im Mindesten nachdenkt, verhält sich gegen alles apathisch und sieht in seinem Stande nur eine Quelle unbegrenzter Macht und ungeheuren Reichthums, der ihm von den eifrigen Gläubigen

als Opfer dargebracht wird. Aber der junge Geiſt ſucht gleich=
zeitig etwas Beſſeres und begnügt ſich nicht mit dem Leben,
welches in den engen Rahmen der Gebete, Vorherſagungen und
Segenſpendungen eingezwängt iſt. Um etwas mehr Raum für
ſeine Thätigkeit zu finden, überläßt ſich der Higen der waid=
männiſchen Leidenſchaft, reitet mit einer großen Lamaſchaar in
der Umgegend umher und hetzt Füchſe. In der Folge kaufte
er ein Jagdgewehr von mir und ſchoß beſtändig in ſeinem außer=
halb der Stadt belegenen Garten Vögel. Aber auch hier ließen
ihm ſeine Verehrer keine Ruhe. Als er eines Tages mit meinem
Begleiter jagte, bat er ihn, die Andächtigen zu vertreiben, welche
ihm in hellen Haufen folgten und die Vögel verſcheuchten. Für
einen buddhaiſtiſchen Heiligen paßt nun zwar das edle Waid=
mannshandwerk nicht, aber die dem Prinzen nahe ſtehenden
Lamas wagen es nicht einmal ihrem Gebieter dieſes leiſe an=
zudeuten, denn er übt eine ſehr ſtrenge Disciplin. Aus Anlaß
des dunganiſchen Aufſtandes hat der Higen aus allen über=
flüſſigen Lamas eine Abtheilung von 200 Mann gebildet, welche
er mit glattläufigen engliſchen Gewehren bewaffnete, die aus
·Peking herbeigebracht worden waren. Dieſe Abtheilung ſendete
er wider die Räuber, welche noch häufig in Ala=ſchan Einfälle
machen.

Der jüngſte Sohn des Fürſten von Ala = ſchau, S ï a, iſt
ſeinem Charakter nach dem Higen ziemlich ähnlich und ſehr zu
einem wüſten Leben geneigt. Er ſelbſt ſagte uns, daß er Bücher
und Wiſſenſchaft nicht leiden kann, dafür aber ein Freund von
Krieg, Jagd und Pferden ſei. Und wirklich zeigte er ſich während
einer uns zu Ehren von beiden Brüdern veranſtalteten Jagd,
während eines Jagens hinter einem Fuchſe als ausgezeichneter
Reiter, denn er ließ alle andern Jagdtheilnehmer weit hinter ſich.

Den älteſten Sohn haben wir nur einmal geſehen und
deshalb kann ich Nichts über ihn ſagen. Die ihm naheſtehenden
Perſonen ſagen, daß dieſer Prinz ſeinem Charakter nach ſeinen
Brüdern nicht ähnlich iſt, denn er verhält ſich ernſt und zurück=
gezogen, wie es einem künftigen Herrſcher zuſteht.

Außer den ſoeben geſchilderten Perſonen iſt noch eines
Lamas mit Namen B a l d y n = S o r d ſ ch i zu erwähnen, der
beim Fürſten und ſeinen Kindern in der Eigenſchaft einer Ver=

trauensperſon lebt, die verſchiedene Aufträge ausführt. Dieſer
Sordſchi war in früher Jugend mit einer Pilgerkarawane nach
Tibet entflohen. Während eines achtjährigen Aufenthaltes in
Laſſa hat er die buddhaiſtiſche Weisheit ſtudirt und kehrte als
Lama nach Ala = ſchan zurück. Liſtig und vorſichtig von Natur
hat Sordſchi ſchnell das Vertrauen des Ambans errungen und
iſt in Folge deſſen ſein Bevollmächtigter geworden. Im Auf=
trage des Fürſten reiſt er alle Jahre nach Peking, um dort Ein=
käufe zu machen, ja er war ſogar einmal in Kiachta und von
dorther kennt er die Ruſſen.

Uns war Sordſchi durch ſeine Dienſtfertigkeit und durch
das Anſehn, das er in der Stadt genoß, im höchſten Grade
nützlich. Ohne ihn hätten wir vielleicht auch nicht eine ſo freund=
liche Aufnahme ſeitens des Fürſten und ſeiner Söhne gefunden.
Sordſchi befand ſich auch unter den drei Perſonen, welche der
Fürſt uns entgegen geſendet hat, um zu ſehen, was wir ſind.
Er hat nachher dem Amban von Ala = ſchan berichtet, daß
wir wirklich Ruſſen und keine andern Ausländer ſind. Die
Mongolen taufen übrigens alle Völker Europas auf den
Namen der Ruſſen, ſo daß ſie gewöhnlich ſagen: ruſſiſche Fran=
zoſen und ruſſiſche Engländer, wobei ſie natürlich an die wirk=
lichen Franzoſen und wirklichen Engländer denken. Dabei denken
jedoch die Nomaden, daß dieſe Völker Vaſallen des „Zagan=
Chan", d. h. des weißen Zaren ſind.

Noch vor den Thoren der Stadt Dyn = juan = in erwartete
uns eine ungeheure Volksmenge, welche uns dann auch auf dem
Fuße folgte und den Hof des chineſiſchen Gaſthauſes füllte, in
welchem wir untergebracht worden ſind. Der Eigenthümer des
Gaſthauſes war ſichtlich wenig damit zufrieden, daß wir bei ihm
logirten und konnte lange nicht den Schlüſſel zu der für uns
beſtimmten Fanſe finden, um die Thür zu öffnen. Endlich wurde
er aber doch gefunden; wir luden unſere Kameele ab, trugen
die Sachen in die Fanſe, verzehrten unſer Abendbrod und legten
uns, da es indeß Abend geworden war und wir vom großen
Tagesmarſche ungemein angegriffen waren, ſchlafen.

Schon am frühen Morgen des folgenden Tages ſtörten uns
neugierige Maulaffen in unſerer Ruhe; ſie ſtanden haufenweiſe
im Hofe und drangen in die Fanſe ein, oder zerriſſen das Papier,

mit dem gewöhnlich die chinesischen Fenster zugeklebt sind, und schauten durch die gemachten Oeffnungen. Vergebens wurden auf Befehl des Fürsten einige Soldaten kommandirt, um die Haufen zu vertreiben, und wahrscheinlich auch unser Thun und Treiben zu beobachten. Kaum hatten sie einen Haufen vertrieben, so war auch schon wieder ein anderer da; so ging es alle Tage während der ganzen Zeit unseres Aufenthaltes in Dyn-juan-in, hauptsächlich aber im Anfange. Es war thatsächlich keine Möglichkeit irgend etwas zu thun, denn es reichte hin sich die Nase zu schnäuzen, um die allgemeine Aufmerksamkeit auf sich zu lenken und neue Maulaffen herbeizulocken. Wir mußten nothgedrungen in der schmutzigen Fanse sitzen, ohne irgend etwas zu thun, und dieses zu einer Zeit, als gerade der Hauptzug der Vögel begonnen hatte und sich ganz in der Nähe ein großes und dabei bewaldetes Gebirge befand. Der Reisende ist mehr als irgend ein anderer Mensch von den Umständen abhängig und deshalb mußten auch wir uns in unser Schicksal fügen.

Zwei Tage nach unserer Ankunft in der Hauptstadt Alaschans hatten wir eine Audienz bei den jüngern Söhnen des Fürsten, — beim Higen und Sïa; nach fünf Tagen wurden wir von ihrem ältern Bruder empfangen und acht Tage nach unserer Ankunft empfing uns der Amban selbst. Es war durchaus nothwendig allen diesen Personen Geschenke zu machen, über welche wir sogar von den zu uns gesendeten Beamten befragt wurden. Da ich zu diesem Behufe keine entsprechenden Gegenstände hatte, so schenkte ich dem Fürsten eine Taschenuhr und ein verdorbenes Aneroid, dem ältern Prinzen ein Fernrohr, dem Higen und Sïa verschiedene Kleinigkeiten, besonders für die Jagd und Pulver. Als Gegengeschenk erhielten wir vom Fürsten und seinen Söhnen ziemlich werthvolle Gegenstände und zwar ein Paar Pferde, ein Säckchen voll Rhabarber, und einen Hut russischen Zucker, welcher aus Kiachta bis nach Ala-schan gekommen war. Außerdem verehrten uns unsere Freunde der Higen und Sïa, als Andenken an sie: mir ein silbernes Armband und meinem Reisegefährten einen goldenen Ring.

Ueberhaupt waren sowohl der Amban selbst, wie auch besonders der Higen und Sïa uns sehr zugeneigt und waren stets bemüht uns diese Zuneigung zu zeigen. Alle Tage sendeten sie uns aus ihrem Garten ganze Körbe voll Wassermelonen, Aepfel und Birnen, welche wir nach den langen Entbehrungen in der Wüste in Uebermaß vertilgten. Der alte Fürst sendete uns einmal ein Mittag, das aus einer Menge chinesischer Gerichte bestand. Mit dem Higen und Sïa ritten wir einige Male auf die Jagd und waren häufig Abends bei ihnen, wo dann bis in später Nacht geplaudert wurde. Obgleich es schwer war sich mit Hülfe eines Dolmetschers zu verständigen, so verbrachten wir doch die Zeit vergnügt, und dieses um so mehr, als wir hier= durch aus der unfreiwilligen Haft in unserer Fanse befreit wurden. Die jungen Prinzen verhielten sich ganz ungezwungen, lachten, scherzten und häufig kam es sogar zu Spielen und gymnastischen Uebungen.

Während der Unterhaltung richtete der Higen und Sïa mit fieberhafter Neugierde Fragen über Europa, über das dortige Leben, über Menschen, Maschinen, Eisenbahnen, Telegraphen u. s. w. an uns. Unsere Erzählungen erschienen ihnen wie Sagen und erregten in ihnen den Wunsch, Alles mit eigenen Augen zu sehen; die Prinzen baten uns allen Ernstes sie mit nach Rußland zu nehmen. Einmal brachten sie uns verschiedene europäische in Peking und Kiachta gekauften Gegenstände, wie z. B. Revolver, Stöcke mit Dolchen, Spielmaschinen, Uhren, ja sogar Flacons mit Eau de Cologne.

Die Audienz beim alten Fürsten wurde indessen von einem Tage auf den andern verlegt und vor dieser Audienz wollte man uns nicht ins Gebirge lassen. Lama Sordschi und andere Beamten besuchten uns jeden Tag und wir verkauften ihnen alle unsere pekinger Waaren mit einem Gewinne von 30 bis 40 %. Unvergleichlich theurer verkauften wir russische Waaren (Nadeln, Seife, Messerchen, Glasperlen, Tabacksdosen, Spiegelchen), von denen wir zwar keinen großen Vorrath hatten, denn wir besaßen ihrer nur für etliche Zehner Rubel, aber diese brachten uns einen Gewinn von durchschnittlich 700 %. Gewiß muß eine solche Gelegenheit, wie die, in welcher wir uns befanden, als Aus= nahme betrachtet werden, doch scheint es mir, daß, wenn man nicht bloß hier, sondern in der ganzen Mongolei einen regel= mäßigen Handel einführen würde, dieser sehr bedeutende Procente bringen würde. Es versteht sich, daß man das Geschäft verstehen und wissen müßte, welche Waaren hauptsächlich verlangt werden. Mir scheint es, daß man vor allen Dingen: Baumwollensammet (Manchester), Tuch, Saffian, welche ja auch jetzt in großer Masse von uns nach China gebracht werden, herbringen müßte. Gewiß würden aber Eisenwaaren, wie z. B. Scheeren, Messer, Rasir- messer, messingne Töpfchen, gußeiserne Schüsseln u. s. w. noch weit größern Absatz finden. Dieses sind für häuslichen Bedarf unentbehrliche Gegenstände, welche jetzt aus China bezogen werden, aber sehr schlecht sind. Als weitere Gegenstände der Einfuhr könnten dienen: gelber und weißer Lustrin, welchen die Lamas zur Kleidung brauchen, Korallen, welche in der Mongolei sehr gesucht sind und theuer bezahlt werden, Gold- und Silbergewebe, rothe Glasperlen, Nadeln, Uhren, Tabaksdosen, Spiegelchen, Stereoskope, Papier, Bleistifte und ähnliche Kurzwaaren.

Einer unserer eifrigsten Besucher war der Lama Sordschi, welcher einige Male des Tages zu uns kam und uns viel über Tibet erzählte. Unter Anderm theilte er uns mit, daß die Pilger, welche nach Lassa kommen, den Dalai-Lama nur für Bezahlung sehen können; das erste Mal müssen drei bis fünf Lan gegeben werden, während der Pilger, welcher das zweite und folgende Mal das Antlitz des incarnirten Gottes sehen will, jedes Mal einen Lan zu zahlen hat. Eine solche Bezahlung ist jedoch nur für die Armen vorgeschrieben; die Reichen und Fürsten, welche kommen, um dem Dalai-Lama ihre Ehrfurcht zu bezeugen, bringen ihm oft sehr bedeutende Geschenke.

Der jetzige Dalai-Lama ist ein Jüngling von achtzehn Jahren und gelangte, nach der Erzählung der Buddhaverehrer folgender- maßen auf seinen Thron.

Kurz vor dem Tode des alten Lama kam eine Frau aus Tibet zu ihm, um ihn anzubeten, in dieser Frau erkannte der Heilige die Mutter seines künftigen Nachfolgers. Nun gab er ihr Brod und gewisse Beeren, nach deren Genuß diese Frau schwanger wurde. Der Dalai-Lama starb bald darauf, wies jedoch vor seinem Tode auf diese Frau, als auf die Mutter seines Erben hin. Und wirklich floß in demselben Augenblicke, in welchem das Kind geboren wurde, Milch aus dem Pfeiler, auf dem die Jurte gestützt war, und dies war das Zeichen des Berufes und der großen Heiligkeit des Neugeborenen.

Eine zweite sehr interessante Erzählung, welche wir vom Lama Sordschi hörten, ist die Vorhersagung von Schambalin, dem gelobten Lande der Buddhaverehrer, wohin in der Zukunft alle Bekenner dieses Glaubens aus Tibet gelangen werden.

Die soeben genannte Gegend ist eine Insel, welche sehr weit im nördlichen Meere liegt. Auf dieser Insel giebt es sehr viel Gold, das dort wachsende Getreide wird ungewöhnlich groß, Arme sind dort gar nicht vorhanden; mit einem Worte, in Schambalin fließt Milch und Honig. Die Besitznahme dieses Landes durch die Buddhisten wird, vom Tage der Vorhersagung gerechnet, in 2500 Jahren erfolgen. Seit dieser Zeit sind nun aber schon 2050 Jahre verflossen, es ist also verhältnißmäßig nur noch ein sehr kurzer Zeitraum bis zum erwarteten Ereignisse übrig geblieben.

Die Sache wird aber folgendermaßen vor sich gehen.

In Westtibet wohnt ein Higen, welcher als lebendige Incarnation der Gottheit nie stirbt, sondern immer nur in andern Körpern wiedergeboren wird. Kurz vor dem Termine, an welchem die Vorhersagung in Erfüllung gehen wird, wird dieser Heilige als Sohn des Königs von Schambalin wiedergeboren werden. Indessen werden die Dunganen einen noch gefährlichern Aufstand, als der jetzige ist, erheben und ganz Tibet verwüsten. Dann wird das tibetanische Volk unter der Führung seines Dalai-Lamas sein Vaterland verlassen und nach Schambalin gehen, wo es von dem oben bezeichneten Heiligen, der nach dem Tode seines Vaters den Thron des Landes besteigt, aufgenommen und auf fruchtbarem Boden angesiedelt werden wird.

Indessen werden die Dunganen, ermuthigt durch die in Tibet erzielten Erfolge, ganz Asien und nach diesem auch Europa unterwerfen und sich auf Schambalin stürzen. Dann wird der heilige Monarch sein Heer sammeln, die Dunganen besiegen, sie in ihr Land zurücktreiben und den Glauben Buddha's in allen ihm unterworfenen Landen zum herrschenden machen.

Der oben bezeichnete Higen besucht auch jetzt im Geheimen Schambalin. Zu dieser Reise hat er ein besonderes Pferd, das beständig gesattelt steht und seinen Herrn in einer Nacht aus Tibet ins gelobte Land und zurück bringt. Diese Reisen hat das Volk ganz zufällig erfahren.

Die Geſchichte ereignete ſich folgendermaßen.

Der Higen hatte einen Arbeiter, welchem es einmal einfiel, während der Nacht nach Hauſe zu reiten, und nichts Ungewöhnliches ahnend in aller Stille das geheiligte Pferd beſtieg. Dieſes erhob ſich nun gleich wie ein Pfeil und flog in die Ferne. Als der Arbeiter einige Stunden geritten war, begannen ſich Wälder, Seen und Flüſſe zu zeigen, welche es in der Heimath des Arbeiters durchaus nicht giebt, ſo daß dieſer erſchrocken das Pferd umwendete. Bei dieſer Gelegenheit brach er einen Zweig von einem Baume, um das Pferd antreiben zu können, im Falle es ermattet; dieſes ereignete ſich jedoch nicht und gegen Tagesanbruch war der Arbeiter wieder in der Nähe des Kloſters, reinigte das Pferd vom Schweiße und ſtellte es an ſeine Stelle.

Als indeß der Heilige erwachte, bemerkte er gleich den Vorfall, rief den Arbeiter zu ſich und fragte ihn, wohin er in der vergangenen Nacht geritten iſt. Dieſer, gleichſam auf der That ertappt, verſuchte es nicht zu leugnen, ſagte jedoch, daß er ſelbſt nicht wiſſe, wo er geweſen iſt. Da ſagte ihm der Heilige: „Du biſt gar nicht weit vom glücklichen Lande Schambalin entfernt geweſen, wohin mein Pferd nur den Weg kennt. Zeige mir den Zweig, welchen Du mitgebracht haſt; ſieh', ſolche Bäume giebt es in Tibet nicht; ſie wachſen nicht weit von Schambalin."

Nachdem mir Sordſchi dieſes erzählt hatte, fragte er mich, ob ich nicht wiſſe, wo Schambalin liegt. Dort, fügte der Lama hinzu, iſt eine ungeheure Stadt, in welcher jetzt eine Königin lebt, die nach dem Tode ihres Mannes das Volk regiert. Ich nannte ihm England. „Na, das iſt gewiß unſer Schambalin!" rief der erfreute Sordſchi und bat mich, ihm das genannte Land auf der Karte zu zeigen.

Endlich, nachdem wir acht Tage in Dyn-juan-in gelebt hatten, wurden wir zur Audienz beim Amban geladen. Vor allen Dingen fragte uns Lama Sordſchi, gewiß im Auftrage des Fürſten ſelbſt, in welcher Weiſe wir ſeinen Herrn begrüßen werden, ob in unſerer Weiſe, oder nach mongoliſcher Sitte, d. h. indem wir vor ihm niederfallen. Als ich ihm, wie natürlich, erwidert hatte, daß wir den Fürſten nach europäiſcher Sitte begrüßen werden, begann Sordſchi zu bitten, daß wenigſtens

unser Dolmetscher, der Kasak, vor dem Fürsten knieen möge;
aber auch diese Zumuthung wurde entschieden verweigert.

Die Audienz beim Amban fand gegen acht Uhr Abends in
seiner Janse statt. Diese Janse ist sehr schön ausgestattet; es
befindet sich sogar ein großer europäischer Spiegel in ihr, der
in Peking für 150 Lan gekauft worden ist. Auf den Tischen
standen in neusilbernen Leuchtern brennende Stearinlichte und
eine für uns vorbereitete Bewirthung, welche aus Nüssen, Pfeffer-
kuchen, russischen Bonbons mit Versen auf den Etiketten,
Aepfeln, Birnen u. s. w. bestand.

Ruinen der, während eines Aufruhrs zerstörten Kapelle der barmherzigen
Schwestern in Tientsin.
(Nach einer Photographie von J. Thomson.)

Nachdem wir eingetreten waren und uns vor dem Fürsten
verbeugt hatten, bat er uns, auf absichtlich für uns hergerichteten
Sesseln Platz zu nehmen; der Kasak blieb an der Thür stehen.
Außer dem Amban befand sich in der Janse noch ein Chinese,

der, wie ich in der Folge erfuhr, ein reicher Kaufmann war.
In der Thür der Janſe und weiter im Vorzimmer ſtanden die
Adjutanten des Fürſten und ſeine Söhne, welche ebenfalls der
Audienz beiwohnen mußten.

Nach den gewöhnlichen Fragen nach der Geſundheit und
der glücklich überſtandenen Reiſe, verſicherte der Fürſt, daß, ſo
lange Ala-ſchan exiſtirt, in ihm noch kein Ruſſe geweſen iſt, daß
er ſelbſt dieſe Ausländer das erſte Mal ſieht und über unſern
Beſuch ſehr erfreut iſt.

Hierauf begann er Fragen über Rußland an uns zu richten
und zwar fragte er, welchen Glauben wir bekennen, wie der
Boden bearbeitet wird, wie Stearinlichte fabricirt werden, wie
man auf Eiſenbahnen fährt und endlich, wie photographiſche
Bilder angefertigt werden. „Iſt es denn wahr," fragte der
Fürſt, „daß zu dieſem Behufe Flüſſigkeit aus menſchlichen Augen
in die Maſchine gelegt wird?" „Zu dieſem Zwecke," fuhr der
Fürſt weiter fort, „haben die Miſſionäre in Tjen-tſin Kindern,
welche ſie zur Erziehung zu ſich genommen hatten, die Augen
ausgeſtochen; das Volk hat ſich deshalb empört und alle dieſe
Miſſionäre ermordet"*). Als der Fürſt von mir in dieſer
Beziehung eine verneinende Antwort erhalten hatte, bat er mich,
ihm eine Maſchine zum Anfertigen von Bildern mitzubringen,
und ich vermochte es nur mit Mühe, dieſen Auftrag abzulehnen,
indem ich verſicherte, daß die Gläſer der Maſchine während der
Reiſe gewiß zerbrechen würden.

Weiter fragte noch der Fürſt, wieviel Abgaben uns die
Franzoſen und Engländer zahlen, denn er iſt der Anſicht, daß
ſie als Vaſallen Rußlands von dieſem abhängig ſind. Als ich
dem Amban erklärte, daß ich hierüber nichts wiſſe, begann er
ſehr eifrig zu erforſchen, ob jene Völker mit unſerer Erlaubniß
oder eigenmächtig mit China Krieg geführt haben. „In jedem

---

*) Im Juli 1870 hat ſich der Pöbel in Tjen-tſin thatſächlich empört
und 20 Franzoſen und 3 Ruſſen ermordet; die letztern erlagen zufällig
dieſem Geſchicke. Diejenigen, welche dieſen Aufſtand hervorgerufen haben,
ſpiegelten dem Volke vor, daß die franzöſiſchen barmherzigen Schweſtern,
welche Kinder zu ſich nehmen, um ſie zu erziehen, die Augen ausſtechen,
um die zur Anfertigung von Photographien nothwendige Flüſſigkeit zu
erhalten. Das Gerücht hierüber verbreitete ſich, wie man ſieht, in ganz
China und wurde gern geglaubt.

Falle," fuhr der Fürst fort, „hat unser Bogbo-Chan diese Barbaren
nur aus seiner unbegrenzten Gnade von den Mauern seiner
Hauptstadt entlassen und sie nicht bis auf den letzten Mann
vertilgt; doch hat er als Strafe eine große Kontribution von
ihnen genommen" *).

Indessen winkten uns die im Vorzimmer befindlichen Söhne
des Fürsten, unsere Freunde Higen und Sïa, mit dem Finger,
lachten, stießen den Dolmetscher-Kasaken in die Seite und ver-
übten verschiedene Schülerstreiche, sobald sie bemerkten, daß es
ihr Vater nicht sieht. Im Allgemeinen ist das Verhalten der
jungen Prinzen gegenüber ihrem Vater ein sehr sklavisches; die
Kinder haben eine ungeheure Furcht vor dem Vater und vollziehen ohne den mindesten Widerspruch jeden seiner Befehle.
Dabei bedienen sich die Prinzen immer der Spione; in unserer
Gegenwart wenigstens schämten sie sich nicht, mit ihren vertrauten
Lamas sich Verschiedenes ins Ohr zu raunen und sie nach dem
zu fragen, was der Vater gesagt, was der Bruder gethan hat
u. s. w. Gegenüber ihrer Untergebenen verhalten sich aber auch
die Prinzen wie unumschränkte Despoten.

Unsere Audienz dauerte ungefähr eine Stunde. Beim Ab-
schiede schenkte der Fürst dem Kasaken, welcher als Dolmetscher
fungirt hatte, zwanzig Lan und erlaubte uns ins benachbarte
Gebirge auf die Jagd zu gehen. Schon am folgenden Tage
machten wir uns dahin auf den Weg und schlugen unser Zelt
am Rande einer Schlucht, fast ganz in der Nähe des Gipfels
des Hauptrückens auf. Unsere Kameele hatten wir unter der
Obhut unseres Freundes Sorbschi zurückgelassen; ebenso auch
den Kasaken, welcher wiederum, und zwar gefährlicher als vordem, erkrankt war. Die Hauptursache seiner Krankheit war das
Heimweh. Seitens des Fürsten waren uns Führer und außer

---

*) Die Ansicht, daß während des letzten Krieges Frankreichs und
Englands gegen China nicht die Chinesen, sondern die Europäer besiegt
worden sind, ist allgemein in Innerasien verbreitet; ich fand sie überall,
wohin ich auf meiner Reise gekommen bin. Thatsächlich halten auch die
Asiaten, welchen ja die Einzelnheiten des Krieges unbekannt sind, den
Feind für besiegt, der vor den Mauern einer Stadt gestanden hat, ohne
diese zu zerstören. Die chinesische Regierung hat gewiß diesen Umstand
schlau benutzt und hat unter ihren treuen Unterthanen das Gerücht von
ihrem Siege über die Europäer verbreitet.

dieſen auch noch ein Lama mitgegeben; der letztere wahrſcheinlich
in der Eigenſchaft eines Aufſehers.

Das Gebirge, in welchem wir uns nun angeſiedelt hatten,
befindet ſich, wie ſchon oben geſagt, gegen fünfzehn Kilometer
gegen Oſten von der Stadt Dyn-juan-in und bildet die Grenze
zwiſchen Ala-ſchan und der Provinz Gan-ſu. Der ganze Rücken
iſt unter dem Namen des A l a - ſ ch a n e r G e b i r g e s bekannt.
Dieſes erhebt ſich hart am Ufer des Chuan-che, und zwar dort,
wo ſich am andern Ufer das Gebirge von Ordos, A r b u s - u l a,
d. h. achtzig bis neunzig Kilometer ſüdlich von Dyn-chu, erhebt.
Von hier aus zieht ſich der Ala-ſchaner Rücken von Norden
nach Süden, längs dem linken Ufer des gelben Fluſſes hin, von
welchem es ſich jedoch allmälig entfernt. Die Länge des Gebirgsrückens beträgt im Allgemeinen zweihundert bis zweihundertfünfzig
Kilometer; ſeine Breite iſt jedoch ſehr unbedeutend und beträgt
in der Mitte nicht über fünfundzwanzig Kilometer. Dabei erhebt
ſich dieſes Gebirge aber ſteil aus dem Thale und hat einen
ganz wilden Alpencharakter. Dieſer Alpencharakter iſt auf dem
Oſtabhange noch deutlicher ausgeprägt, denn er iſt mit koloſſalen,
oft 220 bis 250 Meter in ſenkrechter Richtung hohen Felſen, tiefen
Schluchten und Abgründen beſät, hat alſo alles das aufzuweiſen,
was zum wilden Alpencharakter gehört. Auf dem ganzen Rücken
erheben ſich keine beſonders ſcharf markirten Gipfel; die höchſten
Punkte, der B a j a n - Z u m b u r und B u g u t u j, befinden ſich
ziemlich in ſeiner Mitte. Der erſte dieſer Rücken erreicht eine
abſolute Höhe von 3347 Meter; der zweite iſt nahezu um
315 Meter höher. Zwiſchen dieſen beiden Gipfeln ſinkt jedoch
der Rücken ſo bedeutend, daß ſich zwiſchen ihnen der einzige
Uebergang über das Gebirge befindet. Hier zieht ſich die Straße
nach der großen chineſiſchen Stadt Nin-ſja hin.

Trotz der bedeutenden abſoluten Höhe des Ala-ſchaner
Rückens erreicht er doch nirgends die Schneegrenze. Selbſt auf
den höchſten Punkten thaut der Schnee im Frühlinge auf, wenngleich häufig ſogar im Mai und Juni Schnee fällt, und zwar
dann, wenn es in den benachbarten Ebenen regnet. Im September, als wir das erſte Mal das Ala-ſchaner Gebirge erblickten,
lag aber ſchon auf den Nordabhängen Schnee und vom Ende
dieſes Monats ab fällt hier ſchon immer Schnee, wenn es in

den Ebenen regnet. Im Allgemeinen sind in diesem Gebirge
die Feuchtigkeitsniederschläge ziemlich bedeutend; trotzdem ist es
ungemein wasserarm. Selbst Quellen findet man in ihm nur
sehr selten, und es sind, nach Angabe der Mongolen, im ganzen
Gebirgsrücken nur zwei größere Bäche vorhanden, welche beide
auf dem Bugutuj entspringen und von denen der eine, —
Bugutuj-gol nach Westen, der andere — Keschikte-muren
nach Osten fließt. Beide Bäche verschwinden jedoch, wie dies
ja fast allgemein in der Mongolei der Fall ist, sobald sie in die
Wüste gelangen. Die Ursache dieser großen Wasserarmuth des
Ala-schaner Rückens ist darin zu suchen, daß das Gebirge, trotzdem es sich so bedeutend über die benachbarten Ebenen erhebt,
nur sehr schmal ist, also vollkommen eine Wand bildet. Die
auf den Rücken fallende Feuchtigkeit kann sich auf seinen steilen
Abhängen nicht halten, also auch keine Bäche oder Quellen speisen.
Während eines heftigen Regens bilden sich ganze Ströme, welche
mit reißender Gewalt der nahen Wüste zueilen und in ihrem
Sande verschwinden oder die lehmigen Ebenen überschwemmen
und hier zeitweise Seen bilden. Aber eben so plötzlich wie diese
Wildbäche entstanden sind, verschwinden sie auch, sobald der
Regenguß aufgehört hat.

Der enge, aber sehr hohe und felsige Rücken des Ala-schaner
Gebirges, welcher von unterirdischen Kräften wie eine Mauer
zwischen den benachbarten Ebenen errichtet worden ist, bildet
durch seine Lage eine charakteristische Sonderheit. Diese ist um
so auffälliger, als dieser Rücken ganz abgesondert ist und, soviel
wir zu ermitteln vermochten, mit dem Gebirge am obern Chuan-che
in keiner Verbindung steht, sondern in der Sandwüste des südöstlichen Winkels von Ala-schan endet.

Von Felsarten findet man in diesem Gebirge: Schiefer,
Kalkfelsen, Felsit, Felsitporphyr, Granulit, Gneiß, Glimmer-
sandstein und neuere vulkanische Gebilde. Auf dem Gipfel des
Bugutuj bestehen die Felsen häufig aus Quarzconglomeraten.
Außerdem befinden sich im Ala-schaner Rücken ausgezeichnete
Steinkohlenlager, welche bis zum Dunganenaufstande von den
Chinesen in unbedeutendem Umfange ausgebeutet worden sind.

Der Saum des Ala-schaner Gebirges, welcher sich in der
Nähe der Ebene hinzieht, ist nur mit Gras und kleinen seltenen

Sträuchern bedeckt; erſt in einer größeren, annähernd 2370 Meter
betragenden Höhe, findet man auf dem Weſtabhange Wälder,
welche aus Fichten mit einer Beimiſchung von Kiefern und
Weiden beſtehen. Auf dem Oſtabhange beginnt der Wald wahrſcheinlich ſchon in einer geringeren abſoluten Höhe und es überwiegt in ihm eine kleine Zitterpappel (Espe), vermiſcht mit
Weißbirken (die jedoch ſelten ſind), Kiefern und baumartigen
Wachholderſträuchern. Das dichte Unterholz in dieſen Wäldern
wird hauptſächlich von Spierſtauden und Haſelnußſträuchern und
in den höhern Regionen von einer ſtacheligen Kugelakazie (Caragana jubata), welche von den Mongolen „Kameelſchwanz“ genannt wird, gebildet. Die obere Region des Gebirges iſt ausſchließlich mit Alpenmatten bedeckt. (Eine eingehendere Beſchreibung
der Flora des Ala-ſchaner Gebirges findet der Leſer im letzten
Kapitel dieſes Werkes.)

Früher lebte in dieſem Gebirge eine ziemliche Anzahl
Mongolen und es befanden ſich in ihm drei Klöſter; die Bewohner
ſind jedoch vor den Dunganen entflohen und die Klöſter von
dieſen zerſtört worden.

Die ornithologiſche Fauna des Ala-ſchaner Rückens
erwies ſich, entgegen unſern Erwartungen, als ſehr arm, was
meiner Anſicht nach hauptſächlich der Waſſerarmuth zuzuſchreiben
iſt. Es iſt wahr, daß, als wir ins Gebirge kamen, es ſchon
Spätherbſt geweſen iſt, ſo daß die meiſten Vögel ſchon nach
Süden gezogen waren; indeſſen fanden wir auch im Sommer 1873
in dieſem Gebirge keinen größern Reichthum an gefiederten
Bewohnern.

Der merkwürdigſte aller im Ala-ſchaner Gebirge lebenden
Vögel iſt der Ohr-Faſan (Crossoptilon auritum), von den
Mongolen „Chara-taka“, d. h. die ſchwarze Henne, genannt.
Er bildet eine beſondere Faſanenſpecies, welche ſich von den
andern durch einen verlängerten ohrähnlichen Federbuſch am
Hinterkopfe auszeichnet. Die Chara-taka iſt bedeutend größer,
als die andern Faſanen, hat kräftige Beine und einen ſtarken,
dachartig geſtalteten Schwanz, in welchem die vier Mittelfedern
verlängert und wie auseinandergeriſſen ſind. Die allgemeine
Färbung der Federn des Körpers iſt bleiblau, die verlängerten
Kopffedern und der Hals ſind weiß, die unbefiederten Wangen

und die Füße sind roth. Das Weibchen sieht nach der vollendeten
Mauser ganz wie das Männchen aus. Der Ohr-Fasan lebt im
Herbste in kleinen Herden, wahrscheinlich familienweise, und man
findet dann in der Herde nur bis zehn Exemplare, die sich in
den Nadel- und Blattbaumwaldungen aufhalten. Wie die Mon=
golen sagen, lebten früher sehr viele Vögel dieser Species im
Ala-schaner Gebirge, aber in Folge des schneereichen Winters
von 1869 und 1870 erlagen sehr viele dem Hunger und der
Kälte. Trotzdem findet man auch jetzt noch die Chara=tala
ziemlich häufig in diesem Gebirge.

Von andern Vögeln halten sich ständig im Ala-schaner
Gebirge auf: der Steinadler (Vultur monachus?), der
bärtige Geieradler (Gypaëtos barbatus), der Mauerläufer (Tichodroma muraria), die Blaumeise (Poecile
cincta), die Spechtmeise (Sitta villosa), die Wachholder-
drossel (Hesperiphona speculigera), der Pterorhinus
Davidii, der Schneefinke (Fringilla nivalis) und zwei
Specien Rebhühner (Perdix barbata und Perdix chukar).
Durch die Gegend ziehen oder halten sich als Zugvögel in ihr
auf: die rothhalsige Drossel (Turdus ruficollis), die
Ruticilla erythrogastra, der Bergflühvogel (Accentor montanellus) und die Nemura cyanura. Der
Hauptzug der Vögel war in dieser Zeit schon vorüber; das Gras
war trocken, die Blätter auf den Bäumen und Sträuchern ge-
bleicht, oder wohl gar schon abgefallen; statt Regens fiel Schnee,
in der Nacht gab es schon Frost, so daß man im Allgemeinen
im Gebirge schon den Spätherbst fühlte.

Noch weniger verschiedenartig als die Vogelwelt ist die
höhere Thierwelt des Ala-schaner Rückens; aber die Armuth an
Specien wird durch den Reichthum an Individuen, besonders
der großen Säuger, ersetzt. Während der ganzen Zeit unseres
Aufenthaltes im Ala-schaner Gebirge, sowohl während unserer
ersten, als während unserer zweiten Reise fanden wir hier nur
acht Specien von Säugethieren, namentlich: den Hirsch (Cervus
sp.), welcher sich hauptsächlich in den Nadelwaldungen des Westabhanges aufhält; das Moschusthier (Moschus moschiferus?),
den Steinbock (Ovis sp.), von den Mongolen „Kutu-
jeman", d. h. der blaue Bock, genannt, welcher in großer

Zahl hauptſächlich den öſtlichen, felſigen Abhang bewohnt. Von
Raubthieren findet man hier: **Wölfe, Füchſe** und **Marber**
(Mustela sp.), von Nagern aber: den **Pfeifhaſen** (Lagomys sp.)
und die **Maus** (Mus sp.). Außerdem verſichern aber die
Mongolen, daß im nördlichen unbewaldeten Theile des Gebirges
das **Argali** lebt.

Die Hirſche leben im Ala=ſchaner Gebirge in ſehr großer
Anzahl, was dem Umſtande zu danken iſt, daß der Fürſt die
Jagd dieſer Thiere verboten hat. Im Geheimen werden ſie
aber trotzdem, beſonders im Sommer, in der Periode, in welcher
die jungen, in China ſo theuer bezahlten Hörner erſcheinen,
gejagt. Als wir im Gebirge waren, war eben die Brunſtzeit
der Hirſche eingetreten und deshalb hörte man Tag und Nacht
in den Wäldern die laute Lockſtimme der Böcke. Ich brauche
wohl nicht den Eindruck zu beſchreiben, welchen dieſe Töne auf
mich und meinen Begleiter gemacht haben. Vom frühen Morgen
bis in ſpäter Nacht liefen wir auf dem Gebirge umher, um die
vorſichtigen Thiere zu verfolgen und es gelang uns endlich, einen
alten Bock zu erlegen, deſſen Fell für unſere Sammlung präparirt wurde.

Noch intereſſanter war unſere Jagd auf Steinböcke, welche
maſſenweiſe auf dem Ala=ſchaner Gebirgsrücken hauſen und ſich
gerade die wildeſten, felſigſten Gegenden der obern Region zu
ihrem Aufenthalte erwählen. Dieſes Thier iſt nicht viel größer
als unſer gewöhnliches Schaf. Die Farbe ſeines Haares iſt
braungrau oder zimmtbraun, der Bauch weiß, der obere Theil
des Mauls, die Bruſt, die vorderen Fußflächen, ein Strich,
welcher die Seiten vom Bauch trennt und das äußerſte Ende
des Schwanzes ſind ſchwarz und die Hinterflächen der Füße
gelblich-weiß. Die Hörner haben eine proportionale Größe,
erheben ſich von der Wurzel etwas nach oben und ihre Enden
ſind nach hinten gebogen. Das Weibchen iſt etwas kleiner als
das Männchen. Die Farbe der ſchwarzen Theile ſeines Körpers
iſt weniger tief, die Hörner klein und platt und ſtehen faſt
aufrecht.

Der Kuku=jeman lebt vereinzelt oder paarweiſe, ſeltener in
kleinen Herden von 5 bis 15 Stück. Nur ausnahmsweiſe
ſammeln ſich dieſe Thiere in bedeutenderen Herden an und mein

Reisegefährte sah einmal eine Herde von nahezu hundert Exemplaren. In der Herde befindet sich ein Bock oder auch mehrere,
welche ihr als Führer und Wächter dienen. Wenn Gefahr
droht, so geben sie sogleich ein Zeichen, welches in einem lauten,
abgerissenen Pfeifen besteht, das dem Pfeifen eines Menschen so
ähnlich ist, daß, als ich es das erste Mal vernahm, ich es für
das Zeichen irgend eines Jägers hielt. Auch die Weibchen
pfeifen, doch weit seltener, als die Männchen.

Der gescheuchte Steinbock stürzt jählings davon, oft über
senkrechte Felsen, so daß, wenn man dies sieht, man in Erstaunen
geräth und sich fragt, wie es möglich sei, daß ein verhältnißmäßig so großes Thier mit solcher Leichtigkeit ganz unzugängliche
Stellen erklettert. Für den Kuku-jeman ist der unbedeutendste
Felsenvorsprung hinreichend, um sich mit seinen dicken Füßen
auf ihm im Gleichgewicht zu erhalten. Manchmal ereignete es
sich, daß ein Stein unter der Last des Thieres losbricht und
mit donnerähnlichem Gepolter in die Tiefe rollt und man
denkt, daß auch der Steinbock in den Abgrund gestürzt ist; aber
sieh' da, er springt weiter, als ob sich gar nichts ereignet hätte.
Wenn der Kuku-jeman einen Jäger bemerkt, besonders aber,
wenn dieser ihm plötzlich erschienen ist, so pfeift er zwei oder
drei Mal, macht einige Sprünge, hält dann an und sieht zu,
worin die Gefahr besteht. In diesem Augenblicke bietet er ein
ausgezeichnetes Ziel für eine sichere Kugel; man darf aber nicht
zögern, denn wenn das Thier einige Secunden gestanden, pfeift
es wieder und springt eiligst davon. Während der Ruhe, d. h.
wenn der Kuku-jeman nicht in Gefahr schwebt, geht er schrittweise oder galoppirt ruhig, wobei er häufig den Kopf nach
unten hält.

Der Kuku-jeman ist überhaupt ein sehr vorsichtiges Thier
und kein verdächtiger Gegenstand entgeht seiner Aufmerksamkeit.
Geruch, Gehör und Gesicht sind ungemein entwickelt und mit
dem Winde kann man sich diesem Thiere nicht bis auf zweihundert
Schritt nahen. Vor Abend geht das Thier auf die Weide, zu
der es am liebsten Alpenwiesen wählt; Morgens aber, wenn sich
die Sonne schon ziemlich hoch erhoben hat, kehrt es wieder in
seine heimathlichen Felsen zurück. Hier steht der Kuku-jeman
häufig stundenlang auf einem schmalen Vorsprunge, unbeweglich,

wie eine Bildſäule und nur hin und wider wendet er den Kopf
bald nach dieſer, bald nach jener Richtung. Ich hatte einmal
Gelegenheit zu beobachten, wie ein ſolches Thier während dieſer
Ruhe auf dem Abhange eines Felſen und zwar ſo ſtand, daß
ſein Hintertheil ſich hoch über dem Vordertheile befand, was
ihm jedoch ſichtlich durchaus nicht unbequem war. Während
der Mittagszeit legen ſich die Steinböcke gewöhnlich auf einem
Felſenvorſprunge nieder, um auszuruhen und wählen hierzu im
Sommer gewöhnlich die Mitternachtſeite, wahrſcheinlich weil es
hier kühler iſt. Manchmal ſchläft der Kuku-jeman bei dieſer
Gelegenheit ein und legt ſich dann auf die Seite, indem er die
Füße wie ein Hund ausſtreckt.

Die Brunſt dieſes Thieres beginnt nach Angabe der Mongolen im November und dauert ungefähr einen ganzen Monat.
Dann hört man Tag und Nacht die Stimme der Böcke, welche
dem Meckern einer Ziege ſehr ähnlich iſt. In dieſer Periode
führen auch die Männchen heftige Kämpfe unter einander.
Auch in jeder andern Zeit ſtoßen ſie ſich ſehr häufig, ſpringen
dabei und ſtechen ſich gegenſeitig mit den Hörnern, wie unſere
Ziegen. Die Sucht nach Kämpfen iſt bei den Kuku-jemans
ſo groß, daß in Folge derſelben bei den erwachſenen Böcken die
Enden der Hörner immer abgebrochen ſind. Das Weibchen
wirft im Mai ein, ſelten zwei Junge und die Mutter hält das
Kind bis zur nächſten Brunſt bei ſich.

Die Jagd auf den Kuku-jeman iſt ſehr ſchwierig; dennoch
liegen ihr einige Ala-ſchaner Mongolen ob, welche dieſe Thiere
mit ihren Luntenflinten erlegen. Den Mangel einer guten
Waffe gleicht übrigens bei dieſen Jägern eine ungewöhnliche
Bekanntſchaft mit der Localität und eine genaue Kenntniß der
Gewohnheiten dieſes Thieres aus. Ein erwachſener Bock giebt
gegen 36 Kilogramm Fleiſch, wiegt aber mit den Eingeweiden
gegen 54 Kilogramm; das Weibchen iſt nahezu 18 Kilogramm
leichter. Im Herbſte ſind dieſe Thiere ſehr fett und geben ein
ſehr ſchmackhaftes Fleiſch. Die gegerbten Felle der Steinböcke
werden, von den Haaren befreit, von den Mongolen zu Säckchen,
Jägerhoſen u. ſ. w. verarbeitet.

Während unſeres Aufenthaltes im Ala-ſchaner Gebirge lag
ich und mein Begleiter der Jagd auf dieſe Thiere ganze Tage lang

ob. Da ich die Localität nicht kannte, nahm ich einen Mongolen
als Führer mit mir, welcher mit der Localität und dem Charakter
des Kuku-jeman ungemein vertraut war. Wenn der Morgen
graute verließen wir unser Zelt und kamen auf den Rücken des
Gebirges, wenn sich kaum die Sonne am Horizonte zeigte. An
hellen stillen Morgen war das Panorama, welches sich dann zu
beiden Seiten des Gebirges unsern Blicken darstellte, ein wahrhaft bezauberndes. Im Osten glänzte das schmale Band des
Chuan-che und die zahlreichen Seen, welche in der Nähe der
Stadt Nin-sja zerstreut liegen, blitzten wie Diamanten; im Westen
verschwand in unermeßlicher Ferne der Sand der Wüste, auf
deren lehmgelben Hintergrunde grüne Oasen prangten. Rund
umher herrschte lautlose Stille, welche nur hin und wider
vom Blöken eines Hirsches, der das Weibchen rief, unterbrochen
wurde.

Wenn wir ein wenig ausgeruht hatten, gingen wir vorsichtig
zwischen die nächsten Felsen des Ostabhanges des Gebirges, der
reicher an Steinböcken ist. Wenn wir an einer senkrechten
Schlucht angelangt waren, reckte ich und mein mongolischer
Führer Anfangs nur den Kopf hervor, um in die Tiefe zu
schauen. Nachdem wir uns aufs Genauste jeden Vorsprung,
jeden Strauch betrachtet hatten, krochen wir einige Spannen
weiter und horchten und spähten dann wieder. Dieses wiederholte sich auf jedem Felsen oder vielmehr an jedem senkrechten
Abhange eines Felsen. Häufig begnügten wir uns nicht mit dem
bloßen Sehen, sondern horchten, ob nicht das Geräusch der Schritte
des Thieres zu vernehmen ist, ob nicht irgendwo ein von ihm
abgerissener Stein in die Tiefe stürzt. Häufig ließen wir selbst
große Steine in bewaldete Schluchten hinab, um Kuku-jemane
aus ihnen zu verscheuchen. Das Rollen eines solchen Steines
gewährt einen großartigen Anblick. Kaum hält sich ein verwitterter Block auf seiner Stelle und die leiseste Berührung
reicht hin, um ihn in die Tiefe zu stürzen. Langsam löst er
sich vom Mutterfelsen ab und eben so langsam beginnt er sich zu
bewegen, aber mit jeder Secunde vergrößert sich die Schnelligkeit
und endlich stürzt der Fels unter Pfeifen und Sausen mit der
Schnelligkeit einer Kanonenkugel in den Abgrund, indem er auf
seinem Wege selbst ganz respectable Bäume zersplittert. Dicht

hinter dem Hauptblocke fliegen andere kleinere Steine, welche
jener von ihrem Lager losgerissen hat, und am Ende fällt ein
ganz anständiger Haufen von Steinsplittern mit schallendem
Gepolter auf den Boden der Schlucht. Das in diesen Thälern
hervorgerufene Echo stimmt in den allgemeinen Lärm ein, die
aufgescheuchten Säugethiere und Vögel fliehen in einen andern
Theil der Schlucht und nach Verlauf einiger Minuten ist es
ringsum still und ruhig wie vorher.

Manchmal verbrachten wir in dieser Weise einen halben
Tag und spähten nach Steinböcken, und trotzdem gelang es uns
nicht, ein solches Thier zu sehen. Man muß den Blick eines
Adlers haben, um aus größerer Ferne die Farbe dieses Thieres
von der des Felsen, auf welchem es sich befindet, zu unterscheiden; noch schwieriger ist es dieses Thier zu erblicken, wenn
es im Gebüsche liegt. Mein Führer hatte einen bewunderns-
würdigen Fernblick; es ereignete sich häufig, daß er in der Entfernung von einigen hundert Schritten die Enden der Hörner
eines Kuku-jemans erblickte, welche ich selbst durch ein Fernrohr
nicht sehen konnte.

Wenn wir ein Thier bemerkt hatten, begannen wir uns
an dasselbe näher heranzuschleichen. Zu diesem Behufe mußte
man jedoch oft sehr große Umwege machen, von fast senkrechten Felsen heruntersteigen, von Fels zu Fels, häufig auch
wohl über breite Spalten springen, sich an das Karnies eines
Felsens anschmiegen, mit einem Worte, auf jedem Schritte einer
neuen großen Gefahr entgegengehen. Man zersetzte sich die
Hände an den Felsen, Stiefel und Kleider wurden furchtbar
mitgenommen, aber man vergaß Alles in der Hoffnung, einen
Schuß auf das ersehnte Thier abzufeuern. Leider wurden jedoch
alle diese Hoffnungen sehr häufig ganz unbarmherzig getäuscht!
Es ereignete sich nämlich manchmal, daß uns, während wir uns
an einen Kuku-jeman heranschlichen, ein anderer bemerkte und
mit einem Pfiff seinen Bruder von der nahenden Gefahr be-
nachrichtigte, oder daß ein Stein, welcher sich unter unseren
Füßen löste, das vorsichtige Thier warnte, das sich dann mit
Blitzesschnelle unsern Blicken entzog. Die Enttäuschung war
in solchen Fällen immer sehr groß; alle Mühen waren umsonst
vergeudet und man war genöthigt, das Werk von Neuem zu

beginnen, d. h. wiederum nach Kuku-jemane zu schleichen und zu lauschen.

Wenn aber die Sache einen glücklichen Erfolg hatte und es uns gelang, an einen Steinbock auf zweihundert oder hundertundfünfzig Schritt, manchmal auch noch näher, heranzuschleichen, dann reckte ich mit pochendem Herzen meine Büchse hinter einem Felsenvorsprunge hervor, zielte und in einem Augenblicke schon donnerte der Schuß durch die abschüssigen Felsenbrüche, durch die Schluchten des wilden Gebirges und der getroffene Kuku-jeman stürzte auf einen Felsen oder rollte in die Tiefe, indem er seinen Fall durch eine breite Blutspur bezeichnete. Es ereignete sich aber auch, daß der Bock nur verwundet war und zu entfliehen suchte; in diesem Falle wurde ihm aus dem zweiten Laufe eine Kugel nachgesendet, die ihn sicher erlegte. Im Allgemeinen ist der Kuku-jeman gegen Wunden sehr unempfindlich und entflieht häufig auch dann noch, wenn er tödtlich getroffen ist. Mir ereignete es sich einmal, daß ich ein Weibchen mit drei Kugeln durch die Seite, den Hals und den Hintertheil schoß; trotzdem lief das durch und durch durchlöcherte Thier noch während eines Zeitraumes von fünfzehn Minuten.

Wenn wir zum erschossenen Thiere in die Schlucht hinunter gelangt waren, machten wir uns ans Auswaiden desselben; bei dieser Gelegenheit nahm der Mongole alle Eingeweide, selbst die Gedärme mit sich, nachdem er vorher den Inhalt aus ihnen herausgepreßt hatte. Hierauf band er die Füße des Thieres zusammen, warf es sich über die Schultern und wir gingen dann mit dieser Last in unser Zelt. Die mongolischen Jäger schneiden gewöhnlich den Kopf des erlegten Kuku-jeman ab, um sich die Last bei seinem Wegtragen zu erleichtern.

Wenn in Folge der Frühlingshitze alles Gras im Gebirge verdorrt ist, nährt sich der Kuku-jeman mit Blättern der Bäume und scheut sich sogar nicht auf dieselben zu kriechen. Dieser Fall ist gewiß nur eine Ausnahme, aber ich habe selbst im Mai 1871 auf dem Randgebirge am linken Chuan-che-Ufer zwei dieser Thiere auf einer überhängenden Rüster in einer Höhe von vier Meter gesehen. Als ich die Böcke in einer Entfernung von nicht mehr als sechzig Schritt bemerkte, traute ich Anfangs meinen Augen nicht und kam erst zur Besinnung, als die Thiere schon auf die Erde gesprungen waren und die Flucht ergriffen hatten. Nur eins derselben büßte das Zusammentreffen mit uns mit dem Leben.

Im Allgemeinen ist der Kuku-jeman, wie schon oben angedeutet wurde, ein ausgezeichneter Kletterer, doch kommt auch er manchmal in eine verzweifelte Lage. So fand ich einmal am Kuku-nor eine Herde von zwanzig Stück auf einem ungeheuren Felsen. Wie sie hinauf gekommen sind, ist mir bis heute noch unerklärlich, da der Felsen von drei Seiten senkrecht abfällt, mit der vierten aber an ein Steingerölle stößt, über das höchstens eine Maus kommen kann. Parallel mit diesem Felsen zieht sich in einer Entfernung von ungefähr hundert Schritt ein anderer hin, der weit leichter zugänglich ist und von dem aus ich plötzlich die ganze Kuku-jeman-Herde erblickte. Ein alter Bock stand mir gerade gegenüber auf einem so schmalen Karniese, daß er kaum seine Hufe auf dasselbe stellen konnte. Ich sendete dem Thiere eine Kugel zu, welche es hinter der Brust durchbohrte. Einige Augenblicke stand das Thier und wankte, als es sein unvermeidliches Verderben vor sich sah. Endlich verließen es die Kräfte, ... es glitt mit einem Fuße aus, dann mit dem zweiten und das schöne Thier stürzte in den gegen zwanzig Meter tiefen Abgrund. Die scheue Herde wußte nicht, wozu sie sich entschließen soll, machte einige Sprünge den Felsen hinab und hielt wieder still. Ein zweiter Schuß erdröhnte und ein Weibchen stürzte in dieselbe Schlucht hinab, in welche vorher der Bock gestürzt war.

Es war ein erschütternder Anblick. Ich konnte mich selbst der Rührung nicht enthalten, als ich zwei große Thiere sich wälzend in die furchtbare Tiefe stürzen sah. Doch die waidmännische Leidenschaft gewann das Uebergewicht über den augenblicklichen Eindruck. Ich lud meine Büchse aufs Neue und sendete den Kuku-jemans, welche vor Furcht nicht wußten, wohin sie sollen, abermals zwei Kugeln zu. So schoß ich von der einen Stelle sieben Mal, bis sich endlich die Thiere zu einem verzweiflungsvollen Schritt entschlossen; sie glitten am Kamme des Felsens hinab und sprangen dann von einem Felsstücke in eine Tiefe von vierundzwanzig Meter.

Außer im Ala-schaner Gebirge leben die Kuku-jemane in

großer Zahl auf dem Gebirgsrücken, welcher das Thal am linken
Chuan-che-llser am Nordbogen des Flusses besäumt.   Im Muni-
ula und den andern nördlicher gelegenen Gebirgen der Mongolei
leben diese Thiere gar nicht.   Im Süden dagegen findet man
den Kuku-jeman sehr häufig im Gebirge am See Kuku-nor und
Nordtibets, doch unterscheidet sich der hier lebende einigermaßen
vom Ala-schaner, bildet vielleicht gar eine besondere Varietät.

Nach vierzehntägigem Aufenthalte im Ala-schaner Gebirge
kehrten wir nach Dyn-juan-in zurück und hier faßten wir den
Entschluß, nach Peking zurückzukehren und uns dort mit Geld
und andern zur neuen Reise nothwendigen Gegenständen zu versorgen.   So schwer es mir auch war, dem Gedanken an die
Reise nach dem See Kuku-nor, von dem wir im Ganzen nur
noch sechshundert Kilometer entfernt waren, den wir also in
weniger als vier Wochen erreichen konnten, zu entsagen, so war
es mir doch unmöglich, anders zu verfahren.   Trotz der Spar-
samkeit, welche an Geiz grenzte, hatten wir nach unserer Ankunft
in Ala-schan keine hundert Rubel baares Geld, so daß ich mir
nur durch den Verkauf zweier Gewehre das zur Rückreise nothwendige Geld verschaffen konnte.   Außerdem zeigten sich auch
die Kasaken, welche die Reise bis hierher mit uns gemacht hatten,
als nicht zuverlässig und faul und mit solchen Gehülfen war es
nicht möglich, eine neue Reise zu unternehmen, welche schwieriger
und gefährlicher war, als die bisherige.   Endlich war mein
Pekinger Paß nur für eine Reise bis Gan-su ausgestellt, so daß
man auf Grund dessen uns an der Reise durch die genannte
Provinz verhindern konnte.

Mit wahrer Schwermuth, welche nur derjenige begreifen
kann, der selbst die Schwelle seines Zieles erreicht hat, nach
dem er lange Zeit strebte, und sich nun zurückwenden muß,
mußte ich mich der eisernen Nothwendigkeit fügen und den Rückweg antreten.

VII. Kapitel.

Rückkehr nach Kalgan.

Erkranken meines Reisegefährten. — Der Salzsee Tscharatai-dabasu. —
Die Bergkette Chara-narin-ula. — Charakteristik der Dunganen. — Das
Thal am linken Ufer des gelben Flusses. — Schwierigkeiten der Reise im
Winter. — Verschwinden unserer Kameele. — Unfreiwilliger Aufenthalt
beim Kloster Schyrety-dsu. — Ankunft in Kalgan.

Am Morgen des 15. October verließen wir Dyn-juan-in,
um die Rückreise nach Kalgan anzutreten. Den Abend vor
unserer Abreise verbrachten wir bei unsern Freunden, dem Higen
und Sïa, welche mit ungeheuchelter Trauer von uns Abschied
nahmen und uns baten, so schnell wie möglich wieder zu kommen.
Wir schenkten ihnen unsere Photographien und versicherten ihnen,
daß wir nie die freundliche Aufnahme, welche wir in Ala-schan
gefunden haben, vergessen werden. Im Augenblicke, als wir die
Reise antraten, erschien Lama Sordschi und noch ein Beamter
bei uns, um uns die Abschiedsgrüße der Prinzen zu überbringen
und uns das Geleit aus der Stadt zu geben.

Wir hatten nun einen weiten, schweren Marsch vor uns,
da die Entfernung von Dyn-juan-in nach Kalgan (durch die
Mongolei) gegen 1,200 Kilometer beträgt, die wir ohne Aufenthalt zurücklegen mußten. Indessen nahte der Winter mit seinen
heftigen Frösten und Stürmen, die in dieser Jahreszeit in der
Mongolei ganz gewöhnliche Erscheinungen sind. Um das Maß
der Uebel zu füllen, erkrankte auch noch mein Reisegefährte
Michael Alexandrowitsch Pylzow kurz nachdem wir Dyn-juan-in

verlassen hatten, so heftig am Typhus, daß wir genöthigt waren, neun Tage an der Quelle Chara=morite, im nördlichen Ala=schan, zu ruhen.

Die Lage meines Gefährten war um so gefährlicher, als wir durchaus keine medizinische Hülfe hatten, und wenn wir auch Arzeneimittel mit uns führten, so war es doch zweifelhaft, ob ich sie, da ich gar keine medizinische Kenntnisse besitze, auch richtig anwende. Zum Glücke siegte die jugendliche Natur Michael Alexandrowitsch's und er konnte sich, wenn auch mit der größten Mühe, da er sehr angegriffen war, auf dem Pferde halten, obgleich ihm dieses so schwer wurde, daß er häufig in Ohnmacht fiel. Trotzdem waren wir gezwungen, Tag für Tag von Sonnenaufgang bis Sonnenuntergang zu marschiren.

Da ich wünschte, das linke Ufer des gelben Flusses und das Gebirge, welches hier sein Thal besäumt, kennen zu lernen, schlug ich meinen Weg durch das Gebiet der Uroten ein, das mit Ala=schan grenzt. Im nördlichen Theile des letzteren, gegen 100 Kilometer von Dyn=juan=in, kamen wir an einen ungeheuren Salzsee, welcher von den Mongolen Dscharatai=babasu genannt wird. Dieser See nimmt die am niedrigsten gelegene Oertlichkeit von ganz Ala=schan ein, denn er liegt kaum 1000 Meter über dem Meere. Der Dscharatai-babasu hat einen Umfang von ungefähr 50 Kilometer und ausgezeichnetes ab= gelagertes Salz liegt in einer Dicke von 60 Centimeter bis 1,80 Meter unmittelbar auf der Oberfläche des Bodens. Die Be= nutzung dieses natürlichen Reichthums beschränkt sich jedoch auf sehr winzige Mengen Salz, welches die Mongolen auf Kameelen nach der chinesischen Stadt Nin=sia und nach Bautu bringen.

Bevor man das Salz vom Boden nimmt, wird es von einer sehr dünnen Staubschicht, welche vom Winde herbei gebracht wird, gereinigt, dann wird dasselbe, das theils vollkommen rein, theils auch von schmalen Schlammadern durchzogen ist, mit eisernen Spaten abgegraben und im Wasser, welches die ent= standenen Löcher sogleich wieder füllt, abgespült. Hierauf wird das Salz in Säcke gefüllt, auf Kameele geladen und nun nach seinen Bestimmungsort transportirt. Die Salzladung eines Kameels beträgt 130 bis 190 Kilogramm. Eine volle Kameel= ladung Salz wird mit fünfzig Tschoch, d. h. mit fünf Kopejlen nach unserm Gelde (ungefähr 20 Reichs-Pf.) bezahlt. Eben so viel erhalten auch die Arbeiter. Zur Beaufsichtigung der Salz-gräber lebt am Dscharatai-dabasu ein besonders hierzu angestellter mongolischer Beamte und die ganze Einnahme fließt in die Kasse des Fürsten. Dieser verdient außerdem noch bedeutende Summen durch seine Kameele, welche er an Kameeltreiber ver-miethet; diese haben nämlich dem Fürsten neun Zehntel des Rein-gewinnes abzuliefern, während sie ein Zehntel für ihre Mühe behalten. Die Mongolen sagten uns, daß in Bautu jede Kameel-ladung Salz 1½ bis 2 Lan kostet.

Die Umgegend des Sees ist fast jeder Vegetation beraubt und macht, besonders im Sommer, einen höchst traurigen Ein-druck, denn dann ist hier die Hitze so groß, daß selbst das Weg-schaffen des Salzes eingestellt werden muß.

Die glänzende Salzfläche des Dscharatai-dabasu scheint von Ferne Wasser, in der Nähe aber ein Eisspiegel zu sein. Die Illusion ist so groß, daß, wie wir uns zu überzeugen Gelegen-heit hatten, eine Schaar vorüberziehender Schwäne, sichtlich erfreut, daß sie Wasser in der Wüste gefunden, sich auf den See herabließ; als sie sich jedoch von ihrem Irrthume überzeugt hatte, erhob sie sich wiederum mit kläglichem Geschrei und setzte ihren Flug weiter fort.

Im nördlichen Theile Ala-schans nicht weit von der Quelle Chara-morite, wo wir uns wegen der Krankheit des Herrn Pylzow aufgehalten haben, erhebt sich die verhältnißmäßig nicht große, aber wilde und felsige Berggruppe Chan-ula oder Thaldsyn-burgontu, welche die letzte Erhebung des Gebirgsrückens bildet, die das Thal des linken Chuan-che-Ufers besäumt. Dieser Rücken wird von den Mongolen Chara-narin-ula genannt, was in der Uebersetzung „die schwarzen scharfen Berge" bedeutet, welche Benennung jedoch den Bewohnern der Gegend wenig bekannt ist und die wir nur von einigen Lamas gehört haben. Dieser Gebirgsrücken beginnt am Flusse Chalütai und endet, nachdem er sich gegen 300 Kilometer in südwestlicher Richtung hingezogen hat, im nördlichen Theile von Ala-schan. Hier verschwindet dieser Gebirgsrücken in nicht hohen felsigen Hügeln und sandigen Ebenen und nur seine süd-lichen Zweige, welche im Chan-ula eine bedeutende Höhe erreichen, weiterhin jedoch wieder niedriger werden, ziehen sich etwas weiter als an den See Dscharatai-babasu hin. Gegen Osten vereinigt sich der Chara-narin-ula in nicht hohen Terrassen, die wohl hin und wieder nur als unverbundene Rücken auftreten, mit dem Scheiten-ula, also auch mit dem In-schan. Im Süden ist das hier beschriebene Gebirge durch Sandwüsten, die einige hundert Kilometer breit sind, vom Ala-schaner Rücken getrennt. Hier sei noch bemerkt, daß, wenn man als äußerste Südwestpunkte dieses Gebirges nicht die Chan-ula-Gruppe, sondern ihre hügelige Verlängerung im Westen des Sees Dscharatai-babasu annimmt, seine allgemeine Länge gegen 370 Kilometer betragen würde.

Wie das Kalganer Gebirge bildet auch der Chara-narin-ula ein Randgebirge, d. h. er scheidet die hohe Ebene der Gobi von dem niedrigen Thale des Chuan-che, so daß der Unterschied der Höhe zwischen der westlich und östlich von ihm belegenen Gegend bis 760 Meter beträgt. Indem sich dieses Randgebirge nur auf der Seite des Chuan-che vollständig entwickelt, erhebt es sich hier auch überall als senkrechte Wand, die nur selten von schmalen Schluchten durchbrochen ist. Die größte Höhe erreicht es in der Mitte, zwischen den Bergen Choïr-Bogdo und Narin-Schoron, hat aber in seiner ganzen Ausdehnung einen wilden, unfruchtbaren Charakter. Ungeheure Felsen von Granit, Hornblendengneiß, Felsitporphyr, Sienit, Felsit, Kalk und Thonschiefer sind auf den Seiten des Gebirges aufgethürmt und krönen häufig seinen Rücken, während sich große Geröllmassen verwitterter Felsen häufig bis auf die Sohle der Schluchten hinabziehen. Hier, hin und wider auch auf den freien Abhängen des Gebirges, erhebt sich ein wilder Persikostrauch, oder eine schwächliche Rüster; sonst sieht man überall sogar nur wenig Gras. Trotzdem ist das Thierleben in diesem Gebirge ziemlich reich. Zwischen den Felsen leben viele Kuku-jemane, und auf der Westseite, wo das Gebirge weichere Formen hat, lebt das Argali. Eine Sonderheit dieses Rückens ist, daß man in ihm hinreichend Wasser findet, welches ihm in der Form von Quellen und Bächen entströmt; es ist dies um so merkwürdiger, als das Gebirge ganz unbewaldet ist.

Vom Chan-ula hatte ich zwischen zwei Wegen zu wählen; der eine zieht sich durchs Chuan-che-Thal am Fuße des Randgebirges hin, der zweite aber westlich von diesem Gebirge über das Hochplateau, welches die Heimath der Uroten bildet. Ich wählte diesen Weg, um auch hier den Charakter der Hochebene der Gobi kennen zu lernen.

Wir bestiegen diese Hochebene ohne Schwierigkeiten in der Gegend der niedrigen felsigen Hügel des Randgebirges, welches, wie schon weiter oben gesagt, hier sehr viel von seinem Umfange einbüßt. Anfangs erinnert die Hochebene durch ihre ungemeine Unfruchtbarkeit und den Flugsand, der sie bedeckt, an die Wüste von Ala-schan. Die Vegetation ist ungemein dürftig; am häufig- sten findet man den Feldbeifuß und die stachlige Winde. Je weiter man jedoch gegen Nordwest kommt, desto besser wird auch der Boden, bis er ungefähr 120 Kilometer von der Ala-schaner Grenze ganz lehmig oder lehmig-kieselig wird und sich mit niedrigem Steppengrase bedeckt. Hier erscheinen auch sogleich die charakteristischen Bewohner der mongolischen Steppen, — die Djerenantilopen, welche in Ala-schan nirgends getroffen werden.

Je mehr man sich auf der Hochebene erhebt, desto mehr fühlt man auch, das sich das Klima verändert. In den Ebenen von Ala-schan herrschte während des ganzen Octobers ein aus- gezeichnetes Herbstwetter und es war dermaßen warm, daß gegen die Mitte des Monats in der Mittagsstunde die Temperatur im Schatten noch $+ 12{,}5°$ C. betrug und am 25. October die Oberfläche des Sandes bis zu $+ 43{,}5°$ C. erwärmt wurde; wenn es auch während der Nächte fror, so waren doch die Fröste nicht stark und das Thermometer zeigte bei Sonnenaufgang nur $- 7{,}5°$ C.

Kaum hatten wir jedoch den Chara-narin-ula überschritten, so fühlten wir auch schon heftige Fröste und am 3. November herrschte hier ein Schneetreiben (Purga), wie man es um diese Zeit ja sogar erst einen Monat später selbst in Sibirien nicht sehen kann. Der heftigste Nordwestwind und ein Frost von $- 9{,}0°$ C. hörte eben so wenig wie das Schneetreiben während des ganzen Tages auf. Der Schnee, welcher in seine kleinsten Theilchen zerlegt war, kam mit Wüstensand vermischt von Oben, von Unten und von allen Seiten. Auf zehn Schritt konnte man auch einen größeren Gegenstand nicht mehr sehen und es war unmöglich, wenn man gegen den Wind marschirte,

die Augen zu öffnen oder zu athmen. An ein Weiterreisen war
nicht zu denken; wir mußten den ganzen Tag in unserm Zelte
verbleiben und verließen es nur hin und wider, um die an-
gehäuften Schneehügel abzugraben, welche unsere ärmliche Wohnung zu zerdrücken drohten. Gegen Abend wurde das Schneetreiben noch heftiger, so daß wir gezwungen waren, unsere Kameele,
die wir gegen Mittag auf die Weide gelassen hatten, während
der Nacht ihrem Schicksale zu überlassen und sie erst am andern
Tage aufsuchten.

Es war einige Zoll tiefer Schnee gefallen und der Wind
hatte überall bedeutende Hügel zusammengeweht; tagtäglich
herrschte starker Frost. Dieses vermehrte noch die Schwierigkeiten der Reise und sie wurde meinem Reisegefährten sehr sauer.
Auch unsere Thiere litten stark wegen Mangels an Nahrung.
Zwei Kameele und ein Pferd versagten uns bald den Dienst;
sie wurden zurückgelassen und durch Reservethiere, welche wir
aus Ala-schan mitgenommen hatten, ersetzt.

So gingen wir 150 Kilometer den Westabhang des Chara-
narin-ula entlang, stiegen aber am 11. November, nachdem wir
uns überzeugt hatten, daß dieser Rücken keine Ausläufer auf
das von ihm umsäumte Plateau entsendet, durch die Schlucht
des Flusses Ugyn-gol ins Chuan-che-Thal hinab. Hier fanden
wir wiederum warmes Herbstwetter, wie wir es hatten, als wir
Ala-schan verließen. Schnee war gar nicht vorhanden und das
Thermometer, welches auf der Hochebene beständig unter Null
stand, stieg wieder über den Gefrierpunkt. Ein solcher Unterschied im Klima machte sich geltend auf Punkten, welche nur
20 Kilometer von einander entfernt liegen, denn dieses ist die
Breite des Randgebirges.

Doch fühlte man auch im Chuan-che-Thale die Nähe des
Winters. Das Wasser war schon mit Eis bedeckt und wahrscheinlich fror der gelbe Fluß um diese Zeit zu, denn die Mongolen sagten uns, daß er am Muni-ula in der Mitte des November
zufriert und gegen die Mitte des Monats März aufthaut. Die
Frühfröste wurden von Tag zu Tage heftiger und das Thermometer zeigte bei Sonnenaufgang bis — 26,0° C. Aber am
Tage, besonders wenn es windstill war, war es warm und der
Himmel war fast beständig heiter und wolkenrein.

Während der Reise am Westabhange des Chara-narin-ula fanden wir nirgends Bewohner. Alle Mongolen waren erschreckt durch eine kleine Räuberbande, die aus der Gegend des Sees Kuku-nor gekommen war, von dort ins Chuan-che-Thal gezogen. Solche Erscheinungen sind durchaus in den Gegenden der Mongolei, welche an die vom Dunganenaufstand inficirten Gegenden grenzen, keine Seltenheit. Diese Räuberbanden, welche unaufhörlich aus diesen Gegenden kommen und aus zusammengelaufenem Gesindel bestehen, sind nur mit Lanzen oder Säbeln bewaffnet und nur eine geringe Anzahl hat Luntenflinten. Trotzdem verbreiten sie allgemeinen Schrecken unter den Mongolen und Chinesen, für die es hinreicht den Ruf „Dungan" zu hören, um ohne sich umzuschauen zu entfliehen. Als wir uns in Dynjuan-in befanden, schickte der Fürst von Ala-schan, der eben eine Abtheilung Soldaten gegen eine solche Räuberbande entsendete, einen Beamten zu uns, welcher uns bat, ihm während des Feldzuges unsere Feldmützen zu leihen, um mit diesen den Feind zu schrecken. „Die Räuber wissen mit Bestimmtheit," sagte der zu uns gesendete Beamte, „daß Ihr Euch hier befindet; wenn sie Eure Feldmützen auf unsern Köpfen erblicken werden, so werden sie glauben, daß Ihr Euch unter uns befindet und werden sogleich entfliehen." Dieser Fall zeigt wohl klar genug, wie fürchterlich hier der Name des Europäers klingt und wie die asiatischen Völker instinktmäßig unser moralisches Uebergewicht über ihre moralische Verwesung fühlen.

Im zehnten Kapitel dieses Werkes werde ich eingehend die Art und Weise der Kriegsführung der muhamedanischen Insurgenten und chinesischen Armeen erzählen; hier bemerke ich nur, daß die Dunganen durchaus nicht muthiger sind, als ihre Gegner, und höchstens den Mongolen und Chinesen furchtbar sein können. Wie paradox auch die Behauptung klingen mag, daß wir in den von Dunganen durchstreiften also unbewohnten Gegenden sicherer waren, als in den von Mongolen und Chinesen bewohnten, so bleibt sie trotzdem wahr. Es ist unmöglich anzunehmen, daß die hier umherstreifenden feigen Marodeure, selbst wenn ihre Zahl einige hundert beträgt, vier wohlbewaffnete Europäer anfallen sollten, und diese Annahme hat sich später glänzend bestätigt; wenn sich dies aber, wider alles Erwarten,

dennoch ereignet hätte, so hätten unsere Büchsen und Revolver
ihre Dienste geleistet. Wenn wir aber durch angesiedelte Gegenden
reisten, waren wir beständig Beleidigungen ausgesetzt, gegen welche
wir uns durchaus nicht schützen konnten. Wenn auch im Reise-
passe, welcher uns vom Ministerium der auswärtigen Angelegenheiten in Peking ausgestellt war, angeordnet war, daß uns, wenn
es nothwendig, Hülfe geleistet wird, so blieb doch diese Phrase
nur eine Phrase; thatsächlich haben wir bei den Chinesen nichts
als Haß gefunden und die chinesischen Behörden waren immer
höchlichst erfreut, wenn uns eine Unannehmlichkeit widerfuhr.
Der Besuch der Städte Bautu und Dyn-chu war für uns mit
groben Skandalen verbunden, welche sich durchaus nicht ereignet
hätten, wenn die chinesischen Behörden uns etwas freundlicher
entgegen gekommen wären. Um die Wahrheit meiner Behauptung
zu beweisen, werde ich weiter unter einen Fall erzählen, der sich
mit uns im December ereignete, will aber für jetzt meine Erzählung in logischer Ordnung fortsetzen.

　　Vom Flugsande Ala-schans an, hat das Chuan-che-Thal
am Ufer des Nordbogens im Allgemeinen denselben Wiesen-
charakter, den wir am rechten Ufer dieses Flusses kennen gelernt
haben. Der lehmige Boden ist überall mit dichten Sträuchern
von hohem Dyrisun bedeckt und in der Nähe des Flusses erscheint Gebüsch, während näher am Gebirge der Boden grob-
kieselig ist. Die absolute Höhe der Gegend übersteigt, wie dies
ja auch in Ordos der Fall gewesen ist, nicht 1105 Meter. Man
findet überall eine dichte chinesische Bevölkerung, welche sich
übrigens mehr in die Nähe des Flusses drängt, während am
Gebirge Mongolen wohnen, welche sich hierher von der Hochebene und aus Ordos geflüchtet haben. In den Dörfern liegt
chinesisches Militär, welches gegen die Dunganen gesendet worden
ist. Auf der Linie zwischen Nin-sja und Bautu ist eine Armee
von nahezu 70,000 Mann aufgestellt; doch sagt man, daß durch
die eingerissene Desertion diese Zahl um die Hälfte verringert
worden ist. Endlich befaßt sich auch diese demoralisirte Armee
ausschließlich mit Raubanfällen und ist eine fürchterliche Geißel
für die Bewohner der Gegend. Die Mongolen haben uns oft
gesagt: „Die Anwesenheit dieser chinesischen Landesvertheidiger
ist für uns schrecklicher, als ein Anfall der Dunganen, denn

diese rauben einmal, während die Soldaten ununterbrochen rauben."

Auch wir blieben nicht ohne unangenehme Berührung mit den chinesischen Soldaten. Einmal wollten sie uns unsere Kameele zum Transporte ihrer Bagage nehmen und ein anderes Mal forderten sie, daß wir ihnen aus dem Brunnen Wasser für ihre Pferde tragen sollen. In beiden Fällen erhielten die Zudringlichen eine gebührende Abweisung und zogen mit langen Nasen ab.

Am Randgebirge trafen wir auf das alte Bett des Chuan-che (Ulan-chatun), welches eine Breite von 340 Meter hat; es hat sich überall sehr gut erhalten, ist aber ganz trocken und überall mit Gras bedeckt. Nach den Aussagen der Mongolen beginnt dieses trockene Flußbett da, wo der Flugsand von Orbos nach Ala-schan übergeht. Weiterhin streicht es am Fuße des Randgebirges hin, wendet sich dann aber ziemlich plötzlich ab, um sich wieder in der Nähe des südlichen Winkels des Muni-ula-Gebirges mit dem jetzigen Flußbette zu vereinen.

Zwischen diesem alten und dem jetzigen Bette existiren noch zwei nicht breite Arme, in denen das Wasser während der Hitze stellenweise austrocknet; wenn jedoch das Wasser im gelben Flusse hoch steht, so füllt es auch diese beiden Flußarme. Außer im Chuan-che und seinen beiden Armen findet man, mit Ausschluß einiger nicht tiefer Brunnen, im ganzen Thale kein Wasser. Die Bäche, welche aus dem Randgebirge kommen, versiechen auch sogleich im Boden und nicht einer derselben gelangt in den Chuan-che.

Im Thale dieses Flusses fanden wir einige Specien hier überwinternder Vögel, namentlich den Thurmfalken (Falco tinnunculus), eine Weihe (Circus sp.?), den lappländischen Langsporner (Plectrophanes lapponica), die große Trappe (Otis tarda), die Wachtel (Coturnix muta), die rothe Ente (Anas rutila) und eine zahllose Menge von Fasanen (Phasianus torquatus). Die letztern halten sich im Dyrisungebüsche auf, und kommen, da sie sonst nirgends Wasser finden, an die Brunnen, wo man aus einem Hinterhalte ihrer, so viel man will, schießen kann. Ich habe jedoch die Jagd mit dem Hunde vorgezogen und habe mit Hülfe meines Fausts das

erste Mal zweiundzwanzig Stück erlegt. Dabei muß ich jedoch
bemerken, daß viele angeschossene Vögel verschwanden, da sie sich
laufend flüchteten. Der Hund stürzte zwar gleich auf sie zu und
verfolgte ihre Spur, da er aber andere, noch nicht aufgescheuchte
Herden fand, blieb er vor diesen stehen, so daß er die Spur
des verwundeten Fasans verlor. Dieser Vogel läuft aber so
schnell, daß ihn ein Mensch auf ebenem Boden nicht leicht
erreicht.

Wo das Chuan-che-Thal einen Steppencharakter annimmt,
erscheint auch eine große Anzahl von Chara-sult- und Dseren-
antilopen, so daß wir fast jeden Tag dergleichen Thiere erlegten,
folglich mit Nahrungsmitteln für die Weiterreise versehen waren.
Das liebste Gericht des Mongolen, welchen wir in Ala-schan
gemiethet hatten, und unserer Kasaken blieb aber der Formthee,
von dem sie unglaubliche Massen vertilgten. Besonders lecker
erschien meinen Reisegefährten dieses Getränk, wenn es gelang
Milch zu erhalten und der Thee, wie sich die Kasaken ausdrückten, „geweißt" war. Von diesem Nektar tranken sie fast
einen Eimer auf einmal aus. Für mich und meinen Gefährten
war dieses Theetrinken eine wahre Qual. Häufig ereignete es
sich, daß wir eilen mußten; aber der Mongole und die Kasaken
kochten unbedingt vorher Thee und waren erst reisefertig, wenn
sie ihn ausgetrunken hatten. Von der größeren oder geringeren
Menge Thees, besonders aber des „geweißten", hing auch der
Humor dieser Reisegefährten ab, so daß ich gewöhnlich diesem
verfluchten Theetrinken ruhig zuschaute.

Unser Weg durchs Chuan-che-Thal zieht sich am Randgebirge hin, welches sich wie eine ununterbrochene Wand bis an
den Fluß Chalütai hinzieht. Von hier ab wird das Gebirge
plötzlich kleiner und zieht sich nun in der Gestalt kleiner Hügel
seitwärts an dem schroffen Saume hin, welcher weiterhin die
Grenze des Chuan-che-Thals bildet. Diese Hügel dienen übrigens
zur Verbindung des Randgebirges mit dem Rücken des Scheiten-
ula, welcher sich nach Osten bis an den Fluß Kundulin-gol
hinzieht. Dieser Rücken ist nicht hoch, aber felsig, waldlos und
wie es scheint, sehr wasserarm.

Fast unter dem Meridian des Westendes des Scheiten-ula
liegt auch der westliche Winkel des Muni-ula. Zwischen diesen

beiden Gebirgsrücken bricht das dicht von Chinesen bevölkerte breite Chuan-che-Thal durch. Aber in diesem Thale liegt auch der Strich Flugsandes, welcher für den Reisenden, der aus Osten kommt, gleichsam die Schwelle der furchtbaren Wüsten von Ordos und Ala-schan bildet.

Am Ufer des Kunbulin-gol gelangten wir wieder auf die alte Straße und dies hatte für uns den Nutzen, daß wir nicht mehr aufs Gerathewohl sondern nach der Karte reisen konnten. Außerdem war es nun auch nicht mehr nothwendig die Gegend aufzunehmen, folglich hatten wir auch eine Arbeit weniger zu verrichten. Dieser Umstand war für mich persönlich von hoher Bedeutung, denn nun war ich ja von einer sehr schwierigen Arbeit befreit. Die Aufnahmearbeit ist aber auch im Winter, besonders an windigen Tagen, ungemein beschwerlich, und ich hatte mir durch dieselbe, da ich doch die Bussole mit beiden Händen halten mußte, je zwei Finger an jeder Hand erfroren.

Ende Novembers verließen wir das Chuan-che-Thal und bestiegen, indem wir den Schochoïn-daban überschritten, einen höhern Strich der mongolischen Hochebene, wo wiederum starke Fröste herrschten. Bei Sonnenaufgang erreichte die Kälte eine Höhe von — 32,7° C. und mit ihr verbanden sich oft starke Winde, ja manchmal auch Schneewehen. Alles dieses fand fast in derselben Gegend statt, wo uns im Sommer eine Hitze von + 37,0° C. gequält hatte. Man sieht, daß der Reisende, welcher die innerasiatischen Wüsten besucht, einmal brennende Hitze, ein anderes Mal wieder eine wahrhaft sibirische Kälte zu ertragen hat, und dabei ist der Uebergang von einer zur andern ungemein plötzlich und unvermittelt.

Während des Marsches fühlten wir die Kälte nicht sehr, da wir größtentheils zu Fuß gingen. Nur mein Gefährte, welcher nach der Krankheit immer noch nicht zu sich gekommen war, mußte, in Schafpelze gehüllt, ganze Tage lang auf dem Pferde sitzen. Dafür aber machte die Kälte während der Nacht, wenn wir ruhten, ihren Einfluß geltend. Ich erinnere mich noch eben so deutlich, als ob es gestern geschehen wäre, der purpurrothen Sonne, welche im Westen unterging, und des tiefblauen Streifens, welcher sich dann im Osten am Himmel ausbreitete. Um diese Zeit nahmen wir gewöhnlich den Kameelen die Lasten ab und stellten unser Zelt auf, nachdem wir vorher den Boden vom Schnee, der auf ihm lag, gereinigt hatten; dieser Schnee war zwar nicht tief, aber er bestand aus winzigen Blättchen und war trocken wie Sand. Hierauf trat die ungemein wichtige Frage in Bezug auf Brennmaterial an uns heran, und einer unserer Kasaken ritt dann in die nächste mongolische Jurte, um Argal zu kaufen, wenn wir uns solchen nicht schon unterwegs verschafft hatten. Für Argal aber mußte ein hoher Preis bezahlt werden, denn für ein Säckchen das ungefähr 36 Kilogramm wog, gaben wir häufig einen halben Rubel; dies war jedoch das kleinere Uebel. Weit schlimmer war es, wenn man uns keinen Argal verkaufen wollte, was uns einige Male während unserer Reise in Gegenden, die ausschließlich von Chinesen bewohnt waren, passirte. Einmal geriethen wir in eine so mißliche Lage, daß wir die Sattelböcke zerhacken mußten, nur um Thee zu kochen und mit diesem frugalen Abendbrode mußten wir uns nach einem Marsche von 35 Kilometer und unter dem Einflusse einer heftigen Kälte und eines großen Schneetreibens begnügen.

Wenn Feuer im Zelte war, wurde es ziemlich warm in ihm; zum Mindesten wurde dann der Theil des Körpers erwärmt, welcher dem Herde zugekehrt war; doch griff der Rauch die Augen an und er wurde besonders unerträglich, wenn ein heftiger Wind wehte. Während des Abendbrodes füllte der Dampf aus der Schüssel mit Suppe unser Zelt dermaßen, daß es uns ein Dampfbad (bania) in Erinnerung brachte; freilich nicht durch die im Zelte herrschende Temperatur der Luft. Ein Stückchen gekochtes Fleisch wurde während des Essens fast ganz kalt und Hände und Lippen wurden mit einer Schichte Fett bedeckt, die hernach mit einem Messer abgeschabt werden mußte. Der Docht eines Stearinlichtes, das wir manchmal während des Abendbrodes anzündeten, brannte häufig so tief herunter, daß wir den äußern stehen gebliebenen Rand, der an der Flamme nicht geschmolzen war, abbrechen mußten.

Während der Mahlzeit umgaben wir unser Zelt mit dem Gepäcke und verschlossen auch den Eingang möglichst dicht; trotzdem war die Kälte in unserer Wohnung nicht bedeutend geringer, als auf dem Hofe, denn wir unterhielten in ihr während der Nacht kein Feuer. Wir schliefen alle neben einander unter

Pelzen oder Decken aus Schaffellen und entkleideten uns auch
gewöhnlich, um gehörig auszuruhen. Um zu schlafen war es
warm genug, denn wir deckten uns bis über die Köpfe zu, legten
auch häufig Filzdecken auf unsere Pelze und Pelzdecken. Mein
Reisegefährte nahm immer unsern Faust unter seine Decke und
dieser war immer über eine solche Einladung sehr erfreut.

Selten ging aber eine Nacht ruhig vorüber. Die Wölfe,
welche umherstreiften, scheuchten unsere Kameele und Pferde und
die mongolischen oder chinesischen Hunde kamen manchmal herbei,
um Fleisch zu stehlen, ja drangen oft ohne Ceremonie ins Zelt.
Solche Diebe büßten ihre Zudringlichkeit mit dem Leben, aber
nach einer solchen Episode erwärmte sich derjenige nicht bald
wieder, welcher aufstehen mußte um die aufgesprungenen Kameele
wieder zu lagern und einen Wolf oder diebischen Hund zu
erschießen.

Früh Morgens sprangen wir gleichzeitig auf und machten
uns, vor Kälte am ganzen Leibe zitternd, ans Theekochen.
Hierauf wurde das Zelt zusammengelegt, die Kameele beladen
und mit Sonnenaufgang gings unter dem Einflusse einer grimmigen
Kälte weiter.

Es müßte scheinen, daß wir, indem wir auf dem alten bekannten Wege reisten, vor vielen Zufällen hätten geschützt sein
sollen, da wir unsere Tagereise doch vorher berechnen konnten;
in der Wirklichkeit verhielten sich jedoch die Sachen anders, und
wir hatten, gleichsam zum Dessert, noch eine sehr harte Prüfung
zu bestehen. Es ereignete sich uns nämlich Folgendes.

Am 30. November spät Abends hielten wir in der Nähe
des Klosters Schyrety-dfu an, um zu nächtigen. Dieses
Kloster liegt gegen 80 Kilometer nördlich von Kuku-choto, an
der großen Straße, welche von dieser Stadt nach Uljasutai führt.
Am folgenden Morgen wurden alle unsere Kameele, sieben an
der Zahl, auf die Weide in der Nähe des Zeltes getrieben und
nur ein krankes blieb bei diesem zurück; nicht weit davon weideten
Kameele anderer Karawanen, welche nach Kuku-choto gingen.
Da das Gras in diesem Theile der Steppe vollkommen ausgetreten war, gingen unsere Thiere über einen kleinen Hügel,
der sich in nicht großer Entfernung vor uns befand, um sich
dort besseres Futter zu suchen und gegen den Wind zu schützen,

welcher schon seit fünf Tagen ununterbrochen über die Steppe
sauste. Kurze Zeit darauf machte sich ein Kasak und unser
Mongole auf, um die Thiere wieder dem Zelte zuzutreiben. Sie
fanden sie jedoch nicht mehr hinter dem Hügel und ihre vom
Winde verwehte Spur verlor sich in einer Masse Spuren anderer
Kameele. Als wir dieses Verschwinden erfahren hatten, sendeten
wir sogleich dieselben Leute ab, um die Kameele zu suchen. Sie
gingen den ganzen Tag umher, betrachteten die Kameele aller
andern Karawanen, welche sich in der Nähe befanden, — aber
unsere Thiere befanden sich nicht unter ihnen. Es war als ob
sie von der Erde verschlungen worden wären.

Am Morgen des folgenden Tages sendete ich den Kasaken,
welcher als Dolmetscher diente, ins Kloster, auf dessen Territorium
die Kameele verschwunden waren, ließ dort den Diebstahl bekannt
machen und um Hülfe beim Aufsuchen der verschwundenen Thiere
bitten. Als der Kasak ins Kloster gekommen war, ließ man ihn
nur mit Mühe hinein. Nachdem die Lamas unsern pekinger
Reisepaß gelesen hatten, in welchem ausdrücklich bemerkt war,
daß man uns in der Noth Hülfe leisten solle, sagten sie mit
der größten Ruhe: „Wir sind nicht eure Kameelhirten; sucht
nur, wie ihr es versteht." Dieselbe Antwort erhielten wir
von einem mongolischen Beamten, an den wir uns um Hülfe
wandten.

Hierzu kam nun noch, daß uns die Chinesen, welche in der
Nähe wohnten, kein Stroh fürs kranke Kameel und für die
beiden Pferde verkaufen wollten. Das Gras in der Steppe war
aber von den Kameelen der vorüberziehenden Karawanen dermaßen
ausgetreten, daß ans Hüten unserer Thiere auch nicht zu denken
war. Diese ermatteten in Folge des Hungers dermaßen, daß
eines unserer Pferde während der Nacht erfror. Zwei Tage
später verendete unser krankes Kameel; es lag, gleichsam als
bessere Illustration unserer Lage, vor dem Eingange unseres
Zeltes. So blieb uns im Ganzen ein Pferd übrig und auch
dieses konnte kaum mehr gehen. Dieses Pferd wurde nur
dadurch gerettet, daß die Chinesen ungemein lüstern nach unserm
verendeten Kameele, das ziemlich fett war, geworden waren und
wir vertauschten es gegen 25 Bunde guten Heus.

Indessen kehrte unser Kasak und Mongole nach einigen

Tagen vergebenen Suchens ins Zelt zurück und sie erklärten,
daß sie einen großen Landstrich durchforscht haben, jedoch nichts
über unsere verschwundenen Kameele erfahren konnten. Ohne
Beihülfe der Ortsbehörden war es natürlich unmöglich die verschwundenen Thiere wiederzufinden, und deshalb entschloß ich
mich Chinesen der Gegend zu miethen, um uns nach Kuku-choto
zu schaffen, wo ich Gelegenheit zur Weiterreise nach Kalgan zu
finden hoffte. Aber die Chinesen waren, trotz ihrer angeborenen
Habgier, selbst durch bedeutende Geldsummen nicht zu bewegen,
sich zum Transporte unserer Sachen und Personen zu vermiethen,
weil sie aller Wahrscheinlichkeit nach fürchteten, hierfür von
ihren Behörden zur Verantwortung gezogen zu werden.

Unsere Lage war im höchsten Grade kritisch. Zum Glücke
hatten wir gerade 200 Lan Geld, welche wir für die in Ala-
schan verkauften Waaren und Waffen gelöst hatten, und deshalb
entschloß ich mich, den Kasaken und Mongolen nach Kuku-choto
zu senden, um dort frische Kameele zu kaufen. Hierbei entstand
jedoch wiederum die Frage, wie die beiden Männer dahin gelangen sollen, da wir nur noch ein Pferd hatten, das zur Reise
gänzlich untauglich war. Ich ging deshalb vor allen Dingen
mit meinem des Mongolischen mächtigen Kasaken in die Jurten
der Mongolen, um ein verkäufliches Pferd zu suchen und ich
fand auch ein solches, nachdem ich einen ganzen Tag herum-
gelaufen war. Am folgenden Tage machte sich nun unser Kasak
und Mongole auf diesem einen Pferde auf die Reise nach Kuku-
choto. Hier kauften sie neue, sehr schlechte Kameele, auf denen
wir, nachdem wir 17 Tage in der Nähe des Klosters Schyrety-
dsu zugebracht hatten, unsere Reise fortsetzten. Wir hatten somit,
nicht gerechnet die verlorene Zeit, einen sehr herben materiellen
Verlust erlitten. Schon früher hatten wir viele Kameele in
Folge Futter- oder Wassermangels, Hitze, Frost und anderer
Beschwerden der Reise verloren. Im Ganzen haben wir während
des ersten Jahres unserer Expedition 12 Kameele und 11 Pferde
eingebüßt; die letztern haben wir übrigens größtentheils bei den
Mongolen gegen bessere Thiere vertauscht, wobei wir natürlich
nicht wenig zuzahlen mußten.

Während der langen Zeit, die wir wegen des Verlustes
unserer Kameele auf einer Stelle zubrachten, hatten wir fast

gar keine Beschäftigung, denn es gab außer Lerchen und kleinen Kranichen, keine Vögel. Zu Schreiben gabs auch Nichts und dies um so mehr, als diese Beschäftigung im Winter und im Freien sehr schwierig ist. Man mußte vorher die in Eis ver- wandelte Dinte aufthauen und die befeuchtete Feder häufig am Feuer erwärmen, damit die Dinte an ihr nicht gefriere. Ich habe es aber immer vorgezogen meine Notizen im Tagebuche mit Dinte zu machen und nahm nur im äußersten Falle zum Bleistifte meine Zuflucht, weil das mit ihm Geschriebene sich leicht verwischt und später sehr schwer zu entziffern ist.

Jeden Tag zogen an uns Karawanen vorüber, welche aus dem Innern der Mongolei, ja sogar aus Uljasutai und Kobbo nach Kuku-choto gingen. Sie transportirten Felle und Wolle, welche sie mit den Chinesen gegen Hirse, Thee, Tabak, Mehl, Baumwollenstoff und andere Gegenstände des häuslichen Bedarfs vertauschten. Außer dem Thee könnten die Mongolen Alles bei den Russen kaufen, wenn unser Handel mit der Mongolei nur mehr entwickelt wäre. Kobbo, Uljajutai und Urga sind die Hauptpunkte des nördlichen und reichsten Theils des Landes und liegen hart an der Grenze von Sibirien; trotzdem werden alle Waaren in die genannten Orte aus China gebracht und die Bewohner reisen selbst Tausende von Kilometern durch die Wüste dahin und verwenden hierzu mehrere Monate.

An schönen windstillen Tagen ging ich auf die Jagd von Dserenantilopen, deren sich eine ziemlich große Anzahl in einer Entfernung von fünf Kilometer von unserm Zelte aufhielt. Damals herrschte unter diesen Thieren eine Seuche, in Folge welcher ihrer sehr viele untergingen; die Thiere bekamen einen starken Durchfall und starben bald darauf. In der Steppe lagen überall verendete Thiere, welche ein Raub der Krähen und Wölfe wurden. Selbst Chinesen, welche wegen dieser Jagd sogar aus Kuku-choto in die Mongolei gekommen waren, sammel- ten gefallene Dserenantilopen, um sie zu verzehren.

Obgleich wir uns mit den Bewohnern der Gegend, deren vorzügliche Eigenschaften wir ja sehr gut kennen gelernt hatten, nie sehr einließen, kamen doch häufig Mongolen zu uns zu Besuch. Während einer solchen Visite stahlen uns die Gäste unsere letzte Axt und unsern einzigen Hammer, welche Gegenstände an sich werthlos, aber während der Reise unumgänglich nothwendig waren. Andere konnte man nirgends kaufen und die gestohlenen zu suchen wäre wohl vergebene Mühe gewesen. Wir behalfen uns nun, wie wir konnten, benutzten eine Hand= säge statt der Axt, und einen großen Stein, den wir mit uns schleppten, statt des Hammers und schlugen nun mit jenem die eisernen S ch o r o n e n, wie die Mongolen die Pflöcke nennen, welche in die Erde geschlagen werden, um das Zelt an ihnen zu befestigen und die über dreißig Centimeter lang sind, in den gefrorenen Boden.

Nachdem wir wieder Kameele hatten, machten wir uns in forcirten Märschen auf den Weg nach Kalgan, und hielten uns nur zwei Tage im Suma = chaba = Gebirge auf, um Argalis zu jagen. Diesmal erlegte ich hier zwei alte Weibchen. Während der Reise ereignete sich uns noch ein unangenehmer Zufall. Das Pferd meines Reisegefährten wurde aus irgend einer Ursache scheu, sprang auf die Seite und ging durch; der noch nicht wieder genesene Michael Alexandrowitsch konnte sich nicht im Sattel erhalten und stürzte mit dem Kopfe auf den gefrorenen Boden; der Fall war so heftig, daß wir den Armen bewußtlos aufhoben. Er kam jedoch bald wieder zu sich und kam mit einer kleinen Contusion davon.

Der Einfluß des warmen Chinas auf diesen Strich der Mongolei war sehr bemerkbar. An ruhigen Tagen, oder wenn ein schwacher Wind aus Südost wehte, war es am Tage warm, so daß das Thermometer einmal und zwar am 10. Dezember im Schatten $+ 2,5°$ C. zeigte. Kaum begann jedoch der Wind aus West oder Nordwest zu wehen, — und diese Windrichtung ist im Winter in der Mongolei die vorherrschende, — so wurde es auch wiederum sehr kalt. Die Nachtfröste hatten immer eine mittlere Stärke; das Thermometer fiel bei Sonnenaufgang nicht unter $- 29,7°$ C., zeigte aber auch häufig zu dieser Tageszeit, wenn der Himmel während der Nacht bewölkt war, nur $- 6,5°$ C. Das Wetter war größtentheils schön; während des ganzen Monats Dezember fiel nur drei Mal Schnee; stellenweise lag er einige Zoll tief, doch waren auch häufig größere Flächen ganz unbedeckt.

Im Allgemeinen ist das Klima in dem Striche der Mongolei,

welcher an China grenzt, bei weitem nicht so rauh, wie in andern, von der chinesischen Grenze entfernteren Gegenden der Hochebene der Gobi. Es ist wahr, daß die bedeutende absolute Höhe auch in der hier beschriebenen Gegend ihren Einfluß geltend macht, doch herrscht hier seltener ein so fürchterlicher Frost, wie er während des ganzen Winters in der Gobi herrscht. Der eisige Wind Sibiriens, der fast stets heitere Himmel, der entblößte, salzige Boden im Vereine mit der bedeutenden absoluten Höhe, sind Ursachen, welche in ihrem allgemeinen, gleichzeitigen Zusammenwirken aus der mongolischen Wüste eine der rauhesten Gegenden ganz Asiens machen.

Mit jedem Tage verringerte sich die Entfernung, welche uns von Kalgan trennte und gleichzeitig wuchs unsere Ungeduld sobald wie möglich in diese Stadt zu gelangen. Endlich erschien der ersehnte Augenblick und wir kamen gerade am Vorabend des Neujahrfestes von 1872 in später Abendstunde bei unsern kalganer Landsleuten an, welche uns, wie früher, aufs Freudigste empfingen.

Der erste Theil der Expedition war vollbracht; die Resultate der Reise, welche nach und nach angesammelt worden waren, stellten sich nun klarer heraus. Wir konnten mit reinem Gewissen sagen, daß wir unsere erste Aufgabe gelöst haben — und dieser Erfolg feuerte uns noch mehr an, nochmals ins Innere Asiens, an die fernen Ufer des Sees Kuku-nor zu reisen.

VIII. Kapitel.

Rückkehr nach Ala-schan.

Ausrüstung für die zweite Reise. — Frische Kasaken. — März und April im südöstlichen Grenzstriche der Mongolei. — Ala-schan im Frühlinge. — Schwierigkeiten seitens des Fürsten von Ala-schan gegen unsere Weiter-reise. — Tangutenkarawane, mit welcher wir nach Gan-su reisten. — Charakter von Süd-Ala-schan. — Die große Mauer und die Stadt Dadschin.

Einige Tage nach unserer Rückkehr nach Kalgan reiste ich nach Peking, um mich mit Geld und andern für die neue Reise nothwendigen Gegenständen zu versehen. Mein Gefährte blieb mit den Kasaken in Kalgan zurück und bereitete eine genügende Menge verschiedener, für die Expedition unumgänglich noth-wendiger Gegenstände vor. Er kaufte auch frische Kameele, da die in Kuku-choto gekauften durchaus zur Reise untauglich waren.

Zwei ganze Monate, der Januar und Februar, vergingen fast unbemerkt, unter verschiedenen Sorgen und Mühen, zu denen auch das Verpacken und Absenden der gesammelten Gegenstände nach Kiachta gehörte, sowie endlich mit dem Schreiben der Berichte über die im vorigen Jahre erforschten Gegenden. Wie damals waren wir auch diesmal in Betreff der materiellen Mittel wieder in eine äußerst schwierige Lage versetzt, weil die für die Expedition pro 1872 bestimmten Geldsummen wiederum nicht ganz nach Peking eingesendet worden waren. Dieses Hinderniß wurde jedoch auch diesmal wieder, Dank der Zuvorkommenheit des Generals Wlangali, beseitigt, denn er lieh mir aufs Neue die nöthige Summe, welche in diesem Jahre höher als im vorigen

bemessen war. Gleichzeitig bemühte sich auch Alexander Jegoro-
witsch (der Gesandte Wlangali) bei der chinesischen Regierung
um einen Paß zur Reise nach Gan-su, Kuku-nor und Tibet.
In diesem Passe machten jedoch die Chinesen offiziell die Bemerkung, daß die Reise in den genannten Gegenden wegen des
dort herrschenden Aufstandes der Dunganen und sonstiger andern
Unordnungen sehr riskant sei, in Folge dessen auch die chinesische
Regierung für unsere Sicherheit nicht einstehen kann.

Angesichts dieses Umstandes beschloß ich die Waffenvorräthe
auf's Aeußerste zu vermehren, da dieses, wie wir uns schon
während der vorigen Reise überzeugt hatten, der beste Schutz
gegen das hinterlistige und raubsüchtige, zugleich aber auch bis
zum Ekel feige, asiatische Volk war. Ich kaufte auch bald,
theils in Peking, theils in Tjan-sin, einige Revolver und Hinterlader. Unter den neuen Waffen zeichnete sich vor Allem durch
seine Güte eine Büchse von Berdan aus, welche bei erhobenem
Visir auf mehr als vierhundert Schritte trägt, was beim Schießen
auf nicht vorher ausgemessene Entfernungen von der höchsten
Wichtigkeit ist. Diese Büchse nahm ich für mich. Mein Reisegefährte und ein Kasak erhielten je eine Snider-Büchse während
der zweite Kasak eine Magazinbüchse (mit 17 Schüssen) von
Henry Martini erhielt. Endlich wurde noch eine Spencer-Büchse
gekauft, welche als Reserve diente. Zu diesen Waffen hatten
wir gegen viertausend fertige Patronen. Außerdem besaßen wir
noch dreizehn Revolver, eine Lancaster-Doppelbüchse und vier
Jagdgewehre, zu denen wir 144 Kilogramm Schrot und gegen
70 Kilogramm Pulver vorräthig hatten.

So war diesmal unsere kriegerische und Jagdausrüstung
beschaffen. Dafür aber mußten wir uns bei allen übrigen Einkäufen im höchsten Grade einschränken, da wir verhältnißmäßig
nur ein sehr kleines Häufchen Geld hatten. Um einigermaßen
die Ausrüstungskosten der Expedition zu decken und mir Mittel
zur weitern Reise zu verschaffen, reiste ich persönlich nach Tjan-
sin, das gegen hundert Kilometer westlich von Peking, nicht
weit von der Mündung des Flusses Bai-che, auf dem sogar
größere Seeschiffe bis an die genannte Stadt gelangen, liegt.
Hier kaufte ich in europäischen Läden für sechshundert Rubel
Kurzwaaren der verschiedensten Art, welche ich in Ala-schan mit

bedeutendem Gewinn zu verkaufen hoffte. In Folge aller dieser Ausgaben hatte ich im Augenblicke der Abreise nur 87 Lan in der Tasche und diese Summe sollte fast für zwei Jahre ausreichen!

Der Personenstand der Expedition war jetzt auch verändert. Die beiden Kasaken, welche uns auf unserer vorjährigen Reise begleitet hatten, hatten sich als unzuverlässige Menschen erwiesen. Außerdem aber bangten sie auch nach der Heimath und ich entschloß mich, sie nach Hause zu entlassen und an ihrer Stelle zwei andere aus der Abtheilung, welche damals Urga besetzt hatte, mit auf die Reise zu nehmen. Diesmal war meine Wahl ungemein glücklich, denn die beiden mitgenommenen Kasaken erwiesen sich während der ganzen Zeit unserer Reise als höchst eifrige und ergebene Menschen. Einer von ihnen war ein Russe, ein Jüngling von neunzehn Jahren, Namens **Pamphil Tschebajew**, der zweite aber, von Geburt ein Buriat, hieß **Dondok Jrintschinow**. Ich und mein Begleiter näherten uns bald diesen beiden guten Menschen in innigster Freundschaft und dies war ein wichtiges Unterpfand für den Erfolg der Expedition. In furchtbarer Ferne von der Heimath, unter Menschen, welche uns in jeder Beziehung fremd sind, lebten wir wie rechte Geschwister, theilten mit einander Beschwerden und Gefahren, Leid und Freude. Ich werde auch bis ans Grab das Andenken an meine Reisegefährten bewahren, welche mit grenzenlosem Muthe und Ergebenheit unendlich viel zum glücklichen Ausgange der Expedition beigetragen haben.

Nach der Ankunft der neuen Kasaken in Kalgan gab ich ihnen Büchsen und Revolver und übte sie tagtäglich in der praktischen Anwendung dieser Waffen. Noch vor unserer Abreise machten wir die Probe des Zurückschlagens eines fingirten Anfalls, wobei in einer Entfernung von dreihundert Schritt eine Scheibe aufgestellt wurde, nach der jeder so schnell wie möglich schoß. Das Resultat war glänzend; die Scheibe wurde von Kugeln durchlöchert, die Schüsse donnerten ununterbrochen aus den Hinterladern und flogen dann, wie Erbsen aus den Revolvern in eine näher aufgestellte Scheibe. Die Chinesen, welche sich zu dieser Probe haufenweise angesammelt und nie vorher einem Schnellfeuer zugeschaut hatten, schüttelten über dieses Treiben „der Teufel von jenseits des Meeres" die Köpfe. Einige von ihnen

ergingen sich auch uns gegenüber in Lobeserhebungen und sagten,
daß, wenn sie auch nur tausend solcher Soldaten hätten, der
Dunganenaufstand gewiß schon längst beendet wäre.

Zu unserm unersetzlichen Faust war nun noch ein großer,
sehr böser mongolischer Hund, den wir „Kars" riefen, hinzugekommen, der zum Nachtwachen bestimmt war. Dieser Hund
machte die ganze zweite Reise mit und hat uns sehr viele Dienste
geleistet. Er vergaß sehr schnell seine früheren Eigenthümer,
die Mongolen, und war dabei ein erklärter Feind der Chinesen,
was uns sehr oft vor zudringlichen Besuchern schützte. Faust
hat Kars vom ersten Augenblicke der Bekanntschaft gehaßt und
beide blieben bis zum Ende der Expedition geschworene Feinde.
Bemerkenswerth ist der Umstand, daß europäische Hunde sich fast
niemals mit chinesischen oder mongolischen Hunden befreunden,
selbst wenn sie sehr lange mit einander leben.

Zu den übrigen Ausrüstungsgegenständen der neuen Expedition gehörten diesmal auch vier flache Wassertönnchen; jedes
von ihnen faßte drei Eimer. Während des ersten Jahres unserer
Pilgerfahrt hatten wir solche Tönnchen nicht und deshalb geriethen wir während der großen Sommerhitzen in eine sehr
schwierige Lage. (Die Mongolen nehmen immer auf eine Reise
die sie im Sommer durch die Gobi machen, solche Tönnchen
mit, welche sie „Chubinen" nennen. Zwei solcher mit Wasser
gefüllter Chubinen werden immer auf ein Kameel geladen).
Durch bittere Erfahrungen vorsichtig gemacht, haben wir uns
diesmal um Geschirre zu Wasser bemüht, uns auch überhaupt
besser als der erste Mal ausgerüstet. Deshalb wog auch unser
zur zweiten Expedition mitgenommenes Gepäck nahezu 1600 Kilogramm, die wir kaum auf neun Kameele zu laden vermochten.
Dieses ganze Gepäck mußten wir mit Hilfe unserer beiden
Kasaken alle Tage auf- und abladen, da der Mongole, welcher
mit uns aus Ala-schan nach Kalgan gekommen war, sich weigerte,
in seine Heimath zurückzukehren; es war aber unmöglich, ihn
durch einen andern Miethling zu ersetzen.

Kurz vor der Abreise sendete ich der geographischen Gesellschaft einen Bericht über unsere Reise, den ich mit folgenden
Worten schloß: „Dank der höchst freundlichen Hilfe, welche mir
von unserm Gesandten in Peking zu Theil geworden ist, habe

ich jetzt von der chinesischen Regierung einen Paß zur Reise nach
Kuku-nor und Tibet und zwei frische Kasaken, die, wie es scheint,
zuverlässig sind, erhalten, — und wenn es in der Natur jedes
Menschen liegt, das Gute zu hoffen, so hege ich mit M. A. Pylzow
die Erwartung, die Hindernisse glücklich zu überwinden, welche in
diesen Gegenden die gar nicht anziehende Natur und das noch
feindlichere Volk dem Reisenden entgegenstellen." (Dieser Bericht
ist in den „Iswjestia Imp. Russ. Geogr. Obschtschestwa"
[Nachrichten der Kais. Russ. geogr. Gesellschaft] für 1872,
Th. VIII, Nr. 5, S. 179 veröffentlicht.) Die Zukunft hat
diese Hoffnungen bewahrheitet und ein freundliches Geschick führte
uns zum erwünschten Ziele.

Früh Morgens am 5. März reisten wir von Kalgan ab
und schlugen denselben Weg ein, welchem wir im vorigen Jahre
auf unserer Reise an den gelben Fluß gefolgt und auf dem
wir aus Ala-schan zurückgekehrt waren. Gegen Abend schon
geriethen wir wiederum in das rauhe Klima der Mongolei, wo
der Frühling noch nicht begonnen hatte, während es in Kalgan
schon Ende Februar ziemlich warm war, auch schon eine große
Menge Schwimmvögel angekommen und viele Insecten ausge-
trochen waren. Auf der Hochebene veränderte sich das Bild
plötzlich. Es ist wahr, daß auch hier schon kein Schnee lag,
aber an den Bächen lagen noch immer dicke Schichten Wintereises
und das Thermometer zeigte, besonders während der Nacht, eine
ganz anständige Kälte, welche bei Sonnenaufgang, selbst noch in
der Mitte März, bis —20,0° C. erreichte. Dabei wehte ein
starker, kalter Wind und es ließ sich noch kein Zugvogel sehen,
— mit einem Worte, die mongolische Steppe bot noch ganz den
winterlichen Anblick dar.

Aehnlich wie im vorigen Jahre folgten auch in diesem
während des ganzen Monats März, ja sogar noch in der ersten
Hälfte Aprils, einander Fröste, Stürme, Unwetter und nur hin
und wieder etwas Wärme. Der Wechsel der Temperatur und
atmosphärischen Erscheinungen war ungemein schnell und unerwartet. So hatten wir z. B. am 13. März um 1 Uhr Nachmittags im Schatten 22° C. Wärme, während das Thermometer
am folgenden Tage in derselben Stunde — 5,0° C. zeigte.
Ferner hatten wir nach einigen warmen Märztagen, während

welcher es sogar donnerte und blitzte, am 31. März Kälte und
es fiel Schnee, der eine Schichte von 36 Centimeter bildete,
worauf sich der Frost plötzlich bis auf 16 ° C. steigerte. Später
folgten einander in kurzen Tempos bis gegen die letzten Tage
Aprils Fröste und Schneewehen, wonach (wir waren schon im
Chuan=che=Thale) plötzlich die starke, wahrhafte Sommerhitze
begann.

Der diesjährige frühzeitige Frühling unterschied sich vom
vorjährigen daburch, daß sich jetzt häufiger Schneetreiben zeigten,
dabei aber der Nordwestwind verhältnißmäßig seltener wehte,
wenngleich wiederum die Stürme häufiger waren und manchmal
drei Tage lang anhielten. Die Luft war wie früher ungemein
trocken, was nicht nur das Psychrometer, sondern auch die Lippen
und Hände bewiesen, deren Haut platzte und so gänzlich aus=
trocknete, daß sie wie polirt aussah.

Der Zug der Vögel war selbst im März ungemein schwach;
während dieses ganzen Monats bemerkten wir im Ganzen nur
26 vorüberziehende und herbeiziehende Specien, welche in folgender
Ordnung anlangten: Die Saatgans (Anser segetum), die
rothe Ente (Anas rutila), der Singschwan (Cygnus
musicus), der schwarze Milan (Milvus govinda), die orien=
talische (?) Möve (Larus orientalis?), der gehäubte
Kiebitz (Vanellus cristatus), zwei Steinschmätzer (Saxicola leucomela und Saxicola isabellina), die Stelze (Motacilla paradoxa), die Meise (Ruticilla erythrogastra), die
Wiedehopf (Upopa epops), der graue Reiher (Ardea
cinerea), der Wiesenpieper (Anthus pratensis), die große
Gans (Anser grandis), die Lachmöve (Larus ridibundus),
die Brandente (Anas tadorna), die Kriechente (Anas
crecca), die Spießente (Anas acuta), der schwarz=
schnäblige Kiebitz (Recurvirostra avocetta), Aegialites
cantianus, der europäische Kranich (Grus virgo), der
Höckerschwan (Cygnus olor), die graue Gans (Anser
cinereus), der große Würger (Lanius major), der graue
Kranich (Grus cinerea), der rothfüßige Wasserläufer
(Totanus calidris). Doch auch von diesen kamen viele nur in
kleinen Scharen, häufig sogar nur vereinzelt an. Nur Gänse
und Kraniche kamen in größeren Herden herbeigeflogen, doch

hielten sie sich hoch und flogen fast ohne Aufenthalt weiter.
Selbst im waldigen Theile des Muni-ula-Gebirges, in welchem
wir das zweite Drittel des Monats April zubrachten, war der
Zug, selbst der kleinen Vögel sehr unbedeutend. Aller Wahrscheinlichkeit nach ziehen die Herden hauptsächlich durch das
eigentliche China gegen Norden, am Randgebirge hin, und folgen
nur der unbedingten Nothwendigkeit, sich höher zu erheben, wo
ihrer sogleich Hunger und Kälte wartet. Aus den warmen
Ebenen Chinas müssen die gefiederten Wanderer, ob sie wollen
oder nicht, in die wasserlose Wüste hinein, jenseits welcher der
gesegnete Norden liegt. Unser Sibirien, wie furchtbar auch sein
Name klingen mag, ist wahrlich im Vergleiche mit den Wüsten
der Mongolei ein wahres Eden; in ihm erscheint der Frühling
als wahrer Frühling, und nicht wie eine verstümmelte Mißgeburt,
wie er in den mongolischen Wüsten auftritt. Thatsächlich erinnerte
auch hier nicht nur der März, sondern auch der April noch nicht
daran, daß die Natur aus dem Winterschlafe erwacht ist. Wie
im Winter, so ist auch jetzt noch Alles todt und traurig. Die
gelbgraue Steppe schaut den Reisenden feindlich an, und nur
selten meldet sich eine Lerche oder ein Schmätzer, — denn andere
Sänger giebt es hier nicht. Die ausgedorrten Bachbetten sind
noch, wie vordem, ohne Wasser, die seltenen kleinen Salzseen
sind stärker als im Sommer ausgetrocknet, da dann ihr Verlust
durch Regen wieder ersetzt wird, und die beständigen Stürme
und Fröste vollenden das düstere Bild der hier beschriebenen
Gegenden . . . .

Während etwas mehr als einen Monat legten wir den Weg
von Kalgan bis an das Muni-ula-Gebirge zurück und entschlossen
uns hier einige Zeit zu verbleiben, um den Zug der kleinen
Vögel zu beobachten und die Frühlingsflora dieses Gebirges zu
sammeln. Früher und zwar während unserer Rückkehr aus
Ala-schan, träumten wir davon, gegen Ende Februar wieder an
den Chuan-che zu gelangen, über seine Eisdecke nach Ordos zu
gehen, um dort am See Zaidemin-nor den Frühlingszug der
Vögel zu beobachten; aber dieser Vorsatz ging nicht in Erfüllung
und wir gelangten an den Muni-ula erst am 10. April, als der
Hauptzug der meisten Specien schon vorüber war. Wir waren
also gezwungen unsern früheren Vorsatz, nochmals Ordos zu

besuchen, aufzugeben und beschränkten uns auf einen Aufenthalt
im Gebirge Muni-ula.

Hier begann das Pflanzenleben gegen die Mitte Aprils
ziemlich schnell zu erwachen; besonders war dies in der untern
und mittlern Zone des Südabhanges der Fall. Die Bäume
und Sträucher des wilden Persico waren mit rosarothen Blüthen
wie begossen und prangten auf den steilen Abhängen, welche
noch nicht vom grünen Rasenteppiche bedeckt waren. An den
Gebirgsschluchten, besonders da, wo sie durch die eindringenden
Sonnenstrahlen erwärmt werden konnten, grünte das frische
Gras und schauten die Blüthen der blauen Kühschellen
[Anemonen] (Pulsatilla sp.), des Teufelbarts (Anemona
barbulata), des Wirbelkrauts (Astragalus sp.) und des
Milchsternes (Gagea) hervor. Die Pappeln, Erlen und
Weiden standen in voller Blüthe; die Knospen der schwarzen
und weißen Birke waren angequollen und bereiteten sich vor,
sich zu entwickeln. Auf dem Gipfel der Berge, auf den Alpenmatten, war die Vegetation durch die Frühlingswärme noch nicht
zu neuem Leben erweckt, doch war auch hier, selbst auf den
höchsten Gipfeln kein Schnee mehr zu sehen.

Es sollte scheinen, daß das waldige Muni-ula-Gebirge, das
zwischen nackten Steppen, gerade auf der Scheidelinie zwischen
Süd und Nord liegt, eine große Menge kleiner Zugvögel anlocken müßte. In der Wirklichkeit verhält sich jedoch die Sache,
wie wir ja schon oben gesehen haben, ganz anders. Während
unseres ganzen elftägigen Aufenthaltes in diesem Gebirge fanden
wir nur vier Vogelspecien mehr und zwar die rothhalsige
Drossel (Turdus ruficollis), den weißköpfigen Ammer
(Emberiza pithyornus), einen andern Ammer (Emberiza
pusilla) und die Waldschnepfe (Scolopax rusticola), als
wir im Juli vorigen Jahres hier gefunden haben. Diese neuen
Specien waren außerdem auch noch in geringer Anzahl erschienen,
als ob sie verstohlen hierher gekommen oder zufällig hierher
verschlagen worden wären.

Als wir uns überzeugt hatten, daß auf eine gute Beute
im Muni-ula nicht zu rechnen sei, verließen wir dieses Gebirge
am 22. April und reisten am linken Ufer des Chuan-che entlang,
das heißt auf demselben Wege, auf welchem wir im Winter

nach Kalgan zurückgereist waren, nach Ala-schan. Wir entschlossen
uns jedoch für diesmal nicht über den Chara-narin-ula-Rücken
hinauszugehen, sondern uns beständig am Fuße dieses Gebirges
zu halten. Nachdem wir ins Chuan-che-Thal gekommen waren,
verweilten wir drei Tage an der Stelle, welche von den Mongolen Cholo-sun-nur genannt wird und wo große, von den
Chinesen mit Reis bebaute Flächen liegen, die mit dem Wasser
aus dem Chuan-che überrieselt werden. Auf diesen überrieselten
Reisfeldern fanden wir auf einmal gegen dreißig Specien, hauptsächlich Schwimm- und Sumpfvögel, welche wir in diesem
Frühlinge in den dürren Steppen der Mongolei nicht bemerkt
hatten. Es waren dies folgende Specien: Die Schwanengans (Anser cygnoides), die Breitschnabelente (Anas
poecilorhyncha), die Sichelente (Anas falcata), die Knäck-
ente (Anas querquedula), zwei Fuligulaspecien und zwar
die Fuligula cristata und Fuligula ferina, der Seerabe (Phalacrocorax Carbo), der Pelikan (Pelicanus crispus), ein
Steißfuß (Podiceps sp.), die weißschwingige Meer-
schwalbe (Sterna leucoptera), der punktirte Wasserläufer (Totanus ochropus), der kleine Strandläufer
(Tringa subminuta), die Heerschnepfe (Scolopax Gallinago),
Actitis hypoleuca, Aegialites minor, der Löffler
(Platalea leucorodia), der weiße Reiher (Ardea alba), der
schwarzschwänzige Sumpfläufer (Limosa melanuroides), Hybsibates himantopus, die Rohrbommel
(Botaurus stellaris), die Glarole (Glareola pratincola), der
Geier (Haliaëtos Macei), der Flußabler (Pandion sp.),
die citronengelbe Bachstelze (Motacilla citrolea), die gelbe
Bachstelze (Motacilla flava), der Pieper (Anthus Richardii),
die rothe Schwalbe (Hirundo rufo). Uebrigens war aber
auch hier die Zahl der Vögel nicht bedeutend; die Periode des
Hauptzuges war vorüber, so daß wir nur noch hier bleibende
oder verspätete Exemplare fanden. Im Allgemeinen war dieser
Frühling in Bezug auf ornitologische Forschungen noch ärmer,
als der vorige, und wir konnten nur die negative Beobachtung
machen, daß die Zugvögel ohne Aufenthalt die wasserlosen
Wüsten der Mongolei fliehen.

Mit der Jagd auf Vögel verbanden wir die Jagd mittels

Flinten auf Fische. Jetzt, gegen Ende April, war gerade die Laichzeit der Karpfen (Cyprinus carpio), welche Morgens und Abends in großen Mengen an den seichtesten Stellen der überrieselten Felder an der Oberfläche spielten. Da wir wünschten, uns einmal mit Fischen zu regaliren, nahmen wir die Flinten, zogen, um leichter aufzutreten, die Stiefel aus und begaben uns an die Stelle, wo wir die spielenden Karpfen bemerkt hatten. Diese sind um diese Zeit so mit ihrer Arbeit beschäftigt, daß sie den Menschen gar nicht bemerken und in einer Entfernung von einigen Schritten von diesem dicht an die Oberfläche kommen. Dann kann man, wenn man den Augenblick wahrnimmt, die Fische schießen und wir brachten alle Tage einige große Stücke in unser Zelt.

Das letzte Drittel Aprils machte sich im Thale des Chuan-che durch starke Hitze bemerkbar, die selbst im Schatten bis $+ 30,0^\circ$ C. stieg und das erwärmte Wasser hatte eine Temperatur von $+ 21,0^\circ$ C., so daß wir uns in einem von den Chinesen aus dem Chuan-che gezogenen Graben badeten. Aber Regen fiel fast gar nicht. Dieser Umstand konnte durchaus für die Entwickelung des Pflanzenlebens nicht günstig sein. Wie früher die Kälte, so hielt jetzt die trockene Hitze die Entwickelung der Pflanzen ungemein auf. Das Chuan-che-Thal zeigte eine gar nicht anziehende gelbgraue Oberfläche, auf der man nur sehr selten ein grünes Büschchen Grases oder ein vereinzeltes Blümchen, wie z. B. Termopsis lanceolata, Astragalus sp., Hypecoum sp., Potentilla sp. und Iris sp. bemerkte, das sich scheu in Mitte des Todes angesiedelt hatte. Die Stellen, welche mit Salzafflorescenzen bedeckt waren, sahen selbst aus der Nähe so aus, als ob sie mit Schnee bedeckt wären; hier bemerkte man nicht einen einzigen grünlichen Beifußstengel und nur trocknes Gestrüppe von Dyrisun starrte aus ihnen hervor. Häufige Stürme wirbelten an solchen Stellen Säulen salzigen Staubes auf und warfen ihn dem Reisenden in die Augen, gleichsam als ob sie das Maaß der Qualen füllen wollten, welche er empfindet, wenn er in der Hitze durch die wasserlose Steppe wandert. Etwas erfreulicher erschienen nur die Theile des Chuan-che-Thales, wo die vorjährige Vegetation durch im Frühjahr angezündetes Feuer niedergebrannt war; da zeigte sich in den ersten Maitagen junges grünes Gras.

Auf dem Gebirgsrücken, welcher das Thal des linken Chuan-
che-Ufers beſäumt, war das Pflanzenleben ebenfalls äußerſt ärmlich.
Die hohen Felſen und ſteilen, mit Geröle beſäeten Abhänge
dieſes Gebirges hatten jetzt keine andere Phyſiognomie, wie im
Winter. Eben ſo war es hier in den Gebirgsſchluchten nicht
beſſer. Kahler Sand, große Steinblöcke und Gerölle, ja hin
und wieder eine verkrüppelte Rüſter, ein eben ſolcher Perſico-
ſtrauch oder endlich der Strauch einer Kugelacazie, — dies iſt
alles, was das Auge des Reiſenden hier erblickt. Da, wo eine
ſchwache Quelle hervorſprudelt, die ſich aber, nachdem ſie funfzig
oder ſechzig Meter weit gefloſſen, als ob ſie durch die Schrecken
der ſie umgebenden Wüſte eingeſchüchtert worden wäre, wieder
im Sande verſteckt hat, — ſelbſt da war der ſchmale Saum
grünen Graſes gewöhnlich von den mongoliſchen Ziegen bis an
die Wurzel abgenagt.

Die Grenze von Ala-ſchan gab ſich durch das Auftreten
von Flugſand kund, welcher, wie ja ſchon bekannt, die Oberfläche
von ganz Trans-Ordos bedeckt. Die Pflanzenarmuth war hier,
trotzdem wir in der beſten Frühlingszeit, in der Mitte des
Monats Mai, hier angekommen waren, nur noch größer. Im
Allgemeinen unterſchied ſich jetzt die Phyſiognomie der Gegend
faſt durchaus nicht von derjenigen, welche ſie im Spätherbſte des
vorigen Jahres hatte: derſelbe unüberſehbare gelbe Sand, dieſelben
Fleckchen mit Saxaul, dieſelben lehmigen Hügel mit verkümmerten
Sträuchern des Charmyk. Wenn auch hin und wieder ein
blühendes Pflänzchen, wie eine Sophore (Sophora flavescens),
eine Turnefortia Arguzia, eine Winde (Convolvolus
Ammani), ein Peganum (Peganum sp.), eine Diſtel (Car-
duus sp.) hervorlugte, ſo ſchien es ein Fremder in Mitten der
ſtiefmütterlichen Natur zu ſein. Zwar waren jetzt eben einige
Sträucher (Convolvulus tragacanthoides, Nitraria Schoberi,
Calligonum mongolicum?) in voller Blüthe, aber ſie wuchſen
gewöhnlich nur auf lehmigen Stellen und waren dabei dermaßen
zerſtreut, daß ſie durchaus nicht das allgemeine Bild der traurigen
Landſchaft verſchönerten.

Ueber das Thierleben kann man womöglich noch weniger
Freudiges ſagen. Es iſt wahr, es hielten ſich auf den irrigerten
Feldern im Chuan-che-Thale Schwimm- und Sumpfvögel auf,

in den Dyrisungebüschen kluckte eine Menge von Fasanen und
ließen sich einige kleine Vögel blicken, doch auch dieses Alles
verschwand beim Eintritte in die Sandwüste von Ala-schan.
Hier hielten sich jetzt sogar weniger Vögel auf, als im vorigen
Herbste, als schon einige Arten herbeigekommen waren, um zu
überwintern; den Gesang oder auch nur das Pfeifen eines
Vogels zu hören, gehörte jetzt in der Ala-schaner Wüste zur
größten Seltenheit.

Dieselbe Abgestorbenheit herrschte auch im Gebirge, welches
das Thal des linken Chuan-che-Ufers besäumt. Als wir in den
ersten Tagen des Monats Mai Kuku-jemane jagten, und in
der Nähe des Gipfels der Kuppe Choir-Bogdo nächtigten, herrschte
Abends wie Morgens eine solche Todtenstille, wie im Winter;
man hörte nur die Stimme eines Goldammers und das abscheuliche Geschrei der Dohlen oder Habichte.

Zum allgemeinen Bilde gehört auch eine Beschreibung der
klimatischen Verhältnisse dieser Gegenden. Nach der großen
Hitze, welche Ende April geherrscht hatte, kam plötzlich am
5. Mai bei Sonnenaufgang ein Frost von — 2,0 ° C., wonach
wiederum die Hitze begann. Dieser folgte abermals mäßige
Wärme, welche gegen Ende Mai in eine Hitze von + 40,0 ° C.
im Schatten überging.

Heftige Windstürme waren im April und Mai dieses Jahres
seltener, als im vorigen, doch war auch dieses Jahr nicht ganz
frei von Stürmen. Wenn sie sich erhoben, wurde die Luft mit
erstickendem Staube gefüllt, welcher die Sonne verdunkelte, sich
als dichte Schicht auf den Kleidern lagerte und in Augen, Mund,
Nase, mit einem Worte, überall eindrang. Im Allgemeinen war
der Wind ziemlich veränderlich, wenngleich immer im April der
Nordwest- und winterliche Südwest- und im Mai der sommerliche
Südostwind vorherrschte.

Im Mai regnete es weit häufiger, als im April, denn im
Mai habe ich 12 Regentage, im April nur 6 Regen- und
Schneetage gezählt. Die Mairegen waren manchmal von Ge-
witter begleitet. Der Regen dauerte jedoch im Allgemeinen nicht
lange und es herrschte in der Luft der Wüste eine fürchterliche
Trockenheit. In Folge dieser Trockenheit verdarben uns unsere
Sachen und ich mußte die Pflanzen im halbgetrockneten Zustande

ins Herbarium legen, sonst vertrockneten sie dermaßen, daß sie
in kleine Stückchen zerbröckelten. Häufig war es sogar schwierig,
das Erlebte ins Tagebuch einzutragen: die ins Dintenfaß ge-
tauchte Feder trocknete jetzt so schnell, als sie im Winter gefroren
war, so daß auf einer und derselben Stelle in den entgegen-
gesetztesten Jahreszeiten dieselben Hindernisse eintraten, nur daß
einmal die große Hitze, das andere Mal die grimmige Kälte die
Ursache war.

Gegen die Mitte des Mai überschritten wir die Grenze von
Ala-schan und begegneten bald darauf zwei Beamten, welche vom
Fürsten aus Dyn-juan-in abgesandt waren, um uns zu bewillkommnen und durch die Wüste zu führen. Der wahre Zweck
dieser Gesandtschaft war jedoch der Wunsch des Fürsten und
seiner Söhne, baldmöglichst unsere Geschenke zu erhalten, von
denen ihnen schon Baldyn-Sordschi erzählt hatte. Diesem Lama
begegneten wir im April in der Gegend des Muni-ula, als er
aus Peking, wohin ihn sein Gebieter gesandt hatte, zurückkehrte.
Nachdem ich Sordschi für seine uns im vorigen Jahre geleisteten
Dienste ein Geschenk gegeben hatte, zeigte ich ihm auch die Geschenke, welche ich den Prinzen von Ala-schan mitbrachte. Mit
diesen sehr schönen Geschenken hofften wir noch mehr die Zuneigung der Herrscher Ala-schans zu gewinnen, von denen ja
gänzlich unsere weitere Reise an den Kuku-nor abhing.

Die Beamten, welche uns entgegen gekommen waren, fragten
auch sogleich nach den Geschenken, erzählten, mit welcher Begierde
die Prinzen ihrer harrten und baten, die Geschenke voraus zu
senden. Ich ging hierauf ein und sandte dem alten Fürsten
einen großen, auf beiden Seiten zu tragenden Plaid und einen
Revolver; dem ältesten Sohne einen gleichen Plaid und ein
Mikroskop; dem Higen und Sïa jedem eine Hinterladerpistole
nach Remingtons Systeme und tausend fertige Patronen. Obgleich es schon Abend war, reiste doch einer der Beamten, nachdem ich ihm die Geschenke übergeben hatte, sogleich voraus und
nur der andere blieb bei uns.

Am 26. Mai langten wir in Dyn-juan-in an und wurden
in einer rechtzeitig für uns vorbereiteten Fanse untergebracht.
Wie gewöhnlich ließen uns auch diesmal Neugierige nicht eine
Minute Ruhe, so daß wir endlich genöthigt waren, unsern

17*

wüthenden Kars vor der Thür unserer Wohnung anzubinden
und dies erwies sich als ein ausgezeichnetes Mittel gegen die
Zudringlichkeit der Maulaffen.

Noch am Abende desselben Tages sahen wir uns mit unsern
Freunden, dem Higen und Sïa. Meine Uniform des Generalstabes, welche ich diesmal absichtlich aus Peking mit genommen
hatte, machte auf die jungen Prinzen einen sehr großen Eindruck
und sie befragten mich über die geringste Kleinigkeit. Jetzt befestigte sich nur noch mehr die Annahme, daß ich thatsächlich ein
sehr wichtiger Beamter, eine Vertrauensperson des Kaisers selbst
bin. Hierüber haben mich die Ala-schaner Prinzen schon im
vorigen Jahre vielfach befragt; als sie mich jetzt in einer
glänzenden Uniform erblickten, fanden sie ihre Muthmaßungen
endgültig bestätigt. Seit dieser Zeit wurde ich als „kaiserlicher
Beamter" bekannt und unter diesem Titel beendete ich den Rest
meiner Reise. Ich selbst bemühte mich durchaus nicht, die
Meinung über meine hohe Bedeutung zu zerstören; mir war sie
theilweise sogar bequem, da hierdurch der Zweck unserer Reise
aufgeklärt war. Von nun an begannen die Bewohner des Landes
zu sagen, daß der Zagan-chan einen Beamten in ihre Gegend
gesendet hat, um mit eigenen Augen die Bewohner und die
Natur zu schauen, und dieser wird nun nach seiner Rückkehr seinem
Herrn Alles erzählen.

Schon am frühen Morgen des folgenden Tages kamen zu
uns Lama Sordschi und andere Vertraute des Fürsten und seiner
Söhne, um die von uns mitgebrachten Waaren zu betrachten
und zu kaufen; die Prinzen hatten gebeten, daß sie nur ihnen
verkauft werden. Nun begann die langweilige Procedur des
Feilschens. Ein Lama nahm ein Mikroskop, ein anderer ein
Stereoskop, um es zu betrachten, der dritte nahm Seife oder
eine Nähnadel, ein vierter oder fünfter Tuch u. s. w. Einer
der Vertrauten, denen der Gegenstand übergeben war, gab ihn
zurück, während ein anderer schon wartete, um ihn in seine
Hände zu nehmen. Ganz entgegengesetzt ihrem Verhalten im
vorigen Jahre, waren die Prinzen in diesem durchaus nicht so
kaufbegierig, trotzdem wir jetzt weit niedrigere Preise angesetzt
hatten. Nur ein Stereoskop mit lüsternen Bildern gefiel dem
alten Fürsten und er kaufte sogleich alle vorräthigen Dutzende

dieser Photographien. Der Eifer des Fürsten verstieg sich so
weit, daß er einen Adjutanten sandte und fragen ließ, ob man
ihm nicht einige der auf den Bildern dargestellten Persönlichkeiten
aus Rußland herbeischaffen könne.

Indeß traf sich eine ausgezeichnete Gelegenheit an den See
Kuku-nor zu gelangen. Wir fanden nämlich in Dyn-juan-in
eine vor Kurzem aus Peking zurückgekehrte Karawane, welche
aus 27 Tanguten, einem dem tibetanischen verwandten Volksstamme, von welchem im X. Kapitel die Rede sein wird, und
aus Mongolen bestand, welche in Kurzem nach dem Kloster
Tscheibsen reisen wollten, das in der Provinz Gan-su, gegen
sechzehn Kilometer nordnordöstlich von der Stadt Sinin und
fünf Tagereisen vom See Kuku-nor liegt. Unser Vorschlag, mit
zu reisen, wurde von den Tanguten mit großer Freude angenommen, da sie in uns wackerere Vertheidiger zu finden hofften,
im Falle sie von den Dunganen angegriffen werden sollten.
Um unsere künftigen Reisegefährten noch mehr von der Tüchtigkeit
unserer Waffen zu überzeugen, machten wir eine Schießprobe
mit unsern Büchsen und Revolvern. Zu diesem Schauspiele
versammelte sich eine große Menschenmenge und alle waren
erstaunt über die Wirksamkeit der Hinterlader; die Tanguten
tanzten fast vor Freude, als sie sahen, was für Reisegefährten
sie gewinnen.

Die Reise nach Tscheibsen mit der Karawane der Tanguten
war für uns ein wahrer Glücksfall, denn wir konnten ohne sie
kaum hoffen, irgend einen Mongolen als Führer zu finden, wäre
es auch nur durch Süd-Ala-schan. Unsere Freude wurde durch
die Erzählungen der Tanguten noch vergrößert, welche sagten,
daß sich in der Nähe des Klosters hohe Berge befinden, welche
mit Wäldern bedeckt sind, in denen sich wiederum eine große Anzahl
Säugethiere und Vögel aufhält. Mit einem Worte, das Geschäft
ging aufs beste und es handelte sich nur darum, die Einwilligung
des Fürsten von Ala-schan zur Reise mit den Tanguten zu
erhalten, welche uns ohne diese Erlaubniß nicht mit sich
nehmen konnten.

Hier begannen aber die verschiedenen Winkelzüge des Fürsten,
um uns von unserm Vorhaben nach Kuku-nor zu reisen, ab-
zuhalten. Ich weiß nicht, was den Fürsten bewogen hat dies

zu thun; höchst wahrscheinlich ist es, daß er von Peking in dieser
Beziehung gewisse Winke, vielleicht gar einen Verweis dafür
erhalten, daß er die Russen das erste Mal zu freundlich
empfangen hat.

Als Hauptperson in allen unsern weitern Unterhandlungen
des Amban trat nun Baldyn-Sordschi auf, welcher uns vor
allen Dingen den Köder zeigte, daß wir von den Lamas des
Ortes Vorhersagungen über unsere Reise einholen müßten, um
uns zu überzeugen, ob auch die Reise einen glücklichen Verlauf
haben wird. Es ist wohl ganz sicher, daß das Orakel von
Dyn-juan-in höchst ungünstig ausgefallen wäre; es hätte uns
gewiß alle mögliche Gefahr prophezeiht. Mit einer ähnlichen
List begann man schon im vorigen Jahre, als wir das erste
Mal nach Ala-schan gekommen waren. Damals beredete man
uns offen einzugestehen, wer wir eigentlich sind und schreckte uns
damit, daß man gegebenen Falls die Wahrheit durch die Higenen
erfahren würde. Aber wie damals, so führte auch diesmal
diese uns gestellte Falle nicht zum Ziele; unsere Antwort war
entschieden.

Nun rückte man mit der Erzählung heraus, daß die Tanguten sehr schnell, funfzig und mehr Kilometer täglich, reisen
werden, und daß wir solche Märsche, die noch obenein zur Nachtzeit ausgeführt werden, nicht auszuhalten vermögen. Hierauf
erhielt Sordschi zur Antwort, daß er sich um diese Angelegenheit
so wie darum, was mit uns unterwegs geschehen wird, nicht zu
kümmern habe, da wir selbst wissen, was wir zu thun haben.
Als Sordschi unsern Mangel an Nachgiebigkeit auch in dieser
Beziehung bemerkte, begann er uns zu erzählen, daß auf dem
Wege nach Tscheibsen hohe Berge sind, über welche es für die
Kameele sehr schwierig, vielleicht gar unmöglich sein wird zu
gehen, und daß es besser wäre, wenn wir einen oder zwei
Monate warten möchten, da uns dann der Amban Führer nach
Kuku-nor geben würde. Indessen hatte derselbe Lama im vorigen
Jahre, ja sogar noch einige Tage vor der hier besprochenen Unter-
haltung, gesagt, daß man in Ala-schan um keinen Preis einen
Führer nach Kuku-nor finden würde, da sich alle ungemein vor
den Dunganen fürchten, und keiner gehen würde, selbst wenn
man ihn mit dem Tode drohen möchte. Um uns noch sicherer

in die Falle zu locken, kam, natürlich auf Befehl Sordschis, ein mongolischer Beamter zu uns, welcher uns gleichsam im Vertrauen mittheilte, daß im Jamin (Rathhause) für uns zwei Führer nach Kuku-nor, ja sogar, wenn wir es wünschen sollten dorthin zu reisen, nach Tibet, ausgerüstet werden.

Indessen wurde unsere Audienz beim Fürsten unter der Ausrede, daß er unwohl sei, von einem Tage auf den andern verlegt; die wahre Ursache dieser Verzögerung war wohl, daß der Fürst fürchtete, ich werde ernstlich fordern, daß er mich mit

Ein Kutuchta.
(Nach einer Photographie des Barons Osten-Sacken.)

der Karawane der Tanguten reisen lasse. Auch mit dem ältesten Sohne des Fürsten hatten wir uns noch nicht gesehen und der Higen und Sïa luden uns, nachdem sie sich mit uns einmal gesehen hatten, nicht wieder zu sich ein, wenngleich sie selbst einige Mal zu uns gekommen waren. Im Allgemeinen fanden wir dies Mal bei Weitem bei den Prinzen von Ala-schan nicht die Herzlichkeit, welche wir im vorigen Jahre gefunden haben.

Andererseits wars auch mit unsern materiellen Mitteln sehr
schlecht bestellt. Von den 87 Lan Silber, welche wir mit auf
die Reise genommen hatten, waren uns nur 50 Lan geblieben,
und doch mußten zur Weiterreise durchaus sechs frische Kameele
und zwei Pferde gekauft werden, denn von den elf Kameelen,
mit welchen wir die Reise von Kalgan angetreten hatten, waren
drei gefallen und dasselbe Loos hatte unsere beiden Pferde betroffen. Geld konnten wir aber nur durch den Verkauf der
mitgebrachten Waaren erhalten. Hätte der Fürst von Ala-schan
gewußt, daß wir uns in einer solchen Klemme befinden, so hätte
er uns ohne den geringsten Kummer zurückhalten können, denn
er hätte nur selbst unsere Waaren nicht zu kaufen, und seinen
Unterthanen das Kaufen zu verbieten gebraucht. Wenn aber
erst die Tanguten abgereist wären, so wären wir gewiß auch
dann nicht nach Kuku-nor gekommen, wenn wir Geld gehabt
hätten. In eine solche kritische Lage geriethen wir wegen unserer
armseligen Mittel!

Aber auch dies Mal hat uns das Glück nicht verlassen.
Der Higen ging darauf ein, uns für eine Spencersche Büchse
sechs Kameele und hundert Lan Silber zu geben. Es ist wahr,
er rechnete jedes Kameel funfzig Lan, dafür rechnete aber auch
ich die Büchse elf Mal theurer, als ich sie bezahlt hatte; ich
kaufte sie nämlich, einschließlich tausend zu ihr gehörigen Patronen, in Peking für 50 Dollar, und verkaufte sie dem Higen
für 400 Lan. Ein Keil hatte also, nach dem Sprüchworte, den
andern getrieben. Nachdem ich für andere Waaren noch gegen
120 Lan erhalten hatte, verfügten wir schon über Mittel, die
zwar nicht bedeutend waren, uns jedoch erlaubten entschiedener
aufzutreten. Nun erklärte ich auch Sordschi, daß ich unbedingt
mit den Tanguten reisen werde und forderte, daß mir der Amban
Geld für die entnommenen Waaren, oder die Waaren sende.

Am 1. Juni Abends, also am Tage vor der Abreise der
Tanguten, kam Sordschi zu uns und erklärte, daß der Amban
befohlen hat, die Tanguten sollen noch zwei Tage in der Stadt
verbleiben. Während dieser beiden Tage war der Lama bemüht
uns zum Bleiben zu bereden, indem er uns sagte, der Amban
sei über unsere schnelle Abreise aus Ala-schan sehr betrübt. Um
einen größern Eindruck hervorzubringen, behauptete Sordschi,

daß der Amban nicht nur die Russen, sondern auch alle ihre Waaren ungemein liebe. Besonders, sagte der pfiffige Lama indem er die Sachen in komischer Weise an den Fingern herzählte, liebe er Stereoskope, Waffen, Tuch, Seife, Lichte u. s. w. u. s. w. Bei dieser Gelegenheit bat er dem Fürsten und dem ältesten Sohne eine Flinte, oder irgend sonst einen werthvolleren Gegenstand zu schenken, selbst wenn es ein russischer Anzug wäre. Im Allgemeinen überstieg die Schamlosigkeit, bis zu welcher sowohl der Amban selbst als auch seine Söhne das Betteln trieben, alle Grenzen. Durch ihre Vertrauten kamen sie uns mit allen möglichen Ansinnen, und wir gelangten dahin, daß, wenn wir den Besuch der Prinzen erwarteten, wir viele Gegenstände verwahren mußten, um den Betteleien unserer Gäste auszuweichen.

Nach sehr ernstem Mahnen brachte man mir endlich vom Fürsten Geld für die Waare, im Ganzen 258 Lan. Diese Summe mit der schon früher erhaltenen ergab einen Vorrath von 500 Lan baaren Geldes und vierzehn Kameelen, über welche wir nun zu verfügen hatten.

Das Glück war sichtlich wieder zu uns zurückgekehrt. Es war unwiderruflich beschlossen am folgenden Tage mit der Karawane der Tanguten abzureisen und wenn wir auch vom Fürsten hiervon noch nicht benachrichtigt worden waren, so sprach man mit uns doch nicht vom ferneren Verbleiben. Auch die Vertrauten des Amban waren, wie es schien, überzeugt, daß wir morgen abreisen werden und der Higen sandte uns ein Paar Pferde als Geschenk.

Mit fieberhafter Freude, welche durch die Prüfungen, die wir in den letzten Tagen erduldet hatten, nur noch erhöht wurde, packten wir bis in die späte Nacht unsere Sachen, sattelten unsere Kameele und machten uns mit einem Worte reisefertig. Kaum hatte der folgende Morgen zu grauen begonnen, so waren wir auch schon auf den Beinen und fingen an das Gepäck auf die Kameele zu laden. Die Hälfte derselben war schon reisefertig, als plötzlich ein Tangute zu uns gelaufen kam und uns erklärte, daß sie heute noch nicht reisen, da die Nachricht angelangt sei, daß eine Bande Dunganen in die Gegend von Dynjuan-in gekommen ist. Da ich dem Tanguten nicht traute, sandte

ich meinen Reisegefährten und einen Kasak, damit sie sich von
der wahren Lage der Dinge überzeugten; sie kamen bald zurück
und erklärten, daß die tangutische Karawane vollständig marsch-
bereit dasteht.

Indessen kam Sordschi und begann gleichfalls von den
Dunganen zu sprechen, als ich jedoch, durch einen so groben
Betrug aus der Fassung gebracht, den Lama mit dem russischen
Schimpfworte anredete, erklärte er, daß die Tanguten selbst mit
uns nicht gehen wollen und daß sie schlechte Menschen sind.
Sordschi hatte bis dahin immer mit den größten Lobeserhebungen
von den Tanguten gesprochen.

In derselben Zeit erhielten wir die Nachricht, daß die tangutische Karawane die Stadt verlasse. Da bepackten wir die
andern Kameele und zogen, umringt von einer dichten Menschenmenge, aus dem Hofe unserer Fanse in der Absicht, der Spur
der Karawane zu folgen. Wir hatten uns noch keine hundert
Schritt entfernt, da kam Sïa an uns herangeritten und erklärte,
daß Nachrichten über die Dunganen eingelaufen sind, und daß
man sogleich einen Boten senden wird, um die tangutische Karawane zurückzubringen. Dabei beredete uns der junge Prinz zu
bleiben, bis die Sachlage aufgeklärt sein wird. Gleichzeitig mit
Sïa war ein tangutischer Lama, der Chef der Karawane, gekommen, derselbe, welcher bis dahin so innig gewünscht hatte, in
unserer Gesellschaft zu reisen. Jetzt sagte uns der Lama, natürlich
auf Befehl des Fürsten, dasselbe, was uns Sïa gesagt hatte,
und ertheilte uns den Rath zu bleiben und zu warten.

Das Erscheinen des tangutischen Lama und sein plötzliches
Uebergehen ins Lager der Gegner, war für uns natürlich wichtiger als alles vorherige Abschrecken des Fürsten von Ala-schan.
In unserm künftigen Reisegefährten sahen wir nun nicht mehr
einen Freund, sondern einen Feind, und es wurde fraglich, ob
es nun überhaupt noch gerathen sei, fernerhin auf das Reisen
mit der tangutischen Karawane zu bestehen.

Ich entschloß mich nun ein letztes Mittel anzuwenden, obgleich ich überzeugt war, daß es kaum zu irgend etwas führen
wird. Ich frug Sïa, ob er mir sein Ehrenwort giebt, daß man
uns nicht betrügt und daß die Tanguten ohne uns nicht abreisen
werden. „Ja, ja! ich gebe es gern und garantire Euch dieses,“

entgegnete der Prinz, sichtlich erfreut darüber, daß es ihm endlich gelungen ist, seinen Zweck zu erreichen, d. h. uns, sei es auch nur für einen Tag, zurückzuhalten. Auch der Lama, der Chef der Karawane versicherte uns, daß er uns unbedingt mit sich nehmen werde. Hierauf zogen wir in den außerhalb der Stadt gelegenen Garten des Fürsten und schlugen hier in Erwartung der Dinge, welche kommen sollten, unser Zelt auf.

Es ist schwer die Bewegung, welche uns besonders im ersten Augenblicke ergriffen hatte, zu schildern. Dieser Vorfall war für uns thatsächlich sehr betrübend. Das ersehnte Ziel so langer Bestrebungen, für dessen Erreichung schon so viele Mühen geopfert waren und dessen Erreichung schon ganz sicher schien, entfernte sich nun plötzlich wieder, der Himmel weiß wie weit. Wenn man uns im Anfange, in den ersten Tagen nach unserer Ankunft in Dyn-juan-in, verboten hätte, mit den Tanguten zu reisen, so wäre das Leid nur halb so groß gewesen; — wir hatten ja selbst nicht erwartet eine so gute Gelegenheit zu finden. Jetzt aber empfanden wir eine solche Verweigerung doppelt schwer, da wir uns schon in den Gedanken hineingelebt hatten ...

In banger Erwartung verbrachten wir den ganzen Tag. Sordschi und die andern Lamas zeigten sich uns jetzt gar nicht und erst gegen Abend kam Sïa angeritten, den ich nun damit zu schrecken begann, daß ich mich in Peking wegen der Gewalt, die mir von den Behörden Ala-schans angethan worden ist, beschweren werde. Der junge Prinz war sichtlich verwirrt über seine Betheiligung in dieser Angelegenheit, bat mich, ein wenig zu warten und gab mir die Versicherung, daß die tangutische Karawane unter keiner Bedingung ohne uns abreisen werde. Durch frühere Erfahrungen belehrt, schenkte ich diesen Versicherungen wenig Vertrauen und dachte schon darüber nach, in welche Gegend der Mongolei ich mich behufs weiterer Forschungen begeben soll, als plötzlich am Abend des folgenden Tages, namentlich des 5. Juni, Sïa wieder zu uns geritten kam und uns erklärte, daß die tangutische Karawane nicht fern von hier steht und daß wir morgen mit ihr reisen dürfen, da absichtlich hierzu ausgesendete Menschen die Nachricht gebracht haben, daß keine Dunganen in der Gegend sind und daß überhaupt das über ihre Ankunft ausgestreute Gerücht falsch gewesen sei. Es war sichtlich, daß dies nur eine leere Ausrede gewesen, daß überhaupt auch kein Gerücht über das Erscheinen der Dunganen ausgestreut gewesen ist; wahrscheinlicher ist die Annahme, daß der Fürst von Ala=schan beim chinesischen Amban in Nin=sia angefragt hat, wie er in diesem Falle zu verfahren habe. Die Verschwiegenheit der Bewohner des Landes gegenüber einem Reisenden ist so groß, daß ich weder jetzt, noch auch später erfahren konnte, welche Ursache den Fürsten genöthigt habe, uns zwei Tage lang, und zwar im Augenblicke der Abreise, anzuhalten. Aber in diesem Augenblicke war keine Zeit übrig über diesen Gegenstand nachzudenken; wir überließen uns einer ungetheilten Freude, und nun ließ uns wiederum die Hoffnung auf den Erfolg unseres großen Unternehmens keine Ruhe, weder während des Restes des Tages, noch auch während der ganzen Nacht . . . .

Die Karawane, mit welcher wir nun reisen sollten, war von einem der wichtigsten mongolischen Kutuchten, welcher in Peking lebt, namentlich vom Dschan=dschi Higen, welcher über viele Kirchen in Peking und in der Mongolei gebietet und zu denen auch das berühmte Kloster U=tai unweit Kuku=choto gehört, ausgerüstet worden. Der genannte Heilige war in Gansu und zwar im Kloster Tscheibsen geboren, wohin er nun unsere künftigen Reisegefährten sandte. Die Zusammensetzung der Gesellschaft war eine sehr bunte. Im Ganzen zählte man in der Karawane, außer uns vier, sieben und dreißig Mann, von denen zehn Krieger=Lamas waren, welche vom Ala=schaner Higen der Karawane zum Schutze beigegeben waren. Die meisten andern waren Tanguten, welche aus Kloster Tscheibsen stammten; außerdem befanden sich auch noch einige Mongolen unter uns, welche eine Pilgerfahrt nach Lassa unternommen hatten. Auf diese Mannschaft kamen, unsere Thiere eingerechnet, 72 Kameele und gegen 40 Pferde oder Maulesel. Vorgesetzte der Karawane waren zwei Lamas=Douiren (Kassirer), von Geburt Tanguten, beides sehr gute und dienstfertige Menschen. Um diese Kommandeure noch mehr für uns einzunehmen, schenkte ich jedem von ihnen einen kleinen Plaid.

Alle Mitglieder der Karawane waren mit Luntenflinten, theilweise aber auch mit Picken und Säbeln bewaffnet. Sie hatten allgemein den Ruf sehr tapferer, ja verwegener Männer, da sie sich in einer so furchtbaren Zeit entschlossen hatten, in die Gegenden zu reisen, in welchen die Dunganen ihre Raubzüge vollbringen. Die Folge hat jedoch gelehrt, daß es mit dem Muthe unserer Reisegenossen nicht sonderlich weit her sei, und daß sie ihn selbst bei eingebildeten Gefahren leicht verlieren.

Die Krieger-Lamas hatten glattläufige europäische Flinten, welche die chinesische Regierung von Engländern gekauft und aus Peking nach Ala-schan geschickt hatte. Diese Flinten waren an sich sehr wenig werth, und wurden durch nachlässige Behandlung nur noch mehr verdorben. In ihren rothen Uniformblousen und mit ihren rothen Binden auf dem Kopfe, dabei auf Kameelen reitend, boten diese Lamas ein sehr originelles Bild dar, obgleich sie sich durch kriegerischen Werth durchaus nicht von ihren übrigen Landsleuten unterschieden.

Die bemerkenswertheste Persönlichkeit der Karawane war der Tangute Randsemba, welcher aus Peking nach Tibet gesendet worden war. Dieser ungefähr vierzigjährige Mensch war offen und gutmüthig, dabei aber ein ungeheurer Schwätzer, und liebte es Jedem zu helfen, sich aber auch in Alles zu mischen. Die Geschwätzigkeit Randsembas, der gewöhnlich Alles mit den ausdrucksvollsten Gestikulationen erzählte, war so groß, daß wir ihn den „vielsilbigen Awwakum" [Habbakuk] nannten. Dieser Spitzname wurde bald in der ganzen Karawane bekannt und von nun ab nannte man Randsemba nicht anders, als Awwakum.

Die Hauptleidenschaft des neuen Awwakums war die Jagd und das Schießen nach einem Ziele; das letztere war übrigens die Lieblingsvergnügung der ganzen Karawane. Fast jeden Tag nach der Ankunft auf der Lagerstätte, begann einer oder der andere unserer Gefährten, wenn er einen freien Augenblick erhaschen konnte, nach einem Ziele zu schießen. Es kamen dann bald Zuschauer herbei, welche Anfangs theilnamslos blieben, doch später, wenn sie sich ein wenig erwärmt hatten, auch ihre Flinten holten und nun begann ein allgemeines Schießen. Randsemba war immer die Hauptperson einer solchen Schießübung. Für ihn war es hinreichend einen Schuß zu hören, um ihn zu veranlassen jede Beschäftigung zu verlassen, ja selbst aus dem Schlafe

aufzuspringen, um den Schießenden seine Rathschläge zu ertheilen;
die größte Ermattung nach einer langen Tagereise konnte unsern
Arwakum nicht abhalten barfuß auf der Scene zu erscheinen.
Er lehrte, wie das Ziel aufgestellt werden muß, welche Ladung
zu geben, wie die Flinte in Ordnung zu bringen sei u. s. w.
Da er als Schütze berühmt war, so nahm er auch gewöhnlich
gleichzeitig schlecht treffende Flinten, um sie einzuschießen, und
verwendete zu diesem Behufe so viele Ladungen, daß von den
starken Rückstößen die rechte Schulter Randsembas fast immer
geschwollen war.

Während der Reise ritt Arwakum auf einem Pferde und
überließ es seinen beiden Gefährten die belasteten Kameele zu
führen. Randsemba selbst ritt bald auf diese, bald auf jene
Seite und spähte umher, ob nicht Chara=sultas [schwarzschwänzige
Antilopen] zu sehen sind, und wenn er solche bemerkte, kam er
sogleich zu uns geritten und machte uns den Vorschlag nach
ihnen zu schießen. Manchmal schlich er sich auch wohl selbst in
ihre Nähe, nachdem er vorher mit Feuerstahl und Stein Feuer
gemacht und seine Lunte angezündet hatte. Die Gefährten
Arwakums, auf deren Schultern allein die Last der Fürsorge
um die beladenen Thiere ruhte, waren sichtlich nicht durch das
Suchen von Wild erbaut. Einmal entschlossen sie sich sogar zu
einer strengen Maßregel ihre Zuflucht zu nehmen und zwangen
Randsemba die Kameele zu führen. Mit Verwunderung sahen
wir unsern Freund, wie er nicht mehr auf dem Pferde einher=
stolzierte, sondern die Lastthiere an der Leine führte. Diese
Haft dauerte jedoch für den freiheitliebenden Arwakum nicht
lange. Zum Unglücke für seine Reisegefährten trafen wir an
diesem Tage sehr viele Antilopen. Randsemba, welcher vom
Kameele herab sehr weit sehen konnte, begleitete und bewill=
kommete, aber durchaus nicht mit gleichgültigen Blicken, diese
Thiere, und als wir endlich hinter einer Chara=sulta jagten, ließ
er sich dermaßen hinreißen, daß er ganz seine Pflicht vergaß
und die Kameele in eine vom Regenwasser ausgespülte Schlucht
führte. Da merkten die Reisegefährten Arwakums, daß dieser
verlorene Sohn unverbesserlich ist, jagten ihn von den Kameelen
fort und Randsemba, der nun wieder zu seiner großen Freude
das Pferd bestieg, jagte wie vordem hinter Chara=sulten einher.

Am Tage nach unserer Ankunft machte sich die Tanguten=
karawane auf den Weg. Während der Reise gingen wir mit
unsern Kameelen am Ende der Karawane, um die andern
Reisenden nicht im Marsche zu stören, wenn wir uns aufhalten,
um z. B. das Gepäck zu befestigen oder sonst etwas dem Aehn=
liches zu thun. Wenngleich nach dem Verkaufe unserer Waaren
in Dyn=juan=in unser Gepäck bedeutend kleiner geworden war,
so hatten wir doch an ihrer Stelle gegen 140 Kilogramm Reis
und Hirse gekauft, welche man, wie man uns sagte, in der ver=
wüsteten Provinz Gan=su nicht erhalten konnte. Der Transport
der Lebensmittel vertheuert übrigens ungemein das Reisen, wie
eben der vorliegende Fall darthut. Für 140 Kilogramm Reis
und Hirse bezahlten wir in Ala=schan gegen funfzehn Rubel;
aber um diesen Vorrath transportiren zu können, mußten wir
ein Kameel, welches hundert Rubel kostete und in der Folge in
Gan=su unterging, kaufen. Die Mundvorräthe und andere noth=
wendige Kleinigkeiten, wie z. B. Reservestricke, Filzdecken u. s. w.
vergrößerten dermaßen unser Gepäck, daß wir es wie vordem
kaum auf neun Kameelen unterzubringen vermochten. Außerdem
war es nun auch für uns vier Mann noch schwieriger wie früher
mit dem Auf= und Abladen dieses Gepäckes fertig zu werden,
da wir nicht nach Belieben gehen, und hinter unsern Reise=
gefährten nicht zurückbleiben konnten. Vergebens hatte ich mich
bemüht irgend einen Ala=schaner Mongolen als Arbeiter an=
zunehmen und hierfür einen anständigen Preis geboten, — es
fand sich keiner, der auf dieses eingegangen wäre. Nur mit
Mühe gelang es uns einige Leute aus der Karawane, für einen
Lohn von einen Rubel täglich, zu bereden, während der Nacht
unsere Kameele mit den ihrigen zu hüten. Wir hatten aber
außerdem noch so viel zu thun, daß an wissenschaftliche Unter=
suchungen nicht zu denken war.

Wir standen gewöhnlich um Mitternacht auf, um der Tages=
hitze auszuweichen und hielten bei einem Brunnen an, nachdem
wir 30, manchmal auch 40 Kilometer zurückgelegt hatten. Wo
kein Brunnen war, gruben wir ein Loch, in welchem sich Salz=
wasser sammelte. Unsere Reisegefährten, von denen einige schon
mehrere Male diesen Weg durch die Wüste hin und zurück
gemacht hatten, wußten instinktmäßig die Stelle zu finden, wo

Wasser oft schon in der Tiefe eines Meters zu treffen ist. In den Brunnen, welche man übrigens nur selten am Wege fand, war das Wasser größtentheils sehr schlecht; außerdem hatten auch die Dunganen erschlagene Mongolen in die Brunnen geworfen. Mir wird bis heute noch übel, wenn ich mich daran erinnere, wie wir einst in einem Brunnen, nachdem wir unsern Thee getrunken hatten, unsere Kameele tränkten, und, nachdem wir das Wasser ausgeschöpft hatten, in der Tiefe die verfaulte Leiche eines Menschen fanden!

Auf den Halteplätzen war es unmöglich auszuruhen. Der glühende Boden der Wüste hauchte, wie ein Backofen, Hitze aus, die Luft wurde oft nicht vom leisesten Winde bewegt, und doch mußte man hier alle Tage die Kameele satteln und absatteln, weil andernfalls während der Hitze der Rücken sogleich gedrückt worden wäre. Das Tränken unserer Thiere raubte uns auch mehr als eine Stunde täglich, da das Wasser in einem kleinen Schöpfgefäße herbei gebracht werden mußte, und jedes Kameel ja auf einmal zwei bis drei Eimer austrinkt. Die Kameele müssen aber während der Sommerhitze alle Tage getränkt werden, versteht sich, wenn Wasser zu haben ist. Selbst während der Nacht hatten wir während der Paar Stunden, die zum Ausruhen erhascht wurden, in Folge physischer Erschöpfung, einen sehr unruhigen Schlaf.

Während der ersten Tage unserer Reise mit der Karawane der Tanguten, war unser Zelt beständig mit Neugierigen angefüllt. Alles, selbst die geringste Kleinigkeit, interessirte diese Menschen; von den Waffen wollen wir gar nicht erst sprechen. Des Fragens war kein Ende. Die geringste Kleinigkeit wurde zehn Mal besehen und berochen; dabei mußte man immer bald dem einen, bald dem andern Besucher, eine und dieselbe Sache beschreiben. Dieses war ungemein ermüdend, aber es war ein unvermeidliches Loos. Wenn wir uns in dieses nicht gefügt hätten, so hätten wir die Zuneigung unserer Reisegefährten, von denen wir doch abhängig waren, nicht gewonnen.

Das Sammeln von Pflanzen, die Vornahme von meteorologischen Beobachtungen und das Eintragen ins Tagebuch erregte auch nicht wenig die Neugierde, erweckte wohl gar Verdacht. Um den letztern zu zerstreuen, sagte ich meinen Reisekumpanen, daß ich ins Buch das eintrage, was ich gesehen habe, um es, wenn ich in die Heimath zurückkehre, nicht zu vergessen, denn man wird dort von mir darüber Bericht fordern. Die Pflanzen sammle ich zu Arznei, die ausgestopften Thiere nehme ich mit, um sie zu zeigen und die meteorologischen Beobachtungen mache ich, um zu erfahren, ob sich das Wetter ändern wird. Vom letztern waren alle seit der Zeit überzeugt, als ich Regen vorhersagte, nachdem ich gesehen hatte, daß das Aneroid gefallen ist. Der Titel eines „kaiserlichen Beamten", der mir nun von Dynjuan-in schon verblieb, hat viel dazu beigetragen den Verdacht meiner Reisegenossen zu zerstreuen. Bei alle dem war es doch unmöglich einige höchst interessante Beobachtungen, wie z. B. magnetische, astronomische, Wärmemessungen des Bodens und des Wassers in den Brunnen u. dgl. anzustellen, denn dieses hätte einen unzerstörbaren Verdacht erregt. Indem ich das Geringere dem Wichtigern opferte, entschloß ich mich dieses, wie die Aufnahme des Weges nach dem Augenmaße, auf dem Rückwege auszuführen. Für jetzt begnügte ich mich mit der Anfertigung der Marschroute und auch diese war sehr unvollständig, da ich keinen Taschenkompaß (meine beiden kleinen Kompasse war ich genöthigt den Prinzen von Ala-schan zu schenken), hatte und außerdem auch beständig, wenn auch nur von einigen Mitreisenden umgeben war. Die Zudringlichkeit der Letztern ging ins Unbeschreibliche. Wenn es sich ereignete, daß ich irgend etwas in mein Tagebuch eintragen mußte und zu diesem Behufe absichtlich hinter der Karawane zurückblieb, gleichsam als ob ich ein natürliches Bedürfniß zu verrichten hätte und bei dieser Gelegenheit auf den Hacken sitzend das was ich gesehen verzeichnete, so mußte ich doch auch in diesem Falle ungemein vorsichtig sein, denn es hätte hingereicht, daß man mich einmal auf der That ertappte, um den schlimmsten Verdacht über den Zweck unserer Reise zu erregen.

Das Sammeln von Pflanzen während des Marsches war ebenfalls mit großen Schwierigkeiten verbunden. Kaum hatte man einen Grashalm abgerissen, da umringte uns schon ein ganzer Haufen neugieriger Reisegefährten und stürmte mit den unveränderten Fragen: „Ja mur em?" (Was ist das für eine Arznei?) oder „Zizyk zeichen bei-na?" (Ist dieses Blüm-

chen gut?) auf uns ein. Wenn es sich nun gar ereignete einen
kleinen Vogel zu schießen, so kamen, ohne Uebertreibung, alle in
der Karawane anwesenden Personen und zwar jede mit derselben
Frage herbei: „Was ist das für ein Vogel?" „Ist sein Fleisch
gut?" „Wie hast du ihn geschossen?" u. s. w. Ich war gezwungen gute Miene zum bösen Spiel zu machen und alle diese
Zudringlichkeiten geduldig zu ertragen, doch fiel mir diese Verstellung manchmal ungemein schwer.

Von Dyn-juan-in aus führte unser Weg Anfangs in südlicher Richtung, später wandten wir uns fast ganz nach West auf
die Stadt Dabschin zu, welche schon innerhalb der Grenzen
der Provinz Gan-su liegt. —

Der südliche Theil der Provinz Ala-schan unterscheidet sich
seinem Charakter nach durchaus nicht von dem nördlichen und
südlichen Theile; auch er ist eine Wüste im vollen Sinne des
Wortes. Die Flächen Flugsandes sind hier nur umfangreicher
und haben nicht ohne Grund von den Mongolen die Bezeichnung
„Tyngeri", d. i. Himmel, erhalten. Diese Tyngern bilden
auch den Südsaum der Wüste von Ala-schan, welche sich, nach
Angabe der Mongolen, im Osten bis an den Fluß Chuan-che,
und im Westen bis an den Fluß Ezsine hinzieht. Auf unserer
Reise mußten wir die Tyngern in der Breite auf einer Linie
von funfzehn Kilometer durchschneiden; es ist dies die schmalste
Stelle des östlichen Armes und man kann sich hier vollständig
mit dem Charakter dieser Sandflächen bekannt machen.

Aehnlich den andern Gegenden Ala-schans, stellen sich auch
die Tyngern als unzählige Hügel dar, welche ohne alle Ordnung,
einer dicht am andern, liegen. Diese Hügel, welche 15 bis 20,
selten nur über 30 Meter Höhe erreichen, bestehen aus feinen
gelben Sand, welcher auf einer harten lehmigen Unterlage ruht,
die stellenweise vom Sande entblößt da liegt. Selten nur findet
man auf solchen einige Quadratmeter großen Flächen, manchmal
aber auch auf dem Sande selbst, einige Büschchen Rohr (Psamma
villosa), Feldbeifuß, und noch seltener eine Art hohen Baumes
aus der Familie der Schmetterlingsblüthler. Aber diese arm-
selige Vegetation unterbricht nicht den Grabescharakter dieser
Wüste, in welcher man von lebenden Wesen nur Eidechsen und
einen kleinen schwarzen Käfer finden kann. Der von der Sonne

fürchterlich erhitzte Sand wird vom Winde ununterbrochen von einem Hügel auf den andern hinüber geweht und bildet zwischen diesen Hügeln trichter- oder muldenförmige Vertiefungen. Diese Vertiefungen erschweren besonders den Lastthieren ungemein das Gehen, da sie von einem Hügel auf den andern müssen und nun im beweglichen Sande einsinken. Von einem Fußsteige ist hier keine Spur und nur die hin und wieder liegenden trocknen Excremente von Kameelen, manchmal auch ihre Skelette, deuten die Richtung des Weges an. In diesen Gegenden reist man immer gerade aus und richtet sich hierbei nach der Sonne. Die höchste Gefahr droht dem Reisenden, wenn ihn hier ein Sturm ereilt. Dann erhebt sich auf jedem Sandhügel eine Staubwolke, und er erscheint wie in Rauch gehüllt, dann wird die Luft mit Sandwolken erfüllt, welche die Sonne verdunkeln. Am Besten ist durch diese Gegend kurz nach einem Regen zu reisen, denn dann wird der sandige Boden ziemlich hart, so daß die Kameele nicht tief einsinken und die Luft wird, im Falle sich ein Wind erhebt, nicht mit Sand erfüllt, bis dieser wieder austrocknet, was übrigens unter dem Einflusse der Sonne sehr schnell geschieht.

Auf den kleinen lehmigen Flächen, welche mit dem kahlen Sande abwechseln, vegetirt im südlichen Ala-schan wie im nördlichen am häufigsten die Budargana und der Charmyk, manchmal auch der schwarze Beifuß und der zwerghafte Zygophyllen-strauch (Sarcozygium xanthoxylon). Den Saxaul findet man hier gar nicht. Außerdem sind auch die Oberflächen der lehmigen Striche im südlichen Theile der hier beschriebenen Gegend gewöhnlich leicht wellenförmig, und stellenweise liegen auf ihnen kleine Hügel zerstreut umher, die manchmal kurze Rücken bilden. Auf diesen wasserlosen Hügeln, welche sich gewöhnlich nicht viel über 35 Meter über die Gegend erheben, findet man häufig gar keine Vegetation, und wenn sie ja vorhanden ist, so unter-scheidet sie sich durchaus nicht von der Vegetation der die Hügel umringenden Sandwüste.

Während unserer Reise mit der Karawane der Tanguten trafen wir nirgends Bewohner. Die Dunganen hatten Alles verwüstet und zerstört; ihre Banden kamen jetzt noch manchmal ins südliche Ala-schan und zogen in die Ferne, um zu rauben.

Auf dem Wege lagen häufig menschliche Skelette, und in zwei zerstörten Klöstern fanden wir ganze Haufen Leichen, welche halb verfault und von Wölfen angefressen waren.

Nachdem wir den Sand der Tyngeri hinter uns hatten, schlugen wir die Richtung längst ihres Südsaumes durch eine fruchtlose lehmige Ebene ein, welche ausschließlich mit zwei Specien Salzpflanzen bedeckt war, und bald sahen wir vor uns die großartige Gebirgskette von Gan-su. Wie eine Wand erhob sich dieses Gebirge über die Ebenen von Ala-schan und verschwamm am fernen Horizonte in undeutlichen Umrissen in den Schneeterrassen des Kulian und Lian-tschu. Noch ein Tagemarsch — und diese großartige Masse lag vor uns in ihrer ganzen, von keiner Hand geschaffenen Schönheit. Die Wüste endete ungemein schroff. Kaum zwei Kilometer vom kahlen Sande, welcher sich weit gegen Westen hinzieht, liegen bearbeitete Felder, lachen uns blühende Wiesen an und stehen dicht an einander gedrängt chinesische Fansen. Die Cultur und die Wüste, das Leben und der Tod grenzen hier so nahe an einander, daß der erstaunte Wanderer kaum den eigenen Augen zu trauen wagt . . . .

Eine eben so scharfe physische Grenze wie die Wüste, welche einerseits dem Nomadisiren Halt gebietet, andererseits aber auch die Cultur eines seßhaften Volkes nicht weiter dringen läßt, bildet auch die große Mauer, die wir bei Kalgan und Gu-bei-kön kennen gelernt haben. Von diesen Orten zieht sich diese Mauer nach Westen über Gebirge, welche die mongolische Hochebene besäumen, umkreist im Süden ganz Ordos und schließt an den Ala-schaner Gebirgsrücken an, welcher eine natürliche Barriere zwischen der Wüste und der Cultur bildet. Weiterhin zieht sich die große Mauer vom Südende des Ala-schaner Rückens die Nordgrenze der Provinz Gan-su entlang bei den Städten Lan-tschöu, Gan-tschöu und Su-tschöu vorbei, bis an die Festung Zзia-juj-guan.

Aber da, wo wir die große Mauer (wenn es erlaubt ist hier diese Bezeichnung zu gebrauchen), überschritten haben, ist sie durchaus nicht dem riesigen Baue ähnlich, als welcher sie sich in Gegenden, die Peking näher liegen, darstellt. Statt einer Ansammlung von Stein bemerkten wir auf der Grenze

von Gan-su nur einen Lehmwall, deſſen Höhe und Dicke im
Fundamente nur ſechs Meter beträgt, und der ſehr ſtark vom
Zahne der Zeit angegriffen iſt. Auf der Nordſeite dieſes Walles
(jedoch nicht in ihm ſelbſt) befinden ſich in einer Entfernung
von je fünf Kilometer von einander Wachtthürme aus Lehm,
deren jeder einen quabratiſchen Umfang von ſechs Metern und
eine eben ſolche Höhe hat. Jetzt ſind dieſe Thürme gänzlich
verlaſſen; früher lebten in jedem derſelben zehn Menſchen, deren
Pflicht es war im Falle eines feindlichen Einfalles Signale zu
geben. Eine ſolche Wachtlinie zog ſich, wie geſagt wird, von
der Grenze der Provinz Jli bis nach Peking und wurde mit
ihrer Hülfe jede Nachricht mit ungemeiner Schnelligkeit verbreitet.
Als Signal diente Rauch, welcher von den Zinnen des Wacht=
thurmes emporſtieg, zu welchem Behufe alſo dort Feuer an=
gezündet wurde. Die Mongolen behaupten, daß zu dieſem
Behufe Wolfsexcremente gebraucht wurden, die mit einer ge=
ringen Menge von Schafsexcrementen vermengt waren; nach
der naiven Meinung der Erzähler erhebt ſich der Rauch, der
aus einem ſolchen Argal entſteht, immer vertical in die Höhe,
ſelbſt während eines ſtarken Windes.

Ungefähr zwei Kilometer von der großen Mauer liegt die
nicht umfangreiche Stadt Dadſchin, welche der Verwüſtung
durch die Dunganen entgangen iſt. Während unſerer Durchreiſe
befand ſich hier eine chineſiſche Garniſon, welche aus ungefähr
tauſend Mann beſtand; es waren dies hauptſächlich Solonen,
welche aus der Mandſchurei von den Ufern des Amur hierher
gekommen waren. Sie kannten alle ſehr gut die Ruſſen, einige
von ihnen ſprachen ſogar etwas Ruſſiſch und begrüßten uns zu
unſerer großen Verwunderung mit den Worten: „Sdalaſtuj,
kako ſchiwjoſch!" [ſollte heißen „ſdraſtwuj, kakowo ſchiwjoſch"
d. h. Willkommen! wie befindeſt Du Dich.]

Unſere Karawane ging nicht in die Stadt hinein, ſondern
blieb gleich am Lehmwalle, wo wir vor den ungebetenen Gäſten
ein wenig ſicher zu ſein hofften. Hier traf aber dieſe Voraus=
ſetzung nicht zu. In einem Augenblicke hatte ſich die Nachricht
von unſerer Ankunft in der ganzen Stadt verbreitet und es
ſtrömten ungeheure Maſſen neugieriger Maulaffen herbei. Die
Chineſen begnügten ſich nicht damit, die „überſeeiſchen Teufel"

zu sehen, sondern brangen zu uns ins Zelt und ließen uns nicht
eine Minute in Ruhe. Vergebens trieben wir sie aus dem Zelte
hinaus, hetzten sie sogar mit dem Hunde; Nichts wollte helfen.
Ein Haufen ging weg, und seine Stelle nahm ein neuer ein, so
daß sich die Geschichte immer wiederholte. Gleichzeitig kamen
auch verschiedene Beamten angeritten, welche baten, ihnen unsere
Waffen zu zeigen und irgend ein Geschenk zu geben. Als sie
mit dergleichen Gesuchen abgewiesen wurden, forderten sie unsern
Reisepaß und drohten, uns nicht weiter reisen zu lassen. Diese
Qualen hatten wir zwei ganze Tage lang, d. h. die ganze Zeit,
während welcher wir in der Nähe von Dabschin standen, zu
ertragen. In dieser Stadt fanden wir eine große Seltenheit,
und zwar ausgezeichnete säuerliche Semmel, welche mit Hefen
gebacken waren. (In China wird nur Weißbrod und zwar nie
mit Sauerteig gebackenes gebraucht.) Wir haben weder früher,
noch später ähnliches Brod gefunden und nahmen so viel wie
möglich mit auf die Reise. Von wo diese Art des Brodbackens
hierher gelangt ist, ist mir unbekannt, obgleich die Solonen be=
haupten, daß sie erst seit einigen Jahren die Bäcker des Ortes
mit dieser Kunst, welche sie selbst am Amur erlernt, bekannt
gemacht haben. (Uebrigens erzählt auch schon der Missionär
Huc in seiner Reisebeschreibung durch die „Tartarei" vom aus=
gezeichneten gesäuerten Brode, welches er in Gan=su, in der
Nähe der Stadt Sa=jan=tschin, also auch in der Nähe von
Dabschin, gefunden hat. Huc: Souvenir d'un voyage dans la
Tartarie et le Thibet. Th. II, S. 33.)

Ein bequemerer Weg von Ala=schan nach Kloster Tscheibsen,
also gleichzeitig auch nach Sinin und dem See Kuku=nor geht
durch die Städte Sa=jan=tschin und Dschun=lin; wir
schlugen jedoch den westlichern über Dabschin ein, um so den
chinesischen Städten und der dichten Bevölkerung auszuweichen,
welche überall am östlichern, bequemeren Wege angesiedelt ist.
Unsere Reisegefährten wußten so genau, welchen Bedrückungen
sie seitens der chinesischen Behörden und Soldaten ausgesetzt
sind, wenn sie durch die dicht bevölkerte Zone reisen, daß sie sich
entschlossen, lieber auf Fußsteigen über Gebirge zu gehen, welche
von Dabschin nach Tscheibsen durch wenig bevölkerte, oder von
den Dunganen verwüstete Gegenden, führen.

IX. Kapitel.

Die Provinz Gan-su.

Die Reise von Dabschin nach Kloster Tscheibsen. — Beschreibung dieses Klosters. — Das Volk der Dalden. — Das Gebirge von Gan-su. — Skizze seines Klimas, seiner Flora und Fauna. — Unser Sommeraufenthalt in diesem Gebirge. — Die Berge Sobi-Soruksum und Gabschur. Der See Djemtschul — Der gefährliche Aufenthalt bei Tscheibsen. — Vorbereitung zur Reise nach Kuku-nor. — Reise nach Mur-sasaka. — Der Charakter des Bassins der obern Tetung-gol. — Wir sind an den Ufern des Kuku-nor.

Am Morgen des 2. Juni verließen wir Dabschin und bestiegen an demselben Tage das Gan-su-gebirge, wo wir auch sogleich ein anderes Klima, eine andere Natur fanden. Die bedeutende absolute Höhe, die ungeheuren Berge, welche manchmal die Grenze des ewigen Schnees erreichen, der humusreiche Boden, sowie endlich die ungemeine Feuchtigkeit des Klimas, und als Folge hiervon, der Wasserreichthum, — dieses Alles fanden wir auf einmal auf der gebirgigen Hochebene von Gan-su, deren Entfernung von der Ala-schaner Wüste im Ganzen nur 40 Kilometer beträgt. Auch die Flora und Fauna veränderten sich ungemein plötzlich. Die reichste Grasvegetation bedeckte die fruchtbaren Steppen und Thäler, und dichte Wälder beschatteten die hohen und steilen Gebirgsabhänge; auch das Thierleben erschien mannigfaltig und reich . . . .

Aber wir wollen in der gewöhnlichen Ordnung fortfahren.

Wie sonst in der Mongolei entwickelt sich auch das Randgebirge vollständig gegen die Ebene von Ala-schan hin, doch sind die Abhänge auf der andern Seite sanft und bequem. Selbst die mit ewigen Schnee bedeckten Gipfel des Kulian und Lian= Tschschu fallen nicht steil gegen die Hochebene ab, und man sieht auf ihrem Südabhange, an welchem ja die Provinz Gan=su liegt, nur sporadisch kleine Schneeschichten umhergeworfen.

Vom Fuße des Grenzgebirges aus bis zum höchsten Punkte des Ueberganges über dasselbe führt der Weg durch eine Schlucht, deren Seiten von überhängenden Thonschieferfelsen gebildet werden. Der Weg ist, — eine wahre Rarität in jenen Gegenden, — ziemlich gut und wäre selbst mit Wagen leicht passirbar. Die Berge selbst sind hoch und ihre Seiten abschüssig, trotzdem aber mit ausgezeichneten Weiden bedeckt und es befinden sich selbst in der Nähe der Kämme kleine Wälder.

Nicht weit vom Uebergange, welcher im Ganzen nur 28 Kilo= meter vom Rande dieses Gebirges entfernt ist, liegt das kleine chinesische Städtchen Da=i=hu, welches von den Dunganen zerstört, aber zur Zeit unserer Reise von einer kleinen chinesischen Militär= abtheilung besetzt war. Dieser Ort liegt in einer Meereshöhe von 2718 Meter, welche Zahl ich sowohl hier, als auch bei meinen ferneren Messungen durch den Siedepunkt des Wassers (also mit Hilfe des Thermometers) gefunden habe, da mir mein Aneroid den Dienst versagte, als ich mich auf die Hochebene von Gan=su erhoben hatte. Die Stadt Dabschin liegt nur 1863 Meter über dem Meere.

Indem wir das von den Dunganen ebenfalls zerstörte Städtchen Sun=Schan links liegen ließen, gingen wir geraden Wegs durch die hügelige Steppe, welche sich gleich hinter dem Randgebirge ausbreitet und dieses von den übrigen Gebirgen, welche sich vor uns als hohe Kämme hinzogen, trennt.

Nun hatten wir es nicht mehr nöthig, uns um Weide und Wasser zu bemühen, denn in jeder Erdspalte floß ein Bach und die Steppe selbst war mit ausgezeichnetem Grase bedeckt, was uns ganz unsere heimathlichen Wiesen ins Gedächtniß rief. Die Gegend ist zwar hügelig, hat aber doch einen so ausgeprägten Steppencharakter, daß man wieder die Dseren=Antilope in großer Anzahl trifft, welche man durchaus in der Provinz Ala=schan nicht sieht. Gleichzeitig mit dieser Antilope sieht man hier kleine Herden verwilderter Pferde, welche die Bewohner während der Zeit der Dunganenunruhen ihrem Geschicke überlassen haben. Jetzt sind diese Pferde dermaßen scheu, daß es unmöglich ist, eins zu fangen.

Die Spuren der durch die Dunganen angerichteten Verwüstungen waren überall sichtbar. Alle Dörfer waren zerstört, überall lagen menschliche Skelette umher und nirgends konnte man einen lebenden Menschen erblicken. Unsere Reisegefährten verzagten; sie wagten es selbst während der Nacht nicht Feuer anzumachen, weihten während jeder kurzen Ruhe ihre Waffen und baten uns, an der Spitze der Karawane zu reiten. Diese lächerliche Furcht führte endlich zu einer sehr lächerlichen Scene.

Im Thale des Flusses Tschagrin-gol erblickten die Lamas einige Menschen, welche eiligst ins Gebirge flohen. Da sie sich einbildeten, daß dies Dunganen sind und sich außerdem freuten, daß die Zahl der Feinde eine so geringe, begannen unsere Reisegefährten zu schießen, trotzdem wir von den Flüchtlingen noch sehr weit entfernt waren. Ich eilte mit meinen Reisegefährten und den Kasaken an die Stelle, wo das Schießen begonnen hatte, da wir glaubten, daß wirklich ein Angriff stattgefunden hatte. Als wir uns jedoch von der Lage der Sache überzeugt hatten, blieben wir ruhige Zuschauer der Heldenthaten unserer Reisegefährten. Die letztern verdoppelten sogar das Feuern, trotzdem keiner der Flüchtlinge mehr zu sehen war. Nach jedem Schusse schrie der Schütze einige Secunden aus allen Kräften und dann machte er sich ans Laden seiner Flinte. Ganz ebenso verfahren die chinesischen Soldaten und die Dunganen während der Schlacht; jeder Schuß wird unbedingt von einem fürchterlichen Geschrei begleitet, da dies den Feind einschüchtern soll.

Nachdem unsere muthigen Krieger nach Herzenslust geschossen hatten, machten sie Jagd auf die Flüchtlinge, und es gelang ihnen, einen zu fangen, der sich jedoch als Chinese entpuppte. Leicht möglich, daß er ein Dungane gewesen ist, da ja die muhamedanischen Chinesen sich durch nichts von ihren, der Lehre des Confucius huldigenden Landsleuten unterscheiden. Es wurde beschlossen den Gefangenen hinzurichten, wenn man die Stelle des Nachtlagers erreicht haben wird; bis dahin mußte er mit unserer Karawane gehen. Unterwegs blieb der Chinese etwas zurück und versteckte sich im dichten Grase, wurde jedoch auf gefunden und, um einen neuen Fluchtversuch zu hindern, mit seiner Flechte an den Schwanz eines Kameels gebunden, auf welchem ein Reiter saß.

Nach der Ankunft auf dem Lagerplatze wurde die Scene noch drolliger. Der Chinese wurde ans Gepäck gebunden und neben ihm begann man den Säbel zu schleifen, mit welchem dem Gefangenen der Kopf abgehauen werden sollte. Nun war aber zwischen den Lamas ein hitziger Streit entstanden; einige wollten den Gefangenen durchaus hinrichten, die anderen ihn begnadigen. Der Chinese, welcher Mongolisch verstand, hörte dem Streite zu und wußte somit, um was es sich handelt; trotzdem saß er ganz ruhig da. Doch hiermit hatte die Sache noch nicht ihr Ende erreicht; als nämlich der Thee fertig war und die Lamas ihn zu trinken begannen, wurde der gefangene Chinese bewirthet, als ob er der angenehmste Gast gewesen wäre. Zu unserer größten Bewunderung machte sich der Chinese mit einem solchen Appetite ans Theetrinken, als ob er bei sich zu Hause gewesen wäre. Die Lamas gossen ihm eine Schüssel nach der andern voll, hörten aber nicht auf, sich um den Kopf des Gefangenen zu zanken. Die ganze Geschichte erschien uns ungemein ekelhaft, und wir machten uns deshalb bald davon auf eine Excursion in die benachbarten Berge. Als wir gegen Abend zurückkehrten, fanden wir den Gefangenen noch am Leben und erfuhren, daß der Unglückliche, Dank der Fürsprache der Führer der Karawane, begnadigt worden war; er blieb jedoch bis zum folgendem Morgen angebunden.

Nachdem wir das ansehnliche Flüßchen Tschagrin-gol, welches in südwestlicher Richtung auf die Stadt Dschyn-lin zufließt, die an ihm liegt, überschritten hatten, kamen wir wieder in ein Gebirge, welches schon kein Randgebirge, sondern ein auf der Hochebene dieses Theiles von Gan-su aufgethürmtes ist. (Die genannte Stadt liegt gegen 35 Kilometer unterhalb der Stelle, wo wir über den Tschagrin-gol setzten, der sich, wie es scheint, in den Tetung-gol ergießt.) Dieses Gebirge begleitet im Norden den größten Nebenfluß des obern Chuan-che, den Tetung-gol oder Du-tun-che. (Die erste Bezeichnung ist mongolisch und tangutisch; die zweite chinesisch. Außerdem nennen die Mongolen auch diesen Fluß noch „Ullan-murenj".) Am südlichen Ufer dieses Flusses zieht sich ein anderer Gebirgsrücken hin, der nicht weniger bedeutend, als der vorher angedeutete ist. Ueber beide werde ich weiter unten specieller berichten, während ich hier den Leser mit dem buddhaistischen Kloster Tscheibsen und dem Wege dahin bekannt machen will.

Vom Flusse Tschagryn-gol führt der Weg durch das enge Thal des Flüßchens Jarlyn-gol, welches in den erstern mündet. Der Weg ist zwar schmal, durch eine steile Felsenwand eingeengt, in welcher das Bild Maidari's (Buddhas) eingehauen ist, jedoch ist er bequem und könnte selbst zur Passage für Räderfuhrwerke benutzt werden. Dieser Weg wurde während des Dunganenaufstandes nicht benutzt, und die Dörfer, welche sich einst an ihm befunden haben, waren von den Dunganenhorden zerstört worden; ihre ehemaligen Bewohner waren verschwunden.

An diesem Flüßchen trifft man häufig auf verlassene Goldwäschereien, und es wird von den Mongolen behauptet, daß überhaupt die Wildbäche, welche dem Gebirge entspringen, reich an Gold sind. Die Berge, welche am Wege nach Tscheibsen liegen, oder von diesem Wege aus zu sehen sind, sind im Allgemeinen wasserreich und tragen vollkommen den Alpencharakter an sich. Wie der Muni-ulla, der Ala-schaner Gebirgsrücken und der größte Theil der mongolischen Gebirge am äußern Rande einen wilden Charakter an sich tragen, da immer ungeheure Felsen auf einander gethürmt liegen, ebenso zeigt auch der äußere Rand dieses Gebirges einen wilden Charakter, während es in der Nähe des Scheitels sanftere Formen hat. Doch hat auch dieser Gebirgsrücken riesige Kuppen, wie z. B. der Gadschur, auf welchem noch spät im Frühlinge Schnee liegt. Vom Wege nach Tscheibsen aus sind jedoch keine mit ewigem Schnee bedeckten Gebirgsspitzen zu sehen.

Je weiter man in dieses Gebirge gelangt, eine desto reichere Flora erblickt man auch. Anfangs sind es verschiedene Sträucher, dann aber kommen auch, besonders auf dem Südabhange, Wälder; in den Thälern sieht man ausgezeichnete Wiesen, welche sich auch auf den freien Abhängen der höhern Region dieses Gebirges befinden. Auf jedem Schritte findet man eine neue Pflanzenspecies und fast mit jedem Schusse erlegt man einen bisher nicht

gesehenen Vogel. Von allen diesen Schätzen konnten wir jedoch
nur sehr wenig einsammeln, da unsere Reisekumpanen aus Furcht
vor den Dunganen, welche ihrer Phantasie stets vorgeschwebt
haben, zur Eile antrieben. Um das Maß des Unglücks voll
zu machen, regnete es alle Tage; eine Folge hiervon war, daß
die gesammelten Pflanzen nicht getrocknet werden konnten und
verdarben. Unter dem Einflusse der Feuchtigkeit bedeckten sich
die Gewehre und eisernen Gegenstände mit dickem Roste.

Als die Karawane den Höhepunkt des Gebirges überschritten
hatte, dessen Südabhang nur etwas steiler als der Nordabhang
ist, wurde beschlossen, das Nachtlager aufzuschlagen. Bei dieser
Gelegenheit ereignete sich wiederum eine komische Scene. Unsere
Kasaken, welche vor Abend ausgegangen waren, um Holz zu
sammeln, bemerkten in einer nahen Schlucht Feuer und an dem=
selben Menschen. Es wurde dieses im Lager der Karawane
bekannt und sogleich gerieth alles in Bewegung. Da angenommen
wurde, daß jene Menschen Räuber sind, welche die Nacht ab=
warten, um uns zu überfallen, so beschlossen wir, ehe es finster
wird, zu ihnen zu gehen. Von den Leuten der Karawane
schlossen sich uns gegen acht Mann an, zu denen auch unser
Freund Randsemba gehörte. Als wir in der Schlucht an=
gelangt waren, begannen wir uns vorsichtig aus Feuer heran=
zuschleichen, doch die Menschen, welche an ihm saßen, ergriffen
die Flucht. Nun stürzten die Lamas mit Geschrei hinter den
Flüchtlingen her, doch erwies sich die Verfolgung im dichten
Gebüsche, da es schon dunkel geworden war und ein heftiger
Regen fiel, als unmöglich. Wir nahmen Alles mit, was wir
beim Feuer fanden. In einem eisernen Topfe, der am Feuer
stand, befand sich ein Gemisch verschiedener Eßwaaren, die wohl
zum Abendbrod bestimmt waren, und nicht weit vom Feuer lag
ein Sack mit verschiedenem Geräthe. Nach dem, was die
Patrouille gefunden, zu urtheilen, war die Zahl der Flüchtlinge
nicht groß. Da man aber annahm, daß die Entflohenen nicht
Räuber sein mögen, begann man auf Mongolisch, Chinesisch und
Tangutisch hinter ihnen zu rufen und sie aufzufordern, an ihr
Feuer zurückzukehren. Als Antwort hierauf fiel ein Schuß aus
dem dichten Gebüsche, welches die Abhänge bedeckte, und eine
Kugel pfiff bei uns vorbei. Für diese Frechheit wollten wir

den Schützen eine kleine Lection geben; wir ſendeten in wenigen
Secunden ein Dutzend Kugeln in die Gegend, aus welcher der
Schuß gekommen war und bald darauf begannen auch die Lamas
zu ſchießen, wobei Randſemba am thätigſten war. Lange nach
dieſem Vorfalle konnte er ſich über die Wirkung der europäiſchen
Hinterlader nicht beruhigen und im Bivouak antwortete er ſeinen
Gefährten auf alle ihre Fragen nur mit dem Ausrufe der Verwunderung: „Ai, Lama, Lama! Ai, Lama, Lama, La!" was ſo
viel bedeutet, wie unſer: „Mein Gott! Mein Gott!" Während
dieſes Rufens geſtikulirte er mit den Händen und bekundete hierdurch ſeine unbegrenzte Verwunderung.

Man beſchloß, während der Nacht zu wachen; wir legten
uns ſchlafen, hielten aber unſere Waffen ſchußbereit unter dem
Kiſſen. Noch war ich nicht eingeſchlummert, da vernahm ich
dicht neben meinem Zelte die Detonation eines Schuſſes und
einen Schrei. Ich und meine ruſſiſchen Gefährten ergriffen ſogleich die Büchſen und Revolver, liefen auf die Stelle zu, wo
der Schuß gefallen und wir erfuhren von dem dort ſtehenden
Lama, daß er nur geſchoſſen habe, um den Räubern zu zeigen,
daß man wacht. Dieſe Sicherheitsmaßregel ſoll auch in der
chineſiſchen Armee, wenigſtens in der Miliz, im Gebrauch ſein,
wie ich mich ſpäter in Tſcheibſen überzeugte.

Am Morgen des folgenden Tages klärte ſich die ganze
nächtliche Scene auf. Kaum hatte der Morgen zu grauen begonnen, da kamen auch zwei tunganiſche Jäger ins Bivouak der
Karawane, erklärten, daß ſie es ſind, welche am Abende in der
Schlucht am Feuer geſeſſen und von dort entflohen ſind, als ſie
die Patrouille bemerkt hatten und baten, daß man ihnen die
weggenommenen Sachen zurückgebe. Außer ihnen waren noch
zwei andere Jäger da geweſen, von denen einer den Schuß ab-
gefeuert hat. Was nach den, von der Patrouille abgegebenen
Schüſſen aus ihm geworden, wo er geblieben iſt, wußten beide
nicht anzugeben. Sie hatten aber die Flucht ergriffen, weil ſie
uns für Dunganen hielten. Die an die habſüchtigen Lamas
gerichtete Bitte um Rückgabe des Sackes mit den elenden
Kleidungsſtücken wurde nicht nur nicht erhört, ſondern die Bittenden
bekamen noch eine Tracht Prügel, — weil es einer ihrer Gefährten gewagt hatte, auf die Patrouille zu ſchießen.

Kaum hatte sich die Karawane in Bewegung gesetzt, um weiter zu reisen, da traf sie auch, und zwar das erste Mal, auf ein Lager nomadisirender Tanguten; schon von Weitem sah man ihre schwarzen „Schatren" (Zigeunerzelte) und langhaarigen Yaks (Bos grunniers), welche die Mongolen „Sarloki" nennen. Wenn man von hier aus noch einige Rücken überschreitet, gelangt man an den Tetung-gol, an dessen Ufer das tangutische Kloster Tschertynton liegt. Dieses Kloster verdankt es seiner unzugänglichen Lage, daß es von den Dunganen nicht zerstört worden ist. In seiner Nachbarschaft hat sich eine ziemlich dichte tangutische Bevölkerung angesammelt. Ich werde im folgenden Kapitel eingehend über die Tanguten sprechen, hier bemerke ich nur, daß es ein Menschenschlag ist, der durch sein Aeußeres, wie durch seine Lebensweise eine Aehnlichkeit mit unsern Zigeunern verrathet; vielleicht sind beide, Tanguten wie Zigeuner, näher mit einander verwandt, als man es ahnt, und möchte eine genauere Kenntniß der ersten, die Abstammung und theilweise auch die Geschichte der zweiten aufklären.

Der Fluß Tetung=gol hat in der Gegend des Klosters Tschertynton eine Breite von vierundzwanzig Meter, und sein Wasser schießt schnell in seinem mit Steinen verschiedener Größe besäten Bette dahin. Stellenweise und zwar da, wo ihn ungeheure, überhängende Felswände einengen, verändert dieser reißende Fluß nach Belieben seinen Lauf und schießt mit großem Geräusch zwischen Gestein dahin. Wo die Berge ihn etwas weniger einengen, bildet der Tetung=gol malerische Thäler, und gerade in einem solchen Thale befindet sich unter ungeheuren Felsen das Kloster Tschertynton.

Der Abt des Klosters, der Higen, erschien mir als ein sehr wißbegieriger Mann. Als er von unserer Ankunft Nachricht erhielt, ließ er uns sogleich zu sich einladen, um mit uns Thee zu trinken und unsere nähere Bekanntschaft zu machen. Ich schenkte ihm, wie es ja die asiatische Sitte verlangt, ein Stereoskop mit diversen Ansichten und Bildern, welches dem Heiligen (trotz der sehr profanen Ansichten), sehr großes Vergnügen machte. Eine Folge hiervon war, daß wir uns gegenseitig vom ersten Augenblicke mit vieler Freundschaft entgegenkamen. Leider gehörte dieser Higen dem Tangutenstamme an, und verstand nicht die mongolische Sprache; es mußte also ein Dolmetscher herbeigerufen werden, der beide Sprachen redete. Nun gings, wenn auch herzlich langsam; denn wir sprachen mit unsern Kasaken, der als Burjat mongolisch sprach, russisch, dieser übersetzte das Gesagte ins Mongolische und nun erst übersetzte der herbeigerufene Linguist das ihm Mitgetheilte ins Tangutische. Die Gedanken des Higen wurden uns in umgekehrter Reihenfolge mitgetheilt. Der Higen von Tschertynton war auch Künstler und zwar Maler, denn während eines spätern Besuchs gab er mir ein Bild, auf welchem unsere erste Zusammenkunft dargestellt war.

Der Tetung-gol hat sich sein Thal sehr tief ins Bergmassiv von Gan-su eingeschnitten, so daß sich das Kloster Tschertynton nur auf 2400 Meter über die Meeresfläche erhebt. Dieses war aber auch der niedrigste Ort, den wir in der ganzen Gebirgsregion von Gan-su gefunden haben; es liegt aber in der Natur der Sache, daß das hier besprochene Thal weiter östlich, gegen den Chuan-che zu sich noch bedeutend erniedrigt.

Man kann nur durch die Furth des Tetung-gol von einem Ufer ans andere gelangen, wenn sein Wasserstand ein niedriger ist; aber auch dann ist der Uebergang wegen der Schnelligkeit, mit welcher das Wasser dahinfließt, beschwerlich. Um den Pilgern das Kommen zu erleichtern, hat man gegen drei Kilometer oberhalb des Klosters Tschertynton eine Brücke erbaut, an deren beiden Enden Thore errichtet sind. Diese Thore sind so eng, daß bepackte Kameele nicht hindurch können, in Folge dessen diesen immer, wenn sie die Brücke passiren sollen, das Gepäck abgenommen werden muß. Sie werden dann über die Brücke geführt, die Lasten ihnen nachgetragen und am andern Ufer werden sie wieder beladen. Da kurz vor dem Uebergange über diese Brücke der Kasak Tschabajew erkrankt war, schlugen wir auch gleich nach ihrer Ueberschreitung unser Zelt auf und verweilten fünf Tage in der Nähe des Flusses. Die mongolischen Pilger wollten oder konnten sich so lange nicht auf einer Stelle aufhalten und deßhalb zogen sie ohne uns ihres Weges nach dem Kloster Tscheibsen, welches nur gegen 70 Kilometer von hier entfernt ist.

Unser unfreiwilliger Aufenthalt am Ufer des Tetung-gol kam uns in wissenschaftlicher Beziehung sehr gelegen, denn nun

konnten wir unbehindert Ausflüge in die nahen Gebirge machen
und uns etwas mit der Flora und Fauna der Gegend bekannt
machen. Der Reichthum beider bewog mich zu dem Entschlusse,
vom Kloster Tscheibsen aus nochmals hierher zurückzukehren, um
den ganzen Sommer dem Studium der Gebirge der Gegend des
Klosters Tschertynton zu widmen.

Nach den Angaben der Pilger, mit denen wir in die Gegend
gekommen waren, so wie auch der Bewohner der Gegend, ist es
unmöglich mit Kameelen den Gebirgsrücken, welcher sich am
rechten (südlichen) Ufer des Tetung-gol hinzieht, zu überschreiten;
dieses hat sich später als falsch bewiesen, da der Uebergang, wenn
auch sehr beschwerlich, so doch möglich ist. Die falschen Angaben
bewogen mich, meine Kameele auf den Weiden in der Nähe des
Klosters Tschertynton zu lassen, bei den Chinesen Esel und Maulthiere zu miethen, um auf diesen unser Gepäck nach Kloster Tscheibsen
schaffen zu lassen. Auch die Pilger, mit welchen wir Reisenden nach
Tschertynton gekommen waren, ließen ihre Kameele dort unter der
Obhut der Buddhaistischen Mönche (Lamas) zurück, und reisten auf
gemietheten Lastthieren weiter. Für die gemietheten Lastthiere mußte
ich 17 Lan Silber bezahlen. Am 1. Juli 1872 machte ich mich
auf den Weg, indem ich stromanswärts dem Nebenflusse des
Tetung-gol, dem R a n g ch m a - g o l, folgte. Ein schmaler Fußsteig führt hier durch eine Schlucht, in welcher Tanguten, theils
in ihren schwarzen Zelten, theils aber auch in hölzernen Häuschen,
wohnen. Die Berge der Umgend sind dicht mit Wald bewachsen,
welches in den höheren Regionen durch eben so dichtes Gebüsch
vertreten ist. Ueberall erheben sich steile Felsen von riesigem
Umfange, welche die engen Seitenschluchten versperren. Die
Abhänge der Berge sind hier im Allgemeinen sehr steil. Nahe
am Rücken des Gebirges schlängelt sich der Fußsteig in verschiedenen Windungen über eine fast senkrechte Felsenwand;
beladenen Thieren ist es sehr schwer diese Wand zu überschreiten.
Die Mühen des Uebergangs werden aber reichlich belohnt durch
den Anblick, welcher sich vom Rücken des Gebirges aus darbietet. Am Fuße des Gebirges breitet sich nämlich eine hügelige
Ebene aus, über welcher sich häufig ein dichter, hin- und wieder
zerrissener Wolkenschleier erhebt, während das Himmelszelt im
tiefsten Lazur über seinem zackigen Rücken prangt.

Der Südabhang dieses Gebirgsrückens ist übrigens steiler als der Nordabhang, denn während die Entfernung vom Tetung-gol bis zum Scheitel 34 Kilometer beträgt, beträgt sie in der Südrichtung vom Scheitel bis zum Fuße des Gebirges nur 9 Kilometer. Nun gelangt man in eine hügelige, ja theilweise gebirgige Gegend, die bis an die Stadt Sining reicht, hinter welcher wiederum große Bergmassive, die theilweise mit ewigem Schnee bedeckt sind, emporragen. Diese ganze Gegend ist dicht bevölkert und ausgezeichnet kultivirt; die Bewohner sind Chinesen, Tanguten und Dallden. Hier befinden sich auch die Städte: Nim-bi und U-jam-bu und weiter gegen Westen: Sining, Donkür und Sen-Guan. Sowohl Sinin als Sen-Guan befanden sich während unserer Reise in der Gewalt der muhamedanischen Insurgenten.

Von den drei soeben bezeichneten Volksstämmen, welche diesen Theil der Provinz Gan-su bewohnen, sind wohl die Dallden der am Wenigsten bekannte und deßhalb dürfte eine kleine Skizze desselben hier erwünscht sein. Hier ist noch zu bemerken, daß diese Provinz im Norden mit der Mongolei, im Osten mit dem Gouvernement Schen-si, im Süden mit Sy-tschuanjü und Kuku-nor grenzt. Im Westen reichte Gan-su bis zum Aufstande der Dunganen sehr weit bis an die Bezirke Barkül und Urumzi des östlichen Tjan-schan. Von den Tanguten wird im folgenden Kapitel die Rede sein. Die Chinesen in Gan-su unterscheiden sich von den übrigen Chinesen nicht. Mongolen trifft man nur an dem obern Tetung und da, wo sie in administrativer Beziehung zu Kuku-nor gehören.

In der Gegend von Nim-bi, U-jam-bu, Sining und des Klosters Tscheibsen, besonders aber bei dem letztern, bilden die Dallden mehr als die Hälfte der Einwohnerzahl. Ihrem Aeußern nach sind sie den Mongolen ähnlicher, als den Chinesen, obgleich sie, wie die letztern, ansässig leben, wie diese Fansen haben und sich mit Ackerbau, aber nicht mit Viehzucht, beschäftigen. Das Gesicht der Dallden ist platt und rund, mit hervorstehenden Backenknochen. Sie haben schwarze Augen und Haare einen Mund mittlerer Größe, doch kommen auch oft recht weit aufgeschlitzte vor, und der Körper ist ziemlich kräftig gebaut. Die Männer rasiren Bart und Kopf und es scheint, daß, im

Gegenſatze zu den Mongolen und Chineſen, den Dallben das
Barthaar ſehr ſtark wächſt; doch laſſen ſie hinten einen Schopf
ſtehen, aus dem ſie, wie die Chineſen, eine Flechte machen. Die
jungen Weiber flechten alle ihre Haare am Hinterhaupte zu-
ſammen und tragen eine Art Hut aus Baumwollenſtoff, von
quadratiſcher Form und ungeheurem Umfange. Aeltere Frauen
tragen keinen ſolchen Kopfputz, ſcheiteln aber ihr Haar und
machen aus ihm einen ſtarken Zopf. Die Kleidung der Männer
wie der Weiber iſt der Kleidung der Chineſen und Chineſinnen
ähnlich, mit denen vermiſcht die Dallben leben.

Da ich mit dieſem Volksſtamme nicht in Berührung gekommen bin, es auch nicht verſuchen durfte mit ihm in Berührung
zu kommen, wenn ich nicht Verdacht erregen wollte, mußte ich
mich mit dem begnügen, was mir von den Mongolen über denſelben mitgetheilt wurde, und dieſe ſagten, daß es ſchlechte Men-
ſchen-ſind, die dabei wenig Verſtand haben. Das Glaubens-
bekenntniß der Dallben iſt der Buddhaismus und ihre Sprache
ſoll derzeit ein Gemiſch chineſiſcher, mongoliſcher und ihnen
eigenthümlicher Worte ſein. Intereſſante Bemerkungen, welche
aus chineſiſchen Quellen kommen, theilt unſer Pekinger Sinologe,
Archimandrit Palladi, in den Mittheilungen der Kaiſ. ruſſ.
Geogr. Geſellſchaft für 1873, N. 9, S. 305 über den Stamm
der Dallben, wie über andere Gan-ſu bewohnende Stämme mit.

Am Nordrande der oben erwähnten hügeligen Gegend liegt
das Kloſter Tſcheibſen, welches für uns der Ausgangspunkt
aller in der Provinz Gan-ſu angeſtellten Forſchungen wurde.
Dieſes Kloſter liegt ſechszig Kilometer nordnordöſtlich von Sinin,
unterm 37⁰ 3' nörd. Breite und 70⁰ 38' öſtl. Länge von Pul-
kowo in einer abſoluten Höhe von 2810 Met. Das Kloſter
beſteht aus dem Haupttempel, welcher von einer Lehmmauer
umgeben iſt, und einigen kleinern Gebäuden, neben welchen gegen
hundert Fanſen ſtehen. Sie waren alle ungefähr drei Jahre
vor unſerer Ankunft von den Dunganen zerſtört worden; nur
der Haupttempel, den die Lehmmauer gegen die Angriffe der
ſchlecht bewaffneten Banden geſchützt hat, war erhalten.

Dieſer Tempel iſt aus Ziegeln erbaut und hat eine quadra-
tiſche Form, welche allen Buddhatempeln eigenthümlich iſt. Die
Seitenwände ſind genau den Himmelsgegenden zugewendet und

den Eingang bilden drei in der gegen Süd gelegenen Wand
angebrachte Thüren. Vor diesem Eingange befindet sich eine
aus Steinen erbaute Estrade, zu welcher einige Stufen hinauf
führen. Das Dach hat die gewöhnliche Form, d. h. es ist nach
zwei Seiten abschüssig. Es ist mit vergoldetem Kupferblech
gedeckt und hat an den Ecken Verzierungen, welche phantastische
Drachen vorstellen.

In der Mitte des Tempels befindet sich die Bildsäule des
Hauptgottes, des S ch a k j a m u n i oder Buddha; sie ist aus
vergoldetem Kupfer und stellt einen ruhig sitzenden Menschen dar.
Ihre Höhe beträgt sechs Meter. Vor diesem Gottesbilde brennt
beständig die symbolische ewige Lampe, stehen verschiedene Gefäße
mit geweihtem Wasser, Branntwein, Reis und Gerstenmehl.
Rechts und links von diesem Hauptgotte befinden sich die großen
Bildsäulen eines Hilfsgottes, vor denen ebenfalls Gefäße mit
Speisen und Getränken stehen, jedoch keine ewige Lampe brennt.

An den übrigen drei Wänden befinden sich in Spinden
Tausende kleiner kupferner Götter von 30 bis 60 Centimeter
Höhe in den verschiedensten oft sehr cynischen Positionen. Alle
Bildsäulen dieser himmlischen Bevölkerung wurden auf Bestellung
des Dschandschy-Higen in Dolon-Noor angefertigt und von dort
nach Ala-schan geschafft. Von hier aus erfolgte der Transport
ins Kloster auf Kosten des Fürsten von Ala-schan.

Der Hof, in welchem sich der soeben beschriebene Tempel
befindet, ist mit einer quadratischen Gallerie umgeben, welche sich
an die Hauptmauer anschließt. Die Seiten dieser Gallerie sind
gegen hundert Schritt lang und mit Bildern bemalt, welche die
Großthaten der Götter und Helden darstellen. Bei dieser
Schöpfung ließ die sinnlichste Phantasie ihre Zügel schießen.
Schlangen, Teufel und verschiedene Schreckgestalten sind unter
den verschiedensten Formen, in den verschiedensten Lagen und im
buntesten Gemische dargestellt.

Auf dem Geländer dieser Gallerie stehen, in einer Entfernung
von ungefähr zwei Meter von einander, eiserne Urnen, in welche
auf Papier geschriebene Gebete gelegt werden. Es sind dies
vollständige Betmaschinen, denn die innig Gläubigen begnügen
sich nicht mit dem bloßen Hersagen von Gebeten, sondern drehen,
wenn sie zur täglichen Andacht in den Tempel kommen, die

19*

Urnen, wodurch sie, nach ihrer Behauptung, Gott doppelt ver=
ehren und seine zwiefache Liebe erwerben.

Vor unserer Ankunft in Tscheibsen befanden sich in diesem
Kloster gegen dreihundert Lamas; während meiner Anwesenheit
daselbst zählte man ihrer nur hundert und fünfzig. Alle diese
Lamas unterhält der Dschandschy=Higen von seinen Einkünften
und von den reichen Opfern, welche die Gläubigen darbringen.

Ein Lama, zur Andacht gekleidet.

Für die letztern, welche während hoher Festtage von Weit und
Breit als Pilger herbeiströmen, wird eine Bewirthung bereitet,
welche aus Formthee und „Djamba" (Gerstenmehl, das geröstet
ist und aus einer in Gan=su wachsenden schalenlosen Gersten=
species gewonnen wird) besteht. Diese Djamba ist übrigens das
Universalgericht aller Tanguten und Mongolen in Gan=su und
Kuku=nor, und wird in der primitivsten Weise zubereitet, welche

für den Europäer ekelerregend ist. Es wird nämlich die Gerste
einfach geröstet, auf Handmühlen gemahlen, mit heißem Thee
gebrüht und mit Fett vermengt, gebraten. Diese Dsamba wird
nun zum Thee genossen und vertritt überhaupt die Stelle des
Brodes.

In der Nähe dieses Klosters und zwar gegen sieben Kilometer östlich von ihm befindet sich eine eben solche Lehmmauer
mit Thürmen, wie wir sie auf der Grenze von Gan-su gesehen
haben. Nach Angabe der Bewohner der Gegend zieht sich dieser
vom Zahne der Zeit sehr angegriffene Wall von Sining über
Tetung bis nach der Stadt Gan-tschschën.

Als wir nach Tscheibsen kamen, befanden sich außer den
Lamas auch noch gegen tausend Mann Milizsoldaten im Kloster,
welche theils Chinesen, theils auch Mongolen und Dallden waren.
Diese sollten das Kloster gegen die Dunganen, welche im Ganzen
gegen fünfzehn Kilometer von ihm hausen, schützen. Es erschienen auch thatsächlich alle Augenblicke kleine Banden Dunganen
in der Nähe des Klosters, um zu rauben und zu morden. Die
unberittenen, fast ausschließlich mit Piken bewaffneten Milizsoldaten konnten nichts gegen die berittenen Räuber unternehmen,
welche am hellen Tage dicht an den Mauern des Klosters raubten und mordeten.

Bei unserer Ankunft in Tscheibsen wurden wir von unsern
vorausgeeilten Reisegefährten herzlich empfangen und in einer
leeren Fansa untergebracht. Diese Fansa diente als Vorraths-
magazin und als Ruhestätte für diejenigen Götter, welche aus
irgend einem Grunde außer Dienst gesetzt wurden. Hier konnte
ich auch meine unterwegs angelegte Sammlung ganz bequem
unterbringen und trocknen; sie hatte in Folge der in den Gebirgen von Gan-su herrschenden Feuchtigkeit stark gelitten. Es
ist fast selbstverständlich, daß die nie gesehenen Fremdlinge während der ersten Tage von Neugierigen förmlich belagert waren.
Jeder wollte sie sehen, und die Neugierde war um so größer,
als ja die vor ihnen angekommenen Pilger Wunderdinge von
ihnen erzählt hatten. Daß uns diese Besuche im höchsten Grade
lästig waren, ist wohl als sehr natürlich vorauszusetzen. Kaum
erschienen wir vor unserer Fanse, so drängte sich auch ein dichter
Haufen Neugieriger herbei, welche auch dann nicht zurücktraten,

wenn einer ein nothwendiges Bedürfniß zu verrichten hatte. Unsere Sammlung war besonders Gegenstand der Bewunderung und verschiedener Vermuthungen. Einige sprachen sogar den Verdacht aus, daß die Pflanzen, Vögel und Felle der Thiere sehr schätzbare Gegenstände seien, deren Werth nur die Eingeborenen nicht kennen. Diese Verdächtigungen wurden jedoch theilweise dadurch verscheucht, daß mir die Reputation eines Arztes, welcher Medizin sammelt, vorausging.

Während einer ganzen Woche verblieben wir in Tscheibsen und bereiteten uns für den Ausflug ins Gebirge vor, wo ich den Rest des Sommers zubringen wollte. Vor allen Dingen kaufte ich für 110 Lan vier Maulthiere und miethete einen Mongolen, welcher die tangutische Sprache verstand.

Der Ankauf anderer Kleinigkeiten erwies sich als sehr schwierig, da in Folge der dunganischen Raubzüge der Handel fast gänzlich unterbrochen war. Dank der Vermittelung der Doniren, gelang es mir, das Nothwendigste anzukaufen, obgleich ich für jeden Gegenstand sehr theuer bezahlen mußte. In Tscheibsen fand ich übrigens wieder eine neue Geldrechnung, neues Maß und Gewicht. So wurde hier für einen Lan Silber durchschnittlich 6,500 Tschoch gegeben, doch rechnet man 50 Stück aufs Hundert. Die Gewichtseinheit ist der „Hin", von welchem man auch zwei Arten hat, der eine Hin enthält 16, der andere aber 24 Lan. Als Hohlmaß dient im Allgemeinen der „Du"; hier wird aber noch außerdem ein anderes (auch in China angewendetes) Maß, benutzt, — der Schin, welcher den zehnten Theil eines Du umfaßt, selbst aber ungefähr fünf Hin Dsamba oder Gerste ausmacht.

Wir ließen alle überflüssigen Gegenstände in Tscheibsen, luden die nothwendigen Sachen auf die Maulthiere und reisten am 10. Juli zurück ins Gebirge, das sich am mittleren Laufe des Tetung-gol in der Nähe des Klosters Tschertynton hinzieht.

Hier will ich die weitere Erzählung unterbrechen, um dem Leser eine allgemeine Charakteristik der Gebirge zu geben, welche sich in dem von mir erforschten Theile der Provinz Gan-su befinden, d. h. im Norden und Nordosten des Sees Kuku-nor liegen.

Der nicht breite Kessel des Alpensees ist von allen Seiten von Gebirgen umringt, welche unmittelbare Verlängerungen der massiven Rücken sind, die den nordöstlichen Winkel Tibets und die vom obern Laufe des gelben Flusses bewässerte Gegend anfüllen. Von hier, d. h. von dem obern Chuan-che aus, um- geben die Bergmassive in doppelten Ketten von Süden und Norden den See Kuku-nor und ziehen sich noch weit, nach den Aussagen der Bewohner der Umgend bis auf 500 Kilometer, gegen Westen, indem sie gleichsam eine Halbinsel bilden, die im Süden durch die Salzmoräste Tsaidams, im Norden durch die weiten Ebenen der Gobi scharf begrenzt wird. Gegen diese letzteren fallen die Gan-sugebirge schroff und steil ab, während hinter dieser schroffen Felsenwand eine Hochebene liegt, die sich durch Kuku-nor und Tsaidam an den Rücken des Burchan-Buddha hinzieht, der den Nordrand des noch höher liegenden tibetanischen Plateaus bildet.

Was die von mir durchforschten Gebirge betrifft, so sehen wir, daß sie drei unter einander parallele Rücken bilden. Einer von ihnen umsäumt die Hochebene von der Seite, von Ala-schan aus, während die beiden andern auf der Hochebene selbst auf- gethürmt sind und den größten Fluß der Gegend, den Tetung- gol begleiten. Je mehr sich diese Gebirgsrücken im Osten dem Chuan-che nähern, desto niedriger sollen sie auch — wie gesagt wird — werden; dafür aber erheben sie sich in der ent- gegengesetzten westlichen Richtung immer mehr, so daß sie endlich in der Quellengegend des Etzsyne-gol und Tollai-gol die Grenzen des ewigen Schnees erreichen. Der Etzsyne-gol, welcher den Tollai-gol aufnimmt, strömt in gerader Richtung nach Norden, bewässert anfänglich den kultivirten Boden bei den Städten Gan-Tschöu und Su-Tschöu, fließt dann in die Wüste und fällt in den See Sogo-nor. Es ist möglich, daß sich alle drei Gebirgsrücken in der Quellengegend der beiden Flüsse vereinen, oder auch eine neue Vereinigung bilden; jeden- falls aber werden die Gan-sugebirge westlich von den Quellen des Etzsyne-gol und Tollai-gol niedriger, kleiner und enden bald, vielleicht als kleine sichtbare Rücken, vielleicht aber auch verflacht, in der gemeinsamen Hochebene der Gobi.

Alle diese Gebirge sind den Chinesen unter dem einen Namen Nan-schan, oder Süe-schan bekannt. Sie haben für die einzelnen Rücken keine Bezeichnung. Um nun Irrthümer zu vermeiden, werde ich den Rücken, welcher sich am linken

Tetung-golufer hinzieht, den „nördlichen", den, der sich am rechten Ufer hinzieht, den „süblichen", die auf Ala-schan zu belegenen Gebirge aber den „Grenzrücken" nennen. Ich bezeichne die Gebirge nur so, um die Beschreibung derselben zu erleichtern, aber nicht, um ihnen diese Bezeichnungen für immer als Namen beizulegen.

Der nördliche und süblichee Rücken sind einander in vielfacher Beziehung ähnlich, besonders sind sie es in Bezug auf ihren wilden Alpencharakter. Die engen und tiefen Schluchten, die ungeheuren Felsen, die immer schroffen Abhänge, bilden den gemeinsamen topographischen Charakter beider Gebirgsrücken. Einzelne Kuppen, wie der Gadschur im nördlichen Rücken, erheben sich am mittleren Laufe des Tetung-gol bis zu einer Höhe von 4,420 Meter, erreichen jedoch nicht die Schneegrenze. Die Schneegebirge befinden sich, wie schon oben angedeutet, weiter gegen Westen und liegen in der Nähe der Städte Lan-Tschöu und Gan-Tschöu, sowie in der Quellengegend des Tetung-gol und Etzyne-gol. Außerdem sieht man einen Schneerücken hinter Sining. Weiter sieht man in dem übrigen gebirgigen Theile von Gan-su, westlich von Chuan-che, so wie auch im Bassin des Sees von Kuku-nor, keine mit ewigem Schnee bedeckte Berge.

Obgleich der Uebergang über die nördliche Gebirgskette weniger hoch und schwierig ist, als über die süblich von Tetung-gol sich hinziehende, so befinden sich doch in ersterem höhere Kuppen, als in letzterm. Eine dieser Kuppen, welche im Quellengebiete des Tetung-gol, nahe der Stadt Jü-nan-tschen liegt und Konkyr genannt wird, erreicht sogar die Schneegrenze. Die hohen Kuppen beider Gebirgsrücken werden von den Tanguten für heilig gehalten und „Amne", d. h. Urerzeuger genannt. Sie liegen theils am mittleren, theils am obern Laufe des Tetun-gol, doch werden im süblichen Rücken nur drei solcher Kuppen als Amne betrachtet und zwar der Tschaleb, Bsjagar und Gumbum-damar. Im nördlichen Rücken befinden sich folgende heilige Berge in der Richtung von West nach Ost: Mela, Konkyr, Namrki, Tschokar, Rargut, Rtachzy, Schorundsun, Marutn, Dschagyri und Senbu. Im nördlichen Rücken ist noch eine hohe Kuppe, der Gadschur, im südlichen der Sobi=sorok[um, doch werden diese aus einem unbekannten Grunde nicht für heilig gehalten.

Von Felsarten überwiegen in den Gebirgszügen von Gan=su: Lehm= und Chloritschiefer, Kalk, Felsit, Gneis, neben denen auch der Diorit häufig vorkommt. Der Mineralreichthum besteht in Steinkohlen und Gold, das sich, wie die Bewohner der Gegend sagen, fast in allen aus den Gebirgen stammenden Flüssen findet. Die Steinkohlenlager in der Nähe des Klosters Tschertynton werden von den Chinesen ausgebeutet.

In den Gebirgsgegenden von Han=su kommen häufig Erd= beben vor, und diese sollen, nach der Angabe der bortigen Be= wohner, oft so stark sein, daß selbst Fansen einstürzen. Wir haben selbst am 29. Juli um 10 Uhr Morgens im südlichen Rücken ein, wenn auch schwaches, Erdbeben beobachtet.

Das Klima der hier beschriebenen Gebirgsgegend von Gan=su charakterisiren vor allen Dingen sehr reichliche Feuchtigkeitsnieder= schläge, welche vorwiegend im Sommer, häufig aber auch im Herbste und Frühling fallen. Während des Winters aber ist, wie die Bewohner der Gegend sagen, größtentheils heiteres Wetter, sehr kalt, wenn der Wind weht, dagegen warm an windstillen Tagen. Im Sommer regnet es fast alle Tage und zwar nicht blos im Gebirge, sondern auch in Gegenden, welche bedeutend entfernt von ihm liegen. Wir beobachteten im Juli 22, im August 27, im September 23 Regentage. Von den 23 Tagen der Feuchtigkeitsniederschläge des Monats September kommen 12 auf Schneetage, denn seit dem 16. dieses Monats fiel schon beständig Schnee, nicht allein im Gebirge, sondern auch in den Thälern. Als Folge dieses Reichthums an Niederschlägen zeigt sich eine sehr große Anzahl von Gießbächen und Quellen, welche man in jeder Schlucht findet und die beständige Feuchtigkeit des Bodens.

Die mittlere Temperatur des Sommers ist ziemlich niedrig, was besonders auffällt, wenn man bedenkt, daß die beschriebenen Gegenden unter dem 38° nördlicher Breite liegen. In der Alpenregion wird das Gras sogar im Juli von Reif bedeckt und statt des Regens graupelt es. Im Laufe des August ist der Rücken der Gebirge häufig mit Schnee bedeckt, doch thaut er schnell unter dem Einflusse der Sonnenstrahlen; der im September gefallene Schnee thaut nicht mehr auf.

Wenn im Sommer die Sonne scheint, wärmt sie sehr stark; trotzdem herrscht keine übermäßige Hitze und die höchste von uns in einem tiefen Tetungthale beobachtete Temperatur betrug im Juli + 38,6° C. im Schatten. Der Wind ist im Allgemeinen schwach und ist die Hauptwindrichtung von Südost nach Nord-west; häufig herrscht jedoch vollkommene Windstille. Gewitter-stürme gab es am meisten im Juli und September; im Juli waren ihrer 14, im August nur 2, und im September 9, doch waren sie im Allgemeinen nicht stark und dauerten auch nicht lange. Die Gewitterstürme im September waren häufig mit Schneefall oder gar mit starken Schneewehen verbunden.

Die Flora der Gan-su-Gebirge ist, wie zu erwarten, sehr reich und verschiedenartig. Der Reichthum an Feuchtigkeit, der humusreiche Boden (nur die waldlosen Abhänge der Berge und die oberste Region derselben haben reinen Lehmboden), endlich die Verschiedenheit der physischen Bedingungen, von tiefen Thal-sohlen bis zur Schneegrenze, begünstigen die Entwickelung einer sehr verschiedenartigen Vegetation. An Wald, in dem Sinne, den wir mit dem Worte verknüpfen, ist jedoch nur der südliche Rücken reich, und auch dieser nur soweit es seinen Nordabhang betrifft. Auf dem nördlichen Gebirgsrücken aber findet man, besonders in der Nähe des Klosters Tschertynton, wenig Wald, doch sagt man, daß dieser Rücken weiter westlich sehr stark be-waldet sei. Es ist eine eigenthümliche Erscheinung, daß aus-schließlich die Nordabhänge der Gebirge und zwar nicht blos in den an Feuchtigkeitsniederschlägen armen Gebirgen der Mongolei, z. B. des Muni-ulla und des Ala-schauer Rückens, sondern auch in den an Feuchtigkeit reichen Gebirgen von Gan-su, dessen Klima ja überhaupt feucht ist, mit Waldungen bedeckt sind. Es scheint, daß auch hier die Bäume Schutz gegen die Sonne suchen, welche ohnedies in der beschriebenen Gegend nicht zu häufig während des Sommers durch die Wolken schaut.

Wie in allen Gebirgen wachsen auch in Gan-su die Wälder ausschließlich in den niederen Regionen, von der Sohle der tiefen Thäler an bis ungefähr gegen 3000 bis 3150 Meter. In dieser Region findet man an den Abhängen der Gebirge Gan-sus, besonders in den Schluchten, an den Ufern der reißen-den Bäche, eine so stark entwickelte und verschiedenartige Vege-

tation, wie man sie in den übrigen Gebirgen der Mongolei nicht
findet. Hohe, schlanke Bäume, dichte Sträucher, welche oft ein
undurchdringliches Geflecht bilden, verschiedenartige Blüthen, alles
dies erinnert an die reiche Waldvegetation des Amurgebietes.
In Gan = su ist aber der Reisende durch einen solchen Anblick
mehr erfreut, als dort, denn in diese Gegend gelangt er durch
die trostlose Wüste von Ala-schan.

Gleich beim ersten Schritte begegnet der Wanderer Bekannten
seiner Heimath und nie gesehenen Specien. Zu den letztern ge=
hört wohl vor allen Dingen die B i r k e (Betula Bojapattra?),
mit rother Rinde. Dieser Baum erreicht eine Höhe von 11 bis
12,5 Meter und einen Durchmesser von ⅓ bis ½ Meter, und
ist bei oberflächlichem Beschauen unserer Birke ganz ähnlich; doch
findet man bald zwischen beiden einen sehr wichtigen, in die
Augen springenden Unterschied, denn man bemerkt gleich, daß die
Rinde der hier besprochenen Species haufenweise am Stamme
hängt und nach und nach von ihm abfällt. Die Tanguten be=
nutzen die abgefallene dünne und weiche Rinde zum Einwickeln
verschiedener Gegenstände, statt Papiers. Dicht neben dieser
Unbekannten steht auch unsere alte Bekannte, die gewöhnliche
W e i ß b i r k e (Betula alba); beide bilden in der untersten Wald=
region die vorherrschenden Bäume.

Weiter begegnen wir der E s p e (Populus tremula?), einzeln
oder, wenn auch seltener, in größerer Gesellschaft; der K i e f e r
(Pinus Massoniana?) und F i c h t e (Abies obovata?), ebenfalls
theils vereinzelt, theils in größerer Anzahl neben einander. Die
a u s g e b r e i t e t e P a p p e l (Populus sp.) und eine W e i d e n =
s p e c i e s (Salix sp.), wachsen fast ausschließlich in Höhenthälern.
Unsere r o t h e E b e r e s c h e (Sorbus aucuparia) und neben ihr
eine andere S o r b u s - S p e c i e s, mit alabasterartigen Beeren,
erreichen zwar nur eine Höhe von vier Meter, sind aber eine
Zierde der Gegend und befinden sich häufig dicht neben einander.
Weiter begegnet man einer b a u m a r t i g e n W a c h h o l d e r =
s p e c i e s (Juniperus sp, [arborea?]), welche oft eine Höhe von
mehr als sechs Meter und einen Durchmesser von drei bis vier
Decimeter erreicht. Wenn wir die hier aufgeführten Baumspecien
hauptsächlich am Nordabhange der Gebirge finden, so begegnen
wir dem Riesenstrauche größtentheils auf den sonnigen Süd=

abhängen und er steigt hier bis in die Region der Alpen=
sträucher d. h. bis nahe zu 4000 Meter absoluter Höhe hinauf.
Tanguten wie Mongolen halten diesen Wachholder für heilig
und benutzen seine Zweige zum Räuchern während ihrer An=
dachten.

Die verschiedenen Sträucherspecien, welche in diesen Wäldern
wachsen, entwickeln sich, wie kaum anders vorauszusetzen ist,
vorzüglich freudig in den höheren Schluchten, an den Ufern der
Wildbäche. Hier findet der Reisende: den vier Meter hohen
Pfeifenstrauch (Philadelphus coronarius), der im Juni
dicht von wohlriechenden Blüthen bedeckt ist; zwei Specien Rosen
(Rosa sp.), eine mit weißen, die andere mit rosenrothen Blüthen;
zwei Specien Berberitz (Berberis sp.), deren eine Stacheln
von anderthalb Zoll Länge hat; den chinesischen Hollunder
[Flieder] (Sambucus chinensis); den Johannisbeer=
strauch (Ribes) bis zu einer Höhe von mehr als drei Meter
und einem dieser Höhe entsprechenden Umfange entwickelt, und
mit großen, gelblich weißen, sauren Beeren bedeckt; zwei Specien
Himbeeren und zwar Rubus pungens, mit ausgezeichneten,
rothgelben Beeren und Rubus Idaeus?, die sich von unserer
europäischen Species nicht unterscheidet, jedoch kaum die Höhe
von ²/₃ Meter erreicht. Sie findet sich übrigens nur auf freien
Abhängen und ausschließlich in der Region der Alpensträucher.
Außer diesen findet man auch noch acht oder neun Varietäten
von Geisblatt (Lonicera), von denen eine [wahrscheinlich eine
sehr nahe Verwandte der schwarzen Heckenkirsche —
Lonicera nigra, —] eßbare längliche blaue Beeren trägt.

Außer den soeben aufgezählten Arten findet man in den
Wäldern der Gan=su=Gebirge noch: die Spierstaude (Spiraea
sp.), die schwarze Gicht= oder Stinkbeere (Ribes [nigrum]),
eine Kirschenspecies (Prunus sp.), eine Species des
Spindelbaums (Evonymus sp.), den Seidelbast oder
Kellerhals (Daphne altaica?), eine Mispel (Cotoneaster
sp.), etwas selten auch die Hortensia (Hydrangea pubescens)
und die am Amur häufige Aralicee (Eleutherococcus senti-
cosus), deren Landsmännin, die Lespedeza nur bis zum
Muni=ulla vorkommt, die man aber weder in den Gebirgen von
Ala=schan, noch in denen von Gan=su findet. Ebenso findet man

auch hier nicht die Haselnuß, welche man im Muni-ulla und Ala-schaner Rücken in großem Ueberflusse antrifft.

Zu den in den Gebirgen Gan-su's vorkommenden Sträuchern sind noch hinzuzufügen: die häufig an den Ufern der Bäche vegetirende Strauchweide (Salix sp.), der bis drei Meter hohe Sandborn (Hippophaë rhamnoides), dessen faulende Stacheln das Gehen sehr erschweren, der Weißborn (Crataegus sp.), die gelbe Caragane (Caragana [wahrscheinlich die Colutea]), und das Fünffingerkraut oder die kurilische Theepflanze (Potentilla glabra). Die drei letztern findet man jedoch nur auf freien Abhängen der Gebirge.

Noch verschiedenartiger ist die Anzahl der Kräuter in den hier besprochenen Wäldern. Auf dem humusreichen Boden vegetirt massenhaft eine Species Erdbeere (Fragraria sp.), und wo er stark bemoost ist, bedeckt der schöne Moorkönig (Pedicularis sp. [wahrscheinlich Pedicularis Sceptrum]) kleine Flächen mit seinen rosenrothen Blüthen. In den Wäldern selbst und an kleinen Pfützen (an denen es in den Gebirgen Gan-su's nicht mangelt), sind ausgestreut: Pfingstrosen (Paeonia sp.), Ligularien (Ligularia sp.), Baldrian (Valeriana sp.), Wiesenraute (Thalictrum sp.), Storchschnabel (Geranium sp.), Adelei (Aquilegia sp.), Pyrole (Pyrola rotundifolia), Allermannsharnisch (Allium victorialis), Wiesenknopf (Sanguisorba officinalis), der japanische Krapp (Rubia javana?), Prenanthes sp., Pleurospermum sp., Waldreben (Clematis), welche an andern Sträuchern hinaufklettern, und Weidenröschen (Epilobium angustifolium), die sehr häufig in dichten Massen die Wiesen der Bergabhänge bedecken. Etwas später und zwar in der zweiten Hälfte des Sommers, blühen in diesen Wäldern: der Eisenhut (die Sturmhaube) (Aconitum und zwar Lycoctonum und volubile), der Rittersporn (Delphinium sp.), der Rainfarn oder Wurmkraut (Tanacetum sp.), die Wiesenplatterbse oder gelbe Vogelwicke (Orobus lathyroides), die Wucherblume (Pyrethrum sinense), der Alant (Inula Britanica), die Asafötida (Teufelsdreck) (Cimicifuga foetida [Ferula sp. Asa foetida]). Laubfarn wie das Engelsüß (Polypodium vulgare), die Mauerraute (Asplenium sp.) und Adiantum pedatum findet man in großen Mengen in diesen Wäldern.

Auf den freien Abhängen der Gebirge wachsen in der Waldregion: einige Specien Steinbrech (Saxifraga), die rothe Lilie (Lilium tenuifolium), die Natternzunge (Dracocephalum Ruyschiana), das Wiesenkreuzkraut (Senecio pratensis), eine Species Schullzea, eine Lauchspecies (Allium sp.), eine Species Enzian (Gentiana), und eine Species Günsel (Ajuga sp.). Im Frühlinge findet man in dieser Region in großer Menge: Schwertlilien (Iris sp.), während im Sommer folgende Pflanzen in voller Blüthe getroffen werden: die Aster (Aster tartaricus), der Sauerampfer (Rumex acetosa), der Knöterich (Polygonum polymorphum), die Primel (Primula sibirica), das Vergißmeinnicht (Myosotis sp.), das Durchwachs (Bupleurum sp.), eine Enzianspecies (Gentiana sp.), eine Species (Windblume) Teufelsbart (Anemona sp.), eine Beifußspecies (Artemisia sp.), eine Species Perlgras (Melica), Strandhafer (Sand-Haargras) (Elymus), eine Species Spodiopogon, Raygras (Lolium sp.), verschiedene Specien Hahnenfuß (Ranunculus), Oxytropis und Gänsefingerkraut (Potentilla).

Eine Species der letztern und zwar unser gewöhnlicher Gänsefuß (Potentilla anserina), welche in jener Gegend „Dschuma" genannt wird, liefert ein eßbares Würzelchen, nach welchem die Chinesen und Tanguten im Frühlinge und Herbste graben. Die ausgegrabenen Wurzeln werden gewaschen und getrocknet; später kocht man sie mit Wasser und genießt sie mit Oel oder Reis. Dem Geschmacke nach sind die Wurzeln des Gänseblümchens den Schnitzbohnen oder Nüssen ähnlich.

Der Taumellolch, eine Species Lolium, welchen man auch im Ala-schaner Gebirgsrücken findet, ist als giftiges Gras bekannt, das dem Vieh, besonders aber den Kameelen schädlich ist; von den Mongolen wird es „Choro-ubussu" genannt. Die Thiere der Gegend kennen die schädlichen Eigenschaften dieses Grases und hüten sich dasselbe zu genießen.

Die bemerkenswertheste Pflanze der Waldregion ist der Rhabarber (Rheum palmatum), von den Mongolen „Schara-

Der Rhabarber (wachſend). (Rheum palmatum.)

a. ein kleiner Seitenzweig mit reifen Saamen.

b. eine Blüthe.

moto", d. h. gelbes Holz, von den Tanguten „Dschumtsa"
genannt.

Eine etwas eingehendere Beschreibung dieser Pflanze dürfte
um so eher hier am Platze sein, als bis jetzt kein Europäer sie
in ihrem Vaterlande beobachtet hat.

Der Rhabarber hat an der Wurzel drei bis vier große,
dunkelgrüne, lappig gespaltene Blätter. (Das größte von uns
gefundene Blatt war 63 Centimeter lang und 1 Meter breit).

Der handblättrige, medizinische Rhabarber. (Rheum palmatum.)

Zwischen diesen Blättern erhebt sich der Blüthenstiel bis zu einer
Höhe von 2,20 bis 3,16 Meter; seine Dicke beträgt bis 4
Centimeter. Ein Exemplar von diesen Dimensionen ist schon
ganz entwickelt. Ganz alte Pflanzen haben manchmal zehn, ja
noch mehr Blätter, doch haben sie in diesem Falle immer einige
Blüthenstiele, so daß auf jeden der letztern immer nur drei oder
vier Blätter kommen. Der Blattstiel hat im Querdurchschnitte
eine ovale Form und ist nahezu fingerdick. Manchmal beträgt

seine Länge bis 68 Centimeter. Unten ist er grünlich, oben
röthlich und ist ganz bedeckt mit rothen Strichelchen, welche 3
bis 5 Millimeter lang sind. Der Blüthenstiel treibt an seinen
Knoten kleine Blätter und die kleinen, weißen Blüthen befinden
sich an besonderen, vom Hauptstielchen abgezweigten Stielchen,
welche unter rechten Winkeln von jenem abstehen. Diese Blüthe
entwickelt sich ungefähr in $^2/_3$ der Höhe der Pflanze.

Was die Wurzel betrifft, so ist sie länglich und treibt eine
Menge langer, dünner Würzelchen, deren Zahl sich bei allen
Exemplaren auf 25 beläuft. Die größten dieser Würzelchen
haben da, wo sie an der Hauptwurzel ansitzen, eine Dicke von
4 Centimeter, bei einer Länge von 55 Centimeter. Doch hängt
natürlich die Entwickelung dieser Seitenwurzeln vom Alter der
Pflanzen ab. Die Wurzel einer vollständig entwickelten Pflanze
hat eine Länge von 32 Centimeter (ausnahmsweise finden sich
jedoch auch größere) und ist mit einer braunen, rauhen Haut
bedeckt, welche, wenn man die Wurzel trocknet, abgeschält wird.

Die Hauptzeit der Blüthe des Rhabarbers ist Ende Juni
und Anfang Juli. Ausnahmsweise findet man jedoch auch
Exemplare, die etwas früher oder später blühen. Die Saamen
werden in der zweiten Hälfe des August reif.

Wie die Bewohner der Gegend behaupten, ist die Rhabarberwurzel nur dann als Medizin verwendbar, wenn sie im Frühling oder Herbst ausgegraben worden, im Sommer, während der
Blüthe soll sie schwammig sein, was sich an den von uns während
der Blüthe ausgegrabenen Exemplaren nicht bestätigt hat. Die
Haupternte der Rhabarberwurzel machen die Tanguten und theilweise auch die Chinesen im September und October. Seit Beginn des dunganischen Aufstandes hat diese Beschäftigung bedeutend abgenommen, ja in manchen Gegenden sogar gänzlich
aufgehört. Vordem wurde das Rhabarbersammeln so emsig
betrieben, daß nur ein steiler, unzugänglicher Standort eine
Pflanze vor der Hand des Menschen schützte, sonst wäre sie
vielleicht vollständig ausgerottet worden. In den Bergen in der
Nähe des Klosters Tschertynton findet man übrigens nur sehr
selten ein Rhabarberexemplar; doch soll diese Pflanze weiter
westlich, im Quellgebiete des Tetung-gol und Eßzyn-gol sehr
häufig sein. Dort wurde auch früher die Hauptmasse Rhabarber,

welche in den Handel gekommen, gesammelt und nach Sining
gebracht, das auch jetzt noch der Mittelpunkt des Rhabarber-
handels ist. Als ich in Tjan-dsin war, zahlte man in Sining
ein Lan Silber fürs Hin Rhabarberwurzeln (d. h. 84 Pfennige
für ein Hin). In derselben Periode wurde das Hundert Hin
mit 60 bis 90 Rubel bezahlt; bei uns kostet das Pfund gewöhnlich 3 bis 5 Rubel.

Aus Sining wird die Wurzel zur Winterszeit auf Lastthieren,
während des Sommers per Kahn auf dem Chuan-che nach Peking,
Tjan-dsin und andern chinesischen Häfen geschafft und an Europäer verkauft. Hier ist der Preis schon ein sechs- bis zehnfacher
im Vergleiche mit dem Einkaufspreise in Sining. In früheren
Jahren ging die Hauptmasse Rhabarber aus Sining nach Kiachta;
seit Beginn der dunganischen Revolte konnte dieser Weg nicht
mehr benutzt werden; es dürfte jedoch nicht schwer sein, jetzt
[wo doch diese Revolte schon im Blute der Empörer erstickt ist],
ihn wieder in Aufnahme zu bringen; man brauchte nur einmal
eine Karawane von Kiachta nach Sining oder wenigstens nach
Nin-sja zu senden, um Rhabarber zu kaufen. Zum Schutze einer
solchen Karawane würden natürlich zehn bis funfzehn gut bewaffnete Männer nothwendig sein.

Wenn die Rhabarberwurzel getrocknet werden soll, werden
vor allen Dingen die Seitenwurzeln abgeschnitten und dann wird
sie geschält. Hierauf wird der dicke Theil der Wurzel gespalten,
in kleine Stückchen geschnitten, auf Fäden gezogen und nun an
einen luftigen Ort, gewöhnlich unter das Dach einer Fanse, gehängt, wo sie trocknet. Diese Art des Trocknens soll durchaus
nothwendig sein, da die Wurzel, wie man sagt, wenn sie an
der Sonne getrocknet wird, verderbe. Die dickeren Seitenwurzeln
werden übrigens nicht weggeworfen, sondern wie die Hauptwurzel
behandelt und mit dieser verkauft.

Im Gan-su-Gebirge wächst der officinelle Rhabarber von
der Sohle der tiefen Schluchten und Thäler an bis an die
Grenze der Waldregion, also ungefähr bis über 3150 Meter
absoluter Höhe. Ausnahmsweise findet man ihn zwar auch noch
in höheren Lagen, doch sucht er immer eine Schlucht mit feuchtem
humusreichen Boden; er ist auch fast ausschließlich nur an den
Nordabhängen der Schluchten zu finden. Höchst selten findet

man den Rhabarber an den Südabhängen der Thäler und
Schluchten und noch seltener auf baumlosen Stellen.

In den von mir besuchten Gegenden cultiviren die Tanguten den Rhabarber in ihren Gärten in der Nähe der Wohnungen und bedienen sich hierzu entweder des Samens, oder
auch des Verpflanzens junger, im Walde gefundener Exemplare.
Den Samen kann man im Herbste oder im Anfange des Frühlings säen; es ist jedoch Bedingung, daß man ihn auf feinen,
reinen, gut bearbeiteten also lockern und dabei feuchten Humusboden sät. Nach den Angaben der Tanguten erreicht die Wurzel
schon im dritten Jahre den Umfang einer Faust; ganz aus-
gewachsen ist sie jedoch erst im achten oder zehnten Jahr, ja
sogar noch später. Im Allgemeinen bauen die Tanguten jedoch
wenig Rhabarber, nur für den eigenen Bedarf, denn die Wurzel
dieser Pflanzen verwenden sie nicht nur als Medizin für sich,
sondern auch für ihr Vieh. Ob die Cultur des Rhabarbers in
andern Gegenden der Provinz Gan-su in größerem Maßstabe
betrieben wird, weiß ich nicht; die Bewohner der Gegenden,
welche ich bereiste, versichern, daß nirgends viel gebaut wird, und
diese Erscheinung läßt sich durch die Masse wilden Rhabarbers,
der hier wächst, erklären.

Die eingehende Untersuchung der physischen Bedingungen,
unter denen der Rhabarber in wildem Zustande gedeiht, drängt
mich zu der Ueberzeugung, daß die Cultur dieser Pflanze in
vielen Gegenden des russischen Reiches, wie z. B. im Amur-
gebiete, im Baikalgebirge, auf dem Ural und Kaukasus möglich
ist. Um Proben anzustellen, habe ich eine Menge Samen
mitgebracht, welchen ich dem kaiserlichen botanischen Garten gegeben habe.

Außer in den gegen Norden vom See Kuku-nor sich hin-
ziehenden Gebirgsketten findet man den Rhabarber auch, wie die
Eingeborenen sagen, in den Gebirgen, welche sich im Süden
dieses Sees hinziehen, ja sogar in den mit Schnee bedeckten
Rücken südlich von Sining und in der Ograi-ula-Kette, in
der Nähe der Quellen des gelben Flusses. Ob sich die hier
besprochene Pflanze auch in der gebirgigen Gegend der Provinz
Sy-tschan findet, konnte ich nicht mit Bestimmtheit erfahren; in
den walblosen Gebirgen Nordtibets ist der officinelle Rhabarber

nicht zu finden. Nach den von mir gesammelten Nachrichten über die Verbreitung dieser Pflanze ist sie auf die Alpengegend des Sees Kuku-nor und auf die Quellengegend des gelben Flusses beschränkt.

Außer dem officinellen Rhabarber findet man in den Gebirgen von Gan-su noch eine Species, und zwar den ährenförmigen Rhabarber (Rheum spiciforme). Er wächst ausschließlich in der Alpenregion, hat dünne, verzweigte Wurzeln, die oft eine Länge von 1,30 Meter erreichen und für die Medizin nicht geeignet sind. (Die Tanguten nennen diese Species „Sart-schüm", die Mongolen „Kurma-schara-moto".) Diese Species findet man auch im Himalaja und in Tau-Schan; ihre dürren Blätter habe ich während des Winters sehr häufig in den Wüsten Nordtibets gefunden.

Die Waldregion steigt in den Gebirgen von Gan-su, wie schon mitgetheilt, bis über 3000 Meter empor; weiter hinauf wird sie durch die Region der Alpensträucher und Alpenwiesen ersetzt. Hier findet man, außer dem baumähnlichen Wachholder, welcher bis zu einer Höhe von 4000 Meter hinaufsteigt, keinen hohen Baum mehr, aber dafür zeigt sich eine dicht gedrängt stehende Masse von Sträuchern, unter denen die Alpenrosen (Rhododendron) überwiegen. Von dieser letztern habe ich vier Specien in den Gebirgen Gan-sus gefunden, welche der Botaniker Maximowitsch für neue, bisher unbekannte, erklärt hat. Besonders ausgezeichnet ist eine Species, welche als mächtiger Strauch bis zu einer Höhe von mehr als 4000 Meter emporsteigt, große, dicht behaarte, im Winter nicht abfallende Blätter und weiße angenehm riechende Blüthen hat. Der Menge nach herrscht diese Rhododendronspecies vor und überragt in dieser Beziehung die andern Rhododendronspecien, steigt auch ziemlich tief aus der Alpenregion in die Waldregion hinab.

Außer den verschiedenen Specien von Rhododendron sind noch folgende Sträucher charakteristische Pflanzen der Alpenregion: die Buschakazie (Caragana jubata), dieselbe, welche im Ala-schaner Gebirgsrücken vegetirt, das gelbe Gänsefüßchen (Potentilla tenuifolia), die Spierstaude (Spirea sp., Spirea altaica) und ein Weidenstrauch (Salix sp.). Der Boden unter diesen Sträuchern ist von einer dichten Decke Ast-

moos (Hypnum sp.) bedeckt, das überhaupt schon im obern
Theile der Waldregion zu überwiegen beginnt. Auch in der
Alpenregion kann man beobachten, daß die Sträucher am besten
auf den dem Norden zugewendeten Abhängen gedeihen.

Die Alpenwiesen bilden theils kleine Flächen in Mitte der
Sträucher, theils aber bedecken sie in zusammenhängender Masse
die höheren Abhänge; sie sind von einer so reichen Flora bedeckt,
daß es unmöglich ist, sie in einer gedrängten Skizze zu charakterisiren und dieses um so mehr, als man unter den Pflanzen
der Gebirge von Gan = su ganz neue Specien findet. Charakteristische Pflanzen dieser Wiesen sind: verschiedene Mohnspecien
(Papaver), Läusekraut (Pedicularis), Rittersporn (Delphinium), Steinbrech (Saxifraga), Enzian (Gentiana),
Fünffingerkraut (Potentilla), Lauch (Allium), die sibirische Aster (Aster sibiricus), eine Species Erigeron,
die grasblättrige Saussurea, das Leontopodium
alpinum, eine Species Antennaria, eine Species Knöterich (Polygonum), eine Kugel-Ranunkel (Trollius),
eine Leberblume (Parnassia sp.), ein Mannsschild
(Androsace sp.). Auf und zwischen den Felsen wuchern verschiedene Specien von Primeln (Primula), Hungerblumen
(Draba), Hohlwurz (Corydalis), Milzblumen (Chry-
sosplenium), Fettpflanzen (Sedum sp.), Isopyrum sp.,
Sandkräuter (Arenaria sp.), und auf Steingerölle Eisenhut (Aconitum sp.), eine Ligularien-Species, eine Saussurea obvollata u. A.

Alle diese Pflanzen, wie die Sträucher der Alpenregion,
prangen in der zweiten Hälfte des Juni in voller Blüthe, so daß
die Gebirgsabhänge in dieser Zeit vollständig entweder von den
hellgelben Blüthen des Fünffingerkrauts, oder von den weißen,
rothen und blauen Blüthen der Rhododendrone und stachligen
Caragana bedeckt sind. Zwischen diesen Herrschern bemerkt man
vereinzelt oder in nicht großen Gruppen die blendenden Blüthen
anderer Pflanzen. Jedoch nicht lange währt hier die Herrlich-
keit dieser Blüthenpracht! Schon in den ersten Tagen des Juli
verblühen die Rhododendren und Caraganen und in den ersten
Tagen des August werden die Morgenfröste schon so fühlbar, daß eine
krautartige Pflanze nach der andern ihnen erliegt und verschwindet.

Die Alpenwiesen sind prachtvoll bis zu einer Höhe von ungefähr 4000 Meter über dem Meere. Höher hinauf ist die Temperatur schon zu niedrig und die Herrschaft des Windes und Unwetters zu fühlbar, als daß sich die Alpenvegetation noch hinlänglich entwickeln könnte. Anfangs erscheint eine Pflanze, welche man weiter unter kräftig und bis zu einer Höhe von 0,75 bis 1 Meter entwickelt fand, als Zwerg, der wenige Centimeter hoch ist, — doch endlich verschwinden auch diese Zwerge. Moose, Flechten und hin und wider ein verstecktes Pflänzchen sind vereinzelt umhergestreut und bedecken das am Fuße der Felsen liegende Gerölle. Dieses Gerölle, das Product der Verwitterung und Zersetzung der Felsen, an deren Fuße es liegt, besteht Anfangs aus großen Stücken; doch je weiter nach unten, desto kleiner werden auch diese Steine, als ob sie von Menschenhand zerschlagen worden wären. Die alles vernichtende Kraft der Zeit erscheint dem Beschauer hier in der anschaulichsten Weise. Das härteste Gestein kann den Einflüssen der Atmosphäre nicht widerstehen, welche ein Theilchen nach dem andern vom Ganzen ablöst und nach und nach gigantische Felsen zerbröckelt.

Im Gerölle entstehen Quellen, welche ihren Lauf in die Schluchten und Thäler nehmen. In der Nähe seines Ursprunges hört man kaum das Geräusch dieses Wasserfädchens, das unter den Steinen aus dem Boden dringt und selten sichtbar ist. Doch schon etwas weiter ist aus fast unsichtbaren und unvernehmbaren Fädchen ein schmales Band geworden, das bald mit andern vereint, einen reißenden Bach bildet, der lärmend in Kaskaden dem felsigen Bette am Fuße des Gebirges zueilt.

Die Fauna der Gebirge von Gan-su zeichnet sich vor allen Dingen durch Reichthum an Vögeln aus; von Säugethieren fanden wir nur 18 Specien; von Amphibien und Fischen noch viel weniger. Ebenso giebt es in diesen Gebirgen auch wenig Insecten. Diese Armuth an Insecten und der fast gänzliche Mangel an Amphibien läßt sich nur durch die ungünstigen Bedingungen des rauhen und unbeständigen Gebirgsklimas erklären. In den Gebirgen, von denen wir hier sprechen, sind größere Säugethiere eine Seltenheit, weil sie von tangutischen Jägern stark verfolgt werden. Da außerdem die Bevölkerung in diesen Gebirgen sehr groß ist, so haben auch größere Thiere

nicht die nöthige Ruhe, um sich unbehindert zu vermehren.
Trotzdem wird die „Kabarga", das Moschusthier (Moschus
moschiferus?) sehr häufig getroffen. Von andern Wiederkäuern
leben im Gebirge von Gan-su der „Kuku-jeman" (die wilde
Ziege) (Ovis sp.), der Hirsch (Cervus sp.) und das Reh
(Cervus pygargus?). Diese letztere Species lebt im Muni-ula-
Gebirge, ist jedoch in den zwischen diesem Gebirge und den
Gebirgen von Gan-su gelegenen Gebirgen von Ala-schan gar
nicht zu treffen. Da es uns leider nicht gelungen ist, auch nur
ein Exemplar dieser Species zu erlegen, so wage ich es auch
nicht endgültig zu entscheiden, ob die von mir im Gan-su-Gebirge
bemerkten Individuen wirklich zur Species Cervus pygargus,
welche dem ganzen Nordosten Asiens eigenthümlich ist, gehören.

Von den hier lebenden Nagern verdienen einer besondern
Erwähnung: das Murmelthier (Arctomys robustus?),
welches man überall in den Gebirgen in einer Höhe von mehr
als 4000 Meter antrifft, das sogar in den Gebirgen Nordtibets
in einer Höhe von mehr als 5000 Meter lebt; der kleine
Pfeifhase (Lagomys thibetanus?), welcher in sehr großer
Anzahl die freieren Abhänge bevölkert, während eine andere
Species in geringer Anzahl ausschließlich zwischen Felsen und
Gesteintrümmern der obern Alpenregion lebt. Auch die Spitz-
maus (Siphneus sp.) lebt in großer Anzahl in den offenen
Thälern und unbewaldeten Abhängen der untern Region des
Gebirges. Hier trifft man auch häufig die Feldmaus (Arvi-
cola sp.), hin und wider einen Hasen (Lepus sp.) und in der
höheren Waldregion auch, wenn auch selten, das fliegende
Eichhörnchen (Pteromys sp.), das jedoch von der in Sibirien
lebenden Species verschieden ist.

Auf die soeben angeführten Species beschränkt sich die Zahl
der Wiederkäuer und Nager, welche in diesen Gebirgen leben;
es verbleibt also noch die Aufzählung der Raubthiere, welche
hier ihren Wohnsitz aufgeschlagen haben. Vom Geschlechte der
Katzen lebt nur die wilde Katze (Felis sp.) im Gan-su-
Gebirge; Tiger und Leoparden giebt es hier durchaus nicht.
Weiter trifft man hier eine Bärenspecies (Ursus sp.), eine
Marderspecies (Mustela sp.), eine Dachsspecies (Meles
sp.), den Fuchs (Canis vulpes) und zwei Wolffspecien: den

gewöhnlichen Wolf (Canis lupus) und einen kleineren, röthlichen, den ich jedoch nicht zu sehen bekam. Ich erfuhr nur von den Bewohnern der Gegend, daß ein solcher Wolf dort haust.

Bedeutend zahlreicher als die Säugethiere sind die Vögel im Gan-su-Gebirge. Wir fanden ihrer 106 Gattungen ansässiger und 18 Gattungen Zugvögel, welche im Gebirge brüten. Die Zahl der erstern erscheint sehr groß, und dieses um so mehr, als alle nur zu fünf Ordnungen und zwar zu den Raubvögeln, Schreivögeln, Singvögeln, Tauben und Hühnern gehören. Von Sumpfvögeln nistet im Gan-su-Gebirge nur eine Species. Auch die soeben aufgezählten fünf Ordnungen sind sehr ungleichmäßig vertheilt; die Sänger bilden die große Mehrzahl; nach ihnen kommen die Raubvögel, dann die Hühner, weiter die Schreivögel und endlich die Tauben. Folgende Tafel stellt das Verhältniß übersichtlich dar.

	Im Gebirge lebende Vögel.	Zugvögel.	Im Allgemeinen.
1. Raubvögel (Rapaces)	12	2	14
2. Schreivögel (Scansores)	7	0	7
3. Singvögel (Oscines)	74	5	79
4. Tauben (Columbae)	3	0	3
5. Hühner (Gallinaceae)	9	0	9
6. Sumpfvögel (Grallatores)	1	7	8
7. Schwimmvögel (Natatores)	0	4	4
Summa	106	18	124

Wenn man die Zahl der Vogelgattungen, welche im Gan-su-Gebirge leben, mit der, welche sich in der Mongolei aufhalten, vergleicht, so bemerkt man, daß beide Gegenden, trotzdem sie so nahe bei einander liegen, sich durch eine verschiedene Vogelwelt charakterisiren. Diese Erscheinung, wie ja auch die reichere Vegetation der Gan-su-Gebirge, kann durchaus nur durch entschieden verschiedene physikalische Ursachen bedingt und von ihnen hervorgerufen sein. In Gan-su fanden wir 43 Arten von Vögeln, welche ich in der Mongolei nicht gefunden habe. Diese Anzahl wird noch größer, wenn man aus dem Verzeichnisse der in der Mongolei lebenden Vögel diejenigen streicht, welche man auch im Muni-ula und im Ala-schaner Gebirge antrifft. Im

Allgemeinen findet man in Gan-su Repräsentanten der sibirischen, chinesischen, hymalayischen und tjan-schaner Vogelwelt.

Von den Raubvögeln finden wir an erster Stelle drei Gattungen Adler: den Schneeadler (Gyps nivicola), den Steinadler (Vultur monachus?) und den bärtigen Geier-adler (Gypaëtus barbatus). Der letztere bewohnt bekanntlich auch Europa, die beiden ersten gehören ausschließlich Asien an. Besonders bemerkenswerth ist der Schneeadler, ein mächtiger Vogel mit graugelbem (falben) Gefieder, der eine Flügelweite von 3,30 Meter erreicht. Andere Raubvögel sind in Gan-su im Allgemeinen selten; aber Adler giebt es hier in solcher Menge, wie man sie in andern Gegenden nicht findet.

Aus der Ordnung der Schreivögel giebt es hier keine besonders hervorragende Gattungen. Der Segler (Cypselus leucopyga) nistet in großer Zahl in den Felsen der niederen Gebirgsregion, in den Wäldern schreit der Kutuk (Cuculus sp.) und zwei Spechtspecien (Picus sp. Picus Martius) lassen ihr Klopfen vernehmen. Bemerkenswerth ist, daß der japanische Ziegenmelker (Caprimulgus Jotaca), der in Ostasien so sehr verbreitet ist, westlich vom Muni-ula schon nicht mehr vorkommt, so daß man ihn im Ala-schaner Gebirgsrücken und in den Gebirgen von Gan-su nicht mehr findet.

Nun folgt die am reichlichsten vertretene Ordnung der Singvögel, an denen sowohl die Wald- als die Alpenregion sehr reich ist. Die den Gebirgswäldern eigenthümlichen charakteristischen Arten sind: der weißköpfige Sänger (Phoënicura leucocephala), welcher sich ausschließlich an den Ufern der Gebirgsbäche aufhält. Neben ihm -lebt, ebenfalls nur an den Ufern der Bäche, die kaschemirer Wasseramsel (Cinclus Kaschemiriensis), die kamtschabalische Nachtigall (Calliope Kamtschatkensis), ein kleiner Blutfink (Pyrrhula sp.) mit rostbrauner Brust, der rothe Blutfink (Pyrrhula erythrina), der Bergfink (Carpodacus sp. [Fringilla montifringilla]), der winzige Zaunkönig (Troglodytes nipalensis), einige Specien von Phyllopneuste, der Blaufink (Pica cyana). Zwei nahe Verwandte der Drossel Pterorhinus Davidii und Trochalepteron sp. beleben mit ihrem Gesange das dichte Gebüsch an den Ufern der Gebirgsbäche. Diese beiden Specien sind besonders bemerkenswerth durch ihre beständige Beweglichkeit und ihre klangvolle, höchst angenehme Stimme.

Dem Hochwalde sind drei Drosselspecien (Turdus sp.) eigen, von denen wohl zwei bisher nicht bekannte sein werden. Alle sind ausgezeichnete Sänger. Außerdem leben in diesem Walde vier Specien Meisen (Parus sp.), der gestreifte Flühvogel (Accentor multistriatus) und die große Wacholderbrossel (Hesperiphona speculigera). Diese letztere hält sich übrigens ausschließlich im Wachholdergebüsche auf, wo sie reichliche Nahrung findet.

In der Alpenregion finden wir den rothgeflügelten Mauerläufer (Tichodroma muraria), der beständig an den Felsen klettert und an ihnen vorbeifliegt. Hier lebt auch der große Bergfink (Carpodacus sp.), ein ausgezeichneter Sänger, zwei Specien Alpenschneefinken (Fregilus alpinus und Fregilus graculus), eine Schwalbenspecies (Chelidon sp.), der Bergpieper (Anthus rosacius?) und zwei Specien Flühvögel (Accentor nipalensis und Accentor rubiculoides), von denen besonders die erstere ausgezeichnet singt. Etwas niedriger als diese leben im Gebüsche die schöne violettmetallglänzende Meise (Leptopoecile Sophiae), die röthlich rosafarbige Meise (Carpodacus rubicilla), die Calliope pectoralis, der Ammer (Schoenicola sp.), mit langem rosarothen Schwanze, und in etwas freieren Thälern die kurzschnäblige Meise (Linota brevirostris) und zwei Finkenspecien (Montifringilla Adamsi und Montifringilla sp.)

Von Tauben- und Hühnerspecien gehören der Alpenregion an: die Felsentaube (Columba rupestris), welche gewöhnlich im untern Striche und zwar hier sehr häufig getroffen wird. Eine zweite höchst vorsichtige Species, die Columba leuconota, hält sich nur in den wildesten und unzugänglichsten Felsenschluchten der höheren Alpenregion auf. Hier lebt auch das große, im Schreien unermüdliche Felsrebhuhn (Megaloperdix thibetanus), welches die Tanguten „Runmo", die Mongolen „Chailyk" nennen. In seiner Nachbarschaft lebt in den Rhododendron- und Caraganensträuchern das Fasanenhuhn (Tetraophasus obscurus) und das eigentliche Rebhuhn (Perdix sp.), das sich durch seine Größe vom mongolischen unter-

scheidet. Weiter unten, in der Waldregion, sind die Hühner
durch eine neue Species Haselhuhn (Bonasia sp. [Tetrao
sp.]) vertreten, welches weit größer und dunkler ist, als unser
europäisches; hin und wider durch eine Itaginis Geoffroyi,
sowie auch durch den gewöhnlichen Fasan (Phasianus elegans?)
und durch den Ohrfasan (Crossoptilon auritum). einen ausgezeichnet schönen, bleibläulichen Vogel, welchen ich schon im
Ala-schaner Gebirgsrücken gefunden habe.

Von Schwimmvögeln nistet keine einzige Species in den
Gebirgen von Gan-su; selbst durchziehende dieser Art sind eine
Seltenheit und von Sumpfvögeln lebt nur eine Brachvogel-
species (Ibidorhyncha Struthersii), welche sich an den Gebirgsflüßchen aufhält, die reich an Gerölle sind.

Als wir von Tscheibsen in die dem Kloster Tschertynton
benachbarten Gebirge zurückgekehrt waren, durchforschten wir die
Gegend, indem wir beständig unsern Aufenthaltsort veränderten.
Ich wählte immer die günstigsten Punkte und hielt mich hier
eben nur so lange auf, wie zur Ausführung meiner wissenschaftlichen Arbeiten nothwendig war. Der alle Tage fallende
Regen und die in Folge dessen herrschende Feuchtigkeit waren
beim Trocknen der Pflanzen und Ausstopfen der Vögel ein großes
Hinderniß. Hin und wider nur war heiteres Wetter und dann
wurde, was gesammelt worden, getrocknet. In der Alpenregion
kam zum Regen auch häufig Schnee und Nachtfrost. Außerdem
aber war auch gerade die Zeit des Mauserns der Vögel eingetreten, so daß häufig von zehn geschossenen Exemplaren nur
eins zum Präpariren gut war. Dafür aber waren die Pflanzen,
vorzüglich im Juli, in voller Blüthe und es konnten 324 Specien
in nahezu breitausend Exemplaren gesammelt werden, während
nur zweihundert Vögel gesammelt wurden. Insecten gab es
wenig und zwar nicht bloß in der Alpenregion, sondern auch in
der untern Region der Gebirge. Es war dieses zwar ein für
unsere entomologische Sammlung sehr ungünstiger Umstand, doch
zeugt er zum Ruhme der Gan-su-Gebirge dafür, daß dort weder
Mücken noch Fliegen leben. Wir hatten alle Ursache dieses als
eine Wohlthat anzuerkennen, denn ich kannte ja die unendlichen
Qualen, welche diese winzigen Blutsauger verursachen, von meiner
Amurreise her.

Mit der Jagd auf größere Thiere hatten wir uns im Gan-su-Gebirge fast gar nicht befaßt, weil, wie ja schon oben gesagt, es in diesen Gebirgen nicht viel Wild giebt, und ich dabei vollauf beschäftigt war, um meine Sammlung zu vergrößern. Während der ganzen Zeit, die wir im Gan-su-Gebirge zubrachten, habe ich nur zwei wilde Ziegen (Kuku-jeman) erlegt, da ich zum Verspeisen von den Tanguten zwei kleine Jaks (Bos grunniens) kaufte.

Am unerträglichsten war es für uns, wenn es ohne Unterbrechung einige Tage regnete; dann war ich gezwungen, ruhig in meinem nassen Zelte zu verbleiben, ohne selbst die benachbarten Berge zu sehen, da die Wolke gewöhnlich den ganzen Alpengürtel bedeckte. Es ereignete sich häufig, daß wir in eine Sturmwolke geriethen und die Blitze neben und unter uns zuckten. Im Zelte selbst herrschte eine unbeschreibliche Feuchtigkeit; dieses zwang uns von den Tanguten einen Blasebalg, wie sie bei diesem Volksstamme allgemein im Gebrauche sind, zu kaufen, ohne welchen es unmöglich war Feuer anzumachen. Die Waffen wurden alle Tage gereinigt und geputzt und die fertigen Patronen zu den Sniderschen Kugelbüchsen wurden dermaßen feucht, daß die Hälfte beim Schießen versagte. Nur in der untersten Bergregion und im Thale des Tetung-gol trafen wir auf besseres Wetter; hier waren sogar einige recht heiße Tage. Doch war das Wasser in den Gebirgsflüßchen und im Tetung-gol so kalt, daß wir uns während des ganzen Sommers nicht ein einziges Mal baden konnten.

Anfangs verbrachten wir einige Tage am Südrande des südlichen Gebirgsrückens, hierauf überschritten wir diesen und schlugen unser Lager in der Nähe des Berges Sodi-Sorukjum auf, welcher als der höchste Punkt dieses Gebirges betrachtet wird. Bei schönem Wetter begab ich mich auf den Gipfel des Sodi-Sorukjum, um mittels kochenden Wassers seine Höhe zu bestimmen. Nachdem ich mich gegen tausend Meter über die Stelle erhoben hatte, auf der ich mein Zelt aufgeschlagen hatte, breitete sich vor meinen Augen ein wundervolles Panorama aus. Das Tetung-Thal, enge Schluchten, welche in den verschiedensten Richtungen und von allen Seiten in dieses Thal einmünden, der nördliche Rücken und seine im fernen Westen gelegenen

schneebedeckten Gipfel, — Alles zeigte sich in einem so wunder=
vollen Bilde, daß es unmöglich ist, es mit Worten zu schildern.
Ich befand mich das erste Mal in meinem Leben in einer solchen
Höhe, das erste Mal sah ich gigantische Berge, hier mit zerklüfteten
Felsen gespickt, dort mit dem sanften Grün der Wälder bedeckt,
aus denen wie silberne Bänder die Gebirgsflüsse hervorblitzten,
zu meinen Füßen. Der Eindruck war ein so überwältigender,
daß ich sehr lange meine Blicke nicht von dem wundervollen
Bilde abwenden konnte. Ich stand lange wie bezaubert da und
habe diesen Tag als einen der schönsten Tage meines Lebens im
Gedächtnisse bewahrt.

In der Eile, mit welcher ich das Zelt verließ, hatte ich
jedoch vergessen Streichhölzchen (welche man übrigens, nebenbei
bemerkt, selbst in der Hauptstadt der Provinz Ala=schan, Dyn=
juan=in, wohin Wiener Fabrikat über Peking kommt, kaufen
kann) mit mir zu nehmen, so daß ich selbst mit Hülfe einiger
Schüsse nicht vermochte Feuer anzumachen. Ich mußte also
mein Vorhaben, den Berg zu messen, für diesmal aufgeben. Ich
kam am folgenden Tage wieder auf den Sodi=Sorukfum, und
zwar diesmal mit allem Nöthigen ausgerüstet. „Nun, mein
Berg, wird dein Geheimniß bald ergründet sein," sagte ich, als
ich Anstalten machte, mein Kochgeschirr aufzustellen, und wenige
Minuten darauf wußte ich, daß der Sodi=Sorukfum sich zu einer
Höhe von 4297,37 Meter (13,600 Fuß) über die Oberfläche
des Meeres erhebt. Doch reicht diese Höhe hier noch nicht an
die Schneegrenze, und es waren nur kleine Stückchen in Eis
verwandelten Schnees unter den Felsen an solchen Stellen zu
finden, wo kein Sonnenstrahl hindringt.

Wir verblieben während des Monats Juli auf der südlichen
Seite des Tetung=gol, begaben uns in den ersten Tagen des August
in den nördlichen Gebirgszug und stellten unser Zelt in einer
absoluten Höhe von 3000 Meter, am Fuße des riesigen Berges
Gabschur auf. Hier verweilten wir gegen vierzehn Tage;
während dieser ganzen Zeit regnete es fast ohne Unterbrechung
und am 7. und 9. August (19. und 21. August n. St.) war
ein solches Schneetreiben, daß die Erde ganz mit Schnee bedeckt
war, ja hin und wider sich sogar ziemliche Schneehügel angehäuft
hatten. Es ist selbstverständlich, daß unter diesen Umständen die

wiſſenſchaftliche Ausbeute nicht bedeutend ſein konnte. Die Zeit
der Blüthe näherte ſich übrigens nicht nur in der Alpenregion,
ſondern überhaupt im Gebirge, ihrem Ende, ſo daß von der
ganzen während des Sommers geſammelten Zahl von Pflanzen
auf den Auguſt nur 40 Specien kommen.

Der Gipfel des Gadſchur beſteht aus ungeheuren, unzugänglichen Felſen, zwiſchen denen ein kleiner See, der Djem -
tſchuk, liegt. (Etwas niedriger als dieſer liegt jedoch noch
einer, der aber bedeutend kleiner iſt.) Der Djemtſchuk iſt hundert
Klafter lang und gegen fünfunddreißig Klafter breit; der Zugang
iſt nur von einer Seite möglich und zwar durch eine, einem
Thore ähnliche Schlucht. Der See ſelbſt wird von den Tanguten
für heilig gehalten, in Folge deſſen denn auch oft an ſeinen
Ufern Andachten abgehalten werden. Zu dieſen Andachten kommt
nicht allein das gewöhnliche Volk, ſondern auch die Lamas aus
dem Kloſter Tſchertynton. Der Abt dieſes Kloſters, unſer Freund,
hat in einer Höhle an dieſem See ſieben Jahre verlebt und
verſichert, daß er einſt geſehen hat, wie ſich eine große g r a u e
Kuh aus ihm erhob, einige Zeit auf ſeiner Oberfläche umher
ſchwamm und endlich wieder in ſeine Tiefe tauchte. Seit dieſer
Zeit hat das Anſehen des Sees in den Augen der Tanguten,
welche in der Gegend wohnen, noch bedeutend zugenommen.

Der Djemtſchuk liegt in einer abſoluten Höhe von
3083,42 Meter und ſeine Lage iſt wirklich bemerkenswerth. Eine
enge Felſenſpalte, ein ruhiger heller Spiegel, der von allen
Seiten von rieſigen Felſen umgeben iſt, zwiſchen denen man
kaum einen kleinen Streifen des Himmels ſieht, endlich die
Grabesſtille, welche nur hin und wider vom Geräuſche, das ein
herabſtürzender Stein verurſacht, unterbrochen wird, — alles
dieſes macht einen feierlichen Eindruck auf den Geiſt des Menſchen.
Ich habe ſelbſt mehr als eine Stunde unter dem Einfluſſe dieſes
Zaubers zugebracht und war, als ich mich entfernte, überzeugt,
daß es möglich ſei, daß ein unentwickelter Verſtand dieſen
ruhigen Winkel in das Gewand einer geheimnißvollen Heiligkeit
hüllen kann.

Ein ähnlicher, ebenfalls von Quellen, welche im Gebirge
entſpringen, gebildeter See, der „K o ſ i n" heißt, befindet ſich
in der Nähe des Sobi-Sorukſumgipfels; aber dieſer See liegt

in einer offenen Ebene und hat keine so geheimnißvolle Staffage, wie der See auf dem Gadschur. Doch auch der Kosin wird für heilig gehalten, besonders seit jener Zeit, als ein Geist (es ist nicht bestimmt, ob es ein guter oder böser gewesen) einen tangutischen Jäger von hier vertrieben hat, indem er sich auf ihn in der Gestalt eines g r a u e n Jaks stürzte. (Es ist eigen= thümlich, daß in den Sagen der Tanguten und der Russen „g r a u e" Kühe, Jaks und ähnliche eine bedeutende Rolle spielen.) In Folge dieses Ereignisses wurde die Jagd auf dem Gobi=Soruksum und andern heiligen Bergen (Amne) streng verboten.

Ueber den Gadschur lebt im Munde des tangutischen Volkes noch eine Sage. Nach dieser hat ein Dalai=Lama diesen Berg aus Tibet dahin gesendet, um den Bewohnern zu zeigen, was für riesige Berge in seinem heiligen Lande existiren.

Die unzugänglichen Felsen des Gadschur, welche aus Felsit, Kalk und Thonschiefer bestehen, erheben sich, dem Augenmaße nach, gegen 316 Meter über die Oberfläche des Sees Djentschuk, so daß also dieser Berg nicht viel höher ist, als der Gobi= Soruksum. Doch auch hier fand ich nur in den gegen Norden gelegenen, den Sonnenstrahlen unzugänglichen Schluchten kleine Streifen aus Schnee entstandenen Eises, das während des Sommers nicht aufgethaut war. (Diese kleinen Gletscher waren 32 bis 48 Meter lang, 3 bis 4,5 Meter breit und 0,75 bis 1,50 Meter dick.)

In den Gebirgen, welche sich südlich von Tetung=gol hin= ziehen, lebt eine ziemlich bedeutende tangutische Bevölkerung, obgleich sie sporadisch zerstreut ist. Die Dichtigkeit hängt davon ab, ob eine Gegend den Einfällen der Dunganen mehr oder weniger ausgesetzt ist. In der Nähe des Klosters Tschertynton hat sich, wie schon mitgetheilt, die Bevölkerung mehr zusammen= gedrängt, dagegen fand man im nördlichen Tetungrücken, wie z. B. in der Nähe des Gadschur, auch nicht einen einzigen Menschen. Hierher kamen häufig Räuberabtheilungen, welche aus der Stadt T e t u n g, die am Tetung=gol und gegen 100 Kilometer oberhalb des Klosters Tschertynton liegt, räuberische Ausflüge in den östlichen Theil der Provinz Gan=su machten. Die Furcht vor diesen Räubern war so groß, daß ein von mir in Tscheibsen gemietheter Mongol um keinen Preis mit uns auf den Gadschur gehen wollte und sich mit der Unkenntniß der Gegend entschuldigte. Er beruhigte sich erst, als ich noch einen Führer, und zwar einen Tanguten, miethete, der die Gebirge der Gegend genau kannte. Beide unterhielten sich einige Augenblicke auf Tangutisch und entschlossen sich hierauf mit zu gehen. Es scheint mir, daß sich beide beredet haben Ferfengeld zu geben, im Falle Räuber uns anfallen sollten. Dieser Entschluß hatte übrigens in vorliegendem Falle für mich wenig Bedeutung, da ich ohnedies nicht auf die bewaffnete Hülfe meiner Führer rechnen konnte. Unvergleichlich wichtiger war, daß sich in der Gegend das Gerücht von unserer wunderbaren Geschicklichkeit im Schießen und unsern ungewöhnlichen Waffen weit und breit verbreitet hatte. Uebrigens glaubte man überall gern, daß ich selbst ein Zauberer oder Heiliger bin, der die Zukunft kennt und den keine Kugel tödten kann. Diese Meinung äußerten die Tanguten häufig in meiner Gegenwart und ich benützte die Gelegenheit und befahl meinen beiden Kasaken, sie sollen, gleichsam im Geheimen, sagen, daß dieses alles wirkliche Wahrheit sei. Trotzdem waren wir immer auf unserer Hut und hielten der Reihe nach an gefährlichen Stellen Wache. Bei Einbruch der Dunkelheit wurde jeder Umgang mit den Bewohnern der Umgegend abgebrochen, um so auch dem Falle vorzubeugen, daß sich während der Nacht ein Feind unter der Maske eines Freundes dem Lager nahe. Doch es kam kein einziges Mal ein Feind, trotzdem während der Zeit, während welcher wir uns am Gadschur aufhielten, einige Räuberbanden, die wahrscheinlich unsern Aufenthaltsort kannten, bei dem Berge ruhig vorbeizogen.

In der zweiten Hälfte des Monats August verminderte sich schnell das Leben in den Gebirgen; die Pflanzen begannen zu schwinden, die Thiere zu verstummen; der Herbst hatte alles Ernstes begonnen. Auf allen Bäumen begannen sich gelbe Blätter zu zeigen und die Trauben der weißen und rothen Vogelkirsche, besonders aber die Beeren des Berberitzenstrauches, trugen viel zur Verschönerung der Thäler und Schluchten bei. In der Alpenregion war das Gras um diese Zeit fast schon gänzlich trocken und nur hin und wieder erblickte man ein verspätetes Blümchen. Von den gefiederten Gästen verschwand schnell einer nach dem andern; sie zogen entweder nach südlichen Gegenden, oder begaben sich in die untern Regionen des Gebirges, wo es wärmer und reichliche Nahrung vorhanden war.

Die Ausbeute für die Wissenschaft wurde nun zu gering und deshalb beschlossen wir nach Tscheibsen zurückzukehren, um von dort den Versuch zu machen, an den See Kuku=nor zu gelangen. Unterwegs fingen wir unsere Kameele ein, welche in der Nähe des Klosters Tschertynton weideten, aber auf der ungewohnten Weide sehr abgemagert waren. Außerdem hatten auch diese Thiere, in Folge der Feuchtigkeit, der sie während des Sommers ausgesetzt waren, den Husten bekommen und auf ihrem ganzen Körper zeigte sich ein widerlicher Ausschlag. Mit einem Worte, die Thiere waren dermaßen verdorben, daß sie kaum, wenn auch nur zu einer kurzen Reise, zu benutzen waren.

Am 1. September erschienen wir in Tscheibsen, wo während unserer Abwesenheit die Raubanfälle der Dunganen ungemein zugenommen hatten. Die unberittene, ja fast unbewaffnete Miliz, welche das Kloster vertheidigte und sich in demselben bis zu der Zahl von zwei tausend Mann angesammelt hatte, konnte den berittenen Räubern nichts anhaben. Diese kamen bis dicht an die Mauern von Tscheibsen heran und wohl wissend, daß wir uns nicht im Kloster befanden, riefen sie: „wo sind eure russischen Vertheidiger mit ihren guten Waffen? wir sind gekommen uns mit ihnen zu schlagen!" Als Antwort sendeten ihnen manchmal die Milizen einige Schüsse, doch trafen die Kugeln der Lunten=flinten nicht. Die uns befreundeten Doniren, welche im Kloster eine Hauptrolle spielten, sehnten sich nach uns, wie nach dem Messias, und — es ist wirklich lächerlich zu sagen — sendeten Boten an uns ins Gebirge mit der Bitte, nach Tscheibsen zu eilen, um sie gegen die Dunganen in Schutz zu nehmen. Wir waren sicher, daß wir nach unserer Rückkehr aus dem Gebirge nun endlich gezwungen sein würden, uns mit den Dunganen zu schlagen, unter denen sich vorzüglich ein Held auszeichnete, welcher, wie die Tscheibsener Krieger versicherten, gegen den Tod gefeit war. Wir ließen uns diesen Helden genau beschreiben, der immer ein getigertes Pferd ritt, und beschlossen, ihn vor allen andern mit unsern Kugeln aus Snider und Berdan zu bewillkommnen.

Aber unsere Lage war trotzdem eine sehr gefährdete, da wir mit unsern Kameelen jetzt im Kloster nicht untergebracht werden konnten, denn dieses war mit Menschen überfüllt, und deßhalb mußten wir unser Zelt in einer Entfernung von einem Kilometer von diesem, auf einer offenen und ebenen Wiese, aufschlagen. Alle Kisten, in denen sich die Sammlung befand, alle Kasten mit Vorräthen und Sachen, sowie die Kameelsättel, wurden in ein Quadrat zusammengelegt, so daß sie ein Carré bildeten, in welchem wir uns im Falle des Erscheinens der Räuber aufstellen wollten. Hier standen unsere Büchsen mit aufgepflanzten Bajonnetten, lagen ganze Haufen Patronen und zehn Revolver. Zur Nachtzeit wurden alle Kameele an diese improvisirte Befestigung gebracht und hier angebunden. Endlich wurde, um keinen unnützen Schuß zu thun, die Gegend rund umher mit Schritten abgemessen und in bestimmten Entfernungen Steinhaufen gelegt.

Die erste Nacht brach an. Alles zog sich ins Kloster zurück und dieses wurde sorgsam verschlossen; wir blieben allein im Freien zurück, gegenüber den Räubern, welche zu Hunderten, ja zu Tausenden erscheinen und uns durch ihre Ueberzahl erdrücken konnten . . . Das Wetter war schön und wir saßen und unterhielten uns beim Scheine des Mondes von der Zukunft, von der fernen Heimath, von unsern Verwandten und Freunden, welche wir seit so langer Zeit verlassen hatten. Gegen Mitternacht legten wir uns, natürlich ohne uns zu entkleiden, schlafen, indem wir einen auf der Wache ließen, in die wir uns der Reihe nach theilten. Die Nacht und der folgende Tag vergingen ganz ruhig; es war als ob die Räuber in die Erde versunken wären. Selbst der gefeite Held zeigte sich nicht. Dasselbe wiederholte sich am dritten Tage, so daß die hierdurch ermuthigten Bewohner von Tscheibsen endlich ihre Herden aus der Klosterumwallung herauszutreiben und in der Nähe unseres Zeltes zu hüten begannen.

So groß ist der Zauber des europäischen Namens zwischen den moralisch verfaulten asiatischen Völkern! Nicht wir persönlich waren die Ursache der Furcht, welche die dunganischen Räuber ergriffen hatte! Nein! es war dies der Sieg des europäischen Geistes, seiner Energie, seines Muthes, welche so allmächtig wirken, daß der Erfolg fast sagenhaft erscheint.

Sechs Tage verblieben wir bei Tscheibsen und setzten uns, wenn auch durchaus nicht absichtlich, Gefahren aus; durch unsern riskanten Aufenthalt erkauften wir uns die Möglichkeit in die Gegend des Sees Kuku-nor zu reisen.

Der gerade Weg von Tscheibsen nach Kuku-nor führt durch die Städte Sen-guan oder, wie die Mongolen diese Stadt nennen, Mu-bajschinta und durch Donkyr; auf diesem Wege kann man den See in fünf Tagen erreichen. Da sich jedoch in jener Zeit Sen-guan in den Händen der Dunganen befand, so war nicht daran zu denken, ihn einzuschlagen. Es mußte ein anderer Weg gesucht werden und er fand sich zu unserm großen Glücke.

Am dritten Tage nach unserer Rückkehr nach Tscheibsen kamen nämlich drei Mongolen aus der Quellengegend des Tetung-gol und zwar aus dem Choschunate (Fürstenthume) Mur-fasak ins Kloster; sie hatten sich nächtlicher Weile durch-geschlichen und eine Herde Schafe herbeigetrieben. Nach einiger Zeit sollten diese Mongolen zurückkehren und konnten uns als Führer dienen; es handelte sich nur darum, sie hierzu zu bereden. Um unseres Erfolges sicher zu sein, wandte ich mich an meinen Freund, den Tscheibsener Donir und gab diesem ein schönes Geschenk. Hierdurch bestochen, beredete der Donir die an-gekommenen Mongolen die Reisenden nach ihrem Choschunat, d. h. nach Mur-fasak zu bringen, wofür sie dreißig Lan erhalten sollten. Die Entfernung dahin übersteigt nicht 135 Kilometer.

Das größte Hinderniß, welches unsere künftigen Führer bedenklich machte, war der Umstand, daß wir mit unsern be-ladenen Kameelen nicht während der Nacht über die Gebirgs-fußsteige reisen konnten; wenn man aber am Tage marschirte, so war es leicht möglich, daß man auf Dunganen stößt, welche beständig durchs Gebirge aus Sen-guan nach der Stadt Tetung gingen. Hier half dem Reisenden sein riskanter Aufenthalt in der Nähe von Tscheibsen. „Mit diesen Leuten," sagte der Donir den Mongolen, „braucht Ihr die Räuber nicht zu fürchten. Seht, wir sind unserer 2000 Mann und schließen uns in unserm Kloster ein, während sie, vier Mann an der Zahl, im freien Felde stehn und trotzdem wagt es Niemand sich ihnen zu nahen. Bedenkt doch nur selbst, ob gewöhnliche Menschen so etwas wagen

würden. Nein, die Russen wissen alles voraus und ihr Führer
ist unbedingt ein großer Zauberer, oder ein großer Heiliger."
Diese Argumente, im Vereine mit der verlockenden Summe von
dreißig Lan, besiegten endlich die unentschlüssigen Mongolen aus
Mur-sasak. Sie erklärten, daß sie bereit wären uns zu führen,
doch baten sie in ihrer Gegenwart den Himmel zu befragen,
wann die Reise angetreten werden soll. Mir kam dies sehr
gelegen, denn ich wollte gern die geographische Lage von Tscheibsen
bestimmen. Ich nahm sogleich mein Universalinstrument, mit
dessen Hülfe ich die Sonnenhöhe bestimmte und dann stellte ich
magnetische Beobachtungen an. Die zukünftigen Reisegefährten
sahen diesem Treiben mit weit aufgesperrten Augen zu und begannen hierauf in ihrer Weise zu wahrsagen.

Als ich meine Beobachtungen beendet hatte, erklärte ich den
Mongolen, daß man mit der Abreise noch warten müsse. Dieser
Aufschub war mir nothwendig, denn ich wollte meine Sammlung
nach Kloster Tschertynton bringen und sie dort lassen, wo sie
sicherer war, als in Tscheibsen, das die Dunganen leicht erobern
konnten. Nach den Wahrsagungen der Mongolen hieß es ebenfalls, daß man sich mit der Abreise nicht zu beeilen habe und
außerdem mußte man abwarten, bis die Moräste in den Gebirgen
gefroren sein werden. Nachdem wir uns berathen hatten, wurde
beschlossen, die Reise am 23. September anzutreten, doch bis
dahin den Tag der Abreise geheim zu halten. Nachdem die
künftigen Führer zehn Lan Handgeld erhalten hatten, kehrten sie
nach Tscheibsen zurück und wir, die wir durchaus keine Lust
hatten den Dunganen dicht vor der Nase zu sitzen, begaben uns
zurück ins Gebirge und schlugen unser Zelt am südlichen Rande
des Südrückens auf. Von hier reiste mein Gefährte ins Kloster
Tschertynton und übergab dem dortigen Higen die Kisten mit
den Sammlungen, welche man nicht nach Kuku-nor mitnehmen
konnte, zur Aufbewahrung.

Der zwölftägige Aufenthalt im Südrücken war für wissenschaftliche Forschungen fast verloren, da am Südabhange dieses
Gebirges gar keine Wälder sind, die Alpenregion aber schon
ganz öde geworden war und dicker Schnee schon viele Gipfel
bedeckt hatte. Dabei aber gab es fast alle Tage Regen und
Schneetreiben. Der Hauptzug der kleinen Vögel dauerte während

der ganzen ersten Hälfte Septembers und am 16. desselben
Monats zog, kaum in den Wolken sichtbar, eine Menge Kraniche
nach Süden.

Indessen begannen bei Sining die kriegerischen Unternehmungen
seitens der chinesischen Armee gegen die Dunganen. Die Armee
war im Juli in einer Stärke von 25,000 Mann nach Gan=su
gekommen und hatte die Städte Nim=bi und Ujam=bu besetzt.
Um die Armee zu verproviantiren, wurde überall verboten
Nahrungsmittel zu verkaufen, und wir erhielten nur mit großer
Mühe und mit Hülfe des Tscheibsener Donir einige nothwendige
Vorräthe. Es war aber nöthig Nahrungsmittel für den ganzen
Winter zu beschaffen, da, wie allgemein versichert wurde, am
Kuku=nor durchaus nichts zu kaufen war. Diese Behauptung
erwies sich in der Folge als falsch, denn ich kaufte später am
Standorte des Wan (Fürsten) von Kuku=nor Dsamba. Doch
auch ohnedies mußte ich mich auf das Allernothwendigste be=
schränken, da meine Geldmittel sehr beschränkt waren. Dabei
konnte man auch nur Dsamba und sehr schlechtes Weizenmehl
erhalten. Von beiden kaufte ich gegen 360 Kilogramm. Außer=
dem hatte ich noch gegen 70 Kilogramm Reis und Hirse, welche
ich aus Ala=schan mitgebracht hatte. Alle diese Vorräthe machten
eine Ladung für vier Kameele aus.

Wenige Tage vor der Abreise nach Kuku=nor reiste die
Tangutenkarawane, welche mit uns nach Tscheibsen gekommen war,
nach Peking zurück. Diese Gelegenheit benutzte ich, um Briefe
und offizielle Nachrichten abzusenden. In diesen theilte
ich mit, daß ich an den See Kuku=nor reise und daß ich
vielleicht dahin gelangen werde, daß es mir jedoch wegen
Mangels an Geld unmöglich sein wird, nach Lassa in Tibet zu
reisen.

Endlich erschien der ersehnte Tag der Abreise, der 23.
September, und am Nachmittage dieses Tages reisten wir von
Tscheibsen ab. Wie oben gesagt, führte der Weg auf Gebirgs=
steigen zwischen zwei dunganischen Städten und zwar zwischen
Sen=guan und Tetung, welche gegen 70 Kilometer von einander
entfernt sind. Für die abgemagerten und kränklichen Kameele
war der Weg durchs Gebirge sehr schwierig und deshalb ver=
theilten wir das Gepäck auf alle Lastthiere, nahmen auch noch

eins der im Sommer für die Excursion angeschafften Maulthiere
mit, während wir die andern verkauften.

Der erste nicht bedeutende Marsch verlief glücklich, aber am
Morgen des zweiten Tages ereignete sich in der Nähe des
Klosters Altyn eine Geschichte. Unsere Führer hatten uns
rechtzeitig gewarnt und gesagt, daß es hier gefährlich sei, da
chinesische Soldaten den Fußsteig bewachen und alle Vorüber-
reisenden berauben, gleichviel ob es Freund oder Feind ist.
Hierauf erwiderten wir, daß es auch uns ganz gleich sei, wer
der uns anfallende Räuber ist, und daß wir die Chinesen ebenso
mit unsern Kugeln bewillkommnen werden, wie die Dunganen.
Kaum hatten wir uns auch in der Nähe des Klosters Altyn
gezeigt, als in einer Entfernung von einem Kilometer vor uns
gegen dreißig Reiter aus einer Schlucht hervorbrachen und,
nachdem sie einige Schüsse in die Luft gethan hatten, sich auf
unsere Karawane stürzten. Als sich die Reiter uns bis auf
ungefähr 500 Schritt genähert hatten, befahl ich unseren Führern
ihnen ein Zeichen zu geben und zu schreien, daß wir nicht Dunganen, sondern Russen sind, und daß wir, wenn sie uns angreifen,
selbst schießen werden. Da die Chinesen wahrscheinlich diese
Ermahnung nicht gehört hatten, ritten sie weiter vorwärts und
näherten sich uns bis auf 200 Schritt, so daß wir nahe daran
waren, das Feuer zu eröffnen. Zum Glücke nahm die Sache
einen erwünschten Verlauf. Als die Chinesen sahen, daß wir
mit den Waffen in der Hand halten und uns nicht durch ihr
Geschrei einschüchtern lassen, hielten auch sie an, näherten sich
uns und erklärten, daß sie sich geirrt und uns mit Dunganen
verwechselt haben. Es war dies natürlich eine leere Ausrede,
denn diese Räuber reiten nie auf Kameelen; die chinesischen
Soldaten hatten die Absicht unsere Karawane zu berauben, im
Falle wir uns durch ihr Geschrei hätten einschüchtern lassen und
mit Zurücklassung unserer Lastthiere entflohen wären. Einige
Kilometer weiter wiederholte sich dieselbe Geschichte seitens einer
andern Abtheilung, welche am Fußsteige lagerte, doch auch hier
gingen die Chinesen ab, ohne Etwas erwischt zu haben.

Am dritten Tage der Reise hatten wir den gefährlichsten
Weg zurückzulegen, da er über zwei große dunganische Straßen
aus Sen-guan nach Tetung führte. Die erste dieser Straßen

überschritten wir glücklich; aber vom Gipfel eines Rückens, von dem herab man an die andere Straße gelangt, bemerkten wir in einer Entfernung von zwei Kilometer vor uns einen Haufen berittener Dunganen; es waren ihrer vielleicht 100 Mann. Vor ihnen her wurde eine Herde Schafe getrieben und die Reiter bildeten wahrscheinlich die Bedeckung. Als sie unsere Karawane bemerkt hatten, feuerten die Reiter einige Schüsse ab und sammelten sich am Ausgange der Schlucht, durch welche wir zogen. Man hätte sehen müssen, wie in diesem Augenblicke unsern Führern zu Muthe geworden ist. Halbtodt vor Furcht, sagten sie mit zitternder Stimme Gebete her und flehten uns nach Tscheibsen zurückzukehren; wir wußten jedoch recht wohl, daß ein Rückzug die Dunganen nur ermuthigen würde, welche übrigens zu Pferde unsere Karawane leicht einholen konnten und deshalb beschlossen wir vorwärts zu gehen und durchzubrechen. Unser kleines Häuschen von vier Mann, die Büchsen in der Hand und die Revolver im Gürtel, marschirte vorwärts an der Spitze unserer Karawane, welche von den Mongolen geführt wurde, die fast entflohen waren, als sie sahen, daß wir vorwärts gehen. Als ich ihnen jedoch erklärt hatte, daß wir, im Falle sie einen Fluchtversuch machen sollten, erst auf sie und dann auf die Dunganen schießen würden, sahen sich unsere Gefährten genöthigt uns zu folgen. Unsere Lage war thatsächlich sehr gefährlich; aber es gab keinen andern Ausweg, unsere ganze Hoffnung stützte sich auf unsere ausgezeichnete Bewaffnung und auf die bekannte Feigheit der Dunganen.

Unsere Rechnung hat sich als richtig bewiesen. Als die Dunganen sahen, daß wir vorwärts marschiren, schossen sie noch einige Male, nahten sich uns bis auf einen Kilometer (so daß wir das Feuer aus unsern Büchsen noch nicht eröffneten), und stürzten in beiden Richtungen der großen Straße davon. Nun kamen wir ohne Aufenthalt aus der Schlucht heraus, überschritten die große Straße und begannen den folgenden sehr steilen und hohen Uebergang zu überschreiten. Um das Maß der Schwierigkeiten zu füllen, kam der Abend und mit ihm ein furchtbares Schneetreiben, so daß unsere Kameele nur mit der größten Anstrengung den Fußsteig hinauf steigen konnten. Das Herabsteigen war noch schwieriger; es war vollkommen finster geworden und wir schritten strauchelnd und stets in Gefahr zu fallen vorwärts. Endlich, nachdem wir eine Stunde in dieser Weise marschirt waren, hielten wir in einer so engen und mit dichtem Gebüsche bewachsenen Schlucht an, daß wir kaum Raum für unser Zelt hatten und es gelang uns nur mit Mühe Feuer zu machen, um an ihm die erstarrten Glieder zu erwärmen.

Die folgenden fünf Tagereisen vergingen ohne jeglichen Zufall und wir gelangten an die Lagerstätte Mur-sasak's, welcher sich am Ufer des Tetung-gol, in Allem gegen zwölf Kilometer von der dunganischen Stadt Jü-nan-tschen (welche von den Mongolen Schabyn-choto genannt wird), aufhielt. Trotzdem lebte der Vorsteher dieses mongolischen Sasakates, das in administrativer Beziehung schon zu Kuku-nor gehört, mit den Dunganen in großer Freundschaft; sie kauften von ihm Vieh und brachten ihre Waaren zu ihm.

Dank einem Schreiben des Tscheibsener Doniren an den Mur-sasak, dem er mich fast wie einen nahen Verwandten des Bogdo-Chans selbst empfohlen hatte, erhielten wir zwei Führer bis an den nächsten tangutischen Lagerplatz, fast ganz in der Quellengegend des Tetung. Natürlich ging es auch hier nicht ohne Geschenke an den Mur-sasak ab; den Führern aber zahlte ich täglich je zwei Zin und gab ihnen außerdem noch volle Beköstigung.

Der Weg vom Lagerplatze des Mur-sasak zum Lagerplatze der Tanguten zieht sich am linken Ufer des Tetung hin, und ist weit besser, als der Weg von Tscheibsen hierher. Die Reise wurde nur durch Schnee erschwert, der alle Tage fiel, an der Sonne aufthaute, den Boden in Morast verwandelte, in welchen unsere sich kaum fortschleppenden Kameele einsanken. Zu unserer Verwunderung erwies sich der tangutische Sangin [Fähnrich], zu welchem wir es vom Mur-sasak nur 55 Kilometer halten, als ein sehr guter, dienstfertiger Mensch und er sandte uns, nachdem er von uns fünf Ellen Manchester und tausend Nadeln erhalten hatte, einen Hammel und gegen zehn Pfund Yakbutter als Gegengeschenk. Bei den Tanguten verblieben wir einen Tag und verließen, nachdem wir frische Führer erhalten hatten, das Thal des Tetung, dessen Quellen, nach Angabe der Tanguten, von hier nur 60 bis 70 Kilometer entfernt sind. Wir wandten uns nun gegen Süden, geraden Wegs auf den Kuku-nor zu.

Das von uns durchreiste Bassin des Tetung-gol hat einen vollständigen Gebirgscharakter und die Gegend ist hier fast eben so wild, wie beim Kloster Tschertynton. Wie dort so begleiten auch hier zwei Hauptrücken, der eine das nördliche, der andere das südliche Ufer des hier beschriebenen Flusses. Die Seiten-zweige des südlichen Rückens bilden die Wasserscheiden zwischen den Zuflüssen des Tetung-gol und anderer Flüßchen, welche sich theils in den Silin-gol (einen der bedeutendsten rechten Nebenflüsse des gelben Flusses, an welchem auch die Stadt Sining liegt), theils in den Kuku-nor ergießen. Das größte Flüßchen, an das wir auf diesem Wege kamen, ist der Buguk-gol; er ist ein Nebenfluß des Silin-gol und fließt durch ein ausgezeichnet schönes, wunderbar malerisches Thal. Am linken Ufer des Tetung-gol wendet sich der nördliche Rücken in der Nähe der Stadt Jü-nan-tschen plötzlich gegen Norden, den Quellen des Flusses Ezsine zu. Gleichzeitig werden auch die Berge höher, felsiger und aus ihrer Mitte erhebt sich der mit ewigem Schnee bedeckte Gipfel Konkyr, einer der heiligen Berge des tangu-tischen Bodens.

Die Nordabhänge des Südrückens sind auf der ganzen Strecke von Tscheibsen bis ans Lager des Mur-sasak mit Ge-büschen bedeckt, an die sich im Thale des Buguk-gol kleine Ellernwaldungen anschließen; die nach Süd gekehrten Abhänge bilden aber auch hier ausgezeichnete Matten. Weiter von Mur-sasak, näher den Quellen des Tetung-gol und besonders hinter dem nicht hohen Rücken, welcher die Wasserscheide zwischen diesem Flusse und dem Bassin des Kuku-nor bildet, ändert sich der Charakter der Berge; ihr Umfang, mit Ausnahme des des Haupt-rückens, verringert sich, man sieht weniger Felsen, die Abhänge werden milder und sind häufig mit buschigen Sümpfen bedeckt, welche übrigens in allen Thälern vorherrschen. Die Sträucher verschwinden gänzlich, und hiervon macht nur der gelbe kurilische Theestrauch eine Ausnahme, welcher größere Flächen dicht bedeckt. Mit einem Worte, Alles verkündet die Nähe der Steppe von Kuku-nor, in dessen Ebene wir am 12. October gelangten. Einen Tag später schlugen wir unser Zelt am Ufer des Sees selbst auf.

Traum meines Lebens — du bist in Erfüllung gegangen!

Das ersehnte Ziel der Expedition war erreicht! Das, wovon ich vor Kurzem nur noch träumte, war nun zur Wirklichkeit geworden! Es ist wahr, dieser Erfolg war um den Preis vieler schwerer Prüfungen erkauft, aber jetzt waren alle durchlebten Leiden vergessen und voller Freude stand ich mit meinem Begleiter am Ufer des großen Sees und labten uns an seinen wunder-vollen, tiefblauen Wogen! . . .

X. Kapitel.

Die Tanguten und Dunganen.

Das Aeußere, die Sprache, Kleidung und Wohnung der Tanguten. — Ihre Beschäftigung, Nahrung und ihr Charakter. — Der muhamedanische Aufstand im westlichen China. — Die kriegerischen Unternehmungen der Aufständischen in Gan-su. — Maßnahme der Chinesen. — Die Demoralisation der chinesischen Armee. — Eroberung der Stadt Sining durch die Chinesen.

Die Tanguten, von den Chinesen Si-fan genannt, sind gleicher Abstammung mit den Tibetanern. Die Vorfahren der jetzigen Tibetaner waren, wie Joakinf in seiner „Statistischen Beschreibung Chinas" (Th. II, S. 145) nachweist, Tanguten, welche aus der Gegend des Kuku-nor im 18. Jahrhundert v. Ch. nach Thibet gekommen sind. Sie bewohnen die hochgelegene Provinz Gan-su, Kuku-nor und den östlichen Theil Zaidams, hauptsächlich aber die Gegend am obern Chuan-che, von wo aus sie sich bis an den blauen Fluß, vielleicht auch noch weiter, verbreiten. Mit Ausschluß von Kuku-nor und Zaidam nennen die Tanguten die soeben bezeichneten Gegenden „Amdo" und betrachten sie als ein ihnen gehörendes Territorium, wenngleich sie größtentheils mit Chinesen, theilweise auch mit Mongolen vermischt leben.

Ihrem typischen Aeußern nach unterscheiden sich die Tanguten scharf von den einen, wie von den andern; erinnern aber, wie schon früher bemerkt, theilweise an die Zigenner. Ihr Wuchs ist im Allgemeinen mittelmäßig, theilweise jedoch auch

groß. Sie sind kräftig gebaut und breitschultrig. Alle ohne
Ausnahme haben schwarze Haare, Augenbrauen, Schnauzbart
und Bart, schwarze, gewöhnlich große, mindestens mittelgroße
Augen, die jedoch nicht schräge, wie bei den Mongolen geschlitzt
sind. Die Nase ist gerade, manchmal (und zwar nicht besonders
selten) findet man eine Adlernase, oder auch eine Stülpnase.
Häufig findet man große, oft auch aufgeworfene Lippen. Wenn
bei den Tanguten auch die Backenknochen hervorstehen, so ist es
doch nicht in der schroffen Weise, wie bei den Mongolen, der
Fall. Das Gesicht ist im Allgemeinen länglich, aber nicht flach,
der Kopf rund, die Zähne ausgezeichnet und weiß. Die allgemeine Farbe der Haut und des Gesichtes ist dunkel, bei den
Frauen manchmal matt. Im Allgemeinen sind die Frauen
kleiner als die Männer.

Im Gegensatze zu den Mongolen und Chinesen ist das
Barthaar bei den Tanguten stark entwickelt, doch barbieren sie
immer sowohl Schnauz= als auch Kinnbart. Auch das Kopfhaar
wird barbiert und nur am Hinterkopfe ein Schopf gelassen, aus
dem eine Flechte gemacht wird; die Lamas aber barbieren, wie
bei den Mongolen, den ganzen Kopf.

Die Weiber tragen langes Haar, scheiteln dasselbe und
machen an den Seiten des Kopfes fünfzehn bis zwanzig kleine
Flechten. Elegantere Frauen schmücken diese Flechten mit Glasperlen, Bändern u. a. Taube. Außerdem schminken sich aber
auch die Frauen das Gesicht und verwenden hierzu chinesisches
Roth, im Sommer auch Erdbeeren, welche in Menge in den
Gebirgswäldern vegetiren. Die Gewohnheit des Schminkens
fanden wir übrigens nur in Gan=su; in der Gegend des Kuku=nor
und in Zaidam existirt sie nicht, vielleicht nur aus dem Grunde,
weil es dort schwer ist, das hierzu nöthige Material zu erhalten.

Dieses das Aeußere der Tanguten, welche Gan=su bewohnen.
Ein zweiter Zweig dieses Volksstammes, die sogenannten C h a r a =
T a n g u t e n (d. i. die schwarzen Tanguten), welche im Bassin
des Kuku=nor im östlichen Theile Zaidams und am obern Laufe
des gelben Flusses leben, unterscheiden sich von ihren Stammgenossen durch größern Wuchs, dunklere Hautfarbe und am
Meisten durch ihren räuberischen Charakter. Die Chara-Tanguten
tragen auch keine Flechten und barbieren den ganzen Kopf.

Das Erforschen der tangutischen Sprache hat uns ungeheure Schwierigkeiten gemacht und zwar einmal, weil wir keinen Dolmetscher hatten und zweitens wegen des unbegrenzten Mißtrauens der Tanguten selbst. Wenn wir irgend ein Wort in Gegenwart des Sprechenden notirt hätten, würde dies uns für immer die Möglichkeit, eine Beobachtung zu machen, geraubt haben. Da nun mein Kasak, der ohnedies ein schlechter Dragoman war, gar nicht Tangutisch verstand, so konnten wir uns mit seiner Hülfe nur mit den Tanguten verständigen, welche das Mongolische verstanden; es findet sich jedoch nur sehr selten ein solcher, während alle in Gan-su lebenden Tanguten Chinesisch sprechen können. Unvergleichlich häufiger konnte man einen Mongolen finden, der Tangutisch sprach und einen solchen hatten wir auch wirklich während unseres Sommeraufenthaltes im Gebirge von Gan-su. Aber auch in diesem Falle mußte man während der Unterhaltung mit dem Tanguten jeden Satz mit anhören und ihn durch zwei Mittelspersonen übersetzen lassen, was natürlich für die dritte Person unbequem und langweilig war. Ich sprach nun immer mit meinem Kasaken russisch, dieser übersetzte das Gehörte ins Mongolische, und nun sagte der Mongole dem Tanguten, was ich gesagt habe. Wenn wir noch die Beschränktheit des Kasaken-Dolmetschers, die Dummheit des Mongolen und das Mißtrauen des Tanguten in Anschlag bringen, so wird man sich einen Begriff von der Leichtigkeit machen können, mit welcher wir unsere linguistischen Studien im Lande der Tanguten machten. Nur in den günstigsten Fällen und mit Unterbrechungen, in Mitte einer Menge anderer Beschäftigungen, gelang es mir manchmal mit einem Tanguten zu sprechen und verstohlen einige Worte zu notiren. Es ist selbstverständlich, daß unter solchen Umständen nur sehr wenig von einer Sprache aufgefaßt werden konnte, welche dem Europäer ganz fremd ist.

Die Rede der Tanguten ist immer sehr schnell und ihre Sprache hat, wie es scheint, folgende charakteristische Eigenthümlichkeiten:

Sie besitzt einen Reichthum einsilbiger, kurz ausgesprochener Worte, z. B. Tok (der Blitz), Tschsü (das Wasser), Rza (das Gras), Chza (das Haar).

Sie verbindet manchmal eine große Anzahl Mitlaute:

Mdsugëë (die Finger), Namrzaa (das Jahr), Rdsawaa (der Monat), Lamrton-Lama (das Paradies).

Die Vocale am Ende eines Wortes werden oft gedehnt ausgesprochen: Ptschii (der Maulesel), Schaa (das Fleisch), Dsjaja (der Thee), Wëë (der Mann), Sjaja (der Hut); manchmal werden die Vocale auch in der Mitte des Wortes gedehnt ausgesprochen: Saasüü (die Erde), dóoa (der Tabak),

Die Endung „n" am Ende eines Wortes wird gedehnt und nasal, wie im Französischen, ausgesprochen: Lun (der Wind), Schan (der Wald), Sübtschen (der Bach); die Endung „m" wird schnell, abgerissen hervorgebracht: Lamm (der Weg), Onamm (der Donner).

„G" wird am Anfange eines Wortes wie das lateinische „H" ausgesprochen: Goma [spr. Homa] (die Milch); „K" hat häufig einen Anlaut und klingt dann wie „Kch": Kchika (der Gebirgsrücken), Düd-Kchuk (der Tabaksbeutel); „Tsch" wird manchmal wie „Ztsch" ausgesprochen: Ztscho (der Hund); „R" wird, in Verbindung mit andern Stißlauten, am Anfange eines Wortes kaum hörbar hervorgebracht: Rganmu (die Frau), Rmuchaa (die Wolke).

Folgendes sind die tangutischen Worte, welche ich zu verzeichnen vermochte:

Der Berg . . . . Rii.
Der Gebirgsrücken . . . . Kchika.
Der Fluß . . . . Tschsü-tschen.
Der Bach . . . . Süb-tschen.
Der See . . . . Zoo.
Das Wasser . . . . Tschsü.
Das Gras . . . . Rza.
Der Wald . . . . Schan.
Der Baum . . . . Schan-Kyro.
Das Holz . . . . Mii-Schan.
Das Feuer . . . . Mii.
Die Wolke . . . . Rmuchaa.
Der Regen . . . . Zsjar.
Der Schnee . . . . Kyn.
Der Donner . . . . Onam.
Der Blitz . . . . Tok.

Der Frost	Chabsa.
Die Hitze	Dsattschige.
Der Wind	Lun.
Der Weg	Lam.
Der Thee	Dsjaja.
Die Jurte	Kyrr.
Der Herd	Chrjaktab.
Das Zelt	Rükarr.
Die Milch	Homa.
Die Butter	Marr.
Das Fleisch	Schaa.
Das Schaf	Lük.
Der Ziegenbock	Rama.
Die Kuh	Sok.
Der Bulle	Olunmu.
Der Yak { das Männchen . .	Yak.
{ das Weibchen . .	Ndscho.
Der Hund	Ztscho.
Das Pferd	Rtaa.
Der Esel	Onlé.
Der Maulesel	Ptschii.
Der Bär	Bsügdschet.
Der Biber	Tschüchram.
Der Wolf	Kaadam.
Der Fuchs	Haa.
Der Dachs	Bee.
Der Igel	Rgan.
Die Fledermaus	Panaa.
Der Springhase	Rchtálu.
Der Hase	Rugun.
Der Pfeifhase	Btschschaa, Dschaksüm.
Die Maus	Charda.
Der Bobak [Arctomys Bobac]	Schoo.
Die Dserenantilope	Hoo.
Das Moschusthier	Laa.
Der Steinbock	Kascha.
Der Hirsch { das Männchen .	Schaa?
{ das Weibchen . .	Imu.

Das Argali . . . . Rchjan.
Der Kuku-jeman . . . . . Rnaa.
Das Kameel . . . . Namun.
Die Filzdecke . . . . . . Dsügon.
Der Pelz . . . . Rzocha.
Der Hut . . . . Sjaja.
Der Sattel . . . . Rtrga.
Der Rock . . . . Loo.
Der Stiefel . . . . Cham.
Das Hemde . . . . Zélin.
Die Tabakspfeife . . . . . Tĕtchuu.
Der Feuerstahl . . . . . . Muzja.
Der Tabak . . . . Dóoa.
Das Hufeisen . . . . . . Rnichzjak.
Der Tabaksbeutel . . . . . Düdkchuk.
Die Mannsperson . . . . Chtscheibsa.
Die Frauensperson . . . . Orchmat.
Das Kind . . . . Sjasi.
Der Mann . . . . Wee.
Die Frau . . . . Rganmu.
Der Mensch . . . . . . Mni.
Der Kopf . . . . Mni-gou.
Das Auge . . . . Nik.
Die Nase . . . . Chnaa.
Die Stirn . . . . Totba.
Das Ohr . . . . Rna.
Die Augenbrauen . . . . . Dsuma.
Der Mund . . . . Ka.
Die Lippe . . . . Tschĕli.
Die Backe . . . . Dsjamba.
Das Antlitz . . . . Noo.
Die Haare . . . . Chzja.
Der Schnauzbart . . . . . Kóbsy.
Der Backenbart . . . . . Dsjara.
Der Bart . . . . Dsjamki.
Der Zahn . . . . Soo.
Die Zunge . . . . Chze.
Das Herz . . . . Rchin.

Das Blut	Tschak.
Der Hals	Chnja.
Die Gedärme	Dsünak.
Die Brust	Ptschan.
Die Hand	Lóchwa.
Der Finger	Mdsugëë.
Der Nagel	Zínmu.
Der Rücken	Zanra.
Der Leib	Tschötbu.
Der Fuß	Kúnaa.
Die Fußsohle	Kánti.
Das Knie	Ormu.
Das Schienbein	Chzínar.
Gott	S-chaa.
Der Engel	Túnba.
Der Teufel	Dschee.
Das Paradies	Lamrton-lamá.
Die Hölle	Chardú.
Der Himmel	Nam.
Die Sonne	Nima.
Die Sterne	Kárama.
Der Mond	Dáwa.
Die Erde	Sáasüü.
Das Jahr	Námrzaa.
Der Monat	Rdsawaa.
Die Woche	Níma?-abdun.
Der Tag	Níma?
Die Nacht	Námgum.
Gehen	Dschëo.
Stehen	Lángot.
Essen	Tása.
Trinken	Tun.
Schlafen	Rnit.
Liegen	Njaja.
Sitzen	Dok.
Schreien	Küpset.
Sprechen	Schóda.
Beten	Schagamza.

Bringen	Zeraschok.
Reiten	Dandschë.
Laufen	Dardschuk.
Er	Kan.
Ist	Jöm.
Ja	Rit.
Nein	Mit.
1	Chzik.
2	Ni.
3	Sum.
4	Bschë.
5	Rna.
6	Tschok.
7	Dün.
8	Dsjat.
9	Rgü.
10	Zü-tambá.
11	Zü-chzik.
12	Zü-ni.
20	Ni-tschi-tamba.
30	Sum-tschi-tamba.
40	Bschëp-tschi-tamba.
50	Rnop-tschi-tamba.
60	Tschok-tschi-tamba.
70	Dün-tschi-tamba.
80	Dsjat-tschi-tamba.
90	Rgün-tschi-tamba.
100	Rdsja-tamba.
101	Rdsja-ta-chzík.
102	Rdsja-ta-ni.
200	Nú-rdsja.
300	Sum-rdsja.
400	Bschë-rdsja.
500	Rna-rdsja.
600	Tschok-rdsja.
700	Dün-rdsja.

800	D s j a t - r d s j a.
900	R g ü - r d s j a.
1000	R t ú n - t y k - c h z í k.
2000	R t ú n - t y k - n í.
10,000	T s c h í - z o k - c h z í k.
20,000	T s c h í - z o k - n í.
100,000	B ú m a.
200,000	B ú m a - n í.
300,000	B ú m a - s u m.
1,000,000	S í w a.
10,000,000	D u n c h y r.

(Hier sei noch bemerkt, daß die Vocale, welche gedehnt werden, doppelt geschrieben sind, das Zeichen ., bedeutet, daß auf der Silbe der Accent ruht.)

Die Kleidung der Tanguten wird aus Tuch oder Schaffellen gefertigt; das Klima der Gegend, welches im Sommer ungemein feucht, im Winter aber sehr kalt ist, bedingt die Verwendung solchen Materials. Die Sommerkleidung der Männer, wie der Frauen, bilden: ein Rock aus grauem Tuche, der nur bis ans Knie reicht, chinesischer oder eigener Arbeit, Stiefel und ein Filzhut, der gewöhnlich grau, niedrig und mit breiter Krempe versehen ist. Hemden und Hosen tragen die Tanguten nie, so daß sie selbst im Winter den Pelz auf den nackten Leib anziehen. Der obere Theil der Beine bleibt gewöhnlich unbedeckt. Die Reichen tragen einen Rock aus blauem, chinesischem Baumwollenzeuge, was schon als Eleganz betrachtet wird, und die Lamas tragen, wie bei den Mongolen, gelbe, seltener rothe Kleidung.

Im Allgemeinen ist die Kleidung der Tanguten weit ärmlicher, als die der Mongolen, so daß ein seidener Rock, den man in der Chalcha überall findet, im Gebiete der Tanguten zu den größten Seltenheiten gehört. Welche Kleidung aber auch der Tangute tragen mag, er steckt selbst im Winter den rechten Arm nicht in den Aermel; dieser Arm und der entsprechende Theil der Brust bleiben immer nackt. Dieser Angewohnheit entsagt man sogar nicht während der Reise, wenn diese während schönen Wetters stattfindet.

Wenn ein Tangute sich durch Eleganz auszeichnen will,

verbrämt er seinen Rock mit Dachsfell, welches aus Tibet herbei=
geschafft wird; außerdem trägt man im linken Ohre einen großen
silbernen Ohrring, der mit einem großen rothen Granat geschmückt
ist. Ferner gehören ein Feuerstahl und ein Messer im Gürtel
auf dem Rücken, ein Tabaksbeutel und eine Tabakspfeife an der
linken Seite zu den unbedingt nothwendigen Theilen des Kostüms.
In Kuku=nor und Zaidam tragen alle Tanguten, ebenso wie die
Mongolen, im Gurte einen langen und breiten tibetanischen
Säbel. Das Eisen, aus denen diese Säbel gefertigt sind, ist
sehr schlecht, trotzdem der Preis der Waffe ein sehr hoher ist;
für die einfachste Klinge werden drei oder vier Lan gezahlt und
eine etwas bessere Klinge kostet bis gegen fünfzehn Lan.

Die Frauen tragen, wie oben gesagt, ganz dieselbe Kleidung,
wie die Männer; zum Staate tragen sie jedoch ein breites Hand=
tuch, das mit weißen Spitzen von einer Breite von drei Centimeter
besetzt ist, über den Schultern. Diese Spitzen werden aus
Muscheln gefertigt, welche man in einer Entfernung von sechs
Centimeter eine von der andern auf eine Schnur reiht. Außer=
dem sind aber auch, wie bei den Mongolen, rothe Glasperlen
ein unentbehrliches Bedürfniß der reichen und eleganten Damen.

Die Universalwohnung des Tanguten bildet ein schwarzes
Zelt, welches mit grobem und undichten Tuche, das aus Yakhaaren
gefertigt ist, überdeckt ist. Diese Tuchdecken sind mittelst Schleifen
und Pflöcken am Boden befestigt. Im fast wagerechten Dache
dieser Zelte ist eine Oeffnung gelassen, deren Breite ungefähr
$\frac{1}{3}$ Meter, deren Länge gegen $\frac{1}{2}$ Meter beträgt und die als
Schornstein dient. Unter dieser Oeffnung wird nämlich ein
beständiges Feuer unterhalten, das ebenso zur Erwärmung des
Wohnraumes, als auch zur Zubereitung der ärmlichen Nahrung
der Bewohner dient. Die Oeffnung wird für die Nacht und
wenn Regen droht geschlossen. Dem Eingange gegenüber steht,
wie in den Jurten der Mongolen, eine Art Altar mit ver=
schiedenen Heiligenbildern (Burchany), welche wahrscheinlich die
Aufgabe haben, die neben ihnen auf dem bloßen Erdboden liegende
geringe Habe der Bewohner zu bewachen und zu beschützen.
An den Seitenwänden befindet sich die Lagerstätte der Bewohner,
die einfach aus hingestreuten Baumzweigen, welche hin und wider
mit halbverfaulten Filzdecken bedeckt sind, besteht und den auf

22*

ihr Liegenden kaum vor der Bodennässe schützt. Es ist gewiß, daß im Bau des Hamsters, der mit dem Tanguten das Land bewohnt, mehr Ordnung, Comfort und Reinlichkeit herrscht, als im Zelte des Tanguten.

Nur in der waldreichen Gebirgsgegend von Gan-su vertritt oft ein hölzernes Häuschen, eine Fansa, die Stelle des schwarzen Zeltes; es ist dies jedoch nur dort der Fall, wo die Tanguten mit den Chinesen vermischt leben und sich wie diese mit Ackerbau beschäftigen. Das Aeußere dieser hölzernen Häuschen der Tanguten erinnert lebhaft an die Rauchhütten [Kurnye chaty] der Weißreußen (im Gouvernement Mohilew, Minsk u. A.), doch sind die Häuschen der Tanguten noch elender gebaut. Einen Bretterfußboden findet man in diesen Wohnungen nicht und selbst die Wände sind nicht behauen, sondern aus rohen Baumstämmen aufgeführt, die auf einander gelegt werden. Die etwaigen Zwischenräume zwischen den Balken werden mit Lehm verschmiert und das Dach wird aus Stangen gemacht, die mit Erde bedeckt werden. In der Mitte dieser Decke ist eine viereckige, fensterähnliche Oeffnung, durch welche der Rauch entweicht.

Doch ist auch eine solche Wohnung noch sehr comfortabel im Vergleiche mit dem schwarzen Zelte; in ihr ist der Tangute doch zum Mindesten gegen das Unwetter geschützt, während ihn in seiner schwarzen Schatra [Zigeunerzelte] im Sommer der Regen durchnäßt und im Winter der Frost durchbringt. Man kann ohne Uebertreibung sagen, daß der Pfeifhase, welcher neben dem Tanguten lebt, zehnmal mehr Bequemlichkeiten hat, als dieser. In der Höhle dieses Thierchens befindet sich doch wenigstens ein weiches Lager; der Tangute begnügt sich in seinem schmutzigen Zelte mit einem Lager aus einer Handvoll Reisig, oder aus faulenden Filzdecken, welche auf den feuchten, häufig sogar nassen Boden, geworfen werden.

Die Hauptbeschäftigung der Tanguten ist die Viehzucht, welche alle seine wenig gewählten Lebensbedürfnisse befriedigt. Von Hausthieren werden hauptsächlich der Yak und Schafe (ohne Fettschwanz) gehalten; in geringerer Zahl züchten die Tanguten Pferde und Rindvieh. Der Reichthum an Vieh ist im Allgemeinen sehr groß, denn die reichen Weiden in den Gebirgen von Gan-su und in den Steppen von Kuku-nor ermöglichen das

Ernähren großer Herden. Häufig sahen wir dort und hier
Yakherden von einigen Hundert und Schafherden von einigen
Tausend Exemplaren, welche einem Eigenthümer gehörten. Aber
die Eigenthümer solcher Herden leben trotzdem in ihren schmutzigen
schwarzen Zelten, wie ihre ärmsten Landsleute. Es ist sehr viel,
wenn ein reicher Tangute einen baumwollenen Rock, statt eines
gewöhnlichen Tuchrockes anzieht, und ein Stückchen Fleisch mehr
als der Aermere genießt; die Lebensweise dieses Menschen unter=
scheidet sich durch nichts von der seines Arbeiters. Er ist eben

Der zahme Yak.
Nach einer Zeichnung von J. E. Winterbottom.

so unrein, wie dieser und wäscht sich nie; seine Kleidung wimmelt
ebenso von Parasiten, mit deren Vertilgung sich die Tanguten
ebenso offen und ungenirt, wie die Mongolen, befassen.

Als charakteristisches Thier des Gebietes der Tanguten
erscheint der langhaarige Yak, welcher der beständige Begleiter
des Tanguten ist. Dieses Thier wird auch in den Ala=schaner
Gebirgen gezüchtet und von den Mongolen im nördlichen Chalcha,
welches gebirgig und reich an Wasser und Weide ist, in großer
Anzahl gehalten. Dieses sind die nothwendigen Lebensbedingungen
des Yak, der sich nur in gebirgigen hoch über dem Meere ge=

legenen Gegenden wohl befindet. Das Wasser ist ein unumgänglich nothwendiges Bedürfniß für den Yak; er liebt es sich zu
baden und schwimmt sehr geschickt. Wir haben häufig gesehen,
wie diese Thiere, selbst mit Gepäck auf dem Rücken, über den
reißenden Tetung-gol geschwommen sind. In Bezug auf die
Größe ist der zahme Yak dem Rinde ähnlich. Die Farbe des
Haares pflegt schwarz oder bunt, d. h. schwarz mit weißen
Flecken, zu sein. Ganz weiße Thiere dieser Art sind eine große
Seltenheit.

Trotz der Jahrhunderte langen Sklaverei hat der Yak die
Widerspenstigkeit des wilden Thieres behalten; seine Bewegungen
sind schnell und leicht; wenn er gereizt ist, ist er durch seine
Wuth dem Menschen gefährlich.

Als Hausthier ist der Yak im höchsten Grade nützlich. Er
liefert nicht nur Haare, ausgezeichnete Milch und Fleisch, sondern
wird auch zum Transporte von Lasten benutzt. Es ist wahr,
daß es vieler Geduld und großer Geschicklichkeit bedarf, um ihm
die Last aufzulegen, aber dafür geht er auch mit einem Gepäcke
von 90 bis nahezu 120 Kilogramm ausgezeichnet über hohe und
steile Berge, häufig über die gefährlichsten Jußsteige. Die Sicherheit und Festigkeit des Ganges dieses Thieres ist bewundernswürdig; er geht über solche Felsvorsprünge, über welche kaum
ein Steinbock oder Felsschaf gehen würde. Im Gebiete der
Tanguten, wo nur wenig Kameele leben, dient der Yak fast
ausschließlich als Lastthier und es gehen große Karawanen aus
der Gegend von Kuku-nor nach Lassa.

In den Gebirgen von Gan-su weiden Yakherden fast ohne
jegliche Aufsicht; sie gehen während des ganzen Tages auf der
Weide einher und werden nur zur Nacht in die Nähe der Zelte
ihrer Eigenthümer getrieben.

Die Milch der Yakkühe schmeckt ausgezeichnet und ist dick,
wie Sahne; die aus ihr bereitete Butter ist immer gelb und
weit besser, als Butter aus Kuhmilch. Der Yak ist mit einem
Worte ein höchst nützliches Geschöpf und es wäre sehr zu wünschen,
daß dieses Thier bei uns in Sibirien und in den Gegenden des
europäischen Rußlands eingeführt werde, wo es reichliche Nahrung
finden kann, wie z. B. im Uralgebirge und am Kaukasus. Es
wäre dies um so leichter, als das Acclimatisiren des Yak nicht

mit besonderer Mühe verbunden ist. In Urga kann man so viel Yaks wie man will kaufen und kostet dort das Stück 20 bis 30 Rubel; der Transport nach dem europäischen Rußland würde während des Sommers nicht zu theuer zu stehen kommen.

Die Tanguten reiten auch auf dem Yak. Um das Thier sowohl beim Reiten, als auch beim Lasttragen zu regieren, wird ihm ein großer hölzerner Ring durch die Nasenwand gezogen, an welchem eine Leine, die als Zügel dient, befestigt ist.

Der Yak kreuzt sich gern mit dem gewöhnlichen Rinde, und die Ochsen, welche einer solchen Kreuzung entstammen und von den Tanguten C h a j n y k genannt werden, sind weit stärker und ausdauernder zum Lasttragen und werden deshalb auch weit theurer bezahlt, als Vollbluttiere.

Eine geringe Anzahl der von uns beobachteten Tanguten, welche mit Chinesen vermischt in der Gegend von Tscheibsen leben, beschäftigen sich mit Ackerbau, doch behagt ihnen sichtlich das ansässige Leben nicht, es ist gegen ihre Nomadennatur. Die Ansässigen beneiden immer ihre nomadisirenden Brüder, welche mit ihren Herden von Weide zu Weide ziehen. Dabei ist ja auch das Hirtenleben mit weniger Mühen verbunden, welche dem faulen Charakter des Volkes nicht entsprechen.

Auf den Lagerplätzen errichten die Tanguten immer einige Jurten neben einander; sie leben selten vereinzelt, was allgemein bei den Mongolen der Fall ist. Im Allgemeinen sind die Gewohnheiten und der Charakter dieser beiden Volksstämme diametral von einander verschieden. Während der Mongole aus= schließlich an die dürre, unfruchtbare Wüste gebunden ist und die Feuchtigkeit mehr als alle sonstigen Unannehmlichkeiten seines Heimathslandes fürchtet, ist der Tangute, welcher eine neben der Mongolei gelegene, aber physisch ganz anders ausgestattete Gegend bewohnt, ein Mensch von ganz anderem Temperamente geworden. Ein feuchtes Klima, Gebirge, herrliche Weiden locken den Tan= guten, welcher die Wüste haßt und sie fürchtet, wie seinen Todt= feind. Diesem entsprechen auch die charakteristischen Hausthiere beider Nomadenvölker; das Kameel des Mongolen ist, seinen Eigenschaften nach, das vierfüßige Ebenbild seines Eigenthümers und der tangutische Yak besitzt in nicht geringerem Maße die hervorragendsten Neigungen der Tanguten.

In den bewaldeten Gebirgen von Gan-su befassen sich einige,
jedoch nur sehr wenige Tanguten mit dem Drechseln hölzerner
Geräthe, wie z. B. Schüsseln zum Essen und zum Aufbewahren
von Butter; letztere wird übrigens hauptsächlich in Yak= oder
Schaffellen aufbewahrt.

Mehr als andere Beschäftigungen ist das Spinnen von
Yakhaaren (seltener von Wolle) bei den Tanguten verbreitet, ja
es bildet, so zu sagen, die einzige Beschäftigung. Aus diesem
Gespinnste wird die Kleidung angefertigt. Das Spinnen wird
sowohl zu Hause als auch während des Marsches von einem
Lagerplatze auf den andern betrieben und man bedient sich hierzu
eines 1 bis 1,36 Meter langen Stockes, dessen oberes Ende in
Form eines Hornes gebogen ist, an das die Spindel angehängt
wird. Die Tanguten weben jedoch nicht selbst Tuch aus ihrem
Gespinnste, sondern überlassen diese Arbeit den Chinesen. Bemerkenswerth ist, daß in Gan - su, beim Tuchkaufe (wenigstens
seitens der Tanguten) das Tuch durch Ausstrecken der Arme
gemessen wird, so daß die Größe des Maßes und natürlich auch
der Preis vom Wuchse des Käufers abhängt.

Die Pflege des Viehs bildet die einzige Arbeit des Tan-
guten und reißt diesen Menschen einigermaßen aus der absoluten
Faulheit, der er sich während seines ganzen Lebens hingiebt.
Erwachsene und Kinder sitzen Stunden lang am Herde des
Zeltes und thun wörtlich Nichts als Thee trinken, welcher für
die Tanguten ebenso unabweisbares Bedürfniß ist, wie für die
Mongolen. Im Gebiete der Tanguten, wo in Folge des Dunganenaufstandes der Formthee jetzt sehr theuer ist, vertritt seine
Stelle ein Getränk aus getrockneten Köpfchen des gelben Lauchs,
welcher in den Gebirgen in großer Menge zu finden ist, und
noch einer andern Pflanze, welche getrocknet und wie Tabak
gepreßt wird. Die Hauptfabrikation dieser Art Thees wird in
der Stadt Donkyr, welche gegen 20 Kilometer westnordwestlich
von Sining liegt, betrieben und ist deshalb unter dem Namen
des „Donkyrschen Thees" bekannt. Das ekelhafte Gebräue aus
diesen Pflanzen mengen die Tanguten mit Milch und vertilgen
es in unglaublichen Massen. Wie bei den Mongolen
kommt auch bei den Tanguten der Theekessel den ganzen
Tag hindurch nicht vom Herde und man trinkt wohl zehn

Mal des Tages Thee.   Jeder Gast wird sicherlich mit Thee bewirthet.

Die durchaus nothwendige Zugabe zum Thee ist die Dsamba, von welcher eine Handvoll in die Schüssel geschüttet wird, welche halb mit Thee gefüllt ist. Hierauf wird aus ihr mit den Händen ein fester Teig gemacht, dem, um seinen Geschmack zu erhöhen, Butter und getrockneter Käsequark (T ſ ch u r m a) zugesetzt wird. Diesen Zusatz geben jedoch nur die Reichen; die Armen begnügen sich beim Thee trinken mit bloßer Dsamba. Dieses ekelerregende Gemisch bildet sowohl bei den Tanguten, als auch bei den in Gan-ſu, Kuku-nor und Zaidam lebenden Mongolen die Hauptnahrung; die ersteren genießen überhaupt nur wenig Fleisch. Selbst der reiche Tangute, der einige Tausend Stück Vieh hat, schlachtet selten einen Hammel oder Yak. Der Geiz und die Habsucht dieses Menschen ist so groß, daß er selbst dem Genusse eines Stückchen Fleisches entsagt, um nur einen Lan Silber mehr zu verwahren. Dafür aber verachten die Tanguten eben so wenig wie die Mongolen das Fleisch gefallener Thiere, und überfressen sich mit dem größten Wohlbehagen mit demselben.

Nach dem Thee und der Dsamba bildet der T a r y k, d. h. gekochte saure Milch, von welcher jedoch vorher die Sahne abgeschöpft wurde, das Lieblingsgericht der Tanguten. Aus der Sahne wird Butter gemacht. Der Taryk ist die beliebteste Milchspeise der Tanguten und man kann ihn in jeder Jurte finden. Die Reichen machen aber außerdem aus solchem Käsequarke durch Zusatz von Butter eine eigene Art von Käse, doch wird dies schon als großer Luxus betrachtet.

Die Unreinlichkeit der Tanguten, sowohl in Bezug auf Speise, als auch in jeder andern Hinsicht, übersteigt alle Grenzen. Das Geschirr, in welchem die Speisen bereitet werden, wird nie gewaschen; nur die Schüsseln werden ausgeleckt und unter dem Arme im Rocke oder Pelze getragen, wo verschiedene Insekten nisten. Nachdem der Tangute diese getödtet hat, macht er sich, ohne auch nur die Hände zu waschen, ans Kneten der Dsamba. Das Euter der Kuh wird vor dem Melken ebenfalls nie gewaschen, die Milch gießt man in schmutziges Geschirr und zum Buttern dient ein Stück Schaffell, das an einem Stocke befestigt, von der Wolle nicht befreit ist, und nie gereinigt wird.

Da sich die Tanguten, mit geringen Ausnahmen, nicht mit Ackerbau beschäftigen, reisen sie, um Dsamba und andere ihnen nothwendige Gegenstände zu kaufen, nach der Stadt Donkyr. Dieses ist die wichtigste Handelsstadt dieses Volkes. Hierher treiben die Tanguten ihr Vieh, bringen sie ihre Felle und Wolle und vertauschen Alles gegen Dsamba, Tabak, Baumwollenstoff, chinesische Stiefel u. s. w., so daß der Handel in Donkyr haupt= sächlich Tauschhandel ist. In Kuku=nor und Zaidam wird auch der Werth der Waare nicht nach Geld, sondern nach einer ge= wissen Anzahl von Schafen, gegen die sie vertauscht wird, berechnet.

Wie durch ihr Aeußeres, unterscheiden sich die Tanguten von den Mongolen auch durch ihren Charakter, in welchem mehr Muth und Energie liegt; die Tanguten sind aber außerdem auch gedankenreicher, als die Mongolen, besonders als die von Kuku= nor und Zaidam. Dagegen findet man bei diesem Volk bei weitem nicht die Gastfreundschaft, welche man bei allen Mongolen findet, die sich unvermischt erhalten haben. Der Tangute ver= richtet die geringste Dienstleistung nicht unentgeltlich, sondern sucht so viel wie möglich zu erhandeln und schont in dieser Beziehung selbst seinen Landsmann nicht.

Der Bewillkommnungsgruß besteht bei den Tanguten in einem horizontalen Ausstrecken der Hände und den Worten: Aka=temu, d. i. Willkommen. Das Wort „Aka" bedeutet, wie bei den Mongolen das Wort: Nochor, soviel, wie unser „Herr", oder „gnädiger Herr" und wird während der Unter= haltung sehr häufig angewendet. Wenn der Tangute mit Jemanden Bekanntschaft macht, wie überhaupt bei jedem Besuche, besonders seitens einer wichtigen Person, schenkt er eine seidene Schärpe; der Werth dieser Schärpe ist bis zu einem gewissen Grade von der Zuneigung des Gastes und Wirthes abhängig.

Der Tangute hat nur eine Frau, doch hält er nebenbei noch einige Kebsweiber. Die Frauen haben die häuslichen Arbeiten zu verrichten, doch sind sie, wie es scheint, im häus= lichen Leben mit den Männern gleichberechtigt. Bemerkenswerth ist die Sitte der Tanguten fremde Frauen, natürlich mit Ein= willigung derselben, zu rauben. In einem solchen Falle gehört die geraubte Frau dem Räuber, doch zahlt er ihrem ersten

Manne ein Kaufgeld, das oft sehr bedeutend ist. Sowohl
Männer als Frauen zählen bei den Tanguten ihr Alter vom
Tage der Empfängniß, so daß zur Zeit der verlebten Tage auch
die hinzugefügt wird, welche sie im Schooße der Mutter ver=
lebt haben.

Wie die Mongolen sind auch die Tanguten sehr eifrige
Buddhisten und sind dabei furchtbar abergläubig. Verschiedene
Arten von Zauber und Wahrsagereien trifft man neben religiösen
Prozessionen auf jedem Schritte neben einander bei diesem Volke.
Eifrige Pilger gehen alle Jahre nach Lassa. Die Lamas ge=
nießen bei den Tanguten die allgemeine Verehrung und ihr
Einfluß auf dieses Volk ist ein unbegrenzter. Doch findet man
im Gebiete der Tanguten weniger Klöster, als in der Mongolei,
so daß die Higenen, deren Anzahl auch hier sehr groß ist, manch=
mal mit andern Sterblichen in schwarzen Zelten wohnen. Auch
die letztern werden, wenn sie gestorben sind, nicht beerdigt, sondern
in den Wald oder in die Steppe geworfen, wo sie von Geiern
und Wölfen verzehrt werden.

Alle Tanguten werden von eigenen Beamten regiert, welche
jedoch dem chinesischen Regenten von Gan=su untergeordnet sind.
Der letztere hat seinen Sitz in Sining, siedelte jedoch, als diese
Stadt von den Dunganen eingenommen worden war, nach
Dschun=lin über. Als jedoch die chinesische Armee im Herbste
1872 Sining zurückeroberte, kehrte auch der Amban von Gan=su
in seine frühere Residenz zurück.

––––––––

Der muhamedanische Aufstand, welcher im Anfange des
vorigen Jahrzehntes ganz Westchina ergriffen, hatte im
Anfange sichtlich alle Aussichten auf Erfolg im Kampfe mit der
mandschurischen Regierung, befindet sich aber derzeit im voll=
ständigen Verfalle. Nachdem er gleich bei Beginn sein Haupt=
ziel erreicht hatte, welches die Befreiung von der verhaßten
Regierung war, gaben die Aufständischen, welche wir Dunganen,
die Chinesen aber Choj=Choj nennen, auf einem ungeheuren
Landstriche, welcher westlich der großen Mauer und dem obern
Laufe des gelben Flusses liegt, ihre agressive Bewegung auf und

beschränkten sich auf Räubereien in den benachbarten Gegenden Chinas und der Mongolei. Die Verwüstung von Ordos und Ala = schan im Osten, Uljasutajs, Kobdos und Bulun = tochos im Westen, waren die letzten großen Waffenthaten der Choj=Chojer, welche kurze Zeit darauf von den Chinesen Niederlagen zu er= leiden begannen, da diese endlich zu entschiedenen Angriffsmaß= regeln im Osten des obern Chuan = che ihre Zuflucht nahmen. Hier waren wir Augenzeugen des Kampfes zwischen den Auf= ständischen und der chinesischen Armee und deshalb wird die folgende Darstellung sich nur auf die Unternehmungen beider Parteien in der Provinz Gan = su beziehen. (Die Bezeichnung „Dunganen" ist den Chinesen gänzlich unbekannt; auch die Muhamedaner der von uns besuchten Gegenden kennen sie nicht. Die Chinesen belegen mit dem Namen „Choj = Choj" alle Muhamedaner, die in den Grenzen des Reiches leben. Diese Muhamedaner sind Sunniten, zerfallen aber in verschiedene Secten.)

Hier begann der dunganische Aufstand im Jahre 1862 und zeichnete sich anfänglich ebenfalls durch wichtige Erfolge der Insurgenten aus. Drei größere Städte — Sining, Tetung und Su = tschschöu fielen schnell in ihre Gewalt; die chinesischen Be= satzungen wurden niedergehauen, oder nahmen den muhamedanischen Glauben an und gingen zu den Aufständischen über. Gleichzeitig blieben jedoch die Chinesen, nach dem Verluste dieser großen Städte, im Besitze vieler anderer (Dschun = lin, Sa = jan = tschin, Dabschin, Lan=tschschöu, Gan=tschschöu), in welchen sie Garnisonen hatten, so daß Gan = su nicht ganz für sie verloren war. Die Besitzungen der Choj = Chojer und Chinesen lagen hier nicht nur ganz nahe neben einander, sondern waren häufig mit einander vermengt, und weder die eine noch die andere Partei griff zu irgend einer entschiedenen Maßregel.

Bei dieser Lage der Dinge wurden kleine Raubzüge und Morde das Hauptziel der befreiten Choj = Chojer und da dieses die Stelle aller andern Bestrebungen einnahm, so gerieth auch der muhamedanische Aufstand in Verfall, ehe er sichere politische Resultate erreicht hatte. Statt in einer großen, geeinigten Masse an den gelben Fluß und gerade zu auf Peking zu mar= schieren, und unter den Mauern dieser Stadt die Frage über

die Existenz eines selbständigen muhamedanischen Reiches im
Osten Asiens zur Entscheidung zu bringen, begannen die Dun=
ganen, in kleine Abtheilungen getheilt, deren Hauptzweck war
durch Raub Beute zu erwerben, durchs Land zu ziehen.

Indessen hatten die Aufständischen, wenn sie energisch die
Offensive wider China ergriffen hätten, viel Aussichten für sich
und konnten auf Erfolg rechnen. Nicht gerechnet die bekannte
Feigheit und Demoralisation der chinesischen Armee, so hätten
ja die Choj=Chojer sogleich in den Provinzen des eigentlichen
Chinas in der muhamedanischen Bevölkerung, welche von Haß
gegen die mandschurische Herrschaft beseelt ist, bedeutende Unter=
stützung gefunden; diese war bereit beim ersten Erscheinen ihrer
westlichen Glaubensgenossen die Fahne des Aufstandes zu erheben.
Wenn man dabei berücksichtigt, daß, nach der annähernden Be=
rechnung unseres pekinger Sinologen, Archimandriten Pallabi
(Arbeiten der Mitglieder der pekinger geistlichen Mission im Jahre
1866, Th. IV, S. 450 [russ.]) im eigentlichen China drei bis
vier Millionen Muhamedaner leben, und daß sie, im Vergleiche
mit den Chinesen, sich durch größere Energie des Charakters
auszeichnen, dabei auch durch religiöse Bande zu einem Ganzen
verbunden sind, so wird man begreifen, wie sehr gefahrdrohend
ein kühnes Vorgehen der Dunganen, wenn nicht dem Bestehen
des chinesischen Reiches, so doch jedenfalls der Mandschuren=
herrschaft war. Die Lage war um so drohender, als im Süden
Chinas in derselben Zeit der Aufstand der Taipings und Musel=
männer herrschte, welche übrigens mit dem Aufstande der Dun=
ganen nichts gemein hatten. Von zwei Seiten, von Süd und
West drohte der Regierung in Peking große Gefahr, aber weder
diese noch jene Aufständischen verstanden es von ihren ursprüng=
lichen Vortheilen Nutzen zu ziehen und zur Offensive über=
zugehen.

Ein zweiter wichtiger Fehler, den die Choj=Chojer begangen
haben, war, daß sie nicht begriffen, welchen ungeheuren Nutzen
sie im Kampfe mit China aus dem furchtbaren Hasse der Mon=
golen gegen die Chinesen ziehen konnten, wenn sie ihre Zuneigung
gewinnen. Das gleiche Streben von dem schweren chinesischen
Joche frei zu werden, würde die Nomaden und Dunganen ge=
nähert haben und beide Völker, wenngleich einander fremd nach

Glauben und Charakter, konnten vereint ein gemeinsames Ziel
anstreben. Indessen haben die Dunganen seit Beginn des Auf=
standes gegen die Mongolen so thierisch gewüthet, wie gegen die
Chinesen und haben so natürlich die Nomaden wider sich auf=
gebracht.

Alle hier aufgezählten Chancen des Krieges der muhameda=
nischen Insurgenten wider China konnten jedoch nur ausgebeutet
werden, wenn der Aufstand eine einheitliche Führung gehabt
hätte. Diese aber fehlte den Dunganen. Jede große Stadt
mit einem bestimmten Bezirke handelte nach eigenem Gutdünken
und hatte ihre eigenen unabhängigen Führer, — Achunen oder
Chobschen, so daß z. B. in Gan=su — Sining, in Tetung —
Su=tschschöu mit ihren Bezirken gänzlich von einander unabhängig
waren. Wie leicht aber der Krig mit China gewesen wäre, ist
daraus zu ersehen, daß die Dunganen, selbst bei der gänzlichen
Zusammenhangslosigkeit ihrer Unternehmungen, im Jahre 1869
Ordos und Ala=schan trotz der 70,000 Mann zählenden chine=
sischen Armee, welche am mittlern Chuan=che aufgestellt war, zu
verwüsten vermochten. Im folgenden Jahre haben die Insur=
genten Uljasutai und ein Jahr darauf Kobdo, die Hauptpunkte
der westlichen Mongolei, verwüstet und Bulun=tochoj wurde noch
im Jahre 1873 zerstört. In den beiden erstgenannten Städten
befanden sich chinesische Besatzungen, aber sie versteckten sich, als
die Aufständischen erschienen und setzten ihnen nicht den geringsten
Widerstand entgegen.

Aus Obigem darf jedoch nicht auf die Tapferkeit der Choj=
Chojer selbst geschlossen werden; wenigstens gilt dies von denen
in Gan=su; die Muhamedaner des ehemaligen chinesischen Tur=
kestans und von Tjan=schan sind vielleicht anders geartet. That=
sächlich sind jene eben solche Hasenherzen, wie die Chinesen im
Allgemeinen; sie sind nur da verwegen, wo sie wissen, daß sie
auf keinen ernsten Widerstand stoßen. Alle Raubzüge und Kriege
der Dunganen wider die Chinesen basirten auf der Annahme, daß
— ein Hase den andern einschüchtern, ein Fuchs den andern
überlisten werde. Deßhalb auch wurde der Dungane ein reißendes
Thier, wenn es ihm gelang, einen Sieg zu erringen, und der
Chinese vergalt, gegebenen Falls, Gleiches mit Gleichem. Der
Sieg der einen wie der andern Partei hatte immer Mord und

allgemeinen Raub zur Folge. Der Besiegte mußte über die
Klinge springen, und deshalb kannte man im Kriege der Dun=
ganen mit den Chinesen keine Gefangene und keine Begnabigte.
Aller Orten, an denen ein muhamedanischer Aufstand ausbrach,
wurden die mandschurischen Beamten und chinesischen Soldaten
bis auf den letzten Mann getödtet; nur sehr selten wurden Sol=
daten unter der Bedingung begnadigt, daß sie den muhameda=
nischen Glauben annehmen. Die friedliche chinesische Bevölkerung,
welche im Gebiete der Dunganen ansäßig war, erhielt, wenn sie
zum Muhamedanismus übertrat, gleiche Rechte mit den Dun=
ganen; die übrigen wurden als Sclaven behandelt. Von den
Frauen wurde ein Glaubenswechsel nicht gefordert.

Ein dunganischer Heerhaufen muß aber thatsächlich eine
wahre Carricatur eines Heeres gewesen sein, gut zum Rauben,
Morden und — Flüchten. Er wurde aus den verschiedensten
Stämmen recrutirt und häufig war die Hälfte gänzlich unbe=
waffnet. Die anderen waren theils mit Lanzen oder Säbeln,
theils aber, und zwar in geringer Anzahl, mit Luntenflinten be=
waffnet. Bei jeder Abtheilung befanden sich Greise, Weiber und
Kinder, welche nur auf die Flucht des Feindes warteten, um zu
rauben, und mit dem Raube unter dem Schutze der Bewaffneten
zu entfliehen.

Um einen klaren Begriff von der ganzen Ungeheuerlichkeit,
der dunganischen Kriegführung zu geben, will ich die von ihnen
ausgeführte Belagerung des Klosters Tscheibsen, welche drei
Jahre vor unserer Ankunft daselbst erfolgte, beschreiben.

Dieses Kloster ist von einer quadratischen Lehmmauer um=
geben, welche gegen sieben Meter hoch ist und deren jede Seite
eine ungefähre Länge von 40 Klaftern hat. In der Mitte jeder
der vier Mauerseiten, wie auch in den vier Winkeln befinden
sich kleine Thürmchen, welche eine Besatzung von 15 bis 20 Mann
beherbergen. Die Mauer ist mit einem Bretterdache, das nach
innen und außen abfällt, versehen. Außerhalb dieser Befestigung
befinden sich rings herum gegen hundert Hütten (Fansen), welche
ebenfalls von niederen Lehmmauern umgeben sind. Innerhalb
dieser Feste ist nicht einmal ein Brunnen vorhanden und deßhalb
muß das Wasser aus einem Bache geholt werden, der außerhalb
der Befestigung fließt.

Im Sommer des Jahres 1868 näherten sich einige Tausend Dunganen diesem Platze, um das Kloster zu zerstören. Die Vertheidiger, deren Anzahl sich auf tausend Mann belaufen mochte, waren ein Gemisch von Chinesen, Mongolen und Tanguten. Bei Annäherung des Feindes verließen alle die Fansen und begaben sich in die Hauptbefestigung; die Dunganen besetzten die ersteren, ohne Widerstand zu finden, und begannen auch sogleich den Sturm der Hauptfeste. Trotz der elenden Verfassung, in welcher sich diese befand, zeigte sie sich hinreichend widerstandsfähig gegenüber den Sturmwaffen der Dunganen, welche einfache Brechstangen anwendeten, um eine Bresche in die Lehmwand zu machen. Eine Folge hiervon war, daß der erste Sturm mißlang. Indessen war die Zeit zum Theetrinken herangerückt und diese Beschäftigung ist für jeden Chinesen so wichtig, daß er ihrethalben selbst eine fast gewonnene Schlacht unterbricht. Da die Dunganen in dieser Beziehung den Chinesen vollkommen gleich sind, so eilten auch sie in das ein Kilometer entfernte Lager zurück. Die Belagerten, welche ja ebenfalls ihr Lieblingsgetränk zu sich nehmen wollten, stürzten nun mit ihren Wassergefäßen zum Thore hinaus und schöpften, Angesichts des Feindes und ohne von diesem daran verhindert zu werden, so viel ihnen für den Augenblick nöthig war, bereiteten hierauf ihr Getränk und schlürften es in aller Seelenruhe. Tags darauf wiederholte sich dieselbe Scene; man stürmte vergebens die Feste und eilte davon, als die Zeit hierzu gekommen war, um den Thee zu bereiten und zu trinken. In dieser Weise wurde das chinesische Saragossa während voller sechs Tage angegriffen und vertheidigt.

Es würde sehr schwer sein, dieser Erzählung zu glauben, wenn wir uns nicht vielfach mit eigenen Augen überzeugt hätten, bis zu welcher moralischen Fäulniß China mit den ihm unterworfenen Völkern angelangt ist. Es sind alles Aepfel von einem Stamme, und nur die gänzliche Unbekanntschaft der Europäer mit diesen Gegenden kann ihnen ein Atom Ruhm und Macht zuschreiben.

Trotz des furchtbaren Hasses der Choj-Chojer wider die Chinesen und dieser wider jene, scheuen sie sich nicht mit einander in verschiedene Handelsverbindungen zu treten. In Gan-su, wo, wie oben gezeigt, die Gebiete der Dunganen nahe an den von Chinesen

Russisches Militär in Urga während des Dunganenaufstandes im Sommer 1871.

bewohnten Landstrichen liegen, kann man überall hören, daß die
Dunganen dieses oder jenen Ortes mit diesem oder jenem Kloster
in Frieden leben, mit diesem oder jenem Städtchen Handel führen.
So waren z. B. die Dunganen von Tetung berühmt durch ihre
Feindschaft gegen das Kloster Tscheibsen und seine Umgebung,
während sie in größter Freundschaft mit dem Higen des Klosters
Simni, das am Flusse Tetung-gol gegen sechszig Kilometer nördlich von Tscheibsen liegt, lebten. Mit Simni führten die Choj-
Chojer beständig Handel und raubten dort nie. Dasselbe Verhältniß fand, wie schon im vorigen Kapitel gesagt wurde, am
obern Tetung-gol zwischen einem der Häuptlinge der Kuku-norer
Choschunate, namentlich dem Mursa-sak, seit Beginn des muhamedanischen Aufstandes statt, der nicht ein einziges Mal mit den
Dunganen von Jü-nan-tschen in Streit gerieth und ihr Vieh-
lieferant vom See Kuku-nor war.

Eine solche Ordnung kann natürlich nur in China herrschen,
dessen Vertheidigungsmaßregeln gegen die Choj-Chojer in Gan-su
wir nun besprechen wollen.

Nachdem die chinesische Regierung während einiger Jahre
ganz Ost-Turkestan, das Gebiet am Tjan-Schan und den größten
Theil der Provinz Gan-su eingebüßt hatte, merkte sie erst die
furchtbare Gefahr, welche ihr seitens des west-muhamedanischen
Aufstandes drohte und entschloß sich, alle Mittel anzuwenden,
um die Insurrection zu verhindern, in die nördlichen Provinzen
des eigentlichen Chinas einzudringen. Zu diesem Behufe wurde
an einem natürlichen Saume und zwar am mittlern und obern
Chuan-che eine Vertheidigungslinie errichtet. Hier wurde eine
chinesische Armee von 70,000 Mann aufgestellt, welche theilweise
als Besatzung in die Städte Kuku-choto, Bau-tu, Dyn-chu, Nin-
sja, Lan-tschschen u. s. w. verwendet, theils aber auch in kleinen
Abtheilungen in den zwischen diesen Städten belegenen Dörfern
aufgestellt wurde. Außerdem wurden auch die Besatzungen der
Städte in Gan-su verstärkt, welche im Besitze der Chinesen verblieben waren. Für den Anfang ließ man es hierbei bewenden.
Die Dunganen, welche sich mit den bisherigen Erfolgen, hauptsächlich aber mit der Abschüttelung des chinesischen Joches begnügten, gaben die Offensivbewegung auf und befaßten sich speciell
mit Räubereien, während die chinesischen Besatzungen sich hinter

ihren Lehmmauern verschlossen und ruhige Zuschauer der gänzlichen Verwüstung der Gegend blieben.

Die Chinesische Armee, welche am Chuan-che und in Gan-su
aufgestellt war, war aus den südlichen Provinzen Chinas herbeigeschafft worden und glänzt bei den Bewohnern unter dem Namen
der „Chotanen"; auch Solonen aus der Mandschurei befinden sich hier, wenn auch in geringer Zahl. Alle Soldaten
sind mit Säbeln und Luntenflinten, theils aber auch mit glattläufigen europäischen Gewehren, welche die chinesische Regierung
von Engländern gekauft hat, bewaffnet. Bei den Chotanen findet
man manchmal englische Doppelpistolen und bei den Solonen
Doppelflinten aus Tula, mit denen sie sich wahrscheinlich am
Amur versehen haben. Die Kavallerie, sowie einige Infanteristen
sind mit langen Bambuspicken bewaffnet, welche mit großen
rothen Flaggen und dem Bildnisse des Drachens geschmückt sind.

Die moralischen Eigenschaften sind in jeder Beziehung dermaßen ungeheuerlich, daß es dem Europäer unmöglich wird, zu
glauben, es könne eine solche Armee, besonders aber auf dem
Kriegstheater, existiren. Beginnen wir damit, daß jeder, Offizier,
wie Gemeiner, fast ohne Ausnahme Opiumraucher ist und sich
ohne Opium nicht einen Tag begehen kann. Nicht blos im
Quartier und in der Kaserne, sondern auch während des Marsches,
ja selbst im Angesichte des Feindes, geben die chinesischen Krieger
ihre verderbliche Gewohnheit nicht auf und rauchen jeden Tag
so lange, bis sie besinnungslos zu Boden fallen. Als Folge
hiervon macht sich eine sowohl physische als geistige Erschlaffung
eine vollständige Unfähigkeit der Soldaten, die Mühen und Entbehrungen des Krieges zu ertragen, geltend.

Thatsächlich würde schon, wenn man alle andern Fehler des
chinesischen Soldaten unberücksichtigt ließe, der Umstand, daß der
chinesische Soldat nicht einmal einige Tage Herr seiner selbst zu
sein versteht, eine chinesische Armee einem energischen, kühnen
Feinde als sichere Beute überliefern. Jeden Tag berauscht sich
ein Theil der Offiziere und Soldaten durch Opiumrauch und
fällt in Todtenschlaf. Vorpostendienst und Recognoscirungen
kennt man hier nicht; alle Nachrichten über den Feind erhält
man ausschließlich durch Spione. Aber ebenso unfähig ist auch
der Soldat zum Ertragen physischer Beschwerden. Zum Marsche

während eines Regens oder sonstigen Unwetters, noch mehr aber
während der Nacht, kann ein chinesischer Soldat nur bei Todesstrafe gezwungen werden. Während des Marsches reitet übrigens die Infanterie eben so wie die Cavallerie, häufig aber wird
sie auf Wagen weiter befördert. Fußmärsche sind in der chinesischen Armee unerhörte Dinge. Auch seine Waffen trägt der
chinesische Soldat während des Marsches nicht bei sich; Flinten
und Lanzen werden auf Wagen oder Kameele geladen und besonders transportirt, während die Soldaten vollständig ohne
Waffen und Gepäck reiten, als ob sie spazieren ritten.

Kaum ist eine chinesische Heeresabtheilung ins Quartier gekommen, so zerstreut sie sich, um bei den Bewohnern des Ortes
zu stehlen und zu rauben. Hühner, Ferkel, Mehl, Heu u. s. w.
werden mit Gewalt zusammengeschleppt und man haust im eigenen Lande wie in einer eroberten, von Feinden bewohnten Gegend. Die Offiziere genießen mit den Soldaten die Früchte des
Raubes, wenn sie auch nicht direct rauben. Klagen werden
nicht angenommen, ja die ruhigen Bewohner wagen sie nicht laut
werden zu lassen und sind froh, wenn sie für ihre Person mit
heiler Haut davonkommen.

Das Verfahren dieser Vaterlandsvertheidiger während des
Marsches und in den Standquartieren ist den Bewohnern sehr
wohl bekannt und deshalb brechen auch die Mongolen, sobald
sie erfahren, daß sich eine Militärabtheilung ihrem Aule nähert,
sogleich ihre Jurten ab, um sich einige hundert Kilometer von
ihrem frühern Wohnorte niederzulassen, oder sie fliehen mit ihren
Herden und ihrer Habe in unzugängliche Gebirgsschluchten.

Eine Folge dieser Art Verproviantirung der Armee ist, daß
diese sich beständig auf dem Marsche befindet. Nachdem nämlich
der Ort, wo eine Armeeabtheilung in Garnison steht, und seine
Umgegend ausgesogen ist, ziehen kleine Abtheilungen in entfernter
liegende Gegenden, um zu fouragiren, wobei sie sich häufig auf
mehrere Tagemärsche vom Standquartiere entfernen. Einen Theil
des Raubes erhalten die Offiziere. Doch hiermit begnügen sich
diese nicht. Vom Unteroffizier bis hinauf zum Corpscommandeur denkt jeder nur daran, wie er die Staatscasse bestehlen oder
betrügen kann, und dieses ermöglichen hauptsächlich Desertionen
und Sterbefälle; für Deserteure und Verstorbene bezieht der

Corpscommandeur noch lange nach ihrem Ausscheiden aus der Armee die vorgeschriebenen Emolumente. Deshalb ist es auch leicht erklärlich, warum die Desertion in der chinesischen Armee ungemein entwickelt ist, und man sagt, daß die 70,000 Mann starke Armee, welche von der Regierung nach dem Chuang-che gesendet worden ist, thatsächlich kaum 30,000 Mann gezählt hat. In Peking weiß man freilich hiervon nichts; es wird dorthin nicht berichtet, weil man die Verantwortlichkeit fürchtet und die Emolumente für die Fehlenden so lange wie möglich beziehen will.

Solche Vergehen wie überhaupt die moralische Versunkenheit der chinesischen Soldaten werden durchaus nicht durch grausame Strafen beseitigt. Abgesehen vom Bambusrohre, mit dem die Schuldigen wegen kleiner Vergehen auf die Fußsohlen gepaukt werden, wird Desertion, Ungehorsam, und manchmal auch Raub mit dem Tode bestraft. Die Strenge des Gesetzes erweist sich jedoch da als machtlos, wo das Verbrechen nicht eine vereinzelte Erscheinung, sondern ein in den Massen wurzelndes Uebel ist. Wenn ein Räuber tobtgeprügelt ist, findet sich gleich ein anderer, ihm ähnlicher Marodeur, kaum ist ein Deserteur erhängt, so desertiren auch schon Zehne und die Demoralisation der Armee wird mit jedem Jahre größer.

Alle diese glänzenden Eigenschaften der Vertheidiger des himmlischen Kaiserthums bilden noch lange nicht die Summe der Eigenschaften der chinesischen Armeen. Das charakteristischste und wichtigste Merkmal derselben ist wohl die unendliche Feigheit, welche übrigens den Chinesen im Allgemeinen angeboren ist. Diese Gemeinheit wird hier sogar nicht als entehrend betrachtet und die Flucht Angesichts des Feindes wird häufig eine vernünftige Handlung genannt. Die ganze Taktik während der Schlacht ist auf das Einschüchtern des Feindes berechnet; der Kampf wird nie durch einen kühnen, gemeinsamen Angriff entschieden. Das System der Aufstellung der Armee im Bogen, um den Feind gleichzeitig in der Front und auf den Flanken anzugreifen und ihn zu überflügeln, das Schießen aus einer Entfernung, welche die Tragweite der chinesischen Waffen um das Zehnfache übertrifft, das furchtbare Geschrei, welches nach jedem Schusse erhoben wird, um seine Wirkung zu unterstützen, sind

kindische Eigenthümlichkeiten der chinesischen Kriegskunst, die höch=
stens im Kampfe mit einem Feinde gleichen Kalibers angewendet
werden können. Ein kühner, mit europäischen Waffen ausge=
rüsteter Feind kann in jede Gegend des vereinten Reiches mar=
schiren und von vornherein auf sicheren Sieg rechnen. Um die
Zahl der Vertheidiger des himmlischen Kaiserthums braucht er
sich durchaus nicht zu kümmern; ein Wolf zwingt eine Herde
von tausend Schafen zur Flucht und ein solcher Wolf ist jeder
europäische Soldat im Vergleiche mit den chinesischen Kriegern.

Der muhamedanische Aufstand befand sich während einer
Reihe von zehn Jahren in einer und derselben Lage. Die
chinesischen Armeen hielten die Städte besetzt, welche in der Ge=
walt des himmlischen Reiches verblieben waren, und neben ihnen
lebten die Choj=Chojer, welche das Joch abgeschüttelt hatten.
Diese und jene beraubten sich gegenseitig, aber von irgend welchen
kriegerischen Unternehmungen war nicht die Rede. Der chine=
sische Regent von Gan=su lebte in der Stadt Dschun=lin und in
seiner ehemaligen Residenz Sining herrschte ein dunganischer Achun.
Man sagt sogar, daß man die Regierung von Peking während
ganzer drei Jahre von dem Verluste dieser Stadt nicht benach=
richtigt hat.

Endlich entschloß man sich in Peking, energische kriegerische
Schritte gegen die Aufständischen in Gan=su zu thun und eine
neue Armee von 25,000 Mann dahin zu senden. Das Haupt=
ziel der Chinesen war die Zurückeroberung von Sining, das wegen
seiner bedeutenden Einwohnerzahl, besonders aber wegen seines
Handels, von hoher Wichtigkeit ist. Indem sich die chinesische
Armee langsam und in kleinen Echelons vorwärts bewegte, kam
sie endlich im Juni 1872 in Gan=su an und besetzte zwei Städte
— Nim=bi und Ujam=bu, welche 40 oder 50 Kilometer von Sining
entfernt sind. Hier verbrachten die Krieger des himmlischen
Kaiserreiches volle zwei Monate in gänzlicher Unthätigkeit, be=
schäftigten sich nur mit Räubereien in der Umgegend und ließen
so den Aufständischen die nöthige Muße, in Sining eine Armee
von 70,000 Mann anzusammeln. Endlich begannen die Chinesen
im September gegen diese Stadt vorzurücken und ihr Lager in
der Nähe ihrer Mauern, in denen sich die Vertheidiger gewohn=
heitsgemäß eingeschlossen hatten, aufzuschlagen. Als Hauptscheuche

gegen die Aufständischen dienten vier europäische Kanonen, welche
von den chinesischen Truppen aus Peking mitgebracht worden
sind. Diese höchst wahrscheinlich glattläufigen Geschütze wurden
von je sechs Maulthieren gezogen, waren mit rothem Seidenzeuge
umwickelt und es war bei Todesstrafe verboten, sich ihnen zu
nahen. Man hatte zu diesen Geschützen Vollkugeln, ja sogar
Granaten mitgebracht, welche der chinesischen Armee den größten
Dienst leisteten. Als nämlich der Kampf begonnen, d. h. als
die Chinesen Sining angegriffen und einige Granaten in die Stadt
geworfen hatten, welche in den Straßen platzten, vergingen die
Dunganen vor Schrecken. Um das Unglück zu vollenden, hoben
sie eine Granate, welche nicht geplatzt war, auf und es versammelte sich ein großer Haufen, um das Wunderding zu beschauen und es zu entladen. Zu dieser Operation versammelte
sich eine große Menge Neugieriger, da man aber unvorsichtig
zu Werke ging, platzte die Granate und ihre Splitter verletzten
und tödteten viele neugierige Gaffer. Der Kampf dauerte übrigens nach diesem Ereignisse noch einige Tage; endlich bemäch-
tigten sich die Chinesen der Mauern und die Dunganen schlossen
sich in einer andern Befestigung ein.

Um diese Zeit gelangte die Nachricht von der Vermählung
des Bogdo-Chans ins Lager der Chinesen. Die Operationen
gegen den Feind wurden sofort eingestellt; es wurde ein Theater
eingerichtet und andere Festlichkeiten begangen, um das hoch-
wichtige Ereigniß würdig zu feiern. Während einer Woche
dauerten ohne Unterbrechung Theatervorstellungen, Feuerwerke
und ähnliche Lustbarkeiten, wobei der größte Theil der Soldaten
und Offiziere betrunken war, oder vom Opiumrausche betäubt
dalag. Und alles dieses geschah Angesichts des Feindes! Wenn
damals ein energischer Führer an der Spitze der Dunganen gewesen wäre, oder wenn sich hundert Muthige gefunden und einen
nächtlichen Ueberfall gewagt hätten, so wäre die chinesische Armee
verloren gewesen. Doch auch diese Handvoll Muthiger fand sich
nicht unter der Menge ganz verächtlicher Hasenherzen, aus denen
die Vertheidiger Sinings bestanden. Sie wußten sehr wohl, daß sie
bei der endgültigen Einnahme der Stadt auf Gnade nicht zu rechnen
haben; trotzdem vermochten sie es nicht, ihre Feigheit zu besiegen
und zogen keinen Nutzen von dem ihnen höchst günstigen Umstande.

Hierin besteht eben die moralische Fäulniß des Ostens, daß
der dortige Mensch selbst den thierischen Instinct der Selbst-
erhaltung überwinden kann und sich überall, wo er sich selbst
überlassen ist, als unglaublicher Feigling zeigt. Endlich geräth
dieser Feigling in eine Lage, aus der er keinen Ausgang sieht,
und dann wird er apathisch und geht, wie ein unvernünftiges
Thier, zur Schlachtbank!

Nachdem die Festlichkeiten der Vermählung vorüber waren,
erneuerten die chinesischen Truppen ihre kriegerischen Unternehmungen und eroberten bald Sining. Nun begann eine allgemeine Ausrottung der Besiegten. Augenzeugen erzählten uns,
daß die chinesischen Soldaten, als sie durchs Schlachten mit den
Waffen ermüdet waren, die Dunganen in große Haufen an-
sammelten, ohne Unterschied von Alter und Geschlecht ins Gebirge trieben und hier in Abgründe stürzten. So wurden, wie
man sagt, gegen 10,000 Menschen ausgerottet!

Nach der Einnahme von Sining brachten die Chinesen auch
wiederum den Statthalter von Gan-su hierher und eroberten
hierauf im Laufe des Winters noch drei dunganische Städte und
zwar: Sen-guan, Jü-nan-tschön und Tetung. Hier wurden
nur diejenigen Aufständischen begnadigt, welche bereit waren, dem
muhamedanischen Glauben zu entsagen und die Lehre Buddhas
anzunehmen. Eine sehr große Anzahl Dunganen entkam nach
Westen zu ihren Glaubensgenossen.

Nachdem die chinesische Armee aus Peking neue Verstär-
kungen erhalten hatte, drang sie weiter gegen Westen vor und
eroberte im Sommer 1873 einen für die Aufständischen höchst
wichten Punkt, die Stadt Su-tschschöu, wo, wie man sagt, ein
allgemeines Menschenschlachten stattgefunden hat. Ueber die
weiteren Unternehmungen der Chinesen ist bis jetzt nichts Näheres
bekannt; jedenfalls haben sie jetzt eine schwierigere Aufgabe zu
lösen — es ist der Kampf gegen Jakub-Bek von Kaschgar.

XI. Kapitel.

Kuku-nor und Zaidam.

Der See Kuku-nor, von den Tanguten Zock-gumbum und von den Chinesen Zin-chai genannt, liegt westlich von der Stadt Sining in einer absoluten Höhe von 3315 Meter. Die mongolische Benennung bedeutet „Blauer See", die chinesische „Hellblaues Meer"; die Bedeutung der tangutischen Bezeichnung konnten wir nicht erfahren. Die Mongolen der Umgegend, wie überhaupt die südlichen Mongolen, nennen diesen See Chuchu-nor, d. h. bei ihnen wird das harte „K" durch das etwas weichere „Ch" ersetzt. Die Form des Sees ist eine gestreckte Ellipse, deren Längenachse von West nach Ost streicht. Der Umfang des Sees beträgt 300 bis 400 Kilometer; eine genauere Messung war unmöglich, aber die Bewohner der Umgegend sagen, daß man vierzehn Tage brauche, um zu Fuß um den See zu kommen, während man ihn in sieben bis acht Tagen zu Pferde umreiten kann.

Die Ufer des Sees sind nicht gebuchtet und sind sehr flach,

das Wasser salzig und zum Trinken unbrauchbar. Aber dieser
Salzgehalt theilt der Oberfläche dieses Sees eine ausgezeichnet
schöne tief dunkelblaue Farbe mit, welche selbst die Aufmerksamkeit der Mongolen auf sich lenkt, so daß sie ihn sehr glücklich
mit einem Stücke blauen Seidenzeuges vergleichen. Im Allgemeinen
ist der Anblick des Sees ungemein angenehm; besonders ist dies
der Fall, wenn man ihn in der Zeit, in welcher wir an ihn
anlangten, im Spätherbste, betrachtet, wenn die benachbarten
Gebirge schon mit Schnee bedeckt sind und gleichsam einen
weißen Rahmen um den breiten sammetblauen Wasserspiegel
bilden, welcher im fernen Osten, weit von unserm Lagerplatze,
verschwand.

Von den Gebirgen, welche den Kuku-nor umringen, fallen
viele kleine Flüßchen in ihn, von denen nur acht etwas bedeutender sind. Zu den größten gehört der Buchain-gol, welcher
in den Südwestwinkel dieses Sees fällt.

Wie auf allen großen Seen selbst ein schwacher Wind einen
bedeutenden Wellenschlag verursacht, so auch auf dem Kuku-nor,
in Folge dessen auch die Oberfläche dieses Sees selten und
immer nur während eines kurzen Zeitraums ruhig ist. Dies
veranlaßte den Missionär Huc (Souvenir d'un voyage dans la
Tartarie et le Thibet. Th. II, S. 189), die Behauptung
aufzustellen, daß auf dem Kuku-nor Ebbe und Fluth bemerkbar
sind. Ich habe absichtlich Stangen in den See geschlagen und
überzeugte mich, daß eine regelmäßige Erhebung und Senkung
des Wassers hier nicht stattfindet. Im Allgemeinen ist die Beschreibung Huc's, von der des Kuku-nor ab, erstaunlich ungenau,
wovon wir in der Folge noch einige Male Beispiele sehen werden.
Laut Angabe der Bewohner herrschen hier starke Winde während
des Winters, also wenn der See zugefroren ist, was schon in
der Mitte des November der Fall ist; er thaut gegen Ende
März auf, ist also 4½ Monat mit Eis bedeckt.

Im westlichen Theile des Sees Kuku-nor, gegen 20 Kilometer von seinem südlichen Ufer, liegt, — nach der Angabe der
Bewohner, die einzige — felsige Insel, welche einen Umkreis
von 8 bis 10 Kilometer hat. Hier ist ein kleines Kloster
erbaut, in welchem zehn Lamas leben. Im Sommer ist ihre
Verbindung mit dem Ufer unterbrochen, da auf dem ganzen See

Kuku-nor nicht ein einziger Kahn vorhanden ist und keiner der
Bewohner sich mit dem Beschiffen des Sees befaßt. Im Winter
kommen zu den Einsiedler-Lamas übers Eis Pilger, welche
Butter oder Dsamba als Opfer darbringen. In dieser Jahres=
zeit begeben sich auch die Lamas ans Ufer, um Almosen zu
sammeln.

Der Kuku-nor ist sehr fischreich, aber mit dem Fischfange
befassen sich kaum einige Dutzend Mongolen, welche ihre Beute
zum Verkaufe nach Donkyr schaffen. Als Fischereigeräthe dienen
kleine Netze, mit denen größtentheils in den Flüßchen, welche in
den See münden, gefischt wird. Die Fische, welche wir bei den
Mongolen zu sehen Gelegenheit hatten, oder die wir selbst gefangen haben, gehörten alle ausschließlich zu einer Specie und
zwar zu Schizopygopsis nov. spec. Die Fischer versicherten
uns jedoch, daß im See auch andere Gattungen leben, daß es
ihnen jedoch nur selten gelingt, sie mit ihren elenden Geräthen
zu fangen.

Ueber die Entstehung des Kuku-nor lebt unter den Be-
wohnern der Gegend eine Legende, welche erzählt, daß der jetzige
See einst unter der Erde in Tibet, wo jetzt Lassa steht, existirt
hat und erst seit Menschengedenk hierher gekommen ist. (Diese
Legende erzählt auch Huc: Souvenir d'un voyage dans la
Tartarie et le Thibet, Th. II, S. 193—199. Ich konnte in
meiner Erzählung nur die Legende über die Entstehung der
Insel hinzufügen.) Die Geschichte ereignete sich folgendermaßen.

Vor sehr langer Zeit, als die jetzige Residenz des Dalai=
Lama noch nicht existirte, beschloß ein König von Tibet einen
majestätischen Tempel zu Ehren Buddhas zu erbauen und befahl,
als er die Stelle, auf welcher er errichtet werden sollte, erwählt
hatte, die Arbeit zu beginnen. Einige tausend Menschen arbeiteten den ganzen Tag, als jedoch der Bau fast vollendet war,
stürzte er ohne sichtbare Ursache ein. Die Arbeit wurde von
Neuem begonnen; kaum war jedoch der Tempelbau seinem Ende
nahe, da stürzte er wiederum ohne sichtlichen Grund ein und
dieses wiederholte sich ein drittes Mal. Da wandte sich der
verwunderte und erschrockene König an einen Higen, welcher ihm
die Ursachen dieser Erscheinung aufklären sollte. Der Prophet
vermochte es jedoch nicht eine befriedigende Antwort zu ertheilen,

erklärte aber seinem Gebieter, daß im fernen Osten ein Heiliger
lebt, der allein von allen Sterblichen das große Geheimniß
kennt, und wenn es gelingt, es von ihm zu erfahren, so wird
auch der Tempel glücklich erbaut werden können. Nachdem der
tibetanische König diese Antwort erhalten hatte, erwählte er aus
den Lamas einen der verdientesten und schickte ihn aus, den
bezeichneten Heiligen zu suchen.

Der ausgesendete Lama durchreiste während einiger Jahre
fast alle buddhaistische Länder, besuchte die berühmtesten Klöster,
sah und sprach die verschiedensten Higenen, konnte aber nirgends
den Menschen finden, auf den der tibetanische Prophet hingewiesen hatte. Betrübt durch das Mißlingen seiner Mission
beschloß der Abgesandte nach Hause zurückzukehren und auf dieser
Rückreise ritt er durch die weiten Steppen, welche sich an der
Grenze Chinas und Tibets hinziehen. Hier zerbrach ihm eines
Tages die Schnalle seines Sattelgurtes und der Reisende trat,
um sie zu reparieren, in eine einsam gelegene, ärmliche Jurte
ein, welche in der Nähe lag. In dieser Jurte fand er einen
blinden Greis, welcher mit Beten beschäftigt war, seinen Gast
aber liebevoll willkommen hieß und ihm die Schnalle von seinem
eigenen Sattelgurte anbot. Hierauf bat ihn der Greis mit ihm
Thee zu trinken und bei dieser Gelegenheit fragte er ihn, woher
er komme und wohin er reise. Da der Gesandte nicht wünschte,
ohne Noth den Zweck seiner Reise bekannt zu machen, erwiderte
er, daß er im Oriente geboren sei und nun reise, um in verschiedenen Tempeln sein Gebet zu verrichten. „Ja, wir sind
glücklich, denn wir haben viele herrliche Tempel, wie man sie
in Tibet nicht findet. Dort versucht man es vergebens ein
großes Kloster zu erbauen; dieses Gebäude wird nie stehen
bleiben, denn da, wo sie es zu erbauen versuchen, befindet sich
ein unterirdischer See, welcher den Boden bewegt. Du mußt
jedoch dieses Geheimniß bewahren, denn wenn es irgend ein
tibetanischer Lama erfährt, so wird das Wasser plötzlich aus
dem unterirdischen See entströmen, diese Gegend überschwemmen
und uns verderben.“

Kaum hatte der Greis seine Rede geendet, da sprang der
Reisende von seinem Platze auf, erklärte, daß er selbst ein tibetanischer Lama sei, dem es nöthig war, das Geheimniß zu er-

jahren, schwang sich auf sein Pferd und jagte davon. Verzweiflung und Furcht ergriffen den Greis. Er begann laut um Hülfe zu rufen und als endlich einer seiner Söhne herbei gekommen war, welcher in der Nähe die Herde weidete, befahl ihm der Greis sogleich das Pferd zu satteln, dem Lama nachzueilen und ihm „die Sprache" zu entreißen. Unter diesem Ausdrucke verstand der Greis sein Geheimniß, und als er seinem Sohne den Befehl gab es zu entreißen, ermächtigte er ihn, den Reisenden zu ermorden. Aber das Wort „Chyle" bedeutet im Mongolischen die Zunge des Menschen und den Dorn an der Schnalle. Als deshalb der entsendete Sohn den Lama eingeholt und diesem erklärt hatte, sein Vater verlange die „Chyle" zurück, machte er auch die Schnalle sogleich los und gab sie ohne Widerspruch ab. Als der Sohn die „Chyle" erhalten hatte, kehrte er zum Vater zurück. Als dieser nun erfuhr, daß er ihm nur die Schnalle zurückgebracht hat, daß aber der Lama selbst weiter gereist ist, rief er aus: „Es ist wohl der Wille Gottes, nun ist Alles aus, wir sind verloren." Thatsächlich vernahm man auch in derselben Nacht ein fürchterliches unterirdisches Toben, die Erde öffnete sich und aus ihr strömte Wasser hervor, das bald die ganze weite Ebene überfluthete. Eine große Anzahl Herden und Menschen ertrank und unter den letzteren befand sich auch der geschwätzige Greis. Endlich erbarmte sich Gott der Sünder. Auf seinen Befehl erschien ein Wundervogel, welcher mit seinen Fängen einen ungeheuren Felsen aus dem Gebirge Nan-schan herausriß und ihn in die Oeffnung, durch welche das Wasser herausströmte, warf. Der Wasserzufluß war somit aufgehalten, aber die überfluthete Ebene blieb ein See; der rettende Felsen aber wurde auf ihm zu einer Insel, welche bis heute existirt.

Das Nord- und Südufer des Kuku-nor ist von nahen Gebirgen umsäumt, während sich diese in einiger Entfernung vom östlichen und westlichen Ufer befinden. In dem engen Striche, welcher sich zwischen diesen Saumgebirgen hinzieht, befinden sich ausgezeichnete Steppen, welche den Charakter der besten Gegenden der Gobi an sich tragen und sich von ihnen nur durch Wasserreichthum unterscheiden. Von der Nordseite des Kuku-nor ist jedoch nur die Hälfte des zwischen ihm und dem Gebirge liegenden Striches eine gleiche Ebene; weiterhin

folgen nicht abschüssige, niedrige Hügel, welche jedoch auf den
See zu schroffe Wände von 12 bis 20 Meter Höhe bilden.
Diese abschüssigen Wände laufen mit dem heutigen Ufer des
Kuku-nor parallel und bildeten aller Wahrscheinlichkeit nach
ehemals sein Ufer. Der Kontrast zwischen dem Klima, der Flora
und Fauna der Steppen am Kuku-nor und der nahen Gebirge
von Gan-su ist bewundernswerth. Der ununterbrochene Regen
und Schnee und die ungewöhnliche Feuchtigkeit, welche
uns während der ganzen Zeit unseres Aufenthaltes im Gebirge
verfolgt hatten, verwandelten sich nun in ein ausgezeichnetes
Herbstwetter, welches keinen Tag unterbrochen wurde. Gleichzeitig dehnten sich aber auch statt der Alpenmatten, Wälder und
auf dem feuchten Humusboden weite lehmigsalzige Ebenen aus,
welche mit herrlichem Steppengrase und hohen Dyrisunsträuchern
bedeckt waren. Es erschienen aber auch gleich alle Bewohner
der mongolischen Steppe, der Dseren und der Pfeifhase, und
mit ihnen Lerchen und Thurmfalken. Sowohl unter den Vögeln,
als unter den Säugethieren fanden wir in den Steppen von
Kuku-nor neue, noch nicht bekannte Specien, welche schon den
Wüsten Tibets eigenthümlich sind.

Unter den Vögeln fällt besonders auf eine ungeheure Lerche
(Melanocorypha maxima), welche größer als ein Staar ist.
Sie hält sich auf den buschigen Morästen auf und ist eine ausgezeichnete Sängerin. Weiter findet man sehr häufig zwei
Specien Montifringilla? und Podoces humilis,
welche sich ausschließlich in Höhlen aufhalten, die von Pfeifhasen
gegraben worden sind. Den mongolischen Steppenvogel
(Syrrhaptes paradoxus) findet man in diesen Steppen weit
seltener, als seinen nahen Verwandten, den tibetanischen
Steppenvogel (Syrrhaptes tibetanus), der größer ist und
sich auch durch eine ganz andere Stimme auszeichnet. Sumpfvögel trafen wir am Kuku-nor nicht mehr an und bemerkten
auch nur eine geringe Anzahl von Schwimmvögel. Namentlich
fanden wir noch: Gänse (Anser cinereus), Enten (Anas
Boschas, A. rutila, A. crecca, Fuligula cristata), Seeraben
(Phalacrocorax carbo) und Möven (Larus ichtyaëtus und
L. ridibundus). Für diesmal nahmen wir an, daß der Herbst-
zug schon vorüber sei, unsere im Frühlinge des folgenden Jahres

gemachten Beobachtungen überzeugten uns jedoch, daß der See
Kuku-nor sehr arm an Schwimm- und Sumpfvögel ist.'

Von Raubvögeln kommen alle Tage Adler und Lämmergeier an die Ufer des Kuku-nor nach Beute und in den Steppen
selbst trifft man Bussarde (Buteo ferox), Falken (Falco
sp.) und Adler (Aquila sp.), welche aller Wahrscheinlichkeit
nach hier überwintern und sich mit Pfeifhasen (Lagomys sp.),
die hier in unglaublicher Zahl leben, nähren.

Das letztgenannte Thierchen, das seinem Aeußern, seiner
Größe und Stimme nach dem mongolischen Ogotono sehr ähnlich
ist, bewohnt die Steppen am Kuku-nor und die Wiesen, welche
sich am Fuße der benachbarten Gebirge hinziehen, in unzählbarer
Menge. Häufig ist eine Fläche von einigen Quadratkilometern
so von ihren Höhlen unterwühlt, daß man im Trabe nicht über
sie hinwegreiten kann. Hunderte, ja Tausende von Pfeifhasen
laufen an einem schönen Tage in allen Richtungen durch die
Steppe, eilen aus einer Höhle in die andere, oder sitzen unbeweglich da, um sich zu sonnen. Adler, Bussarde und Falken,
ebenso auch Wölfe, Füchse und Luchse vertilgen täglich eine
unglaubliche Menge dieser Nager, aber ihre Fruchtbarkeit gleicht
alle Verluste aus.

Als das merkwürdigste Thier der Steppen von Kuku-nor
kann der wilde Esel, oder Chulan, den die Tanguten
Dschan (Equus Kiang) nennen, betrachtet werden. Dieses
Thier ist seiner Größe und Form nach einem Maulthiere sehr
ähnlich. Das Haar seines Oberkörpers ist hellbraun, das des
untern Theils des Körpers aber rein weiß. (Die eingehende
Beschreibung eines erwachsenen Chulanmännchens ist folgende:
ein gedrängter runder Körper, mit eingebogenem Rücken; der
Hals mäßig lang und mäßig dick; der Kopf groß; die Stirn
gewölbt; die Ohren groß, gerade stehend; die Nüstern groß,
breit und schräg gestellt; die Füße stark und fein; die Hufe klein,
fußartig; der Schwanz lang, schwach behaart; die Mähne kurz,
senkrecht erhoben, die Augen groß, braun. — Der Kopf, die
obere Halsfläche, der Rücken und die Seiten sind hellbraun; das
Haar liegt am Körper nicht dicht an, sondern ist wollig und
buschig; die Mähne ist schwärzlich und ein eben solcher schmaler
Streifen zieht sich von ihr übers Kreuz hin und geht auf den

Schwanz über, dessen lange Haare ganz schwarz sind. Das
Maul, die Kehle, Brust und der untere Theil der Seiten und
des Hintertheils, wie überhaupt der Unterkörper und die Beine
sind von rein weißer Farbe, während die Vorderseite der Vorderfüße hellgelb ist. Das Aeußere der Ohren ist hellbraun, das
Innere weiß, ihre Spitzen aber schwarz. — Die Höhe des
stehenden Thieres, von der Erde bis an den Oberschädel gemessen,
beträgt 1,73 Meter; bis zur Kruppe 1,49 Meter. Die Länge
des Körpers beträgt von der Nase über den Halsbogen bis an
die Schwanzwurzel 1,30 Meter. Das Thier wiegt 180 bis
216 Kilogramm.)

Wir sahen den Chulan zuerst am obern Tetung-gol, wo
das Gebirge von Gan-su unbewaldet wird und einen Wiesen-
charakter annimmt. Von hier aus findet man den wilden Esel
schon in Kuku-nor, Zaidam und in Nordtibet verbreitet; am
zahlreichsten findet man ihn jedoch auf den reichen Wiesen am
Kuku-nor.

Die Steppen sind jedoch nicht der ausschließliche Aufenthaltsort
dieses Thieres; es meidet das Gebirge nicht, wenn sich in ihm
nur Weiden und gutes Wasser finden. In Nordtibet sahen wir
häufig wilde Esel auf hohen Bergen, wo sie neben dem Kuku-
jeman weideten.

Der Chulan lebt gewöhnlich in Herden von 10 bis 50 Stück;
Herden von einigen hundert Exemplaren sahen wir nur in den
Steppen am Kuku-nor. Aber auch hier entstehen solche Herden
wohl nur zufällig und wir bemerkten häufig, daß sie sich in
kleinere Herden theilen, die sich in verschiedene Gegenden begaben.

Jede Herde besteht aus Stuten, deren Führer ein Hengst
ist. Je nach dem Alter, der Stärke und dem Muthe des letztern
ist auch die Zahl der Stuten größer oder geringer, so daß aller
Wahrscheinlichkeit nach die Hauptbedingungen zur Ansammlung
eines Harems die individuellen Eigenschaften des Führers sind.
Alte, erfahrene Führer ziehen häufig bis fünfzig Geliebten an
sich, während junge Hengste sich mit fünf bis zehn Stuten begnügen. Sehr junge, oder auch nicht glückliche Hengste gehen
einsam umher und können nur aus der Ferne das Glück der
größern und bevorzugtern Rivalen beneiden. Die letztern bewachen aber auch aufs Eifersüchtigste ihre Harems und spähen

sorgfältig nach solchen verdächtigen Individuen, denen sie nicht erlauben, sich ihrem Harem zu nahen.

Wenn der leitende Hengst bemerkt, daß sich ein anderer seiner Herde nähert, dann eilt er seinem Rivalen in vollem Laufe entgegen, schlägt ihn mit den Hufen, beißt ihn, und bemüht sich aus allen Kräften, ihn soweit wie möglich zu jagen. Besonders wüthend sind solche Kämpfe während der Brunstzeit, welche nach Angabe der Mongolen im September beginnt und während des ganzen Monats dauert. In dieser Periode werden die Männchen, wie es ja auch bei vielen andern Thieren der Fall ist, ungemein eifersüchtig und kampfbegierig, so daß sie häufig absichtlich Gegner aufsuchen. Wie man sagt, fällt die Wurfzeit in den Mai. Die Füllen gehen höchst wahrscheinlich sehr häufig aus verschiedenen Ursachen unter, denn wir sahen selbst in sehr großen Herden nur einige junge Fohlen, welche beständig ihren Müttern folgten.

Die äußern Sinnesorgane des Chulan sind ausgezeichnet entwickelt; er hat ein bewundernswürdiges Gesicht und eben solche Geruchsnerven. Dieses Thier zu erlegen ist sehr schwer; besonders ist dies in den Ebenen der Fall. Am besten ist es auch geradezu auf die Herde loszugehen, welche den Jäger auf fünfhundert, in seltenen Fällen auch wohl auf vierhundert Schritt nahen läßt. In einer solchen Entfernung kann man aber auch dann nicht auf einen sichern Schuß rechnen, wenn man die ausgezeichnetste Büchse hat, und dies um so weniger, als der Chulan gegen Wunden nicht sehr empfindlich ist. Wenn man sich in einer offenen Gegend befindet, darf man nie in einen Graben oder in irgend eine Vertiefung steigen, denn der Chulan schöpft in diesem Falle sogleich Verdacht und entflieht. Nur selten gelingt es in einer durchschnittenen Oertlichkeit sich diesem Thiere auf zweihundert oder noch weniger Schritte zu nahen, aber selbst in diesem Falle bleibt der Chulan nicht auf der Stelle todt, wenn ihm die Kugel nicht durchs Gehirn, Herz oder Rückenmark geht. Mit einem durchschossenen Fuße versteht er es noch zu laufen, fällt dann jedoch bald in einen Graben oder eine Vertiefung, um sich hier zu verstecken. Am Bequemsten ist es, dem Chulan an der Tränke aufzulauern, wie es die Bewohner der Gegend machen, welche das Fleisch dieses Thieres, besonders im Herbste, wo es sehr fett zu sein pflegt, sehr hoch schätzen.

Der gescheuchte Chulan läuft immer gegen den Wind, wobei er immer seinen großen, unförmlichen Kopf erhebt und den dünnen, wenig behaarten Schwanz von sich streckt. Während des Laufes folgt die Herde dem Führer, indem sie gewöhnlich eine Linie bildet. Nachdem sie einige hundert Schritt geflohen ist, hält sie an, drängt sich in einen Haufen zusammen, wendet sich gegen den Gegenstand, welcher ihr Schrecken eingejagt hat, und schaut einige Minuten in diese Richtung. Bei dieser Gelegenheit tritt dann der Hengst hervor und bemüht sich zu sehen, worin die Gefahr besteht. Wenn der Jäger nicht aufhört vorwärts zu schreiten, dann stürzt sich die Chulanherde abermals in die Flucht und flieht nun schon bedeutend weiter als das erste Mal. Im Allgemeinen ist dieses Thier jedoch gar nicht so vorsichtig, wie es bei der ersten Bekanntschaft mit ihm den Anschein hat. Die Stimme des Chulan habe ich nur zweimal gehört; einmal als der Hengst einige Stuten, die sich von der Herde entfernt hatten, herbeitrieb, und das zweite Mal als er mit einem andern Hengste kämpfte. Die Stimme besteht aus einem dumpfen, ziemlich starken und abgerissenen Gewieher, das mit Schnarchen ver- bunden ist.

Die Bewohner von Kuku-nor und der an diese Provinz grenzenden Provinz Zaidam sind **Mongolen** und **Chara- Tanguten**. Die Mongolen von Kuku-nor gehören, wie die von Ala-schan, dem Stamme der **Eleuthen** [oder Olüthen] an; von andern mongolischen Stämmen leben hier in geringer Zahl: **Turguten, Chalchamongolen** und **Choïten**. Da sich diese Mongolen unter dem schweren Drucke der Tanguten befinden, sind sie die Ausgeburt des ganzen mongolischen Stammes geworden. Ihrer Physiognomie nach sind sie sogar den Tanguten ähnlich, doch ist der allgemeine Ausdruck ihres Gesichts ungemein dumm, ihre Augen sind matt, geistlos, ihr Charakter düster, melancholisch. In diesem Mongolen steckt keine Energie, er hat keinen Wunsch, und verhält sich mit viehischer Gleichgültigkeit gegen Alles in der Welt, außer gegen das Essen. Selbst der **Wan** [Fürst] von Kuku-nor, ein ziemlich verständiger Mann, sagte uns einst über seine Unterthanen ganz offenherzig, daß sie nur ihrem Aeußern nach menschenähnlich, im Uebrigen aber völlig Thiere sind. „Man braucht ihnen nur die Vorderzähne aus der Oberkiefer zu schlagen, sie außerdem noch auf vier Füße zu stellen und sie sind wirkliche Rinder," sagte uns gegenüber der Fürst von seinen Unterthanen.

Die Mongolen von Kuku-nor haben von den Tanguten sogar die Lebensweise angenommen, und wohnen oft, wie diese, in schwarzen Zelten; übrigens vertritt, weiter vom See ab nach Zaidam zu, die Filzjurte wiederum die Stelle des Zeltes.

In größerer Anzahl als die Mongolen leben die Chara-Tanguten in Kuku-nor; von hier aus verbreiten sie sich durch Zaidam, sind jedoch am dichtesten am obern Laufe des gelben Flusses zusammengedrängt. Hier heißen sie Salyren, außer welchen noch weiter südlich, näher den Quellen des blauen Flusses, der Tangutenstamm der Golyker lebt. Die Salyren sind Muhamedaner und befinden sich im Aufstande wider China. Die Chara-Tanguten von Kuku-nor sind nominell dem chinesischen Statthalter von Gan-su untergeordnet, doch nennen sie den Dalai-Lama von Tibet ihren angestammten Herrscher, werden von eigenen Beamten regiert und ordnen sich nicht den Vorstehern der mongolischen Choschunate unter, in welchen sie leben.

Die specielle Beschäftigung der Chara-Tanguten, welche am Kuku-nor und in Zaidam leben, bildet Raub und Diebstahl, denen hauptsächlich die Mongolen der Gegend ausgesetzt sind. Die Tanguten rauben ihnen nicht nur ihr Vieh, sondern morden auch Menschen oder führen sie als Gefangene mit sich. Die unglücklichen Mongolen, die von Natur furchtbare Hasenherzen sind, dürfen sich gegen die Räuber schon deshalb nicht vertheidigen, weil von den Tanguten ein Gesetz gegeben ist, laut welchem ein Mongole, der einen tangutischen Räuber erlegt, seiner Familie eine ungeheure Strafe bezahlen muß; wenn der des Mordes Schuldige arm ist, muß das ganze Choschunat für ihn die Strafe erlegen. Wenn dieses verweigert wird, versammeln die Tanguten eine aus einigen hundert Mann bestehende Abtheilung und über-ziehen die Mongolen offen mit Krieg. Dank diesen straflosen Raubzügen vermindert sich die Zahl der Mongolen am Kuku-nor von Jahr zu Jahr und es wartet ihrer in einer nicht fernen Zukunft der völlige Untergang, wenn die chinesische Regierung ihnen nicht noch rechtzeitig irgend welchen Schutz angedeihen läßt.

Die Chara-Tanguten begnügen sich jedoch nicht mit Räubereien

in ihrer nächsten Umgebung, sondern machen auch weite Ausflüge, z. B. nach West-Zaidam, um ihre Industrie zu betreiben.
Die Räuber bilden gewöhnlich zu diesem Behufe kleine Abtheilungen von zehn Mann, von denen jeder ein Reservepferd
mit sich am Zügel führt; mancher nimmt auch wohl zwei Reserve-
pferde mit, für den Fall, daß ihm unterwegs eins fällt. Beladene
Kameele schleppen Nahrungsmittelvorräthe hinter der Partie her,
welche oft zwei oder drei Monate für ihr industrielles Unternehmen verwendet. Nach ihrer Heimkehr eilen die Räuber, wie
es frommen Menschen gebührt, Gott für ihre Sünden ein Opfer
zu bringen. Zu diesem Behufe eilen sie an den Kuku-nor, wo
einige Dutzend Mongolen dem Fischfange obliegen, kaufen von
ihnen die gefangenen Fische oder nehmen sie ihnen gelegentlich auch
mit Gewalt ab und lassen sie in den See.

Die Räubereien der Tanguten in Kuku-nor und Zaidam
haben, wie die Mongolen angeben, vor etwa achtzig Jahren begonnen und dauern von da ab bis jetzt ununterbrochen fort.
Die chinesischen Statthalter von Gan-su sahen und sehen bis
jetzt noch dem Treiben der Räuber durch die Finger, da sie von
ihnen hierfür einen bedeutenden Tribut erhalten. Alle Klagen
der Mongolen bleiben unberücksichtigt und die Chara-Tanguten
rauben ungestraft im ganzen von Mongolen· bewohnten Lande.

Ueber den Ursprung der Chara-Tanguten und der Eleuth-
Mongolen am Kuku-nor erzählt die örtliche Legende Folgendes.

Vor einigen hundert Jahren lebte in Kuku-nor ein Volk
tangutischer Abstammung, welches den Namen der Oguren
(vielleicht Ujguren? doch die Ujguren sind nicht tangutischen,
sondern mongolischen Ursprungs) führte, der Lehre Buddha's
anhing und zur Secte der rothmützigen Lamas gehörte. Die
Buddhisten von Tibet sind nämlich in zwei Secten getheilt, von
denen die Lamas der einen rothe, die der andern gelbe Mützen
tragen. Der principielle Unterschied zwischen beiden Secten ist,
daß die rothmützige die Ehe der Lamas zuläßt, während die
gelbmützige verlangt, daß die Lamas im Cölibate leben. Die
Oguren haben nun beständig die Karawanen der frommen Pilger,
welche aus der Mongolei nach Lassa gingen, angefallen und
beraubt, und der Herrscher der Eleuthen, Gushi-Chan,
welcher in der nordwestlichen Mongolei regierte, entsendete seine

Armee, um die Räuber zur Ruhe zu zwingen. Die Oguren
wurden denn auch thatsächlich theils vernichtet, theils aber ver-
sprengt und entflohen in die nordwestlichen Gegenden des heutigen
Gan-su, wo sie sich mit den übrigen Bewohnern vermischten.

Nach der Besiegung der Oguren kehrte ein Theil des
eleuthischen Heeres nach Norden zurück, während ein anderer
sich im Gebiete von Kuku-nor ansiedelte; die Nachkommen der
Zurückgebliebenen bilden den größten Theil der jetzigen mongolischen Bevölkerung der Gegend. Einige hundert Eleuthen
gingen jedoch nach Tibet, wo ihre Nachkommen sich bis auf
800 Jurten vermehrt haben, welche in acht Choschunate getheilt
sind. Diese Mongolen leben sechs Tagereisen südwestlich vom
Dorfe Naptschu, das nahe am Südabhange des Tan-la-
Gebirges, zwölf Tagereisen von Lassa und an dem Wege liegt,
welchen die nach Tibet pilgernden Gläubigen aus den nördlichen
Gegenden einschlagen. Sie befassen sich dort mit Ackerbau und
werden von dem Flüßchen Damsuk, an welchem sie sich angesiedelt haben, Damsukmongolen genannt.

Nach Angabe der Legende gelang es nur einer alten
Ogurenfrau, nach Vernichtung ihres Stammes durch die Eleuthen,
mit drei schwangeren Töchtern zu entkommen und mit ihnen an
das rechte Ufer des obern Chuan-che zu gelangen. Hier haben
ihre Töchter drei Söhne geboren, von denen die Chara-Tanguten,
oder wie sie sich selbst nennen, die Banyk-Koksum's, abstammen. Diese letztern, welche viele Jahre später wieder nach
Kuku-nor übersiedelten, waren Anfangs den Anfällen der Mongolen ausgesetzt, als sie sich jedoch hinlänglich vermehrt hatten,
begannen sie selbst zu rauben.

„Wenn damals die verfluchten Weibstücke erschlagen worden
wären," sagten uns die diese Legende erzählenden Mongolen,
„so würde es jetzt keine Chara-Tanguten geben, und wir würden
in Ruhe leben." Wie diese Mongolen sagen, sind nun schon
seit der Ankunft der Eleuthen in Kuku-nor acht Generationen
dahingeschieden.

In administrativer Beziehung reicht das Gebiet von Kuku-
nor weit über das Thal des gleichnamigen Sees hinaus. Zu
ihm gehört im Norden das Quellengebiet des Tetung-gol, im
Süden alles Land bis an die Grenze von Tibet, d. h. das

ganze Quellengebiet und der obere Lauf des Chuan-che und das
Gebiet von Zaidam, das sich weit in nordwestlicher Richtung
hinzieht. Dieses ganze Gebiet ist in 29 Choschunate getheilt,
von denen fünf am rechten (westlichen) Ufer des obern Chuan-che
liegen, fünf die Provinz Zaidam bilden, die übrigen zehn aber
im Bassin des Kuku-nor und am obern Tetung-gol liegen. Mit
Ausschluß der fünf Choschunate, welche am rechten Ufer des
obern Chuan-che liegen und direct dem Amban von Sining untergeordnet sind, deren Bewohner auch, nach Angabe der Mongolen,
fast ausschließlich aus Tanguten bestehen, sind die andern Verwaltungsgebiete des Gebiets von Kuku-nor zweien Zsün-
Wanen untergeordnet und zwar dem Zin-Chai-Wan und
dem Mur-Wan. Jeder von ihnen verwaltet neunzehn Choschunate; dem ersteren ist die Verwaltung des größeren Theils
des westlichen Gebietes, dem zweiten die des kleineren östlichen
übertragen.

Nachdem wir aus dem Gan-su-Gebirge herausgekommen
waren, zeigte es sich, daß unsere Kameele, erschöpft durch die
Reise durch das Gebirge, durchaus zur ferneren Reise untauglich
sind. Glücklicher Weise gab es am Kuku-nor viele Kameele, so
daß wir ohne Schwierigkeit und sehr billig unsere abgematteten
Thiere vertauschen konnten, wobei wir nur 10 bis 12 Lan für
jedes Stück zuzahlten. Jetzt waren wir wieder im Besitze von
elf frischen Kameelen, aber leider befanden sich auch in unserer
Tasche keine hundert Lan. Mit einem so winzigen Geldvorrathe
war an eine Reise nach Lassa nicht zu denken, wenngleich uns
andere Umstände hierzu sehr günstig waren. Es kam nämlich
einige Tage nach unserer Ankunft am Kuku-nor ein tibetanischer
Gesandte zu uns, welcher im Jahre 1862 vom Dalai-Lama mit
Geschenken an den Bogdo-Chan gesandt worden und gerade damals mit ihnen hier angelangt war, als der Dunganenaufstand
in Gan-su begonnen hatte und Sining von den Aufständischen
genommen worden war. Seit jener Zeit, d. h. volle zehn Jahre,
lebte dieser Gesandte am Kuku-nor oder in der Stadt Donkyr,
da keine Möglichkeit vorhanden war nach Peking zu gelangen,
er auch nicht wagte, nach Lassa zurückzukehren. Als er erfuhr,
daß vier Russen durch die Gegend gereist sind, durch welche er
mit einem Convoi von hundert Mann nicht zu reisen wagte,

kam der tibetanische Gesandte, um, wie er selbst sagte, „diese Leute zu sehen".

Dieser Gesandte, Namens Kamby-nansu, zeigte sich uns gegenüber als einen sehr freundlichen und zuvorkommenden Menschen und offerirte uns seine Dienste in Lassa. Gleichzeitig versicherte er uns, daß der Dalai-Lama sehr gern Russen bei sich sehen wird, und daß wir eine sehr freundliche Aufnahme in der Hauptstadt des tibetanischen Herrschers finden werden. Wir horchten mit Betrübniß diesen Versicherungen, da wir wußten, daß einzig der Mangel materieller Mittel uns hindert, ins Innere Tibets einzudringen. Wird sich bald wieder einem andern Reisenden eine so günstige Gelegenheit darbieten? Und wie vieler neuer Opfer wird es bedürfen, um dieses Ziel 'zu erreichen, das jetzt mit verhältnißmäßig geringen Mitteln erreicht werden konnte. Wenn wir tausend Lan Geld gehabt hätten, so wären wir sicher nach Lassa gekommen und hätten von hier aus die Reise an den See Lob-nor oder in eine andere Gegend machen können.

Trotzdem wir durch die Lage der Dinge gezwungen waren, dem Gedanken an eine Reise nach Lassa zu entsagen, entschlossen wir uns doch, so weit wie möglich vorwärts zu gehen, da wir ja sehr gut wußten, welchen Werth die Erforschung jedes weitern Schrittes in diesem Winkel Asiens für die Wissenschaft hat.

Wir nahmen wie früher zwei Führer an und erhielten solche von den mongolischen, manchmal auch von den tangutischen Noinen (Beamten), theils für Geschenke, theils aber auch, indem wir uns auf das Schreiben des Tscheibsener Doniren an den Mur-sasak und auf unsern Pekinger Reisepaß beriefen, in welchem gesagt war, daß sich bei uns zwei Menschen, Unterthanen des himmlischen Reiches, im Dienste befinden. Dieses war für den Fall in den Paß eingetragen worden, daß wir wirklich zwei Mongolen oder Chinesen finden; auf den Rath des Tscheibsener Doniren behaupteten wir, daß dies ein Befehl sei, uns Führer zu geben und erhielten solche auch thatsächlich in Kuku-nor und Zaidam.

Einer der Führer, welche wir am Kuku-nor annahmen, war einst etatsmäßiger Lama im Kloster Gumbum, das gegen dreißig Kilometer südlich von der Stadt Sining liegt. Dieses Kloster, eines der bedeutendsten in der lamaitischen Welt, ist auf der Stelle erbaut, wo der Reformator des bubbhaischen Glaubens, Dson-Kaw, geboren worden ist. Laut der Versicherung der Bubbhaverehrer haben viele Wunder die große Heiligkeit dieses Mannes bekundet. So ist aus dem Boden, in welchem das Hemdchen, das ihm gleich nach der Geburt angezogen worden war, vergraben wurde, ein Baum erwachsen, dessen Blätter mit tibetanischen Buchstaben beschrieben sind. Dieser Baum befindet sich noch bis jetzt in einem besondern Hofe von Gumbum und bildet das Haupttheiligthum dieses Klosters. Die Mongolen nennen den Baum „Sanba-moto", aber ebenso nennen sie auch den baumartigen Wachholder und im Allgemeinen jeden guten Baum. So sagten sie z. B., als sie die Nußholzschäfte unserer Büchsen oder unsern eichenen Kasten sahen, sie seien aus „Sanba-moto". Nach Angabe des Lamas, der unser Führer war, erinnern die Blätter des heiligen Baumes durch ihre Größe und Form an die Blätter unserer Linde. Die tibetanischen Buchstaben werden natürlich von den Lamas gemacht, oder durch die Phantasie der innig Gläubigen vervollständigt. Der Baum gehört aller Wahrscheinlichkeit nach irgend einer der Provinz Gan-su eigenthümlichen Gattung an, da er unter freiem Himmel wächst, also das dortige rauhe Klima verträgt. Wenn er aber von allen Bubbhisten für heilig und einzig in seiner Art erklärt wird, so ist dies noch kein Beweis für seine Originalität. Finden wir denn nicht so manche vernunftwidrige Annahme, so manchen Aberglauben in Europa!

Wenn man aber den Mongolen ihren Glauben an den Wunderbaum verzeihen kann, so scheint es mir, daß es dem Missionär Huc nicht zustand, von dem tibetanischen Alphabete auf seinen Blättern zu sprechen, da er doch sagt, daß er dieses Wunder mit eigenen Augen gesehen, und trotzdem er Anfangs einen Betrug seitens der Lamas vorausgesetzt hat, sich endlich selbst von der Wirklichkeit dieser übernatürlichen Erscheinung überzeugt haben will. (Huc, Souvenir d'un voyage dans la Tartarie et le Thibet. Th. II. S. 116.)

Gumbum ist auch durch seine medicinische Schule berühmt, in welcher junge Lamas unterrichtet werden, die sich später mit dem Heilen von Kranken befassen. Im Sommer machen die Schüler einen Ausflug in die benachbarten Gebirge und sammeln dort Pflanzen, auf deren Heilkraft die tibetanische Medicin hauptsächlich basirt. Diese letztere enthält natürlich recht viel Charlatanerie und Aberglauben, doch giebt es hier aller Wahrscheinlichkeit nach auch solche zufällig und auf dem Wege der Erfahrung gemachte Entdeckungen, welche der europäischen Wissenschaft unbekannt sind. Es scheint mir, daß ein Mensch, der speciell mit der Medicin vertraut ist, hier sehr werthvolle Entdeckungen machen könnte, wenn er alles Ernstes die Heilmittel erforschen würde, deren sich die tibetanischen und mongolischen Aerzte bedienen.

Ein tibetanischer Lama-Arzt.
(Nach einer Photographie des Barons von Osten-Saden.)

In früheren Zeiten gab es in Gumbum gegen siebentausend Lamas; jetzt ist ihre Zahl jedoch auf einige Hundert gesunken, nachdem dieses Kloster durch die Dunganen zerstört worden ist, die nur den Haupttempel mit dem heiligen Baume verschont haben. Der Ruhm dieses Ortes ist jedoch so groß, daß alles, was zerstört worden ist, ohne Zweifel bald wieder neu hergestellt werden wird.

Von unserm Ausgangspunkt am nordwestlichen Ufer des Kuku-nor führte unser Weg Anfangs am nördlichen, später am westlichen Ufer hin. Nachdem wir einige kleine Flüßchen über-schritten hatten, kamen wir endlich an den größten Zufluß des Kuku-nor, an den Buchain-gol, welcher im Nan-schan-Gebirge entspringt und nach der Behauptung der Mongolen gegen 400 Kilometer lang sein soll. Der untere Theil dieses Flusses, d. h. der Theil, über welchen der Weg nach Tibet führt, ist gegen dreißig Meter breit und kann fast überall durchwatet werden. Im Allgemeinen ist der Buchain-gol ein Fluß von sehr bescheidener Bedeutung und mit um so größerem Erstaunen lasen wir am Ufer des Buchain-gol selbst die Beschreibung des Missionärs Huc über das fürchterliche Uebersetzen der tibetanischen Karawane, mit welcher er nach Tibet reiste, über die zwölf Arme dieses Flusses. Nach den Worten des Paters nannte seine Reisegesellschaft ihren Uebergang über den Buchain-gol einen äußerst glücklichen, da von allen Mitgliedern der Karawane nur ein Mensch einen Fuß gebrochen hat, auch nur zwei Yaks ertrunken sind. Trotzdem ist dort, wo die Straße nach Tibet über den Fluß führt, im Ganzen nur ein Arm und in diesem pflegt nur Wasser während der Regenperiode zu sein; der Fluß selbst aber ist so seicht, daß in ihm wohl ein Hase, aber kein so starkes Thier, das noch nebenbei so ausgezeichnet schwimmen kann, wie ein Yak, ertrinken kann. Im März des folgenden Jahres verlebten wir einen ganzen Monat am untern Laufe des Buchain-gol und erinnerten uns häufig, wenn wir am Ufer des Flusses gingen, um Vögel zu schießen, an die Erzählung Huc's von dem fürchterlichen Flusse, durch welchen wir während einer einzigen Jagd Dutzende von Malen gehen mußten.

Huc's eigene Worte lauten: „Sechs Tage nach unserer Abreise mußten wir den Buchain-gol passiren. Er entspringt im Nan-schan-Gebirge und ergießt sich in den blauen See, ist nicht tief, aber in zwölf unweit von einander strömende Arme getheilt, die zusammen eine Breite von einer guten Wegstunde haben. An den ersten Arm gelangten wir noch vor Tages-anbruch; er hatte eine Eisdecke, aber sie war nicht stark genug, um uns zu tragen. Die Pferde wollten nicht vorwärts, die Yaks wurden unruhig und es entstand im Dunkel der Nacht eine ungeheure Verwirrung. Endlich gelang es einigen Reitern, ihre Pferde vorwärts zu bringen; sie zerstampften mit ihren Hufen das Eis und nun folgte Alles im bunten Durcheinander. Und dasselbe geschah bei jedem Flußarme. Bei Tagesanbruch steckte die „heilige Gesandtschaft" noch im Wasser, Eis und Schlamm; nachher kam sie wieder aufs Trockene, aber mit der Poesie war es nun vorbei. Alles jubelte und wünschte sich Glück, daß der Uebergang so vortrefflich von statten gegangen sei; denn nur ein Mensch hatte ein Bein gebrochen und nur zwei Yaks waren ertrunken." (Huc, Souv. d'un voyage dans la Tartarie et le Thibet. Th. II. S. 203.)

Das Thal des Buchain-gol hat eine Breite von 12 bis 15 Kilometer und auf ihn folgt sogleich der hohe Gebirgsrücken, welcher sich südlich vom Kuku-nor und von hier aus noch, nach den Aussagen der Bewohner der Gegend, gegen 500 Kilometer in westlicher Richtung hinzieht. Ich werde diesen Gebirgsrücken, in Ermangelung eines localen Namens, den „Süd-Kuku-norer" nennen. (Es ist auffallend, daß Huc dieses ungeheuren Gebirges nicht mit einem Worte gedenkt.) Durch diese Benennung werde ich ihn von dem nord-kuku-norer Rücken, d. h. vom Gan-su-Gebirge unterscheiden, mit dem er sich wahrscheinlich in seiner westlichen Verlängerung verbindet.

Wie das im Norden des Kuku-nor sich hinziehende Gebirge das Bassin des Sees von dem gebirgigen, feuchten und wald-reichen Gebiete von Gan-su scheidet, ebenso dient auch der süd-kuku-norer Rücken als Grenze zwischen den fruchtbaren Steppen des blauen Sees und den Wüsten, welche sich nach Zaidam und Tibet hinziehen. Die Nordabhänge dieses Gebirges erinnern auch thatsächlich noch ganz an das Gan-su-Gebirge, sind größten-theils mit Gebüsch und niederm Walde bedeckt und sind reich an Wasser und ausgezeichneten Wiesen, während der Südabhang desselben Gebirgsrückens ganz den Charakter der mongolischen Gebirge hat. Die lehmigen Abhänge sind hier größtentheils kahl, oder doch nur selten mit dem baumartigen Wachholder-strauche bedeckt, die Flußbetten sind wasserleer, von den herrlichen Wiesen ist auch nicht eine Spur. Alles dieses ist das Thor zu der wüsten Ebene, welche sich an der Südseite dieses Gebirges hinzieht und ganz und gar an Ala-schan erinnert. Auf dem

salzigen Lehmboden vegetirt nur der Dyrisun, die Bubargana und der Charmyk, erscheint die Chara-sulta und das Cholo-
dschoro, welche immer durch ihre Anwesenheit die größte Wildheit
der Wüste bezeichnen. Hier auch befindet sich der Salzsee
Dscharatai-dabassu, dessen Umfang gegen vierzig Kilometer
beträgt. Das ausgezeichnetste Salz liegt auf diesem See in
einer Schicht, die eine Dicke bis 32 Centimeter hat; am Ufer
übersteigt sie jedoch nicht die Mächtigkeit von 2½ Centimeter.
Von hier wird das Salz nach Donkyr geschafft; zur Aufsicht
über die Arbeiten bei der Gewinnung des Salzes ist ein besonderer
mongolischer Beamter angestellt. (Bemerkenswerth ist, daß an
Ort und Stelle für eine Kameellast Salz zwei Päckchen (gegen
125 Gramm) Guamjana, eine Art aus Teig bereiteter
Fadennudeln, gegeben wird. Am Kufu-nor dient übrigens auch
Butter als kurshabende Münze.)

Die wüste Ebene, auf welcher sich der soeben beschriebene
Salzsee befindet, hat eine Breite von 30 Kilometer und zieht
sich weit gegen Osten hin. Sie ist im Norden durch den süd-
kufu-norer Gebirgsrücken und im Süden durch einen andern,
diesem parallel laufenden begrenzt. Im Westen vom Dscharatai-
dabassu vereinigen sich beide Gebirge bald.

Nicht weit von dieser Vereinigung der beiden Gebirgsrücken,
beim Austritte aus dem engen Thale, das das Flüßchen
Dulan-gol bildet, liegt Dulan-Kit (wo sich ein kleines
Kloster befindet, worauf das Wort Kit, Kirche, hindeutet).
Hier ist die Residenz des Zin-chai-Wan, d. h. des Regenten des
östlichen Theils von Kufu-nor. Früher residirte dieser Fürst
am Ufer des Kufu-nor, aber die ununterbrochenen Räubereien
der Tanguten nöthigten ihn, in entlegenere Gegenden zu ziehen.
Wie bedeutend diese Räubereien sind, erhellt daraus, daß die
Räuber diesem Fürsten allein innerhalb drei Jahren 1700 Pferde
entwendet haben.

Der Wan von Kufu-nor ist ein Jahr vor unserer Ankunft,
d. i. im Jahre 1871 gestorben. Für Gebete zu seinem Seelenheile
wurde an verschiedene Klöster 1000 Stück verschiedenen Viehs,
darunter allein gegen 300 Yaks gegeben; außerdem wurden zu demselben Zwecke einige hundert Lan Silber nach Tibet gesendet. Sein
Nachfolger war sein ältester Sohn, ein zwanzigjähriger Jüngling,

welcher jedoch in seiner Würde von der chinesischen Regierung noch nicht bestätigt war, sondern unter der Vormundschaft seiner Mutter, einer noch ziemlich jungen und energischen Frau, regierte. Beide Wane von Kuku-nor sind übrigens dem Amban von Sining, d. h. dem Gouverneur von Gan-su untergeordnet. Sowohl die Fürstin, als auch den jungen Fürsten trafen wir am See Dscharatai-babassu; sie reisten in Geschäften nach Donkyr. Der junge Fürst betrachtete uns nur mit stumpfsinniger Neugier; aber die Fürstin forderte unsern Reisepaß und sagte, nachdem sie ihn gelesen hatte, zu den ihr nahestehenden Personen: „Diese Männer sind vielleicht von unserm Monarchen her gesendet worden, um zu sehen, was hier vorgeht, und um ihm hierüber zu berichten." Hierauf befahl sie, uns Führer zu geben und wir schieden von einander, nachdem wir uns weniger als eine halbe Stunde gesehen hatten.

Aber ein freudiger Empfang wurde uns in der Residenz des Zin-chai-Wan von seinem Onkel zu Theil, der seinem Bruder-sohne in der Regierung behülflich ist. Dieser Onkel, ein Higen seiner Profession nach, hatte vormals sein eigenes Kloster, welches jedoch von den Dunganen zerstört worden ist. Der Higen war einige Male in Peking und Urga gewesen, wo er Russen gesehen hat. Im Allgemeinen bewies er sich als ein ausgezeichneter Mensch, und sandte uns, nachdem er unsere Geschenke erhalten hatte, als Gegengeschenk eine kleine Jurte, welche uns in der Folge in Tibet ausgezeichnete Dienste geleistet hat. Am angenehmsten war es uns jedoch, daß der Higen seinen Unterthanen verbot, ohne ein Geschäft zu haben, in unser Zelt zu gehen, so daß wir, das einzige Mal während der ganzen Dauer der Expedition, in der Nähe eines bewohnten Ortes ruhig leben konnten.

Thatsächlich war aber auch die Zudringlichkeit der Bewohner des Landes die schwerste Last, welche wir während unserer Reise vom ersten bis zum letzten Schritte zu tragen hatten. Ueberall kam das Volk, um uns wie ein Wunder anzugaffen, und wenn wir auch gewöhnlich im abgekürzten Verfahren das Hausrecht brauchten, um die ungebetenen Gäste los zu werden, so waren wir doch genöthigt, sowohl die mongolischen, als auch die tangu-tischen Beamten zu empfangen. Besonders häufig wurden diese Besuche, als wir auf den Kuku-nor zu reisten, als sich das Ge-

rückt verbreitet hatte, daß vier nie gesehene Menschen, unter
denen ein großer Heiliger des Abenlandes, erschienen sind,
welche nach Lassa reisen, um die Bekanntschaft des Dalai-Lama,
des großen Heiligen des Morgenlandes, zu machen. Als Ursache
dieser Promovirung zum Halbgötte diente vor allen Dingen
unsere Reise durch Gan-su, das von Räubern dicht gefüllt war.
Weiterer Grund war das Schießen aus nie gesehenen Gewehren,
die Jagd auf Thiere, welche wir häufig aus sehr großer Entfernung erlegten, das Schießen von Vögeln im Fluge, das Präpariren von Thierfellen, endlich auch das geheimnißvolle Ziel
unserer Reise, — dieses Alles veranlaßte die Bevölkerung der
Gegend, uns als besondere, wunderbare Menschen zu betrachten.
Als nun sogar viele Higenen, ja sogar der tibetanische Gesandte
selbst zu uns kamen, glaubte die Bevölkerung einen vollkommenen
Beweis für ihre Muthmaßungen zu haben, und es befestigte sich
endgültig die Meinung, daß ich ein großer Thybilgan, d. h.
ein Heiliger, sei. Diese Annahme war uns theilweise sehr nützlich, da der Ruf eines Heiligen uns die Reise erleichterte, und
uns bis zu einem gewissen Grade gegen verschiedene Unannehmlichkeiten schützte. Andererseits konnte ich mich aber auch nicht
dem Ertheilen von Segen, Wahrsagen und andern unsinnigen
Forderungen entziehen. Tanguten wie Mongolen kamen oft
haufenweise herbei, nicht allein um uns, sondern auch um unsere
Waffen anzubeten, und die Fürsten der Gegend brachten ihre
Kinder zu mir und baten mich, ihnen meine Hände aufzulegen
und sie so fürs ganze Leben zu segnen. Als wir nach Dulan-
Kit kamen, versammelte sich ein Haufe von ungefähr zweihundert
Menschen, welche zu uns beteten und hierbei am Wege nieder-
knieten.

Vor denen, welche die Zukunft erfahren wollten, war es
unmöglich zu entfliehen. Man kam zu mir nicht allein, um sein
künftiges Schicksal zu erfahren, sondern auch über den Verbleib
eines verirrten Stückes Vieh, einer verlorenen Pfeife u. s. w.
Aufschluß zu erhalten. Ein tangutischer Fürst verlangte alles
Ernstes ein Mittel, mit dessen Hülfe seine unfruchtbare Frau
fruchtbar werden und mindestens einige Kinder zur Welt bringen
könne. Die Chara-Tanguten, die beständig am Kuku-nor ihre
Räubereien treiben, wagten es nicht nur nicht unsere Karawane

anzufallen, sondern hörten sogar auf, in den Gegenden zu rauben, durch welche wir reisten. Mehr als ein Mal kamen die mongolischen Fürsten, die Vorsteher der Choschunate, zu uns mit der Bitte, sie gegen die Anfälle der Chara-Tanguten zu schützen und den letzteren anzubefehlen, ihnen das geraubte Vieh zurück zu geben.

Mongolische Prinzessin von vorne.   Mongolische Prinzessin von hinten.
(Nach einer Photographie des Barons von Osten-Sacken.)

Der Nymbus unseres Namens übersteigt jeden Glauben. So z. B. ließen wir beim Fürsten von Zaidam, als wir nach Tibet gingen, einen überflüssigen Sack mit Dsamba zurück; als dieser ihn in Verwahrung nahm, sagte er uns voller Freude, daß dieser Sack nun sein ganzes Choschunat gegen die Raubanfälle der Tanguten schützen wird. Als wir drei Monate später wieder zu diesem Fürsten zurückkehrten, schenkte er uns sogleich

zwei Hammel aus Dankbarkeit dafür, daß sich während dieser
ganzen Zeit in seinem Chojchunate nicht ein einziger Räuber gezeigt hat, aus bloßer Furcht, einen von den Russen zurück-
gelassenen Gegenstand stehlen zu können. Unsere Führer, ja sogar
manchmal auch andere Mongolen, sammelten beschmutzte Blätter
eines alten Buches, welche wir bei gewissen Gelegenheiten weg-
warfen, und bewahrten sie sorgsam auf, indem sie sagten, daß
sie den Räubern, wenn sie erscheinen, diese Blätter als Schutz-
schriften, die sie von den Russen erhalten haben, zeigen werden.

Die widersinnigsten Erzählungen über unsere Allmacht wurden
in Kurs gesetzt. So war überall das Gerücht verbreitet, daß,
obgleich unserer nur vier sind, im Falle eines Angriffes auf ein
Wort von mir tausend Mann erscheinen und für mich kämpfen.
Außerdem wurde überall behauptet, daß ich über die Elemente
gebiete, Vieh und Menschen erkranken lassen kann u. s. w. u. s. w.
Ich glaube gewiß, daß kaum einige Jahre vergehen werden und
unsere Reise in jenen Gegenden wird zur Legende geworden sein,
welche die Phantasie mit verschiedenen Zuthaten ausschmücken wird.

Als ich zum Heiligen ernannt worden war, wurde mir auch
gleichzeitig die Rolle eines Arztes aufgedrungen, dessen Titel ich
übrigens schon während der ersten Monate der Reise erhalten
habe. Die Ursache zu dieser Annahme war das Sammeln von
Pflanzen und einige glücklich vollzogene Heilungen vom Fieber
mittels Chinins überzeugten die Mongolen endgültig von meiner
Befähigung als Arzt. Nun wanderte mein Ruf als geschickter
Arzt mit mir durch die ganze Mongolei, Gan-su, Kuku-nor und
Zaidam. In den beiden letztgenannten Gegenden erschienen besonders viele Kranke mit den verschiedensten Uebeln, besonders
aber viele Frauen.

Da ich durchaus keine medizinischen Kenntnisse besaß, auch
nur über einen sehr winzigen Vorrath von Heilmitteln verfügte,
überdies weder Zeit noch Lust hatte, mich mit den zu mir kommenden Kranken zu befassen, habe ich gewöhnlich den größten
Charlatanismus, der je in der medizinischen Welt aufgetaucht ist,
den Baunscheidtismus, angewendet, welcher bekanntlich das Heilen
von allen Krankheiten mittelst Stechens der Haut durch ein Bündel
von Nadeln, die durch eine Feder in Bewegung gesetzt werden,
und Einreibens der gestochenen Stelle mit einem ganz besondern

Oele, predigt. Als ob ich eine Vorahnung von dem Nutzen gehabt hätte, den mir ein solches Instrument bringen wird, ergriff
ich es, um es mit auf die Reise zu nehmen. Wenn der Doctor
Baunscheidt, der Erfinder dieser so zauberhaften Art des Heilens,
noch am Leben ist, so kann er stolz sein, daß seine Erfindung
die Bewohner von Kuku-nor in Entzücken versetzt hat, welche die
Nadeln mit der Springfeder als heiligen Gegenstand betrachteten,
der aller Wahrscheinlichkeit nach von Bubbha's eigenen Händen
angefertigt worden ist. In der Folge und zwar schon während
der Rückreise habe ich dieses Zauberinstrument einem mongolischen
Fürsten geschenkt, welcher sich gleich in seiner Anwendung dadurch zu üben begann, daß er die Operation des Blutlassens an
seinen vollkommen gesunden Adjutanten vollzog.

Unter den Mongolen sind am häufigsten folgende Krankheiten zu finden und am allgemeinsten verbreitet: Syphilis, Hautausschläge, Verunreinigung des Magens, Verletzungen und Rheu-
matismus. Die lächerlichsten Erzählungen über die Entstehung
dieser Krankheiten nehmen kein Ende. So versicherte z. B. ein
Syphiliskranker, dem schon die Nase faulte, daß sich ihm ein
Wurm in dieselbe eingenistet hat, der herausgeschafft werden
müsse. Eine Frau, die sich durch übermäßigen Genuß von
Dsamba den Magen verdorben hatte, sagte, daß ihr ein Zapfen
in demselben wachse; ein Augenkranker versicherte, daß ihn böse
Augen behext haben u. s. w.

Die Kranken begnügten sich jedoch größtentheils nicht mit
dem Appliciren des Baunscheidtismus allein, sondern baten immer,
ihnen auch Medicin zum Genießen zu geben. In diesem Falle
wurde Glaubersalz, Pfefferminztropfen und Sodapulver angewendet. Manchmal ereignete es sich, daß, um nur die Bittenden
los zu werden, Magnesia gegen den Staar gegeben wurde. Diese
inneren Gaben hörten jedoch in der Folge, als unsere Medizin-
vorräthe erschöpft waren, gänzlich auf und der Baunscheidtismus
allein diente rühmlichst fast bis ans Ende der Expedition.

In einer Entfernung von zwei Tagereisen von der Residenz
des Zin-chai-Wan endet die Gebirgsgegend, welche von den Aus-
läufern des süd-kuku-norer Gebirgsrückens durchschnitten wird und
weiterhin zieht sich die wie ein Tisch glatte Ebene von Zaidam,
dessen administrative Grenze sich fünfundzwanzig Kilometer in

südwestlicher Richtung von Dulan-Kit hinzieht. Diese Ebene ist im Norden durch die westliche Verlängerung des süd-kuku-norer Rückens, im Süden durch das tibetanische Gebirge Burchan-Bubbha und im Osten durch die Bergterrassen, welche diese beiden Gebirge mit einander verbinden, scharf begrenzt. Im Westen zieht sich diese Ebene in unbegrenzter Ferne am Horizonte hin und endet, wie die Bewohner der Gegend sagen, am See Lob-nor.

Die Ebene von Zaidam, welche aller Wahrscheinlichkeit nach in einer nicht fernen geologischen Periode der Boden eines ungeheuren Sees gewesen ist, ist durchweg ein Morast, dessen Boden dermaßen mit Salz geschwängert ist, daß dieses stellenweise als (1½ bis 3 Centimeter) dicke eisähnliche Schicht auf ihm liegt. Ferner findet man hier sehr häufig Sümpfe, kleine Flüßchen und eben so kleine Seen; im westlichen Theile dieser Gegend, und zwar im Choschunate Kurlyk, befindet sich der große See Chara-nor. Der größte aller Flüsse ist der Bajan-gol, welcher da, wo wir ihn (über seine Eisdecke) überschritten haben, 460 Meter breit ist. Seine Tiefe ist jedoch nicht beträchtlich und beträgt höchstens einen Meter. Der Boden des Bajan-gol ist sumpfig und lehmig. Die Mongolen sagen, daß der Bajan-gol dem See Tolo-nor entströmt, welcher am Ostrande des Gebirges Burchan-Bubbha liegt, und sich, nachdem er gegen 300 Kilometer geströmt, in den Sümpfen Westzaidams verliert.

Der salziglehmige Boden dieses Landstriches ist natürlich nicht fähig, eine verschiedenartige Vegetation hervorzubringen. Mit Ausschluß einiger Arten Sumpfpflanzen, welche stellenweise Strecken bilden, die das Ansehn von Wiesen haben, ist das ganze übrige Land mit Rohr, das eine Höhe von 1,30 bis 2,00 Meter erreicht, bedeckt. Trotzdem erzählt Huc Folgendes: „Am 15. November verließen wir die herrlichen Ebenen von Kuku-nor, und waren nun im Gebiete von Zaidam. Die ganze Gegend bekommt auf der andern Seite des Flusses (er scheint vom Bajan-gol zu sprechen, welcher wohl funfzehn Mal breiter ist, als der vom Pater so eingehend beschriebene Buchain-gol) urplötzlich ein ganz anderes Ansehn. Alles wird düster und wild, der Boden, dürr und steinig (trotzdem doch dort ein ununterbrochener Morast ist, auf dem man nicht einen Stein findet), ist mit Salpeter geschwängert.... Auf diesem dürren Boden, der kaum irgendwo gutes Gras trägt, findet man häufig Steinsalz und Borax".... (Huc, Souvenir d'un voyage dans la Tartarie et le Thibet. Th. II. S. 213). An trockneren Stellen erscheint jedoch der Charmyk (Nitraria Schoberi), den wir schon in Ordos und Ala-schan gefunden haben, aber hier eine bedeutende Höhe erreicht, ja sogar bis 2 Meter hohe Sträucher bildet. Seine süßsalzigen Beeren, an denen er gewöhnlich sehr reich ist, bilden, wie in Ala-schan der Sulchyr, die Hauptnahrung sowohl der Menschen als Thiere von Zaidam. Die Bewohner der Gegend, Mongolen wie Tanguten, sammeln im Spätherbste die an den Zweigen trocken gewordenen Beeren fürs ganze Jahr. Diese Beeren werden mit Wasser gekocht und, mit Dsamba gemengt, gegessen; außerdem wird aber auch das süßsalzige Wasser, in welchem sie gekocht wurden, genossen.

Mit den Beeren des Charmyk nähren sich fast alle Vögel und Säugethiere von Zaidam, selbst Wölfe und Füchse nicht ausgeschlossen. Auch die Kameele lieben ungemein diesen Lecker-bissen. In Zaidam giebt es übrigens nicht viele Thiere, welche Erscheinung wohl dadurch hervorgerufen wird, daß der mit Salz geschwängerte Boden die Fußsohlen und Hufe der Thiere sehr beschädigt. Nur sehr selten kann man eine Chara-sulta und einen Chulan treffen und nur etwas häufiger sieht man einen Wolf, Fuchs oder Hasen. Die geringe Anzahl von Thieren ist wahrscheinlich auch noch dadurch bedingt, daß im Sommer die Moräste von Zaidam von Schwärmen Mücken, kleiner Fliegen und anderer Insecten bedeckt sind, so daß die Bewohner der Gegend mit ihren Herden für diese Zeit ins Gebirge ziehen. Bemerkenswerth ist der schädliche Einfluß, welchen dieser Ueber-fluß an Insecten aufs Vieh ausübt. In Zaidam sind sowohl Schafe, als andere Hausthiere, im Sommer weit magerer, als im Winter, also in einer Zeit, in welcher zwar das Futter be-deutend schlechter ist, dafür aber keine quälenden Fliegen und Mücken vorhanden sind.

In Zaidam herrschen Schwimm- und Sumpfvögel vor; da wir jedoch dort im Spätherbste anlangten und zeitig im Früh-linge zurückkehrten, sahen wir nur sehr Wenige der einen und der andern. Dafür aber fanden wir hier eine eigenthümliche Species **Fasan** (Phasianus sp.), der sich vom Fasan der Mongolei und Gan-su unterscheidet. Außerdem fanden wir auch einige hier überwinternde Vögel, wie: die **Meise** (Ruticilla erythrogastra), den **Bergfink** (Carpodacus rubicilla), den wilden **Bussard** (Buteo ferox), den **Falken** (Falco sp.), die **Weihe** (Circus sp.), den **Wiesenpieper** (Anthus pratensis?), die **Stockente** (Anas Boschas), die **Wasserralle** (Rallus aquaticus).

Die Bewohner von Zaidam bilden dieselben Mongolen und **Chara-Tanguten**, welche wir in Kuku-nor gefunden haben. Die letztern bewohnen übrigens nur den östlichen Theil dieser Gegend. In administrativer Beziehung gehört Zaidam zu Kuku-nor und zerfällt in fünf Choschunate: **Kurlyk, Barun, Dsun, Kuku-beile** und **Taidschi.** Wie die Fürsten des Landes behaupten, beträgt die Gesammtzahl der Bewohner 1000 Jurten, also gegen 5 oder 6000 Seelen, wenn man im Mittel fünf bis sechs Seelen auf jede Jurte oder auf jedes tangutische Zelt rechnet.

Die Mongolen theilten uns mit, daß sich die Moräste in einer Länge von funfzehn Tagereisen nordwestlich von der Gegend, aus der wir gekommen sind, hinziehen. Weiterhin bildet auf einige Tagereisen nackter Lehm die Oberfläche des Bodens, worauf dann die theils steppige, theils hügelige Gegend von **Gas** folgt, welche reich an Wasser und Weide ist. Doch leben dort keine Menschen; es halten sich dort nur große Mengen wilder Esel auf, wegen deren Jäger vom See Lob-nor, von dem es nach der Gas im Ganzen nur sieben Tagereisen sind, hinkommen. Im Allgemeinen beträgt also, gemäß der Angaben der Bewohner jener Gegenden, die Entfernung von Ost-Zaidam, wo wir waren, bis Lob-nor ungefähr 30 Tagemärsche, also 700 bis 900 Kilometer, wenn man auf jeden Tagesmarsch 25 bis 30 Kilometer rechnet. Für guten Lohn kann man in Zaidam leicht einen Führer mindestens bis an die Gas finden und von hier aus ist es nicht mehr schwer an den Lob-nor zu gelangen.

Diese Reise hätte, außer der hohen Wichtigkeit der geographischen Erforschung, auch noch die Möglichkeit geboten, die hochinteressante Frage über die Existenz wilder Kameele und wilder Pferde zu entscheiden. Die Mongolen versicherten uns einstimmig, daß die einen und die andern existiren und beschrieben uns sehr genau beide Thiere.

Nach den Worten unserer Gewährsmänner leben die wilden Kameele in großer Anzahl im nordwestlichen Zaidam, und zwar im Choschunate Karlyk und Syrtyn-machai, wohin die Entfernung von Dulan-Kit gegen funfzehn Tagereisen beträgt. In Syrtyn-machai leben Mongolen in ungefähr 60 Jurten. Die Gegend ist eine vollständige Wüste, mit trockenem Lehmboden, welcher mit Budargana bedeckt ist. Wasser trifft man hier nur sehr selten, aber dieses genirt die Kameele durchaus nicht; sie gehen auf hundert Kilometer zur Tränke und begnügen sich im Winter mit Schnee.

Das wilde Kameel lebt in Herden von 5 bis 10 und nur in seltenen Fällen bis 20 Exemplaren. Zu größeren Herden vereinigen sie sich niemals. Dem Aeußern nach unterscheidet es sich wenig vom zahmen Kameele; es hat nur einen schlankeren Leib und ein spitzigeres Maul; außerdem ist auch die Farbe des wilden Kameels grauer, als die des zahmen.

Die Mongolen von West-Zaidam stellen Jagden auf wilde Kameele an, und schießen sie wegen ihres Fleisches, besonders im Spätherbste, wenn diese Thiere sehr fett sind. Wenn die Jäger auf diese Jagd reisen, nehmen sie immer große Eisvorräthe mit, um in den wasserlosen Gegenden, in denen die Kameele leben, nicht vor Durst umzukommen. Diese Thiere sind gewiß nicht sonderlich vorsichtig, was daraus erhellt, daß man sie mit Luntenflinten erlegen kann. Die Mongolen sagten uns, daß das wilde Kameel ausgezeichnete Geruchsnerven hat und in der Ferne sehr gut, jedoch in der Nähe schlecht sieht. Die Brunstzeit fällt in den Monat Februar und dann sind die Männchen ungemein muthig; sie kommen dann sogar an die Karawanen heran, welche aus Zaidam nach der Stadt An-si-tschdschëu ziehen. Es ereignet sich dann, daß die Kameele aus der Karawane mit den wilden entlaufen und nicht mehr zurückkehren.

Wir haben schon, ehe wir nach Zaidam kamen, Mongolen von wilden Kameelen erzählen hören, welche im Gebiete der Turguten und in den zwischen dem See Lob-nor und Tibet liegenden Wüsten hausen. Von diesen Thieren hörte auch Shaw während seiner Reise aus Indien nach Jarkend erzählen und berichtet über sie nach chinesischen Quellen. Aber was sind dies für Kameele? Sind es directe Nachkommen wilder Kameele, oder verwilderte, die entflohen sind und sich in der Freiheit vermehrt haben? Diese Frage kann durchaus nicht durch die Mittheilungen der Mongolen entschieden werden, doch spricht zu Gunsten der ersten Annahme der Umstand, daß die zahmen Kameele sich nicht ohne Hülfe des Menschen paaren, also auch nicht vermehren können. Es entsteht jedoch wiederum die Frage, ob das zahme Kameel, wenn es einige Jahre in Freiheit lebt, nicht wiederum zur selbständigen Paarung befähigt wird.

Wilde Pferde, von den Mongolen Dserlik-adu, d. h. „wilder Tabun" [Herde] genannt, trifft man nur sehr selten in West-Zaidam; dafür aber leben sie in sehr zahlreichen Herden am See Lob-nor. Nach den Mittheilungen unserer Gewährsmänner leben diese Pferde gewöhnlich in großen Herden und sind ungemein vorsichtig, so daß, wenn sie einmal vom Menschen aufgescheucht worden sind, sie ohne Unterlaß und ohne sich umzuschauen einige Tage laufen und erst nach Verlauf eines Jahres an die vorige Stelle zurückkehren. Die Farbe dieser Thiere ist braun, ihr Schweif und ihre Mähne schwarz. Die letztere ist bei völlig ausgewachsenen Hengsten so lang, daß sie fast bis auf die Erde hinabreicht. Es ist sehr schwer ein solches Thier zu erlegen und die zaidamer Mongolen machen nie Jagd auf dasselbe.

Die Ebenen von Zaidam liegen gegen 640 Meter niedriger, als die Steppen von Kuku-nor, und deshalb ist das Klima daselbst verhältnißmäßig milder, und dieses um so mehr, als in Zaidam nicht der kühlende Einfluß der Oberfläche eines ungeheuren Sees vorhanden ist.

Seit unserer Abreise vom Gan-su-Gebirge, d. i. von der Mitte Octobers und während des ganzen Novembers, hatten wir das herrlichste Herbstwetter und größtentheils helle Tage. Wenngleich die Nachtfröste immer bedeutend waren (im October bis — 23,6 ° C. und im November bis — 25,2 ° C.), so war es doch am Tage immer warm, wenn sich die Sonne nicht hinter einer Wolke verbarg. Bei meinen Beobachtungen bemerkte ich erst am 28. November Nachmittags 1 Uhr, daß das Thermometer unter Null gesunken war. Die Sonne wurde jedoch nur

sehr selten von Wolken verhüllt, so daß wir uns nach Herzens-
luft am herrlichen trocknen Wetter labten, nachdem wir die
Feuchtigkeit und den Schnee von Gan-su zum Ueberdrusse genossen hatten. In der Mitte Octobers war der See Kuku-nor
noch eisfrei; nur die nicht tiefen Buchten waren hin und wider
mit Eis bedeckt. Schnee fiel gar nicht; wenn er aber, was jedoch
eine Seltenheit war, fiel, so wurde er vom Winde hinweggeweht
und thaute schnell unter dem Einflusse der Sonnenstrahlen. (Der
Schnee, welcher hier in Gan-su fällt, glänzt so stark, daß die
Bewohner der Gegend, in Ermangelung entsprechender Brillen,
die Augen mit Flocken schwarzer Haare aus dem Schwanze des
Yak verbinden.) Uebrigens sagten uns auch die Bewohner von
Zaibam und Kuku-nor, daß dort selbst während des Winters
nur sehr wenig Schnee fällt; auch im Gan-su-Gebirge fällt dann
eben nicht besonders viel Schnee, da dort während des Winters
gewöhnlich heiteres Wetter zu herrschen pflegt.

Als wir die Residenz des Zin-chai-Wan verlassen hatten,
gelangten wir in eine unfruchtbare Salzebene, in welcher sich
auch zwei Salzseen befinden, der Syrche-nor und der Dulan-
nor. Hinter dieser Ebene erhebt sich ein nicht hoher Gebirgsrücken, welcher ein Ausläufer des süd-kuku-norer Gebirgszuges
ist. Hier lag die unaussprechlich ebene Gegend von Zaibam vor
uns, hinter welcher sich, wie eine Wand, der Burchan-Buddha-
rücken erhebt. Trotzdem wir von diesem Gebirge noch über 120
Kilometer entfernt waren, sahen wir es mit unbewaffneten Augen
klar und deutlich vor uns liegen und durch das Fernglas konnte
man fast jeden Felsen genau unterscheiden. So durchsichtig ist
die Herbstluft in der Wüste!

Ehe wir in die Salzmoräste gelangten, gingen wir über
eine nicht breite, wellenförmige Ebene, welche den Uebergang von
den Morästen zu den sie umsäumenden Gebirgen bildet. Der
Boden dieser Ebene ist lehmig und kieselig; stellenweise bedeckt
ihn Flugsand, auf dem dann auch gleich der ala-schaner Saxaul
erscheint. Die lehmigen Flächen sind größtentheils unfruchtbar;
auf ihnen wachsen nur Charmyk und hin und wider Tamarisken.
Als ausschließliche Seltenheit fanden wir hier einige kleine (2 bis
3 Hektaren umfassende) Flächen bebauten Bodens, auf denen die
hier wohnenden Mongolen Gerste und Weizen produziren. Größere,

vielleicht acht oder zehn Hektaren umfassende Felder sahen wir
nur bei der Residenz des Zin-chai-Wan, dem sie auch angehören.
Der Ackerbau datirt in Zaidam aus sehr neuer Zeit, namentlich
aber, seitdem die Verbindung mit der Stadt Donkyr in Folge
des Dunganenaufstandes schwierig geworden ist und die Bewohner
der Gegend nicht mehr die nöthige Dsamba, welche ihre ausschließliche Nahrung bildet, beziehen können.

Wir hatten den Salzmorast nur in einer Breite von
60 Kilometer zu durchschneiden; Fußsteige giebt es hier gar nicht,
so daß wir nur geradeaus aufs Gerathewohl über eine glatte
Salzfläche oder über gefrorenen Lehmboden gingen. Für die
Thiere war der Marsch sehr beschwerlich; einige Kameele begannen zu lahmen, und die Füße der Hunde waren so wund
daß sie kaum auftreten konnten.

Am 18. November erreichten wir den Standort des Vorgesetzten des Choschunats Dsun-sasak, von wo uns, laut Befehl
des Higen von Kuku-nor, ein Führer nach Lassa gegeben werden
sollte. Wir verheimlichten es noch immer, daß wir nicht dahin
reisen können, um keinen Verdacht zu erregen. Das Fürstchen
des Choschunats zerbrach sich lange den Kopf darum, wen es
mit uns nach Lassa senden soll, und die Berathungen schleppten
sich drei Tage hin. Endlich erschien bei uns der Mongole
Tschutun-Dsamba, der schon neun Mal als Karawanenführer in Lassa gewesen war. Nach langen Unterhandlungen
und dem üblichen Theetrinken mietheten wir diesen Greis um
sehr billigen Lohn und zwar für sieben Lan monatlich, mit Verpflegung und einem Kameele zum Reiten. Außerdem versprachen
wir Tschutun-Dsamba eine Belohnung für treue Erfüllung seiner
Pflichten. Am folgenden Tage traten wir die Reise nach Tibet
mit dem Entschlusse an, diese unbekannte Gegend wenn auch nur
bis an den obern Lauf des blauen Flusses zu untersuchen.

XII. Kapitel.

Nordtibet.

Die Gebirgsrücken des Burchan-Buddha, Schuga und Bajan-chara-ula. — Der Charakter der nordtibetanischen Wüsten. — Der gewöhnliche Karawanenweg. — Fabelhafter Thierreichthum: der wilde Yak, das weißbrüstige Argali, die Antilopen Orongo und Aba, der Wolf und Steppen-Fuchs. — Vogelarmuth. — Unser Winterleben. — Staubstürme. — Der Mongole Tschutun-Dsamba, unser Führer. — Der Fluß Mur-ussu. — Rückkehr nach Zaidam.

Der Gebirgsrücken Burchan-Buddha ist die Südgrenze der morastigen Ebenen von Zaidam; er bildet aber auch gleichzeitig den Saum der Hochebene von Nordtibet. Dieser Rücken zieht sich in der Richtung von Ost nach West und hat, wie die Bewohner der Gegend sagen, eine Länge von ungefähr 200 Kilometer. Die östliche Spitze des Burchan-Buddha liegt in der Nähe des Ograi-ula und sie wird durch den See Toso-nor scharf begrenzt. Das Gebirge Ograi-ula liegt nicht weit von den Quellen des gelben Flusses und ist, wie die Mongolen sagen, nicht mit ewigem Schnee, wohl aber mit Wald bedeckt. Der See Toso-nor ist ziemlich schmal, hat aber eine Länge von zwei Tagereisen, d. h. von 50 bis 60 Kilometer. Aus ihm entspringt der Fluß Bajan-gol. Als Westgrenze des Burchan-Buddha dient der Fluß Nomochun-gol, welcher an seinem Südabhange hinfließt, es im Westen umbiegt, hierauf in die Ebene von Zaidam gelangt und endlich in den Fluß Bajan-gol mündet. Der Nomochun-gol entspringt im Schugagebirge und ist nur wenige Meter breit. An seiner Mündung in den Bajan-gol befinden sich, nach den Angaben der Mongolen, die Ruinen einer alten Stadt, in welcher vor langer Zeit chinesische Soldaten gelebt haben.

Hiermit ist der Burchan-Buddha ein sowohl von Osten, als von Westen, vorzüglich aber von Norden scharf begrenzter Strich, denn von Norden aus erhebt er sich plötzlich über die ganz flachen Ebenen Zaidams. Dieses Gebirge hat auf seiner ganzen Länge keinen einzigen besonders hervorragenden Punkt, sondern bildet einen ununterbrochenen Kamm.

Nach der Angabe der Mongolen hat der Burchan-Buddha, welcher Name „Gott Buddha" bedeutet, diesen Namen erst vor einigen hundert Jahren von einem aus Tibet in die Mongolei zurückkehrenden Higen erhalten. Nachdem der Heilige die ganzen Schrecken der Wüsten Tibets ertragen hatte, und von hier aus endlich in die wärmeren Ebenen Zaidams herabgestiegen war, taufte er dieses Gebirge auf den Namen Gottes selbst, weil es wie ein riesiger Wächter des hohen, kalten und wüsten nördlichen Tibets dasteht.

Thatsächlich bildet auch der Burchan-Buddha eine scharfe physische Grenze der Gegenden, welche nördlich und südlich von ihm liegen. Auf der letzteren erhebt sich die Gegend zu der furchtbaren absoluten Höhe von 4,880 bis 5,620 Meter und es befindet sich nur ein tiefes, enges, vom Nomochun-gol eingeschnittenes Thal, dessen absolute Höhe nicht mehr als 4,270 Meter beträgt. Eine so hohe Ebene fanden wir nicht mehr vom Burchan-Buddha ab, bis an den obern Lauf des blauen Flusses; sie zieht sich jedoch bedeutend weiter und zwar bis an den Gebirgsrücken Tan-la und erhebt sich hier aller Wahrscheinlichkeit nach noch um ein Bedeutendes.

Wenn man sich von der Ebene Zaidams auf den Burchan-Buddha erhebt, so hat man, von der Sohle zum Kamme gerechnet, gegen 30 Kilometer. Zwischen den Salzmorästen Zaidams und der Sohle des Gebirges liegt jedoch schon ein gegen 15 Kilometer breiter Strich, welcher gegen die ersteren hin abfällt, ganz eben und unfruchtbar ist, aus reinem Kies besteht und mit Gerölle bedeckt ist. Die Böschung des Gebirges ist nicht sehr steil, und wird nur steil ganz in der Nähe des Ueberganges, der in einer absoluten Höhe von 5,738 Meter liegt. Der diesem Uebergange nahe und nach Angabe der Mongolen im ganzen Gebirge höchste Gipfel, welcher ebenfalls Burchan= Bubbha heißt, erhebt sich zu einer absoluten Höhe von 6,110 Meter und auf 3,000 Meter über die Ebene von Zaidam. Ob jedoch dieser Burchan=Bubbha der höchste Gipfel des ganzen Rückens ist, scheint mir zweifelhaft; andere Punkte scheinen diesen, von mir gemessenen, zu überragen.

Trotz dieser ungeheuren absoluten Höhe erreicht der Burchan= Bubbha nirgends die Schneegrenze. Selbst gegen Ende des November, als wir über dieses Gebirge reisten, lag auf ihm ungemein wenig Schnee; er bildete nur auf den Nordabhängen der höchsten Punkte und auf dem Kamme selbst eine Decke von einigen Centimetern Dicke. Im Frühjahr, und zwar im Februar, als wir auf der Rückreise begriffen waren, fanden wir es eben so; nicht aufgethauter, vorjähriger Schnee war hier selbst in den, den Sonnenstrahlen unzugänglichen Schluchten, nicht zu finden.

Die Ursache dieser Erscheinung ist wohl zunächst darin zu suchen, daß dieses Gebirge, trotz seiner bedeutenden absoluten Höhe, sich im Süden nicht viel über seine Sohle erhebt; die weite Wüste, welche sich hier am Gebirge hinzieht, wird während des Sommers ziemlich stark erwärmt, und die warme Luft ver= treibt den Schnee selbst von den höchsten Punkten. Es fällt hier aber auch, zweitens, während des Winters wenig Schnee und die Mongolen sagten uns, daß er auf der Hochebene Nordtibets überhaupt nicht gleichmäßig fällt, so daß es in einem Winter ziemlich viel, im andern dagegen sehr wenig Schnee giebt. Ja er fällt sogar im Frühlinge in größerer Menge, thaut dann schnell unter dem Einflusse der Sonnenstrahlen auf, und kann keine größere Masse bildet, welche sich während des ganzen Sommers erhalten könnte.

Eine ungeheure Unfruchtbarkeit bildet den allgemeinen Charakter des Burchan=Bubbha. Die Abhänge der Berge be= stehen hier aus Lehm, Kieseln, Steinschutt oder nackten Felsen von Lehm= und Silikatschiefern, Syenit und Syenitporphyr. Diese Felsen treten am Auffallendsten am Rande des Rückens, theils auch auf dem Rücken selbst zu Tage. Eine Vegetation giebt es auf diesem Gebirge fast gar nicht, mit Ausschluß einiger seltener verkrüppelter Budarganasträucher und gelben kurilischen Thees; Säugethiere und Vögel findet man ebenfalls nur in geringer Zahl.

Im Allgemeinen ist der Südabhang dieses Gebirges etwas fruchtbarer, als der Nordabhang; dort findet man auch öfter einen Bach und an seinen Ufern etwas, das einer Wiese ähnlich ist. Das Gras ist auf diesen Stellen gewöhnlich vom Wilde oder vom Vieh der Mongolen abgeweidet, denn die letztern kommen im Sommer aus Zaidam hierher, weil dort der Aufent= halt wegen der Menge Insecten, welche auf den Moräften hausen, unerträglich ist.

Trotzdem die Böschung des Burchan=Buddha nicht steil ist, ist das Aufsteigen in Folge der ungeheuren Höhe der Gegend und der hiervon bedingten Verdünnung der Luft, ungemein be= beschwerlich. Die Kräfte versagen hier sowohl dem Lastthiere, wie dem Menschen: man fühlt eine starke Ermattung, das Athmen wird schwer, der Kopf schmerzt, man wird vom Schwindel be= fallen. Häufig fallen Kameele todt nieder; aus unserer Kara= wane verendete eines plötzlich und die andern gelangten nur mit vieler Mühe über den Uebergang.

Huc versichert nun (in seinem Souvenir d'un voyage dans la Tartarie et le Thibet, Th. I, S. 214—217), indem er das Burchan=Buddha=Gebirge beschreibt, daß es durch das Vorhanden= sein giftiger kohlensaurer Gase auf seinem nördlichen und öft= lichen Abhange bemerkenswerth ist. Weiterhin erzählt er, wie viel er selbst und seine Reisegefährten beim Ersteigen dieses Gebirges von diesen Gasen gelitten hat. Eben so ist in der Uebersetzung eines chinesischen Reisenden (in den Nachrichten der Kais. Russ. geogr. Gesellschaft 1873, Th. IX, S. 298—305) gesagt, daß man auf dem Wege von Sining nach Lassa auf 23 Stellen „Tschschan=zi", d. h. schädliche Ausdünstungen trifft. Wir verlebten auf der tibetanischen Hochebene 80 Tage und fanden nirgends „schädliche Ausdünstungen" oder „kohlensaure Gase". Die Schwierigkeit des Ersteigens des Gebirges, wie im Allgemeinen des Gehens selbst auf den ebenen Oertlichkeiten der nordtibetanischen Hochebene, erklärt sich einfach durch die be= deutende absolute Höhe der Gegend und die hieraus resultirende

Verdünnung der Luft. Dieses ist auch die Ursache weshalb der Argal in den Wüsten Tibets ungemein schlecht brennt. Wenn endlich wirklich die vermeintlichen kohlensauren Gase oder andere schädliche Ausdünstungen auf dem Burchan-Bubbha existirten, wie wäre es dann möglich, daß die Mongolen während des Sommers mit ihren Herden auf diesen Gebirgen leben, und wie könnten ungeheure Herden wilder Thiere in den Wüsten weiden?

Der Südabhang ist noch weit weniger steil als der Nord-abhang und zieht sich auf eine Entfernung von 23 Kilometer bis an das Flüßchen Nomochun-gol hin, dessen enges Thal sich in einer absoluten Höhe von 4,240 Meter befindet. Dieses war auch die niedrigste Stelle, welche wir auf der ganzen Hoch-ebene Nordtibets gefunden haben. Vom Nomochun-gol beginnt sich die Gegend wiederum, gegen das Gebirge Schuga zu, zu erheben, welches sich dem Burchan-Bubbha parallel hinzieht und eben so plötzlich in den Ebenen Zaidams endet. Aller Wahr-scheinlichkeit nach sind beide Gebirgszüge im Westen mit einander verbunden und enden als eine Masse in den Zaidamer Ebenen.

Der Schugarücken ist etwas länger als der Burchan-Bubbha. Er beginnt im Osten beim Gebirge Urunduschi, auf welchem der Fluß Schuga-gol entspringt, der das genannte Gebirge im Süden besäumt. Dieser Fluß hatte an der Stelle, wo wir ihn überschritten, eine Breite von 80 Meter. Wir haben ihn im Winter überschritten, als das Eis seitlich ausgebreitet war; es scheint gewiß, daß der Schuga-gol im Sommer bedeutend schmäler ist, denn er ist im Allgemeinen nicht wasserreich. Nach Angabe der Mongolen hat der Schuga-gol eine Länge von 300 Kilo-meter und verliert sich in den morastigen Ebenen des westlichen Zaidams. Das Thal dieses Flusses ist, wie das des Nomochun-gol, häufig mit gutem Grase bedeckt und erscheint, im Vergleiche mit den unfruchtbaren Gebirgen der Nachbarschaft, ziemlich fruchtbar.

Seinem Charakter nach ist das Schugagebirge dem Burchan-Bubbha-Rücken ganz ähnlich; es herrschte hier derselbe Mangel an Leben, man sieht hier dieselben nackten Abhänge, welche bald die rothe, bald die braune, bläuliche oder gelbliche Farbe des Lehms widerspiegeln, dasselbe Gerölle und dieselben nackten

Felsen. Auf dem Rücken des Gebirges sind ungeheure Kalkstein-
und Epidositfelsen aufgethürmt, aber es steigt in beiden Richtungen, besonders aber von Norden aus an der Straße nach
Tibet, ungemein mild an, wenngleich die absolute Höhe auf dem
Kamme an der Stelle des Ueberganges etwas bedeutender als
die des Burchan-Buddha ist, da sie hier 5,844 Meter beträgt.
Einzelne Punkte des Schugarückens sind ebenfalls höher und
fünf von ihnen, welche im mittleren Theile des Gebirgszuges
liegen, erreichen die Grenze des ewigen Schnees. Diese fünf
Punkte lagen gegen sieben Kilometer östlich von unserem Wege.
Nach dem Augenmaße erheben sie sich gegen 800 Meter über
die Stelle, an welcher wir das Gebirge überschritten haben. Der
Schnee lag (im Beginne des Monats Dezember und Februar)
sehr reichlich auf ihren Nordabhängen, bildete jedoch nur ganz
in der Nähe des Gipfels einen breiten Strich.

Das so eben beschriebene Gebirge bildet die politische Grenze
zwischen der Mongolei (d. i. zwischen Zaidam) und Tibet; doch
ist diese Grenze nicht mit Genauigkeit bestimmt und die Tibetaner sagen, daß der Burchan-Buddha die Grenze bildet. Besondere politische Verwickelungen können jedoch aus dieser Un-
bestimmtheit der Grenze nicht entstehen, da am Wege nach Tibet
vom Burchan-Buddha an, bis an den Südabhang des Gebirges
Tan-la, also auf einem Striche von nahezu 800 Kilometer, gar
keine Bewohner vorhanden sind. Eine Ausnahme hiervon macht
nur der Oberlauf des Mur-ussu (des blauen Flusses), an welchem
sechs Tagereisen oberhalb der Mündung des Naptschitai-ulan-
muren, wie uns Mongolen mitgetheilt haben, gegen 500 Tanguten leben. Die Mongolen nennen den Landstrich zwischen
Burchan-Buddha und Tan-la „G u r e s u - G a d s y r", d. h. das
Land der Thiere, weil die Gegend, wie weiter unten mitgetheilt
werden wird, sehr reich an Wild ist.

Der Gebirgsrücken Urunduschi, dessen oben erwähnt ist, von
dem das Schugagebirge durch den aus ersterem entspringenden
Flusse Schuga-gol geschieden wird, zieht sich an der Nordseite der
Steppe O d o n - t a l a hin, welche eine Länge von zwei Tagereisen hat
und an deren Südrande das Gebirge S a l o m a liegt, das den
östlichen Theil des Bajan-chara-ula-Gebirges bildet. Diese Steppe
ist reich an Quellen und bei den Chinesen unter dem Namen

des Sin-su-chai, des „Sternenmeeres", bekannt. Hier
befinden sich die Quellen des bedeutenden gelben Flusses. Diese
Quellen befinden sich von der Stelle, wo wir über den Fluß
Schuga-gol gingen, auf sieben Tagereisen gegen Osten entfernt,
leider aber kannte unser Führer den Weg dahin nicht. Von
Zaidam gehen alle Jahre Mongolen nach Odon-tala, um dort
zu beten und Gott Opfer darzubringen. Diese Opfer bestehen
aus sieben weißen Thieren und zwar aus einem Yak, einem
Pferde und fünf Schafen, denen rothe Bänder um den Hals
gebunden und die in das benachbarte Gebirge gelassen werden.
Was ferner mit diesen geweihten Thieren geschieht, konnte ich
nicht erfahren; wahrscheinlich werden sie von den Tanguten erlegt,
oder von den Wölfen verzehrt.

In einer Entfernung von 100 Kilometer südlich vom Ge-
birge Schuga, erhebt sich ein dritter Gebirgsrücken, den die
Mongolen Bajan-chara-ula, das reiche schwarze
Gebirge, und die Tanguten Ograi-wola-bakzy nennen.
Dieses Gebirge zieht sich am linken Ufer des obern blauen
Flusses hin, den die hier lebenden Mongolen Mur-ussa nennen;
es bildet die Wasserscheide zwischen diesem Flusse und den Quellen
des Chuan-che.

Die verschiedenen Theile dieses Gebirges, dessen Hauptrichtung von Ost nach West geht, haben auch verschiedene Namen.
So heißt sein westlicher Zweig bis zum Flusse Raptschitai-
ulan-muren, welcher am Schneegebirge Zagan-nir entspringt und, nachdem er eine Strecke von 400 Kilometer durchströmt, sich in den Mur-ussu ergießt, Kuku-schili, der mittlere
heißt eigentlich Bajan-chara-ula, weiterhin folgt der Dakzy
und endlich, ganz im Westen, der Saloma. Hier sei noch
bemerkt, daß der Raptschitai-ulan-muren nahe seiner Mündung
(im Winter) 60 bis 80 Meter breit ist, und daß sein Wasser
einen leichten Salzgeschmack hat. Wie die Mongolen sagen,
erreicht keiner der soeben genannten Gebirgszüge die Schneegrenze.
Der Kuku-schili hat allein eine Länge von ungefähr 250 Kilometer, während die der drei andern zusammen gegen 400 Kilometer beträgt. Das ganze Gebirge hat also eine Länge von
ungefähr 700 Kilometer. Der mittlere Theil des Gebirges, also
der eigentliche Bajan-chara-ula, begleitet übrigens theilweise den

obern Lauf des blauen Flusses, aber sein östliches und westliches Ende biegen von ihm ab.

Vom Burchan=Buddha= und Schuga=Gebirge unterscheidet sich der Rücken des Bajan=chara=ula durch seinen weicheren Charakter und seine verhältnißmäßig geringere Höhe. Auf seiner Nordseite (wenigstens da, wo wir es gesehen haben), erhebt sich dieses Gebirge kaum mehr als 400 Meter über seine Sohle; am Südabhange aber, also auf der Seite des Thales des Mur= ussu, wo sich die Gegend bis auf 4,920 Meter erhebt, bildet auch der Bajan=chara=ula eine schroffere Wand. An Gebirgs= arten überwiegen hier Lehmschiefer und Felsitporphyr.

Im Allgemeinen charakterisirt sich dieses Gebirge: erstens durch seinen weichen Charakter; die Abhänge sind hier nirgends steil, Felsen sieht man, mindestens auf der Nordseite fast gar nicht; zweitens dadurch, daß sowohl der Nord= als auch der Südabhang, und dieser vorzüglich, wasserreich ist, und daß endlich drittens, die Südseite des Bajan=chara=ula weit fruchtbarer ist, als alle von uns in Nordtibet gesehenen Gegenden. Der Boden wird hier sandig und ist, Dank der reichlichen Bewässerung, in den Thälern mit verhältnißmäßig gutem Grase bedeckt, das man häufig auch auf den Abhängen des Gebirges findet.

Die Fläche zwischen dem Schugarücken und Bajan=chara= ula=Gebirge ist eine furchtbare Wüste, deren absolute Höhe bis 5,440 Meter beträgt. Der See Bucha=nor liegt in einer Meereshöhe von 5,400 Meter, und der Morast Chujtun= Schirik am Fuße der Nordseite des Bajan=chara=ula in einer absoluten Höhe von 5,280 Meter. Im Allgemeinen bildet die ganze Wüste eine wellenförmige Hochebene, auf welcher hier und dort nicht hohe Hügelgruppen, oder richtiger Hügelketten zerstreut liegen, welche sich kaum über 30 Meter über die Ebene selbst erheben.

Nur im nordwestlichen Theile der hier beschriebenen Hoch= ebene erhebt sich das ewig mit Schnee bedeckte Gebirge Gurbu naidschi (tangutisch Atschün=gontschik), das gegen 60 Kilometer westlich von unserm Wege liegt, und den östlichen Anfang des großen Kuen=lün=Systems bildet. Hierfür wird es wenigstens von den Mongolen Zaidams gehalten, welche sagen, daß von hier, weit gegen Westen hin, sich eine ununterbrochene

Gebirgskette zieht, welche sich theils über die Grenze des ewigen
Schnees erhebt, theils unter dieselbe herabsinkt. Im östlichen
Theile dieses Systems befinden sich außer in dem Gurbu-naibschi
noch in den Gruppen des Jüsun-obo und Zagan-nir
mit ewigem Schnee bedeckte Gipfel.

Die Hochebene zwischen den Gebirgsrücken Schuga und
Bajan-chara-ula ist der allgemeine Typus der Wüsten Nordtibets.
Das Klima und die ganze Natur haben hier einen fürchterlichen
Charakter. Der Boden besteht aus Lehm mit einer Beimischung
von Sand oder Kies und ist jeder Vegetation beraubt. Nur
hin und wider starrt ein Büschchen Gras, das wenige Centimeter hoch ist, und nur sehr selten bedeckt eine gelbgraue Flechte
auf wenige Meter den kahlen Boden. Dieser letztere ist stellenweise mit einem weißen Salzanfluge wie mit Schnee bedeckt und
ist überall mit Furchen durchwühlt, oder mit Löchern bedeckt,
welche von den beständigen Stürmen ausgeweht worden sind.
Nur an den Stellen, wo Quellen fließen, bilden sich buschige
Moräste, bemerkt man eine reichere Grasvegetation und zeigt
sich etwas, das einer Wiese nicht unähnlich ist. Aber auch solche
Oasen tragen den Todesstempel der Wüste an sich. Die Bedeckung der Wiese besteht fast ausschließlich aus einer Species
Rietgras, das gegen 16 Centimeter hoch wird, hart wie Draht
und dermaßen vom Winde ausgetrocknet ist, daß es unter den
Füßen wie trockne Zweige zerbröckelt und in Staub zerfällt.
Nur sehr selten findet man eine Pflanze mit zusammengesetzterer
Blüthe. (Als Beweis für die Weichheit des Rasens dieser
Wiesenflächen kann wohl der Umstand dienen, daß unsere Kameele
sich häufig die dicken Sohlen ihrer Klauen bis aufs Blut
verletzten.)

Die Verdünnung der Luft, eine Folge der ungewöhnlichen
absoluten Höhe der Gegend, ist so groß, daß ein kleiner Marsch,
oder das Ersteigen eines unbedeutenden Hügels selbst einen kräftigen Mann sehr ermüdet; man fühlt eine Abschwächung des
ganzen Organismus, die zeitweise bis zum Schwindel reicht;
Hände und Füße zittern und es stellt sich Erbrechen ein. Es
wird schwer Feuer anzumachen und der Argal brennt ungemein
schlecht. Das Wasser siedet schon bei einer um zwölf Grad nach
Reaumur niedrigern Temperatur, als auf dem Meeresspiegel.

In klimatischer Beziehung harmonirt diese Hochebene, gleich allen andern Wüsten des nördlichen Tibets, ganz und gar mit ihrer wilden Natur. Furchtbare Fröste und Stürme herrschen hier während des ganzen Winters; den Frühling charakterisiren ebenfalls Stürme und Schneetreiben, den Sommer — beständiger Regen, der oft von Hagel, welcher in großen Körnern fällt, begleitet ist, und nur während des Herbstes herrscht schönes Wetter, ist's heiter und ziemlich warm. In dieser Jahreszeit kommen auch gewöhnlich Karawanen frommer Pilger aus der Mongolei nach Lassa. Der Sammelplatz für diese Karawanen ist der See Kuku-nor, wo auch die Kameele des Nordens auf reichen Weiden für den weitern, bedeutend schwererern Weg aufgefüttert werden. Hier sei noch bemerkt, daß der Dunganenaufstand für elf Jahre diese Pilgerfahrten aus der nördlichen Mongolei unterbrochen hat; während dieses Zeitraums kamen nur Pilger aus Kuku-nor und Zaidam, ja auch von hier nicht alle Jahre, nach Lassa.

Wenn die mongolischen Pilger in Kuku-nor anlangen, so schließen sich ihnen die Gläubigen der Gegend theils auf Kameelen, theils auf Yaks an. Mit den ersteren kann man schneller vorwärts kommen und deshalb bedarf man zur Reise aus der Stadt Donkyr nach Lassa, welche Städte 1500 bis 1600 Kilometer von einander entfernt liegen, gegen zwei Monate, wobei täglich gegen 30 Kilometer zurückgelegt werden; beladene Yaks gehen weit langsamer und zur Zurücklegung des so eben bezeichneten Weges mit ihnen braucht man gegen vier Monate. Jedenfalls werden während der Reise nur zwei Ruhetage, einer in Zaidam, am Fuße des Burchan-Buddha, der andere am Ufer des Murussu gehalten.

Einen eigentlichen Weg durch die tibetanischen Wüsten giebt es nirgends, wenngleich man überall eine Menge von Thieren ausgetretener Fußsteige findet. Die Karawanen gehen hier in gerader Richtung vorwärts, wobei ihnen verschiedene Charakterzeichen der Gegend als Directive dienen. Die Reise wird folgendermaßen eingetheilt: von Donkyr aus nördliche Ufer des Kuku-nor und durch Zaidam an das Burchan-Buddha-Gebirge im Ganzen 15 bis 16 Tagereisen; von hier bis Mur-ussu — 10 Tagereisen; ferner 10 Tagereisen diesen Fluß stromaufwärts;

weiter 5 Tagereisen über das Gebirge Tan=la bis ins tibetanische Dorf Naptschu und von hier endlich noch 12 Tagereisen. In Naptschu lassen die Karawanen ihre Kameele und reisen auf Yaks weiter, weil die Gegend sehr gebirgig wird. Die Mongolen sagten uns jedoch, daß man auch mit Kameelen bis Munchu=Dsu (Lassa) kommen kann, daß jedoch die Pilger diese Thiere in Naptschu lassen, weil weiter für sie keine guten Weiden zu finden sind.

Aus Kuku=nor oder Donkyr. ziehen die Karawanen immer Anfangs September aus, so daß sie Anfangs November nach Lassa anlangen. (Im Winter und Sommer reisen die Karawanen nur ausnahmsweise, da während des Winters in den tibetanischen Wüsten tiefer Schnee fällt, im Sommer aber kein Brennmaterial vorhanden ist, denn aller Argal zerweicht unter dem Einflusse des beständigen Regens.) In Lassa verbleiben die Pilger zwei oder drei Monate und begeben sich im Februar auf den Rückweg. Dann schließen sich ihnen tibetanische Kaufleute an, welche Tuch, gegerbte Lammfelle und verschiedene Kurzwaaren nach Donkyr und Sining bringen. Außerdem reiste früher alle drei Jahre ein Gesandter des Dalai=Lama mit Geschenken für den Bogdo=Chan nach Peking; diese Gesandtschaften wurden jedoch während des Dunganenaufstandes unterbrochen.

Doch ist sowohl die Herbst=, als auch die Frühlingsreise der Karawane durch Nordtibet stets von Unglücksfällen begleitet. In diesen furchtbaren Wüsten gehen viele Lastthiere, besonders aber viele Kameele und Yaks zu Grunde. Diese Verluste sind aber so gewöhnlich, daß die Karawanen immer $1/4$, häufig sogar $1/3$ mehr Lastthiere als Reserve mitnehmen, als ihnen thatsächlich zum Transporte nothwendig ist.

Manchmal ereignet es sich aber auch, daß die Menschen alle ihre Sachen im Stiche lassen und nur an die Rettung des eigenen Lebens denken. So verlor die Karawane, welche im Februar 1870 Lassa verlassen hat, und die aus 300 Menschen und über 1000 Kameelen und Yaks bestand, in Folge des tiefen Schnees, der in jenem Jahre gefallen war und der darauf folgenden Fröste, alle ihre Lastthiere und gegen 50 Menschen. Einer der Theilnehmer an dieser Reise erzählte uns, daß, als die Kameele und Yaks in Folge Futtermangels zu fallen begannen und täglich ganze Dutzende verendeten, die Menschen gezwungen

waren, alle Waaren und überflüssigen Sachen im Stiche zu
lassen; später warfen sie auch nach und nach Mundvorräthe
weg, und gingen selbst zu Fuß. Endlich waren sie ·auch gezwungen, die Mundvorräthe auf dem eigenen Rücken zu tragen
und von der großen Zahl von Kameelen blieben nur drei, welche
man mit Djamba gefüttert hatte, übrig. Aller Argal war mit
einer dicken Schneeschicht bedeckt, so daß es sehr schwer war,
ihn zu finden, und um ihn anzuzünden, brauchten die Pilger
ihre eigene Kleidung, welche der Reihe nach in Stücken zerrissen
wurde. Fast jeden Tag verstarb einer an Erschöpfung, und
Kranke wurden, selbst wenn sie noch lebten, ohne Gnade zurückgelassen und kamen auf dem Wege um.

Aber trotz aller Unfruchtbarkeit und trotz der feindlichen
klimatischen Verhältnisse sind die Wüsten Nordtibets ungemein
reich an Thieren. Wer es nicht mit eigenen Augen gesehen hat,
kann es kaum glauben, daß in diesen von der Natur so äußerst
stiefmütterlich ausgestatteten Gegenden eine so kolossale Masse
von Thieren leben kann, die sich häufig zu Herden von 1000 Stück
ansammeln. Nur indem sie von einem Orte zum andern ziehen,
können diese Thiermassen auf den armseligen Weiden der Wüsten
die nöthige Nahrung finden. Dafür aber kennen auch hier die
Thiere nicht ihren Hauptfeind, — den Menschen, und leben,
fern von seinen hinterlistigen Nachstellungen, frei und zufrieden.
(Die Verdünnung der Luft hat, wie hieraus zu sehen, auf die
Thiere der nordtibetanischen Wüste keinen Einfluß; sie sind unter
einem geringen Drucke der Atmosphäre geboren und aufgewachsen,
also daran gewöhnt.)

Die charakteristischen und zahlreichsten Säugethiere der
tibetanischen Wüste sind: der wilde Yak (Poëphagus grunniens), das weißbrüstige Argali (Ovis Polii), der Kuku-
jeman [blaue Steinbock] (Ovis sp.), die Antilopen Orongo
und Ada (Antilope Hodgsonii, Antilope sp.), die Chulan
[wilde Esel] (Equus Kiang) und der gelbweiße Wolf
(Canis sp.). Außerdem leben hier noch: Der Bär (Ursus sp.),
der Manul (Felis Manul?), der Fuchs (Canis vulpes), der
Steppenfuchs (Canis Corsak), der Hase (Lepus Tolai),
das Murmelthier (Arctómys sp.) und zwei Specien
Pfeifhasen (Lagomys sp.).

Einen Theil dieſer Thiere haben wir ſchon in Gan-ſu und im Gebiete von Kuku-nor gefunden; ich werde alſo hier nur über die Tibet eigenthümlichen Specien eingehender berichten, von denen wohl dem wilden Yak oder dem langhaarigen Ochs die erſte Stelle gebührt.

Dieſes prachtvolle Thier macht wirklich durch ſeine Größe und Schönheit einen tiefen Eindruck. Ein altes Männchen erreicht, ohne Schwanz gemeſſen, nahezu die Länge von 3,50 Meter (genau 3,41 Meter von der Naſenſpitze über den Rücken bis an die Schwanzwurzel gemeſſen); der Schwanz mit ſeinem langen

Der wilde Yak. (Poëphagus grunniens.)

wellenförmig gekräuſelten Haare, das ihn ſchmückt, iſt ebenfalls einen Meter lang. Die Höhe des Thieres beträgt, vom Buckel bis zur Fußſohle gemeſſen 1,89 Meter, der Umfang des Rumpfes in ſeiner Mitte 3,46 Meter und das Gewicht annähernd 630 bis 720 Kilogramm. Der Kopf des Yak iſt mit zwei ungeheuren bis 86 Centimeter langen (über den äußern Bogen gemeſſen) und an der Wurzel 55 Centimeter dicken Hörnern geſchmückt. Der Körper dieſes Thieres iſt mit dichten, langen, ſchwarzen Haaren bedeckt, welche bei alten Männchen auf dem Rücken und den Seiten einen bräunlichen Anflug haben. Der untere Theil des Körpers iſt, wie der Schwanz, mit langen, ſchwarzen Haaren

ausgestattet, welche wie Franſen herabhängen. Die Haare am
Maul haben einen grauen Anflug, welcher bei jungen Thieren
den ganzen obern Theil des Körpers bedeckt; den Rücken entlang
zieht ſich bei dieſen ein ſchmaler ſilbergrauer Streif. Außerdem
iſt das Haar des jungen Yak auch weit weicher und ohne bräunlichen Glanz, es iſt vielmehr ganz ſchwarz. Junge, wenn auch
ſchon erwachſene Männchen, welche bedeutend kleiner ſind,
(ſo betrug die Länge eines ſechsjährigen, ohne Schwanz, nur
3,00 Meter, und alle andern Dimenſionen ergaben nicht ſo
große Zahlen, wie die eines alten Thieres), haben weit ſchönere
Hörner, als die alten, und ſind ihre Enden nach Hinten gebogen.
Die Enden der Hörner alter Männchen ſind aber mehr nach
innen gebogen und an der Wurzel immer mit faltigem, grau-
braunen Auswuchſe bedeckt.

Die Weibchen ſind unvergleichlich kleiner als die Männchen
und bei Weitem nicht ſo ſchön wie dieſe. Ein altes Weibchen
mißt, ohne Schwanz, bis 2,30 Meter, hat bis zum Buckel
eine Höhe von 1,60 Meter und einen Umfang von ungefähr
2,20 Meter; auch iſt ſein Gewicht um die Hälfte bis zwei
Drittel geringer, als das des Männchens. Auch die Hörner
der Weibchen ſind kurz und dünn und die Haare an den Seiten
und am Schwanze bei Weitem nicht ſo prachtvoll, wie bei den
Männchen.

Um einen vollſtändigen Begriff vom wilden Yak zu haben,
muß man dieſes Thier in den heimathlichen Wüſten ſehen. Wie
ſchon mitgetheilt, erhebt ſich dieſe weite Hochebene bis zu einer
abſoluten Höhe von 4880 bis 5620 Meter. Sie iſt von maſſiven
Gebirgen durchſchnitten, welche wild und unfruchtbar ſind, wie
die ganze Natur dieſer Gegend. Der nackte Boden iſt nur hin
und wider mit ärmlichem Graſe bedeckt und auch dieſes kann
ſich nicht gehörig entwickeln, denn es wird hieran durch die
beſtändigen Fröſte und Stürme gehindert, welche während des
größten Theiles des Jahres herrſchen. In ſolchen ungaſtlichen
Gegenden, inmitten einer höchſt traurigen Natur, dafür aber auch
fern vom unbarmherzigen Menſchen, lebt in voller Freiheit der
ausgezeichnete, langhaarige Ochs, welcher ſchon den Alten unter
dem Namen des „Poëphagus" bekannt geweſen iſt.
Dieſes charakteriſtiſche Thier der tibetaniſchen Hochebene

ist übrigens im Norden weiter, als die Grenze Tibets reicht, verbreitet. Man findet es, wie gesagt wird, in großer Zahl im Gan-su-Gebirge, am obern Tetung-gol und Ezine, wo sich zugleich die nördliche Verbreitungsgrenze dieses Thieres hinzieht. In Gan-su verringert sich jedoch von Jahr zu Jahr die Zahl dieser Thiere, weil sie von den Bewohnern der Gegend sehr stark verfolgt werden.

Die physischen Eigenschaften des Yak sind aber bei Weitem nicht so vollkommen, wie bei andern wilden Thieren. Es ist wahr, dieses Thier besitzt ungeheure Kräfte, ausgezeichnete Geruchsnerven, dafür sind aber Gesicht und Gehör ziemlich schwach entwickelt. Selbst in der Ebene und am hellen Tage unterscheidet der Yak auf tausend Schritt kaum den Menschen von einem andern Gegenstande; wenn aber der Himmel bewölkt ist, bemerkt er den Jäger kaum in einer Entfernung von fünfhundert Schritt. Ebenso erregt das Geräusch von Schritten, oder ein sonstiges Geräusch erst dann die Aufmerksamkeit dieses Thieres, wenn es schon einen sehr hohen Grad erreicht hat. Dafür aber hat der Yak so ausgezeichnete Geruchsnerven, daß er den Menschen mit dem Winde schon aus einer Entfernung von einem halben Kilometer, ja noch aus größerer Ferne wittert.

Die Intelligenz des Yak steht, wie die der andern Specien des Rindes, auf einer sehr niedrigen Stufe der Entwickelung; man kommt zu diesem Schlusse, wenn man die ungemein geringe Masse Gehirns sieht, das dieses Thier besitzt.

Die alten Männchen gehen außer der Brunstzeit allein in der Wüste umher, oder doch nur in kleinen Herden von 3 bis 5 Exemplaren. Jüngere, aber erwachsene Männchen (im Alter von ungefähr 6 bis 10 Jahren) schließen sich oft an eine Herde alter an, bilden jedoch häufiger eine eigene, welche aus 10 bis 12 Exemplaren besteht. Manchmal finden sich in solchen Herden junger Yakmännchen einige alte. Dagegen sammeln sich die Weibchen, jungen Männchen und Kälber zu ungeheure Herden an, die oft aus einigen hundert, manchmal wohl aus tausend Exemplaren bestehen; in solchen großen Herden, — welche wir jedoch nicht gesehen haben, — befinden sich häufig auch erwachsene, jedoch nicht alte Männchen. So zahlreichen Herden wird es freilich sehr schwer auf den schlechten Weiden der Wüste ihre

Nahrung zu finden, dafür find aber in ihnen die unerfahrenen
Kälber gegen die Anfälle der Wölfe geschützt.

Auf der Weide geht die Herde gewöhnlich ein wenig zer=
ſtreut einher; aber während der Ruhe liegen alle Individuen
der Herde dicht an einander. (Während eines ſtarken Sturmes
liegt ſowohl die ganze Herde, wie die einzeln gehenden Männchen.)
Wenn die Thiere eine Gefahr wittern, ſammeln ſie ſich in große
Herden, in deren Mitte ſich dann die Kälber befinden; einige
erwachſene Männchen und Weibchen gehen aber voran, um ſich
zu überzeugen, worin die Gefahr beſteht. Wenn kein blinder
Lärm war und ſich ein Jäger naht, beſonders aber, wenn er
ſchießt, ſo ergreift der ganze gedrängte Haufen plötzlich im Trabe,
häufig auch im Galopp, die Flucht. Im letztern Falle neigen
viele von ihnen den Kopf gegen den Boden, während ſie den
Schwanz erheben und auf den Rücken legen. So ſprengen ſie
davon, ohne ſich umzuſehen. Es erhebt ſich dann eine Wolke
von Staub und die Erde dröhnt unter dem Stampfen der Hufe,
das in weiter Ferne zu hören iſt.

Eine ſolche wilde Flucht dauert übrigens nicht lange; nur
ſelten laufen die Thiere in dieſer Weiſe einen Kilometer, häufig
weniger. Nun erſt beginnt die aufgeſcheuchte Herde im ruhigen
Schritte zu laufen und hält bald in der früheren Ordnung ſtill,
d. h. die jungen Thiere gehen in die Mitte, während die älteren
die äußern Glieder bilden. Wenn ſich der Jäger wiederum
naht, ſo wiederholt ſich die vorige Scene und die einmal auf=
geſcheuchte Herde entfernt ſich gewöhnlich ſehr weit.

Der vereinzelte Yak flieht nur im ſtarken Schritt; er
galoppirt nur einige Schritte und auch dies nur dann, wenn er
geſcheucht wird. Zu Pferde iſt es immer leicht, dieſes Thier
einzuholen, auch wenn es noch ſo ſchnell läuft. Auf die höchſten
und felſigſten Gebirge klettert der Yak ausgezeichnet; wir ſahen
dieſe Thiere auf ſo ſchroffen Abhängen, daß ſie höchſtens für
einen Kuku=jeman zu erklettern waren.

Große Herden halten ſich gewöhnlich in Gegenden auf, die
reich an Weiden ſind, während man vereinzelte Männchen oder
kleine Geſellſchaften überall antrifft. In dem von uns durch=
reiſten nördlichen Theile Tibets fanden wir alte Yakmännchen
gleich hinter dem Rücken des Burchan=Buddha, während wir

Yakherden erst in der Gegend des Bajan-chara-ula, besonders am Südabhange dieses Gebirges und an den Ufern des Mur-ussu, zu sehen bekamen; bis dahin sahen wir nur zwei kleine Herden in der Nähe des Flusses Schuga.

Die Mongolen sagen, daß im Sommer, wenn frisches Gras vorhanden, große Herden auch bis an den Burchan-Bubbha kommen und hier von einer Stelle auf die andere wandern, jedoch gegen den Winter wieder an den Mur-ussu übersiedeln; die alten Männchen, welche zu einer solchen weiten Reise keine Lust haben, bleiben auch für den Winter in der Gegend am Burchan-Bubbha zurück.

Die bemerkenswertheste Eigenschaft des wilden Yaks ist seine Faulheit. Früh und vor Abend geht dieses Thier auf die Weide, während es den Rest des Tages in ungestörter Ruhe verbringt, der es sich liegend, manchmal auch stehend hingiebt. In dieser ganzen Zeit beweist nur das Wiederkauen, daß das Thier lebt; im Uebrigen ist es einer aus Stein gehauenen Figur ähnlich, da es selbst den Kopf Stunden lang in einer und der-selben Lage erhält.

Zum Lager wählt sich der Yak am häufigsten den Nord-abhang eines Berges oder einer Schlucht, um den Sonnenstrahlen auszuweichen, denn er liebt im Allgemeinen die Wärme nicht. Selbst wenn es sich im Schatten befindet, legt sich dieses Thier am liebsten auf den Schnee und wenn kein Schnee vorhanden ist, auf die bloße Erde und in Staub, indem es absichtlich mit seinen Hufen den lehmigen Boden aufscharrt. Man kann jedoch häufig auch Yaks auf der Stelle liegend finden, wo sie ge-weidet haben.

Die Weide und die Stelle, auf der eine Yakherde geruht hat, ist immer dicht mit Excrementen bedeckt, welche das einzige Brennmaterial in diesen Wüsten bilden. Die Mongolen danken sogar Gott dafür, daß er dem Yak eine so große Oeffnung des Darmkanals gegeben hat, in Folge dessen er auf einmal gegen neun Kilogramm Koth von sich geben kann. Es ist aber auch thatsächlich wahr, daß, wenn dieser Koth nicht vorhanden wäre, die Reise durch die Wüste Tibets wegen Mangels an Brenn-material unmöglich wäre, da man in ihr auch nicht den kleinsten Strauch findet.

Das Waſſer iſt für den wilden Yak eine nothwendige
Lebensbedingung. Eine unzählbare Menge von Fußspuren und
Haufen von Ercrementen in der Nähe nicht zugefrorener Quellen,
bewieſen uns, daß dieſe Stellen ſehr oft von dieſen Thieren
beſucht werden; nur wenn ſie kein offenes Waſſer haben, begnügen
ſie ſich mit Schnee. Im Sommer findet aber der Yak Waſſer
nach Belieben, da in den Wüſten Tibets außer der großen Anzahl
von Quellen und Flüßchen überall Pfützen vorhanden ſind, welche
ſich während der Regenperiode bilden. In der Nähe ſolcher
Pfützen vegetirt auch das Gras beſſer, ſo daß alſo der wenig
wähleriſche Yak hier volle Befriedigung findet und dieſe Thiere,
welche während des langen Winters abmagern, bis zum Herbſte
wieder Fett anſetzen. Beſonders iſt dieſes der Fall mit den
jungen Männchen und gelten Weibchen.

Die Brunſtzeit, welche im September beginnt und einen
ganzen Monat dauert, verändert gänzlich den Charakter des
faulen Yak. Dann laufen die Männchen Tag und Nacht durch
die Wüſte, ſuchen Weibchen und führen furchtbare Kämpfe mit
ihren Rivalen. Dieſe Turniere ſind aller Wahrſcheinlichkeit nach
ſehr ernſt, denn wir fanden faſt bei allen Männchen, welche wir
während des Winters erſchoſſen haben, Spuren dieſer Liebesduelle
in der Form von häufig recht bedeutenden Narben. Doch nicht
genug dieſer Narben, fand ich bei einem von mir erlegten Yak
das linke Horn an der Wurzel abgebrochen, ſo daß dieſes Thier
nur ein Horn hatte. Was war das für ein Stoß, der es vermochte,
das rieſige und ungemein ſtarke Horn dieſes Thieres zu zerbrechen?
Was für Köpfe haben auch dieſe Thiere, von denen der eine einen
ſolchen Stoß zu verſetzen, der andere ihn auszuhalten vermag!

Die Mongolen ſagten uns, daß dieſe Thiere während der
Brunſtzeit beſtändig Töne, welche einem Grunzen ähnlich ſind,
vernehmen laſſen. Dies iſt ſehr wahrſcheinlich, da die Stimme
des zahmen Yak ganz dem Grunzen eines Schweines ähnlich
iſt; dieſes Grunzen iſt nur weit ſtärker und etwas gedehnter.
Ich und mein Reiſegefährte haben jedoch nie die Stimme des
wilden Yak vernommen, welcher, mit Ausnahme der Zeit, in
welcher der Geſchlechtstrieb erwacht iſt, ſehr ſelten grunzt.

Nach Angabe der Mongolen kalben die Weibchen im Juni
und jedes von ihnen iſt nur jedes zweite Jahr tragend.

Mit ungewöhnlicher physischer Kraft begabt, hat der Yak in seiner heimathlichen Wüste, weit vom Menschen entfernt, keine ihm gefährlichen Feinde, so daß also der größte Theil dieser Thiere in Folge vorgerückten Alters (sie sollen, wie die Mongolen sagen, gegen 25 Jahre leben) verendet. Die wilden Yaks sind übrigens einer Krankheit ausgesetzt, welche die Mongolen „Chomun" nennen und welche darin besteht, daß der ganze Körper des Thieres nach und nach mit Schorf bedeckt wird, in Folge dessen die Haare an diesen Stellen ausfallen. Ich weiß nicht, ob diese Krankheit den Tod des Thieres nach sich zieht oder ob es von ihr wieder genest; es gelang mir aber zwei Thiere zu erlegen, deren Körper fast ganz kahl und wie mit Räude bedeckt war.

Die Jagd auf diese Thiere ist eben so gefährlich, wie ver- lockend, denn wenn ein Individuum, besonders aber ein alter Bulle, verwundet wird, stürzt er sich häufig auf den Jäger. Dieses Thier ist aber um so gefährlicher, als man nicht mit Sicherheit darauf rechnen kann, es zu erlegen, selbst wenn der Jäger sehr geschickt ist und viel kaltes Blut besitzt. Die Kugel aus der besten Büchse bringt nicht durch den dicken Schädel- knochen, wenn sie nicht gerade die Stelle trifft, wo das Gehirn liegt, das im Vergleiche mit dem ungeheuren Kopfe sehr klein ist; ein Schuß in den Rumpf kann aber nur in sehr seltenen Fällen tödtlich sein und es ist mir nur einmal gelungen, einen Yak und zwar einen jungen, mit einem Schusse zu erlegen, welcher ihm einen Wirbelknochen zerschmetterte. Es ist deshalb begreiflich, daß der Jäger unter diesen Umständen nicht mit Sicherheit auf den Erfolg seines Schusses selbst aus nächster Nähe rechnen kann; er kann also auch nicht auf einen glücklichen Ausgang seines Kampfes mit diesem Riesen der tibetanischen Wüsten rechnen. Dem Jäger kommt nur die ungewöhnliche Dummheit des Thieres und seine Unentschlossenheit zu Hülfe, da es, trotz aller seiner Wildheit, eine unüberwindliche Furcht vor dem kühnen Menschen fühlt. Wäre der Yak ein wenig klüger, so wäre er für den Jäger gefährlicher als der Tiger, da man, ich wiederhole es, nur in seltenen Fällen mit Sicherheit darauf rechnen kann, ihn auf einen Schuß zu fällen. Nur durch die Menge der Schüsse kann man des Yaks Herr werden, und deßhalb muß man zur Jagd auf ihn durchaus einen Hinterlader haben. Es ist selbstverständlich, daß hier von alten Bullen die Rede ist; Jakkühe und Herden im Allgemeinen fliehen, ohne sich umzuschauen, nach dem ersten Schusse.

Uebrigens stürzen sich auch alte Jaks nicht immer auf den Schützen, sondern laufen auch davon, selbst wenn sie verwundet sind. In diesem Falle ist es am besten, sie mit Hunden zu verfolgen, welche, wenn sie das Thier erreicht haben, es am Schwanze erfassen und es zwingen, still zu stehen. Der wüthende Jak stürzt sich dann bald auf den einen, bald auf den andern Hund und beachtet den Jäger nicht. Noch bequemer ist es, den Jak oder auch eine ganze Herde auf einem guten Pferde zu verfolgen, das ohne Schwierigkeit das schwere Thier einholt. Leider waren unsere beiden Pferde in Folge des Futtermangels in der Wüste zu einer solchen Jagd nicht zu gebrauchen, denn sie schleppten sich selbst kaum vorwärts und deßhalb konnten wir uns nicht das Vergnügen einer Jagd zu Pferde erlauben.

Dafür aber haben wir uns mit Leidenschaft der Jagd auf Jaks zu Fuß hingegeben; besonders geschah dies im Anfange, als wir diese Thiere das erste Mal erblickten. Mit Hinterladern bewaffnet, verließen wir am frühen Morgen unsere Jurte und machten uns auf, um die ersehnten Thiere zu suchen. Es ist nicht schwer, dieses Thier mit unbewaffneten Augen in der Entfernung einiger Kilometer zu bemerken; durch ein Fernrohr aber bemerkt man diese schwarze Masse aus sehr großer Entfernung, obgleich es sich häufig ereignet, daß man sich irrt, da man auch wohl ein großes schwarzes Felsstück für einen liegenden Jak ansieht. Vom Flusse Schuga ab, besonders aber am Bajan-charaula und an den Ufern der Mur-ussu, war die Zahl dieser Thiere überall so groß, daß in der Gegend unserer Jurte gewöhnlich einzelne Stücke oder ganze Herden, die weideten oder ausruhten, zu sehen waren.

Es ist nicht sehr schwer, sich an den wilden Jak auf Schußweite heranzuschleichen; es ist dies sogar leichter bei ihm, als bei jedem andern wilden Thiere. Dank dem schlechten Gesichte und Gehöre dieses Thieres kann man sich ihm, selbst in einer offenen Gegend, fast immer bis auf 300 Schritt nahen; bis auf diese Entfernung lassen die [vereinzelt gehenden] Bullen (jedoch nicht

die Herden) den Jäger an sich herankommen, selbst wenn sie ihn
in der Ferne bemerken. Da dieses Thier vom Menschen nicht
verfolgt wird und auf seine Kräfte baut, fürchtet es auch den
Jäger nicht, sondern schaut ihn fest an und schlägt hin und
wieder mit dem ungeheuren Schwanze seine Flanken, oder wirft
ihn auf seinen Rücken. Dieses Umsichschlagen mit dem Schwanze
ist sowohl beim wilden, als beim zahmen Yak ein Zeichen der
Gereiztheit: das Thier beginnt böse zu werden, wenn es sieht,
daß es der Jäger in seiner Ruhe stört.

Wenn trotzdem der Jäger immer näher kommt, flieht der
Yak, wobei er hin und wieder stehen bleibt und sich nach dem
Menschen umsieht. Wenn er bei dieser Gelegenheit durch einen
Schuß erschreckt, oder gar verwundet worden ist, so flieht er
einige Stunden ohne Aufenthalt.

Im Gebirge gelingt es manchmal, dem Yak auf fünfzig
Schritt zu nahen, wenn nur der Wind nicht vom Jäger kommt.
Wenn sich ein Yak in offener Gegend befand und ich wünschte
nahe an ihn heran zu kommen, so wendete ich folgendes Mittel
an. Wenn ich mich dem Thiere auf 300 Schritt genähert hatte,
schlich ich in gebückter Stellung weiter vorwärts, wobei ich die
Büchse mit der an sie befestigten Stütze so über meinem Kopfe
hielt, daß die letztere wie ein Paar Hörner aussah. (Es ist in
ganz Sibirien und in der Mongolei allgemein gebräuchlich, an
die Kugelbüchse eine, aus zwei dünnen Stäben, die beim Gebrauche der Waffe ausgespreizt auf die Erde gestellt werden, bestehende Stütze zu befestigen. Diese Vorrichtung ist gar nicht so
überflüssig, wie es auf den ersten Blick scheinen könnte. Im
Gegentheile ist sie sehr nothwendig, da es selbst dem besten
Schützen, nach langem Gehen im Gebirge oder Walde, unmöglich
ist, mit der Büchse aus freier Hand gut zu zielen.) Dabei war
ich, wenn ich jagte, immer mit einer Sibirischen Kuchlanka
[Kuchlanka heißt der obere Pelz der Ostjaken, dessen Haare nach
Außen gekehrt sind und der vorn zugenäht, auch mit einer Ka-
puze versehen ist; der sibirische Russe trägt eine „Dacha",
welche wie ein gewöhnlicher Pelz gemacht ist; auch das Haar
der Dacha ist nach Außen gekehrt], welche aus Fellen von
jungen Renthieren, das Haar nach Außen, gemacht war. Diese
Kleidung hat wohl viel zum Irrthume des kurzsichtigen Thieres

beigetragen und es ließ mich immer auf 200, ja sogar auf 150 Schritt an sich heran.

Wenn ich mich bis auf diese Entfernung herangeschlichen hatte, stellte ich meine Büchse auf die Stützen, nahm schnell Patronen aus der Tasche und legte sie neben mir in der Mütze auf den Boden; nun begann ich knieend zu schießen. Es ereignete sich, daß das Thier schon, nachdem es den ersten Schuß erhalten hatte, die Flucht ergriff; in diesem Falle verfolgte ich es mit Schüssen bis auf eine Entfernung von 600 Schritt, manchmal auch noch weiter.

Wenn aber der Yak ein alter Bulle war, so ereignete es sich doch weit häufiger, daß er, statt zu fliehen, auf mich losstürzte, wobei er die Hörner nach vorne richtete und den Schwanz auf den Rücken warf. Bei einem solchen Angriffe zeigte sich immer recht klar die Dummheit dieses Thieres. Denn statt eins von beiden und zwar entweder die Flucht oder den kühnen Anfall zu wählen, hielt der Yak immer, nachdem er einige Schritte vorwärts gethan hatte, unschlüssig an, schlug mit dem Schwanze und erhielt bei dieser Gelegenheit immer wiederum eine Kugel. Dann stürzte er sich auch wieder vorwärts und es wiederholte sich die vorige Scene, bis das Thier nach und nach gegen zehn, oft noch weit mehr Kugeln erhalten hatte und todt niederstürzte. Es ereignete sich aber auch, daß der Yak, nachdem er zwei oder drei Kugeln erhalten hatte, die Flucht ergriff, aber während derselben von einer andern getroffen wurde, sich nun gegen mich umwandte und so von Neuem in den Schuß kam. Im Allgemeinen kamen von allen von uns erlegten oder verwundeten Yaks nur zwei bis auf 40 Schritt an uns heran und wären wahrscheinlich noch näher gekommen, wenn sie nicht todt niedergestürzt wären. Bei dieser Gelegenheit bemerkte ich jedoch, daß die Thiere, je weiter sie vorwärts drangen, auch desto verzagter wurden und unlieber vorwärts gingen.

Um noch ein klareres Bild einer solchen Jagd zu geben will ich hier die Art und Weise schildern, wie der Yak erlegt wurde, dessen Fell sich in unserer Sammlung befindet. Hier sei nur noch bemerkt, daß wir zwei Felle von Yakbullen aus Tibet mitgebracht haben. Beide Felle wogen, nachdem sie getrocknet waren, mit den Hörnern 164 Kilogramm. Das rohe Fell dieses

Thieres ist auf dem Nacken und am Kopfe 13 Millimeter dick und wiegt (mit den Hörnern) mehr als 180 Kilogramm.

Wir bemerkten einst kurz vor Abend drei Yaks, welche in einem Gebirgsthale unweit unserer Jurte weideten. Ich machte mich sogleich auf, um auf diese Thiere Jagd zu machen und schoß, als ich mich bis auf zweihundert Schritt genähert hatte, auf den größten von ihnen. Nach dem Schusse ergriffen die Thiere die Flucht, denn der wilde Yak stürzt sich, wenn er in Gesellschaft ist, weit seltener auf den Jäger, als wenn er allein geht. Als sie ungefähr einen halben Kilometer weit geflohen waren, blieben sie stehen. Ich schlich mich nun wiederum bis auf 300 Schritt an die Thiere heran und schoß wiederum auf das schon verwundete. Die beiden Gefährten des verwundeten Riesen ergriffen nun die Flucht, während er selbst umkehrte und langsamen Schritts auf mich zukam. Ich hatte einen Berdanschen Hinter-lader. Ich sendete aus diesem eine Kugel nach der andern dem Yak entgegen; sie trafen ihn wie eine Scheibe und es war sogar zu sehen, wie der Staub von der getroffenen Stelle des Felles aufwirbelte; trotzdem schritt das Thier immer auf mich los, oder lief zurück, wenn es an einer besonders gefühlvollen Stelle ge-troffen wurde. Der Yak befand sich noch in einer Entfernung von 150 Schritt von mir, als ich schon alle mitgenommenen dreizehn Patronen verschossen hatte; ich ließ die Büchse für jeden Zufall geladen und lief eiligen Schrittes in die Jurte, um frische Patronen zu holen. Hier forderte ich nun meinen Begleiter auf mit mir zu gehen, nahm auch einen Kasak mit und nun gingen wir, drei Mann hoch, um das mächtige Thier zu erlegen. In-dessen begann es dunkel zu werden und dies war ein uns nicht günstiger Umstand, da ein sicherer Schuß nun nicht mehr mög-lich war.

Als wir an die Stelle gekommen waren, an welcher ich den Yak gelassen hatte, fanden wir ihn auf der Erde liegend. Nur der erhobene Kopf mit den ungeheuren Hörnern bewies, daß das Thier noch lebte. Wir näherten uns demselben auf 100 Schritt und schossen eine Salve auf dasselbe. In demselben Augenblicke sprang der Yak auf und stürzte sich auf uns. Nun begannen wir ihn aus drei Hinterladern förmlich mit Kugeln zu über-schütten, trotzdem näherte er sich uns und kam bis auf 40 Schritt

heran. Aber noch eine Salve, — und der Yak schlug mit dem
Schwanze, wendete um, und ergriff die Flucht, blieb aber, nach=
dem er gegen 100 Schritt gelaufen war, stehen. Indessen war
es ganz finster geworden und ich beschloß das Schießen einzu=
stellen. Hierzu bewog mich auch die Erwägung, daß das Thier
in Folge der Wunden, die es empfangen hatte, während der
Nacht verenden müsse. Thatsächlich fanden wir es am folgenden
Morgen todt liegen. Im Rumpfe des Yak fanden wir fünfzehn,
im Kopfe drei Kugeln. Eine der letztern hatte nicht den dicken
Knochen des Schädels, der mit einer dreizehn Millimeter dicken
Haut bedeckt ist, durchbohrt. Eine andere, Berdankugel, traf ins
linke Auge des Yak, das sie zerschmetterte, streifte gegen dreizehn
Millimeter am Schädelknochen hin und zersplitterte in kleine
Stückchen.

Ein anderes Mal erblickte ich, als ich durchs Gebirge streifte,
plötzlich drei liegende Yaks, die mich hinter dem schroffen Ab=
hange nicht bemerkt hatten und ruhig ihre Siesta hielten. Ohne
mich lange zu besinnen, zielte ich und schoß; da sprangen alle
drei Thiere auf, flohen aber nicht, da sie nicht wußten, was vor=
gegangen ist. Die zweite Kugel traf den schon verwundeten Yak
so gut, daß er auf der Stelle todt niedersank; die beiden Ge=
fährten des erschossenen Thieres blieben stehen und schlugen mit
dem Schwanze um sich. Mein dritter Schuß war ebenfalls
glücklich; er zerschmetterte einem der Thiere einen Fuß, und es
war nun gezwungen, auf der Stelle zu bleiben. Nun richtete
ich mein Feuer gegen den dritten Yak, mit welchem ich jedoch
nicht so leicht fertig wurde, wie mit seinen beiden Gefährten.
Nachdem er die erste Kugel erhalten hatte, stürzte dieser Yak mir
entgegen, lief gegen zehn Schritt und blieb dann stehen. Ich
brachte ihm wieder eine Kugel bei, — und er machte wiederum
eine kleine Bewegung nach vorwärts. Endlich hatte sich mir
das Thier bis auf 40 Schritt genaht, da floß, nach dem siebenten
Schusse, das Blut stromweise aus der Kehle und der Riese stürzte
zu Boden. Ich gab nun dem Yak, welcher mit zerschmettertem
Fuße am Boden lag, ohne Mühe den Gnadenschuß. Ich hatte also,
ohne daß ich mich von der Stelle gerührt, in wenigen Minuten
drei ungeheure Thiere erlegt. Als ich mich den Thieren genaht,
überzeugte ich mich, daß im Körper des Yaks, der auf mich zu=

gestürzt war, alle sieben Berdankugeln in einer Reihe in die
Brust gedrungen waren und dort wie Knöpfe saßen. Man muß
die furchtbare Kraft der Büchsenkugel kennen, um zu begreifen,
wie stark das Thier war, welches sieben solche Stöße aus nächster
Nähe ertragen kann.

Nach vielfachen Proben überzeugte ich mich, daß es am
besten sei, den Jak unters Schulterblatt zu schießen, und zwar,
wenn es möglich ist, in die linke Seite; in diesem Falle durchbringt eine Kugel aus der Büchse, selbst auf 200 Schritt, das
Thier durch und durch (indem sie immer unter dem Felle der
gegenüberliegenden Seite stecken bleibt), und kann am Sichersten
das Herz oder die Lunge verletzen. Eine so kleine Kugel, wie
die der Berdanbüchse, kann aber auch dann einen alten Jak
nicht gleich zum Fallen bringen, wenn sie dicht am Herzen vor-
beigeht; er kann mit einer solchen Wunde immer noch einige
Minuten laufen. Aber ein Schuß in den Kopf dieses Thieres,
selbst aus größter Nähe, ist höchst unsicher, denn wenn die Kugel,
auch wenn sie großen Kalibers, wie z. B. die des Lancaster-
gewehrs Nr. 16, ist, wie ich eins während meiner Reise bei mir
hatte, nicht gerade die Stelle trifft, wo das Gehirn liegt, sondern
wenn auch nur ein Wenig diese Stelle streift, so zerschmettert
sie den Schädelknochen nicht. Ich hatte mir vorgenommen, dem
Jak, wenn er sich entschlossen auf mich stürzen sollte, mit der
Kugel ganz aus der Nähe den Fuß zu zerschmettern, da er hierdurch auf einmal wehrlos wird.

Die Weibchen und jungen Bullen sind ebenfalls gegen
Wunden sehr ausdauernd und deßhalb ist es sehr schwer, eine
Jakkuh zu erlegen; dieses ist um so schwerer, als sie nicht einzeln, sondern in Herden gehen, und es nicht möglich ist, das
Feuer immer auf ein Individuum zu richten. Dabei ist aber
auch die Herde immer weit vorsichtiger und es ist weit schwieriger, sich an sie, als an den einzeln gehenden Bullen auf sichere
Schußnähe heranzuschleichen. Während meines ganzen Winter-
aufenthaltes in Tibet habe ich und mein Reisegefährte im Ganzen
32 Jaks (die entkommenen nicht mit inbegriffen) erlegt; von
diesen waren jedoch nur drei Individuen Weibchen.

Die Mongolen haben ungeheure Furcht vor dem wilden
Jak und erzählten uns, daß, wenn die Pilgerkarawanen in einer

engen Schlucht liegende Yaks finden, sie stehen bleiben und warten, bis sich diese Thiere entfernt haben. Die Mongolen in Zaidam machen übrigens oft Jagd auf diese Thiere. Am meisten regt sie zu dieser Jagd die große Masse Fleisches an, welches man von einem solchen Thiere hat; hier überwindet also das Vergnügen an übermäßigem Genuß die angeborene Feigheit. Die Jäger sammeln sich in Partieen von zehn Mann und reiten ins Burchan-Buddhagebirge, oder auch noch weiter, an den Fluß Schuga. Da die Mongolen es nicht wagen, dem Yak im offenen Kampfe entgegen zu treten, verstecken sie sich hinter irgend einem Gegenstande, geben eine Salve und verstecken sich gleich wieder, um den Erfolg abzuwarten. Der verwundete Yak, der keinen Menschen sieht, entflieht gewöhnlich; nun verfolgen ihn die Jäger aus der Ferne und, wenn die Kugeln gut getroffen haben, finden sie am zweiten oder dritten Tage das todte Thier. Bei einer solchen Art des Jagens wird natürlich selten ein Yak erlegt, um so mehr, als man diese Thiere mit Luntenflinten schießt, deren Kugel unvergleichlich schwächer wirkt, als die Kugel der Büchse. Oft ereignet es sich, daß der von den Mongolen verwundete Yak, wenn er von der Stelle, wo er angegriffen worden ist, entflieht, auf die erschrockenen Pferde der Jäger trifft und diese mit seinen gewaltigen Hörnern tödtet. Die Mongolen nehmen außer dem Fleische auch das Herz und Blut des Yaks, welche letztere sie als Arznei gegen innere Krankheiten betrachten. Die Felle schaffen sie nach Donkyr, wo sie dieselben verkaufen, und aus den langen Haaren des Rumpfes und Schwanzes machen sie Stricke.

Das Fleisch des wilden Yaks, besonders des jungen fetten Bullen, oder einer gelten Kuh, ist sehr schmackhaft, aber immerhin erreicht es nicht den Geschmack des Fleisches vom zahmen Yak. Das Fleisch des alten Bullen ist hart.

Den größten Theil der erlegten Yaks ließen wir liegen, ohne von ihnen auch nur ein Stückchen Fleisch zu nehmen, da wir für dieses in Tibet gar keine Verwendung hatten. Solcher unberührte Yak gefror dann gewöhnlich ganz und sein dickes Fell wurde sowohl für Geier, als auch für Wölfe unangreifbar. Als wir von den Ufern des blauen Flusses zurückkehrten, sahen wir häufig unsere „Täuflinge" in derselben Lage, in welcher wir sie nach der Jagd verlassen hatten.

Ein nicht minder bemerkenswerthes Thier, das wir in Nord=
tibet gefunden haben, ist das weißbrüstige Argali (Ovis
Polii), das an Größe seinem mongolischen Verwandten gleicht,
sich aber von ihm durch eine andere Form der Hörner und eine
weiße Brust unterscheidet, welche mit langen Haaren, die gleich=
sam eine Brustkrause oder Vorhemdchen bilden, bewachsen ist.
Wir fanden dieses Thier in Nordtibet zuerst gleich hinter dem
Burchan = Bubbharücken; weiterhin fanden wir es im Schuga=
gebirge und im Bajan = chara = ula, doch überall ziemlich selten.
Die Mongolen theilten uns mit, daß das Argali auch im Süd=
kuku=norer Gebirge, ja selbst im Gebirge Gan=su's nahe an den

Das Felsschaf (Ovis Poli).
(Nach einer Zeichnung in Sjowjertsow's Turkestankije schywotnie
[Die Thiere Turkestans].)

Quellen des Flusses Ezzine, hause; wir konnten jedoch nicht
erfahren, ob es das weißbrüstige sei oder nicht. Mir scheint es
jedoch, daß es das weißbrüstige Argali ist und daß den Gebirgen
von Gan=su und Kuku=nor schon die tibetanische Species eigen=
thümlich ist.

Diese letztere ist übrigens ihrer Lebensweise nach ganz der
mongolischen ähnlich, und wenngleich sie auf sehr hohen Ebenen
haust, meidet sie doch hohe oder sehr felsige Gebirge, und hält
sich am häufigsten an ihrem Rande, ja sogar auf nicht hohen
Hügelrücken auf. Im nördlichen Tibet kann man häufig weiß=
brüstige Argalis sehen, welche in Gebirgsthälern neben Chulanen
[wilden Eseln] und Antilopen weiden.

Die Sinne dieses Thieres sind ausgezeichnet entwickelt, und das Argali ist, im Gegensatze zu andern Thieren Tibets, ungemein vorsichtig, trotzdem es fast gar nicht vom Menschen verfolgt wird. Die Mongolen tödten es nur in sehr seltenen Fällen und auch dann nur Weibchen, da sie Männchen gar nicht schießen, denn sie wissen sehr wohl, daß die Kugel der Luntenflinte dieses Thier nicht auf der Stelle tödtet.

Das weißbrüstige Argali lebt in kleinen Gesellschaften von 5 bis 15 Stück; es sammelt sich selten in größere Herden von 25 oder 30 Exemplaren an. In jeder Herde befindet sich ein, jedoch öfter zwei oder drei Männchen, welche die Weibchen führen und schützen. Die letzteren vertrauen unbedingt der Wachsamkeit ihres Führers und kaum hat dieser, wenn er eine Gefahr witterte zu laufen begonnen, so stürzt ihm auch die ganze Herde blindlings nach. Das Männchen läuft gewöhnlich voran, und hält, nachdem es einige hundert Schritt gelaufen, an; das Gleiche thut die ganze Herde. Indem sich die Thiere eng aneinander drängen, schauen sie in die Gegend, aus welcher die Gefahr droht. Das Männchen ersteigt dann oft einen nahen Hügel oder Felsen, um so besser zu erspähen, was eigentlich vorgeht. In dieser Stellung ist dieses Thier wundervoll schön, da sich dann die Formen seines schlanken Körpers scharf auf der Felsenspitze zeigen und seine Brust an der Sonne wie frischgefallener Schnee glänzt.

Ich habe mich selbst häufig gefragt, welches von beiden Thieren schöner ist, der Yak oder das weißbrüstige Argali? und konnte keine bessere Antwort finden als die, daß jedes dieser Thiere schön in seiner Art ist. Der mächtige Rumpf des Yaks, seine ungeheuren Hörner, die langen Fransen des Haares, welche fast an den Boden reichen, der dichte Schwanz, endlich auch die schwarze Farbe des Thieres — machen es unbestreitbar sehr schön; aber andererseits hat auch das Argali mit seinem schlanken Körper, seinen langen gewundenen Hörnern, seiner hellweißen Brust und seinem stolzen Gange ein volles Recht, ein ausgezeichnet schönes Thier der tibetanischen Wüsten genannt zu werden.

Des Morgens äsen die Argalis auf den Bergen oder in den Thälern; aber kaum hat sich die Sonne höher erhoben, so gehen auch die Thiere, um zu ruhen, und wählen hierzu einen nicht steilen, gegen den Wind geschützten Abhang eines Berges,

von wo aus man die Gegend weit und nach allen Richtungen
übersehen kann. Hier scharren nun die Thiere vor allen Dingen
den lehmigen Boden auf, was, soviel wir zu beobachten Gelegen=
heit hatten, gewöhnlich nur von den Männchen gemacht wird,
legen sich dann in den Staub und verweilen nun einige Stunden
hinter einander auf derselben Stelle. Wenn eine ganze Herde
ruht, so lagern die Männchen gewöhnlich in einer geringen Ent=
fernung, um bequemer sehen zu können. Wenn die Herde nur
aus Männchen besteht und sich kein Weibchen in ihr befindet, —
und eine solche besteht höchstens aus drei oder vier Exemplaren,
so lagern sie neben einander, doch gewöhnlich mit den Köpfen
nach verschiedenen Richtungen. Mit einem Worte, dieses Thier
vergißt nie die Vorsichtsmaßregeln und es ist sehr schwer, es
plötzlich zu überraschen. Während der Jagd ist es am besten,
wenn man das Argali von ferne bemerkt hat, sich unter dem
Winde an das Thier heranzuschleichen; doch auch in diesem Falle
ist eine ausgezeichnete Büchse nothwendig, da man nur sehr selten
auf zweihundert Schritt zum Schusse gelangt. Während aller
unserer Jagden in Tibet gelang es uns nur acht weißbrüstige
Argalis zu erlegen, von denen drei erwachsene Männchen waren.

Die Mongolen sagen, daß die Brunstzeit dieser Thiere in
den Spätherbst fällt. Ende Novembers, als wir in Tibet an=
langten, war die Brunst schon vorüber und die Böcke lebten mit
einander in Freundschaft. Während der Zeit der Liebe aber
führen sie mit einander sehr ernste Kämpfe, deren Spuren an
den abgebrochenen Enden und Scharten der Hörner sichtbar sind.
Die Jungen kommen, nach den Angaben der Mongolen, im Juni
zur Welt, während die Brunstzeit des mongolischen Argali in
den August und die Geburtszeit in den März fällt. Außerdem
theilten uns die Mongolen auch noch mit, daß bei sehr alten
Böcken die Enden der Hörner so sehr vors Maul hervortreten,
daß das Thier in Folge dessen nicht mehr das Gras erreichen
kann und vor Hunger stirbt. Ich weiß nicht, in wie fern diese
Angabe begründet ist; aber in Nordtibet kann man nur sehr
selten den Schädel eines alten weißbrüstigen Argalis finden.

Neben diesem und dem Yak erscheint als charakteristisches
Thier der Hochebene Nordtibets eine Antilope, welche von den
Mongolen und Tanguten O r o n g o (Antilope Hodgsonii) ge=

nannt wird. Das Männchen dieser Species ist ein ungemein
schönes Thier. Es übertrifft an Größe den Dseren, hat einen
eleganten Körper und hohe Beine. Der Kopf ist mit großen
(66 Centimeter langen), dünnen, vorne gekerbten, ein Wenig gebogenen, aber senkrecht stehenden, schwarzen Hörnern geschmückt.
Im Winter ist das Haar der Oberlippe und der Seiten des
Mauls, sowie auch das der Seiten der Brust und der Vorderflächen der Füße, schwarz, das des Halses, der Mitte der Brust,
des Bauches und Hintertheils aber weiß und das des Rückens
weißlich braun. Im Sommer ist, wie die Mongolen sagen, das
Haar des Orongo röthlich, wie das der Dserenantilope. Im
Allgemeinen scheint das Thier, aus der Ferne gesehen, weiß zu
sein. Das Weibchen ist bedeutend kleiner als das Männchen,
hat keine Hörner und ist schwarz am ganzen Leibe. (Folgendes
mag zur genaueren Beschreibung eines alten Bockes dienen: Er
ist gegen 18 Centimeter länger und um eben so viel höher als
die Antilope gutturosa. Der Rumpf gleichmäßig dick; der Hals
mittellang, gerade und verhältnißmäßig dick; das Maul stumpf,
breit und dies besonders in der Nähe der Nasenlöcher, wo sich
an den Seiten eine Verdickung befindet, in deren Inneren sich
hohle Erhebungen befinden; die Nasenlöcher sind groß und hori-
zontal; die Füße dünn und lang, der Schwanz ist klein (mit
den Haaren 24 Centimeter lang). An den Knieen und der Kehle
befinden sich kleine Haarbüschel. Das Gewicht des [nicht aus-
gewaideten] Bockes beträgt gegen 54, das des Weibchens 30 bis
36 Kilogramm.)

Wir trafen den Orongo gleich hinter dem Burchan-Budbha-
rücken und von hier aus ist er, wie die Mongolen angeben, im
Süden bis ans Tan-la-Gebirge verbreitet. Zu seinem Aufenthalte wählt dieses Thier Gebirgsthäler und wellenförmige Steppen,
und es bildet der Zahl nach, nach dem Yak, die in der Wüste
Nordtibets vorwiegende Thiergattung. Wasser ist für den Orongo
ebenso nothwendig, wie für den Yak und Chulan, und deßhalb
hält sich diese Antilope ausschließlich in den Gegenden der Wüste
auf, wo sie Flüßchen oder Quellen findet.

Der Orongo lebt in nicht großen Gesellschaften von 5 bis
20 oder 40 Exemplaren und nur in seltenen Fällen (z. B. auf
besonders reichen Weiden) sammeln sich größere, aus einigen

hundert Stücken bestehende Herden an. In jedem Falle findet man einige alte Männchen, die vorsichtiger und erfahrener sind, als die Weibchen. Im Allgemeinen ist der Orongo nicht sehr vorsichtig. Während der Flucht der Herde befindet sich das Männchen immer hinter derselben, gleichsam zur Deckung des Rückzuges, während es bei andern Antilopen, z. B. beim Dseren und Chara=sulta, der Herde immer voran eilt. Während des ruhigen Ganges und während des eiligen Laufes trägt das Männchen die Hörner immer vertical, was die Schönheit und Grazie dieses Thieres vergrößert. Sein Lauf ist immer ein schnelles Traben, bei dem man aus der Ferne die Bewegung der Füße nicht bemerken kann. Mit Hülfe dieses Trabes entkommt der Orongobock auch Hunden und Wölfen und läßt sie weit hinter sich.

Als wir in Tibet anlangten, war gerade die Brunstzeit dieses Thieres eingetreten, die von der Mitte Novembers bis zur Mitte Dezembers dauert. In dieser Zeit befindet sich jedes erwachsene Männchen in einer sehr aufgeregten Stimmung. Es frißt dann wenig, so daß es das im Sommer angesammelte Fett schnell einbüßt, sammelt sich einen Harem von 10 oder 20 Weibchen und bewacht sie sehr strenge, damit sich keins von einem andern Kavaliere verführen lasse. Aus diesem Grunde auch stürzt sich der gesetzliche Ehegespons auf jeden Rival, den er in der Ferne erblickt, streckt ihm die Hörner entgegen und läßt einen dumpfen, abgerissenen Ton erschallen. Es kommt zwischen ihnen sehr häufig zu ernsten Kämpfen, in denen die scharfen und langen Hörner als furchtbare Waffen dienen, mit welchen sich die Gegner gefährlich, oft wohl gar tödtlich verwunden. Wenn einer der Kämpfer fühlt, daß ihn die Kräfte verlassen, ergreift er die Flucht; der Gegner verfolgt ihn und wenn der Fliehende merkt, daß jener ihn einholt, so bleibt er in einem Augenblicke stehen, wendet sich gegen den Verfolger und hält ihm sein Gehörn entgegen, um so seinen Stoß aufzufangen. Während des Kampfes sind diese Thiere dermaßen erhitzt, daß einst ein von mir während eines solchen Duells tödtlich getroffenes Männchen den Kampf noch einige Minuten fortsetzte, und fast auf der Stelle, wo ich es geschossen, verendete. Die jungen Männchen, deren Hörner noch klein und die der Farbe nach den Weibchen ganz ähnlich sind, haben, wie es scheint, keinen Antheil am ehelichen Leben; während der Brunstzeit wenigstens befinden sich immer einige in den Herden mit den Weibchen zusammen und kämpfen nicht mit einander.

Wenn sich während der Brunstzeit ein Weibchen von der Herde entfernen will, so stürzt sich das Männchen gleich hinter ihm her, blökt, und bemüht sich, es zurück zu treiben. Bei einer solchen Gelegenheit ereignet es sich nun manchmal, daß die andern Weibchen entlaufen, in welchem Falle das Männchen bald dem einen, bald dem andern nachsetzt, trotzdem aber häufig seinen ganzen Harem einbüßt. Wenn es so allein geblieben ist, stampft es erzürnt mit seinen Hufen den Boden, biegt den Schwanz hakenförmig in die Höhe, schreit und fordert die Gegner zum Kampfe heraus. Solche Scenen wiederholen sich vom frühen Morgen bis zum späten Abend; es herrscht im Allgemeinen kein fester Bund zwischen dem Herrn der Herde und seinen Weibchen. Heute gehören sie einem Männchen, morgen einem andern.

Wenn die Brunstzeit vorüber ist, leben die Orongomännchen wieder in Eintracht und Freundschaft mit einander. Sie bilden dann oft große Gesellschaften und selbst die Weibchen bilden häufig besondere Herden. So sahen wir z. B. im Thale des Flusses Schuga gegen Ende des Monats Januar eine ungefähr aus 300 Exemplaren bestehende Herde, welche nur aus Weibchen bestand. Diese sollen, wie die Mongolen angeben, im Juli Junge werfen.

Wie ich schon gesagt habe, ist der Orongo nicht sehr vorsichtig; selbst in einer offenen Gegend läßt er den Jäger auf 300 oder 200 Schritt, oft auch noch näher an sich heran. Der Schall des Schusses und das Pfeifen der fliegenden Kugel schreckt häufig dieses Thier gar nicht; es wundert sich nur über die Erscheinung, entfernt sich langsam, indem es alle Augenblicke stehen bleibt und sich nach dem Jäger umschaut. Wie andere Antilopen ist auch der Orongo gegen Wunden nicht sehr empfindlich und flieht noch sehr weit, selbst wenn die Kugel ihm durch den Leib gefahren ist. Bemerkenswerth ist noch, daß wir bei allen von uns erlegten Orongos unter der Haut des Hintertheils eine Menge großer Maden, Puppen von Insecten, gefunden haben, die wir bei keinem andern Thiere in Nordtibet bemerkten.

Die Jagd auf dieses Thier ist sehr leicht, denn es ist nicht nur sehr dreist, sondern hält sich auch hauptsächlich in Gebirgs- thälern auf, die von Schluchten durchschnitten sind. In manchen Gegenden, z. B. im Schugathale, sind die Orongos so zahlreich, daß man im Verlaufe des Tages mit einem Hinterlader hundert- funfzig, auch wohl zweihundertmal auf sie schießen kann. Wie viele man erlegt, das ist freilich eine andere Frage, da beim Schießen der Thiere mit Kugeln und aus großer Entfernung das Treffen auch vom Glücke abhängt.

Die Mongolen und Tanguten halten den Orongo für ein heiliges Thier und die Lamas genießen sein Fleisch nicht, welches, nebenbei gesagt, besonders im Herbste, wo das Thier fett ist, ungemein schmackhaft ist. Das Blut des Orongo wird als Arzenei verwendet und die Hörner zu verschiedenen Gaukeleien gebraucht. Nach der Anzahl der Kärbe sagen die Mongolen ihr Schicksal vorher, oder prophezeien über den Erfolg eines Unter- nehmens. Mit diesen Hörnern wird auch die Stelle abgezeichnet, wo das Grab für einen verstorbenen Lama gegraben werden soll; wenn aber die Leiche eines solchen, wie es ja überhaupt mit den Leichen der Mongolen geschieht, ohne weiteres auf den Boden gelegt wird, ohne sie zu begraben, so wird doch die Stelle, wo sie hingelegt werden soll, mit solchen Hörnern bezeichnet. Zu diesem Zwecke werden die Hörner von Pilgern, welche aus Tibet zurückkehren, bis nach Chalcha gebracht und dort zu hohen Preisen verkauft. Die Mongolen behaupten sogar, daß, wenn man aus einem Orongohorne einen Peitschenstiel macht und mit einer solchen Peitsche ein Reitpferd antreibt, dieses nicht leicht im Laufe ermattet.

Endlich ist noch zu bemerken, daß unter den nördlichen Mongolen die Ansicht verbreitet ist, der Orongo habe nur ein Horn, das senkrecht auf der Stirn sitzt. Näher an Tibet, in Gan-su und am Kuku-nor, sagten uns die Bewohner schon, daß einhörnige Individuen eine große Seltenheit sind, vielleicht eins oder zwei auf tausend Stück. Die Mongolen von Zaidam endlich, welche mit diesem Thiere schon nahe bekannt sind, ver- werfen einstimmig die Existenz einhörniger Orongos, versicherten aber dafür, daß ein solches Thier im südwestlichen Tibet hause. Wahrscheinlich sagen die Bewohner dieser Gegend wieder, daß

ein solches einhörnige Thier in Indien lebt und so kann man
wohl bis an das wirkliche einhörnige — Nashorn gelangen.

Eine andere Nordtibet eigenthümliche Antilope zeichnet sich
durch die Kleinheit ihres Wuchses aus und wird deshalb von
den Mongolen A b a = d s e r e n, d. h. der „kleine Dseren" (Antilope sp.) genannt. Das Männchen dieser Antilope hat nur
(von der Nasenspitze über Stirn und Hals gemessen), eine Länge
von ungefähr einen Meter, eine Höhe von 90 Centimeter und
wiegt nicht mehr als 18 Kilogramm. Die Hörner sind ziemlich
lang, leicht gebogen, etwas gegen hinten gerichtet und an der
Vorderseite mit vielen kleinen Wellen bedeckt. Die Hauptfarbe
des Haares ist sandgrau, auf dem Hintertheile und Leibe weiß.
Der hellweiße Hintertheil ist oben und an den Seiten mit einem
schmalen hell=orangegelben Striche umsäumt.

Folgendes ist die eingehendere Diagnose des Männchens:
Wuchs klein; Rumpf dünn, schlank; Kopf mittelgroß; Maul
stumpf, dick; Hörner ziemlich lang (34 Centimeter auf dem
äußern Bogen gemessen), schwach gebogen, etwas nach hinten
gerichtet; Kärbe klein und zahlreich, Ohren verhältnißmäßig groß.

Die Farbe des Felles (im Winter): der Oberkörper, Hals
und die Seiten sandgrau; Kehle und Brust weißlich; Bauch
und Hintertheil weiß. Besonders glänzend weiß sind die etwas
verlängerten Haare des Hintertheils, welche gleichsam einen
Spiegel bilden, in dessen Mitte der kleine schwarze Schwanz
angebracht ist. Oben und an den Seiten ist dieser Spiegel von
einem nicht breiten hell = orangegelben Saume umgeben. Die
Füße sind etwas heller als der übrige Körper und haben die
Vorderflächen (der Vorderfüße) eine gelbliche Schattirung. Der
Gehirnschädel und die Stirn sind hinter den Hörnern weiß,
neben den Ohren sind die Haare gelblich, die Nase und der
Nasenvorsprung — dunkelbraun, die übrigen Theile des Maules
weißgrau. Das Haar ist sehr dicht und besonders auf dem
weißen Spiegel des Hintertheiles und am Hinterkopfe (neben den
Ohren) lang.

Die Wamme ist so groß, wie beim Dseren, aber diese Antilope hat keine dünne Haut zwischen den Füßen und Seiten,
auch fehlen ihr die Haarbüschel an den Knieen. Nur beim
Männchen befindet sich am Ende des Geschlechtsorganes ein

dünnes Beutelchen. Das Weibchen hat keine Hörner, ist aber fast eben so groß, wie das Männchen.

Die hier beschriebene Antilope haben wir schon früher, als in Tibet, und zwar am obern Tetung-gol gefunden und es scheint, daß wir dieselbe Species auch getroffen haben, als wir uns auf die Hochebene von Gan = su erhoben haben und zwar in der hügeligen Steppe, welche sich dicht hinter dem Randgebirge aus= breitet. Im Gebiete von Kuku = nor und in Zaidam lebt jedoch diese Antilope nicht.

Den Lieblingsaufenthalt des Aba, wie den des Orongo, bilden hügelige, hohe Steppen und noch mehr Gebirgsthäler, welche reich an Wasser sind. Trotzdem aber beide Specien nahe bei einander leben, unterscheidet sich doch die Aba vom Orongo, ihrem Charakter nach, bedeutend, und wenn die letztere Species sich durch Grazie auszeichnet, so zeichnet sich die erste wiederum durch ungemeine Schnelligkeit vor allen andern Antilopen aus, welche der Mongolei und dem nördlichen Tibet eigenthümlich sind. Diese Species lebt in kleinen, aus 5 bis 7, selten bis 20 Exem= plaren bestehenden Gesellschaften, doch trifft man auch häufig einzelne Männchen.

Ganz dem Orongo entgegengesetzt ist die Aba sehr vor= sichtig, besonders aber da, wo sie weiß, daß der Mensch haust; nur an den wüsten Ufern des blauen Flusses ist dieses Thier etwas dreister. Der Lauf dieser Antilope ist sehr schnell und besteht aus häufigen, hohen Sprüngen; er erinnert dann an den Sprungkäfer. Wenn die Aba gescheucht wird, entflieht sie so schnell, wie ein Vogel.

Während der Brunstzeit, welche gegen Ende Dezember be= ginnt und während eines Monats dauert, jagt ein Männchen das andere von seiner Herde, doch haben wir zwischen ihnen nie solche Kämpfe, wie zwischen den Orongoböcken, beobachtet. Die ganze Rache des eifersüchtigen Rivalen beschränkt sich aufs Jagen. (Bemerkenswerth ist noch, daß die Abamännchen während der Brunstperiode sehr oft den Urin lassen, wobei sie sich, wie Hün= binnen, auf den Hinterfüßen nieder lassen.) Wenn die Männchen einander jagen, geben sie keine Stimme von sich; wir haben eine solche auch zu einer andern Zeit nicht gehört. Nur hin und wieder, besonders wenn sie einen Menschen bemerken, nießen die

Aba-Antilopen (sowohl die Männchen, wie die Weibchen) wie die
Chara-sulta-Antilopen. Außerdem lassen auch die Weibchen,
wenn sie durch irgend etwas erschreckt worden sind, ein ziemlich
lautes, abgerissenes Pfeifen vernehmen, das sehr dem Pfeifen
eines jungen Steinbockes gleicht.

Diese Antilopen scharren sich häufig in der Steppe längliche, manchmal bis 32 Centimeter tiefe Löcher aus, in denen
sie wahrscheinlich während der Nacht (vielleicht auch am Tage),
liegen; hierauf weisen die Excremente hin, welche sich in diesen
Vertiefungen finden. Möglich aber, daß die Männchen nur
während der Brunstzeit, also im gereizten Zustande, solche Vertiefungen ausscharren.

Die Jagd auf diese kleine Antilope ist weit schwieriger, als
auf den Orongo und dieses um so mehr, als man sie auch unvergleichlich seltener zu sehen bekommt. Dabei ist auch die Aba
gegen Wunden nicht sehr empfindlich. Die aschgraue Farbe ihres
Felles ist der des Bodens ähnlich, so daß es schwer wird, dieses
Thier von Fern zu bemerken; oft wird es nur durch seinen
hellweißen Hintertheil und durch sein Niesen verrathen. In der
Dämmerung sieht die Aba, wie der Orongo, schlecht, und dann
läßt sie den Jäger sehr nahe herankommen. Zum Schlusse noch
die Bemerkung, daß beide Specien ausgezeichnet auf dem Eise
laufen.

Von Raubthieren fanden wir in Nordtibet nur sehr viele
Wölfe und theilweise auch Steppenfüchse.

Der tibetanische Wolf (Canis sp.) gleicht seiner Größe
nach dem gewöhnlichen Wolfe und unterscheidet sich nur von
diesem durch die gelblich weiße Farbe seines Felles. Graue
Wölfe giebt es überhaupt in Tibet nicht, während ihrer viele in
Zaidam leben. Aller Wahrscheinlichkeit nach gehört dieser Species
auch der Wolf an, von dem man mir in Gan-su erzählte und
den die dortigen Mongolen Zebr nennen. Dort ist er jedoch
ziemlich selten, während er im nördlichen Tibet sehr häufig getroffen wird. Die Wüste der Gegend und der Reichthum an
verschiedenen Thieren ermöglichen dem Wolfe seinen reichlichen
Unterhalt zu finden. Von der ungezählten Menge wilder Yaks
geht alljährlich eine große Anzahl aus natürlichen Ursachen
unter und außerdem fangen die Wölfe, welche sich zu diesem

Behufe zu kleinen Gesellschaften vereinen, andere Thiere, vorzüglich aber Orongos.

Seinem Charakter nach ist der tibetanische Wolf weit feiger
als sein grauer Verwandter und besitzt auch weit weniger Kräfte,
als dieser. Unsere beiden mongolischen Hunde haben sich häufig
während der Nacht in Kämpfe mit ihnen eingelassen und blieben
gewöhnlich Sieger.

Mit dieser Feigheit gepaart ist im tibetanischen Wolfe eine
ungeheure Zudringlichkeit und Unverschämtheit. Diese Thiere
kamen regelmäßig jede Nacht einige Male an unsere Jurte, um
hier irgend Etwas in einem unbewachten Augenblicke zu erhaschen;
außerdem konnte man kein einziges erlegtes Thier (außer dem
Yak), wenn auch nur für einen Augenblick, im Freien lassen,
ohne daß es die Wölfe verzehrt, oder mindestens doch verdorben
hätten. Einmal erschoß mein Reisegefährte ungefähr 3 Kilometer von unserm Standorte vier Orongoböcke, und ehe er in
die Jurte kam, um ein Kameel zu holen, auf dem er sie herbeischaffen wollte, hatten die Wölfe alle vier Antilopen mit Haut
und Haaren verzehrt. Am Flusse Schuga vergruben wir auf
einer gewissen Stelle im Steingerölle einige Pfund Butter, um
sie auf unserm Rückwege mit zu nehmen; aber die verfluchten
Thiere haben die Butter aufgewittert, die großen Steine, mit
welchen wir sie bedeckt hatten, weggerollt und den leckern Bissen
mit sammt der Leinwand, in welcher er eingewickelt gewesen,
verzehrt. Einmal hatte ich im Gebirge meine glattläufige Flinte
mit einigen Blechpatronen gelassen, in denen sich Ladungen befanden; als ich am andern Tage wieder kam, fand ich weder
Flinte noch Patronen; beides hatten die Wölfe weggeschleppt.
Die Flinte fand ich zwar in einiger Entfernung wieder, aber
ein Lauf hatte sich entladen, als das Thier die Waffe schleppte
und sie wahrscheinlich auf dem Boden schleifte und mit seinem
Funde an einen Stein stieß; die Patronen waren jedoch spurlos
verschwunden.

Bei aller seiner Zudringlichkeit ist dieser Wolf aber so vorsichtig, daß er den Menschen gar nicht nahe an sich heranläßt;
es ist sehr schwer ihn am Tage ohne List zu erlegen und dieses
um so mehr, als dieses Thier gegen Wunden sehr unempfindlich
ist. Wir haben im Allgemeinen sehr viel Zeit verschwendet, um

auch nur ein Fell eines tibetanischen Wolfes zu erhalten und
es gelang mir dies nur aus einem Verstecke, das ich mir in der
Nähe eines todten Chulan's eingerichtet hatte.

Wir haben es einige Male versucht mittels geladener Flinten
Selbstschüsse an einem erlegten Yak anzubringen; aber trotzdem
sich diese entladen hatten, wurde doch nicht ein einziger Wolf erschossen. Am besten wäre es wohl, dieses Thier mit Strichnin
zu vergiften, oder in Fallen zu fangen; indessen hatten wir weder
diese, noch jenes. Mit diesen Mitteln hätte man aber in Tibet
eine sehr große Anzahl Wölfe erlegen können.

Die Brunstzeit des tibetanischen Wolfes fällt in den Januar;
doch auch in dieser Zeit sammeln sie sich in Heerden an, welche
mehr als 10 bis 15 Exemplare zählen. Die Stimme dieses
Thieres ist einem öftern, abgebrochenen und feinen Bellen des
Hundes, das gewöhnlich mit Heulen verbunden ist, sehr ähnlich.

Den Fuchs findet man selten im nördlichen Tibet, dafür
findet man aber sehr häufig seinen nahen Verwandten, den
Steppenfuchs (Canis Corsac), oder, wie ihn die Mongolen
nennen, den Kjars.

Dieses schlaue Thier lebt übrigens in der ganzen Mongolei,
in Gan-su, Kuku-nor und Zaidam; am häufigsten findet man
es am See Kuku-nor, wo dem Kjars eine zahllose Menge Pfeifhasen reichliche Nahrung liefert.

Ich selbst konnte mich nur sehr wenig mit dem Studium
der Lebensweise dieses Thieres befassen, da es immer gegenüber
dem Menschen ungemein vorsichtig ist. Wenn der Steppenfuchs
diesen von Weitem erblickt, flieht er, oder duckt sich an den
Boden. Dieses Manöver führen diese Thiere auch während des
Laufens und zwar sogar dann aus, wenn sie eine kleine Herde
von 8 bis 10 Stück bilden, was während der Brunstzeit der
Fall ist, welche von der Mitte Januar bis zur Mitte Februars
dauert. In dieser Zeit kann man Morgens und Abends das
abscheuliche Geschrei der Männchen vernehmen, das stark an das
Geschrei der Eule erinnert. Der Kjars baut sich eine Höhle in
welcher er wohnt, in deren Nähe er aber auch von den Mongolen
und Tanguten gefangen wird. Sie legen nämlich am Eingange
der Höhle einen Haufen Steine oder Argal hin; der Kjars,
welcher wie der Hund, die Gewohnheit hat, jeden fremden

Gegenstand zu beriechen und mit seinem Urine zu bespritzen, kommt, sobald er den vor seiner Höhle liegenden Haufen sieht, heran, um seiner Gewohnheit freien Lauf zu lassen und fällt bei dieser Gelegenheit in die ihm gestellte Falle.

Wenn wir uns von den Säugethieren zu den Vögeln wenden, so sehen wir, daß das Hochplateau Nordtibets im Allgemeinen sehr arm an gefiederten Bewohnern ist. Es ist wahr, wir kamen im tiefen Winter hierher, also zu einer Zeit, als die Sommerzugvögel sich längst entfernt hatten, trotzdem ist es, bei der Einförmigkeit der Gegend und ihren ungünstigen physischen Bedingungen, kaum anzunehmen, daß hier eine mannigfaltige ornithologische Fauna zu finden sei. Während eines Zeitraums von 2½ Monat, den wir in Nordtibet verlebt haben, fanden wir nur 29 Arten von Vögeln, von denen bis jetzt nur eine (eine Wasseramsel — Cinclus sp.) nicht bemerkt worden ist; die übrigen sind größtentheils auch der Provinz Gan-su, theils aber auch der Gegend von Kuku-nor eigenthümlich. Dabei ist noch zu bemerken, daß die Vögel, welche wir auf der tibetanischen Hochebene fanden, häufig, ja manchmal sogar ausschließlich, nur an ihrem Nordrande, d. h. bis zum Schugaflusse vorkommen; weiterhin waren auf der Hochebene, welche sich von hier gegen den Mur-ussu hinzieht, ungemein wenig Vögel.

Im Vergleiche mit andern Vögeln leben in größerer Zahl in Nordtibet: der Steinabler (Vultur monachus?), der Schneeabler (Gyps nivicola), der bärtige Geieradler (Gypaëtos barbatus) und Krähen (Corvus corax), welche sogleich erscheinen, wenn ein Thier erlegt wird; Schneefinken (Fregilus graculus), welche sich im Winter in ungeheuren Schaaren ansammeln; der Steppenvogel (Syrrhaptes tibetanus), Lerchen (Melanocorypha maxima, Alauda albigula); Hänflinge (Linota brevirostris), welche hier wahrscheinlich nur überwintern; Podoces humilis und Montifringilla sp., welche wir in großer Anzahl in der Gegend des Kuku-nor gefunden haben.

Das Besprechen der Thiere Nordtibets hat mich genöthigt die Beschreibung der Reise auf lange Zeit zu unterbrechen. Jetzt kehren wir zu ihr zurück.

Wie am Ende des vorigen Kapitels mitgetheilt, mietheten

wir in Zaidam einen Führer und machten uns mit ihm auf den
Weg über das Burchan-Buddha-Gebirge. Um den Kameelen die
Last so leicht wie möglich zu machen, da es ihnen auf der tibetanischen Hochebene schwer wird, selbst eine sehr kleine Last zu
tragen, ließen wir einen Theil unserer Mundvorräthe (Dsamba
und Mehl) in Zaidam zurück und vergruben die überflüssigen
Patronen und Schrot im Gerölle in der Nähe des Ueberganges
über den Burchan-Buddha. Trotz alledem war unser Gepäck,
das ja mit präparirten Thierfellen gefüllt war, noch ziemlich
schwer, und wir waren in der Folge genöthigt noch zwei Yak-
felle zu vergraben, die wir für unsere Sammlung erworben
hatten und die wir auf der Rückreise mit uns nahmen.

Zwei und einen halben Monat, — oder genau 80 Tage,
d. i. vom 23. November 1872 bis zum 10. Februar 1873, —
welche wir in den Wüsten Nordtibets verlebt haben, waren mit
die schwierigste Periode während der ganzen Reise. Der tiefe
Winter mit seinem Froste und seinen Stürmen, der gänzliche
Mangel selbst des Nothwendigsten, endlich noch verschiedene
andere Beschwerden, dieses Alles, Tag für Tag ertragen, er-
schöpfte unsere Kräfte. Unser Leben war im vollen Sinne des
Wortes „ein Kampf ums Dasein", und nur das Bewußtsein der
Wichtigkeit, welche das vorgesteckte Ziel für die Wissenschaft hat,
stählte unsere Energie, verlieh uns Kräfte, um unsere Aufgabe
glücklich zu lösen.

Um uns besser gegen die Winterkälte der tibetanischen Hochebene zu schützen, versahen wir uns mit der Jurte, welche uns
der Onkel des Wan von Kuku-nor geschenkt hatte. Es ist wahr,
die Umstände, welche wir bei ihrem Aufstellen auf dem Halteplatze und bei ihrem Zusammenpacken hatten, verursachten uns
viele Arbeit, dafür aber waren wir auch in unserer neuen Wohnung unvergleichlich besser gegen Sturm und Frost geschützt, als
in unserm Sommerzelte.

Unsere Jurte hatte am Boden einen Durchmesser von 3,50
Meter und eine Höhe von 2,85 Meter bis an die obere Oeffnung,
welche die Stelle des Fensters und Rauchfanges vertrat. Eine
einen Meter hohe Thür diente als Eingang in diese Wohnung,
deren Gerippe von den Seiten mit dreifachen, von oben mit
doppelten Filzdecken bedeckt war; außerdem belegten wir später

noch die Seitenwände, der größern Wärme wegen, mit Fellen
vom Orongo.

Die innere Einrichtung unserer Wohnung zeichnete sich
keineswegs durch Komfort aus. Zwei Reisekoffer (mit den Notiz=
büchern, Instrumenten und andern nothwendigen Sachen), Filz=
decken und andere zum Lager nothwendige Gegenstände, Waffen
u. dgl., wurden an den Wänden der Jurte aufgestellt, in deren
Mitte sich ein eiserner Rost, auf welchem Argal brannte, befand.
Letzterer brannte, mit Ausnahme der Nacht, beständig und zwar
sowohl um Thee und Mittagbrod zu kochen, als auch um das
Innere der Jurte zu erwärmen. Nach und nach wurde an das
hölzerne Gerüst der Seitenwände und unter die Stangen des
Daches bald dieses, bald jenes gehängt und geschoben, so daß
gegen Abend, wenn wir uns zum Schlafen auszogen, die ganze
Decke unserer Jurte mit Stiefeln, Strümpfen, Fußlappen und
ähnlichen Zierden behängt war.

In einer solchen Wohnung verbrachten wir die schweren
Tage unserer Winterreise durch Tibet.

Des Morgens, ungefähr zwei Stunden vor Tagesanbruch,
standen wir auf, zündeten Argal an, und kochten bei ihm unsern
Formthee, welcher mit Djamba als Frühstück diente. Der Ab=
wechselung wegen kochten wir manchmal „Saturan", eines
der beliebtesten Gerichte der Kasaken jenseits des Baikalsees,
welches aus Formthee besteht, in den einige handvoll in Butter
gerösteten Mehls und Salz geworfen wird, was dem Ganzen
eher das Aussehn einer Suppe, als eines Getränkes giebt; oder
wir backten in der heißen Argalasche Kuchen aus Weizenmehl.
Hierauf wurden, bei Tagesanbruch, die Vorbereitungen zur
Weiterreise getroffen, zu welchem Behufe die Jurte aus einander
genommen und mit andern Sachen auf die Kameele geladen
wurde. Alles dieses nahm etwa anderthalb Stunden in Anspruch,
so daß wir schon ziemlich ermüdet waren, wenn wir uns auf
den Weg machten. Indessen war es aber grimmig kalt und als
Zugabe zur Kälte, blies uns ein starker Wind gerade ins Gesicht.
Vor Kälte war es unmöglich auf dem Pferde zu sitzen, zu Fuß
zu gehen war ebenfalls beschwerlich, um so mehr, als wir die
Gewehre und Patronentaschen trugen, was zusammen eine Last
von zehn Kilogramm ausmachte. Auf dem hohen Plateau aber

absorbirt jedes Kilogramm Last nicht wenig Kräfte; das Erheben
auf den kleinsten Hügel fällt sehr schwer, man fühlt Brust-
beengung, das Herz klopft sehr stark, Hände und Füße zittern,
und man wird zeitweise von Schwindel und Uebelkeit und deren
gewöhnlichen Folgen befallen.

Hierzu muß hinzugefügt werden, daß unsere warme Kleidung
während der zwei vergangenen Jahre unserer Reise dermaßen
abgetragen war, daß sie ganz mit Flicken bedeckt war und uns
nicht genügend gegen die Kälte schützen konnte. Bessere konnten
wir uns aber nicht verschaffen und wir waren gezwungen uns
mit den zerrissenen Pelzröcken und Kuchlanken und mit eben so
warmen Hosen zu begnügen. Stiefel hatten wir gar nicht mehr;
wir nähten an die alten Schäfte Stücke von den Fellen der
erlegten Yaks und paradirten in solchen Stiefelchen selbst während
der stärksten Fröste.

Sehr oft ereignet es sich, daß sich gegen Mittag ein heftiger
Sturm erhob, welcher die Luft mit Wolken von Staub oder
Sand erfüllte. In diesem Falle war es nicht mehr möglich
weiter zu gehen und wir hielten an, nachdem wir ungefähr zehn
Kilometer, oft auch noch weniger, zurückgelegt hatten. Aber
selbst im glücklichsten Falle, d. h. wenn gutes Wetter herrscht,
ermüdet ein Marsch von zwanzig Kilometer auf der Hochebene
Tibets mehr, als ein doppelt so großer in Gegenden, welche in
geringerer absoluter Höhe liegen.

Auf dem Halteplatze war es nothwendig den Kameelen die
Last abzunehmen, und die Jurte aufzustellen; dieses Geschäft
nahm fast wiederum eine Stunde in Anspruch. Hierauf mußten
wir gehen, um Argal zu sammeln, Eis zu hauen um Wasser
zu haben, und müde und hungrig zu warten, bis der Thee fertig
war. Man genießt mit wahrer Gier das ekelhafte Gebräu aus
Dsamba und Butter und ist noch sehr froh, daß man wenigstens
mit einem solchen Gerichte den Hunger stillen kann.

Nach einem solchen Frühstücke ging ich mit meinem Reisegefährten gewöhnlich auf die Jagd, wenn es das Wetter erlaubte,
oder ich machte meine Notizen, und die Kasaken kochten das
Mittagsessen, wozu wiederum Eis und das steinhart gefrorene
Fleisch gehackt werden mußte. Beides wurde in eine Schüssel
gelegt, deren Löcher vorher mit Stückchen nassen Fells und

nasser Dsamba zugestopft werden mußten. Unsere einzigen Geschirre, — eine Schüssel und ein Theekessel, waren mit der
Zeit an einigen Stellen durchlöchert worden, so daß wir genöthigt
waren alle Tage diese Löcher zu verschmieren. Später haben
wir sie etwas dauerhafter reparirt, und benutzten hierzu einige
messingne Berdanpatronen.

Das Mittagsessen wurde gewöhnlich gegen sechs oder sieben
Uhr Abends fertig und war der ausgezeichnetste Schmaus, da
wir nun nach Herzenslust Fleisch genießen konnten. Dieses
letztere gewannen wir durch die Jagd in solcher Menge, daß
wir mit ihm einige hundert Mann hätten ernähren können, denn
wir erlegten in Tibet im Ganzen 76 große Thiere (nicht gerechnet die mindestens doppelte Zahl der verwundeten), unter
denen sich 32 Yaks befanden. Wenn wir diese im Durchschnitte
zu 450 Kilogramm, die andern Thiere aber nur zu 36 Kilogramm das Stück annehmen, so haben wir während 2½ Monat
gegen 16,200 Kilogramm Fleisch gewonnen. Doch konnten wir
für uns selbst nicht immer ein Stück Fleisch kochen oder braten,
da es gewöhnlich stark gefroren war und man es ziemlich lange,
und außerdem auch noch Eis zur Suppe, aufthauen mußte.
Dabei brennt das Argal in Folge der starken Verdünnung der
Luft auf der tibetanischen Hochebene sehr schlecht und giebt sehr
wenig Wärme; das Wasser siedet schon bei + 68° R., und
deshalb ist es schwer, das Fleisch gehörig zu kochen.

Nach dem Mittagsbrode, das ja zugleich Abendbrod war,
kam eine neue Arbeit. Da nämlich alle Pfützen und Bäche,
mit sehr seltener Ausnahme, bis auf den Boden gefroren waren,
mußten wir alle Tage zwei Eimer Wasser für unsere Pferde
aufthauen, während wir für die Kameele nur sehr selten Eis
klein hackten, das sie dann statt Schnee genossen. Hierauf erschien für uns die allerschwerste Tageszeit, — die lange Winter-
nacht. Es sollte scheinen, daß wir sie, nach den vielen Mühen
des Tages, ruhig hätten verbringen und recht gut ausruhen sollen.
Aber unsere Ermüdung war gewöhnlich zu groß, denn sie war
eine Erschöpfung des ganzen Organismus; in diesem halbkranken
Zustande war es unmöglich sich ruhig zu erholen. Außerdem
hatten wir aber auch in Folge der starken Luftverdünnung
während des Schlafes an Athembeschwerden zu leiden, (man

kann in dieser Gegend nur mit einem sehr hohen Kopfkissen oder halbsitzend schlafen), welche sich in der Form von Alpdrücken einstellten, wobei Mund und Lippen stark trockneten. Fügen wir noch hinzu, daß unser Lager nur aus Filzdecken bestand, die durch und durch voll Staub waren und unmittelbar auf den gefrorenen Boden ausgebreitet wurden. Auf einem solchen Lager und während des starken Frostes ohne Feuer in der Jurte, mußten wir gegen zehn Stunden ohne Unterbrechung zubringen, ohne die Möglichkeit zu haben, ruhig zu schlafen und wenigstens während dieser Zeit unsere schwere Lage zu vergessen.

Die Tage, welche wir der Jagd widmeten, vergingen uns in erfreulicherer Weise; leider erschwerten jedoch Frost und häufiger Sturm diese Jagden bedeutend, ja machten sie oft ganz unmöglich. Aber auch dann, wenn der Wind sich nicht in Sturm verwandelte, sondern nur einen mittleren Grad von Stärke erreichte, — und dies geschah unbedingt alle Tage, — war er ein großes Hinderniß. Wir wollen schon die Kälte, welche dies zur Folge hatte, unberücksichtigt lassen, welche uns zwang in kurzen Pelzen, oder in Kuchlanken und Handschuhen auf die Jagd zu gehen, was ja die freie Bewegung bedeutend hinderte, aber wir müssen bemerken, daß in Folge des Gegenwindes (und diesen mußten wir ja während der Jagd benutzen, um von den Thieren nicht gewittert zu werden), die Augen ununterbrochen mit Thränen gefüllt wurden, was natürlich die Sicherheit des Schußes und seine Schnelligkeit beeinträchtigte. Dabei froren uns häufig die Hände dermaßen, daß es schwer wurde eine Patrone in einen Hinterlader zu stecken, ohne vorher die verknöcherten Finger ein wenig erwärmt zu haben. Endlich wurden auch unter dem Einflusse der Kälte die Kammern der Büchsen so eng, daß es nach dem Schuße sehr schwer war die leere Hülse aus dem Laufe zu ziehen und es nöthig wurde zum Entladestocke die Zuflucht zu nehmen. Dieses ereignete sich sehr häufig bei der Sniderbüchse; beim Berdangewehre war es nicht der Fall. Dagegen versagte dieses in Folge des Frostes und des Staubes, welcher sich im Mechanismus angesammelt hatte, sehr häufig, und die Patrone explodirte oft erst nach dem zweiten Schlage der Feder.

Ein zweiter wichtiger Umstand, welcher uns die Jagd be-

deutend erschwerte, war die starke Verdünnung der Luft auf der
Hochebene Nordtibets, denn eine Folge derselben war eine baldige
Ermüdung. Es war jedoch eine so große Menge Wild vorhanden, daß wir selten weit zu gehen gezwungen waren; oft
jagten wir in einer Entfernung von einem oder zwei Kilometer
von unserer Jurte. Manchmal jedoch, wenn wir uns durch die
Verfolgung hatten hinreißen lassen, kehrten wir erst spät Abends
in unser Lager zurück und mein Reisegefährte erkältete sich einst
während einer solchen Jagd dermaßen die Füße, daß er mehr
als vierzehn Tage nicht gehen konnte.

Jn klimatischer Beziehung charakterisirten sich die beiden
Wintermonate (Dezember und Januar), welche wir auf der
Hochebene Nordtibets verlebt haben, durch starke Fröste, Schnee-
losigkeit und Staubstürme.

Trotzdem diese Gegend südlicher liegt, als die wärmsten
Gegenden Europas, erinnerte der Frost hier sehr oft an den
hohen Norden. Während der Nächte hielt der Frost immer an
und erreichte eine Stärke von — 31,0° C., ja wahrscheinlich
noch mehr, was ich jedoch nicht genau bestimmen kann, da mein
Minimalthermometer zerbrochen war und die Temperatur der
Nacht nur gegen Sonnenaufgang beobachtet wurde; nur selten
und zwar wenn der Himmel bewölkt war, verringerte sich der
Frost auf — 12,0° C. Nach Sonnenaufgang erhöhte sich die
Temperatur immer sehr schnell und vier Mal stieg das Thermometer während der Mittagszeit sogar über Null.

Schnee fiel selten und nicht in großer Menge; im Dezember
hatten wir nur 4, im Januar 11 Mal Schneefall. Der Schnee
war immer sehr fein und trocken wie Sand. Es ereignete sich,
daß er die Erde mit einer etwa 2,5 Centimeter dicken Schicht
bedeckte, doch der nächste Sturm verwehte ihn, vermischte ihn
mit Sand und Staub und er verschwand endlich schnell unter dem
Einflusse der Sonnenstrahlen. Jm Allgemeinen war die Wüste
Tibets während des ganzen Winters nur selten von einer weißen
Schneedecke bedeckt und diese blieb nie lange liegen; aber die
Mongolen sagen, daß hier in manchen Jahren recht viel Schnee
fällt. Doch scheint es fast unmöglich, daß in Tibet tiefer Schnee
liegen könnte, da, wenn dies der Fall wäre, die Pflanzenfresser
der Gegend nicht das nöthige Gras finden würden und unter=

gehen müßten. Selbst auf den hohen Bergen lag nicht viel
Schnee und auch hier fand er sich nur auf den Nordabhängen.

Neben dem Froste und Schneemangel bilden die Staubstürme, welche eine sehr häufige Erscheinung sind (im Dezember
herrschten sie während 4, im Januar gar während 11 Tage),
ein charakteristisches Merkmal des tibetanischen Winters; sie
kommen ausschließlich aus West oder Nordwest. Solche Stürme
ereignen sich immer am Tage und beginnen gewöhnlich mit
mäßigem Winde, der sich nach und nach steigert, gegen Mittag
eine furchtbare Stärke erreicht, und in dieser Stärke bis gegen
Sonnenuntergang anhält. Der Himmel beginnt allmählig grau
zu werden, von dem in der Luft schwebenden Staube, der immer
dichter wird und endlich die Sonne, die schon bei Beginn des
Sturmes matt, wie durch Rauch, scheint, gänzlich verdunkelt.
Es tritt etwas, das einer Dämmerung gleicht, ein, so daß man
in der Entfernung von einigen hundert Schritt selbst hohe Berge
nicht mehr sieht. Staub, Sand und kleine Steinchen fliegen,
wie Schneeflocken während eines Schneetreibens, in der Luft,
so daß es unmöglich ist gegen den Wind die Augen zu öffnen
oder zu athmen. Dies ist dann um so schwieriger, als in Folge
der in der Luft befindlichen Staubmasse, diese Luft zu schwer
zum Einathmen ist. Im Allgemeinen war das Wetter in jener
Zeit der Art, daß die Kameele, wenn wir sie auf die Weide
ließen, trotz des Hungers, sich sogleich auf den Boden legten.

Dennoch zeigt das Thermometer während eines solchen
Sturmes am häufigsten nicht viel unter Null, manchmal erhob
es sich sogar über den Gefrierpunkt. Diese Erscheinung kann
man sich wohl dadurch erklären, daß der von der Sonne erwärmte Staub und Sand wiederum die Athmosphäre erwärmt,
die er mit der ganzen Kraft des Uragans durchfliegt.

Gegen Sonnenuntergang legte sich gewöhnlich der Sturm
plötzlich, er war wie abgerissen, doch erhielt sich der Staub in
der Luft in der Schwebe; selbst am folgenden Morgen, besonders
wenn während der Nacht auch nur ein schwacher Wind wehte,
war die Athmosphäre noch gelbgrau gefärbt.

Unser Begleiter war während unserer Reise durch Nordtibet der Mongole Tschutun-Dsamba, den wir in Zaidam
als Führer gemiethet hatten. Er war ein Zangin [Fähnrich],

folglich ein Beamter, zählte 58 Jahre und hatte die Reise nach
Lassa neun Mal als Karawanenführer gemacht, in Folge dessen
er denn auch den Weg ausgezeichnet kannte.

Thatsächlich erwies sich auch Tschulun-Dsamba als einer
der verständigsten Menschen ganz Zaidams und theilte uns verschiedene interessante Sachen über die Gegenden, welche wir
bereisten, mit. Höchst wahrscheinlich hätte man von ihm noch
viel mehr erfahren können, wenn unser Kasak-Dolmetscher fähiger
für seine Bestimmung gewesen wäre.

Wie alle andern Mongolen, war auch Tschutun-Dsamba
ein fürchterlicher Heuchler, und ein Schwein erster Größe.
Nachdem er sich aufs Kameel gesetzt hatte, plapperte er während
des ganzen Marsches ohne Unterlaß selbst während des größten
Frostes und an den gefährlichsten Stellen, z. B. beim Ueberschreiten des Eises auf den Flüßchen, oder beim Hinabsteigen von
Bergen, Gebete her. Anfangs waren wir geneigt zu glauben,
daß unser Führer ein sehr kühner Mann ist, später überzeugten
wir uns, daß bei ihm nur die Faulheit seine Feigheit besiegte.

Wie überhaupt alle Heuchler hat auch Tschutun-Dsamba
vor allen Dingen seine eigene Haut gehütet und zu diesem Behufe einen ganzen Sack voll Arzeneimitteln mit auf die Reise
genommen; von diesen nahm er regelmäßig alle Tage bald gegen
diese, bald gegen jene Krankheit eine Portion ein. Er erkrankte
übrigens wirklich einige Male in Folge übermäßigen Genusses
von Fleisch. Während des Mittagmahles legte unser Mongole
statt der Teller einige Fladen gefrorener Jakexcremente neben
sich auf den Boden und legte auf diese heiße Stücke Fleisch,
um dieses abzukühlen. In Folge der Feuchtigkeit und Wärme
thauten diese Fladen auf, aber Tschutun-Dsamba hielt es nicht
für nothwendig die am Fleische klebenden Excremente zu entfernen,
sondern verzehrte das Fleisch mit ihnen, als ob sie frischer Salat
gewesen wären.

Nach dem Mittagessen, wobei er sich unbeschreiblich voll-
pfropfte, gröbste unser Mongole aus voller Kehle und brachte
noch andere, wenig delikate Töne hervor, wobei er versicherte,
daß ihn der Wind verlasse, welcher unterwegs in ihn gefahren
ist. Den Abend, wie überhaupt jede freie Zeit, widmete Tschutun-
Dsamba dem Vertilgungskriege — seiner eigenen Parasiten,

welche in seinem Pelze in zahlloser Menge hausten. Der Eifer, mit welchem Tschutun-Dsamba diese Jagd betrieb, war so groß, daß er, nach eigenem Geständnisse, täglich ein Schock dieser kleinen Quälgeister vertilgte, trotzdem aber wurde ihre Zahl nicht merklich verringert.

Unser Reisegefährte hatte noch einen sehr merkwürdigen Charakterzug; es war dies die Leidenschaft ohne Ausnahme alle Gegenstände, welche wir weggeworfen hatten, zu sammeln und in einem Sacke aufzubewahren. Ein Stückchen altes Leder, ein Fragment Blech, eine verdorbene Stahlfeder, ein Papierstückchen, und mit ihnen leere Patronenhülsen, — Alles wanderte sogleich in den Reisesack Tschutun-Dsambas. Um diesem Ansammeln unnützer Sachen vorzubeugen, warfen wir sie in der Folge verstohlen fort.

Nachdem wir den nicht hohen Gebirgsrücken Bajan-chara-ulla überschritten hatten, erreichten wir endlich am 10. Januar 1873 das Ufer des Jan-zsy-zjan, oder blauen Flusses, dessen oberer Lauf von den Mongolen Mur-ussu, von den Tanguten Dy-tschu genannt wird. Der Uebergang über den Bajan-chara-ulla ist sehr sanft und nicht hoch. Man kann ihm sogar ganz ausweichen, indem man durch das Thal des Flusses Naptschitai-ulan-muren reist, wie wir es gethan haben. Indessen beschreibt Huc in seinem schon einige Male citirten Buche Souvenir d'un voyage dans la Tartarie et le Thibet (Th. II. S. 220—223) den Bajan-chara-ulla als einen ungeheuren Gebirgsrücken, dessen Uebergang furchtbare Schwierigleiten verursacht. Der Pater versichert, daß er stellenweise gezwungen war den Schweif seines Pferdes zu erfassen, und dieses vor sich her zu treiben, und sich so auf den steilen Abhang schleppen zu lassen. Um auf den tangutischen Namen des Blauen Flusses zu kommen, sei bemerkt, daß er die Bedeutung „Kuhfluß" hat, weil an ihm sehr viele Yaks leben. Die mongolische Bezeichnung würde etwa in deutscher Uebersetzung lauten „Fluß-Wasser", da das Wort „Mur" eine Verkürzung von „Muren" d. h. Fluß ist, und das Wort „Ussu" Wasser bedeutet. Dieser blaue Fluß entspringt im Tan-la-Gebirge und strömt, nachdem er das hohe Plateau des nördlichen Tibets durchschnitten, durch das eigentliche China, wo er bald riesige Dimensionen annimmt.

Der Mur-ussu strömt reißend schnell; die Breite dieses Flusses
beträgt, wo wir ihn gesehen haben, d. i. bei der Mündung des
Naptschilai - ullan = muren, 214 Meter. Wenn man jedoch die
ganze Fläche, welche mit Gerölle bedeckt und von Flußarmen
durchschnitten sind, rechnet, so beträgt die Entfernung von einem
Ufer zum andern gegen 1600 Meter. Unser Führer sagte uns,
daß im Sommer, während der Regenperiode, diese ganze Fläche
mit Wasser bedeckt sei, das häufig die Ufer überfluthet. Im
Herbste fällt das Wasser, doch auch dann kann man den Mur-ussu
nur an einigen Stellen, wo Furthe sind, durchwaten. Die erste
Furth von der Mündung des Naptschitai - ulan - muren befindet
sich gegen 30 Kilometer oberhalb derselben.

Das Thal des Mur-ussu ist nicht über zwei Kilometer breit;
die ihn begleitenden Gebirge verengen es häufig noch mehr. Der
Weg nach Tibet zieht sich am Flusse stromaufwärts zehn Tagereisen hin, d. h. bis nahe an die Quellen desselben, welche, wie
gesagt, im Tan-la-Gebirge liegen; ihn benutzen alle Karawanen,
welche mit Kameelen nach Tibet ziehen. Mit Yaks kann man
einen andern Weg einschlagen, ohne den Mur-ussu aufwärts zu
ziehen; auf diesem Wege hat man jedoch viele hohe und steile
Gebirgsrücken zu überschreiten. Am Mur-ussu findet man, außer
in einem Tangutenlager, keine Bevölkerung. Dieses Tangutenlager, in welchem gegen 500 Menschen leben, befindet sich gegen
150 Kilometer von der Mündung des Naptschitai - ulan - muren
stromaufwärts am Mur = ussu. Unterhalb der Mündung des
Naptschitai-ulan-muren, und zwar ungefähr 400 Kilometer von
ihr, lebt eine ziemlich dichte tangutische Bevölkerung, welche sich
mit Ackerbau beschäftigt.

Das Ufer des blauen Flusses war die Grenze unserer Pilgerfahrt durch Innerasien. Obgleich wir nach Lassa nur noch 27
Tagereisen, d. h. gegen 800 Kilometer hatten, war es uns unmöglich dahin zu gelangen. Die furchtbaren Schwierigkeiten,
welche uns die tibetanischen Wüsten entgegenstellten, hatten unsere
Lastthiere dermaßen erschöpft, daß von elf Kameelen drei gefallen
waren und die übrigen sich kaum vorwärts schleppten. Außerdem waren auch unsere materiellen Mittel dermaßen zusammengeschrumpft, daß uns, nachdem wir (auf dem Rückwege) in Zaidam
einige Kameele vertauscht und natürlich zugezahlt hatten, nur noch

fünf Lan übrig blieben, während wir doch 1000 Kilometer Wegs vor uns hatten. Unter diesen Umständen war es unmöglich, die schon errungenen Ergebnisse der Reise aufs Spiel zu setzen, — und wir entschlossen uns über Kuku=nor und Gan=su zurück zu reisen, um dort den Frühling zu verbringen und dann die alte bekannte Straße nach Ala=schan zu verfolgen, wo wir uns ohne Führer behelfen konnten.

Trotzdem dieser Rückzug schon lange vorher beschlossen war, verließen wir doch betrübt die Ufer des Jan=tsy=tjan, da wir wußten, daß weder die Natur, noch die Menschen, sondern einzig der Mangel an Mitteln uns abgehalten hat, in die Hauptstadt Tibets zu gelangen.

Hörner der Orongo=Antilope.

XIII. Kapitel

Der Frühling am See Kuku-nor und im Gan-su-Gebirge.

Der zeitige Frühlingsanfang in Zaidam. — Winterliches Aussehen von Kuku-nor. — Erstaunlich schwacher Zug der Vögel. — Schnelles Aufthauen des Sees. — Reise von Kuku-nor nach Tscheibsen. — Das Klima des April. — Das Felsenrebhuhn (Chailyk) und der Schneeadler. — Das frohe Leben im Gebirge im Mai. — Der Ohrfasan. — Das Murmelthier. — Der Bär. — Die Anpassung der Gebirgspflanzen an die Unbeständigkeit des Klimas.

Mit dem ersten Drittel des Februar endete unser Ausflug in die Wüsten Nordtibets; wir kehrten in die Ebenen Zaidams zurück. Der Kontrast zwischen dem Klima dieser Ebenen und der Hochebene Tibets war so groß, daß, als wir vom Burchan-Bubbha-Gebirge herabstiegen, wir fast mit jedem Schritte fühlten, daß es wärmer wird und sich das Frühlingswetter naht.

Der Einfluß der wärmeren Ebenen Zaidams auf die benachbarten Theile Tibets zeigt sich übrigens bis ins Schuga-Gebirge hinein; kaum waren wir auf unserer Rückreise auf die Nordseite dieses Gebirges gekommen, da fühlten wir auch schon, daß das Klima milder ist. Zwar pflegte die Temperatur während der Nacht auf — 28,0° C. zu sinken, doch wärmte die Sonne am Tage ziemlich stark, so daß sich schon am 5. Februar selbst auf der tibetanischen Seite des Burchan-Bubbha-Gebirges die ersten Insecten zu zeigen begannen. Als wir Anfangs [während der Hinreise] auf den Mur-ussu zugingen, war es auch bis ans Schuga-Gebirge schön und wir hatten warme Tage; die starken

Fröste und Stürme begannen eigentlich von dem Augenblicke an, wo wir dieses Gebirge überschritten und die Hochebene jenseits des Flüßchens Ujan-charsa betreten hatten.

Der Frühling beginnt im Allgemeinen in Zaidam sehr früh und zeigt gleichzeitig ganz deutlich seinen äußerst continentalen Charakter. So herrschte im Februar noch während der Nächte eine Kälte von — 20,0 ° C., während das Thermometer am Tage manchmal -|- 10,0 ° C. im Schatten zeigte. Unter dem Einflusse der Sommerwärme thaut das Eis überall, und am 10. Februar zeigten sich die ersten Zugvögel — die Trauerenten (Anas nigra). Am 13. desselben Monats kamen Schreienten, welche hier theilweise auf quellenreichen Morästen, die nicht zufrieren, überwintern und schon am folgenden Tage langten Taucher (Mergus merganser), rothkehlige Drosseln (Turdus ruficollis) und Singschwäne (Cygnus musicus) an. Am frühen Morgen vernahmen wir den Gesang der kleinen Vögel und das Glucken der Fasanen, — mit einem Worte, der Frühling machte schon fühlbar seine Rechte geltend.

Aber alle diese Zeichen der günstigen Jahreszeit wurden stark unterbrochen durch die periodisch wiederkehrende Kälte, ja manchmal sogar durch Sturm und Schnee, der selbst während der zweiten Hälfte Februars in Zaidam viermal in großen feuchten Flocken (und nicht wie in Tibet, als trockener Staub) fiel, den Boden bis 5 Centimeter hoch bedeckte, jedoch unter dem Einflusse der Sonnenstrahlen schnell aufthaute. Die Stürme kamen gewöhnlich aus West und brachten aus den Salzebenen große Staubwolken mit. Dieser Staub erfüllte selbst dann noch die Luft, wenn sich der Wind gelegt hatte, so daß die Atmosphäre beständig von ihm, wie von Rauch erfüllt war.

Die ununterbrochenen Nachtfröste und der kühle Wind hielten dermaßen die weitere Entwickelung des Frühlingslebens auf, daß gegen Ende des Monats Februar die allgemeine Physiognomie von Zaidam sich, im Vergleiche mit seiner Physiognomie in der Mitte dieses Monats, durchaus nicht verändert hatte. Wenn auch im Anfange des Monats März schon 13 Specien Zugvögel angelangt waren, so waren sie doch nur in sehr beschränkter Zahl, häufig sogar nur vereinzelt und zwar in folgender Ordnung angekommen:

Die rothe Ente (Anas rutila), die Stockente (Anas Boschas), der Hänfling (Linota brevirostris), der Taucher (Mergus merganser), die rothhalsige Drossel (Turdus ruficollis), der Singschwan (Cygnus musicus), die Kriech-ente (Anas crecca), der gehäubte Kiebitz (Vanellus cristatus), der weiße Reiher (Ardea alba), die graue Gans (Anser cinereus), die Spießente (Anas acuta), der Wiesenpieper (Anthus pratensis?) (überwintert manchmal in Zaidam), der europäische Kranich (Grus virgo).

Wie schnell müssen doch diese Vögel aus der Gegend, in welcher sie den Winter verlebt haben, durch die Wüsten Nord-tibets, wo in dieser Zeit Tag für Tag furchtbarer Frost herrscht und weder Nahrung noch Wasser zu finden ist, bis nach Zaidam geflogen sein!

In den ersten Märztagen kamen wir am See Kuku-nor an und fanden hier die Natur noch weniger erwacht, als in Zaidam fast einen Monat früher. Der See war noch ganz mit Eis bedeckt und selbst der reißende Buchain-gol war nur hin und wider frei von Eis, das während des Winters eine Dicke von einem Meter erreicht hatte. Zugvögel gab's hier noch weniger als in Zaidam.

Die Ursachen des klimatischen Unterschiedes in beiden an einander grenzenden Gegenden, d. i. in Kuku-nor und in Zaidam sind: erstens die bedeutende absolute Höhe des Bassins des Kuku-nor, im Vergleiche mit der von Zaidam, und zweitens der Einfluß der ungeheuren Wasserfläche des Sees selbst auf die Gegend. Eins und das andere übt einen schädlichen Einfluß und dieser ist so bedeutend, daß selbst die Bewohner der Gegend den Unterschied zwischen dem rauheren Klima Kuku-nors und dem gelinderen Zaidams bemerken.

Da wir beschlossen hatten bis gegen die Mitte April an den Ufern des Kuku-nor zu bleiben, um den Zug der Vögel zu beobachten, wählten wir die Mündung des Buchain-gol zu unserm Aufenthalte. Hier stellten wir unsere Jurte in der Nähe eines kleinen Sumpfes, dicht am Flusse und am Ufer des Sees auf. Die Gegend bildet eine mit gutem Grase bewachsene Steppe, welche unsern Pferden und Kameelen Futter bot. Für die letzteren war auch im Ueberflusse Budschir vorhanden und am

Buchain-gol wuchsen Tamarixsträucher, welche von den Kameelen so sehr gesucht werden.

Der See Kutu-nor bot jetzt ein ganz anderes Bild dar, als im vergangenen Herbste. Eine blendendweiße Eisdecke vertrat nun die Stelle seiner dunkelblauen, salzigen Fluthen und auf den festgebannten Wogen lag ein riesiger Spiegel in dem dunkeln Rahmen der benachbarten Berge und Steppen. Weder offene Stellen noch Schollen waren auf der ungeheuren Eisebene zu sehen, die glatt wie ein Spiegel und nur leicht mit Schnee bedeckt war. Da, wo das Eis nicht mit einem solchen weißen Tuche bedeckt war, glänzte es an der Sonne in phantastischen Schattirungen und schien von ferne offenes Wasser zu sein.

Die Steppe war mit dem gelben, trockenen, vorjährigen Grase bedeckt, das jedoch stellenweise von den Chulans, Dseren-antilopen und vom Vieh der Tanguten ausgetreten war. Die Einförmigkeit des Gesammtbildes wurde nur durch die Fata Morgana unterbrochen, welche sich hier sehr oft zeigte und häufig so stark war, daß man auf größere Entfernung mit der Büchse nur mit Mühe nach einem Dseren oder Chulan schießen konnte; die Thiere schienen in der Luft zu schwimmen und doppelt so groß zu sein, als sie thatsächlich sind.

Nachdem wir unser Lager eingerichtet hatten, in dessen Nähe zum Glücke weder Tanguten noch Mongolen lebten, begannen wir unsere täglichen Excursionen an den Kutu-nor und Buchain-gol. Aber es verging leider ein Tag nach dem andern im vergeblichen Erwarten der Ankunft der Vögel; es erschien nur eine sehr beschränkte Anzahl von Specien und eine äußerst geringe Menge von Individuen. Wir schossen manchmal während des ganzen Tages, den wir am See oder Flusse zubrachten, nicht so viel, wie wir zu unserm Unterhalte bedurften und in unsere Sammlung gelangten nur sehr wenig Exemplare. Dabei blieb es während der ganzen ersten Hälfte des Monats März kühl, es fiel häufig und zwar (in der ersten Hälfte) siebenmal Schnee und herrschten sehr oft Stürme. (In der zweiten Hälfte des Monats fiel weder Schnee noch Regen).

Bedeutend einträglicher als die Jagd war der Fischfang, mit welchem wir uns hin und wieder in den Buchten des Buchain-gol befaßten. Wenngleich wir hier überall nur eine Fischspecies

und zwar Schizopigopsis nov. sp. fanden, so fanden wir sie
doch in einer solchen Menge, daß wir manchmal mit unserm
sechs Meter langen Netze 136 Fische, jeder gegen 32 Centimeter
lang und bis 1,50 Kilogramm schwer, aus dem Wasser zogen.
Die gefangenen Fische dienten uns, im Vereine mit den Vögeln
und Dserenantilopen als einziges Nahrungsmittel. Es stellte
sich jedoch heraus, daß der Rogen dieser Fische ungemein schädlich
ist, denn als wir ihn das erstemal genossen hatten, befiel uns
alle in der Nacht Uebelkeit, der heftiges Erbrechen, Dissenterie
und Leibschmerzen folgten. Zum Glücke hatte der Mongole,
welcher sich bei uns zur Bedienung befand, keinen Rogen genossen,
so daß er aufstehen und Feuer anzünden konnte, an welchem
wir uns heiße Umschläge machten. In unserer Reiseapotheke
befanden sich übrigens ausgezeichnete Anticholeratropfen und mit
Hülfe dieser Mittel kamen wir am folgenden Tage wieder voll=
kommen zu uns.

In der zweiten Hälfte des März wurde es wärmer; schon
am 17. d. M. hatte sich der untere Lauf des Buchain=gol
gänzlich vom Eise gereinigt, doch war der Uferrand des Sees
noch nicht zu sehen, außer an kleinen aufgethauten Stellen an
den Mündungen der Flüßchen. Das Eis thaute gleichsam unter
dem Einflusse der Sonnenstrahlen und wurde endlich so weich,
daß es plötzlich und auf einmal von dem Sturme, welcher am
25. März wüthete, zerbrochen wurde. Am folgenden Tage sah
man schon auf dem ganzen See ungeheure eisfreie Stellen und
ganze Berge von Schollen, die am Ufer aufgethürmt worden
waren, theils aber auch noch unbeschädigtes Eis. Doch ging
nun das Thauen des Eises auf dem See sehr schnell vorwärts,
so daß er im Verlaufe einer Woche ganz von ihm befreit wurde.
Es wurde vom Winde in die westlichen Buchten des Kuku=nor
getrieben, theilweise aber auch auf die Ufer geworfen.

Als es am Tage schon warm war, hörten dennoch die
Nachtfröste nicht auf und das Thermometer sank wie früher auf
— 12,3 ° C. Nach Sonnenuntergang kühlte sich die Temperatur
schnell ab und erwärmte sich erst wieder am Morgen, wenn
helles, ruhiges Wetter war. Es war aber fast alle Tage während
des ganzen Monats windig, und zwar hatte der Wind zwei
Hauptrichtungen, eine östliche und eine westliche. Der Ostwind

war immer schwach und brachte (aus Westufer) vom See Kälte mit sich; der Westwind erreichte manchmal, trotzdem er warm war, die Stärke eines Sturmes, welcher die Luft mit Staub füllte, der wie in Zaidam sich auch beständig in ihr in der Schwebe erhielt. (Im Ganzen hatten wir im März am Kuku-nor sechs Stürme, doch erreichte keiner von ihnen die Stärke, welche die Stürme in Tibet oder auch nur in der südöstlichen Mongolei haben.)

Auch in der zweiten Hälfte des Monats März war der Zug der Vögel ungemein unbedeutend. Wenn auch bis gegen den 1. April 39 Specien (die Zaidamer mit inbegriffen) an= gelangt waren, so waren doch alle in sehr beschränkter Zahl erschienen, so daß wir während des ganzen März, also während der Periode des Hauptzuges nicht eine größere Schaar von Gänsen, Enten, oder irgend welcher anderer Vögel bemerkt hatten. Die Ufer des Flusses und Sees waren wenig belebt und man sah nirgends das emsige Treiben des Frühlingsfluges. Früh und Abends wurde es gewöhnlich still und tobt wie im Winter. Nur sehr selten hörte man die Stimme der Trauerente, das Schnattern der Gänse, das Geschrei der Möven, oder das Gekracke einer einzelnen Ente; nur die große Lerche (Melanocorypha maxima) belebte ein wenig mit ihrem lauten Gesange die laut= losen Ufer des Kuku-nor.

Im März kamen eigentlich nur 26 Specien und zwar in folgender Ordnung an:

Vom 1. bis 10. März: der rothhalsige Alpenflüh= vogel (Accentor rubiculoides), die kaschemirer Wasser= amsel (Cinclus caschemirensis), der Höckerschwan (Cygnus Olor), die Reiherente (Fuligula clangula), die Fischer= Möve (Larus ichtyoëtos), die Lachmöve (Larus ridibundus), die indische Gans (Anser indicus), die gehaubte Reiher= ente (Fuligula cristata) und der schwarze Milan (Milvus govinda).

Vom 10. bis 20. März erschienen: der Seerabe (Phala= crocorax Carbo), die Brandente (Anas tadorna), die Löffelente (Anas clypeata), ein Brachvogel (Numenius sp.), die Tafelente (Fuligula serina), der schwarz= schnäblige Kiebitz (Recurvirostra Avocetta) und der graue Reiher (Grus cinerea).

Vom 20. März bis 1. April kamen an: die **Pfeifente** (Anas Penelope), der **schwarzschwänzige Sumpfläufer** (Limosa melanuroides?), der **rothfüßige Wasserläufer** (Totanus calidris), eine **Species Eudromias**, der **Geier** (Haliaëtos Macei), die **Sumpfweihe** (Circus rufus), die **Bachstelze** (Motacilla sp.), die **Schnepfe** (Scolopax galinago), die **Wachtel** (Coturnix muta) und eine **Kranichspecies** (Grus sp.)

Im Allgemeinen entsprach der Frühling am Kuku-nor nicht unsern Erwartungen, und wir fanden hier bei Weitem nicht die Masse Vögel, welche wir vor zwei Jahren am See Dalai-nor gefunden haben. Aller Wahrscheinlichkeit nach fliegen die Zugvögel um den hochgelegenen Kuku-nor theils östlich (theils auch wahrscheinlich westlich) herum, durchs Thal des Chuan-che und durch das eigentliche China. Dieser Weg ist für die Vögel weit vortheilhafter, da sie auf diese Weise den hohen Gebirgen von Gan-su und den Sandwüsten von Ala-schan ausweichen. Zur Bestätigung dieser Annahme dient die Erscheinung, daß wir einige Specien, wie z. B. die **Schwanengans** (Anser cygnoides), die **graue Wildgans** (Anser cinereus), die **Sichelente** (Anas falcata), den **grauen Reiher** (Ardea cinerea), das **Bläßhuhn** (Fulica atra) u. A. am Kuku-nor gar nicht gesehen, trotzdem wir sie doch auf dem Nordbogen des Chuan-che getroffen haben.

Die große Armuth an Vögeln auf dem See Kuku-nor nöthigte uns unsern ursprünglichen Plan, bis zur Mitte des April hier zu bleiben, aufzugeben. Am 1. April verließen wir schon unsern Standort an der Mündung des Buchain-gol und reisten nach dem Kloster Tscheibsen auf demselben Wege zurück welchen wir im Herbste für die Herreise benutzt hatten. Es ist wahr, daß nach der Eroberung der Städte Sining und Sen-guan durch die Chinesen, jetzt auch ein anderer, weit bequemerer Weg, und zwar die Straße durch die Stadt Donkyr, frei war, aber wir kannten schon aus früheren Erfahrungen die Annehmlichkeiten einer Reise durch Gegenden, welche von Chinesen bewohnt sind und deshalb entschlossen wir uns, lieber nochmals alle Beschwerden des Gebirgsweges zu ertragen, als durch dicht bevölkerte Gegenden zu reisen.

Während des einmonatlichen Aufenthaltes an der Mündung des Buchain-gol rüsteten wir unsere Karawane endgültig zur Weiterreise aus. Die Filzjurte, deren wir uns im Herbste bedient hatten, wurde bei den Mongolen gegen einige Kameelsättel, deren wir ungemein bedurften, vertauscht. Gleich nach unserer Rückkehr nach Zaidam sahen wir, daß auch nicht die Hälfte unserer Kameele zur Weiterreise geeignet ist, und wir vertauschten bei den Tanguten die untauglichen gegen frische Thiere; aber nach diesem Geschäfte verblieben uns nur noch fünf Lan in der Tasche. Indessen war es durchaus nothwendig, die drei in Tibet untergegangenen Thiere durch neue zu ersetzen. Da entschlossen wir uns, zum äußersten Mittel zu greifen und verkauften an tangutische und mongolische Beamte einige Revolver. Von den zwölf Revolvern, welche wir damals besaßen, vertauschten wir drei gegen die gleiche Anzahl guter Kameele. Außerdem aber verkauften wir auch noch zwei Revolver für die Summe von 65 Lan, und mit diesem Gelde verschafften wir uns die Möglichkeit, die drei Frühlingsmonate am Kuku-nor und in Gan-su zubringen zu können.

Wir hatten also, mit vielem Kummer zwar, aber recht glücklich, unsere Karawane reorganisirt und reisten am 1. April von Kuku-nor nach Tscheibsen ab.

Der erste Schritt, den wir ins Gan-su-Gebirge thaten, zeigte uns einen ungemein schroffen Unterschied des Klimas in den Gegenden, welche wir verlassen hatten und in welcher wir uns nun befanden. An die Stelle der Trockenheit der Luft trat täglicher Schneefall und der Boden war, wie im vorigen Frühlinge, mit Wasser getränkt, wie ein Schwamm. Man bemerkte im Gebirge durchaus noch kein Erwachen der Flora, welche sich schon gegen Ende März am Kuku-nor entwickelt hatte; die Bäche und Flüßchen waren noch ganz mit Eis bedeckt und während der Nächte herrschten ganz anständige Fröste, welche während der ersten Hälfte des April bis — 10,0 ° C. stiegen. Die Zahl der angelangten Zugvögel war gering; sie war noch kleiner als am Kuku-nor, und der Zug der kleinen Vögel hatte noch gar nicht begonnen. Nur hin und wider zeigte sich ein vereinzeltes Vögelchen. Mit einem Worte, das Gan-su-Gebirge bot jetzt durchaus keinen bessern Anblick dar, als es im vorigen Herbste

und zwar in der Mitte Octobers geboten hat; seine Physiognomie
war unverändert.

Der Weg über die Gebirgssteige war jedoch. mit noch
größern Schwierigkeiten, als im vorigen Jahre verknüpft, da der
Boden, welcher während der Nacht fror, am Tage aufthaute
und für die Kameele ungemein schlüpfrig wurde. Dabei thaute
auch der fast täglich fallende Schnee unter dem Einflusse der
Sonnenstrahlen und vergrößerte nur den Morast. Nicht auf=
gethauten Schnee, der noch aus dem Winter herrührte, bemerkten
wir nur hin und wider und auch dieses nur an den Nord=
abhängen der Berge. Die Ursache, daß hier selbst im Anfange
des Frühlings so wenig Schnee vorhanden ist, ist wohl in dem
Umstande zu suchen, daß im Gan=su=Gebirge selbst während des
Winters wenig Schnee fällt und auch dieser früh, nicht blos an
stillen, hellen Märztagen, sondern sogar schon im Februar unter
dem Einflusse der Sonne, welche hier ziemlich stark wärmt,
aufthaut.

In Folge der großen Feuchtigkeit war unser Gepäck bedeutend
schwerer geworden und belastete ganz nutzlos unsere Kameele.
Diese waren auch gezwungen, während der Nächte auf dem
feuchten Boden, oft fast unmittelbar in Wasserpfützen zu liegen,
und begannen in Folge dessen zu husten und abzumagern. Wir
selbst gingen beständig zu Fuß, weil unsere unbeschlagenen Pferde
immerwährend auf dem schlüpfrigen Boden ausglitteten und fielen.
Indessen sahen unsere, aus Stückchen Jakfell und alten Schäften
selbstfabricirten Stiefel Kameelpfoten so ziemlich ähnlich und
waren nicht besser, als diese zum Gehen durch Morast und über
Berge geeignet. Um das Maß der Annehmlichkeiten zu füllen,
mußten wir zweimal über den Tetung=gol setzen und zwar das
eine Mal über das aus dem Winter herrührende Eis, welches
sich am Boden festgesetzt hatte, und das zweite Mal unmittelbar
durch eine Furth, durch eine Tiefe von 1,26 Meter. Die
Strömung des Flusses war an dieser Stelle sehr stark und der
Boden mit ungeheurem Steingerölle besät; wenn bei dieser
Passage ein Kameel ausgeglitten wäre, so wäre es auch unrettbar
mit dem Gepäcke, das unsere Sammlung enthielt, verloren ge=
wesen. Zu allen früheren Arbeiten gesellte sich jetzt die Auf=
nahme der Gegend, welche ich schon am blauen Flusse wieder

begonnen hatte, als wir die Rückreise antraten. Auf der Hin-
reise hatte ich das Anfertigen der Karte unterlassen, um nicht
den Verdacht unserer Führer zu erregen.

Wenngleich sich jetzt schon keine Dunganenbanden in der
Gegend, durch welche unser Weg führte, aufhielten, so konnten
wir doch leicht das nicht sonderliche Vergnügen haben, mit
chinesischen Soldaten zusammen zu treffen, was sich auch thatsächlich bald ereignete. Eine Abtheilung Chotanen, welche von
Sen-guan nach der Stadt Tetung zog, traf mit uns auf der
Stelle zusammen, wo es im vergangenen Jahre die Dunganen
versucht hatten, uns anzugreifen. Wir zeigten dem Führer der
Abtheilung unsern Pekinger Reisepaß und die Soldaten stahlen
uns, während wir hiermit beschäftigt waren, aus dem Sattelhalfter
einen Revolver. Nun protestirten wir energisch gegen einen
solchen Raub und wenngleich wir uns nur durch Pantomimen
ausdrückten, so begriff doch der chinesische Offizier, daß wir uns
in Peking wider ihn beschweren wollten und befahl, uns den
gestohlenen Gegenstand zurückzugeben. Hierauf bat er uns um
etwas Pulver und als er einige Dutzend Patronen erhalten hatte,
zeigte er sich sehr zufrieden und wir schieden in Freundschaft
von einander.

Am 15. April langten wir in Tscheibsen an und reisten,
nachdem wir zwei Tage im Kloster zugebracht hatten, in dieselben
Gebirge beim Kloster Tschertynton, in welchen wir den vorigen
Sommer verbracht hatten.

Indessen begann sich von der Mitte des April ab der
Sommer besser zu gestalten; schon am 9. April zeigten sich die
ersten Schmetterlinge, und am 11. d. M. fand ich das erste
Blümchen einer Feigwurz (Ficaria sp.). Auf den abgebrannten
Stellen, besonders an den Südabhängen der Berge, begann es
zu grünen, der Zuzug der kleinen Vögel wurde bedeutender und
in der Nähe von Tscheibsen fanden wir schon frischgepflügte
Felder, stellenweise sogar schon gesätes Getreide (Gerste und
Weizen), das sogar theilweise schon aufgegangen war. Zu diesem
gesellte sich auch (am 14. April) ein Gewittersturm, der jedoch
für diesen Monat der einzige verblieb, aber mit starkem Schneetreiben verbunden war. Im Allgemeinen zeigten die Abhänge,
daß der langersehnte Frühling nicht mehr fern sei. Die Ent-

29*

wickelung der Vegetation machte übrigens nur sehr langsame
Fortschritte, denn sie wurde beständig durch die Nachtfröste aufs
gehalten, welche selbst im letzten Drittel Aprils — 9,4 ° C. ers
reichten. Wenn auch bis zum ersten Mai zwölf Specien blühten,
so erschienen die Blüthen doch im Allgemeinen in sehr geringer
Anzahl, häufig vereinzelt, unter dem Schutze irgend eines Steines
oder Strauches, wo sie dem Froste, Schnee und Winde weniger
ausgesetzt waren. Während des ganzen Aprils herrschten aber
auch Wind und Schnee; es regnete während des ganzen Monats
nicht ein Mal, während es an zwölf Tagen schneite. So oft
wurden wir nur vom Schneefall betroffen; in der Gegend aber
schneite es thatsächlich, mit kleinen Unterbrechungen, fast jeden
Tag. Der Wind wehte fast alle Tage und Nächte, und trotzdem
er im Allgemeinen aus zwei Hauptrichtungen, aus Ost und West
blies, war er doch sehr unbeständig und veränderte seine Richs
tung täglich einige Male, erreichte aber nur sehr selten und auch
dann nur für sehr kurze Zeit, wie stoßweise, die Stärke des
Sturmes. Während eines starken Windes und nach demselben,
war die Luft voller Staub, der wahrscheinlich aus den benachs
barten Wüsten stammte.

Trotz der Menge atmosphärischer Niederschläge und trotzdem
der Boden von Feuchtigkeit gesättigt war, war jetzt in den Ges
birgsflüßchen unvergleichlich weniger Wasser als im Sommer und
viele Bäche waren sogar gänzlich ausgetrocknet. Gleichzeitig wies
das Psychrometer im Schatten einen hohen Grad von Trockens
heit der Luft nach, wenn es eben nicht schneite oder regnete. Die
Ursache der ersten Erscheinung ist wohl darin zu suchen, daß der
durch die Winterfröste ausgefrorene Boden viel niedergefallene
Feuchtigkeit einsaugte, während die Trockenheit der Luft an schönen
Tagen vom Einflusse der nahen Wüste bedingt war, in welcher
die Trockenheit der Atmosphäre in dieser Zeit den höchsten Grad
erreicht.

Während des ganzen Monats hatten wir aber fast keinen
einzigen schönen Frühlingstag. Oft war es zwar bis gegen Mittag
schön und warm, aber gegen Abend begann der Wind von Neuem
zu wehen oder es fiel wieder Schnee, und die Temperaturernies
drigung ging rapide vor sich. Die größte Wärme, welche wir
im April beobachtet haben, hatten wir am 12. dieses Monats

und sie betrug im Schatten + 20,4 ° C., während im April vo=
rigen Jahres das Maximum der Temperatur im Chuan-che-Thale
+ 31,0 ° C. betragen hat. Selbst am Südostrande der Mon=
golei in der Nähe von Kalgan betrug die größte Wärme nach
unsern im Jahre 1871 gemachten Beobachtungen + 26,3 ° C.

Somit ist der Frühling in Gan-su eben so kühl und reich
an Feuchtigkeitsniederschlägen, wie der Sommer und Herbst. Im
Allgemeinen herrscht hier (wenigstens nicht im gebirgigen Theile)
nicht während eines ganzen Monats schönes Wetter, wie wir es
in andern Gegenden zu finden gewohnt sind. Den Frühling cha=
rakterisirt Schnee, — den Sommer Regen, — den Herbst wiederum
Schnee, — und den Winter starke Fröste und Wind, wenngleich
in dieser Jahreszeit das Wetter heiter zu sein pflegt.

Nachdem wir von Tscheibsen aus am Südufer des Tetung=
gol entlang im Gebirge angelangt waren, verbrachten wir das
letzte Drittel Aprils in der Alpenregion, welche in dieser Zeit
noch sehr wenig belebt war. Die Schaaren der kleinen Vögel,
deren Hauptzug begonnen hatte, ließen sich hier nur selten auf
die Wiesen, oder in der Nähe eines Felsens nieder, und stetige
Bewohner dieser Art bemerkte man noch gar nicht; sie hielten sich
noch immer in den niedriger gelegenen Thälern auf, wo es gewiß
wärmer war. Das Pflanzenleben begann auch erst zu erwachen
und von Blumen zeigten sich nur Feigwurz (Ficaria) und
Primeln (Primula sp.). Wenn wir diese Blumen auf den
Gebirgswiesen, oft neben einer Schicht noch nicht aufgethauten
Winterschnees bemerkten, bewunderten wir immer das große An=
passungsvermögen der Pflanzen an widerliche klimatische Ver=
hältnisse. Ich habe nicht allein in der Alpenregion, sondern auch
in niedrigern Thälern Blumen (Primula, Gentiana, Iris u. A.)
gesehen, welche selbst bei einer Temperatur von — 9,0 ° C. nicht
untergingen, und denen sogar der Schnee, mit welchem sie wäh=
rend der Nacht bedeckt waren, nicht schadete. Kaum hatte sich
am Tage die Sonne blicken lassen, da glühten auch diese Kinder
des Frühlings wie vorher, als ob sie sich beeilen wollten, das
Leben zu genießen und sich der wohlthätigen Wärme zu erfreuen,
welche ja bald wieder verschwinden sollte, um dem Froste und
Schneetreiben Platz zu machen.

In Ermangelung von Sommerbewohnern erschienen nun als

charakteristische Vögel des höheren Gürtels der Alpenregion, außer den Schneefinken und Mauerläufern, die F e l s r e b h ü h n e r oder Chailyks (Megaloperdix thibetanus) und die S c h n e e a d l e r (Gyps nivicola).

Den ersten dieser Vögel findet man nirgends sonst in der Mongolei, er verbreitet sich aber vom Gan-su-Gebirge ab über Kuku-nor nach Tibet. Ausschließlicher Aufenthaltsort des Chailyk sind wilde Felsen und Gerölle in einer absoluten Höhe von mehr als 3800 Meter. Niedriger steigt dieser Vogel nicht herab. Je unzugänglicher die Felsen, je größer die Geröllfläche, desto besser sind sie für das Felsrebhuhn, welches seiner Größe nach dem Auerhahnweibchen gleicht.

Im Frühlinge leben die Chailyks paarweise, während der übrigen Zeit des Jahres aber familienweise oder in kleinen Herden von 10 bis 15 Exemplaren. Zu größeren Schaaren vereinigen sie sich nie.

Der Chailyk ist seinem Charakter nach ein sehr lebhafter Vogel; er läßt fast den ganzen Tag seine laute Stimme vernehmen und belebt dadurch die lautlose Stille der düstern Felsen der Alpenregion. Diese Stimme ist dem Geschrei der Haushenne sehr ähnlich, doch verbindet sich mit ihr noch manchmal ein langgedehntes Pfeifen und ganz besondere, abgebrochene Töne, welche dieser Vogel am häufigsten während des Flugs erschallen läßt. Dieses Rebhuhn ist übrigens, wie alle dem Hühnergeschlechte angehörenden Vögel, nicht sehr zum Fliegen geneigt, dafür aber ist es ein ausgezeichneter Läufer. Zu Fuße entrinnt der Chailyk oft dem Jäger, dem es nicht möglich ist, schnell über abhängige Felsen und ungeheure Geröllstücke hinter dem Vogel her zu laufen. Hierbei muß auch noch bemerkt werden, daß, wenn der Chailyk auch durchaus nicht von den Jägern der Gegend verfolgt wird, er dennoch äußerst vorsichtig und deshalb auch schwer zu schießen ist. Die Schwierigkeit der Jagd wird noch dadurch erhöht, daß der Chailyk auch gegen Wunden nicht sehr empfindlich ist. Zu diesen Schwierigkeiten gesellt sich noch der Umstand, daß das Gefieder dieses Vogels grau und er deshalb zwischen dem Steingerölle durchaus nicht zu bemerken ist, wenn er sich niederduckt.

Ganz früh Morgens und kurz vor Abends fliegen die Chailyks auf die zwischen den Felsen oder zwischen Gerölle liegenden

Wiesen, um Nahrung zu suchen, welche ausschließlich vegetabilisch ist; Insekten habe ich nicht ein einziges Mal im Magen dieser Vögel gefunden, die im Sommer am liebsten die Blüthenköpfchen des gelben Lauchs essen, welcher im Ueberflusse auf den Alpen= wiesen wächst. Die Familie eines Chailykpaars besteht aus 5 bis 10 Jungen, welche die Eltern sorgfältig führen und schützen. Wenn Gefahr droht, besonders wenn die Küchlein noch klein sind, läuft das Männchen oder Weibchen gegen zwanzig Schritt vor dem Jäger her und fingirt Krankheit oder Verwundung, wie dies ja auch unsere Rebhühner thun. Im Sommer trifft man auch häufig außer den Familien einzelne Paare, deren Eier wahr= scheinlich durch den Frost verdorben worden sind. Es ist wohl unzweifelhaft, daß sich dieser Fall sehr häufig ereignet und hier= durch kann man wohl die Erscheinung erklären, daß die Chailiks weder im Gan=su=Gebirge, noch auch in den Gebirgen Nordtibets sehr zahlreich sind.

Der zweite charakteristische Vogel der Alpenregion des Gan=sugebirges ist der S ch n e e a d l e r (Gyps nivicola), welcher in Bezug auf Lebensweise und Charakter seinen Verwandten ganz ähnlich ist. Ein mächtiger Flug und ungeheure Gefräßigkeit sind Charakterzeichen dieses Vogels.

Der Schneeadler verläßt erst dann sein Nachtlager, das er immer auf unzugänglichen Felsen aufschlägt, wenn die Sonne schon einige Zeit aufgegangen und die Luft gehörig erwärmt ist; er gehört also nicht zu den Frühaufstehern. Er hat die auch seinen Verwandten eigenthümliche Gewohnheit, lange Zeit auf einer und derselben Stelle zu nächtigen, welche sich schon aus der Ferne durch eine große Masse weißer Excremente, die den Felsen bedecken, kenntlich macht. Anfangs fliegt er langsam den Gebirgs= kamm entlang, doch er erhebt sich bald in kreisförmigem Fluge zu schwindelnder Höhe. Es ereignete sich, daß sich unser Zelt in einer Höhe von ungefähr 4000 Meter befand und ich mittels eines guten Fernrohrs dem Fluge des sich emporschwingenden Adlers folgte, der endlich selbst dem bewaffneten Auge unsichtbar wurde. Bis zu welcher Höhe erhebt sich also wohl dieser Vogel, dessen Flügelweite über drei Meter beträgt! Trotzdem vermag das ungemein scharfe Auge des Adlers selbst die geringsten Vor= gänge auf der Erde zu unterscheiden. Er bemerkt z. B., daß

eine Schaar Krähen und Habichte sich im Thale neben einem
verendeten Thiere ansammelt; da schlägt er seine Flügel zusammen, überläßt seinen Körper dem Gesetze des freien Falles,
und stürzt wie ein Stein, aber etwas schräge, aus den Wolken
auf die Erde. Die Schnelligkeit dieses Falles ist eine ungeheure;
man vernimmt sogar während desselben ein eigenthümliches Geräusch; aber der Vogel berechnet sehr genau seine Bewegungen.

Der Schneeadler Gyps nivicola (Sjewjertsow). Gyps Himalayensis (Hume).

Noch ist er nicht ganz zur Erde gefallen, da breitet der Adler
seine mächtigen Flügel aus und läßt sich sanft auf das auf dem
Boden liegende Aas nieder. Andere in der Luft schwebende Adler,
welche das Manöver ihres Bruders bemerken, wissen schon, um
was es sich handelt, fallen ebenfalls wie Steine zu Boden, so
daß sich bald neben der Thierleiche ein Dutzend dieser Vögel ansammelt, deren Nähe man durchaus nicht geahnt hat. (Eine

ähnliche Schilderung giebt Brehm von den afrikanischen Ablern in seinem Thierleben, Th. III, S. 562—564.) Auf dem Aase beginnt der Streit, während dessen die Adler ihre Flügel ent= falten und mit drohender Miene auf einander zustürzen. Zum ernsten Kampfe unter einander kommt es jedoch nie. Wenn das todte Thier noch ganz ist, verzehren die Adler vor allen Dingen die Eingeweide und Därme und machen sich dann erst ans Fleisch. Wenn sich der Adler gesättigt hat, wozu unglaublich viel gehört, entfernt er sich ein Wenig vom Reste und schaut ruhig zu, wie seine Brüder schmausen, die sich nun oem Aase nahen. Kleine Räuber, wie Krähen, Elstern und Habichte, wagen es nicht, dem leckern Bissen zu nahen, sitzen in einiger Ferne und warten mit Ungeduld, bis sich die Riesen gesättigt haben und davon geflogen sind. Diese erheben sich nun schwerfällig, setzen sich auf die nahen Felsen und überlassen sich hier in Ruhe der Verdauung.

In Gan-su halten sich sehr viele Schneeadler auf, so daß wir uns immer verwundert fragen, wo diese Vögel die große Menge Nahrung, deren sie, um sich zu sättigen, bedürfen, finden, um so mehr, als ja die Mongolen, Tanguten und Chinesen häufig selbst gefallene Thiere verzehren, so daß von den Hausthieren für den Schneeadler wenig abfällt. Dabei ist es auch im Sommer, während dessen es ja fast beständig regnet und das Gebirge in Wolken gehüllt ist, ungemein schwierig, manchmal auch wohl ganz unmöglich, aus der Ferne die ersehnte Beute zu bemerken. Wahr= scheinlich besuchen die Schneeadler in dieser Zeit andere, sehr entfernt liegende Gegenden, wo schöneres Wetter herrscht. Einige hundert Kilometer weit zu fliegen ist für diesen Vogel, der fast ohne die Flügel zu rühren, während des ganzen Tages über den Wolken schwimmt, nicht beschwerlich.

Die Gefräßigkeit des Schneeadlers ist so groß, daß er, trotz aller seiner Vorsicht, zum Aase zurückkehrt, selbst nachdem einige Schüsse gefallen sind.

Dieser Vogel ist gegen Wunden unglaublich unempfindlich. Ich schoß einmal mit meinem Begleiter zwölf Mal hinter ein= ander mit Rehposten aus einer Entfernung von nicht mehr als funfzehn Schritt auf Schneeadler, welche auf Aas stürzten, und wir erlegten keinen einzigen.

Trotzdem ist es nicht schwer, diesen Vogel aus dem Verstecke

auf einer Lockspeise mit der Kugel zu schießen, doch muß das
Versteck so verborgen wie möglich eingerichtet sein. Am Besten
ist es, hierzu eine kleine Höhle zu wählen und ihre Oeffnung
mit Sträuchern zu verdecken. Als Lockspeise kann jedes getödtete
oder gefallene Thier dienen, in Ermangelung dessen man auch
Gedärme und anderes Eingeweide, in ein frisches Fell gewickelt,
hinlegen kann. Die Lockspeise muß man mindestens siebzig
Schritt, auch wohl noch weiter vom Verstecke hinlegen; aus einer
solchen Entfernung ist es leicht, den sitzenden Schneeadler mit der
Kugel zu treffen, und dabei kann sich auch der Jäger, ohne zu
fürchten, daß er ihn durch Geräusch verscheucht, frei bewegen, ja
selbst im Geheimen husten. Man braucht sich nicht vor acht oder
zehn Uhr des Morgens ins Versteck zu begeben, da die Schnee=
adler erst um diese Zeit ihr Nachtlager verlassen. Am Besten
ist es, das Versteck in der Alpenregion anzulegen, wo die Schneeadler leichter auf Lockspeise kommen; in niedrige Gegenden kommt
dieser vorsichtige Vogel nicht gern, ja oft entsagt er sogar dem
Aase, wenn er es in der Nähe einer menschlichen Wohnung be=
merkt.

Die Jagd auf Schneeadler mit Lockspeise ist im höchsten
Grade interessant. Es ereignet sich, daß man kaum die Lockspeise
hingelegt hat, und ins Versteck gekommen ist, und schon die
Habichte erscheinen, welche lange und niedrig um das hingelegte
Fleisch herumfliegen, aber entfliehen, wenn sie eine Falle ver=
muthen. Statt ihrer erscheinen nun Krähen und Elstern, welche
krächzend umherhüpfen, den leckern Bissen betrachten, sich jedoch
nicht entschließen, ihn zu berühren. Sie fliegen ein Wenig bei
Seite, kommen wieder und fliegen wieder hinweg und wiederholen
dieses Manöver einige Male. Endlich entschließt sich irgend eine
kühne Elster, ein Stückchen Fleisch abzureißen, und fliegt, erschrocken
über die eigene Heldenthat, schnell davon. Aber die erste Probe
verlockt die andern, und es kommt eine Krähe, welche einige
Schritte davon gesessen hat, herbeigewackelt, bleibt einige Augen=
blicke ruhig bei der Lockspeise stehen, pickt sie endlich mit dem
Schnabel an und verzehrt einen Bissen. Nun beginnen schon
die Elstern dreist zu essen, die ermuthigten Habichte fliegen von
allen Seiten herbei und auf der Lockspeise beginnt der Schmaus,
verbunden mit Geräusch, Lärm und Kampf.

Man sieht diesem Treiben aus dem Verstecke ruhig zu und wartet mit Ungeduld auf den ersehnten Vogel, auf den Schnee-abler. Da läßt sich ein schmetterndes Geräusch vernehmen und man vermuthet, daß der Lämmergeier herunterstürzt. Und wirk-lich bemerkt man auch bald diesen schönen Vogel, der, der Beute nahe, in der Luft einige Kreise beschreibt und sich endlich auf einen nahen Felsen niederläßt. Aber der Schneeabler läßt sich immer noch nicht sehen! Möglich, daß er den Schmaus auf der hingeworfenen Lockspeise schon bemerkt hat und hoch in den Wolken kreist, aber man kann aus dem Verstecke nicht in die Höhe blicken. So verstreicht eine gute Stunde; endlich vernimmt man einen schweren Flügelschlag, — und der Schneeabler läßt sich auf einem Felsen nieder. Fieberschauer durchrieselt den Jäger; man fürchtet sich zu rühren, um den vorsichtigen Vogel nicht zu scheuchen, der nun schnell an die Lockspeise herankommt. Nachdem er sich einige Schritte von ihr niedergelassen, geht er, sich wiegend, manchmal auch hüpfend, auf die Lockspeise zu. Mit Blitzesschnelle entfernt sich das schmausende Proletariat, indem es dem Riesen Platz macht; nur die Krähe bleibt auf dem entgegengesetzten Ende der Lockspeise sitzen, benimmt sich jetzt jedoch äußerst ehrfurchts-voll. Mit Heißgier beginnt nun der hungrige Schneeabler die Gedärme oder ein Stück Fleisch zu verschlingen, doch in diesem Augenblicke erdröhnt der Schuß und der Vogel stürzt todt zu Boden.

Wenn man jedoch mit dem Schießen wartet, so kommen bald nach dem ersten Schneeabler, der sich sehr vorsichtig nähert, andere, welche sich schon unmittelbar auf die Beute niederlassen. Manch-mal versammeln sich auf einer großen Thierleiche einige Dutzend dieser Vögel, so daß man, mit einem glücklichen Schusse, mit einer Kugel zwei Schneeabler erlegen kann.

Hier sei noch bemerkt, daß der schwarze oder Steinabler (Vultur monachus?) in den Gebirgen Gan-su's nur sehr selten zu sehen ist.

Massen Schnees, welche häufig in der Alpenregion fielen, zwangen uns gegen Ende Aprils von hier in die mittlere Region überzusiedeln. Von hier begab sich mein Reisegefährte mit einem Kasak ins Kloster Tschertynton, um die im vorigen Herbste dort gelassene Sammlung und andere Sachen abzuholen. Unter den

letztern befand sich auch ein Paar Stiefel, über welche ich im
höchsten Grade erfreut war, da ich in ihnen weit bequemer Berge
besteigen konnte, als in der schlüpfrigen, selbstfabrizirte Fuß=
bekleidung. Außerdem hatten wir auch im vorigen Jahre ab=
sichtlich unter unsern Sachen fünf bis 6 Pfund Zucker gelassen,
welcher uns nun, da wir aller sonstigen europäischen Annehmlich=
keiten beraubt waren, ausgezeichnet mundete. Endlich kauften wir
auch von Tanguten einen Yak und waren so auf lange Zeit mit
Nahrungsmitteln versehen.

Der schönste Monat des Jahres, — der Mai —, begann
auch in Gan=su frühlingsgemäß. Der Schnee, welcher während
des ganzen Aprils nicht aufhörte zu fallen, — wenigstens war
dies in der mittlern und untern Bergregion der Fall, — wurde
nun durch Regen ersetzt, der ziemlich häufig fiel, jedoch im All=
gemeinen nie lange anhielt. Wenn nun zwar auch jetzt noch
immer kleine Nachtfröste herrschten, so wärmte doch die Sonne
am Tage stark und das Pflanzenleben begann sich schnell zu ent=
wickeln. (Die größte Wärme beobachteten wir am 14. Mai im
Thale des Tetung=gol; sie glich der größten Wärme des Monats
Juli des vorigen Jahres, d. h. $+30{,}4\,^{\circ}$ C.). Gegen den 15. Mai
hatten die Bäume in der mittlern Zone des Gebirges schon zur
Hälfte, in der untern Zone aber ganz ihr Laub entwickelt. Hell
glänzte das junge Grün im Sonnenscheine; viele Sträucher be=
deckten sich mit Blüthen, welche sich eben so reichlich auf den
Krautpflanzen entwickelten. Im dichten Gebüsche an den Ufern
der Gebirgsbäche blühten nun: wilde Rosen, Kirschen, Johannis=
und Stachelbeeren, Geisblatt und die Berberize mit ihren schönen
gelben Blüthenwedeln und zu ihnen gesellte sich der prachtvolle
Seidelbast (Daphne altaica?), an freien Bergabhängen aber
die blaue Beere und die gelbe Caragane. Von andern Pflanzen
blühten: Anemonen, Veilchen, Pionien und dichte Massen Erd=
beeren, während die Gebirgsthäler sich mit Lilien, Primeln,
Butterblumen und Potentillen zu schmücken begannen. An den
freien Gebirgsabhängen blühten nun: Steinbrech, Hungerblumen,
Salomonssiegel (Polygonatum roseum), Thermopsis sp. Podo-
phyllum sp. u. A.

Auch das Thierleben zeigte sich nun in voller Energie und
zwar hauptsächlich unter den gefiederten Bewohnern der Gebirgs-

wälder. Die Stimmen verschiedener Sänger flossen hier zu einem
Concerte zusammen, und das allgemeine Bild des Frühlingslebens
der Natur erglänzte in einer Pracht, die nicht beschrieben werden
kann.   Die herrlichen Lieder der Drosseln, das laute Pfeifen des
ihnen verwandten Pterorhinus Davidii und Trochalopteron sp.,
das Geschrei des Kukuks und der Fasanen und der Gesang anderer kleiner Vögel verstummten während des ganzen Tages nicht.
Selbst während der Nacht ließ sich, wenn schönes Wetter herrschte,
dieser oder jener Vogel vernehmen, der vor Ungeduld den Tagesanbruch nicht erwarten konnte.   Mit einem Worte, das Leben,
welches während des langen Winters verborgen war, strömte nun
in vollem Bette.

Unsere Jagdausflüge brachten uns jetzt alle Tage eine Menge
höchst interessanter Vögel, so daß wir, in Bezug auf unsere ornitologische Sammlung, unsere schlechte vorjährige Beute vervoll-
ständigen konnten, da damals die Vögel stark mauserten.

Unter andern seltenen Vögeln gelang es uns diesmal auch
den O h r f a s a n (Crossoptilon auritum) zu erlegen, welchen wir
schon im ersten Jahre, während unseres Aufenthaltes im Ala-
schaner Gebirge, bemerkt hatten.   Dieser ausgezeichnete Vogel
wird von den Tanguten S c h j a r a m a genannt und lebt in
großer Zahl im waldigen Gebirge von Gan-su; in den waldlosen Gebirgsrücken Nordtibets sieht man diesen Vogel nicht.
Die Gebirgswälder dienen dem Schjarama zum Aufenthalte,
wenn sie reich an Felsen und Gebüsch sind.   In solchen Wäldern lebt der Ohrfasan bis zu einer absoluten Höhe von 3800
Meter.   Dieser Vogel nährt sich, wie es scheint, ausschließlich
mit Vegetabilien; ich fand mindestens im Frühlinge im Magen
der erlegten Ohrfasanen ausschließlich junges Grün, Knospen,
Berberizblätter, am häufigsten jedoch Wurzeln verschiedener
Pflanzen.   Auf dem Weideplatze geht der Ohrfasan immer im
gemessenen Schritte einher, wobei er seinen ausgezeichnet schönen
Schwanz in horizontaler Lage hält.

Im Spätherbste und Winter lebt der Schjarama in nicht
großen Gesellschaften und setzt sich oft auf Bäume, wahrscheinlich
um die Knospen zu verzehren.   Im Frühlinge und Sommer
lebt dieser Vogel ausschließlich auf dem Boden, steigt jedoch
(mindestens während des Frühlings) auf Bäume, um dort die

Nacht zu verbringen. Dieses behaupten tangutische Jäger. Mir und meinem Begleiter ist es jedoch während dieser Zeit nicht gelungen, den Schjarama auf dem Baume zu ertappen, wenngleich wir oft spät Abends und früh Morgens durch die Gebirgswälder strichen. Bei Beginn des Frühlings lösen sich die kleinen Gesellschaften auf und von nun an leben die Schjaramas paarweise in einem gewissen Reviere, um zu brüten. Im Anfange Mai saßen fast alle Schjaramaweibchen bereits auf den Eiern. Wie die Tanguten sagen, legen diese Vögel ihre aus Gras gemachten Nester in dichten Gebüschen an und man findet in einem solchen Neste 5—7 Eier.

Im Winter schießen die tangutischen Jäger die Ohrfasanen, welche dann auf Bäumen leben, mit ihren Flinten, fangen sie jedoch noch weit häufiger in Schlingen, welche auf der Erde und zwar dort aufgestellt werden, wo diese Vögel häufig umherstreifen. Die Hauptbeute des Jägers bildet der Schwanz, dessen vier lange und wie aufgeschlissene Federn als Schmuck der Paradehüte der chinesischen Offiziere gebraucht werden. An Ort und Stelle werden für jede solche Feder bis 20 Reichspfennige bezahlt.

Bei Beginn des Frühlings, wenn sich kaum die Gesellschaften in Paare aufgelöst haben, beginnen auch schon die Männchen die Weibchen zu locken. Ihre Stimme ist ungemein unangenehm und erinnert an das Geschrei des Pfaus, nur daß sie weniger laut und abgerissener ist; ebenso schreien, wie es scheint, die Weibchen. Außerdem bringen aber auch diese Vögel (ich weiß jedoch nicht, ob die Männchen oder Weibchen) noch besondere dumpfe Töne hervor, welche theilweise dem Girren der Tauben ähneln. Wenn der Schjarama plötzlich durch irgend Etwas erschrocken wird, läßt er manchmal einen Ton erschallen, der an den Paradiesvogel erinnert.

Doch auch während der Periode der Liebe, während welcher die Männchen, wenn sie einander begegnen, heftige Kämpfe mit einander führen, ist das Locken dieser Vögel nicht so regelmäßig, wie das des gewöhnlichen Fasans oder des Auerhahns. Das Männchen des Ohrfasans schreit nur selten, in unbestimmten Zwischenräumen und gewöhnlich schon nach Sonnenaufgang, wenngleich es sich auch hin und wider ereignet, daß es noch vor Sonnenaufgang, auch wohl am Tage gegen Mittag, seine Stimme

erſchallen läßt. Jedenfalls ſchreit der Schjarama nur ſehr ſelten,
ſo daß man während eines Morgens höchſtens fünf oder ſechs
Mal die Stimme eines und deſſelben Vogels vernehmen konnte.

Die Unbeſtimmtheit des Lockens und die große Vorſicht
dieſes Faſans machen, wenigſtens während des Frühlings, die
Jagd auf dieſen Vogel ungemein ſchwierig. Die Schwierigkeiten
werden noch durch den Charakter der Gegend, welche der Schjarama bewohnt, vergrößert. Das dichteſte Rhodobendrongebüſch an
den Nordabhängen der Schluchten und mit Dornen ausgerüſtete
Sträucher (Berberize, Multebeere, wilde Roſen) auf den Südabhängen derſelben; überall ſchroffe, faſt überhängende Abhänge,
wilde Felſen, Wald, in welchem Haufen umgeſtürzter Bäume und
trocknes vorjähriges Laub liegen, — alles dies ſind für die Jagd
ſo ungünſtige Verhältniſſe, daß ſie eine der ſchwierigſten genannt
werden kann. Es iſt gar nicht daran zu denken mit dem Jagd-
hunde zu gehen, da er in einer ſolchen Gegend durchaus keinen
Dienſt leiſten kann, denn hier kann er dem Jäger, der ja Felſen
erklimmen muß, oft gar nicht folgen; man iſt folglich gezwungen,
ſich auf das eigene Gehör und Geſicht zu verlaſſen. Aber beide
können häufig dem Jäger nichts helfen; der vorſichtige Vogel
hört ihn faſt jedes Mal herankommen, oder bemerkt ihn von
Ferne und verſteckt ſich rechtzeitig. Der Ohrfaſan fliegt aber
nur bei ſeltenen Gelegenheiten auf und zwar am häufigſten,
wenn er plötzlich und unbemerkt überfallen worden iſt. Gewöhnlich rettet er ſich durch Laufen und er läuft ſehr ſchnell. Manchmal hört man ſogar das Geräuſch ſeiner Tritte aus der Entfernung von wenigen Metern; aber den Vogel ſelbſt ſieht man
im Dickichte nicht, oder er erſcheint und verſchwindet ſo ſchnell,
daß der Jäger nicht Zeit hat, die Flinte von der Schulter zu
nehmen, um ſo weniger alſo zu ſchießen. Einen flüchtigen Schjarama auf der Spur zu verfolgen iſt ganz unmöglich; er verſchwindet immer, wie ein Stein, wenn er ins Waſſer geworfen
wird. Nun iſt aber auch dieſer Vogel noch obenein gegen Wunden
nicht ſehr empfindlich, ſo daß er einen Schuß groben Schrotes
aus einer Entfernung von 50 Schritt aushält und dann noch
Kräfte genug hat, um davon zu fliegen. Wenn man aber dem
Schjarama den Flügel zerſchmettert, entflieht er zu Fuß und
verbirgt ſich im dichten Gebüſche. Wenn es endlich doch gelingt,

einen Ohrfasan in großer Nähe zu erblicken, und man gezwungen ist zu schießen, da er sonst in einem Augenblicke verschwindet, so ist er zum Ausstopfen nicht zu gebrauchen, da er in einem solchen Falle vom Schuße zersetzt wird. Mit einem Worte, der Jäger hat so viele Schwierigkeiten zu überwinden, ist so vielen Zufälligkeiten ausgesetzt, daß ihn nur die Seltenheit des Vogels zu einer so undankbaren Jagd verlocken kann.

Als wir in der mittlern Zone des Gebirges angelangt waren, machte ich und mein Reisegefährte oft Jagd auf Ohrfasanen und wir begaben uns zu diesem Zwecke immer lange vor Sonnenaufgang in den Wald; trotzdem gelang es in vierzehn Tagen nur zwei Exemplare für unsere Sammlung zu erlegen. Zwei tangutische Jäger, welche ich zu diesem Behufe gemiethet hatte, streiften während derselben Zeit Tag für Tag im Gebirge umher und auch diese erlegten nur zwei Schjaramen, und zwar nur dadurch, daß sie beide in ihren Nestern überraschten.

Am Schwierigsten ist es vorher zu bestimmen, an welcher Stelle man wohl diesen Fasan finden wird, da er nur in großen Zwischenräumen schreit, oft auch gar nicht seine Stimme vernehmen läßt, trotzdem der Morgen schön und das Wetter heiter ist. Bemerkenswerth ist auch, daß ein so großer Vogel so still von der Erde auffliegt, und oft unvernehmbar vor dem Jäger entflieht. Der Schjarama siedelt gewöhnlich nicht weit über, fliegt ruhig und erinnert durch seinen Flug stark an den Auerhahn.

Von den Säugethieren nahm jetzt das Murmelthier (Arctomys robustus?) die größte Aufmerksamkeit in Anspruch, welches im Anfange Aprils aus seinem Winterschlafe erwachte. Die ersten erwachten Murmelthiere sahen wir schon am 25. März in Kuku-nor, während sie sich in Gan-su erst am 8. April zeigten. Dieses Thier, welches die Mongolen Tarabagan, die Tanguten aber Schoo nennen, fanden wir nirgends in der Mongolei, denn in der nördlichen Mongolei ist das transbaikalische Murmelthier (Arctomys Bobac) nur bis gegen hundert Kilometer südlich von Urga verbreitet, wo die fruchtbare Steppe aufhört, mit welcher gleichzeitig auch dieses Thierchen verschwindet. Man findet das Murmelthier erst in Gan-su wieder, von wo es sich durch Kuku-nor nach Nordtibet verbreitet. Im Gan-su-

Gebirge steigt das Murmelthier aus den tiefsten Thälern bis in die Alpenregion hinauf. In Nordtibet sahen wir seine Höhlen noch in einer absoluten Höhe von nahezu 5000 Meter.

Der Tarabagan wählt zu seinem Aufenthalte Wiesen an Gebirgsabhängen und siedelt sich in der Alpenregion auch in Thälern an. Diese Thiere leben immer in Gesellschaften und graben sich tiefe Höhlen, häufig sogar in einem von Steinen überfüllten Boden. Jede Höhle hat einige Seitenzweige, die als Ausgänge dienen.

Früh, wenn kaum die Sonne aufgegangen ist und die Luft ein wenig erwärmt hat, verlassen die Tarabaganen ihre Höhlen, laufen umher und essen Gras. Wenn die Thierchen nicht ge- scheucht werden, verweilen sie sich in dieser Weise ziemlich lange und begeben sich erst gegen zehn Uhr Vormittags in ihr Lager. Aus diesem kommen die Murmelthiere erst wieder gegen zwei oder drei Uhr Nachmittags hervor, spielen und fressen wieder bis nahe gegen Sonnenuntergang. Es ist natürlich, daß von dieser allgemeinen Regel häufige Ausnahmen zu sein pflegen; es giebt Tarabaganen, die zu jeder Zeit des Tages die Höhle verlassen, aber wenn es regnerisch ist, zeigt sich kein einziges dieser Thierchen auf der Oberfläche des Bodens, selbst wenn das Unwetter einige Tage ohne Unterbrechung dauert.

Seinem Charakter nach ist das Murmelthier von Gan-su sehr scharfsinnig und vorsichtig, besonders aber da, wo es vom Menschen verfolgt wird. Ehe es die Höhle verläßt, steckt dieses Thierchen vorsichtig den Kopf aus der Oeffnung derselben heraus und verbleibt in dieser Lage gegen eine halbe Stunde, um sich zu überzeugen, daß keine Gefahr droht. Nachdem sich der Tara- bagan hiervon genau überzeugt hat, verläßt er zur Hälfte die Höhle, horcht wiederum und schaut nach allen Seiten umher. Endlich kommt er ganz heraus und beginnt Gras zu pflücken. Wenn aber dieses Thierchen selbst eine noch ferne Gefahr wittert, so eilt es sogleich seiner Höhle zu, setzt sich vor derselben auf die Hinterpfötchen und beginnt einen lauten, durchdringenden, einem öftern abgerissenen Pfeifen ähnlichen Ton von sich zu geben; wenn nun der Tarabagan bemerkt, daß die Gefahr näher kommt, verschwindet er in seiner Höhle. Wo jedoch die Murmel- thiere in der Nähe der tangutischen Jurten leben und vom

Menschen nicht verfolgt werden, sind sie weit dreister, obgleich sie auch hier nie ihre kluge Vorsicht aufgeben.

Man jagt den Tarabagan, indem man ihm in der Nähe seiner Höhle auflauert, wozu jedoch durchaus ein Versteck eingerichtet werden muß, das aber durchaus nicht auffällig sein darf. In dieses Versteck muß man sich begeben, bevor das Murmelthier die Höhle verläßt. Dieses Thier ist gegen Wunden nicht sehr empfindlich und entkommt in seine Höhle, selbst wenn es tödtlich verwundet ist. Nur ein Schuß, der es auf der Stelle zu Boden streckt, bringt dieses Thierchen in den Besitz des Jägers. Die Tarabaganen beginnen ihren Winterschlaf gegen Ende Septembers und schlafen, wie die europäischen Murmelthiere, in ganzen Gesellschaften in einer Höhle.

Nun noch einige Worte über ein Säugethier der Gebirge Gan-su, und zwar über den Bär (Ursus sp.).

Ehe wir noch nach Gan-su gekommen waren, hörten wir von den Mongolen Erzählungen über ein ungewöhnliches Thier, welches in der genannten Provinz lebt und Chun-guresu, d. h. „Menschthier" heißt. Die Erzähler versicherten, daß dieses Thier ein flaches, durchaus menschliches Gesicht habe, größtentheils auf zwei Füßen gehe, daß sein Leib mit dichten, schwarzen Haaren bedeckt sei, seine Pfoten mit ungeheuren Krallen bewaffnet sind. Die Kraft des Thieres sei furchtbar und die Jäger wagen es nicht nur nicht, es anzugreifen, sondern die Bewohner verlassen sogar die Gegend, in welcher der Chun-guresu erscheint.

Aehnliche Erzählungen hörten wir auch in Gan-su selbst von den Tanguten, welche einstimmig versicherten, daß das oben beschriebene Thier in ihren Bergen, wenn auch äußerst selten, zu finden sei. Auf unsere Frage, ob es denn nicht der Bär sei, antwortete man verneinend, indem man versicherte, daß man den Bär sehr gut kenne.

Als wir im Jahre 1872 ins Gan-su-Gebirge kamen, versprachen wir demjenigen eine Belohnung von fünf Lan, der uns den Aufenthaltsort des märchenhaften Chun-guresu zeigt. Es erschien jedoch kein Mensch mit der Nachricht von ihm, nur ein Tangute, der sich zeitweise bei uns aufhielt, theilte uns mit, daß der Chun-guresu beständig zwischen den Felsen des Berges Gadschur lebe, wohin wir uns Anfangs August begaben. Wir fanden jedoch das Wunderthier zwischen den vielverheißenden Felsen nicht und zweifelten schon, ob wir es je erblicken werden, als ich plötzlich erfuhr, daß sich in einem kleinen Kloster, das gegen 15 Kilometer von Tschertynton entfernt liegt, das Fell eines Chungureſu befindet. Nach einigen Tagen begab ich mich in jenes Kloster und bat den Vorsteher, nachdem ich ihm ein Geschenk gegeben hatte, mir das seltene Fell zu zeigen. Meine Bitte wurde erhört und ich erblickte zu meinem Leidwesen, statt des Wunderthiers, — das mit Stroh ausgestopfte Fell eines kleinen Bären. Alle Erzählungen vom Chun-gureſu hatten sich als Fabeln entpuppt und selbst die Erzähler begannen nun, als ich ihnen erklärte, daß es ein Bär ist, zu sagen, daß der Chungureſu sich dem Menschen gar nicht zeige und daß die Jäger nur hin und wider seine Spur sehen.

Der Bär, dessen Fell mir gezeigt worden war, maß stehend 1,22 Meter. Das Maul war zugespitzt, die Farbe des Kopfes und ganzen Körpers schmutzig weiß, der Hintertheil etwas dunkler und die Füße fast schwarz. Die Sohlen der Hinterpfoten waren schmal, und die Nägel an den Vorderpfoten waren, über den Bogen gemessen, gegen 25 Millimeter lang, sehr stumpf und von schwarzer Farbe. Leider war ich nicht im Stande, genauere Messungen vorzunehmen, ohne Verdacht zu erregen.

Im Frühlinge des folgenden Jahres gelang es uns jedoch, einen solchen Bär, und zwar in der Freiheit, zu sehen. Gerade als wir aus Kuku-nor nach Tscheibſen zurückkehrten, und kaum im Gan-su-Gebirge angelangt waren, bemerkten wir eines Morgens einen Bär, welcher Pfeifhasen jagte. Wir gingen auf das Thier zu, aber dieses machte sich eiligst davon, und wenngleich unsere Hunde es verfolgten, so vermochten sie doch nicht, es zum Stehen zu bringen. Wir sendeten dem Thiere einige Kugeln nach, von denen jedoch nur eine traf und es verwundete; trotzdem entfloh zu unserm größten Aerger der Chun-gureſu.

Der von uns am Kuku-nor gesehene Bär sah, soviel man aus der Ferne zu unterscheiden vermochte, eben so aus, wie der im Kloster ausgestopfte, scheint jedoch größer gewesen zu sein; er erreichte die Größe unseres großen, fleischfressenden Bärs, und war wohl eben so lang und bucklig.

Nach Aussage der Mongolen leben diese Bären in großer

Anzahl in den tibetanischen Gebirgen Burchan=Bubbha und Schuga. Sie halten sich dort zwischen Felsen auf, kommen jedoch im Sommer in die Ebene und erscheinen sogar am Mur=ussu.

Nachdem wir die erste Hälfte des Monats Mai in der mittlern Region des Gebirges zugebracht hatten, stiegen wir in das Thal des Tetung=gol herab, wo wir eine Woche verblieben und wie früher alle Tage Ausflüge machten; unser Schrot= vorrath ging jedoch bald zu Ende und wir mußten aufhören, kleine Vögel zum Ausstopfen zu schießen. Die Beute an Eiern war auch nicht reich, denn viele Vögel begannen erst jetzt zu legen, wenngleich sie ihre Nester schon fertig hatten. Im An= fange Juni wäre es möglich gewesen, im Gebirge, besonders im Gebüsche an den Ufern der Flüßchen, eine große Menge seltener Eier zu sammeln, aber wir konnten wiederum wegen Geldmangels nicht länger in der Gegend von Tschertynton verbleiben. Jetzt hatten wir wiederum nur ein sehr kleines Stückchen Silber, das kaum einige Lan wog, und es war in der stark bevölkerten Ge= gend unmöglich, uns durch die Jagd die nöthigen Nahrungs= mittel zu verschaffen. Unter solchen Umständen waren wir ge= zwungen, unsern Rückmarsch nach Ala=schan zu beschleunigen und schlugen den Weg dahin ein, den wir mit der Karawane der Tanguten zurückgelegt hatten. Wie damals, so fanden wir auch jetzt am Wege verwüstete Dörfer, doch begannen sich schon hin und wider in ihnen Chinesen zu zeigen. Es ist sehr wahrschein= lich, daß die zerstörten Fansen in einigen Jahren wieder recon= struirt, die wüste liegenden Felder bebaut sein werden, und daß die Bevölkerung wieder so zahlreich werden wird, wie sie vor dem Aufstande der Dunganen gewesen ist.

Die zweite Hälfte des Monats war, entgegen unsern Er= wartungen, wiederum rauh und zeichnete sich durch Unstätigkeit des Klimas aus. Nach dem warmen Wetter, welches wir während der ersten Hälfte dieses Monats hatten, fiel in der Nacht vom 16. Mai, selbst im Thale des Tetung=gol, Schnee und nun folgte während vier Nächten hinter einander Frost, der bis — 4,0 ° C. stieg. Am Ende dieses Monats, und zwar am letzten Tage unseres Aufenthaltes in Gan=su, ereignete sich eine noch schlimmere Ge= schichte. Fast während des ganzen 28. Mai herrschte ein starkes

Schneetreiben, in Folge dessen der Boden mit einer fast 16 Centimeter tiefen Schneeschicht bedeckt wurde, und am Morgen des
folgenden Tages trat ein Frost von — 5,3 ° C. ein. Und dieses
ereignete sich unter dem 38. Grad nördl. Breite zu einer Zeit,
als man schon 76 Pflanzenspecien blühen sah! Doch gingen die
Blüthen in Folge des Frostes nicht zu Grunde; die Pflanzen
von Gan-su sind an die Rauheit des Klimas ihrer Heimath gewöhnt. Unvergleichlich verderblicher ist für sie die geringste
Dürre. Trotzdem wir während des Maimonats 22 Regentage
hatten, so war dies doch, da der Regen immer nur kurze Zeit
anhielt, nicht hinreichend für die in Bezug auf Feuchtigkeit ver-
zärtelten Krautpflanzen. Besonders deutlich war dies auf den
freien Gebirgsabhängen und in der hügeligen Steppe, welche
nordöstlich vom Flusse Tschagryn-gol liegt, zu bemerken. Diese
Steppe, welche in der Mitte Juni des vorigen Jahres so herr-
lich geschmückt war, trug am Ende des Maimonats dieses Jahres
durchaus nicht ihren damaligen Schmuck und war im Allgemeinen
sehr arm an Blumen.

Diese Thatsache dient als Beweis für die große Zähigkeit
des Pflanzenorganismus und besonders für seine Fähigkeit, sich
den klimatischen Verhältnissen der Heimath anzupassen. Ich hatte
Gelegenheit, im Gan-su-Gebirge gelben Alpenmohn (Papaver
alpinum) aus so stark gefrorenem Boden auszugraben, daß er
kaum mit dem Messer aufgegraben werden konnte, — und trotzdem blühte die Pflanze, während dieser Mohn sogleich untergeht,
wenn er nicht beständig vom Regen angefeuchtet wird.

Wir schieden von der gebirgigen Gegend Gan-sus, in welcher
wir noch ganz gegen das Ende unseres Aufenthaltes die ganze
Rauheit und Unbeständigkeit des Klimas erprobt hatten. Aber
trotz aller Unannehmlichkeiten seitens des Klimas ist die Zeit,
welche wir in dieser Gegend verlebten, der Glanzpunkt unserer
Reise, wegen der bedeutenden wissenschaftlichen Beute, welche wir
hier, sowohl aus der Pflanzen- als Thierwelt gemacht haben.

XIV. Kapitel.

Rückkehr nach Ala-schan. Reise nach Urga durch die Wüste Gobi.

Reise durch den Süden von Ala-schan. — Zusammentreffen mit der Pilger-
karawane. — Ankunft in Dyn-juan-in. — Charakter der Gebirge von
Ala-schan im Sommer. — Unerwartete Ueberschwemmung in ihnen. —
Reise nach Urga. — Tod unseres Faust. — Charakter der Wüste von
Ala-schan bis an den Gebirgsrücken Churchu. — Beschreibung dieses Ge-
birges. — Gobi im Norden von ihm. — Weg von Kuku-choto nach Ulja-
sutai. — Die Wüste verwandelt sich in eine Steppe. — Ankunft in
Urga. — Ende der Expedition.

Gegen das Ende des Monats Mai verließen wir die Gebirgsgegend von Gan-su und befanden uns plötzlich an der
Schwelle der Wüste Ala-schan. Vor uns lag ein unbegrenztes
Meer von Flugsand, und wir betraten nicht ohne Scheu dieses
Reich des Todes und der Grabhügel. Da wir nicht die Mittel
hatten, uns einen Führer zu miethen, so mußten wir allein gehen
und den Kampf mit allen Zufällen des schwierigen Weges wagen.
Dieser war aber um so schwieriger, als ich im vorigen Jahre,
während ich mit den Tanguter Karawanen reiste, mir nur verstohlen, ja theilweise aufs Gerathewohl einige Notizen über die
Gegend und über die Richtung, welche zu verfolgen war, machen
konnte. Eine solche Marschroute war sicherlich sehr wenig ver-
sprechend; jetzt war sie unser einziger Führer durch die Wüste.

Fünfzehn Tage, unter denen drei Rasttage, waren nothwendig, um von Dabschyn nach der Stadt Dyn-juan-in zu gelangen, und diesen schweren Marsch haben wir glücklich gemacht.

Dennoch waren wir einige Male nahe daran, uns in der Wüste zu verirren. Besonders war dies am 9. Juni der Fall, als wir den Paß zwischen dem kleinen See Serik-bolon und dem Brunnen Schangin-balai passirten. Als wir früh Morgens von Serik-bolon aufbrachen, gingen wir anfänglich einige Kilometer durch Wüstensand, kamen nachher auf eine lehmige Ebene, wo sich ein Fußsteig zeigte, der sich bald in zwei verzweigte. Diese Verzweigung hatten wir im vorigen Jahre nicht bemerkt, weil wir die Gegend nächtlicher Weile passirten, und deshalb mußten wir jetzt nachdenken, welchem der beiden Fußsteige wir folgen sollten. Die Wahl war um so schwieriger, als die Fußsteige unter einem sehr spitzen Winkel auseinander gingen, so daß es selbst mit der Bussole schwer zu ermitteln war, welchem der beiden Zweige wir zu folgen hätten. Der rechtsliegende Zweig war jedoch weit ausgetretener, als der linke; deshalb beschloß ich ihm zu folgen, — und ich hatte mich geirrt.

Wir legten einige Kilometer zurück, ohne einen Irrthum zu ahnen; später zeigten sich jedoch neue Quersteige, welche uns ganz verwirrt machten; endlich hörte unser Weg ganz auf und verlief in einen ziemlich ausgefahrenen Weg. Später erst erfuhr ich, daß dieser Fahrweg aus Dyn-juan-in nach Dyrisun-choto (wie es die Mongolen nennen), führt, das in der Nähe der südöstlichen Grenze von Ala-schan liegt. Diesem Wege konnten wir nicht folgen, da wir nicht wußten, wohin er führe; wir konnten es auch nicht wagen, an die erste Kreuzungsstelle zurückzukehren, da wir sie schon ziemlich weit hinter uns hatten, und da wir überdies nicht wußten, in wie weit wir mit Sicherheit dem anderen Zweige des Fußsteiges folgen könnten. Wir wählten von zwei Uebeln das kleinste und beschlossen, die Anfangs eingeschlagene Richtung inne zu halten. Wir rechneten hierbei darauf, daß wir in der Ferne die nicht große Hügelgruppe sehen würden, an deren Fuße wir den Brunnen Schangin-balai finden mußten.

Indeß wurde es Mittag; die Hitze erreichte einen bedeutenden Grad, und wir beschlossen zwei oder drei Stunden auszuruhen. Später gingen wir wieder in der einmal eingeschlagenen Richtung vorwärts, wobei wir nun schon direct der Bussole folgten, und erblickten endlich ein wenig rechts vom Wege eine

kleine Hügelgruppe, welche wir für die von Schangin-balai
hielten. Da nun während des ganzen Tages die Luft mit Staub
erfüllt gewesen war, welchen ein starker Wind aufgewirbelt hatte,
so konnten wir selbst durch ein Fernrohr nicht genau das Profil
der Hügel, zu denen es übrigens noch weit war, unterscheiden.
Indessen wurde es Abend, und wir beschlossen unser Nacht=
lager aufzuschlagen, in der Ueberzeugung, daß die Hügel, welche
wir gesehen, auch gerade die seien, welche wir zu erreichen
wünschten. Als ich jedoch den zurückgelegten Weg auf der Karte
verzeichnete, fand ich, daß wir stark nach Osten abgewichen waren,
und es stieg in mir die Ahnung auf, daß wir uns kaum in der
Richtung befänden, welche wir gehen sollten. Indessen zeigte es
sich, daß sich unser Wasservorrath kaum auf zwei Eimer
(à 10 Quart) belief, da das Wasser während des Marsches
durch die Wüste unter dem Einfluß der Hitze, wenn auch die
Tönnchen ganz wohl gefüllt waren, immer stark durch die Faß=
dauben verdunstete, so daß in einem am Morgen vollen Tönnchen
Abends immer einige Flaschen Wasser weniger waren. Dieser
Umstand war um so niederschlagender, als wir unsern Pferden,
welche sich wegen Durstes kaum bewegen konnten, keinen Tropfen
Wasser gegeben hatten. Die Frage: werden wir morgen den
Brunnen finden? wurde zur Frage über Tod und Leben, und
deshalb kann man sich die Stimmung, in welcher wir uns während
des Abends befanden, leicht vorstellen. Zum Glücke hörte
während der Nacht der Sturm auf, und der Staub fiel aus der
Luft herab. Kaum war am folgenden Tage der Morgen an=
gebrochen, so begann ich auch schon durch mein Fernglas die
Gegend zu betrachten, wobei ich die aufeinander gelegten Kisten,
in denen sich meine Sammlung befand, bestieg. Die gestern er=
blickte Hügelgruppe war deutlich zu sehen, gleichzeitig sah man
aber, genau im Norden von unserm Nachtlager den Rücken eines
andern Hügels, welches auch der von Schangin-balai sein konnte.
Nun mußte entschieden werden, nach welchen Hügeln wir reisen
sollten. Nachdem ich auf der Karte ein Zeichen für die neu
auftauchende Hügelreihe gemacht, und ungefähr ihre Lage mit
dem verglichen hatte, was ich im vorigen Jahre in meinem
Tagebuche notirt hatte, beschloß ich auf die nördlichen Hügel
zuzugehen.

Schwere Zweifel drückten uns darnieder, als wir unsere Kameele beluden und uns in Bewegung setzten. Der uns leitende Hügelrücken schaute einmal über die schroffen Erhebungen der wellenförmigen Ebene hervor, während er sich ein anderes Mal hinter ihnen verbarg. Vergebens schauten wir häufig durch das Fernrohr nach ihm, um seine charakteristischen Umrisse, welche ich in meinem Tagebuche verzeichnet hatte, zu erspähen; besonders schauten wir nach dem Steinhaufen (Obo), welcher auf dem Rücken lag. — Die Entfernung war noch zu groß, um einen verhältnißmäßig so kleinen Gegenstand zu bemerken. Endlich, nachdem wir ungefähr zehn Kilometer von unserm Nachtlager entfernt waren, erblickten wir die ersehnten Zeichen. Ermuthigt durch die Hoffnung, verdoppelten wir unsere Schritte, und einige Stunden später standen wir neben dem Brunnen, auf den sich unsere Thiere, welche vor Durst erschöpft waren, mit Begierde stürzten.

Auf einem der Uebergänge über den südlichen Ala-schan begegneten wir einer Karawane mongolischer Pilger, welche von Urga nach Lassa ging. Seit Beginn des Dunganenaufstandes, während einer Reihe von elf Jahren, hatten es solche Verehrer nicht gewagt, in die Residenz des Dalai-Lama zu kommen; aber jetzt, nachdem die chinesische Armee den mittleren Theil von Gan-su besetzt hatte, wurde in Urga eine große Karawane (die Mongolen sagten, von tausend Zelten) gebildet und nach dem Kutuchta gesendet, welcher einige Jahre vorher in Bogdokuren gestorben und in Tibet wieder geboren war. Die Pilger waren in einige Echelons getheilt, deren einer dem andern folgte, und die sich alle am Kuku-nor versammeln sollten. Als sie mit uns zusammen trafen, riefen die vordersten Mongolen: „schaut, wohin unsere Braven (molodcy) gehen!" Sie wollten Anfangs nicht glauben, daß wir, vier Mann an der Zahl, bis Tibet gekommen seien.

Aber wie sahen auch damals die „russischen Braven" aus, welche die mongolischen Pilger trafen! Erschöpft von der beschwerlichen Reise, ausgehungert wegen Mangels an Nahrungsmitteln, beschmutzt, in zerrissenen Kleidern und durchlöcherten Stiefeln, sahen wir wie Bettler aus. Unser Aeußeres erinnerte damals so wenig daran, daß wir Europäer seien, daß, als wir in der Stadt Dyn-juan-in anlangten, die Bewohner, welche uns betrachteten, sagten: „wie ähnlich sind sie doch unsern Leuten geworden, ganz wie Mongolen!"

In Dyn-juan-in erhielten wir tausend Lan an Geld, welche uns durch die Fürsorge des Generals Wlangali aus Peking gesandt worden waren. Gleichzeitig mit dem Gelde erhielten wir Briefe *), welche aus Rußland angelangt waren, und die drei letzten Nummern des Jahrganges 1872 des „Golos". Es ist schwer zu beschreiben, was für ein Feiertag dieser Tag für uns war. Mit fieberhafter Eile lasen wir die Briefe und Zeitungen, in denen ja Alles für uns neu war, obgleich die Ereignisse seit mehr als einem Jahre vorgefallen waren. Europa, die Heimath, das vergangene Leben — Alles trat lebhaft vor unser geistiges Auge. Und noch mehr fühlten wir nun unsere Einsamkeit unter den Menschen jener Gegend, die uns fremd waren nicht allein dem Gesichte nach, sondern bis zum geringsten Charakterzuge.

Der Fürst von Ala-schan und seine Söhne waren damals von Dyn-juan-in abwesend; sie waren nach Peking gereist und versprachen nicht vor dem Herbst wiederzukehren.

Nach dem im Voraus festgestellten Plane sollten wir aus Dyn-juan-in geraden Wegs durch die Gobi nach Urga reisen. Diesen Weg hat noch kein Europäer berührt und deshalb bot er in wissenschaftlicher Beziehung viel Interessantes. Ehe wir jedoch wieder in die Wüste gingen, wollten wir uns ein wenig ausruhen und gleichzeitig genauer, als das erste Mal geschah, die Berge von Ala-schan untersuchen.

Diese waren nun nicht mehr entvölkert, wie wir sie im Jahre 1871 gefunden hatten. Nachdem die Raubzüge der Dunganen aufgehört hatten, waren viele Mongolen mit ihren Herden herbeigekommen; außerdem hatte man auch begonnen, die zerstörten Tempel zu erneuern, und weiter befaßten sich mehrere hundert Chinesen aus Nin-sja mit Holzfällen. Kaum gelang es

---

*) Ich kann der Curiosität wegen nicht verschweigen, was sich mit einem Briefe in einer Gouvernementsstadt unseres Vaterlandes ereignete. Auf der Adresse war geschrieben: „An N. N. in Peking über Kiachta." Das Wort „Peking" war angestrichen, wahrscheinlich durch die Hand des Postmeisters, und darunter war mit großen Buchstaben geschrieben: „es giebt keine Stadt Peking, deshalb nur bis Kiachta zu senden."

uns, eine kleine Schlucht zu finden, in welcher keine Holzhauer waren, und auch hier fehlten sie nur wegen Wassermangels. Wir aber entschlossen uns, lieber täglich einen Kilometer zum Brunnen zu reiten, als neben den Chinesen oder Mongolen zu lagern. Unsere Kameele sandten wir gegen funfzig Kilometer von Dyn-juan-in auf die Weide und behielten nur zwei Pferde bei uns, welche abwechselnd Wasser herbeischaffen mußten. Die Schlucht, in welcher wir unsere Zelte aufgeschlagen hatten, befindet sich 17 Kilometer westsüdwestlich von der Stadt Dyn-juan-in.

In den Ala-schaner Gebirgen verweilten wir nun drei Wochen, und das Resultat unserer Untersuchungen war, daß wir uns überzeugten, daß weder ihre Flora noch auch ihre Fauna reich sei. Was die Vegetation des Ala-schaner Höhenzuges (besonders seines Westabhanges, den wir untersucht haben) betrifft, so kann man deutlich drei Regionen unterscheiden: die äußere (untere) Region, die Waldregion und die Region der Alpenwiesen.

Die äußere Region des Höhenzuges mit dem zu ihr gehörigen schmalen, wellenförmigen Strich der Steppe ist charakteristisch durch ihren Lehmboden, durch das (in der Steppe) umherliegende Geröll oder durch verwitterte Mineralien (auf den Höhen) gekennzeichnet. Dieser Steppenstrich, dessen Breite 15 bis 20 Kilometer beträgt, grenzt im Westen an das Gebirge von Ala-schan und hat einen von den übrigen Theilen dieses Landes ganz verschiedenen Charakter. Ihre Oberfläche ist von tiefen Schluchten durchschnitten und fällt im Allgemeinen, oft sehr bedeutend, vom Gebirge gegen die Wüste hin, ab. Der Boden dieser Steppe ist lehmig, mit Kies und kleinem Gerölle, welches vom benachbarten Gebirge stammt, besät. Stellenweise finden sich hier Quellen. Die Vegetation ist jedoch dieselbe, wie in der Wüste, mit einer Beigabe von Gebirgsspecien. Hier sind verhältnißmäßig weniger Felsen, als in den beiden andern Regionen, und sie erreichen auch nicht den grandiosen Umfang. Die Breite der äußern Region ist nicht beträchtlich; sie beträgt nur zwei Kilometer, manchmal auch weniger. Von Bäumen findet man hin und wider die Ulme (Ulmus) und von Sträuchern die gelbe Rose (Rosa pimpinellifolia), eine

Caragana und hin und wider eine Ephedra, welche ich auch bei Zaidam, am Nordabhange des Burchan-Bubbha, gefunden habe. In der zu dem Gebirge gehörenden Steppe vegetirt meistens eine stachlige Winde (Oxytropis aciphylla). Von Kräutern finden sich hauptsächlich in der hier beschriebenen Region: der Quendel (Thymus Serpyllum), das Salomonssiegel (Polygonatum officinale), das Peganum Nigellastrum (dieses ausschließlich in der Steppe), Lauch (Allium) (sowohl in der Steppe, als im Gebirge, ja selbst in der Alpenregion), Mannsschild (Androsace); auf den Felsen das sibirische Tausendschönchen (Polygala sibirica), die Waldrebe (Clematis aethusifolia), welche sich um die Sträucher an den Ausgängen der Schluchten windet und seltener in der Steppe zu sehen ist, und endlich an der äußern Bergregion Rhabarber (Rheum), welcher durch die Waldregion bis auf die Region der Alpenwiesen hinauf steigt. Es ist dies nicht der in der Medicin gebräuchliche, sondern eine von den beiden bei Gan-su wachsenden Species verschiedene Art.

Auf die äußere Bergregion folgt die Waldregion, welche sich bis zu einer absoluten Höhe von nahezu 4800 Meter erhebt. Der Westabhang ist reicher bewaldet, und hier wiederum sind hauptsächlich die Nordabhänge der Schluchten mit Wäldern bedeckt. Der Wald ist aber durchaus einförmig. Von Bäumen überwiegen hier ausschließlich drei Gattungen: die Tanne (Abies obovata?), die Espe (Populus tremula?) und eine Weide (Salix). Unter ihnen findet man in geringer Zahl den baumartigen Wachholder (Juniperus communis?) und seltener noch als diesen die Birke (Betula alba), auf dem Ostabhange des Gebirges aber die Kiefer (Pinus). Alle diese Bäume sind klein, stark mit Rinde bedeckt und können durchaus nicht mit ihren Brüdern im Gan-su-Gebirge verglichen werden.

Von Sträuchern findet man in den Wäldern des Alaschaner Rückens zerstreut: die Spierstaude (Spiraea), zwei Arten des Fünffingerkrauts (Potentilla glabra und Potentilla tenuifolia), eine Haselnußart (Ostryopsis Davidiana) an den offenen Südabhängen der Schluchten und am häufigsten am Ostabhange des Gebirges, Geisblatt (Lonicera), einen die Felsen bedeckenden Wachholder (Juniperus), welchen man auch in der äußern Region des Gebirges findet.

Mehr Abwechselung bieten die Sträucher in den Wald-schluchten; hier wachsen der spanische Flieder (Syringa vulgaris?), welcher dem gewöhnlich im Garten gepflegten sehr ähnlich ist, an den Abhängen des Gebirges häufig eine Art von Cotoneaster, zwei Beerenarten (Ribes pulchellum*), die Maulbeere (Ribes Idaeus) und die Alpenwinde (Atragena alpina).

Von Kräutern findet man am häufigsten in den Wäldern: die rothe Lilie (Lilium tenuifolium), eine Süßkleeart (Hedysarum sp.), welche man auch am untern Saume der Alpen-wiesen findet, einige Arten von Wirbelkraut (Astragalus), eine Veilchenspecies (Viola sp.), einige Arten Läuse-kraut (Pedicularis), unter diesen eine, welche mit ihren rosa-rothen Blüthen den Lehmboden des Waldes schmückt, eine Nachtkerze (Rhaponticum uniflorum), das sibirische Salomonssiegel (Poligonatum sibiricum?). In den feuchten Schluchten sind auch die Kräuter andere. Hier wachsen: der Baldrian (Valeriana), die Wiesenraute (Thalictrum sp.), das Weidenröschen (Epilobium angustifolium), der Löwenzahn (Taraxacum officinale [?]), der Ackelei (Aquilegia viridiflora), der Beifuß (Artemisia sp.), das Leim-kraut (Silene repens), die herzblätterige Rubie (Rubia cordiflora) und der Alpenwiesenknopf (Sanguisorba alpina), welcher letztere häufig die kleinen Plateaus dicht bedeckt und sich bis auf die Alpenwiesen hinaufzieht. Im Allgemeinen ist die Vegetation der Waldregion mannigfacher, als die der beiden andern, d. i. der äußern Steppen- und der Alpenregion, wenngleich sie auch hier bei Weitem nicht so reich, wie im Gan-su-Gebirge ist.

Die Alpenregion beginnt ungefähr in einer Höhe von 4800 Meter und nimmt verhältnißmäßig nur eine kleine Fläche ein; sie ist bedeutend kleiner, als selbst die Alpenregion des Muni-ula. Am Fuße, wie auch im obern Theile der Waldregion, zeigt

---

*) Der Verfasser giebt die zweite Species nicht näher an. Vielleicht ist es das auch in den Karpathen wachsende Ribes petraeum Wulf. A. R.

sich die stachlige Caragana (Caragana jubata) gegen Ende
Juni mit weißen und rosarothen Blüthen wie beklebt; außerdem
aber vegetirt hier die Spierstaube, der weiße kurilische Thee,
welche beide auch in den Wäldern wachsen, und eine niedrige
Weide (Salix sp.).

Der bunte Teppich des untern Striches der Alpenregion
besteht größtentheils aus den Arten, welche man in der Wald-
region antrifft; zu ihnen kommt noch eine Art des Hahnenfuß
(Ranunculus sp.), Rittersporn (Delphinium), die prächtige
Nelke (Dianthus superbus), Lauch (Allium) und eine Art
Corydalis.

In höheren Lagen der Alpenwiesen verschwinden die strauch-
artigen Gewächse gänzlich; nur die stachlige Caragane steigt bis
zum höchsten Punkte des Bugutuj hinauf, wird aber hier zum
Zwerge, der nicht einen Fuß Höhe erreicht. Auch die Mannig-
faltigkeit der Kräuter nimmt in dem Maße ab, in welchem wir
höher hinaufsteigen, und den lehmigen Boden bedecken Pflanzen,
welche sich kaum über die Oberfläche erheben. Hier, d. h. an
der obern Grenze der Alpenwiesenregion, findet man am häufigsten eine Art des Knöterich (Polygonum), die Saussurea
pygmaea und eine Nachtviole (Hesperis sp.).

Im Allgemeinen können sich die Alpenwiesen des Ala-schaner
Rückens keines besondern Reichthums ihres Pflanzenteppiches
rühmen. Der Hauch der nahen Wüste ist nicht allein an ihnen,
sondern überhaupt an der Vegetation des Gebirges, welche
durchaus nicht mit der des Gan-su-, ja sogar des Muni-ula-
Gebirges verglichen werden kann, zu erkennen, wenngleich sie dem
Anscheine nach der Flora des ersteren ähnlicher ist, als der des
letzteren.

An Säugethierarten ist das Ala-schaner Gebirge, wie wir
aus dem sechsten Kapitel, in welchem ich sie aufgezählt habe,
wissen, sehr arm.

Auch an Vögeln herrschte hier, selbst im Sommer, kein
Reichthum und wir fanden, außer den bereits früher aufgezählten,
in dieser Zeit am häufigsten: den Blutfink (Pyrrhula erythrina), die Bergschwalbe (Hirundo rupestris), zwei Arten
Carpodacus, eine Art der Mauerschwalbe (Cypselus
leucopyga), die Felsschwalbe (Hirundo rupestris, Hirundo sp.),

den Kukuk (Cuculus canorus?), eine Ammerart (Emberiza), Meisen (Ruticilla erythronota, Ruticilla sp. Phyllopneuste sp.) und die Steinamsel (Petrocincla saxatilis). Fasanen, Spechte und Eulen waren nicht vorhanden.

Eine Folge der Armuth an Vögeln ist, daß es in dem Ala-schaner Gebirge selbst während des Sommers öbe ist, wenn sonst in der Natur reges Leben herrscht. Man hört hier keinen fröhlichen Gesang, welcher die düsteren Wälder und die drohend überhängenden ungeheuren Felsen beleben würde. Selbst früh Morgens und spät Abends kann man nur hin und wider die Stimme eines Vögleins vernehmen; aber am Tage und um so mehr in der Nacht ist es immer still und todt, wie in der Wüste.

Im Allgemeinen ist das Ala-schaner Gebirge sowohl in Bezug auf Säugethiere, wie auf Vögel und Pflanzen dem Gan-su-Gebirge ähnlicher, als dem In-schan-Gebirge.

Man sollte meinen, daß uns im wasserarmen Ala-schaner Gebirge durch nichts weniger Gefahr drohen konnte, als durch Wasser; aber das Geschick scheint es gewollt zu haben, daß wir gegen das Ende unserer Reise alle Unbequemlichkeiten überstehen sollten, welche des Reisenden in diesen Gegenden harren. Es ereignete sich unvermuthet eine solche Ueberschwemmung, wie wir sie bis jetzt noch nicht gesehen hatten.

Der Hergang war folgender:

Am 1. Juli Morgens begannen sich die Spitzen des Gebirges in Wolken zu hüllen, welche wie gewöhnlich Vorboten des Regens waren. Aber gegen Mittag wurde der Himmel fast ganz heiter, so daß wir schon schönes Wetter erwarteten, als plötzlich, ungefähr drei Stunden später, eine Wolke den Berg zu bedecken begann und endlich ein Regen fiel, als ob es mit Eimern gösse. Durch diesen Regenguß wurde unser Zelt schnell durchnäßt, und wir führten mittelst kleiner Gräben das hineindringende Wasser nach Außen ab. So vergingen gegen zwei Stunden. Der Regenguß verminderte sich nicht, obgleich die Wolke eine Gewitterwolke war. Die ungeheure Wassermasse konnte vom Boden nicht aufgesogen werden oder sich auf den schroffen Abhängen des Gebirges erhalten, so daß bald aus allen Rinnsälen, Seitenschluchten, ja sogar von den steilen Abhängen Bäche herabströmten, welche sich in der Hauptschlucht, in welcher wir unser

Zelt hatten, vereinten und einen Wildbach bildeten, welcher mit
furchtbarem Tosen und ungeheurer Schnelle dahinschoß. Unsere
Schlucht war drei Kilometer lang und hatte eine Breite von nicht
mehr als fünfzehn Klaftern; sie war von allen Seiten durch jähe
Abhänge und durch überhängende Felsen eingeschlossen. Ein
dumpfes Rauschen kündete uns schon von ferne das Nahen dieses
Wildbaches an, dessen Wassermasse sich mit jeder Minute vergrößerte. In einem Augenblicke war die tiefe Sohle unserer
Schlucht mit Wasser angefüllt, das so trübe wie Kaffee war,
und das mit unbeschreiblicher Schnelle den schroffen Abhang
herabströmte. Ungeheure Felsen und kleinere Stücke wurden vom
Strome mitgeschleppt, der mit solcher Gewalt an die Seitenwände schlug, daß die Erde wie von Erdbebenstößen zitterte.
Aus dem furchtbaren Lärm des Wassers war deutlich das
Aneinanderstoßen der ungeheuren Felsstücke und ihr Reiben an
den Seitenwänden der Schlucht herauszuhören. Von den weniger festen Stellen und dem obern Theile der Schlucht brachte
das Wasser ganze Haufen kleiner Steine mit und setzte sie lärmend in ungeheuren Massen bald auf der einen, bald auf der
andern Seite seines Bettes ab. Der Wald, welcher an der
Schlucht erwachsen war, verschwand, — alle Bäume wurden
mit den Wurzeln umgestürzt, zerbrochen und in kleine Stückchen
zerrieben.

Indessen hörte der strömende Regen nicht auf, und die Gewalt des um uns dahinschießenden Stromes wurde mit jedem
Augenblicke größer. Das tiefe Bett der Schlucht war bald mit
Steinen, Schlamm und Holzstückchen angefüllt, so daß das Wasser
aus seinem Bette heraustrat und bisher nicht überschwemmte
Stellen bedeckte. Bis auf neun Meter von unserm Zelte schoß
der Strom dahin, indem er mit unwiderstehlicher Gewalt alles
vernichtete, was er auf seinem Wege antraf. Noch eine Minute,
noch ein Fuß Wasserzunahme — und unsere Sammlungen, die
Mühen der ganzen Expedition, wären unwiederbringlich verloren
gewesen. Es wäre eine Unmöglichkeit gewesen, sie bei dem
rapiden Ansammeln des Wassers zu retten; es war kaum noch
Zeit genug, um sich selbst auf die nächstgelegenen Felsen zu
flüchten. Die Noth kam so unerwartet, war so nahe und so
drohend, daß mich eine gewisse Regungslosigkeit überfiel; ich

wollte meinen Augen nicht trauen und zweifelte, trotzdem ich dem furchtbaren Unglücke ins Antlitz schaute, an seinem wirklichen Vorhandensein.

Aber das Glück war uns auch diesmal günstig. Vor unserm Zelte befand sich ein großer Einschnitt, den die Wellen mit Steinen zu füllen begannen, und sie hatten bald einen solchen Haufen herbeigeschleppt, daß er dem weitern Anstürmen des Wassers Widerstand leistete. — Wir waren gerettet!

Gegen Abend wurde der Regen schwächer, der Strom begann schnell abzunehmen, und am Morgen des folgenden Tages floß nur ein kleiner Bach, wo am Tage zuvor ein mächtiger Strom wogte. Die klare Sonne beleuchtete das Bild der gestrigen Zerstörung, welche bis zu einem solchen Grade den Anblick unserer Schlucht verändert hatte, daß wir sie nicht wieder erkannten. Die von den Bergen herabfallenden Sturzbäche strömten in den Flugsand der Wüste und verschwanden in ihm.

Nach Dyn-juan-in zurückgekehrt, beschäftigten wir uns mit der Ausrüstung unserer Karawane, vertauschten die untauglichen Kameele, kauften frische und machten uns am 14. Juli auf den Weg. Dank dem Pekinger Passe und mehr noch den Geschenken, welche wir dem „Tosalaktschi" des Ortes gegeben, der während der Abwesenheit des Fürsten die Verwaltung führte, erhielten wir zwei Führer. Sie sollten uns bis an die Grenze von Ala-schan begleiten und sich dort um zwei andere bemühen, wie ein schriftlicher Befehl aus dem Ala-schaner „Jamyn" (Verwaltung) anordnete. Eine solche Verordnung wurde auch fernerhin erlassen, so daß wir überall Führer erhielten, welche uns durch die Choschunate, denen sie angehörten, begleiteten. Dieser Umstand war sehr wichtig, denn unser Weg ging durch die wildeste Gegend der Gobi, in der Meridianrichtung von Ala-schan nach Urga; sie ohne Führer zu durchziehen, war unmöglich.

Nun begann wiederum für uns eine lange Reihe schwerer Tage. Am meisten hatten wir von der Julihitze zu leiden, welche Mittags bis gegen $+45\,^{0}$ C. im Schatten stieg und häufig selbst während der Nacht nicht unter $+25,5\,^{0}$ C. fiel. Kaum hatte sich am Morgen die Sonne über den Horizont erhoben, so begann auch schon die drückende Hitze. Am Tage umgab uns die Hitze von allen Seiten, von Oben von der Sonne, von Unten

vom glühenden Boden. Wenn auch ein Luftzug entstand, so
kühlte er die Atmosphäre nicht ab; im Gegentheil bewegte er nur
die untere, glühende Luftschicht und vergrößerte die Hitze. Am
Himmel sah man an solchen Tagen nicht ein Wölkchen, ja er
selbst erschien dann in einer gewissermaßen schmutzigen Farbe.
Der Boden wurde bis zu + 63 ° C. und der lose Sand wohl
noch mehr erhitzt, denn die Temperatur betrug an solchen Stellen
in der Tiefe von zwei Fuß noch + 26 ° C.

Das Zelt schützte uns durchaus nicht vor der Hitze; die
Schwüle war in ihm, trotzdem die Seitenwände aufgehoben waren,
noch größer, als in der freien Luft. Vergebens begossen wir
hin und wieder nicht nur das Zelt, sondern auch den Boden,
auf welchem es aufgeschlagen war, mit Wasser; — nach einer
halben Stunde war Alles trocken, wie vorher, und wir mußten
wieder nicht, wohin vor der unerträglichen Hitze.

Die Trockenheit der Luft war furchtbar; der Unterschied
zwischen dem trocknen und feuchten Thermometer betrug oft bei
einer Temperatur von + 45 ° C. + 22,2 ° C. Thau bildete
sich gar nicht, Regenwolken wurden in der Luft aufgelöst und
sendeten kaum einige Tropfen auf die Erde. Wir hatten einige
Male Gelegenheit, diese interessante Erscheinung zu beobachten.
Besonders geschah dies in Süd-Alaschan, in der Nähe des
Gan-su-Gebirges. Der aus einer in die Wüste getriebenen Wolke
fallende Regen gelangte nicht zur Erde, sondern verwandelte sich
in der untern glühenden Luftschicht wiederum in Dampf. Dies
ereignete sich jedoch nur, wenn die Wolken klein waren und
darum die Atmosphäre nicht hinlänglich abkühlen konnten. Ein
Gewittersturm war eine Seltenheit, und wir beobachteten ihrer
während des Monats Juli nur drei; dafür aber wehte der Wind
fast beständig Tag und Nacht. Manchmal erreichte er die Stärke
des Sturmes, und er hatte zwei Hauptrichtungen, eine südöstliche
und eine südwestliche. An ruhigen Tagen traten gewöhnlich
Wirbelwinde ein, welche sich am häufigsten gegen Mittag und
kurz nach Mittag erhoben.

Um der Hitze so viel wie möglich, wenn auch nur während
des Marsches, auszuweichen, standen wir noch vor Sonnenaufgang auf. Aber die Zubereitung des Thees und das Beladen
der Kameele raubte uns sehr viel Zeit, so daß wir nie vor vier,

Mongolen im Gebete bei einem „Obo".

manchmal auch erst um fünf Uhr, den Marsch antraten. Es ist wahr, wir hätten unsere Reise sehr erleichtern und sie während der Nacht vollbringen können; aber in diesem Falle hätten wir auf unsere Messungen verzichten und so einen der wichtigsten Gegenstände unserer Untersuchungen aufgeben müssen. Auf meiner nach dem Augenmaße gefertigten Karte bildet der Weg von Dyn-juan-in nach Urga eine Linie, deren Länge kaum zwei Fuß beträgt; aber diese Linie ist um den Preis von 44 Märschen, welche größtentheils während der furchtbarsten Tageshitze zurückgelegt wurden, erkauft worden.

Unsere Reise war im Anfange nicht ganz glücklich. Am sechsten Tage nach unserm Auszuge aus Dyn-juan-in verloren wir unsern treuen Freund „Faust", ja wir wären beinahe selbst im Sande umgekommen. Alles dies ereignete sich bei folgende Gelegenheit.

Am 19. Juli Morgens verließen wir den See Dscha͞itai-dabasu und nahmen unsere Richtung nach dem Chan-ula-Gebirge. Wie der Führer sagte, betrug die Entfernung gegen fünf und zwanzig Kilometer. Während des Marsches mußten wir aber zwei Brunnen und zwar einen vom andern in einer Entfernung von acht Kilometer finden.

Nachdem wir ein solches Stück Wegs zurückgelegt hatten, kamen wir wirklich an den ersten Brunnen, bei welchem wir unsere Thiere tränkten, und, nachdem dies geschehen, bewegten wir uns weiter, in der sichern Hoffnung, daß wir nach weitern acht Kilometer den zweiten Brunnen finden und dort anhalten würden, da die Hitze unerträglich wurde, trotzdem es erst in der siebenten Stunde Morgens war. Das Vertrauen, den zweiten Brunnen zu finden, war so groß, daß unsere Kasaken riethen, das vorräthige Wasser aus den Tönnchen zu gießen, um dasselbe nicht unnöthiger Weise mitzuschleppen; zum Glücke gab ich nicht den Befehl zur Ausführung des Rathes. Nachdem wir zehn Kilometer zurückgelegt hatten, waren wir noch nicht an den Brunnen gekommen. Nun erklärte der Führer, daß wir von der Richtung abgewichen seien und ritt auf den nächsten Sandhügel, um von ihm aus die Gegend zu beschauen. Etwas später gab uns der Mongole ein Zeichen, ihm dahin zu folgen, und als wir angelangt waren, versicherte er uns, daß, obgleich wir ben zweiten Brunnen verfehlt hätten, wir bis zum dritten, bei welchem wir unser Nachtlager aufschlagen wollten, nur fünf oder sechs Kilometer hätten.

Wir marschirten in der bezeichneten Richtung. Indeß nahete sich die Mittagsstunde, und die Hitze wurde unerträglich. Ein heftiger Wind bewegte die untere, erhitzte Luftschicht und be= schüttete uns gleichzeitig mit Sand und salzigem Staube. Unsern Thieren wurde das Gehen furchtbar schwer; besonders war dies mit unsern Hunden der Fall, welche über einen bis zu $+60^\circ$ C. erhitzten Boden laufen mußten. Als wir die Qual unserer treuen Hunde sahen, hielten wir einige Male an, tränkten sie und be= gossen ihnen und uns die Köpfe. Endlich war aber der Wasser= vorrath erschöpft; wir hatten nicht mehr einen halben Eimer, und diese geringe Menge mußten wir für den äußersten, kritischen Fall aufbewahren. Ist es noch weit zum Brunnen? fragten wir häufig unsern Führer und erhielten immer die Antwort, daß wir nahe seien, da er sich hinter dem nächsten Sandhügel befinde. So gingen wir gegen zehn Kilometer, ohne Wasser zu finden. Indessen begann unser armer Faust, da er nicht zu trinken be= kam, sich hinzulegen und zu heulen und gab hiermit zu erkennen, daß er vollständig erschöpft sei. Nun entschloß ich mich, meinen Begleiter mit dem mongolischen Führer voraus nach dem Brunnen zu schicken. Gleichzeitig mit ihnen sendete ich auch Faust, der nicht mehr laufen konnte, weshalb ich dem Mongolen befahl, ihn zu sich auf's Kameel zu nehmen. Der Führer hörte nicht auf zu versichern, daß das Wasser nahe sei; als er aber zwei Kilo= meter von der Karawane entfernt war, zeigte er meinem Begleiter von der Höhe eines Hügels den Ort, wo sich der Brunnen be= finde, und es stellte sich heraus, daß die Entfernung noch reich= lich fünf Kilometer betrage. Das Loos unseres Faust war ent= schieden; er begann Anfälle von Krämpfen zu bekommen, und trotzdem war es unmöglich, den Brunnen schnell zu erreichen. Nun entschloß sich mein Gefährte anzuhalten und auf uns zu warten. Indessen legte er den armen Faust unter einen Dornen= strauch und machte ihm ein Dach aus der Filzdecke, welche er unter dem Sattel hatte. Der arme Hund verlor jedoch immer mehr das Bewußtsein, endlich heulte er, gähnte einige Male und verendete.

Wir legten die Leiche des unglücklichen Faust auf ein Packet und marschirten weiter, immer noch nicht sicher, daß der Brunnen wirklich an der Stelle sei, welche uns der Führer, der uns ja schon einige Male hintergangen hatte, zeigte. Unsere Lage war damals wirklich fürchterlich. Wir hatten nur noch wenige Gläser Wasser; wir nahmen jeder nur einen Schluck in den Mund, um wenigstens die trockene Zunge zu befeuchten; unser ganzer Körper glühte, als wenn er sich im Feuer befände; der Kopf wirbelte, wie bei einer nahenden Ohnmacht.

Ich ergriff nun das letzte Mittel. Ich befahl einem der Kasaken, einen Kessel zu nehmen und mit dem Führer dem Brunnen zuzueilen; wenn der Mongole unterwegs Miene machen sollte, zu entfliehen, so befahl ich dem Kasaken ihn zu erschießen.

Schnell verschwanden im Staube, welcher sich in der Luft erhob, diejenigen, welche wir nach Wasser gesendet hatten, und wir gingen ihrer Spur in der drückenden Erwartung nach, daß unser Loos entschieden sei. Endlich, nach einer halben Stunde, zeigte sich der zurückeilende Kasak. Was brachte er uns? Rettung oder Untergang? Wir gaben unsern Pferden die Sporen, trotzdem sie sich kaum mehr bewegen konnten, und eilten jenem Kasaken entgegen. Mit einer Freude, welche nur derjenige begreifen kann, der an der Schwelle des Todes gewesen, aber gerettet worden ist, hörten wir, daß der Brunnen wirklich an der bezeichneten Stelle sei, und empfingen einen Kessel frischen Wassers. Nachdem wir uns sattgetrunken und die Köpfe begossen hatten, gingen wir in der bezeichneten Richtung und erreichten bald den Brunnen Boro-Sonbdschi. Dies ereignete sich um zwei Uhr Nachmittags, so daß wir also in der furchtbaren Hitze neun Stunden ohne Unterbrechung marschirt waren und 34 Kilometer zurückgelegt hatte.

Nachdem wir den Kameelen das Gepäck abgenommen hatten, schickte ich den Kasaken und Mongolen nach dem unterwegs abgeworfenen Gepäck, bei welchem unser zweiter mongolischer Hund, der nun schon nahezu zwei Jahre mit uns reiste, zurückgeblieben war. Er hatte sich unter das Gepäck geflüchtet und war am Leben geblieben. Nachdem er sich an dem für ihn mitgebrachten Wasser gelabt und erfrischt hatte, kam er mit den entsendeten Menschen zu unserm Lager.

Trotz unserer physischen und moralischen Erschöpfung konnten wir vor Betrübniß über den Tod unseres Faust nichts essen und schliefen fast gar nicht während der ganzen Nacht. Am Morgen des nächsten Tages gruben wir ein kleines Grab und beerdigten in ihm unsern treuen Freund. Als wir ihm den letzten Dienst erwiesen, weinten ich und mein Begleiter wie Kinder. Faust war unser Freund im vollen Sinne des Wortes gewesen. Wie häufig hatten wir ihn, in den schweren Augenblicken der verschiedenen Zufälle, gestreichelt, mit ihm gespielt und so die Hälfte unseres Leibes vergessen! Fast drei Jahre lang hatte uns dieser treue Hund gedient, und ihn hatten weder die Fröste und Stürme Tibets, noch auch der Schnee und der Regen der Gan-su, noch auch die Schwierigkeiten eines Tausende von Kilometern betragenden Marsches brechen können. Endlich tödtete ihn die glühende Hitze der Ala-schaner Wüste, und dies gerade in dem Augenblicke, als nur noch zwei Monate zur Beendigung unserer Expedition fehlten.

Der Hauptweg, welchen die Karawanen der nördlichen Pilger, welche nach Tibet gehen, einschlagen, wendet sich vom Gebirgsrücken Chan-ula etwas gegen Westen und zieht sich dann schon in das Chalchagebiet. Wir aber schlugen diesen Weg nicht ein, weil an ihm nicht eine hinlängliche Anzahl von Brunnen ist; denn sie sind seit jener Zeit zugeschüttet, als der Aufstand der Dunganen begann und die jährlichen Reisen der Pilger aus Chalcha aufhörten. Die Karawane aus Urga, welche im Jahre 1873 nach dem Kutuchta nach Lassa abgesendet wurde, ging in kleinen Abtheilungen und auf verschiedenen Wegen durch die Wüste Gobi. Auf der großen Straße wurden Menschen vorausgesendet, um Brunnen zu graben und zu reinigen; trotzdem war dort wenig Wasser.

Eigentliche Wege giebt es aber in der Wüste überhaupt nicht; auf Hunderten von Kilometern findet man nicht einmal einen Fußsteig. Deshalb wählten wir die gerade Richtung nach Norden und kamen, nachdem wir die Westausläufer des Charanarin-ula überschritten hatten, in das Land der Uroten, welches sich als kleiner Keil zwischen Ala-schan und Chalcha drängt.

Anfangs erhebt sich die Gegend bedeutend höher, als die von Ala-schan, doch bald beginnt sie niedriger zu werden und

sehr steil gegen die Galbyn-Gobi abzufallen, deren absolute
Höhe kaum 1000 Meter beträgt. Von hier aus beginnt wieder
eine steile Erhöhung nach Norden, gegen das Churchugebirge, welches eine ziemlich scharfe Grenze zwischen der
gänzlich unfruchtbaren Wüste im Süden und ihrem mehr steppen-
artigen Theile im Norden bildet. Endlich fällt auch die Gegend
von den äußern Gebirgen des Thales Chuan-che steil gegen
Westen, gegen die Galbyn-Gobi ab, so daß diese unfruchtbare
Ebene, welche sich, nach den Worten der Mongolen, zwanzig
Tagereisen von Ost nach West hinzieht, eine Einsenkung bildet,
die so niedrig ist, wie der Kessel des Sees Dscharatai-dabasu in
Ala-schan. Die Oberfläche der Galbyn-Gobi, so weit wir ihren
östlichen Winkel passirten, besteht aus kleinen Steinchen oder aus
salzhaltigem Lehm und ist fast ganz ohne jegliche Vegetation.
Ja selbst die ganze Fläche von Ala-schan bis an den Churchu-
rücken bildet eine zusammenhängende Wüste, die so wild und unfruchtbar ist, wie die von Ala-schan, und nur einen etwas andern
Charakter hat. Besonders trifft man den Flugsand, welcher in
Ala-schan überwiegt, hier schon in verhältnißmäßig geringerer
Masse; dafür aber zeigen sich nackter Lehm, Kies und unbewachsene
verwitterte Felsen (vorwiegend Gneiß) auf nicht hohen Bergrücken,
die wie Inseln umherliegen.

Die Vegetation bilden, wie schon früher, häßliche Sträucher,
wie der Saxaul-strauch (Haloxylon Ammodendron), der
„Charmyk" (Nitraria Schoberi) und einige Kräutergattungen,
unter denen auf dem sandigen Boden der „Sulchyr" (Agriophyllum gobicum) überwog. Als charakteristisch für die hier
beschriebene Gegend muß ich die Rüster betrachten, welche
große Gebüsche bildet. Außerdem findet man hier manchmal
auch wilde Persikosträucher, welche man in der Ala-schaner
Wüste nicht findet. Der wilde Persiko wächst weder in den Ala-
schaner, noch auch in den Gan-su-Gebirgen, noch auch im nördlichen Tibet.

Das Thierleben in den hier beschriebenen Gegenden ist sehr
arm; wir haben nicht eine einzige neue Gattung von Vögeln
und Säugethieren gefunden; es sind alles dieselben Gattungen,
welche in Ala-schan leben. Manchmal geht man einige Stunden
ununterbrochen, ohne ein Vögelchen zu treffen. Dennoch leben

hier überall Mongolen in der Nähe der Brunnen oder Quellen, welche man in der Wüste selten findet. Von Hausthieren halten sie Kameele, und (doch nicht in großer Anzahl) Schafe und Ziegen.

Während der Zeit unserer Reise durch die oben beschriebenen Gegenden, und zwar in der ersten Hälfte des Monats August, herrschte eine sehr große Hitze, obgleich sie nie so excessiv wurde, wie in Ala-schan. Der Wind wehte fast ohne Unterlaß Tag und Nacht und erreichte oft die Gewalt eines Sturmes, der die Luft mit Salzstaub und Sand erfüllte. Der Letztere verschüttet häufig die Brunnen, welche noch öfter durch die Regen ver-nichtet werden, die hier, wenn auch selten, dafür aber mit un-gewöhnlicher Heftigkeit fallen. Dann bilden sich während einer oder zweier Stunden ganze Flüsse, welche die Brunnen mit Schlamm oder Sand füllen, da dieselben immer an niedrigen Stellen gegraben werden. Hier ohne einen Führer, welcher die Oertlichkeit genau kennt, durchzukommen, ist unmöglich; — dem Wanderer droht auf jedem Schritte Gefahr. Mit einem Worte, die hier beschriebene Wüste, sowie die von Ala-schan, ist so furchtbar, daß im Vergleiche mit ihnen die Wüsten des nörd-lichen Tibets ein gesegnetes Land genannt werden können. In dem letztern kann man wenigstens oft Wasser finden, und in den Flußthälern sind schöne Weiden. In den ersteren findet man weder das eine, noch das andere; es giebt nicht eine einzige Oase; überall Mangel an Leben, tiefes Schweigen! — ein Thal des Todes in des Wortes crassester Bedeutung! Die so sehr ver-schrieene Sahara ist kaum fürchterlicher, als die hier beschriebenen Wüsten, welche sich viele hundert Kilometer in der Länge und Breite hinziehen.

Der oben beschriebene Gebirgszug Churchu, welcher in der von uns eingeschlagenen Richtung die nördliche Grenze des wildesten und wüstesten Theils der Gobi bildet, zieht sich als deutlich ausgeprägter Rücken von Südost nach Westnordwest. Wie weit er sich in der einen oder andern Richtung erstreckt, konnten wir mit Bestimmtheit nicht ermitteln; aber die in der Gegend hausenden Mongolen sagten uns, daß der Churchu in südöstlicher Richtung sich bis an die äußersten Abhänge des Chuan-che-Thales und in westlicher mit wenigen Unterbrechungen

ebenfalls sehr weit, bis an andere hohe Berge, hinzieht. Wenn
man diesen Mittheilungen Glauben schenken kann, so zieht sich
dieses Gebirge im Westen bis an das Tjan-schan-Gebirge und
bildet somit die Verbindung zwischen diesem und dem In-schaner.
Es wäre dies eine sehr interessante Thatsache; entscheiden können
sie jedoch nur künftige Forscher.

Die Breite des Churchugebirges, wo wir es überschritten,
beträgt etwas mehr als neunzig Kilometer, und seine Erhebung über
die umliegenden Thäler mehr als tausend Fuß. Das Gestein,
welches hier vorwaltet, ist Porphyr, dessen verwitterte Felsen
Gerölle bilden, die alle Bergabhänge bedecken. Wasser, d. h.
Quellen, sind im Allgemeinen auf dem hier beschriebenen Gebirge
selten, und es ist, wie alle benachbarten Berggruppen, im höchsten
Grade traurig und leblos. Die Abhänge sind fast gänzlich kahl;
nur hin und wieder findet man einen Strauch wilden Persikos,
Ginster und eine Zygophylle (Sarcozygium xanthoxylon)
[K. Müllers Buch der Pflanzenwelt, S. 147], und in den
trockenen Betten der Wildbäche findet man in geringer Anzahl
andere von den Mongolen Chara und Dyrisun genannte
Sträucher und noch seltener die Rüster. Vögel sieht man nur
sehr selten und auch die Zahl der Gattungen ist gering; man
sieht den Lämmergeier, den Kondor, den Thurmfalken, das
Rebhuhn (Perdix chukar) oder die Felsenamsel (Saxicola isabellina).

Trotz der Unfruchtbarkeit des Churchugebirges lebt auf ihm
ein großes und seltenes Thier, der Steinbock (Capra, sp.
sibirica?), den die Mongolen „Ullan-jeman", d. h. den
rothen Bock, nennen. Nach den Angaben dieser Mongolen lebt
der Ullan-jeman auf dem Ograi-ula-Gebirge, im nordwestlichen
Winkel von Ala-schan, nicht weit von der Stadt Sogo, welche
zehn Tagereisen (gegen 250 Kilometer) nordwestlich von Dyn-
juan-in liegt und von den Dunganen nicht besetzt war.

In dem von uns während der drei Jahre durchreisten
Rayon trafen wir nur einmal und zwar nur auf dem Churchugebirge den Ullan-jeman, und es ist begreiflich, daß wir begierig
waren, ein Fell von ihm für unsere Sammlung zu erhalten.
Dies aber gelang uns nicht, aus dem ganz einfachen Grunde,
weil wir keine zum Besteigen der Felsen und steilen, mit Gerölle

beſäeten Abhänge eingerichteten Stiefel bei uns hatten. Zu einem
ſolchen Dienſte eignete ſich durchaus die ſelbſtfabricirte Fußbekleidung, in der wir wieder parabirten, nicht. Die chineſiſchen
Stiefel mit Filzſohlen ſind für den Europäer ganz untauglich.
Wir verſuchten es, ſie anzuziehen, aber nachdem wir eine Stunde
in ihnen gegangen waren, hatten wir uns die Füße ſchon ſtark
wund gerieben. In der Fußbekleidung eigenen Fabrikates konnte
man aber kaum einen Schritt machen, ohne zu riskiren, daß man
falle und das Gewehr oder den Hals breche. Trotzdem kroch ich
mit meinem Gefährten im vollen Sinne des Wortes einen halben
Tag auf allen Vieren im Gebirge umher, und wir überzeugten
uns, nachdem wir uns gänzlich ermüdet hatten, daß man, mit
einer ſolchen Fußbekleidung ausgerüſtet, keines dieſer vorſichtigen
Thiere erlegen könne.

An der Südſeite des Churchagebirges entlang geht die
Handelsſtraße, welche aus Peking durch Kuku-nor und Bautu
nach den weſtlich gelegenen Städten Chami, Urumtſchi und weiter
nach der ehemaligen Provinz Ili führt. Hart am Brunnen
Borzſon, bei dem wir übernachteten, zweigt ſich vom Haupt-
wege ein Seitenweg ab, der in die Stadt Su-tſcheu führt.
Die Mongolen ſagen, daß bis zum Aufſtande der Dunganen
dieſe Straßen durch den Handel ſehr belebt waren; es war deshalb auch eine große Anzahl von Brunnen ausgegraben. Jetzt
aber reiſt dort Niemand.

Der Churchurücken bildet die Nordgrenze des Saxaulſtrauches
(Haloxylon, von den Mongolen „Sak“ genannt), welche Pflanze
übrigens, wie die Mongolen ſagen, auch nördlicher als das Churchugebirge und zwar im Sande in der Nähe der Handelsſtraße von
Kuku-choto nach Uljaſutai wachſe. Mit ihm zugleich perſchwinden
der Ala-ſchaner Sandläufer (Meriones sp.) und der Ala-
ſchaner Sperling (Passer sp.), und außerdem ſahen wir im
Churchugebirge das letzte Mal die Perdix chukar.

Im Norden des hier beſchriebenen Gebirges verändert ſich
der Wüſtencharakter ziemlich bedeutend. Der öde Flugſand, an
dem das Land der Uroten ſo reich iſt, endet hier und wechſelt
mit Lehmboden, welcher mit größern oder kleinern Steinen bedeckt iſt. Es muß jedoch hinzugefügt werden, daß der Flugſand
ſporadiſch in der ganzen Wüſte Gobi vorkommt; doch hat er hier

ſchon nicht ſo das Uebergewicht, wie in Ala-ſchan und dem dieſem
benachbarten Lande der Uroten.   Der beſtändige Wind weht den
Lehm zwiſchen dem Steingerölle heraus, ſo daß ſie wie auf einer
friſch beſchütteten Chauſſee liegen.   Das topographiſche Relief
der Gegend bleibt jedoch unverändert, und ſie iſt, wie früher,
eben oder wellenförmig.   Nur hin und wider ſieht man zerſtreut
einige nicht hohe Hügel, welche ſich manchmal als Rücken dahin
ziehen oder vereinzelte Gruppen bilden.   Dieſe Hügel beſtehen
aus Lehmſchiefer, Gneiß und ſtellenweiſe aus neueren vulkaniſchen
Gebilden und beſitzen faſt gar keine Vegetation.   Die letztere iſt
auch in der Ebene armſelig.   Auf den ſalzreichen Ebenen findet
man hier, wie vorher, Salzpflanzen (Charmyk und Buburgana),
und da, wo der Boden etwas beſſer wird, überwiegen der
n i e d r i g e   B e i f u ß (Artemisia sp.) und der L a u c h (Allium
polyrhizum), welcher die eigentliche Charakterpflanze der beſchriebenen Gegend bildet.   Den Wüſtenflor beſchließen der
„D y r i ſ u n‟ (Lasiagrostis splendens) und einige andere krautartige Pflanzen.   Uebrigens befindet ſich hier, wie in der ganzen
Wüſte Gobi, die Vegetation in directer Abhängigkeit vom Regen.
Kaum hat dieſer aufgehört, ſo beginnen ſich unter dem Einfluſſe
der brennenden Sonnenſtrahlen die bis dahin ſchlummernden
Pflanzenkeime mit einer unglaublichen Schnelligkeit zu entwickeln,
und in der bis dahin öden Wüſte erſcheinen in kurzer Zeit
grünende Oaſen.   Dann kommen die D ſ e r e n - A n t i l o p e n,
die mongoliſche L e r c h e beginnt ihr helles Lied, die Mongolen
eilen mit ihren Herden herbei, und der glückliche Winkel wird
von rauſchendem Leben erfüllt, das in der Mitte des Todes
herrſcht!   Unter dem Einfluſſe der brennenden Sonne verdunſtet
die Feuchtigkeit mit der Zeit an der Oberfläche, die Pflanzen
werden gelb und von den Hufen der zahlreichen Hausthiere der
Mongolen zertreten; dieſe ziehen hinweg, der Dſeren verſchwindet,
die Lerche entflieht, und die Wüſte wird wieder, wie ſie war,
ruhig wie ein Grab.

Die abſolute Höhe der Gobi beträgt auf dem von uns
zurückgelegten Wege vom Gebirgsrücken Churcha bis nach Urga,
nicht über 2200 Meter und erniedrigt ſich auch nicht unter 1500
Meter.   Eindrücke, denen ähnlich, welche ſich am Dſcharatai-
Dabaſſu-See und in der Galbin-Gobi oder auch an der Kiachta-

Kalganer Straße gefunden haben, sieht man hier nirgends; die
ganze Gegend bildet ein Hochplateau, dessen Höhe zwischen den
eben angegebenen Zahlen schwankt.

Die beschriebene Mitte der Gobi, sowie auch die andern
Theile dieser Wüste, sind jeder Feuchtigkeit beraubt; hier sind
gar keine oder doch ungemein wenig Quellen, welche wir doch
manchmal auf unserer Reise bis ans Churchu=Gebirge fanden.
Brunnen und .nach starken Regengüssen zeitweise Seen, welche
sich auf der lehmigen Oberfläche bilden, bieten den nomadisi=
renden Mongolen im Sommer ihr Wasser; im Winter begnügen
sich die Nomaden mit Schnee, und deshalb ziehen sie dann ge=
wöhnlich auf Weiden, welche sie im Sommer, wenn auf ihnen
Wassermangel herrscht, nicht berührt haben.

Im Innern der Gobi trifft man ziemlich häufig auf Be=
wohner, welche wohlhabend sind, wie es allgemein in Chalcha
der Fall ist. Ungeheure Herden von Schafen gehen in der
Steppe beim Lager umher; auch zahlreiche Kameele, Pferde und
Rinder weiden hier. Alle diese Thiere werden gegen Ende des
Sommers sehr fett, was zu verwundern ist, wenn man die
magern Weiden sieht. Mir scheint es, daß zum Wohlbefinden
der Thiere in den beschriebenen Gegenden sehr viel die Freiheit
in der Steppe, sowie auch der Mangel an Insekten beiträgt,
welche die Thiere in reicheren Gegenden quälen. Als Beweis
für die Richtigkeit dieser Ansicht kann darauf hingewiesen werden,
daß auf den ausgezeichneten Weiden in Zaidam, wo sehr viele
Mücken und andere Insekten leben, im Sommer das Vieh sehr
mager wird und erst im Winter sich erholt, wenn diese Quäl=
geister verschwunden sind.

So wie wir die Grenzen von Chalcha überschritten, kamen
wir in das Gebiet Tuschet=Chans und gingen nun in Eilmärschen
auf Urga los, das jetzt unser gelobtes Land wurde. Wirklich
war aber auch nach einer fast dreijährigen, mit allen möglichen
Unbequemlichkeiten und Entbehrungen verknüpften Wanderschaft
unsere physische und moralische Kraft so erschöpft, daß es uns
kaum möglich war, nicht eine baldige Beendigung dieser schwie=
rigen Wanderschaft zu wünschen. Dabei gingen wir ja nun schon
nicht mehr durch den wildesten Theil der Gobi, wo Wassermangel,
Hitze, Stürme und so vieles andere sich gegen uns vereinte und

methodisch, Tag für Tag, unsere Kräfte angriff und schwächte.
Es ist hinreichend, zu sagen, was für Wasser wir häufig tranken,
als wir uns im Norden des Churchugebirges befanden. Kurz
vor unserer Ankunft daselbst war ein Platzregen gefallen, der
fast alle Brunnen vernichtet und zeitweise Seen gebildet hatte,
zu denen, wie gewöhnlich, Mongolen mit ihren Herden herbei-
eilten. Manchmal hatte ein solcher See kaum hundert Schritt
im Durchmesser und zwei oder drei Fuß Tiefe; an ihm standen
aber gegen zehn mongolische Jurten. Alltäglich wurden hier
ungeheure Herden zur Tränke getrieben, welche ins Wasser gingen,
es entsetzlich trübten und sogar ihre Excremente hineinfallen ließen;
solches Wasser sättigte sich überdies auch mit Salz aus dem
Boden und wurde während des Tages von der Sonne bis auf
fünf und zwanzig Grad erwärmt. Für den Neuling war der
Anblick einer solchen Flüssigkeit schon hinreichend, um ihm Ekel
zu erregen; aber wir, wie die Mongolen, waren gezwungen, sie
zu trinken, kochten sie indeß vorher mit Ziegelthee.

Die Fata morgana zeigte sich, wie der böse Geist der Wüste,
fast täglich vor uns und stellte uns bis zu einem solchen Grade
trügerisch wogenbewegtes Wasser vor, daß sich darin sogar ganz
deutlich die Felsen der benachbarten Hügelreihen wiederspiegelten.
Hierzu kamen nun noch die große Hitze und die häufigen Stürme,
welche uns selbst während der Nacht nicht erlaubten, von den
schwierigen Märschen des Tages auszuruhen.

Jedoch nicht bloß uns zeigte sich die mongolische Wüste so
feindlich! Auch die Zugvögel, welche sich in der ersten Hälfte
des Monats August zu zeigen begannen, litten ebenfalls vom
Wasser- und Nahrungsmangel. Ganze Herden von Gänsen und
Enten ließen sich auf unscheinbaren Pfützen nieder, und kleine
Vögel kamen häufig in unser Zelt geflogen und ließen sich, entkräftet vom Hunger, mit den Händen ergreifen. Oft fanden wir
auch gefiederte Pilger todt, und es ist sehr wahrscheinlich, daß
der Flug durch die Wüste sehr viele Opfer kostet.

Der größere Zug findet in der zweiten Hälfte des Monats
August statt, und bis zum 1. September bemerkten wir 24 Arten
von Zugvögeln. Auch in der zweiten Hälfte des September
ziehen noch viele Vögel, aber damals waren wir schon in Urga,
also außerhalb der Wüste. Soviel wir an den Gänseherden

bemerken konnten, richteten sie ihren Flug nicht direct gegen
Süden, sondern flogen nach Südost, gerade auf den nördlichen
Bogen des gelben Flusses zu.

In einer Entfernung von 130 Kilometer vom Churchugebirge
kamen wir noch an die Handelsstraße, welche von Kuku-choto
nach Uljasutai führt. Wahrscheinlich ist dies derselbe Weg, auf
dem uns im Jahre 1871 in der Nähe des Tempels Schyrety-
dsu unsere Kameele gestohlen wurden. Auf dieser Straße sind
auch in bestimmten Abständen Brunnen gegraben und ist die
Kommunikation zu Wagen möglich, wenngleich sich die Karawanen immer der Kameele bedienen. Seit der Zeit, als größere
chinesische Truppenmassen in Uljasutai angesammelt wurden, was
nach der Zerstörung der Stadt durch die Dunganen (1870) erfolgte, wurde die Bewegung auf dieser Straße sehr lebhaft;
denn man schaffte auf ihr die Nahrungsmittel für die chinesische
Armee herbei. Außerdem reisen auch hier chinesische Kaufleute
mit Hirse und verschiedenen Kurzwaaren, welche sie bei den
Mongolen gegen Wolle, Felle und Vieh vertauschen. Während
des Sommers reisen überhaupt chinesische Kaufleute durch die
ganze Mongolei, wenigstens durch die östliche und mittlere, um
Tauschhandel zu treiben.

Ein zweiter Weg von Kuku-choto nach Uljasutai liegt 150
Kilometer nördlich von dieser Handelsstraße. Auf diesem Wege
werden Poststationen unterhalten, und er ist für die reisenden
Beamten und für die Post bestimmt. Die Uljasutaier Poststraße
fällt Anfangs mit der Kalgan-Urgaer Straße zusammen, bis zur
Poststation Sair-ussn, welche 330 Kilometer südöstlich von Urga
liegt, und von hier aus wendet sie sich nach Uljasutai.

Von der Uljasutaier Poststraße an, wo wir sie passirten,
verändert die Gobi wiederum ihren Charakter, und diesmal sehr
vortheilhaft, denn die wilde Wüste gestaltet sich zur Steppe, die
je weiter, desto fruchtbarer wird. Das Gerölle, welches bis
hierher den Boden bedeckte, weicht Anfangs dem Kiese, dann dem
Sande, der in nicht großer Menge dem Lehm beigemischt ist.
Gleichzeitig aber verliert auch die Gegend den Charakter einer
Ebene und wird sehr wellenförmig. Nicht hohe Bergesrücken,
welche in diesem Theile der Gobi fast ganz ohne Felsen, dafür
aber sehr abschüssig sind und sich in allen möglichen Richtungen

kreuzen, sind die charakteristischen Merkmale der Gegend, welche
schon von den Mongolen „Changai", d. i. gebirgig genannt
wird. Mit diesem unentschiedenen Charakter zieht sich die Gegend
von der Uljasutaier Poststraße gegen 160 Kilometer nach Norden
hin; später, auf der Grenzscheide der wasserlosen Wüste und des
Baikalbeckens, steigen felsige Terrassen empor, und die Anfangs
nicht hohen Berge gruppiren sich endlich zum Gangin-daban-
Gebirge, hinter welchem die reich bewässerten Gegenden der
Mongolei liegen.

Die mageren Weiden der mittleren Gobi, welche in dem
geschilderten Striche liegen, werden von nun an durch ausgezeichnete Wiesen ersetzt, welche sich noch in dem Maße, wie man
Urga näher kommt, verbessern. Der Charmik, die Buburgana
und der Lauch, welche ausschließlich in dem mittleren Theile der
Gobi herrschen, verschwinden nun, und ihre Stellen nehmen verschiedene Kräuter, unter ihnen Lupinen, Compositen, Nelken u. A.
ein. Von Anbeginn zeigt sich auch schon ein reiches Thierleben.
Die Dseren-Antilope, welche wir in der mittleren Gobi, wo sie
nur hinkommt, wenn gute Weiden vorhanden sind, nicht gesehen
haben, geht hier auf reichen Wiesen, der Pfeifhase (Lagomys
Ogotono) eilt hier überall in seine Höhlen, Murmelthiere
Arctomys Bobac) wärmen sich an der Sonne, und aus den
Wolken herab schallt das bekannte Lied der Feldlerche, welche
wir von Gan-su ab nicht mehr gesehen haben.

Doch giebt es auch hier, wie sonst, wenig Wasser; Seen
und Flüßchen giebt es gar nicht, und nur selten findet man
Quellen oder Brunnen. Die letzteren sind, wie in der Gobi, gar
nicht tief. Auf der ganzen Strecke von Ala-schan bis Urga haben
wir nirgends einen Brunnen tiefer als acht Fuß gefunden; gewöhnlich zeigt sich das Wasser schon in einer geringeren Tiefe,
wenn man eine zum Graben geeignete Stelle gefunden hat. Auch
in Ala-schan sind die Brunnen nicht tief.

Wenn wir uns schließlich zum Klima des letzten Monats,
den wir in der Mongolei verlebt haben, wenden, so muß gesagt
werden, daß der Juli und August sich durch große und anhaltende
Hitze, welche bis zu $+36{,}6^{\circ}$ C. im Schatten stieg, ausgezeichnet
haben.

Auch die Nächte waren beständig warm, manchmal sogar

heiß; nur zweimal und zwar am 9. und 12. August fiel die Temperatur bei Sonnenaufgang auf + 6,0° und + 5,4° C. Die Trockenheit der Luft war ungemein groß, und Thau fiel gar nicht. Nicht einmal fiel ein tüchtiger Regen, wenn sich auch manchmal große Wolken zeigten, so brachten sie doch nur wenig Regen. Uebrigens fiel kurz vor unserer Ankunft in der Mitte der Gobi, namentlich im Juli, ein furchtbarer Platzregen mit großen Hagelkörnern vermischt; es ging bei dieser Gelegenheit viel kleines Vieh zu Grunde, und selbst einige Mongolen verunglückten.

Das Wetter war im August größtentheils heiter, aber der Wind erreichte manchmal die Macht eines Sturmes und wehte fast Tag und Nacht, wobei er einige Male am Tage seine Richtung veränderte. Im Allgemeinen überwog jedoch der Westwind mit Abweichungen nach Nord oder Süd.

Das Ende des hier besprochenen Monats zeichnete sich durch plötzlichen Uebergang von Hitze zur Kälte aus. So hatten wir am 27. August Mittags noch im Schatten + 26,3° C., während es am andern Tage bei starkem Nordwestwinde graupelte und das Thermometer gegen Sonnenaufgang unter den Gefrierpunkt sank.

Je mehr wir uns Urga näherten, desto mehr wuchs unsere Ungeduld, es zu erreichen; jetzt rechneten wir nicht mehr nach Monaten oder auch nur nach Wochen, in denen wir das Ziel unserer Reise erreichen sollten, sondern nur nach Tagen. — Endlich, nachdem wir den nicht hohen Bergrücken G a n g i n - D a b a n überschritten hatten, erreichten wir die Ufer des T o l l y, des ersten Flusses, den wir in der Mongolei fanden. Von Gan-su bis hierher, auf einer Linie von 1300 Kilometern, hatten wir nicht einen kleinen See, sondern ausschließlich von Regenwasser gebildete Salzpfützen gesehen. Mit dem Wasser erschienen auch Wälder, welche die schroffen Abhänge des Chan-ula-Gebirges beschatteten. Unter diesen fröhlichen Eindrücken beendeten wir unsern Marsch und erschienen am 5. September in Urga, wo wir von unserm Consul aufs Freundlichste empfangen wurden.

Ich will es nicht versuchen, den Eindruck des Augenblicks zu schildern, als wir wieder die Muttersprache hörten und uns in eine europäische Umgebung versetzt sahen. Mit wahrer Begierde fragten wir nach den Ereignissen in der civilisirten Welt, lasen wir die erhaltenen Briefe und ließen wie Kinder unserer Freude freien Lauf. Erst nach einigen Tagen gelang es uns, wieder zu uns zu kommen und uns an das civilisirte Leben zu gewöhnen, von dem wir während der langen Pilgerfahrt ganz entwöhnt worden waren. Der Contrast zwischen dem, was vor Kurzem uns umgeben hatte und was uns jetzt umgab, war so groß, daß alles Vergangene uns wie ein fürchterlicher Traum erschien.

Nachdem wir eine ganze Woche in Urga ausgeruht hatten, reisten wir von dort nach Kiachta, wo wir am 19. September 1873 anlangten.

Unsere Reise ist beendet! Die Resultate derselben übersteigen alle Erwartungen, welche wir hegten, als wir das erste Mal die Grenzen der Mongolei überschritten. Damals lag die unberechenbare Zukunft vor uns; jetzt aber, wenn wir im Geiste die durchlebte Vergangenheit, alle Beschwerden der schwierigen Reise überschauen, bewundern wir unwillkürlich das Glück, welches uns überall begleitet hat. Da wir arm waren in Bezug auf materielle Mittel, so verdanken wir unsere Erfolge nur einer ununterbrochenen Reihe von Glücksfällen. Oft war unsere Aufgabe in der höchsten Gefahr zu mißlingen, aber ein gütiges Geschick half uns und ermöglichte es uns, nach Kräften die am wenigsten bekannten und unzugänglichsten Gegenden Innerasiens zu erforschen.

Beilagen und Noten.

Beilage zu Kapitel I.

Der Buddhismus ist eine der erhabensten, großartigsten Erscheinungen und die großartigste Reaction zu Gunsten der Menschenrechte des Individuums gegenüber der erdrückenden Tyrannei sogenannter vermeintlicher Geburts- und Standesrechte. Er ist die Schöpfung eines einzigen Mannes, der sich im Anfange des 6. Jahrhunderts v. Chr., nach Andern sogar tausend Jahre vor unserer Zeitrechnung, im östlichen Indien gegen die Hierarchie des Brahmanenthums erhob und durch die Einfachheit seiner Lehre einen vollständigen Bruch des indischen Volkes mit seiner Vergangenheit herbeiführte. Unter die furchtbaren Verdrehungen und Verrenkungen der menschlichen Gefühle, welche das Brahmanische Kastenthum und Staatsthum mit sich führte, unter die Sehnsucht nach Erlösung vom irdischen, individuellen Dasein, das für die Volksmassen so qualvoll und erniedrigend war, und, in Folge der Lehre von der Seelenwanderung, ewig dauern sollte, schleuderte Buddha sein Evangelium von der Gleichberechtigung aller Menschen und Stände, ja sogar beider Geschlechter.

„Der Schmerz, — sagt Buddha, — ist ein nothwendiger Zustand jeder Existenz; die Entstehung der Existenz ist eine Folge der Leidenschaften früherer Existenzen, die Unterdrückung der Leidenschaft also das einzige Mittel einer neuen Existenz, also neuen Leiden zu entgehen; die Hindernisse, welche sich dieser Unterdrückung entgegen stellen, müssen beseitigt werden."

Die drei ersten Sätze enthielten nichts besonders Neues; sie waren der Lehre der Brahminen entlehnt, denen, im Gegensatze zu der Unendlichkeit der Weltseele, das Aufhören jeder Beschränkung der persönlichen Existenz, das zurückkehrende Eingehen in jene Weltseele ebenfalls als höchstes Ziel der Spekulation galt; dafür aber war die vierte Lehre, der Schluß aus den vorhergehenden, unstreitbares Eigenthum Buddha's, des „Erwachten".

Peschel giebt folgende gedrängte Schilderung des Lebens Buddha's und seiner Lehre.

Nach überlieferten Angaben trat im 6. Jahrhundert vor unserer Zeitrechnung der Sohn Çuddhôdana's, des Königs von Kapilavastu, aus dem

Stamme Gautama und dem Hause Çâkja, Namens Sibbhârta, mit einer Hoffnung auf Erlösung unter das indische Volk. Der Anblick von körperlichen Uebeln, von Krankheit, Alter und Tod hatten ihn zum Nachdenken angeregt, wie der Mensch sich wohl dem Elend des irdischen Daseins entziehen möchte. Die Lehren der brahmanischen Schulen befriedigten ihn nicht. Er erkannte vielmehr die Nichtigkeit des Gebetes, der Opfer und der Bußübungen. Schon diese Vernichtung der schamanistischen Verirrungen sichert ihm einen hohen Rang unter den Religionsstiftern. Er verkündete ferner nicht seine Lehre an Geweihte und wie ein Geheimniß, sondern er wirkte ganz im Gegensatze zu den Brahmanen durch die öffentliche Predigt in der Volkssprache; er wendete sich auch nicht an auserwählte Kasten, sondern an die gesammte Menschheit. Niemals ist der Buddhismus national gewesen, sondern weltbürgerlich geblieben bis auf den heutigen Tag. Laut verkündete vielmehr der Çâkjamuni, um diesen Beinamen des neuen Religionsstifters hier einzuflechten, daß seine Lehre ein Gesetz der Gnade für Alle sei, und bekannt ist die schöne Legende von seinem Lieblingsschüler Âranda, welche so ähnlich klingt, wie die Begegnung mit der Samariterin am Brunnen im vierten Evangelium. Er begehrte nämlich von einem Tußânbâla-Mädchen, das Wasser schöpfte, einen Trunk, und als es zögerte, um ihn nicht durch Berührung zu besleden, spricht er: „Meine Schwester, ich frage nicht nach deiner Kaste und deiner Abkunft, ich bitte um Wasser, wenn du es mir geben kannst.“ Anklänge an christliche Texte (oder wohl umgekehrt, denn die späteren christlichen Texte sind unbedingt aus dem buddhistischen Urtexte geschöpft), enthält auch die Legende von dem Armen, welcher den Almosentopf Buddha's mit einer Handvoll Blumen füllt, während Reiche mit zehntausend Scheffeln nichts ausrichten; oder wenn die Lampen, welche Könige und Kanzler zu Ehren des Buddha angezündet hatten, verlöschen, aber nur die einzige, die ein dürftiges Weib dargebracht hat, die ganze Nacht hindurch brennt.

Der Lebenslauf des Religionsstifters, wie er uns überliefert ist, verstrich ziemlich eintönig. Durch Entsagung der weltlichen Macht (er war ja Königssohn), und der sinnlichen Genüsse (er war verheirathet und hatte auch Kinder), den Almosentopf im Arm, gab der indische Prinz Beweise von der Aufrichtigkeit seiner Pflichtenlehre. Hoch betagt sollte er noch erleben, daß der Feind seines Hauses seine Vaterstadt Kapilavastu verwüstete. Begleitet von Âranda durchwanderte er bei Sternenlicht ihre rauchenden Trümmer, stieg er in den Gassen über die Leichen Erschlagener und die Leiber verstümmelter Mädchen, Trost den Sterbenden spendend. Von dort wollte er sich nach Kuçinagara schleppen, erreichte aber die 70 Meilen entfernte Stadt nicht völlig, sondern sank unweit davon unter einem Calabaum mit Klagen über heftigen Durst nieder. Bald stellte sich der Todeskampf ein und er verschied mit den Worten: „Nichts ist von Dauer.“

Die Erlösung, welche Buddha ersann, bezog sich nur auf den Wahn der Wiedergeburt; Heilung wird also in dieser Lehre nur derjenige finden, welcher diesen Wahn theilt. Die Wiedergeburt entspringt immer aus der

Verschuldung eines frühern Daseins, daher ist die Sünde der Grund alles irdischen Elends. Durch ihr Haften und ihre Begier am Dasein wird die Seele beim Tode zu einem neuen Kreislauf gezwungen. Es bleibt nämlich beim Erlöschen des Lebens von ihr nichts zurück als die Summe ihrer guten und bösen Werke, und diese letztern ziehen als eine gesetzliche Folge eine Neugeburt nach sich.

Die buddhistische Weltanschauung, wie sie Çâljamuni selbst oder vielleicht nur seine Jüngerschaft gelehrt haben mag, hat beinahe die Züge einer Gemüthskrankheit. Das Leben selbst erscheint als die höchste Last und seiner Erneuerung sich zu entziehen, „die Schale des Eies zu durchstoßen", hinauszutreten aus dem Zwang der ewigen Wiedergeburten, galt als die höchste Stufe der Erlösung. Den Grundgedanken des Buddhismus habe ich schon oben angegeben; er gipfelt in der Entsagung und im regungslosen Versenken in sich selbst, was als der höchste und letzte Zustand, den der Fromme und Gerechte zu erreichen vermag, als das „Nirvana" bezeichnet wird, bei welchem sich das Gefühl der Sündenlosigkeit einstellt und dessen höchste Stufe völlige Gleichgültigkeit gegen Alles ist. Dieses führte die nördlichen oder neugläubigen Buddhisten so weit, daß sie selbst das Denken als die Wurzel der Unwissenheit bezeichneten, es als eine Verfinsterung des Geistes annehmen und Befreiung von der Unwissenheit darin suchen, daß sie sich nichts denken.

Die Sittenlehre des Buddha ist eine durchaus reine und das Christenthum hat sehr viele seiner besten Grundsätze aus ihr geschöpft. Das höchste Verbot ist, etwas Lebendiges zu tödten. Es hat zur Abschaffung der Todesstrafe in Indien geführt, wenigstens für die Periode, in welcher der Buddhismus im Besitze der weltlichen Herrschaft war; gleichzeitig aber hat dieses Verbot auch die Vertilgung von Raubthieren und Parasiten verhindert. Achtung des Eigenthums, eheliche Treue, Wahrhaftigkeit, Vermeiden von Verleumbung, Kränkung und Schmähung, Bekämpfen aller habsüchtigen und neidischen Regungen, des Zornes und der Rachsucht werden allen Bekennern eingeschärft. Die Nächstenliebe, diese höchste Pflicht des Buddhisten, ist aus dem Buddhismus ins Christenthum übergegangen; sie ist jedoch in jenem verallgemeinert, denn sie erstreckt sich auf alle lebende Geschöpfe; deshalb gehört die Errichtung und Erhaltung von Schutzorten und Heilstätten für Thiere zu den frommen Werken. „Sich selbst besiegen, ist der beste aller Siege", lautet ein alter Spruch der Buddhisten. Der Mensch soll zu Milde, Sanftmuth und Nachsicht erzogen werden und die Lehre Buddha's ging mit gutem Beispiele voran, denn er übte in vollem Maße religiöse Duldung, und der Buddhismus hat sich fast nie durch religiöse Verfolgung befleckt.

Diese so reine und erhabene Lehre wurde, da sie ihr Urheber — aller Wahrscheinlichkeit nach — nicht schriftlich hinterlassen hat, von seinen Nachfolgern vielfach entstellt und auf's barbarischste mit Satzungen des crassesten Aberglaubens vermengt, aus denen heraus kaum noch die oben angeführten Blüthen des menschlichen Geistes hervorleuchten. Aus freien, keine Kaste, keinen bevorzugten Stand bildenden Lehrern, bildete sich eine stolze, habsüchtige, hierarchisch geordnete Lamakaste, welche, um sie dem Oberlama gefügiger zu machen, ins Joch des Cölibates gezwängt wurde. Mönche, Unterlamas, Lamas, Higenen, Kutuchten und an der Spitze aller der Dalai-Lama, der Meeres- oder Oceanpriester, welche sich vom verdummten Volke in reichen Klöstern pflegen ließen, schufen eine Menge Ceremonien, Götter und Heilige, welche mit lärmend hergeplapperten Gebeten, Chorgesängen, rauschender Musik, Wallfahrten, Processionen verehrt wurden. Die jüngere römische Kirche fand hier bis auf die Betmaschinen, welche sie in Rosenkränze umwandelte, ein fertiges Vorbild.

Zum Schlusse füge ich noch eine kurze Beschreibung des bei der Wahl eines neuen Dalai-Lamas beobachteten Verfahrens mit dem Bemerken hinzu, daß dasselbe Verfahren auch bei der Wahl der Kutuchten gehandhabt wird.

Von jeher war der Glaube allgemein, daß der künftige Oberpriester kurz vor dem Ableben seines Vorgängers geboren werde; es galt als ein Zeichen der göttlichen Abkunft eines Kindes, daß alle verwelkten Pflanzen und Bäume um den Geburtsort des Knaben sogleich, selbst im Winter, grüne Blätter zu treiben beginnen. Solche Zeichen werden beim Tode eines Dalai-Lama noch heute jeder Zeit an mehreren Orten gesehen; jegliche Anzeige hiervon hat gewissenhafte Erkundigungen zur Folge. In alter Zeit fiel demjenigen Bewerber oder vielmehr Umworbenen der Sieg zu, von dessen Familie die gerade herrschende Partei die beste Stütze oder den geringsten Widerstand vermuthete. Deckt sich auch die siegreiche Partei vor dem Volke dadurch, daß sie dem Kinde Gegenstände aller Art vorlegte, welche dem Verstorbenen theils angehört, theils nicht angehört hatten, von denen es nur erstere erkennt und an sich nimmt, so war dem Betruge, verbrecherischen Handlungen und der Gewalt Thür und Thor geöffnet. Es waren die Räthe des Kaisers Khian Lung (1736—96), welche die Probe des Erkennens der Gegenstände als Prüfstein aufstellten, daß bei dem Ergrünen verwelkter Pflanzen kein Irrthum untergelaufen sei. Diese Probe überlassen sie dem hohen Clerus. Die Wahl selbst nehmen dagegen die kaiserlichen Commissare vor; sie erfolgt in der Weise, daß die Namen sämmtlicher unter den vorgeschriebenen Zeichen geborenen und mit dem Erinnerungsvermögen ausgestatteten Kinder feierlich in eine Urne gelegt und darin geschüttelt werden, worauf ein kaiserlich chinesischer Beamter nach vorhergegangenen feierlichen Gebeten das Loos zieht; der Name des Gezogenen gilt als der wahre Dalai-Lama, da dem Looszielen der Gedanke zu Grunde gelegt wird, die Gottheit habe die Hand des Beamten richtig gelenkt. Es liegt die Uebersetzung des ausführlichen, viele Seiten füllenden Wahlprotokolls, das 1841 chinesischerseits über die Wahl des damals auf den Thron gehobenen Kindes aufgenommen wurde, vor; es macht einen eigenthümlichen Eindruck, daß der Beamte darin seinem kaiserlichen Herrn die Versicherung giebt: die Loose seien mit den Namen der Kinder von außen beschrieben gewesen und er habe den Namen des dreijährigen Sohnes eines armen Düngersammlers gezogen, von sichtlich großem Verstande, welcher die Menge vollständig zufriedenstelle

und ihr in Verbindung mit der Scene der Erinnerung an frühere Lieb-
lingsgegenstände des Verstorbenen keinen Zweifel lasse, daß wirklich eine
neue Verkörperung der Gottheit zum Wohle der Menschen auf Erden erschienen sei. Jedermann sei glücklich, daß der Kaiser eine so weise Einrichtung getroffen habe, wie es die Auswahl des passenden Kindes durch
das Loos sei.

Der junge Oberpriester wird dann mit Lehrern aus dem geistlichen
Stande umgeben, welche seine weitere Ausbildung leiten und ihm insbe-
sondere ein würdevolles Benehmen beibringen; seine körperliche Ausbildung scheint darunter zu leiden, denn seit 1841 sind bereits drei Erwählte in jungen Jahren gestorben. War die Wahl früher rein Sache
der Klöster und Priester, welche sich dabei der weltlichen Großen des
Reichs nach Kräften erwehrten, so hat es die Regierung von Peking verstanden, den Priestern die Auffindung und Beurkundung des Uebernatür-
lichen und Wunderbaren, der Geburts- und Erkennungszeichen, zu überlassen, sich selbst aber die Entscheidung zugetheilt; dieser wurde jeder
Schein der Berechnung genommen, in Wirklichkeit aber die Loosziehung
so gestaltet, daß ihr Beamter ohne Taschenspielerfertigkeit den Namen des
ihr Gefälligen unter den Candidaten ziehen kann. Dieses Wahlverfahren
entspricht den abergläubischen Vorstellungen der ungebildeten Tibetaner
vollkommen; sie sehen übernatürliche Kräfte wirken, wo Betrug unterläuft,
den man grob, nicht fromm nennen muß; das heilige Gewand blendet sie,
welches der hohen Staatshandlung umgethan wird. Einflußreiche politische
Parteien giebt es im Lande nicht mehr; die Priester und kaiserlichen
Commissare sind allmächtig; Verwickelungen bringt daher eine Wahl in
keiner Weise hervor.

Hier sei noch bemerkt, daß der im Werke oft vorkommende Titel
„Higen" (nach Kowalewski's Dictionary: „Gheghen") auf deutsch „der
Glänzende" bedeutet, und der mit ihm bekleidete in der Lamaitischen
Hierarchie die Stellung eines römischen Bischofs oder Erzbischofs, der
„Kutuchta" die eines Cardinals einnimmt.

Note zu Kapitel II.

Es dürfte zur vollständigen Charakteristik der mongolischen Sitten
nothwendig sein, eine kurze Beschreibung der Hochzeitsgebräuche und des
Ceremoniells bei der Todtenfeier zu geben, welche wir im Werke Prschewalski's vermissen, da dieser Reisende wohl keine Gelegenheit hatte, einer
Hochzeit oder der Bestattung eines Verstorbenen — Begräbniß können
wir die Entfernung der Leiche aus der Jurte nicht nennen, — beizuwohnen,
beide aber immerhin charakteristisch und interessant sind, und zu der unbekanntesten Seite des mongolischen Lebens gehören   Ich werde mich bei
der Schilderung der Gebräuche, welche sich hierauf beziehen, auf die
Mittheilungen Gabriel v. Báliut's stützen, der, ein geborener Szekler,
längere Zeit in Urga gelebt hat, um die Mongolen, ihre Sitten, Gewohn-

heiten, Gebräuche, Sprache u. f. w. an der Quelle zu ftudiren, und der
zu diefem Behufe von der ungarifchen Akademie der Wiffenfchaften in die
Mongolei gefendet worden ift. Ich entnehme dem von Hermann Bambery im „Globus" Mitgetheilten Folgendes:

Bei den Mongolen erwählen dem Jünglinge, welcher das fünfund-
zwanzigfte Lebensalter noch nicht erreicht hat, die Eltern eine Gattin, und
nur nachdem er das erwähnte Alter überfchritten, kann er fich diefelbe
nach eigenem Belieben fuchen. Der Mann wird fchon im fiebenzehnten
Lebensjahre als heirathsfähig betrachtet, während das Mädchen fchon im
funfzehnten Jahre verehelicht zu werden pflegt. Wollen die mongolifchen
Eltern den noch unter ihrer Vormundfchaft ftehenden Sohn verheirathen,
fo betrauen fie einen ihrer Freunde damit, daß er für ihren Sohn um
die Hand des von ihnen erwählten Mädchens bei deffen Eltern werbe.
Langt nun diefer Freier im Haufe des Mädchens an, und wird nach
feinem Begehren gefragt, fo pflegt er folgendermaßen zu antworten: „Ich
komme, um zu erfahren, ob fich hier der Edelftein befinde, welchen ich für
den Sohn von N. N. fuche?" Sind nun die Eltern geneigt, das Mädchen
hinzugeben, fo antworten fie: „Der von Ihnen gefuchte Edelftein, die
verlangte Perle, ift hier, fie fteht Ihnen zur Verfügung." Sonft aber
fagen fie: „Der von Ihnen gefuchte Edelftein, die verlangte Perle, ift fern
von hier." In erfterem Falle befpricht der Freier mit den Eltern des
Mädchens, wann der Vater des Jünglings zur Anfchau oder behufs
näherer Unterhandlung vorfprechen könnte, und kehrt fobann zu feinen
Abfendern, den Eltern des Jünglings, zurück, welche nach diefer Freuden-
nachricht den Freier mit Kumys bewirthen. Geht nun der Vater zum
Jünglings zur Brautfchau, fo nimmt er die Cheime des Sohnes, väter-
und mütterlicherfeits, fowie auch deffen genauefte Freunde mit fich, und
nachdem er fich mit einem ganzen gefchlachteten Schafe, mehreren Krügen
Branntwein und einem Chabak, d. i. mit einem zum Ehrengefchenk dienenden
Stück Seide, verfehen, begiebt er fich ins Haus des Mädchens. Nachdem
er erwähnten Vorrath den Eltern deffelben übergeben hat, befragt er die-
felben, wie viel Vieh und Geld nöthig fein wird, um den Preis für das
Mädchen zu bezahlen. Wird die Unterhandlung zwifchen bemittelten
Leuten gepflogen, fo beftimmt der Vater des Mädchens folgenden Preis:
neunzig Stück vierjährige Pferde, neunzig Stück vierjährige Schafe und
eben fo viel vierjährige Kameele. Die Anzahl der Ochfen, Kühe und des
zu erlegenden Baargeldes überläßt der Brautvater dem Belieben des
Andern, welch letzterer, wenn er vermögend ift, fünfhundert Lan (gleich
taufend Silberrubel oder viertaufend Mark) anbietet. Hierauf wird die
Unterhandlung mit der Beftimmung befchloffen, daß beide ihre Priefter
darüber zu Rathe ziehen werden, ob die Jahre der zu vereinenden Hälften
eine glückliche Ehe verfprächen, d. h. ob die Jahre der einen Hälfte rück-
fichtlich ihrer geraden oder ungeraden Anzahl mit denen der andern Hälfte
harmonifch übereinftimmen; fo wie daß die Priefter den Tag der Ueber-
gabe der Mitgift und den der Hochzeit feftfetzen mögen. Jeder der beiden
Väter begiebt fich hierauf zu feinem der Aftrologie kundigen Priefter, und

diese finden auch für den Fall einen Ausweg, wenn die Anzahl der Jahre wirklich die Heirath verhindern sollte.

Der Vater des Jünglings übergiebt an dem von seinem Priester fest-gesetzten Tage die Mitgift, wobei er ankündigt, daß sein Priester die Hochzeit für diesen oder jenen Tag bestimmt habe, welcher gewöhnlich mit der Be-stimmung des Priesters von Seiten des Mädchens zusammenfällt.

Nun begiebt sich der Vater des Jünglings nach Hause, um in Gemein-schaft mit seiner Gattin die Vorkehrungen zur Hochzeit zu treffen, läßt viel Schaffleisch, starken und schwachen Branntwein bereiten und ladet seine gesammte Verwandtschaft und Bekanntschaft zum Feste. Am festge-setzten Tage begeben sich die Eltern des Jünglings sammt allen Gästen, die bereiteten Speisen mit sich führend, Männer und Frauen, auf Pferden zur Braut. Bei diesem Zuge ist der Bräutigam mit einer vollständigen Ausrüstung von Pfeilen bewaffnet. Nahe beim Hause des Mädchens an-gelangt, scheidet der Freier vom Zuge aus und vorauseilend verkündet er dort, daß der Bräutigam sammt den Hochzeitsgästen im Anzuge sei. Nach-dem hierauf der Vater, die Mutter, der ältere und jüngere Bruder des Mädchens in einem andern Hause d. h. Hütte untergebracht, begrüßen die Eltern des Mädchens die Hochzeitsgäste des Bräutigams mit folgenden Worten: „Ist die Stirn des Hochzeitsoberhauptes wohlauf und heiter?" (Mongolisch: Rhorimén torö, Rhodé magné mende amor?) Der Vater des Jünglings und der Freier erwidern diese Begrüßung folgendermaßen: „Ist das große Meer des Wassers, die Freudenmutter, gesund und wohlauf?" (Mongolisch: Ussué ikhe dalé, törlén ikhe khadom engkhe amgholong?) Nach dieser gegenseitigen Begrüßung wartet der Bräutigam den Hochzeits-gästen der Braut mit Schnupftaback auf, dann beginnt mit den von beiden Seiten bereiteten Speisen und Getränken das Mahl, bei welchem gesungen, gegeigt oder die Laute gespielt wird, sowie es auch nicht an beglückwünschenden Trinksprüchen fehlt.

Beim Gastmahle nehmen die Hochzeitsgäste der Braut zur linken Seite im rückwärtigen Theile des Zeltes Platz, während die des Bräutigams den rückwärtigen Theil rechts einnehmen.

Wenn zu Ende des Gastmahles die Zeit der Abführung der Braut gekommen, und die Priester beider Parteien das Gebet: „Bogin khisigég delgerülkhe" (Tugend und Glück verbreitend) verrichtet, wird diese unter den Beglückwünschungen: „Nass, bojin urtubol (das Alter und die Tugend seien lange), atscheghan tanikh ugé öngüre bol (Deiner Nachkommen seien unzählbar viele) abgeführt, und indem sie in dem vom Feuerplatze links liegenden Raume untergebracht wird, verabreicht man ihr das hintere Seitenstück vom Schafe (es wird dies bei den Mongolen für das beste gehalten) und bewirthet sie mit Milchwein und Kumis. Nach Beendigung des Mahles theilt eine mit der Braut in gleichem Alter stehende Person, Mann oder Frau, ihr das Haar, durch welchen Act sie zur Frau gemacht wird. (Mongolisch: Khoner boljhana.) Sodann wird der Braut von der Person, welche ihr das Haar getheilt, vor der Statue Buddha's vor dem Feuerherde und im Beisein ihres Vaters, ihrer Mutter und des ältern

Bruders des Bräutigams gratulirt, wobei sie dieselbe auf den Saum ihres ausgebreiteten Kaftans niederknieen läßt. Der Vater, die Mutter und der Bruder halten während dieser Zeit Glückwunschreden.

Der Braut wird nun der Kopf verhüllt, und sie wird von zwei Reitern aus den Armen der Familie gleichsam mit Gewalt herausgerissen und in eine neue Jurte geschafft, in die einzutreten sie sich sträubt. Mit Gewalt hineingeschafft, findet sie dort das Brautlager hinter einem Vorhange bereit, und nun wird sie mit dem Bräutigam und der Brautbienerin drei Tage allein gelassen. Nach drei Tagen versammeln sich die Gäste wieder zum Schmause.

Wenn es sich später herausstellt, daß die Frau steril ist, wird sie mit dem Eingebrachten den Eltern zurückgeschickt, doch hat der Mann in diesem Falle nicht das Recht, den Kalym zurück zu fordern. Wenn sich jedoch die Eheleute gegenseitig lieben, wird die unfruchtbare Frau den Eltern nicht zurückgesendet, sondern der Mann nimmt mit ihrer Einwilligung eine zweite, die sogenannte „kleine Frau".

Ueber den Kalym habe ich ausführlicher in meinem bei Otto Spamer erschienenen Werke: „Sibirien und das Amurgebiet" von Albin Kohn und Richard Andree, berichtet. Die Sitte des Frauenkaufes herrscht unter allen Völkern Nord- und Mittelasiens und ist von diesen sogar, wie ich im angeführten Werke gezeigt habe, zu den in Sibirien angesiedelten Russen übergegangen.

Bei Gelegenheit der Geburt der Kinder herrschen bei den Mongolen folgende Bräuche: Das Zelt, in welchem ein Kind geboren wurde, darf während dreier Tage von keinem, der nicht Angehöriger ist, betreten werden. Bei der Geburt pflegt immer eine gute Freundin Hülfe zu leisten und dem neugeborenen Kinde eine Wiege und ein Wickelband zu spenden. Das Kind wird nicht gleich nach der Geburt gewaschen, sondern erst nach einigen Tagen, wenn der Nabel, welcher mit einer dünnen Darmsaite zugebunden wird, bereits verwachsen ist. Zur feierlichen Waschung wird ein Lama, d. i. Priester, gerufen, welcher in das zum Bade bestimmte Wasser eine Arznei schüttet, wobei auch Gebete verrichtet und zum Segen hineinspuckt. In diesem geweihten Wasser wird das Kind gebadet und ist aus dieser Ceremonie augenscheinlich die christliche Taufe entsprungen. Wenn der Täufling eine Knabe ist, giebt ihm der Lama einen Namen, während einem Mädchen die Frau, welche die Wiege geschenkt hat, den Namen giebt. Nach der Taufe folgt ein Schmaus, nach welchem die Gäste der Mutter einen Chabak geben. Bemerkenswerth sind die Fragen, welche bei Gelegenheit der Ueberreichung der Geschenke an die Wöchnerin gerichtet werden. Sie lauten: „Gharson tschin bologha dsojkhe jumo, bogdho namnakhu jumo?" (Ist das von dir geborene Kind eine Eichhörnchenfell-Näherin oder ein Hirschjäger?) Wenn das Kind ein Knabe ist, erwidert die Mutter: „Altan orgha tschirkhe juma" (er schleppt eine goldene Schlinge). Wenn es ein Mädchen ist, lautet die Antwort: „Dзü sülkhe juma" (sie säbelt Nadeln ein). Diese gewiß uralten Redensarten weisen unstreitig auf die

gewöhnliche Beschäftigung der beiden Geschlechter hin, da jede Art Näherei
der Frau, Jagd und Viehzucht aber dem Manne gebührt.

Nach Verlauf der ersten sieben Tage wird das Kind mit gesalzenem
Formtheeabguß, nach Verlauf weiterer sieben Tage mit Salzwasser, nach
abermals sieben Tagen mit verdünnter Milch und endlich nochmals nach
sieben Tagen mit Muttermilch gewaschen, — und mit diesen viermaligen
Waschungen begnügt sich der Mongole fürs ganze Leben. Diese Waschungen
sollen übrigens das Kind gegen Hautausschläge, Blattern u. dgl. schützen.
Der reiche Mongole pflegt seinen Säugling einem Armen, gewöhnlich seinem
Untergebenen zur Erziehung zu übergeben, wobei er ihm zugleich eine
gute Kuh schenkt. Die Unbemittelten erziehen ihre Kinder selbst und
diese werden bis zum dritten, ja sogar bis zum vierten Jahre gesäugt.
Zum Säugen bedient man sich eines Ochsenhornes, und haben diese Art
des Säugens ihrer Kinder auch die Russinnen in Sibirien angenommen,
die den „Roschol" (das Hörnchen) alle Augenblicke mit Milch, später auch
mit flüssiger Speise füllen und dem Säuglinge in den Mund stecken.

Ueber die Todtenfeier hier nur kurz Folgendes:

Zum kranken Mongolen wird ein Lama gerufen, der sich hauptsächlich
mit der Medizin beschäftigt. Hilft dieser nicht, dann wird ein Priester-
Lama berufen, der dem Kranken vor allen Dingen eine Trostrede hält,
in welcher die Nothwendigkeit des Scheidens von Allem, das ihm lieb
und theuer, hervorgehoben wird. Von nun an sollen ihm nur noch drei
Kleinode theuer sein: Buddha, die Religionswissenschaft und das Priester-
thum und außer ihnen der Priester selbst. Hierauf nimmt der Kranke
Abschied von Frau, Kind, Geschwistern und Nachbarn, richtet den Blick
nach Westen und die Anwesenden zünden vor der Statue des Burchan
eine Lampe und Räucherwerk an. Während der Agonie sagt der Lama:
„So schwinge denn die Geißel der Vergebung, besteige das Roß der Tugend,
sattle es mit dem Sattel des reinen Gewissens, lege ihm an die Zügel des
Segens und eile in das unendliche Reich der Geister (Saghowod).

Der Verstorbene bleibt drei Tage in der Jurte allein, und die Familie
bezieht indeß eine andere, in welcher die unverstandenen und deßhalb
wohl sehr ergreifenden vier Worte: „om mani padmo hum" hergesagt
werden und wo auch der Lama die drei Tage im Lesen der Religionsbücher und Glaubensartikel verbringt.

Nach Yule soll diese Formel einfach bedeuten: „O! Jubel im Lotus!
Amen." Die Lamas sagen sie bedeute: „Rette die Guten, die
Asuras, den Mann, die Thiere, die Geisterwelt der Pretas,
die Bewohner der Hölle". Grüber und Derville lesen: „O Manipe,
mi hum" und übersetzen: Manipe, salva nos!

Außerdem schreibt der Lama die soeben angegebenen vier Worte
auf Papier oder Leinwand, und steckt nun dieses Schriftstück, Manyi
oder Manya, an einer dünnen Stange an den Giebel der Jurte, in welcher
sich der Todte befindet. Hierauf geht er, um einen Platz für den Todten
zu erbitten. Dieses Erbitten, oder „Platznehmen" besteht darin, daß der
Lama auf dem betreffenden Platze mit einem gelben Zwirnsfaden ein

Stück Boden abmißt, um das er hernach mit einem schwarzen Horne (vom Orongo, Antilops Hodgsonii) einen Kreis beschreibt, in dessen Mitte er nun die priesterliche Opferschale, Oschin stellt. Die Erben des Verstorbenen legen auf diesen Platz: neun Bündel Räucherkerzen, neun Schalen, neun Chabate, neun Schafe, neun Pferde, neun Kameele und neun Stück Rindvieh und eben so viele Bündel Nadeln. Alle diese Gegenstände erhält der Lama, welcher den Platz ausgewählt hat, und für diese reichen Gaben schenkt er neun irdene Hohlkugeln und ein kleines, mit verschiedenen Erzstückchen gefülltes Weihwasserkrügchen.

Hierauf wird die Leiche in ein Stück Leinwand gehüllt, auf ein Kameel gelegt, das von zwei nahen Verwandten des Verstorbenen geführt wird, während der Priester und die Bekannten des Dahingeschiedenen auf den abgezeichneten Platz vorauseilen und daselbst einen Mangtham (pyramidenförmige Jurte) aufschlagen, Feuer anzünden und sich an die Bereitung von Speisen machen, wobei sie ununterbrochen ihr kräftigstes Gebet: „om mani padme hum" wiederholen. Nachdem die Speisen verzehrt sind, wird die Jurte abgebrochen und alle außer dem Lama gehen nach Hause. Die Leiche wird nun von den beiden Begleitern auf den bezeichneten Platz gelegt und das Mangi daneben gepflanzt. Nach den Führern kehrt nun auch der Lama in die Jurte zurück, wo er jene mit Weihwasser, das Arsan heißt, in welches Safran und Zucker gethan wird, besprengt und mit Räucherwerk beräuchert, um sie von der ihnen etwa anklebenden Pest zu reinigen. Hierauf reicht er ihnen eine Schale Milch und giebt ihnen einen Seidenchabat.

Ein todtes Kind, das noch nicht gehen konnte, wird einfach in einen Sack gesteckt und auf einem frequentirten Wege ausgesetzt. Auf weniger frequentirte Wege werden ältere Kinder bis zu sieben Jahre geschafft. Die Kinder erhalten als Ausstattung verschiedene Obstsorten, Knieknochen vom Schafe, die Schwanzspitze eines Schafes und eine kleine Schale. Alle diese Gegenstände werden mit der kleinen Leiche in den Sack gelegt. Dies ist das normale Leichenbegängniß. Wenn jedoch kein Lama in der Nähe ist, wird bei einem Todesfalle die Jurte abgebrochen und die Familie verläßt die Stelle, indem sie die Leiche einfach auf ihr zurückläßt. Wenn Krankheiten grassiren wartet man den Tod des Erkrankten nicht ab, sondern packt die Jurte auf Kameele und überläßt den Kranken, gleichviel ob es der Vater, oder die Mutter, die Frau oder die Tochter ist, seinem Schicksale.

Ich lenke hier besonders die Aufmerksamkeit der Leser auf die Bestattungsfeierlichkeiten der Mongolen, vorzüglich aber auf das Geschenk der Lamas, die irdenen Hohlkugeln hin, da dergleichen viele in Polen und Schlesien ausgegraben worden sind. Schon Büsching hat in seinem Werke: „Die Alterthümer der heidnischen Zeit Schlesiens" (Breslau 1820) eine Beschreibung solcher Hohlkugeln, — die nicht in Gräbern gefunden werden, — gegeben und neuere polnische Forscher hielten sie, in Ermangelung einer bessern Erklärung, für Kinderspielzeuge. Ich benutze sie zur Unterstützung meiner in der Vorrede aufgestellten Hypothese über die Vorbewohner des Osten Europas.

Auch die in den vorhistorischen Gräbern im Posenschen, in Schlesien, Polen und Galizien gefundenen kleinen Krügchen, so wie die vielen Schalen (Plätschen) betrachte ich als Erbstücke mongolischen Ursprungs. Wenn sie auch nicht direct mongolisches Fabrikat sind, — was ich durchaus nicht annehme, — so ist doch ihre Verwendung von den eigentlichen Vorbesitzern auf die spätern Bewohner übergegangen.

Des Chabaks geschieht im Werke Prschewalski's sehr oft Erwähnung und deshalb dürfte hier eine kurze Erklärung am Orte sein. Der Chabak ist ein Glückstuch, oder eine Glücksschärpe und spielt bei den Mongolen, wie bei den Tibetanern eine sehr wichtige Rolle. Es ist dies ein sehr feines Seidengewebe, dessen Farbe weiß mit bläulichem Anfluge ist. Der Chabak ist dreimal so lang als breit und hat gewöhnlich an beiden Enden Fransen. Diese Schärpen sind von verschiedener Größe, und werden dem entsprechend bezahlt. Sie sind für Arme und Reiche, für Hohe und Niedere gleich unentbehrlich, denn sie verleihen jedem, selbst geringfügigen Geschenke einen hohen Werth. Freunde, die sich lange nicht gesehen haben, reichen einander — nicht die Hände, sondern — Chabaks; Briefe, die Erfolg haben sollen, werden in Chabaks gewickelt. Mit einem Worte, der Chabak ist der Ausdruck der Geneigtheit, des Wohlwollens, und vertritt jede mündliche Versicherung dieser Gefühle. Wer mit dem Chabak in der Hand um etwas bittet, ist sicher, keine abschlägige Antwort zu erhalten, denn diese wäre ein grober Verstoß gegen die Regeln der Höflichkeit. Aus diesem Grunde dürfte es sich von selbst verstehen, daß der Chabak in den Städten der Mongolei ein wichtiger Handelsartikel ist.

Ohne Geschenke und Gegengeschenke geht's weder in der Mongolei, noch in China und überhaupt unter den asiatischen Stammvölkern, und wir haben gesehen, daß selbst die eingeborenen Fürsten ohne Geschenke nicht nach Peking kommen dürfen, ohne solche aber auch von dort nicht heimkehren. Prschewalski giebt (S. 73) die Summen an, welche die Fürsten von der Pekinger Regierung erhalten. Der angeborene Geiz der Chinesen und die Neigung zum Betrügen, von denen selbst die chinesische Regierung und ihre höchsten Factoren nicht frei sind, bewirken, daß die Fürsten nur in seltenen Fällen die für sie ausgesetzten Silberbarren erhalten. Es ereignet sich häufig, daß sie, zu Hause angekommen, statt Barren echten Silbers, Stäbchen von Messing oder Gußeisen, freilich versilbert, vorfinden. Wenn ein solcher Betrug nicht verheimlicht werden kann, wird er den Hofgoldschmieden zur Last gelegt, höchstens aber dem Mandarin, durch dessen Hände das kaiserliche Geschenk in die Hände des Fürsten gelangte, zugeschoben. Ueberhaupt verhindern die Fürsten in einem solchen Falle mit allen ihnen zu Gebote stehenden Mitteln das Publikwerden eines solchen Betruges, um nur ja nicht die geheiligte Regierung des Bogdochans zu compromittiren. Ob aber ein solcher Betrug wirklich mit dem Willen des Kaisers ausgeübt wird, will ich weder behaupten, noch auch bestreiten.

Note zu Kapitel IV.

Nach der Beschreibung der Gebirge der Mongolei, wie sie uns der Verfasser bietet, sehen wir, daß ihre Nordabhänge bewaldet, ihre Südabhänge aber unbewaldet sind, während der Südabhang des Muni-ulagebirges stärker bewaldet ist als der Nordabhang, eine Erscheinung, welche Veranlassung zu einer ziemlich grotesken Legende über die Entstehung dieses Gebirgsrückens gegeben hat. Für uns ist freilich die Erklärung der Ursachen weit einfacher, als für die Bewohner der Gegend, in welcher sich das genannte Gebirge erhebt.

Die Baumlosigkeit einer Gegend ist die Folge langer Zeiträume von Dürre, von periodischer Trockenheit, und diese herrscht in der Mongolei. Es fällt dort nicht zu jeder Jahreszeit Regen, denn die Feuchtigkeit, welche der Wind vom Ocean her mit sich führt, wird schon durch das ungeheure Randgebirge, das China von Inner-Asien scheidet, und welches den Saum der mongolischen Hochebene bildet, aufgehalten, an ihm verdichtet, tropfbar gemacht und von ihm aufgesogen, um in Form von Quellen, Bächen, Flüssen und Strömen zurück zum Ocean zu fließen und unterwegs das Land wie mit Adern zu durchziehen, seine Canalisation und somit seine ungemeine Befruchtung zu ermöglichen. Diesem Umstande ist es zuzuschreiben, daß in der Mongolei und in der Gobi nur während des Winters Feuchtigkeitsniederschläge stattfinden und dieser periodische Niederschlag reicht nicht hin, um eine mächtige Baumvegetation hervorzurufen. Deshalb sehen wir, daß selbst die Nordabhänge der Gebirge der Mongolei, an denen sich die warme, einen geringen Vorrath von Feuchtigkeit mit sich führende Luft, indem sie an ihnen vorüberstreicht, abkühlt, und so einen Theil des geringen Feuchtigkeitsquantums, das sie noch besitzt, absetzt, nur schwach bewaldet sind, während die Südabhänge, die nur im Winter Feuchtigkeit zugeführt erhalten, wie die Steppen und Wüsten, welche die Ebenen der Mongolei bilden, kaum einige Sträucher, Kräuter und Gräser zu ernähren vermögen, welche schnellfüßigen Antilopen, scheuen Murmelthieren und Pfeifhasen und genügsamen Kameelen spärliche Nahrung bieten, ein Umstand, der auch die Lebensweise der Bewohner jener Gegenden bedingt.

Anders liegen die Sachen am Muni-ula.

Ein Blick auf die Karte überzeugt uns, daß fast an seinem Fuße der mächtige Chuan-che oder Hwang-ho, der gelbe Fluß, einer der Riesenströme der Erde, seine mächtigen Fluthen dahinwälzt, dem jeder Südwind hinreichende Massen von Feuchtigkeit entzieht, um eine größere Vegetation, einen massiven Wald zu ernähren. Sein nördlicher Abhang ist in Bezug auf die Feuchtigkeitsverhältnisse nicht begünstigter als die Nordabhänge der übrigen Gebirge der Mongolei und deshalb ist auch seine Bewaldung keine üppigere und während sich an ihm die Wüste hinzieht, die kümmerlich wenig zahlreiche Nomadenhorden ernährt, lebt auf dem schmalen Raume zwischen dem Muni-ula und dem Chuan-che eine zahlreiche, fleißige, ackerbautreibende Bevölkerung.

Note zu Kapitel V.

In der Provinz Ordos befinden sich einige, schon Marco Polo bekannte, bedeutende Städte, welche aus Militärcolonien, die im 2. Jahrhundert v. Chr. vom Kaiser Hanwuti angelegt worden, erwachsen sind.
Aufgabe dieser Militärstationen war, den Handel mit dem fruchtbaren Landstriche zwischen den Gebirgen Tian-schan und Kara-Korum, welcher vom
Flusse Tarim, der sich in den Lob-nor ergießt, durchschnitten wird, zu
schützen. Eine dieser Städte ist Ning-hia, welches in geschützter Lage
am obern Chuan-che, wo die große Mauer an denselben stößt, erbaut
worden ist, und den Schlüssel zu Westchina bildet. Weiter westlich und
zwar schon in der Provinz Gan-su, liegen zwei andere wichtige Handels-
städte, Kan-tschöu und Su-tschöu, welche ebenfalls nur vorgeschobene
Militärposten gewesen, jedoch zu Centren des Handels und der Industrie
herangewachsen sind, die, wie Ritter sagt, schon zu Marco Polo's Zeiten
„chinesische Städte in großem Styl" gewesen sind. Ritter nennt auch die
Linie von Ning-hia nach Kan-tschöu und Su-tschöu „das Land der
Eingänge", denn hier zieht sich eine merkwürdige Oasenkette hin, welche
zwischen dem Himalaya und Eismeere den natürlichsten Weg quer durch
Asien bildet, welchen auch Sosnowski im Jahre 1875, aus Südchina
kommend, untersucht hat und auf dem er glücklich nach Semipalatynsk
und von da nach Europa angelangt ist. Diese Oasenkette ist seit alten
Zeiten der Weg gewesen, den ganze Völkerströme und Eroberer mit ihren
Heeren verfolgten und auf dem selbst ein chinesisches Heer bis an den
Jaxartes vorgedrungen ist.

Wie Ning-hia im Westen, so ist Sining-fu, von Prschewalski kurz
Sinin genannt, das Ausfall- und Durchgangsthor gegen Süden, und es
vermittelt den Handel mit Tibet, ja sogar mit Indien. Im 18. Jahrhunderte soll, wie Jesuitenmissionäre berichten, der Handel aus der Festung
nach einem vier Stunden von ihr entfernten Platze verlegt worden, ja
der Handel soll hier dermaßen entwickelt gewesen sein, daß selbst katholische
Kaufleute aus Armenien hier ansässig gewesen sind. Marco Polo erwähnt
auch Sining-fus als einer bedeutenden Handelsstadt und Shaw hörte sie
als eine Haupthandelsstadt des Westens preisen.

Doch auch außer den hier genannten sehr alten Städten befinden sich
noch sehr viele andere, weniger alte im Gebiete von Ordos. Sie alle
haben sich aus einfachen Militärcolonien entwickelt, welche, wie Biot sagt,
ursprünglich nur die Aufgabe hatten, die in ihnen garnisonirenden Truppen
billig und sicher zu verproviantiren.

Wie uns Prschewalski zeigt, bauen die im Chuan-che-Thale angesiedelten
Chinesen mit Vorliebe Mohn, aus welchem sie Opium bereiten. Nach
Ney Elias kommen manche Einwanderer bloß deshalb nach der Mongolei,
weil sie dort mit größerer Ruhe und Sicherheit, als in ihrer Heimath,
Mohn bauen und Opium rauchen können. Er sagt, und Prschewalski
bestätigt ja seine Aussage, daß Jung und Alt, Mann, Weib und halb erwachsene Kinder sich dem Opiumrauchen hingeben und die Heimath verlassen,
weil in ihr Land und Opium theuer sind.

Ich brauche wohl nicht auf die Gefährlichkeit des Opiumrauchens hinzuweisen, von dem von Richthofen glaubt, daß es der Volks- vermehrung in China möglicherweise einen starken Damm entgegensetzen dürfte, ja daß die Auswanderung dem Lande in den letzten Jahrzehnten weit weniger Verluste gebracht habe, als diese Unsitte, „welche seit 1842 stetig zugenommen hat und das Geschlecht herabbringt". Möglich, daß sogar die Armuth und Zerrüttung, welche sich derzeit in China da kund geben, wo vor kaum hundert Jahren noch Ordnung und Wohlstand herrschten, zum großen Theile Folgen des Opiumrauchens sind.

Wenn nun aber das Laster des Opiumrauchens der Bevölkerungs- zunahme, auch wohl der geistigen Entwickelung des Chinesen hemmend entgegen treten, so dürften sich diese Folgen um so gewaltiger bei den geistig unentwickelten und wenig zahlreichen Mongolen geltend machen. Es wird, da es sich ja auch schon bei ihnen Eingang verschafft hat, viel dazu beitragen, die für den Acker- und Gartenbau nicht geschaffenen Theile der Wüste Gobi völlig zu entvölkern. Wie der Brandy in Nordamerika viel dazu beigetragen hat, die Rothhäute zu vertilgen, so wird aller Wahr- scheinlichkeit nach der verdickte Mohnsaft schnell das Verschwinden der Nomaden Mittelasiens bewirken. Zwar trinkt auch der den eingeborenen Nordamerikaner beerbende Yankee Branntwein, wie der Erbe der Mongolen Opium raucht. Aber der that- und willenskräftige Nordamerikaner verträgt schon etwas mehr, — obgleich doch auch in den Vereinigten Staaten die Folgen des unmäßigen Branntweingenusses sich geltend machen, — als der in jeder Beziehung schwächlichere Urbewohner, wie auch wohl der thätigere Chinese länger dem schädlichen Einflusse des Opiumrauchens widerstehen wird, als der physisch und geistig faule Mongole.

Note zu Kapitel VI.

Zu der interessanten Legende von Schambalin ist folgende kurze Erklärung hinzuzufügen.

Schamballa wird von den Tibetanern bDe-hByung oder verkürzt Dejung, d. h. die Quelle des Glückes genannt, und ist ein sabelhaftes Land im Norden, dessen Hauptstadt Kalapa heißt. Dieses war, nach der Sage, die Residenz vieler berühmter Könige. Es liegt jenseits des Sita-Flusses, eines der mächtigen Ströme der indischen mythologischen Geographie, und die Tageszunahme beträgt vom Frühlingsäquinoxium bis zum Solstitium zwölf Gharis (indianische Stunden) oder vier Stunden acht und vierzig Minuten.

Ich muß hier ausdrücklich auf die an Prschewalski gerichtete Frage: ob die Ankömmlinge Missionäre sind, von deren Beantwortung es abhing, ob er und seine Begleiter überhaupt nach Dyn-juan-in gelassen werden, die Aufmerksamkeit des Lesers lenken.

Es bedarf wohl nicht des Beweises, daß der Mensch, je niedriger die Culturstufe ist, auf welcher er sich befindet, desto fester an dem hält, was

ihm schlaue Priester als die „Religion der Väter" vorstellen, wobei
sie ihm natürlich verschweigen, daß die Väter der Väter doch einen ganz
anderen Glauben hatten, daß sie selbstgemachte Götter, Fetische, Sonne,
Mond und Sterne, ja sogar Thiere angebetet haben, der Fetischismus,
also so recht eigentlich die „Religion der Väter" sei. Ich will hier nicht
auf den Werth der sogenannten geoffenbarten Religionen eingehen und
nicht nachweisen, daß sie gleichwerthig sind; aber darauf muß ich die
Aufmerksamkeit hinlenken, daß, wie ja aus dem IV. Kapitel erhellt, die
christliche Glaubenslehre den Mongolen nicht civilisirt, seinen Charakter
nicht ändert, ihn auch nicht in unserm Sinne moralisch macht, trotzdem
aber mit der Zeit in socialer Hinsicht eine Scheidewand zwischen den
Bewohnern der Wüste errichten würde, die dem Volke schädlich werden
müßte, weil sie eine Spaltung zur Folge haben würde. Welchen Einfluß
das Bekenntniß bei rohen Volksstämmen auf ihre politischen Ansichten
ausübt, beweist am besten der jetzige Aufstand in der Herzogowina, wo
die römisch-katholischen Bewohner, die Miribiten, sich nicht nur nicht am
Kampfe für die Freiheit betheiligen, sondern sogar offen die Waffen gegen
ihre Stammverwandten, welche dem griechischen Katholicismus anhängen,
ergriffen haben.

Wohl mochte der Fürst von Ala-schan instinctmäßig fühlen, daß jeder
Missionär ein Apostel der Zwietracht, des Hasses, der Intoleranz ist, der
die Buddhasage durch die Jesussage, welche ja, wie sich Walliß (die
Naturgeschichte der Götter) ausdrückt, nur als eine nüchterne und ver-
wässerte Nachbildung von jener erscheint, den Papst in Lassa durch den
Dalai-Lama in Rom ersetzen will; denn mehr als ein Vertauschen von
Sagen haben bis jetzt die religiösen Missionäre (aller Secten) nicht bewirkt
und nicht erreicht. Wo sie, wie einst in Paraguay, die alten Götter
gründlich depossedirt und neue auf ihren Thron gesetzt haben, haben sie
das Volk in seiner Verdummung und geistigen Versumpfung gelassen, ja
meist Alles gethan, um der ihnen feindlichen (aber auch größtentheils
unbekannten) Wissenschaft den Eingang unmöglich zu machen.

So lange immer noch Missionäre zu den Heiden gesendet werden, um
deren Götter zu entthronen, und zwei, in je drei Theile gespaltene, neue
mit einer zahllosen Reihe von Untergöttern, sogenannten Engeln, Heiligen
und Seligen an ihre Stelle zu setzen, wird die Civilisation keine Fortschritte machen und die Heiden werden bleiben, was sie bisher waren, —
Wilde oder Halbwilde. Erst wenn statt des langrödigen Missionärs mit
kurzem Verstande Handwerker der verschiedensten Art, in bis jetzt un-
cultivirte Gegenden kommen, die Bewohner mit irdischen Dingen bekannt
machen, ihnen recht viele neue Bedürfnisse bringen und einimpfen, aber
auch die Mittel zu ihrer Befriedigung durch physische und geistige Arbeit
zeigen werden, wird die Civilisation sich weiter verbreiten, neue Territorien
und neue Völker gewinnen, und dann wird der moderne Missionär überall
ein ersehnter Gast sein, der selbst von den rohesten Volksstämmen mit
offenen Armen und freudigen Herzen empfangen werden wird. Solche
Missionäre werden nicht Versprechungen des Wohlergehens nach dem Tode

bringen, sondern den Völkern zeigen, wie sie es anzustellen haben, um, durch richtige Ausbeutung der materiellen Reichthümer ihres Landes, sich irdisches Wohlergehen, ein menschenwürdiges Dasein verschaffen können, und dann werden wissenschaftliche Forscher nicht mehr mit Noth und Elend zu kämpfen haben, keine Mittel der Verstellung anzuwenden brauchen, um die Kenntniß der Erde zu erweitern.

Wenn wir einst dahin gekommen sein werden, daß statt der faulen unwissenden Mönche und Muder, die im Gebet und Nichtsthun, in methaphysischen Meditationen die Lebensaufgabe des Menschen finden, rege, arbeitsame und denkende Handwerker zu den Wilden und Halbwilden kommen werden, um sie für die Cultur zu gewinnen, dann wird der faule Aberglaube von selbst verschwinden und selbst der ewig von der Natur zum Wandern bestimmte Mongole, wird dann zu den gesitteten Völkern gezählt werden.

Auf das falsche Verfahren der Missionäre deutet auch Prschewalski im II. Kapitel, S. 69 und 70 hin, da es den halbwilden Nomaden nicht in eine neue intellectuelle oder moralische Welt versetzt, ihn nicht der faulen Beschaulichkeit entreißt, zu der ja auch die christliche Dogmatik und Mystik mehr als überreichen Stoff liefert.

Note zu Kapitel IX.

Die Reise Prschewalskis durch die Mongolei, besonders aber sein Aufenthalt in Gan-su, dürfte der alten Theorie von Erdbeben und Vulkanen keinen Nutzen gebracht haben. Wir wissen ja, weil man uns die Sache so in der Schule vorgetragen und sie uns als Dogma zu glauben gelehrt hat, daß die Erdbeben eine Folge der Thätigkeit von Vulkanen sein sollen. Als bestimmt steht nun aber fest, daß in der ganzen Mongolei, ja sogar in ganz Central- und Nordasien kein Vulkan existirt; wo neuere Reisende im Innern Asiens Vulkane entdeckt haben, wie z. B. im Sajan- und Altaigebirge und am Baikalsee, da sind es seit unvordenklichen Zeiten erloschene Vulkane, die ihre Thätigkeit eingestellt haben, seitdem das Meer sich vom Randgebirge der Gobi bis an die heutige Küste des stillen Oceans zurückgezogen hat und das Meer, welches einst Centralasien unter seinen Fluthen verbarg, bis auf den Aral- und Caspisee zusammengeschrumpft ist.

Um die Theorie von den Erdbeben plausibel zu machen, verglich man sie mit den krankhaften Zuckungen eines von tausend Schlingen gefesselten Ungeheuers, welches die Bande zu sprengen versucht, ja sogar diesen oder jenen Ring wirklich aufreißt. Den Vulkanismus aber und die Vulkane stellte man sich als einen Riesen im Kerker dar, der in ohnmächtiger Wuth den aufgewühlten Boden seines Kerkers aus Löchern in der sichern Mauer herausschleudert. Beide Bilder wurden durch das Gebrüll erboster Wuth, welches bei Erdbeben wie bei vulkanischen Eruptionen Alles mit bebendem Entsetzen erfüllt, vervollständigt.

Man hat auch hinzugefügt, um das Bild des Grausens zu vollenden,
daß mit den Erdbeben mannichfaltig aufs Ohr wirkende Erscheinungen zu
Tage treten. Diese Töne sollen bald wie unterirdischer Trommelwirbel,
bald wie Kettengerassel, einmal wie das Rollen des Donners, ein anderes
Mal wie das Erdröhnen des Straßenpflasters unter der Wucht schwer be-
ladener Wagen erklingen, und bald soll man eine Reihe krachender Schläge
vernehmen, bald aber auch Töne vernommen haben, welche dem Zer-
trümmern von Glas oder Porzellan in unterirdischen Kellergewölben
ähnlich sind, oder dem Brausen des dahin tobenden Sturmwindes gleichen.
Man nannte auch diese Tonerscheinungen nothwendige Begleiter der
Erdbeben, gestand jedoch zu, daß es auch Erdbeben gegeben habe, während
welcher man keine solchen Töne vernommen hat.

Schon Humboldt hat darauf hingewiesen, daß lang andauernde
Wiederholungen von Erdstößen ihm nur aus solchen Erdstrichen bekannt
seien, welche ferne von allen Vulkanen liegen, und die im Nertschynsker
Verwaltungsgebiete von Kehlberg in Selenginsk gemachten Beobachtungen
bestätigen diese Voraussetzung vollkommen. Er hat nämlich während der
zweiten Hälfte des Jahres 1847 bis zum Ende des Jahres 1856 ein-
undzwanzig Erdbeben in einem Lande beobachtet, das in gerader Linie
mindestens 200 Meilen vom nächsten thätigen Vulkane in Japan entfernt
und von diesem durch ungeheure Gebirgsmassive und durchs Meer getrennt
ist. Die so zahlreichen Beobachtungen Kehlberg's, der auch nach 1856 bis
1867 noch vielfache Erdbeben im Beikalgebirge beobachtet und ihre Richtung
und Stärke durch ein von ihm construirtes Seismometer festgestellt hat,
haben auch das Gebrülle und Getöse, „des sich in Krämpfen windenden
Ungeheuers als Phantasiegebilde" festgestellt, aber auch bewiesen, daß sie
durchaus keine nothwendigen Zuthaten sondern nur zufällige
Nebenerscheinungen derselben sind.

Ich selbst habe im Jahre 1867 und 1868 in Ostsibirien, westlich vom
Baikalsee und zwar in der Gegend von Ussolje einige Erdbeben beobachtet
und meine Beobachtungen wurden von verschiedenen wissenschaftlich ge-
bildeten Mitdeportirten bestätigt, aber keines dieser Erdbeben, keine dieser
„Convulsionen" war mit irgend einer Tonerscheinung verbunden. Da nun
aber, um nur von Nordasien und der Provinz Gan-su zu sprechen, Erdbeben in Landstrichen, welche sehr weit von Vulkanen entfernt sind, stattfinden, so ist wohl klar, daß die ersteren von den letzteren vollkommen
unabhängig sind und in keinem Causalnexus zu ihnen stehen. Umgekehrt
mögen Erdbeben wohl gleichzeitig mit vulkanischen Ausbrüchen verbunden
sein, ob sie jedoch auch in diesem Falle lediglich von ihnen bedingt und
keiner andern Entstehungsursache zuzuschreiben sind, lasse ich dahin gestellt sein.

Man hat, gestützt auf die Autorität A. v. Humboldt's und B. v.
Buch's, die Vulkane als Ausbrüche eines feuerflüssigen Erdkernes betrachtet; doch hat sich C. Fuchs in neuerer Zeit genöthigt gesehen, eine
andere Definition aufzustellen und zu sagen, daß ein Vulkan eine beständige oder zeitweise Verbindung zwischen einem vulkanischen Herde, den

dort befindlichen gluthflüssigen Gesteinmassen, Dämpfen u. s. w. und der
Atmosphäre sei, daß also vulkanische Erscheinungen solche sind, welche
unter der uns geognostisch bekannten Erdrinde ihren Ursprung nehmen,
sich mit einer gewissen Gewaltsamkeit äußern und mehr oder weniger
auffallende Veränderungen an der Erdoberfläche hervorrufen. Fuchs'
Glaube an ein Centralfeuer ist also sehr schwach, und Carl Vogt ist
der Glaube an dieses Centralfeuer gänzlich abhanden gekommen. Ich
mußte diese gedrängte Skizze der Vulkan=Theorie hier geben, um den
Leser auf die wahrscheinlichere Ursache der Erdbeben, welche in Inner-
asien eine sehr häufige Erscheinung sind, aufmerksam zu machen, muß es
ihm aber natürlich überlassen, sich in den Werken der hier genannten
Forscher näheren Aufschluß zu holen. Hier sei nur noch bemerkt, daß
C. Vogt in Kürze die Erdbeben folgendermaßen erklärt:

„In Gegenden, sagt er in seiner Arbeit „Ueber Vulkane", wo
leicht lösliche Schichten von Gips, Steinsalz oder andere leicht wegführ-
bare Substanzen vorkommen, sind solche Senkungen alltägliche Erscheinungen.
Sie bilden dort Löcher, Trichter, oberflächliche Abgründe und die Senkungen
selbst finden statt unter Erschütterungen und Erdstößen, die sich freilich
nicht weit erstrecken. Die alten Minengalerien in den Bergwerken schließen
sich nach und nach durch Senkungen und Erschütterungen, die zwar sehr
geringfügig, aber deßhalb gerade im Verhältniß zu den gesenkten Massen
sind. Man hat mit vollem Rechte hervorgehoben, daß in der Schweiz,
die keine Spur von vulkanischen Gebilden aufzuweisen hat, drei Central-
punkte häufiger Erdbeben sich finden. Dips im Wallis, Basel und das
kleine Städtchen Eglisau, letztere beide am Rheine gelegen. In Eglisau
verspürt man fast täglich leise Erschütterungen ohne weitere Folgen. Aber
es unterliegt auch keinem Zweifel, daß Schichten von Steinsalz und Gips
sich unterhalb dieser Rhein=Städte in gewisser Tiefe befinden und was
Dips betrifft, so ist die Gegenwart von Gips in der Tiefe sehr wahrscheinlich, da bedeutende Lager dieses leicht löslichen Minerals in der
Umgegend und in geringer Entfernung davon im Rhonethale zu Tage treten".

Wie in Europa, giebt es auch in Asien Herde von Erdbeben und
zu diesen Herden sind die gebirgigen Gegenden Sibiriens und der Provinz
Gan-su zu zählen. C. Vogt meint nun zwar, daß sie hauptsächlich da
entstehen, wo leichtlösliche Minerale sich in der Tiefe befinden und zählt
zu diesen Salz- und Gipslager. Da jedoch auch im Innern der Erde
ebenso wie auf ihrer Oberfläche die Verwitterung von Fels und Gestein,
wenn auch langsamer, vor sich geht, auch Kalk und Lehmschiefer verhältnißmäßig leicht der Zersetzung, Auflösung und Fortschwemmung durch Wasser
unterliegen, so kann es keinem Zweifel unterliegen, daß sich überhaupt
überall von Zeit zu Zeit Erderschütterungen, sogenannte Erdbeben, fühlbar
machen, wenn ein Terrain durch unterirdisches Wasser dermaßen ausgehöhlt
ist, daß die aufliegende Erdschicht oder Gebirgsmasse sich nicht mehr in
der Schwebe erhalten kann. Ich glaube keine zu gewagte Hypothese aufzustellen, wenn ich sage, daß Erdbeben überhaupt nur Erdrutsche im
Innern der Erde und zwar in einer verhältnißmäßig geringen Tiefe, sind.

Wir haben wohl im Allgemeinen noch zu wenig Erfahrungen über
die Folgen der Erdbeben, namentlich wissen wir nicht, wie groß die
absolute Höhe einer Gegend vor dem Erdbeben und nach demselben gewesen
ist; ich bin zu der Annahme geneigt, daß die Erdbeben überhaupt eine
langsame Gegenwirkung gegen die Erderhebungen sind, daß sie also gerade
in Gegenden mit bedeutender absoluter Höhe am öftesten vorkommen.

Der Verfasser erzählt (S. 317 und 318) vom Glauben oder Aberglauben, welcher in Gan-su herrscht. Am See Djem-tschul ist es eine
graue Kuh, am See Kosin ein grauer Yak, den man gesehen haben will
und er fügt hinzu, daß auch im Volksglauben der Russen graue Kühe
eine bedeutende Rolle spielen.

Es ist überhaupt eine eigenthümliche Erscheinung, welche, meinem
Dafürhalten nach, dafür zeugt, daß die verschiedenen Menschenracen in
frühern Epochen einander näher gestanden, oder in großer Vermischung
mit einander gelebt haben, daß nicht bloß die Volksstämme Innerasiens,
welche der mongolischen Race, und die Russen, welche der arischen angehören, sondern auch die germanischen Stämme graue oder weiße Thiere
in ihre Sagen aufgenommen haben. Diese Sagen haben im Volksgeiste
dermaßen tiefe Wurzeln geschlagen, daß sich die römische Kirche genöthigt
sah sie gleichsam zu canonisiren und sie mittelst der Legenden vom heiligen
Hubertus und heiligen Martinus in der Gestalt eines weißen Hirsches und
eines weißen Pferdes einen Platz im Breviarium romanum einzuräumen,
das Mönche wie Weltpriester alle Tage zu lesen, — ein Beten kann ja
dieses Herleiern nicht genannt werden, — verpflichtet sind. Neuerlich hat
nun auch Njemirowitsch-Dantschenko bei den Loparen (Lappländern) im
höchsten Norden Europas den Glauben an das weiße Renthier mit
schwarzem Kopfe, den der Ara-Tele jagt, in voller Blüthe gefunden, wie
ich dies im „Globus" im Artikel „Am Imandrasee" mitgetheilt habe.
Auch die Legende von der heiligen Genovesa, eine der schönsten ihrer
Art, gehört diesem Cyclus an.

Dr. Kuhn führt in seinem, in der „Zeitschrift für deutsche Philologie"
(Jahrgang 1868) veröffentlichten Artikel: „Der Schuß auf den Sonnen-
gott", die Sage vom weißen Hirsch (und von den weißen und grauen
Hausthieren überhaupt), auf die Verehrung der Sonne und Sterne zurück,
welche allen Naturvölkern gemeinsam gewesen ist. Schon die alten Griechen
haben, wie sie ja Alles in's Gewand des Schönen zu kleiden wußten,
diesen Glauben idealisirt und — wenn ich mich so ausdrücken darf, —
das, was der rohe Mensch vom Himmel auf die Erde herabgezerrt hat,
zurück an den Himmel versetzt. Sie haben aus dem Antilopenkopfe der
indischen Sage den glänzenden Kopf des Orion, der ja noch im Hades
dem edlen Waidwerke nachgeht, gemacht; sie haben Bär, Hirsch und Hund
(Sirius) dem Himmel zurückgegeben, und lassen an demselben die wilde
Jagd, welcher wir den Wechsel der Jahreszeiten verdanken, fortsetzen.

Wenn Kuhn, und zwar mit Recht, annimmt, daß die Gemeinschaft
des Glaubens an die verschiedenen grauen und weißen Thiere, darauf
hinweist, daß Indier und Germanen schon vor ihrer Trennung diesen

Glauben gemeinschaftlich besaßen, so muß, wohl nach der von Prschewalski (und Dantschenko) gemachten Mittheilung angenommen werden, daß die Mongolen (und finnisch-mongolischen Volksstämme) den Glauben an die graue Kuh, das graue Yak und weiße Renthier aus derselben Quelle geschöpft haben. Jeder Volksstamm hat sein Bild nur modifizirt und das Thier eingeschoben, welches unter den gegebenen Lebensverhältnissen für ihn die größte Bedeutung hatte.

Note zu Kapitel X.

Die Tanguten, von den Chinesen Si-fan genannt, haben, wie auch die Dalben und andere, die gebirgigen Gegenden von Gan-su, Kuku-nor u. A. bewohnenden Stämme, nie eine bedeutendere Rolle in der Geschichte, sowohl in der speciell chinesischen, als auch in der allgemein asiatischen gespielt. Die ersteren sind ein bis auf die Stufe der Zigeuner hinabgesunkener tibetanischer Volksstamm, die letztern dagegen Mongolen, welche nach O. Wolff (Geschichte der Mongolen) und Ritter (Asien I. 177) von Zwangsansiedlern herstammen, welche die Kaiser in früheren Zeiten als Grenzhüter hierher gesendet haben. Diese Ansicht stimmt mit den Resultaten der Forschungen F. Müllers (Allgemeine Ethnographie) und Palladius überein, welche sagen, daß nur die Tanguten in Gan-su und Kuku-nor einheimisch sind, die andern Volksstämme aber von Eingewanderten abstammen.

Es ist nicht möglich, die Zahl der Tanguten genau anzugeben; sie werden von den Chinesen nie zu den ihrigen gezählt, und deßhalb wird bei ihnen auch keine Volkszählung aufgenommen. Eine politische Rolle, — wenn sie je früher eine solche gespielt haben, — werden sie nie mehr spielen; sie zahlen nur der chinesischen Regierung ihren Tribut und lassen sich von ihr ihre heimischen Scheinfürsten einsetzen, die sich freuen, auf ihrem Hute den rothen Korallenknopf, das Zeichen der Würde der höheren Mandarinen, tragen zu dürfen. Die Chinesen lassen ihnen gerne den Schein der Unabhängigkeit, was sie ja nicht hindert, die Halbwilden auszusaugen und in ihre Gebiete Colonisten zu senden, welche sie des besten Bodens berauben und sie durch Branntwein und Opium endgültig demoralisiren.

Die Herrschaft der Chinesen trägt den äußern Schein eines Lehnsverhältnisses, ist jedoch nichts weniger als dieses. Die eingeborenen Fürsten des Landes erkennen nämlich den Kaiser als ihren Oberherrn an, und ordnen sich der Verwaltung der Provinzen unter, in welchen sie leben, wie dies ja auch die Mandarinen thun, welche ihnen an Rang gleichstehen; der Kaiser verpflichtet sich auch seinerseits die nächsten Erben des Fürsten mit demselben Lande zu belehnen, — aber der Belehnte darf keinerlei Jurisdiction ohne Einwilligung des Kaisers ausüben und die Regierung des letzteren thut absolut nichts, um Bildung und Wohlstand unter die Tanguten (und Dalben) zu bringen, vielmehr begünstigt sie Alles, was zur Verarmung, Demoralisirung und Ausrottung des ganzen Stammes bei-

trägt. Ich will die Frage, ob die Tanguten, vom Culturstandpunkte aus,
existenzwürdig sind, hier nicht erörtern; die Beschreibung, welche uns
Prschewalski und andere Forscher von ihnen geben, spricht eher zu ihren
Ungunsten als zu ihren Gunsten. Aber dieses berechtigt doch die chinesische
Regierung nicht, sie durch eine feige, hinterlistige Politik auszurotten, ohne
auch nur den Versuch gemacht zu haben, sie zu civilisiren und zu bilden,
also nützlich zu machen. Die Tanguten, welche von den Chinesen den
Aderbau angenommen haben, stehen, nach Allem, was wir über sie erfahren haben, in moralischer Beziehung womöglich noch niedriger, als ihre
nomadisirenden Brüder.

Nach Henry Yule war das Land der Tanguten im Mittelalter ein
bekanntes Königreich und entsprach fast dem heutigen Gan-su. Gan-su
war zwar die offizielle Bezeichnung dieser Gegend unter der mongolischen
Dynastie (1260—1368), doch hieß sie bei den Mongolen und Westasiaten
immer das Land der Tanguten, wurde jedoch auch im Mittelalter „Ho-si",
d. h. die Gegend westlich vom (gelben) Flusse genannt und wird das Wort
„Tangut" in einem persisch-chinesischen Wörterbuche vom Jahre 1400
durch „Ho-si" explizirt. Die Hauptmasse der Bewohner war tibetanischer
Abstammung und ihre Hauptstadt war Nin-sja am gelben Flusse. Die
Gegend war öfters von den Horden Dschengis-Chans überfluthet, welcher
auch in dieser Gegend (1227) gestorben ist. Der Name ist, wie gesagt,
unter den Mongolen in Gebrauch, scheint aber häufig für ganz Tibet
angewendet zu werden. „Si-fan" — wie die Tanguten von den Chinesen
genannt werden, — bedeutet „westliche Barbaren."

Ein Vergleich des Tangutischen mit dem Tibetanischen dürfte die
Verwandtschaft beider Volksstämme noch näher begründen. Ich will, der
Kürze halber, mich auf die Vergleichung der Zahlenreihe bis Zehn be-
schränken.

	Nach Prschewalski Tangutisch:	Nach Jaeschkes Asia Polyglotta Tibetanisch:
1	Khtsik	chig
2	Ni	nyi(s)
3	Sum	sum
4	Bsche	zhi
5	Rna	nga
6	Chok	{ dhug { dshug
7	Diun	dun
8	Dziat	gyad
9	Rgin	gu, rgu
10	Ziu-tamba	chu oder chu-tma-pa.

Es dürfte wohl bekannt sein, daß der schwarze und gelbe Fluß um
1326 von Friar Odoric besucht worden ist. Er sagt, indem er von
„Kan-san" (Gan-su) d. h. Kenjan-su oder Schen-si scheidet: „ich kam
in ein Königreich, das Tibet genannt wird, an den Grenzen des
eigentlichen Indiens liegt und dem Groß-Chan unterworfen ist. Es

befitzt einen größern Ueberfluß an Brod und Wein, als andere Gegenden
der Welt. Das Volk dieser Gegend wohnt in schlechten schwarzen Filz=
zelten. Aber in der Haupt= und Residenzstadt sind Häuser mit schwarzen
und weißen Mauern und alle Straßen sind sehr gut gepflastert. In dieser
Stadt darf kein Blut, weder eines Menschen noch Thieres vergossen werden,
aus Achtung vor dem Bilde eines Jdols, vor welchem sie ihre Andachten
verrichten. In dieser Stadt wohnt der „Abaffi", d. h. in ihrer Sprache
der „Priester", welcher das Oberhaupt all dieser Götzenanbeter ist, und
welcher über alle ihre Pfründen, über den Acker und die Sitten zu dis=
poniren hat." Dieses ist sehr interessant, denn es sieht aus dieser Schilderung
der Dalay-Lama (jetzt Lassa) heraus, lange bevor diese geistliche Dynastie
begründet worden ist. Die letztere hat sich, wie die päpstliche Würde in
Rom, langsam durch Usurpation entwickelt.

Eine Zweitausendjährige chinesische Herrschaft (Kan-tschöu wurde im
Jahre 120 v. Chr. unter dem Namen Tschang-ye als Militair-Colonie
und nach Biot in derselben Zeit, wahrscheinlich am Tob-nor, auch Kin-li
gegründet), hat es nicht vermocht, die Tanguten der Barbarei zu ent=
reißen. Dieser eine Umstand dürfte jeden, welcher die Chinesen und ihre
Cultur ohne vorgefaßte Meinung betrachtet, nöthigen, beide als unfähig,
Nichtchinesen zu civilisiren, zu kennzeichnen.

Tangut ist übrigens nach Ritter (Asien IV. S. 182) die mongolische
Verdrehung des Namens Tang-hiang, eines ursprünglich tibetanischen,
dann wohl mit Turkstämmen vermischten Volkes, das einst eine glänzende
politische Rolle in Innerasien gespielt haben soll, zwischen 900 und 1200
n. Chr. ein selbstständiges Reich ausmachte und erst 1227 beim vierten
Ansturme Tschingis-Chans unterlag.

Ein ununterbrochenes Ferment unter den China unterworfenen Völker=
schaften bilden die Dunganen, die zwar dem Aeußern nach chinesirt,
ihrem Charakter nach aber eigenartig sind und die Lehre Muhameb's bekennen.
Welchem Stamme die Dunganen angehören, ist bis heute noch nicht ent=
schieden. Einige Reisende betrachten sie für ein ehemals besiegtes und
nach Osten verpflanztes Volk, ohne jedoch zu sagen, von wem es besiegt
und nach Osten verpflanzt worden ist; andere behaupten, daß es nur ver=
änderte Chinesen sind. N. Shaw, der diesen Volksstamm besser als viele
andere Reisende kennen zu lernen Gelegenheit hatte, sagt, daß es sehr
kräftig gebaute Menschen mit einer der mongolischen ähnlichen Gesichts=
bildung und spärlichem Haarwuchse sind. Er meint, daß sie die Nach=
kommen mongolischer Eindringlinge und chinesischer Weiber seien und
diese Annahme stimmt mit der Tradition der Dunganen überein. Er
vergleicht sie übrigens mit den Tarantschen, welche aus dem Westen gegen
die chinesische Grenze hin verpflanzt worden sind, weil sie in ihren mittel=
asiatischen Sitzen häufig Unruhen gegen China erregt haben.

Den moralischen Werth der Dunganen lehrt uns Prschewalski am
besten kennen; über ihn brauchen wir wohl kein Wort zu verlieren, so
wie der Kampf der Chinesen mit ihnen auch diese hinreichend kennzeichnet.
Der Kampf mit ihnen ist derzeit zu Gunsten Chinas beendet, das seinen

Sieg nicht der größern Bravour seiner Soldaten, oder dem größeren Talente ihrer Führer, sondern einzig der Fäulniß der Dunganen, die unser Reisende so drastisch beschrieben hat, zuschreiben darf. Wjenjukow schätzt derzeit die Dunganen nur noch auf etwa 5000 Seelen, die dem himmlischen Reiche gewiß nicht so bald gefährlich werden dürften. Zehnertausende sind während des Krieges, der beiderseits eigentlich nur ein cannibalisches Metzeln und Ausrotten gewesen, umgekommen.

Note zu Kapitel XI.

Prschewalski giebt uns eine sehr kurze Beschreibung des Sees Lob-nor nach den Mittheilungen der Mongolen; er selbst hat diesen See nicht gesehen, und da er, so wie die Gegend, in welcher er liegt, überhaupt noch zu den unbekanntesten Gegenden der Welt gehört, so dürfte eine kurze Beschreibung des Sees, nach welchem sich Prschewalski gesehnt hat und wohin er in diesem Augenblicke unterwegs ist, hier am Orte sein. Ich gebe sie nach dem „Globus" (Band XXIX, S. 235).

Der Lop-Köl (oder Mongolisch Lop-Nor), den Prschewalski, wie ich allen Grund zu vermuthen habe, richtiger Lob-Nor nennt, und der auf deutsch Drachensee heißt, ist eine von keinem Europäer gesehene Wassermasse, deren Umfang nach Mirza Hayder, dem Verfasser des „Tarichi Raschidi", vier Monatreisen beträgt. In diesen See ergießt sich der aus China kommende Strom Kara-moran. Forsyth, welcher bei den Eingeborenen, die den See genau gesehen haben, Erkundigungen eingezogen hat, sagt:

„Obwohl die verschiedenen Angaben in den Details bedeutend von einander abweichen, so bekräftigen doch alle die Thatsache der Existenz dieses Sees und dessen Verbindung mit den westlichen Sümpfen sowie auch die allgemeine Charakteristik der Oertlichkeit und der Bevölkerung. Den diesseitigen Theil des Sees hat so mancher Ostturkestaner infolge der Kriege Jakub Chan's mit den Chinesen gesehen, den jenseitigen, d. h. den westlichen Theil, jedoch kennen auch sie nur vom Hörensagen. Sie behaupten, daß er ganz unbewohnt sei, nur fünf Tagereisen im Umfange habe und an seinem östlichen Gestade sich höchstens 3 bis 4 Tage weit vorbringen lasse, da auf dem feinen und tiefen Salzstaube kein Mensch oder Thier gehen kann, ohne knietief einzusinken. In südöstlicher Richtung zieht von diesem See durch die ungeheure Salz- und Sandsteppe ein großer Strom, welcher in einer Entfernung von 15 bis 20 Tagereisen verschwindet und erst in China zum Vorscheine kommt. In alten Zeiten soll, so erzählt man sich, ein junger Mann zur Erforschung dieses Sees ausgezogen sein. Nachdem er sieben Tage lang auf dem Strome gefahren war, fand er sich einem Berge gegenüber und sah, wie die Wasser zwischen Felsen in eine tiefe, schwarze Schlucht stürzen. Er wollte sein Boot anhalten, doch die Strömung riß ihn mit sich in den Abgrund. Nun warf er sich schnell auf den Boden des Kahnes auf den Bauch; er hörte wie der Vordertheil desselben an den Wänden der finstern Passage reibt, fühlte wie Steine auf ihn niederfallen, und als er hernach ins Freie gelangt war, fand er, daß sein Fahrzeug nicht mit Steinen, sondern mit Goldklumpen besäet war. Auf der jenseitigen Strecke des Flusses begegnete unser phantastischer Tatar, der die Odyssee gewiß nicht gelesen hatte, auch noch Cyclopen, die ihn schließlich gefangen nahmen und nach Peking verkauften, von wo er nach zweiundzwanzigjähriger Abwesenheit als grauhaariger Mann heimkehrte. Man sieht, die Phantasie hat einen genügend weiten Spielraum hier sowohl als anderorts, wo geographische Unkenntniß ihre Schleier ausbreitet. Von dem chinesischen Reisenden Fa-hian angefangen bis zu den neusten werthvollen Notizen, mit welchen der gelehrte Yule seine Ausgabe von Marco Polo begleitet, ist so manches des Interessanten, so manches des Mystischen über diese Gegend enthalten."

Die Lob- oder Drachensteppe, in welcher sich der Lob-nor befindet, ist, wie Engländer sagen, welche mit Forsyth nach Ostturkestan gereist sind und den westlichen Saum gesehen haben, eine grenzenlose Ebene von einer dichten Kruste lockerer Salzflächen überzogen, auf welchen nur das wilde Kameel Fuß fassen kann, das Pferd knietief einsinkt und der Mensch von dem aufwirbelnden Staube erstickt, oder von dem Glanze der schneeweißen Salzflächen geblendet wird. Dieser Sand, von dem die Eingeborenen Ostturkestans mit Grausen sprechen, ist eine Plage, deren Grauenhaftigkeit wohl an keinem Punkte unseres Erdballes so sehr hervortritt als hier, und erst jetzt, sagt Forsyth, ist es mir einigermaßen einleuchtend, warum seiner Zeit meine Reisegefährten zurückschauderten, als ich ihnen von dem segensreichen Frühlingsregen in der westlichen Welt sprach. Unter Regen verstehen nämlich diese Leute jene unermeßlich großen Wolken feinen Sandes, welche die Nordwinde von der Drachensteppe her mit sich führen, um mit diesen fliegenden Sandschichten das durch Menschenfleiß der Natur abgerungene Culturgebiet zu vernichten. Der Sand bewegt sich zumeist in halbmondförmigen Dünen, und da diese Naturerscheinung ihren regelmäßigen Gang bewahrt, so kann aus der Dicke der vorhandenen Sandschichten die Zeit ihres Entstehens bis auf Jahrhunderte zurück berechnet werden. Und fürwahr die ewigen Gletscher der umgebenden Gebirgsregionen mußten in vergangenen Jahrhunderten, vielleicht gar Jahrtausenden in Ostturkestan einen gewiß viel breiteren Gürtel bebauten Landes gestattet haben, als der jetzt uns bekannte Flächenraum des bewohnten Sechsstädtekreises. Marco Polo erzählt uns von Tschartschan als einer Provinz mit gleichnamiger Stadt, von dem allen aber heute keine Spur mehr vorhanden ist. In ähnlichem Sinne äußern sich orientalische Geographen, so oft von dem fürchterlich imposanten Becken dieser innerasiatischen Alpenwelt die Rede ist. Auch über Chotens vergangene Größe erhalten wir einige Aufklärung, wenn wir die verheerende Natur der Sandstürme in's Auge fassen."

Diese fürchterlichen Sandstürme in jener Gegend, welche wir gewöhnlich die „große Wüste Gobi" nennen, werden uns erklärlich, wenn wir das berücksichtigen, was Peschel (Neue Probleme S. 192) sagt.

„Dieſer troſtloſe Wüſtengürtel, der vom atlantiſchen Saume der Sahara
ſich fortſetzt bis zur mongoliſchen Gobi iſt nichts Anderes, als das Rinnſal
der Nordoſtpaſſatwinde, welchem Umſtande auch die ungemeine Trockenheit, die dort herrſcht, wenigſtens theilweiſe, zuzuſchreiben iſt, da ſie
andern Theils auch mit eine Folge der größern Ländermaſſen iſt, welche
die alte Welt in der Richtung des Paſſates ausdehnt."

In dieſer fürchterlichen Wüſte liegen viele verſchüttete Städte, oder,
wie ſich Hermann Bambery im „Globus" (l. c.) ausdrückt, ein ganzes
Herculanum und Pompeji, — auch wohl noch manches Stabiae. Aber
auch viele, mehr freiwillig aufgegebene Städte finden wir in der mongoliſchen
Wüſte, denn außer den großen Städten, welche die Chineſen hart an der
alten Reichsgrenze angelegt haben, theils um dieſe zu ſchützen, theils auch
als Emporien des Handels mit den Nomaden Inneraſiens, gründeten ſie
auch andere Städte, gleichſam vorgeſchobene Faktoreien, welche aufgegeben
wurden und noch werden, um an beſſer gelegenen Stellen wieder zu erſcheinen. Du Halde zählt mehr denn zwanzig ſolcher Ruinenſtädte in
der Mongolei auf und ſagt bei dieſer Gelegenheit: „Es iſt wahrſcheinlich,
daß dieſe Städte erſt nach dem Beginnen der Regierung Koblaïs gegründet worden ſind. Denn nachdem die Mongolen den chineſiſchen Geiſt
angenommen und ſich unter der Herrſchaft Koblaïs civiliſirt hatten, begannen
ſie, wie man mit Sicherheit annehmen kann, um nicht niedriger als die
von ihnen beſiegten Chineſen zu erſcheinen, in ihrer Mongolei eine ziemlich
große Anzahl Städte zu erbauen, von denen man heute noch an mehr
als zwanzig Stellen die Ruinen ſieht".

Aber in der mongoliſchen Wüſte ſind die Städte überhaupt kurzlebig.
In einer Meereshöhe von mehr denn 1700 Meter iſt die Gegend, in
welcher ſie gegründet werden, unfruchtbar und ungaſtlich, da ſie weder an
Holz, noch an Gras, ſo viel bietet, als die Bewohner durchaus gebrauchen.
Deßhalb hatte man auch ſchon 1870 begonnen die Handelsniederlaſſung
Kobbo aufzugeben, um ſie fünf Tagereiſen ſüdlicher an der Straße von
Ulrumtſchi, wieder zu erbauen. Dort liegt in einer wohlbewäſſerten und
bevölkerten Gegend ein Lamalloſter und man hofft, daß hier auch die neue
Stadt beſſer gedeihen wird.

Die meiſten Städte werden aber wegen der unrationellen Behandlung
der Wälder, welche ja ohnedies in der Mongolei nur ſehr ſpärlich und
kümmerlich wachſen, unbewohnbar und deßhalb von den Chineſen aufgegeben. Dieſe Wälder beſtehen zumeiſt aus verkrüppelten Kiefern, welche,
wie wir wiſſen, nur an den Nordabhängen der Gebirge wachſen. Da die
Chineſen mit dieſen Wäldern ſchonunglos verfahren, verſchwinden ſie auch
bald in der Nähe von Städten und die natürliche Folge iſt, daß dieſe
aufgegeben werden müſſen, da die Chineſen, trotz ihrer alten, häufig wohl
überſchätzten Cultur, es noch nicht gelernt haben, Wälder heranzuziehen,
oder ſich durch einen regelrechten Bergbau die nöthigen Steinkohlen zu
verſchaffen. Wo ſie in der Mongolei Kohlenlager abbauen, thun ſie es
in höchſt primitiver Weiſe; in die Tiefe wagen ſie ſich nicht.

Note zu Kapitel XII.

Die Conturen Mittelasiens sind durch die es umgebenden Gebirge scharf bezeichnet; Der Himalaya bildet den Südabhang dieser Ebene. Die Centralaxe der Erhebung des unermeßlichen asiatischen und europäischen Continents, welche übrigens ihren Höhepunkt in der Hochebene Asiens erreichen, beginnt mit den Pyrenäen und Alpen, zieht sich durch Griechenland, über die Inseln des griechischen Archipels hinweg, durch die Levante, den Ararat, nach dem persischen Plateau, weiter durch den Hindu-Kusch, bis an die Hochebenen Centralasiens.

Diese Hochebene beginnt wie ein unregelmäßiger Fächer, in der Pamyrsteppe. Von Norden her wird sie durch den Tian-schan und Altai, im Westen, auf ihrer geneigten Seite, durch die Gebirge der Mongolei und China, und auf der ganzen Länge der Südgrenze durch das Himalayagebirge flankirt. In der Mitte dieses Continents und das relativ eine Depression bildende Thal von Kaschgar und Yarland beherrschend, erhebt sich das Gebirge von Kuen-lun, welches die direkte Fortsetzung der Erhebungsaxe bildet, die am Kap Finisterre beginnt, und in den verschiedenen Vorgebirgen und Halbinseln Chinas und Kamtschatkas endet. Von den Quellen des Oxus bis zu denen des Chuan-che und Yang-tse-Kiang hat dieses Plateau ungefähr eine Länge von 500 und eine Breite von 50 bis 250 Meilen. Es erhebt sich im Mittel, zum Mindesten an seiner Südgrenze, also am Himalaya, bis zu einer Höhe von 5630 bis 5960 Meter. Im Himalaya sind viele Berge, welche sich über 6000 Meter erheben. Vier dieser Bergkuppen sind höher als der Chimborazo; der Berg Evere st in Nepaul mißt 11,625 Meter und der Kunschinjunga in Sidim 10,500 Meter. Es sind dies die beiden höchsten Berge der Erde.

Die Mittelasiatische Hochebene, zu welcher auch die nordtibetanische gehört, bildet eine Barrière zwischen den benachbarten Landstrichen und scheidet sie fast vollständig. Sie selbst hat eine Flora und Fauna, die ihr eigenthümlich ist. Diese Configuration des Bodens hat vielleicht die ersten Wanderungen des Menschen bestimmt und der Hauptstrom der Geschichte Europas und Asiens hat wohl durch sie, sowie durch den großen Gebirgshalbzirkel, welcher sich von dort bis an die Küsten des atlantischen Meeres und an den stillen Ocean hinzieht, seinen Impuls und seine Richtung erhalten. Ist es doch der Himalaya, nicht weit von der Pamyrsteppe, wo Raleigh die Arche Noahs sich festsetzen läßt, nicht blos, weil nördlich von Indien sich die höchsten Gebirge befinden, sondern auch, „weil an den Südabhängen der Gebirge, welche sich im Norden Ostindiens hinziehen, der beste Wein wild wächst". Es ist leicht möglich, daß die regellosen Ebenen Centralasiens, welche von Gebirgen, wie ein Garten von Mauern, umschlossen sind, die Wiege der großen historischen Menschenracen sind, deren erste Wanderung nach den Niederungen Europas und Asiens gewissen geologischen Ursachen zugeschrieben werden können.

Der eigentliche Himalaya, welcher von den Quellen des Indus und Bramaputra begrenzt wird, hat keine bestimmten Grenzen im Norden, auf der Innerasiatischen Hochebene, deren Südrand er bildet. An diesem Südrande liegen die Königreiche: Kaschemir, Sirmur, Garwahl, Kumaon, Nepaul, Sikim, Buthan und Assam, jenseits welcher das Gebirge plötzlich in der Ebene verschwindet. Die äußern Abhänge des Himalaya, Sewalik genannt, erheben sich plötzlich aus der Ebene und bilden eine Reihe von Thälern, welche Doons genannt werden und zwischen den Sewalikrüden und dem eigentlichen Himalaya liegen. An den untern Südabhängen der Himalayakette zieht sich gegen Osten die Sumpfgegend des Ganges und seiner Nebenflüsse hin, in welcher die Pest entsteht und die ungefähr zehn Meilen breit ist; sie ist unter dem Namen Terai bekannt.

Eine approximative Vorstellung von der Höhe der Gebirgsspitzen des Himalaya wird man sich machen können, wenn man das sogenannte Alpenglühen beobachtet, das wohl in keinem andern Gebirge so großartig ist, wie in diesem. Lange bevor die Sonne aufgeht, ja noch lange, bevor die Morgenröthe am Himmel erscheint, glühen schon die Felsenberge des Himalaya, deren Schnee von den Sonnenstrahlen getroffen, wie mit Gold begossen erscheint. In Mitte allgemeiner Dunkelheit scheinen diese Gipfel zu brennen und heben sich wie große Feuermassen ab vom schwarzen Himmelsgewölbe. Sie haben dann etwas Schauerliches, Uebernatürliches an sich, das wohl den Geist des rohen Menschen auf mystische Irrpfade leiten kann und gewiß auch geleitet hat.

Gegen Norden hin bietet dieses Gebirge freilich einen andern Anblick dar. Hier bildet es, wie Markham sagt, die weite kalte Hochebene von Tibet, die Scheidewand zwischen den Schneegefilden Tibets und den glühenden Ebenen Bengalens, zwischen denen es nur einen Verbindungspunkt, eine Passage giebt, welche Kuti oder Nilau heißt und Tibet mit Nepaul verbindet.

Diese Passage, welche alle Schrecknisse der Uebergänge über die Anden bei Weitem überbietet, ist 47 Centimeter breit, 610 Meter lang und in einer Tiefe von 300 Meter schäumt ein furchtbarer Wildbach dahin, dessen Getöse auch den Muthigsten mit Grausen erfüllt. Trotzdem diente dieser Paß einst und zwar vor kaum hundert Jahren, als Handelsweg zwischen Nepaul und Tibet, bis die chinesische Ausschlußpolitik und die kriegerische und unruhige Dynastie der Ghoorkas in Nepaul auch diesen gefahrvollen Weg dem Handel und Verkehr verschlossen hat.

Nördlich von der Passage von Kuti oder Nilan erstreckt sich die tibetanische Ebene, mit deren nördlichem Theile uns Prschewalski bekannt macht. Der übrige Theil gehört bis jetzt zu den unbekanntesten Gegenden der Erde. Was wir wissen, sind Bruchstücke und es wäre zu wünschen, daß den Obersten Walker und Montgomery ihr Unternehmen, mit als buddhistische Pilger verkleideten Indiern ins Innere zu gelangen, glücken möge. So viel ist jedoch schon heute gewiß, daß in dem rauhen gebirgigen Lande, das von wilden Gebirgswässern durchströmt ist, der Aderbau im großen Maßstabe kaum möglich, selbst wenn es von einem fleißigeren Menschenstamme bewohnt wäre. Bis jetzt wird nur in den Flußthälern Weizen und Reis in geringen Quantitäten gebaut und das Hauptgetreide bildet auch hier die Gerste und zwar eine schwarze Varietät, welche zu Djamba, die ja die Hauptspeise aller mongolischen Stämme bildet, verwendet wird. Gold und Silber sollen mit großer Leichtigkeit und in Menge gewonnen werden, wandern jedoch nach dem tibetanischen Rom, nach Lassa und in die verschiedenen Klöster des Landes, die von faulen Mönchen über-völkert sind.

Der **Manul** (Felis manul Pallas), von dem im XII. Kapitel die Rede, ist nach der „British Cyclopaedia" eine Mittelspecies zwischen Katze und Luchs, doch ist der Schwanz des Manul viel länger, als der des Luchses und sind seine Ohren nicht so spitz. Der Manul besitzt einen Reißzahn weniger, als die typische Katze; trotzdem gehört er dem Katzen-geschlechte an. In seinen allgemeinen Gewohnheiten unterscheidet er sich von seinen Geschlechtsgenossen; er lebt in unbewachsenen, offenen Gegenden, zwischen Felsen, und ist leichter während des Fressens, als während einer regelmäßigen Jagd zu erlegen. Seine Nahrung besteht hauptsächlich aus Hasen und andern Nagern. Zu den Hauptgewohnheiten dieses Thieres gehört jedoch der Raub während der Nacht. In der Noth klettert der Manul auf Bäume, oder flüchtet in den Wald. Wenn wir alle diese Gewohnheiten zusammenfassen, so finden wir, daß der Manul bedeutend von den übrigen Specien des Katzengeschlechtes abweicht. Er vereint in sich etwas vom Charakter der Katze und des Luchses und besitzt auch etwas von den Gewohnheiten des Fuchses.

Note zu Kapitel XIII.

Wie groß das Anpassungsvermögen mancher Pflanzen an ungünstige klimatische Verhältnisse ist, weiß ich aus eigener Anschauung. Im Jahre 1867 hatte ich in Ussolje an der Argara einen Garten gepachtet, den ich mit verschiedenen Gemüsesorten u. s. w. bebaute. Auf dem Raine wucherten verschiedene Unkräuter, deren ich nicht Herr werden konnte, da meine Arbeits-kraft, — ich mußte den Garten allein bearbeiten, weil meine pecuniären Mittel es mir nicht erlaubten Arbeiter zu miethen, — kaum hinreichte, um den cultivirten Boden gegen die Invasion durch Unkraut zu schützen. Besonders dicht wucherten Malven, Kletten und Nesseln (Urtica dioica). Der Herbst war sehr feucht gewesen und die Malven und Kletten hatten sich gegen Anfang September unter dem Einflusse der Feuchtigkeit zu mehr als 30 Centimeter hohen Büschen entwickelt, die ersteren sogar so große Blüthenknospen getrieben, wie ich sie in meiner Heimath, — dem Posenschen, — nie zu beobachten Gelegenheit hatte. Gegen die Mitte Septembers be-gannen diese Malven zu blühen, trotzdem sich schon am Morgen Reif ansetzte und gegen Ende des Monats waren meine Malvenbüsche dicht mit Blüthen bedeckt, als ob sich nicht der Winter, sondern der Frühling nahe. Schon in den ersten Tagen Oktobers hatte der Frost begonnen, doch war's am Tage schön und an der Sonne sogar warm. Dieses benutzten die Malven,

um ihren ganzen Flor zu entwickeln, und ihre Blüthen verschwanden selbst
dann nicht, als schon statt Regen Schnee zu fallen begann. Erst eine
die Blüthe überragende Schneedecke entzog die Malven und ihre Blüthen
meinen weiteren Beobachtungen. Auch die Kletten hatten in dieser Zeit
frische Blätter getrieben und es zeigten die Herzblätter eine Frische, wie
man sie nur im Frühling zu sehen gewohnt ist. Zur frischen Blüthe brachten
es diese Pflanzen nicht, doch litten sie auch nicht unter dem Einflusse des
Reifes und der Fröste. Auch sie verschwanden erst, als eine dicke Schneedecke den Boden bedeckte. Eine ähnliche Beobachtung über das Anpassungsvermögen selbst der Blüthen habe ich in diesem Frühlinge (1876) gemacht.
Die Kastanienbäume unserer Posener Promenade (Wilhelmsstraße) entwickelten unter dem Einflusse der Wärme, welche im April herrschte, ihre
Blüthenpyramiden, da kam der Mai, welcher einige Nachtfröste brachte
und bis gegen sein Ende rauh blieb. Wir glaubten, daß die Blüthen
dem Froste erliegen werden. Allerdings waren sie während des ganzen
Wonnemonats recht traurig, sie erholten sich jedoch schnell, als der Juni
erschien und dauernd schönes Wetter brachte, und brachten auch ihre Früchte
zur Reife.

_____

Note zu Kapitel XIV.

Ich habe in meinem „Sibirien" (Sibirien und das Amurgebiet von
Albin Kohn und Richard Andree) gezeigt, daß die Buriaten in Transbaikalien die Sitte haben, an gewissen Punkten im Gebirge, an Flüssen
u. s. w. Steinhaufen anzusammeln, welche sie „Obo" nennen. Es sind dies
gleichsam Altäre, auf denen sie dem Schutzgeiste des Ortes oder der Gegend
Opfer darbringen, welche in verschiedenen werthlosen Gegenständen bestehen.
Es ist die Errichtung von Steinhaufen ein höchst alterthümlicher Gebrauch,
den man noch bei vielen Volksstämmen, welche dem Schamanismus anhängen, findet.

Früher, sagt Gabriel von Baliut, ein ungarischer Sprachforscher,
der von der Akademie der Wissenschaften in Pest behufs Erlernung der
mongolischen Sprache und Sammlung von Erzeugnissen der mongolischen
Literatur nach der Mongolei gesandt worden ist, hatte zur Aufführung
eines solchen Steinhaufens der Schamane den Platz ausgesucht, und es
fiel die Wahl darum auf Berg- oder Hügelspitzen, weil sie glaubten, daß
die Schutzgeister des Ortes, zu deren Ehren diese Altäre errichtet wurden,
auf einem erhabenen Orte wohnen. In der Nähe von Wegen aber wurden
sie darum errichtet, damit auch Reisende in der Lage seien, Steine, Lappen,
Haare aus der Mähne des Pferdes u. A. hinzuzufügen, wodurch auch
sie des Schutzes dieser Geister theilhaftig werden. Vor der Annahme der
Lehre Buddhas brachten die Bewohner der betreffenden Ortschaft zu einer
bestimmten Zeit im Jahre bei diesen Obos, welche die Stelle von Tempeln
vertreten haben, dem Geiste Opfer dar. Diese Opfer bestanden gewöhnlich
darin, daß ein Thier, gewöhnlich ein Ochse, Schafbock oder eine Ziege ge-

töbtet wurde, von deren Fleisch man ein Mahl bereitete, sodann das Herz und die Haare des Thieres in Stücken um den Obo herum hängte und endlich den letztern mit Hautstreifen umzog. Da nun die Lehre Buddhas das Tödten der Thiere als Sünde darstellt, führt man nur noch Obos auf, ohne jedoch auf ihnen blutige Opfer darzubringen. Man ersetzt diese, wie gezeigt, durch das Hinwerfen verschiedener werthloser Gegenstände: jeder Vorübergehende wirft einen Stein, ein Büschel Haare, einen Lappen hin, während die Lamas Papier- oder Leinwandstückchen mit in tibetanischer Sprache abgefaßten Gebeten auf den Obo werfen.

Auch bei den Indianern in Peru und Bolivia trifft man solche Obos, welche von ihnen „Apachilta" oder „Apachekta", was so viel wie „Zusammengetragenes" bedeutet, genannt werden; die Spanier haben diese Bezeichnung corrumpirt und aus ihr „Pacheta" gemacht. Es war bei den Indianern Brauch, sich vor der Reise dem Schutze ihrer Hausgötter zu empfehlen, welche „Huacas" hießen. Während der Reise trank der Indianer vom Wasser des Flusses, den er zu überschreiten hatte, damit er nicht von den Fluthen desselben fortgerissen werde. Beim Ueberschreiten der Berge wurden auf ihrem Gipfel Steine aufgehäuft, Haare aus den Augenbraunen ausgezupft, oder geflochtenes Stroh aufgedreht, und auf den Apachilta geworfen, um sich hierdurch den Schutz des Gottes der Gegend zu erwerben und so eine glückliche Reise zu haben. Trotzdem den Indianern längst das Christenthum, ohne Bildung und Civilisation, aufgedrungen worden ist, haben sie doch ihre alten Gebräuche in Bezug ihrer Haus-, Berg- und Flußgeister beibehalten und üben sie bis heutigen Tages aus.

Die Errichtung von Altären aus Stein ist übrigens allen bekannten Volksstämmen Asiens eigen und gehört der Urreligion an. Die Bibel lehrt uns ja, daß Jacob an der Stelle, wo er im Schlafe den Himmel offen und die Engel aus demselben zur Erde steigen und zurück in den Himmel wandern sah, einen Altar aus Steinen, einen Obo, errichtet, ihn mit Oel gesalbt und so seinem Götzen „Jahoe" oder „Jehova" geweiht hat. Der Altar im Tempel zu Jerusalem und die Altäre in den christlichen Kirchen, besonders aber in den römisch-katholischen, in denen ja ein Stein (mit einer Heiligenreliquie, sei es auch der Zahn eines Kalbes) liegen muß, sind Ueberbleibsel dieser im Freien errichteten Altäre.

Diese Altäre, welche Schutzgeistern der Gegend geweiht waren, diese Obos des alten Schamanenglaubens, haben sich bis heute in allen katholischen Ländern erhalten und diesem sind die sogenannten „Gnadenorte" und „wunderthätigen geoffenbarten Bilder, Madonnen" u. s. w. zuzuschreiben. Noch heute findet man ja in der Nähe katholischer Dörfer und an Kreuzwegen, häufig auch irgend wo im freien Felde, einen Obo in der Gestalt eines Kruzifixes, einer gemauerten Säule, in welcher sich die Karrikatur eines Menschen, eines Heiligen befindet, dem das Volk Opfer darbringt, wie die Mongolen, und vor dem der gemeine Mann, wenn er vorübergeht, andächtig den Hut abnimmt, ein Kreuz schlägt, häufig auch ein Gebet hermurmelt, wohl gar niederkniet. Wenn jemand im Hause erkrankt, wird dieser christkatholische Obo mit einem Lappen vom Hemde oder Kleide des Erkrankten umbunden und soll besonders der heilige Valentinus, wenn sein Obo in dieser Weise bedacht wird, mächtige Hilfe gegen die Epilepsie gewähren. Freilich wird, um des Guten nicht zuviel zu thun, das schlechteste Hemde des Kranken zerrissen, um einen Theil desselben an den Obo zu binden. Die Kapellen, welche man häufig in Rußland und Sibirien, oft sehr weit vom Dorfe, findet und die nur errichtet sind, wo sich ein Heiligenbild geoffenbart hat, also an Orten wo ein Schutzgeist residirt, sind griechisch-katholische Obos.

Wer Näheres über die Gemeinschaft aller sogenannten „geoffenbarten Religionen" erfahren will, und wirklich nach dem wahren Ursprunge derselben sucht, den empfehle ich das kleine, aber treffliche Büchlein: „Die Naturgeschichte der Götter und Gott" von Dr. Rudolph Vallih, welches im Verlage von A. Menzel in Leipzig, so wie auch St. Hadrians: „Götzen, Götter und Gott", das in Denicke's Verlage in Berlin erschienen ist. Diese beiden Werkchen enthalten mehr Wahrheit, als alle Religionsbücher zusammen genommen.

Allgemeine Bemerkungen.

Fast in jedem Kapitel spricht Prschewalski von Chinesen, welche sich am Wege, den er von Kalgan bis Kuku-nor zurücklegte, angesiedelt haben. Ueberall wo ein baubares Stückchen Land zu finden, findet man auch am Saume der mongolischen Wüste, wie in ihrem Innern, chinesische Fansen, und die Städte beleben gewiß Chinesen, welche sie gegründet haben und fast ausschließlich bewohnen. Es ist dies eine Erscheinung, der wir zum Schlusse noch einige Aufmerksamkeit widmen müssen.

Vor allen Dingen ist hervorzuheben, daß die Ansiedelungen der Chinesen in der Mongolei den, nach der Eroberung des Landes stipulirten Bedingungen entgegen sind. Die chinesische Regierung vermied und vermeidet auch heute noch den Anschein, als ob sie das Land in eine chinesische Provinz verwandeln, die autochtone Bevölkerung verdrängen, oder chinesiren will. Deßhalb sollen sich am Gebiete der Chalchas-Mongolen, wie wir wissen, Chinesen, selbst wenn es Beamte sind, nur ohne Familien niederlassen, also keine festen Wohnsitze gründen. Wir haben aber gesehen, daß und wie diese gesetzliche Bestimmung umgangen wird, ja sogar, daß die Mongolen selbst ihre Hand zu ihrer Umgehung bieten, indem sie den Ankömmlingen bereitwillig ihre Töchter als Wirthinnen geben und es ihnen so ermöglichen, sich häuslich einzurichten, Wirthshäuser zu gründen, Handel zu treiben, und jedes Stückchen baufähigen Landes, das sich in der Gegend findet zu acquiriren. Wo sich der Chinese einmal in irgend einer Weise angesiedelt hat, gewinnt er auch sogleich über den rohen, leichtgläubigen und gutmüthigen Urbewohner das Uebergewicht. Vor allen Dingen ist es der Branntwein, den der Mongole leidenschaftlich liebt, mit dessen Hilfe der Chinese den Nomaden benebelt und dermaßen berückt, daß er ihm sein bestes Stückchen Land, das ja auch die beste Weide ist, abschachert, um die Grasnarbe zu vernichten und entsprechende Culturpflanzen zu bauen. Die Chinesen verfahren in der Mongolei ganz ebenso, wie die Russen in der Buriatensteppe in Transbaikalien und zwischen Dajoßk und Mansurka im Gouvernement Irkutz, wie die Juden in den von Russen angesiedelten Landstrichen Sibiriens mit den Russen, wie sie in Polen und Galizien mit den Polen und Ruthenen verfahren.

Wie Rußland die Colonisation Sibiriens durch Russen und Europäer dadurch vorbereitet hat, daß es das Land zur Deportirung von Verbrechern benutzt und in ihm zahlreiche Verbrechercolonien und Militairstationen (Kasakenstannizen) gründete, so hat auch die chinesische Regierung die Mongolei mit Verbrechercolonien und Militairstationen überzogen und hierdurch die Entnationalisirung ihrer Bewohner vorbereitet. Wir würden mit Peschel uns über dieses Vordringen einer höheren Cultur in Wüsten freuen, mit Abbé David die Thätigkeit und Intelligenz der Eindringlinge rühmen und die Menschheit beglückwünschen, daß der Chinese in der Wüste Landstriche durch Intelligenz erobert und die Trägheit und das Elend der mongolischen Hirten in eine gewisse Behaglichkeit verwandelt, ja sogar unserm Forscher von Richthofen, welcher sagt, daß sich selten der Gegensatz zwischen dem Leben des Nomaden und dem des Ackerbauers so augenfällig zeigt, wie in der Mongolei, und daß ein Besuch des Tsan-ti, so sehr er auch für den offenen gastfreien Mongolen einnehmen kann, doch hinreicht, um die Ueberlegenheit des arbeitsamen Chinesen zu illustriren, mit Vergnügen beipflichten, wenn wir nicht von Prschewalski, der überall ein kühler nüchterner Beobachter ist, belehrt würden, daß die chinesischen Einwanderer das Volk demoralisiren und aussaugen, ihm alle ihre Laster einimpfen, ohne ihm ihre vorzüglichen Eigenschaften mitzutheilen, und daß die chinesische Regierung das heilige Gefühl der Religion benutzt oder mißbraucht, um die Nomaden in Unterthänigkeit und Rohheit zu erhalten, ja um sie auszurotten.

Mit welcher scheinbaren Zärtlichkeit die chinesische Regierung den Buddhismus in seiner rohesten Form protegirt, habe ich schon gezeigt, als ich die Wahl des Dalai-Lamas, der Kutuchten und Higenen besprochen habe; daß sie diese Wahl zu politischen Zwecken mißbraucht, ist klar und bedarf nur der Andeutung. Durch eine andere von der chinesischen Regierung eingeführte Sitte sorgt sie für das endliche Aussterben der ihr verhaßten Nomaden. Sie hat nämlich bei den Mongolen die Sitte eingeführt, daß alle Söhne bis auf einen Lamas werden, also ehelos bleiben, und deßhalb ist die Zahl der Nomaden im steten Rückschritte begriffen. Dieses, im Vereine mit dem Umstande, auf welchen Abbé David im „Bull. de la Soc. Géogr." (Paris 1871, II. 469) hinweist, daß nämlich die männlichen Geburten die weiblichen bei Weitem überschreiten, wird uns den verderblichen Einfluß Chinas auf die Mongolen klar machen und meine Behauptung, daß er nicht civilisatorisch ist, unterstützen und begründen. China wirkt geradezu verderblich auf die Nomaden, es rottet sie im stillen Kampfe aus und schiebt allmählig aber stetig neue aus Chinesen bestehende Vorpostenketten ins Innere des Landes, um den Eingeborenen nach und nach auch den letzten Rest baufähigen und bauwürdigen Bodens zu entreißen und sie der endgültigen Verarmung, welcher das Aussterben auf dem Fuße folgen wird, entgegen zu führen.

Es drängt sich bei diesen Betrachtungen ganz von selbst die Frage auf, ob die Chinesen im Stande sind, die Mongolen in der Wüste und in den Steppen zu ersetzen, also diese ungeheuren Landstrecken, die sie von den Vorbesitzern erben werden, zu bevölkern, ob sie also durch ihre politische Erbschleicherei der Menschheit durch Acquisition neuer Landesstrecken Nutzen bringen werden?

Diese Frage müssen wir entschieden verneinen.

Der Mensch ist ein Produkt des Klimas, Bodens und anderer natürlicher Faktoren, unter deren Einflusse er entstanden ist und sich entwickelt hat. Das chinesische Volk, welches ein Produkt der ostasiatischen Tiefebene ist, ist vor allen Dingen ein Ackerbau und Handel treibendes, bis zu einem gewissen Grade intelligentes Volk, dem zwar jeder Begriff von Idealismus mangelt, das aber ungemein praktisch ist. Es kann und wird die bau= fähigen und bauwürdigen Flächen der Mongolei in blühende Felder verwandeln, aber die Wüste nicht bevölkern, und die baufähigen Flächen sind im Vergleiche mit dieser verschwindend klein. Wer wird, wenn die Mongolen verschwunden sein werden, die Wüste bewohnen, wer dieselbe auf dem Rücken des geduldigen und genügsamen Kamels durchziehen, um die Produkte des Osten nach Westen zu schaffen und diesen mit jenem in beständigem Connexe zu erhalten?

Sagen wir es nur offen und ohne Umschweife: die Mongolei wird, wenn die chinesische Regierung ihr Ziel erreicht und die Mongolen ausgerottet haben wird, die Schrecken der Wüste nur noch vergrößern, sie furchtbarer machen, denn der Chinese ist nicht fähig, die Wüsten von Ala-schan, Ordos, Gan-su u. s. w. zu beleben und ihre geringen Produkte nützlich zu verwerthen.

Wir mögen uns wohl mit den Freunden der chinesischen Cultur und Civilisation über den Fortschritt freuen, den die Bodencultur in der Mongolei, besonders an der Grenze des Reiches und in den Flußthälern, wie etwa am Chuan-che macht; civilisatorisch können wir diesen Fortschritt nicht nennen, da wir sehen, daß er verderblich in geistiger wie physischer Beziehung wirkt. Wir fordern aber von der Civilisation, daß sie veredelnd auf den Barbaren wirke, nicht aber zur Devise das schreckliche: „Ote- toi, que je m'y mette" habe. Es ist dies die Colonisationspolitik des Feigen, Gemeinen; ein edles Volk colonisirt, indem es den Wilden bildet, erhebt, veredelt, in neue Geistesbahnen lenkt und so aus ihm ein nützliches Glied der Völkerfamilie macht. Den Versuch hiermit hat in der Mongolei nur ein chinesischer Herrscher, Kanghi, gemacht, welcher, wie der Missionär du Halde (Decription de la Chine, La Haye 1736 IV. S. 33) mittheilt, chinesische Bücher in's Mongolische übersetzen, und sie dann unter den Mongolen verbreiten ließ. Diese Art der Verbreitung von Bildung und Gesittung hat wenig gefruchtet, weil sie nur kurze Zeit, d. h. so lange der Kaiser Kanghi, ihr Schöpfer, lebte, gedauert hat, trotzdem sie allein es vermocht hätte, aus dem barbarischen, die östliche Civilisation bedrohenden Nomaden, einen seinen natürlichen Verhältnissen entsprechenden Culturmenschen zu schaffen.

Ritter vergleicht das Vorgehen der chinesischen Regierung in der Mongolei sehr treffend mit dem Vorgehen der russischen Regierung in Südrußland, wo die Kasakenmarken (Stanniçi) westliche Sitten, westliche Civilisation verbreiten oder doch die Möglichkeit der Verbreitung anbahnen sollten. Rußland hat dieses Ziel nicht erreicht, wohl aber hat diese Maßregel zur Unterdrückung des tatarischen Elements beigetragen, das, wie

34*

die Statistik nachweist, im steten Abnehmen begriffen ist. Treffend ist daher die Bemerkung Wjenjukow's, welcher in seinem Werke: Die russisch-ostasiatischen Grenzlande (1874, S. 238) sagt: „Indem wir selbst die Stämme der türkischen Rasse niederhalten, müssen wir es den Chinesen ganz und gar überlassen, ihrerseits die ihnen von der Geschichte aufgebürdete Last in Betreff der Mongolen zu tragen". Wo freilich das Tragen der Cultur als Last betrachtet wird, da muß man auch die Ausrottung des uncivilisirten Volkes als das beste, ja einzige Mittel betrachten, sich dieser Last zu entledigen; hierdurch aber gewinnen wohl die Völker, welche Träger der Cultur sind, an Raum, aber sie gewinnen ihr keine neuen Kräfte und Säfte, keine neuen Rassen, aus deren Mischung doch wohl die Culturvölker selbst, wenn auch in unvordenklichen Zeiten, hervorgegangen sein dürften.

Diese Ansicht über die Verbreitung der Civilisation in der Mongolei durch China theilt auch R. Shaw (Visit to High Tartary, Yárkand and Káshgar 1871), welcher aus culturgeschichtlichem Gesichtspunkte als die wichtigste Folge der Chinesenherrschaft in den von ihm beschriebenen Gegenden die allgemeine Verbreitung des Theetrinkens betrachtet, „welche unter den sonst so bedürfnißlosen Stämmen dieser Gegend ein Verlangen erzeugt hat, das des Handels zu seiner Befriedigung bedarf und das damit culturfördernd wirkt". Aber R. Shaw sagt auch in demselben Werke über die Chinesenherrschaft: „Sie war nur auf ihren eigenen Vortheil bedacht und brachte keinen Nutzen. Die Chinesen waren nichts als Garnison, die dem Lande aufgehalst war, um die Einsammlung des Tributs zu sichern". Die Mongolei war für China, wie er sich beißend ausdrückt, ein „Botany-Bay of the Empire".

Dieses Wenige dürfte genügen, um den civilisatorischen Einfluß Chinas, ganz abgesehen vom Werthe der chinesischen Civilisation von europäischem Standpunkte aus, zu kennzeichnen. Es bringt einem rohen, seit vielen Jahrhunderten schon harmlosen und unschädlichen Nomadenvolke den Untergang und wird, da es der Mauergürtel nicht gegen die feindliche Berührung mit dem Westen geschützt hat, sich durch eine furchtbare Wüste gegen denselben schützen.

Möglich, daß, wie uns Karl Ritter lehrt, die geistige Nacht des Mittelalters für Europa bedeutend verkürzt, auch die Civilisation Chinas in andere, wir wollen sagen idealere Bahnen gelenkt worden wäre, wenn zwischen der großen westlichen Halbinsel Asiens, die wir als einen besondern Erdtheil zu betrachten gewohnt sind und Europa nennen, und seinem fernen Osten nicht die furchtbare Wüste Gobi und die Terrassen Centralasiens lägen, wo es bei der Armuth an Feuchtigkeitsniederschlägen und dem Mangel an Wasser und Landstraßen an den nöthigen Mitteln zum Verkehr zwischen dem Osten und Westen gebrach, in Folge dessen die hin und wieder angeknüpften Verbindungen immer schnell abgebrochen wurden und fast spurlos verschwanden. Ob aber schon die Römer an Verbindungen mit China dachten, ist doch wohl zweifelhaft.

Diese Wüste hat, wie Peschel in seinem Werke „Neue Probleme" bemerkt, zu allen Zeiten Räuber großgezogen. Es sind nicht blos die Abhärtungen und Entbehrungen, die sie ihren Bewohnern auferlegt, und nicht blos die Versuchung, in die sie versetzt werden, wenn rings herum grüne Weide liegt, sondern die beinahe völlige Straflosigkeit, womit ein Raub verübt werden kann, wenn er nur rasch sich ausführen läßt. Hat der Räuber mit seiner Beute die Wüste erreicht, dann ist er geborgen wie hinter Wall und Graben. Sein geübtes Auge allein entdeckt unter Sand und Dünen den richtigen Pfad, er allein kennt den nächsten Wasserplatz, und — fügen wir hinzu — versteht auch das brackige und salzige Wasser noch genießbar zu machen. Einzeln ist er jedem Verfolger überlegen, wie der Horatier den Curiatiern, und mit Uebermacht kann man ihn nicht verfolgen, denn wo schon wenige verschmachten, da verschmachten Tausende noch viel rascher. Das haben Alle erfahren, die das Unmögliche versuchten seit Darius' Feldzug zogen die Scythen, bis auf die Perser, die 1851 den Turkmanen Merw entrissen, um dort zu verhungern.

Unter diesen Umständen war es wohl unmöglich, daß sich China mit Europa in Verkehr setze, es beeinflusse, um seinerseits von ihm beeinflußt zu werden; ob es jedoch, wenn es gewollt hätte, nicht andere Wege gefunden hätte, um sich mit Europa in Connex zu setzen, ist doch noch eine andere Frage. Der Weg durch Sibirien bietet keine Schwierigkeiten dar und wird seit zweihundert Jahren mit Nutzen für den russischen Handel und die russische Industrie benutzt und außerdem gab's ja auch einen Seeweg, sei es auch nur an der Küste bis ins persische oder rothe Meer, um mit dem fernen Westen in Verbindung zu treten; auch diesen hat China nachweislich nicht benutzt, ein Beweis, daß es in sich nicht den Drang fühlte, civilisatorisch zu wirken, weil seinem Geiste die Energie mangelt, die nothwendig ist, um eine große Culturpolitik zu gebären und groß zu ziehen.

Wenn wir aus der Vergangenheit eines Volkes auf seine Zukunft schließen dürfen, so müssen wir uns sagen, daß, trotz der besten Wünsche der edelsten Männer, der Chinesen als Volk keine große, einflußreiche Zukunft harrt. Anders dürften sich die Sachen verhalten, wenn wir sie als Colonisirungsmaterial betrachten, wie dies Dr. Friedrich Ratzel in seinem neuesten Werke „Die chinesische Auswanderung" (Breslau 1876) thut. Doch auch hier ist es zweifelhaft, ob der Chinese auf allen Gebieten der menschlichen Thätigkeit und unter allen Himmelsstrichen mit dem Europäer wetteifernd unsere Culturarbeit wird unterstützen können. Der chinesischen Rasse fehlt ein wichtiger geistiger Factor, der zu dieser Arbeit, zum Wetteifer mit der europäischen nothwendig ist, — der Muth, die geistige Elasticität, welche viele wichtige physische Eigenschaften, wie z. B. Körperkraft, ersetzen, ja ganz überflüssig machen kann. Ratzel selbst, der mit edlem Eifer für die chinesische Rasse eintritt, und ihre Verstandesanlagen nicht genug rühmen kann, gesteht zu, daß sie an bedeutenden moralischen Mängeln leide, die sich besonders im Kriege kund thun, in welchem sie sich immer, selbst gegenüber von Asiaten, erbärmlich gezeigt

hat. Deßhalb auch gesteht er selbst zu, daß in Gegenden, wo der Europäer
leben und wirken kann, für die Chinesen kein Raum ist, und sie nur als
Colonisten in Gegenden gut sind, in denen der Europäer nicht leben und
seine geistige wie physische Thätigkeit nicht entfalten kann.

Der Stadt Urumtschi erwähnt Prschewalski im vorliegenden Werke
nur vorübergehend und wie zufällig. Da er jedoch im März 1876 seine
Reise an den See Lob-nor und nach Nordtibet angetreten hat und
er aller Wahrscheinlichkeit nach den Weg dahin durch Urumtschi einschlagen wird, so scheint es mir, daß eine kurze Bemerkung über diese
Stadt hier am Orte sein dürfte.

Urumtschi, das Bisch-balik des Mittelalters, hat, wie Delmar
Morgan sagt, eine wichtige Rolle in der Geschichte gespielt. Seine
vortheilhafte Lage am Nordabhange einer Kette des östlichen Tian-schan-
Gebirges, welches die Dsungarei von Ostturkestan scheidet, befähigte es
immer sich schnell von den zerstörenden Folgen der Kriege zu befreien.
Die Gegend ist fruchtbar und reich an Wasser und Weiden. Die älteste
Nachricht über Urumtschi stammt aus der Zeit, in welcher die Tangdynastie
die chinesische Herrschaft im Nordwesten des Reiches ausdehnte (646 n. Chr.).
Nun wurde diese Gegend, die mit Barkul grenzt, der Verwaltung von
Gan-su untergeordnet, trotzdem sie durch die große Gobiwüste von dieser
Provinz geschieden ist.

Die Uiguren versuchten es, ihre Wohnsitze an die Ufer des Orschon,
der Tola und Selenge vorzuschieben und sich dort festzusetzen, aus dieser
Zeit datiren wahrscheinlich die Ruinen, welche sich in der Nachbarschaft
der Stadt befinden. Nachdem die Mongolen aus China vertrieben worden
waren, fiel Urumtschi und der angrenzende Distrikt in die Gewalt der
Eleuten. Gegen die Mitte des vorigen Jahrhunderts wurde es von den
Mandschus erobert und zum militärischen Mittelpunkte des großen Distriktes
gemacht, der sich zwischen Barkul und Kur-kara-usu hinzieht. Im
Jahre 1775 wurde Urumtschi vom Kaiser Kien-long zu einer Stadt zweiten
Ranges erhoben und ihm der chinesische Name Ti-kwa-schau beigelegt.
Doch blieb es besser unter dem Namen Bisch-balik, d. h. der „Fünf
Städte" bekannt, welchen es führte, als es sich unter der mächtigen
Dynastie der Mongolen zu einer sehr bedeutenden Blüthe empor-
geschwungen hatte.

Die Straßen dieser Stadt waren breit und belebt und sie wurde von
Kaufleuten aus entfernten Gegenden Chinas, der Mongolei und Turkestans
besucht. In Urumtschi befanden sich damals eine höhere Schule, zwei
Tempel, eine städtische und eine Landschule, und es gehörte, als es der russische
Reisende Putimtschew im Jahre 1811 besuchte, zu den reichsten Städten
der Dschungarei, hochberühmt durch seine Manufakturen und die Arbeit-
samkeit seiner Bewohner. In dieser Zeit führte diese Stadt einen aus-
gebreiteten Handel, der sich bis an die chinesisch-sibirische Grenze erstreckte.
Das im Westen liegende Gebirge hat ausgezeichnete Kohlen in großer
Menge geliefert; am Fuße dieses Gebirges liegt eine große Ebene, deren

Umkreis gegen hundert Li beträgt und welche ganz mit schwefelhaltiger Asche bedeckt ist. Weiter hin nach Westen, nahe der Grenze von Urumtschi und Kuldscha ist eine große Vertiefung, deren Umfang gegen neunzig Li beträgt. Die Oberfläche dieser Vertiefung ist weiß, wie mit Schnee bedeckt, und wird nach einem Regen so hart, daß, wenn man mit einem Stocke auf sie schlägt, man einen Ton vernimmt, der ganz dem Tone ähnlich ist, den man bei Solfatara, in der Nähe von Neapel hört. Weder Mensch noch Thier darf es wagen, auf diesen Boden zu gehen; unrettbar versinkt in diese Aschengrube, wer sie betritt.

Humboldt hat zuerst die Aufmerksamkeit auf den vulcanischen Charakter der Gegend von Urumtschi gelenkt. Ihm folgte Ritter, welcher das Zeugniß von Reisenden anführt, welche sagen, daß noch ganz vor Kurzem, und zwar im Jahre 1716, heftige Erdstöße gehört wurden und in demselben Jahre wurde, nach Fall, die Stadt Alsu vollständig durch ein Erdbeben zerstört. Sjewjerzow, der die Gegend gesehen, bestreitet den vulcanischen Charakter des westlichen Tian-schau. Daß Sjewjerzow Recht hat, unterliegt keinem Zweifel; noch thätige Vulcane giebt es derzeit im Innern Asiens nicht; es existirten solche, als das Tian-schau-Gebirge noch Meeresküste gewesen ist. Die im Distrikte Urumtschi häufigen Erdbeben bestätigen die Richtigkeit der Erklärungsursachen C. Vogts (s. Note zu Kap. IX).

Ein neuerer Reisende (Sosnowski) beschreibt Urumtschi folgendermaßen: Der Name Urumtsi oder Urumtschi ist die dsungarische Bezeichnung für einen zu fällenden Wald. Sein officieller Name als der Mittelpunkt der Verwaltung der Verbrecherkolonien ist Ti-hua-chau, doch ist es in der Handelswelt besser unter dem Namen Hung-mjau-tse, der „rothe Tempel", bekannt, welcher Name von der rothen Außenseite des in der Stadt befindlichen Klosters und Tempels herrührt. Urumtschi liegt am Fuße eines der westlichen Ausläufer des Bogdo-ula, dessen dreifacher Gipfel aus großer Distanz zu sehen ist. Auf einem der Stadt nahen Hügel werden alle Jahre feierliche Opfer dargebracht.

Urumtschi besteht aus zwei Theilen: aus der Altstadt oder eigentlichen Handelsstadt, welche am rechten Ufer der Flusses am Abhange des Gebirges liegt, und aus der Neustadt oder Mandschustadt, welche am linken Flußufer in der Nähe einiger Quellen liegt.

Das Klima ist rauh; es fällt selten Regen, nicht öfter als ein oder zwei Mal im Jahr. Oft vergehen jedoch mehrere Jahre ohne Regen. Dagegen fällt Schnee in großer Menge und bedeckt häufig den Boden mit einer so tiefen Schicht, daß dadurch alle Communication gehemmt wird. Die Bewohner versorgen sich mittels desselben mit Wasser, indem sie das aus ihm entstandene Wasser am Fuße des Gebirges in Cisternen ansammeln. Die Felder in der Umgegend werden künstlich bewässert. In der Nähe der Stadt sind schwefelhaltige Quellen.

Der Distrikt von Urumtschi dehnt sich westwärts durch ein wohlbewässertes Thal, dessen Bäche vom Tjan-schan entspringen und sich weiterhin in einem großen Moraste verlieren, von dem aus das Wasser keinen Abfluß hat. Dieser Morast wird „Rohrbruch", We-hi-hu oder We-hi-tau genannt, weil er gänzlich mit Rohr bewachsen ist. Er zieht sich in einer Länge von ungefähr hundert Li von Ost nach West und bildet die Nordgrenze der Provinz. Wie weit sich aber dieser Morast nach Norden erstreckt ist unbekannt, da man ihn nicht betreten kann. Der Volksaberglauben sagt, daß auf seinem Boden Heuschrecken geboren werden, trotzdem dieses Insekt noch nie in Urumtschi gesehen worden ist.

Diese Eigenthümlichkeit der physischen Formation der Gegend spricht für die Annahme der Existenz einer bedeutenden Depression auf der Nordseite des Tjan-schau, ähnlich der im Süden, welche den See Lob-nor und seine Umgebung bildet.

Im Gebiete von Urumtschi liegen sehr viele Ruinen ehemaliger Städte, und man sieht viele Felder, welche Zeugen einer früheren Cultur sind. Sie beweisen, daß einst eine seßhafte Bevölkerung diese Gegend bewohnt hat. Ein hohes Interesse beanspruchen die Ruinen in der Nähe der Station Himus, welche wahrscheinlich weit älter als die Dynastie Tang sind; es befindet sich hier eine große steinerne Statue des Buddha, welche zur Hälfte in den Boden versunken ist. Verkohlte Gegenstände, welche hier gefunden werden, beweisen, daß die Stadt durch Feuer zerstört worden ist.

Die Bevölkerung besteht aus chinesischen Ansiedlern; sie stammt von einer so langen Reihe von Vorfahren ab, daß sie fast als Urbevölkerung betrachtet werden kann. Als die Mandschu die Dsungarei unterjochte, war sie bemüht, auch in dieser entlegenen Gegend ihre Herrschaft zu befestigen. Sie begann das Land in großem Maßstabe zu colonisiren und verband hiermit zugleich die Gründung von Militaircolonien, in welche sie Soldaten ihrer eigenen Race, wie Mandschus, Sibos, Solonen, Chacharen und Eleuthen mit ihren Familien und eine geringe Anzahl wirklicher Chinesen sandte. Ferner wurde auch zu freiwilliger Auswanderung aus China in diese Gegend aufgemuntert und alle Colonien mit Geld, Lebensmitteln, Ackergeräthen u. s. w. unterstützt und ihnen baubares Land überwiesen. Außerdem war die Regierung auch noch in anderer Weise bemüht die seßhafte Bevölkerung in den Nomadendistrikten zu vermehren.

Die Armee, welche in Urumtschi stationirt ist, besteht aus Mandschus und geborenen Chinesen. Viele Soldaten sind verpflichtet Ackerbau zu treiben. Die ersteren sind in „Tsi-ho" d. h. Fahnen getheilt, während die letztern freie Ackerbauer oder einfache „Bin-ghu" d. h. Soldaten sind.

Das gemeine Volk ist in verschiedene Classen getheilt. Diejenigen, welche freiwillig in Folge bloßer Aufforderung seitens der Regierung aus China eingewandert sind, heißen „Nim-pu". Kaufleute, welche wünschen Ackerbau zu treiben, schreiben sich in die Classe der „Schan-ghu" ein. Verbannte und diejenigen, welche ihre Strafe überstanden haben, werden unter der Bezeichnung Tsian-hu der Ackerbauclasse zugeschrieben. Jede Classe bildet eine eigene Commune, welche ihren Vorsteher hat, der den Titel Tu-mu oder Siang-yu führt. Sie genießen ein sehr großes Ansehen, denn ihre Macht ist sehr bedeutend.

Außer diesen Classen giebt es noch eine Classe der Gärtner, „Yuan-hu", welche zwar auch Land von der Regierung haben, aber nicht zu der

regelmäßigen, eingeborenen Bevölkerung gezählt werden. Handwerker und
Arbeiter stammen meistens aus der Classe der Verbannten; sie ergänzen
die städtische Bevölkerung.

Diejenigen Colonisten, welche nicht in Städten und Dörfern, sondern
in zerstreut liegenden Fansen leben, haben ihr eigenes Land. Sie düngen
den Boden nie, sondern theilen ihn und führen eine regelmäßige Schlag-
wirthschaft. Da der Boden im Winter tief gefroren ist, wird das Getreide
nicht im Herbste, sondern im Frühling gesät. Diejenigen Colonisten,
welche der Classe der Verbannten angehören, kehren nach der Ernte nach
Urumtschi zurück und suchen dort eine Beschäftigung. Auch bessern sie
während des Winters ihre Ackergeräthe aus. Händler kaufen das Getreide
von den Landleuten. Hauptsächlich wird Weizen und Hafer gebaut; auch
sät man Reis, doch sagt Sosnowski nicht, welche Species. Der Hafer
wird zum Mästen von Thieren, oder zur Fabrikation von Branntwein
benutzt, während Hafermehl den Bewohnern zur Nahrung dient. Von
den Pflanzen, welche die Gärtner produciren, hebt der Reisende vorzüglich
Kohl und Wasserrüben hervor. Außerdem werden auch zwei Specien
Mohn gebaut. In der Production dieser Fruchtgattungen, wie anderer
Pflanzen, steht jedoch der Boden weit hinter dem benachbarten Turkestan
zurück; doch sagt der Reisende, daß der in Urumtschi gebaute Tabak ausgezeichnet sei. Zu den Produkten des Landes gehört auch Asa fortida und
Krapp und soll der letztere eine bessere Varietät als die in China gebaute
sein, jedoch bis jetzt wenig benutzt werden. Die Wurzel des Krapp wird
zu Pulver zerrieben und dieses als Antidotum gegen den giftigen Biß
einer Afterspinne, des Weberknechtes (Phalangium opilis) angewendet.

Bemerkenswerth ist der Reichthum der Gegend von Urumtschi. Im
Gebirge südlich von Manas hat man häufig angeschwemmtes Gold gefunden;
die Eisenwerke in der Nähe von Urumtschi werden von der Regierung
unterstützt; das Erz enthält häufig bis 13 Prozent reines Metall. Salpeter
gewinnt man bei Manbalgasun und viele Tausend von Pfunden werden
alljährlich in die Schießpulverfabriken von Ili und Tarbagatai gesandt.
Der hier gefundene Talk ist ausgezeichnet und wird von den Bewohnern
häufig statt Glas benutzt. Das Gebirge in der Nähe von Urumtschi ist
sehr reich an Kohlen verschiedener Qualität. Die besten wurden im nördlichen Gebirge gefunden. Sie brennen ohne Geruch, ihre Flamme ist
gleichmäßig, verlischt nicht leicht und die zurückgebliebene Asche ist vollkommen weiß. Die Kohle aus dem im Westen der Stadt gelegenen Gebirge ist sehr gut zum Hausgebrauche und hinterläßt eine rothe Asche.
Außer diesen beiden Gattungen von Kohlen giebt es noch zwei andere
geringerer Güte. Die beste Holzkohle wird vom Holze eines Baumes gewonnen, den die Bewohner Soso nennen. Wenn dieses Holz, — so
wird gesagt, — am Abend angezündet wird, brennt es während der
ganzen Nacht. Das Holz dieses Baumes ist sehr hart, aber seine Wurzeln
dringen nicht tief in den Boden ein.

Salz gewinnt man aus den verschiedenen Salzseen der Gegend. Die
Farbe dieses Salzes ist dunkel.

Urumtschi ist, wie Hami, ein sehr wichtiger Handelspunkt, sowohl was den Transitohandel, als auch die Aufstapelung von Waaren anbetrifft. Es hat über Hami Verbindungen mit China, Turfan, Ili und Tarbagatai; außerdem führt auch durch diese Stadt die Straße nach Kuku-choto, welche direct die Wüste kreuzt und von den Karawanen stark frequentirt ist. Die Kaufleute leben in der Vorstadt der Altstadt und bilden eine besondere Gemeinde. Diese Art kaufmännischer Corporationen existiren in Su-tschau, Lan-tschau und Kukuchoto. Die Kaufleute der letztern Stadt nennt man in Urumtschi „Pe-tau-keh" d. h. die Gäste von Trans-Ordos, sie sind sehr reich und stammen aus der Provinz Schan-si. Da sie sehr unternehmend sind haben sie fast den ganzen Handel mit Central-Asien monopolisirt. Es besteht aber auch eine Verbindung mongolischer Kaufleute, welche den Handel mit Turkestan über Turfan vermitteln. Sosnowski giebt keine Einzelheiten über die Ausdehnung des Handels, sagt aber, daß der locale Bedarf an Branntwein und Tabak sehr enorm sei.

Eine eingehendere Beschreibung wird uns Prschewalski nach seiner Rückkehr vom Lob-nor bieten.